中职生口语交际与应用

周　萍　王红梅　李　唯　主　编

国家一级出版社　中国纺织出版社　全国百佳图书出版单位

图书在版编目(CIP)数据

中职生口语交际与应用/周萍，王红梅，李唯主编
. --北京:中国纺织出版社，2018.6
ISBN 978-7-5180-5121-2

Ⅰ.①中… Ⅱ.①周… ②王… ③李… Ⅲ.①汉语—口语—中等专业学校—教材 Ⅳ.①H193.2

中国版本图书馆 CIP 数据核字(2018)第 119960 号

中职生口语交际与应用

策划编辑:樊雅莉　　责任校对:王花妮　　责任印刷:王艳丽

中国纺织出版社出版发行
地址:北京市朝阳区百子湾东里 A407 号楼　邮政编码:100124
销售电话:010－67004422　传真:010－87155801
http://www.c－textilep.com
E－mail:faxing@c－textilep.com
中国纺织出版社天猫旗舰店
官方微博 http://weibo.com/2119887771
北京市密东印刷有限公司印刷　各地新华书店经销
2018 年 6 月第 1 版第 1 次印刷
开本:710×1000　1/16　印张:38.5
字数:450 千字　定价:68.00 元

凡购本书,如有倒页、脱页、缺页,由本社图书营销中心调换

前　言

在信息时代背景下，随着现代社会人际交往的日益频繁，从学生生存与发展的角度出发，我国中职院校的口语教学不仅要训练学生运用标准普通话进行口语表达的能力，而且要培养学生的“交际交往”素质。所以，将普通话的学习与口语交际的训练结合起来的口语课程，是训练学生应用普通话口语达到交际目的的能力培养课程，口语是手段，交际是目的。

本书由第一主编周萍（广东省海洋工程职业技术学院）编写第二章至第五章第四节；第二主编王红梅（唐山劳动技师学院）编写第六章至第九章；第三主编李唯（唐山劳动技师学院）编写第十三章至第十六章。

本书在口语交际理论的基础上，系统介绍口语交际训练的方法与途径。除了重视口语交际的理论与训练方法外，还介绍了普通话的训练、测试技巧及口语交际的应用，具有切实的指导性与可操作性。同时，能够结合编者们的教学实践经验，注重内容的针对性、实用性、创新性，突出方法和技巧的指导，在编排思想、体例上都有一定的创新，便于学生学习。

在编写过程中，笔者参阅了大量的相关专著及论文，在此对相关文献的作者表示感谢。由于编写水平有限，书中难免存在不妥之处，敬请各位专家、读者批评指正。

编者

2018 年 5 月

目 录

上篇　现代口语交际

第一章　口语交际综述

第一节　口语交际概说

一、口语交际的概念

从古到今，人们都把口语交际能力放在一个重要的位置。古希腊政治家、军事家塔里克斯普曾经说："会思考但不知如何去表达的人，无异于那些不会思考的人。"可见口语交际是何等的重要。

口语交际就是双方为了特定的目的，在特定的环境里，运用口头语言和适当的表达方式传递信息、交流思想和感情的一种双向互动的语言活动。它一般包括四个要素：第一是交际活动的参与者；第二是交际活动的动机或目的；第三是交际活动所运用的语言规则；第四是交际活动的具体环境。从形式上讲它主要包括：交谈、倾听、复述、转述、辩论、讨论、安慰、赞扬、批评、劝说等，这些形式广泛地分布于我们日常生活、工作与学习中，通过上述口语交际形式，人们达到交流的目的，满足沟通的需要。

【示例】

某中学举行作文竞赛，小赵的作文获得第一名。他在颁奖大会上声情并茂地朗读这篇作文时，忽然台下有人高喊："哼，那作文是抄来的！"

顿时，台下大乱。同学们交头接耳，谁也拿不准是真是假。这时，小赵在台上突然大声说："是的，是我抄的。"

此言一出，全场哗然。比赛检审组的老师当即表示：竞赛是公平、公正、公开的，如果查实文章是抄来的，是要取消获奖资格的。

全场又是一阵骚动。这时，小赵坦然地说："文章里写的下岗女工，就是我的母亲，真人真事，真名真姓，近在咫尺，可访可查。不过，这位同学讲得也不错，因为家里穷，买不起电脑，我的参赛作文确实不是电脑打印出来的，而是我手抄的！是经过我深思熟虑打好腹稿，写成草稿再做润色之后，最后工工整整抄好交来的！（小赵出示他的作文）难道有什么不对吗？"一阵静默之后，全场突然爆发出热烈的掌声。

【评析】

在这个案例中，第一要素：交际活动的参与者分为两方，一方是小赵，另一方由毁谤者、同学们和老师组成；第二要素：交际活动的目的是解决作文的真实性问题；第三要素是双方运用的语言规则：毁谤者无中生有，一句"哼，那作文是抄来的！"引发矛盾（小赵面对无端的指责，运用了"先抑后扬"的技巧去反驳。他首先承认自己的作文是"抄"的，引起大家的惊讶，这似乎在贬抑自己，其实是在暗中蓄势。等到同学、老师的胃口都被吊起来之后，突然"扬"起，先澄清事实，指出文章所写的人物正是自己的母亲，"真人真事，真名真姓，近在咫尺，可访可查"，最后抖包袱揭谜底，原来是家无电脑，以手抄代替打印，此"抄"并非彼"抄"，作文是他自己辛勤劳动的结晶，回击了对方的无端指责，达到了交际的目的）；第四要素：本次的交际环境是颁奖大会，整个气氛由哗然、骚动、静默及热烈组成，在整个交际环境中，小赵虽处被动，但沉着应战，化被动为主动，最终利用环境成就了自己。

二、口语交际的层次

苏联著名教育家苏霍姆林斯基在《给教师的建议》一书中曾明确指出：

“在你拟定教育性谈话的内容的时候，你时刻也不能忘记，你施加影响的主要手段是语言，是通过语言去打动学生的理智与心灵的。然而，语言可以是最强有力的、锐利的、火热的，也可以是软弱无力的。”我们在进行口语交际时，就要考虑用什么方式组织话语，最大限度地使听话者理解自己的用语意图，并在听话者身上产生最理想的效果。根据口语交际的实际效果，可以将口语交际分为三个层次：沟而不通、沟而能通、不沟而通。

1. 沟而不通

沟而不通，是指我们在进行口语交际时，或是未把握好交际环境，或是未观察到对象的心境，或是未明确自己的表达目的，更多的是因使用艰深、古典、晦涩的词语和过长、过复杂的句子以及出现一些随意的不规范的口语现象，如重复啰嗦、省略跳跃以及口头禅等，因而达不到交际的目的。

【示例】

曾经有个秀才对卖柴人喊道：“荷柴者过来。”卖柴人因为“过来”两个字听得懂，就走了过去。秀才又说：“其价几何？”卖柴人听到一个“价”字，便说了价格。秀才嫌贵，摇头晃脑地说：“外实而内虚，烟多而焰少，请损之。”卖柴人听不懂，挑起柴走了。

【评析】

口语是一种由听觉来接受的有声的外部语言形态，具有可接受性和可理解性的特点。也就是说，话是说给人听的，自然要让人能听得懂，而且还要让人喜欢听，愿意听。那么，怎么才能做到这一点呢？最基本的一点就是要口语化。这个秀才没有考虑到他交际的对象。咬文嚼字，缺乏口语化，导致交流失败。这是一个典型的沟而不通的范例。

【示例】

白勺“的”怎么讲呀？那就是说啦，咱们教室里，随便，这叫什么？炉子、烟筒、电灯、暖壶、铅笔盒。啊！“这是谁的铅笔盒？”“我的。”“这是老师的粉笔盒。”“这是同学的铅笔盒。”“啊，这是同学的铅笔盒。”“啊，是你的。”能这么说吗？这话。“同学铅笔盒”能行吗？因为同学和铅笔盒联系不上，意思表达不清，必须得说同学的铅笔盒。所以，铅笔盒呀，书呀，我的书，你的书，他的练习本，这些东西是什么呀，这些东西是名词。说明这个东西，说明是谁的东西，把名字联系得更准确，就用白勺“的”，不就完了吗？

【评析】

这是一位小学老师在讲解定语“的”的使用时说的一段原话。纵观整段话语，语句跳脱、重复、不完整，随意性太强，且有口头禅。让人有种你不说我似乎还明白些，你越说我越不明白的感觉。

2.沟而能通

沟而能通是指我们根据交谈的对象、地点、时间、环境等因素，围绕着某个特定的目的，充分利用口语的特点，让对方明白自己的意思，接受自己的观点，认同自己的劝谏。有时，可能需要说很多话，有时可能只需要几句话，但目的都能实现。

【示例】

有一个地处几所小学附近的花园，一年四季鲜花盛开、五彩缤纷。可尽管这花园有牧师看管，学生们上学放学时总是流连于花丛中，并顺手摘上几朵带走。后来换了一位牧师来管理这处花园，情况就发生了变化，学生私摘或毁坏鲜花的现象再也没有发生过。这位新牧师有什么秘诀呢？

一天早晨，一群学生来到花园。一个小男孩走到牧师跟前，问道：“爷爷，我能采一朵花吗？”

“你想要哪一朵？”牧师和蔼地问。小男孩很仔细地看了一会儿，选了一朵开得很低的红色郁金香：“这朵能行吗？”

“这朵花归你了。不过，我有一个小小的建议。你想啊，如果你把它留在泥土里，那就可以玩好长时间，它都开不败呢；如果你把它摘下带走，那就只能玩一会儿，它就枯萎了。你愿意采用哪种方法呢？”

小男孩想了一会儿说：“那我还是把它先放在这里吧，等我放学后再来看它。”

“那好！”牧师问，“你叫什么名字？”孩子告诉了自己的名字后就高兴地离开了。

那天有20多个学生都向牧师要花，牧师有求必应，但接着学生们又都愿意把花留在花园里。等他们放学回来，看到在他们选的花茎上面多了一张小纸片，上面写着自己的名字，这使他们激动不已。于是，要花的学生越来越多，而定期给花浇水、上肥、除虫的学生也越来越多。

那一年春天，牧师把花园里的花都给孩子们了，却没有弄丢一朵。相反，那一年的花，开得比任何一年都多。

【评析】

牧师俨然像一个高明的教育家。面对学生的摘花行为，他没有板着脸孔训斥。他知道，孩子们喜欢花是对美的欣赏，他理解学生们的初衷，尊重学生的愿望。他因势利导，用简洁的言语让学生们知道：摘在手里的花没有生命力，而且只能自己玩；只有让花开在枝头，花才有无限的生机。再加上牧师将学生的名字挂在花茎上，便使学生有了责任感。牧师的话语和做法，使学生爱花的行为在极其愉快的情感体验中，得到了矫正和强化。

3. 不沟而通

不沟而通，是指我们进行口语交际时，根据具体语言环境，或利用暂时的空隙停顿或沉默，或借助于人的动作、表情、服饰等表示一定的语义，以此来达到交际目的的一种无声语言。它是口语交际的最高境界。

【示例】

英国有位政治家叫赖白斯。他在一次演讲中，突然停顿，取出了表，站在台前默默地看着听众，有 72 秒。当大家还不知道是怎么回事时，他说："诸位刚才所感觉到的、局促不安的 72 秒长的时间，就是普通工人垒一块砖所用的时间。"

【评析】

赖白斯就是借助暂时的空隙停顿来表现演讲的内容，吸引了听众的注意力，收到了很好的效果。当时，这条消息轰动了伦敦。

第二节　口语交际的基本原则

一、合作原则

美国著名语用学家格赖斯提出了一个在语言学界很有影响力的学说，即会话合作原则，哲学家维特根斯坦也认为："语言是一种游戏，语言交际者只有共同遵守约定俗成的语言交际规则，才能玩好这场游戏。"口语交际中的合作原则具体包括：交谈双方的目标或方向必须是一致的，目标不一，牛头不对马嘴，交谈无效；谈话者双方必须给对方提供准确、明白的信息，如果答非所问，交际难以进行；双方使用一致性的即双方均能接受的语言。试想，如果我们用文言文去和工人交谈，用英语去和农民谈心，用官腔去和亲人交流，他们会与你合作吗？交谈能取得成功吗？

合作原则是口语进行成功交际的基础。试想，如果交际双方不是建立在合作原则的基础上，言者不顾他人反应，只顾自己滔滔不绝，却不得要领；闻者无动于衷，充耳不闻，如此怎能达到交际的目的？

【示例】

1980 年，意大利著名女记者法拉齐初次采访中国某领导人时，非常担心对这位领导的专访，因为当时中国刚刚结束和西方几十年的冷战，向世界敞开大门。

见面时，她首先祝愿这位领导人生日快乐。领导人十分惊诧，他工作繁忙，已经忘记了自己的生日。他说："既然你这样说，就算是吧！我从来也不知道什么时候是自己的生日。就算明天是我的生日，我也已经 76 岁了。76 啊，早就是衰退的年龄了！这也值得祝贺？"

显然，法拉齐的问候已经使这位领导人对她有了好感，所以和她开了个小小的玩笑。

"先生，我父亲也 76 岁了。如果我对他说那是一个衰退的年龄，他会给我一巴掌呢！"

法拉齐也和这位领导人开起了玩笑。

领导人听后，哈哈大笑。

“他做得也许对。不过，我相信你肯定不会对你父亲这样说的，对吧？”

十分融洽而轻松的访问气氛就这样形成了。

【评析】

由于法拉齐在访问开始前营造了一个良好的气氛，领导人给予了积极的配合，双方的交谈是在合作中进行的，他们的目的非常明确：法拉齐要了解领导人、了解中国，领导人也要借此机会向世界介绍中国；他们都向对方提供了准确的信息；访问开始时双方都使用了拉家常的话语进行，融洽了双方的感情。所以，后来法拉齐所提的问题都得到了满意的答复。法拉齐幸运地得到了许多第一手的访问材料，发文后在西方引起轰动。

二、尊重原则

人类的个性需要爱，也需要尊重。伤害了它，我们便永远失去了那个人。在与人交际时，我们应当尊重他人的人格、情感、劳动，要谈吐热情，举止有礼。如果我们想赢得他人的合作，重要的一点就是尊重他人。世界上没有人喜欢被逼迫接受或遵照命令去办事，我们一要不强迫对方接受你的观点；二要善于倾听别人的发言；三要善于征求别人的意见；四要启发别人自己去得出结论。这就是处处以他人为重，理解他人，爱护他人，这是礼貌待人的核心。

爱默逊说过：“教育成功的秘密在于尊重学生。”教师必须像对待成人那样尊重他们，不仅把学生当成受教育者，也要当成自我教育者和自我管理者，尊重学生的人格和自由；尊重学生的生活和想象；尊重学生的权利和隐私；尊重学生的独特和多样；尊重学生的失误和困顿等。教师的举手投足、音容笑貌、情韵风度都要体现对学生的尊重、信赖，做到态度和蔼、语言亲切、神态热情，如此，才能建立民主、平等、协作、亲密的师生关系，师生之间的交际才能和谐高效。

【示例】

有个名叫卡莉·韦斯特的女生，使我取得了一项大胜利。我第一天授课时，曾在班上宣布：“我只有一条规则——尊重你自己和教室里所有的其他的人。”

后来，卡莉突然莫名其妙地有了一种“不好的行为”。我讲话的时候，她会直望着我的眼睛，大声打哈欠。她的哈欠总是历时长久又动作夸张，还具有感染力，会使许多别的学生也都打起哈欠来。

卡莉每打完一个哈欠，都会露出可爱笑容，并又装作很诚恳地道歉。当然，我和她都知道她一点也无歉意。这显然是对教师的考验。

“打个电话给她父母，”海尔·葛雷向我建议，“你打个电话到他们家里去之后，那些孩子就会突然乖起来。”

“可是，以前我读书时，如果有老师打电话到我家，说我行为不好，我父亲必定把我痛打一领。”我说。

“你不必提起她在教室里行为不好，”海尔·葛雷说，“你只要跟她母亲或父亲闲聊几句，他们就能够会意了。”

我不喜欢这么做。要是我坦白告诉韦斯特夫妇卡莉在教室里捣乱，他们就要被迫表明立场。如果他们偏袒女儿，我就输了。

终于，我写了封短信给韦斯特夫妇，告诉他们说，我对于有卡莉这样的孩子在我班上，感到非常高兴，因为她聪明伶俐、风趣可爱，而又成绩不错，总平均是B。我没有封信口。第二天，卡莉第一次打哈欠之后，我就把信递给她，请她交给父母。她当然偷看了。这是卡莉最后一次在教室里打哈欠。

到了下星期一，她走到我的讲桌前：“强森老师，谢谢你那封信。”她说，“我母亲把它贴在了冰箱上让大家看，在我家，那里就是光荣榜。不过，我父亲不相信我在你教的那科能拿到B。”

“我看不出为什么不能，”我回答说，“你很聪明，总是最先交作业。”

“不错，”卡莉说，“但是我从未得过B。”

“那是因为你总是不把作业做完。如果能把作业做完，你会得到的。”

“可是我的测验成绩也从未得过。”卡莉说时，低头瞧着她的笔记本，“我总是拿C。”

“你是否从来不温习？”

“是的。”

“我敢打赌，要是你肯用功温习，就会拿 B。”我用手指轻轻敲她的笔记本，直到她抬起头来看着我，“我是说真的。”

“你的确认为我很风趣？”她问。

“是的。”我点头说。

下一次考试时，卡莉拿到了 B。到了年底，她的英文成绩进步到了 A。

【评析】

老师要清楚，学生是有独立人格的人，有思维更有情感，只要老师发自内心地维护他们的自尊心，没有解决不了的问题。此案例中的老师与学生的交谈，由于建立在尊重的原则上：信中肯定学生的优点，“你很聪明，总是最先交作业”“如果你把作业做完，你会得 B 的。”试想，如果在给家长的信中老师只是如实地反映卡莉在课堂上捣乱的情况，将“你很聪明，总是最先交作业”改为“每次交作业你总是第一个，只讲速度不讲质量，总想出风头”，将“如果你把作业做完，你会得 B 的”改为“你为什么不把作业做完呢？照这样下去，你永远得不了 B”，其结果就可想而知了。

三、主动原则

对于老师来说，传统的教育经验是教师坐在“经坛”上“布道”，高高在上，很少主动与学生交流。因此，学生在老师面前或“程门立雪”，或亦步亦趋，或“前呼后拥”，一切理所当然，尽在情理之中。现代教育讲究“山不过来，我就过去”，老师应主动走向学生，敞开心扉积极与学生进行心与心的交流。《古兰经》中有这样一则故事：一天，有人找到一位会移山大法的大师，央其当众表演一下。大师在一座山的对面坐了一会儿，就起身跑到山的另一面，然后就说表演完毕，众人大惑不解。大师道：这世上根本就没有移山大法，唯一能移动山的方法就是：山不过来，我就过去。换一个角度体会一下谁该主动的问题，答案不言自明。

当今教育已成为教师向学生和家长提供服务的一种行业，面对享受服务的“上帝”，教师热情一点，主动一些，应该是非常正常的事情。况且，师生之间的沟通距离，对老师来说，只是一张“纸”，对学生来说却是“坚冰”。教师只有主动“捅破那层纸”，学生才会“破除坚冰”，师生之间的交际才能势如破竹，达到理想的效果。

【示例】

有一次几位朋友到小林家聚会，有人带来了一位新朋友，作为女主人的小林自然过来招呼，与她坐在一起。初次见面，寒暄过后一时无语，但很快小林就发现孙女士虽然说不上漂亮，可她的皮肤特别白嫩，光彩照人。于是，小林又主动地用羡慕的语言对她说："您的皮肤真美，又白又嫩，还有光泽，配上这荷花色的旗袍、银灰色的小天鹅胸针，时尚而不俗气……"话刚说完，孙女士眼睛一亮，原来她对保养皮肤颇有心得，相当自信。其他人根本没在意，只有小林赞美了让她引以为骄傲的亮点。她很愉快地谢谢小林的赞美，两个人从保养皮肤谈起，聊得十分投机。

【评析】

开头的交谈陷入一时无语的境地，聪明的小林又主动地改变策略，从别人忽略的细节上去挖掘孙女士的长处：皮肤保养得好，"又白又嫩还有光泽"；衣着得体，"时尚而不俗气"。从细微处去主动赞美对方的审美情趣，让孙女士从中感受到自己的用心和诚恳，自然而然，友谊的大门便打开了。

四、礼貌原则

老人们常以"叫人不蚀本，只要舌头打个滚""礼多人不怪，无理路难行""君子不失足于人，不失色于人，不失口于人""敬人者，人恒敬之；恶人者，人恒恶之""礼貌是人类共处的金钥匙"等俗语教导我们要知礼用礼。其实，"礼"是人们在社会生活中相互交往的一种行为规范。运用礼貌语言，是有教养的表现，是文明的表现，它能够展现一个人良好的个人修养和交际态度，能为人际交流奠定一个良好的开端。

礼貌待人更是教师处理师生之间关系的重要准则，是师生交往中友好、和睦关系的重要条件，也是"人类灵魂的工程师"为人师表的需要。17 世纪著名的英国资产阶级哲学家、政治思想家和教育家洛克说："做导师的人，自己应当具有良好的修养，随人、随时、随地都有适当的举止与礼貌。"孔子的学生子贡评价孔子是"夫子温良恭俭让，得之"，意思是说，他的老师具有温良恭俭让五种美德，所以大家都信赖他。

【示例】

李老师的同事小红写了一篇新概念小说，洋洋得意拿给李老师看，要他“谈点高见”。李老师看完，两人发生了一场辩论。

小红：(踌躇满志地)你看，我这篇后现代主义风格的新概念小说怎么样？折射出新新人类的新思维，对不对？

李老师：(想了半天，客气地)拜读大作，感慨万千，这部作品用诸葛亮《出师表》中最后一句去评价，应该是最恰当不过的。

小红：(手舞足蹈地)我的作品真有这么成功？你是我的第一个粉丝耶！

李老师：(言辞恳切地)不敢当，不敢当。

小红：哦，李粉丝，这个，(想不起来)这个《出师表)最后一句怎么说来着？

李老师：(微笑地缓缓地)《出师表》的最后一句就是——“不知所云！”

小红：什么？你开国际玩笑耶？(自我解嘲地)咳，对，也对！不知所云，不知所云，不正是新概念小说的最突出的特点嘛！

李老师：(意味深长地)一部文学作品，除了作者自己之外，谁也“不知所云”，它的娱乐功能、教育功能怎么能发挥呢？它对社会的人文价值又怎么体现呢？

小红：(强词夺理地)现在人们读不懂，一百年，不，三百年之后的超新新人类一定有人读得懂它的！

李老师：(看着小红，严肃但又平静地)《出师表》大家读得懂，读了受教益，才流传至今。你的作品没人读得懂，它能流传下去吗？

【评析】

舌战中，李老师用古文名篇《出师表》去与小红的作品比较，名扬实抑，借用里面“不知所云”这句话去批评对方的小说脱离实际、脱离生活、谁也不懂、毫无价值，话语幽默，含蓄诙谐；体态语准确，富有情趣。整个谈话过程，李老师可谓不依不饶，又不失礼貌，显得富有素养。

五、得体原则

卢梭说：“千万不要干巴巴地同年轻人讲什么道理。如果你想使他懂得你所讲的道理，你就要用一种东西去标示它。应当使思想的语言通过他的心，才能为他所了解。”这种东西就是得体的语言。

得体，一般是指言语适切妥当，恰到好处。教师职业口语从形式上讲是书面化（或正规化）的口语体，从功能上讲是艺术化的应用体，具有综合性的特点。既要讲求通俗、明白、上口，避免使用艰深、古典、晦涩的词语和过长、过复杂的句子；又要讲求规范、连贯、周密，避免出现各种随意的不规范的口语现象，如重复啰嗦、省略跳脱以及口头禅等；既要讲求平实、简约、实用，避免华丽花哨，又要吸收艺术语言的某些技巧，力求生动形象，避免枯燥呆板。

【示例】

1988 年美国总统竞选，民主党在选民中造成了布什无独立主张的印象，他们甚至称“布什是里根的影子”。在交谈时，民主党人总爱用挖苦的口气问：“布什在哪里?”这个问题该如何才能回答得恰到好处呢？布什的竞选顾问、老资格政治公关家艾尔斯为布什设计了一个回答：“布什在家里，同夫人巴巴拉在一起，这有错吗?”

【评析】

艾尔斯不从政治角度而从生活角度入手回答这一问题，体现了强烈的针对性和恰如其分的分寸感，有很高的艺术性。试想，如果你在社交场上遭到别人挖苦时，就马上沉不住气，火药味十足地加以反击，那将产生什么效果呢？也许你自认为是胜利者，可在别人眼里，你无疑是个没有气度、心胸狭窄、不善言辞的人。而艾尔斯为布什设计的得体回答，为布什的政治家风度增添了不少光彩。

【训练】

(1)（案例）东仔是位有过偷窃行为的男孩子，在大人眼里，他是个不良少年，每日逃学捣蛋，动不动就和别人打架，一旦同学们丢了笔或别的东西，都会不约而同地认为是他干的，他会暴跳如雷地跟学生打架，结果差点儿被学校勒令退学。

就在东仔自暴自弃、一蹶不振时，有一天，新来的班主任叫住他，温和亲切地拍着他的小肩膀说：“东仔，老师请你帮个忙，好吗?”说着递给他一个小包，委托东仔将包给某处的一位先生送去。东仔从未见过老师这么和颜悦色地和他说过话呢，他兴冲冲地拿着包裹往外走。在路上他抑制不住自己强烈的好奇心，偷偷地打开包，令他吃惊的是包里竟全都是钱。东仔感到从未有过的愧疚与懊恼，面对着满满一包钱，东仔忽然感到了老师对他的信任与尊重，老师的话语刹那之间一起涌上心头。东仔被深深地打动了，最后把钱如数送达，并从此改掉了包括小偷小摸在内的不良习惯，各方面变得优秀起来，后来还当选为新加坡的副总统。

这是一则在新加坡家喻户晓的故事。班主任话语不多，效果却达到了，其前提是建立在口语交际的什么原则之上呢？你能从日常学习中找出几个近似的例子吗？

(2)(案例)周末想邀同学一起去爬山，“小李，明天周末，我们一起去爬山吧？”“我不去，我还有事情要做，再说，爬山也太累了。”后边肯定得费点口舌了，这里有三个人的不同表达，三种效果。

甲：“去吧，我真的很想去呢，好长时间没爬山了。累点怕什么，还锻炼身体呢，正好你也减减肥。”

磨了半天，小李说：“我真的有事，你找别人吧，要不我帮你找个伴？”

乙：“你看，我很少求你一回，你就别拒绝了，要不我该多么伤心啊！陪我去吧，我负责给你买好吃的、好喝的，我帮你背包。回来我帮你洗衣服什么的，好不好？求求你，去吧……”。

说了半天，小李叹了口气：“好吧。”

丙：“小李，最近我心情不太好，只想爬爬山，出去透透气，咱们是最好的朋友，你得跟我去，我有很多话想跟你说说呢。”

“行了，别说了，就冲你这么信任我，我舍命陪君子了，累死也心甘啊！”

谁的口才好？为什么？试用口语的得体原则加以分析。

(3)(案例)某年元旦，市委在机关礼堂召开迎春茶话会。会议结束后，与会人员三五成群走出会场，一边谈，一般沿着阶梯而下。由于天气寒冷，残雪未消，台阶又湿又滑，城建局的陈局长一不留神，脚下踏空，踉踉跄跄，连跨了三四级台阶，差点跌了个大跟头。大家哄然大笑，有人说：“陈局长，当心哦，走稳点，别栽啦！”

“说者无心，听者有意”，新年的第一天就在众人面前出了这么一个洋相，本来就有点尴尬，一听这话，陈局长的脸上就更挂不住了，红一阵，白一阵，满脸的不悦之色。

如果你此时在场，如何化解这种局面，使陈局长转怒为喜？

(4)在现实生活中，我们每个人的周围总会碰到性格内向、内心却十分丰富的同学。尝试主动地与他们交谈，并将交谈的言语记录下来，与老师一块分析得失。

第三节　口语交际的心理障碍

一、常见口语交际心理障碍

我们在与人进行口语交际时，许多人都会有诸如不自在、担心、害怕、紧张、羞涩、猜疑、甚至自卑等心理反应，这些不良的心理反应现象就是口语交际过程中的心理障碍。从心理障碍的表现形式上分，常见的心理障碍主要有以下几种。

1. 自卑

自卑是个体在与人交际时，由于认知歪曲所形成的对自我价值的消极评价，由此而否定自我、鄙视自我。其产生的主要原因，一是个体的身体缺陷，二是个体能力缺陷，三是个体所处的环境及地位缺陷。

自卑的人最主要的表现就是不够自信，不敢主动地与外界交流，缺乏对自我的正确认识，喜欢用放大镜去看自己的缺点，只看到自己的不足，觉得自己什么都不如别人，不敢与人比，总认为自己拙嘴笨舌，思维紊乱，说的话表述不清，别人听不明白，有时更担心自己说的话会让人笑话。这种长期消极的心理暗示往往会导致其在社交中缺乏勇气，缺乏积极性和成交的愿望。

要克服自卑心理，首先，要多发现自己的长处；其次，要实事求是地评价自我，对自己的期望值不要过高，在训练时不要把目标设得太高，否则会因为达不到目标而失去信心；第三，要扬长避短，抓住自己感兴趣的话题，珍惜每一次机会，大胆地展示自己的口才。

2.紧张

我们与人初次交流，或是在公众场合，或是身处重要的说话场景，表达时产生紧张感在所难免。理论上，适度的紧张是必要的，因为口语交际需要说话者具备一定的兴奋度，它有利于提高交谈的效率。但是，过度的紧张则会导致表现失常、表达失败。其产生的原因，一是对自己的表达水平缺乏自信，二是对表达的结果没有把握，三是对交际结果的过高期待，四是某种突发的外界干扰。

这种交际心理障碍往往会导致一系列的生理反应，包括心律、血压的变化以及呼吸系统和肠胃的反应等。外在的主要表现是皱眉、心跳加快、面红耳赤、手心出汗、两腿发软等。在这种心理障碍下进行交际，说话者时常会出现口干舌燥、声音发颤、咽喉堵塞、目光呆滞、手足无措、姿势呆板、语无伦次等情况，甚至出现卡壳现象。这些都是因为心里过度紧张制造的所谓“屏息”现象，在这样的心理状态下，其交谈的效果可想而知。

要克服紧张心理，第一是在交谈前要做好充分的准备，对交谈的内容、对象、场景、方式等做到心中有数；第二是交谈开始时作几次深呼吸，稳定情绪；第三是进入角色后不要过多考虑结果。

3.羞怯

平时我们总会看到这样的现象：有的人在公众场合讲话时面红耳赤，声音低微，表情尴尬；有的人在回答课堂提问时总是低着头，不敢抬头正视；有的人虽然言谈连续不断，但眼神内敛，不敢与人交流等。这种交际心理障碍就是羞怯，它是因害怕和胆怯造成的。据权威人士调查，有70%　80%的人认为羞怯是初次交谈的最大的心理障碍。

羞怯心理障碍产生的原因比较复杂：有的是因为个性问题，如个性过于内向；有的是因为认知问题，如过分注重自我，怕被人耻笑、怕出丑；有的是所受的教育问题，如父母告诫女孩子应该文静，说话要声音小，见到陌生人和异性要回避等。打破害羞的唯一方法，就是尝试去做以前不敢做的事，发现自身的力量，体会其中的乐趣。人与人并没有什么不同，我们何必觉得自己事事处处不如人呢?

4.急躁

在现实生活中,人们经常有意识地去按照一定的模式、采用一些特殊的方法表现自己,以便给人留下一个自己所期待的印象,并借此达到特定的目的。有的人自我表现欲特别强烈,就想通过过度的表现来抬高自己,这时就很容易犯急躁的心理毛病,结果常出现事与愿违的局面,交际场面也会出现失控的现象。

犯有这种心理障碍的人在交谈初期,常常自我陶醉、自我炫耀、自我满足,但是,一旦对方对其言语不屑一顾或评价不高,就情绪低落、自卑自怜、郁郁寡欢,或者怨天尤人、情绪难以自控。

要克服这种急躁的心理障碍,首先,必须端正交际的动机,正确看待他人对自己的评价,对自我有着客观的认识;其次,尽可能地放慢语速,当语速加快时,可通过喝开水等方式减缓节奏;第三,尽量与对方交谈,耐心倾听对方的发言;第四,控制肢体语言。

5.猜疑

在交际中,猜疑心重的人总是以一种怀疑的眼光看人,对人怀有戒备之心,这严重地妨碍了人与人之间的正常交往。因为怀疑别人,戒备别人,就不可能以诚待人,不能对别人讲真话。因为有了猜疑心,往往喜欢捕风捉影,对人对事总是往坏处想,无中生有,惹是生非,把人际关系搞得很紧张,久而久之,会使自己陷入与别人隔阂、与集体隔阂的孤立境地。犯有这种心理障碍的人,在与人交际时,其言谈常常显得不真诚,虚情假意的话语较多,有时使用一些尖酸的语言。

要克服猜疑心,首先要去掉私心,克服褊狭心理,要削弱自我在心目中的地位;其次,要在交往中信任人。

二、克服心理障碍的方法

1.心理暗示法

在现实生活中,我们常常会看到这样的一幕:小宝宝手里拿着玻璃杯、妈妈会在旁边提醒:“不要打碎了,不要打碎了,千万不要打碎了!”结果还是打碎了；晚上妈妈嘱咐小宝宝："不要尿床，不要尿床，千万不要尿床！"结果怎样？又尿床了。为什么会这样呢？从心理学角度讲，人的潜意识分不清是非对错，它只接受肯定的信息。心理的毛病用心理的方法去矫正最直接、最有效。因此，我们要克服心理障碍，最好的办法就是要自信。每次在与人交谈前，让心里感觉重新归位，要在心理上暗示自己："我的话别人愿意听""我与别人交谈一定能成功""我为此已经准备得很充分了""他有他的优势，我有我的特点"等。

在香港，被人称为"肥姐"的沈殿霞作为女人没有令人称羡的苗条身材，但她最终成为著名的主持人；笑星潘长江作为男人从身高而论被称为"三等残废"，但他反而向世人证明"浓缩的是精华"。他们成为社会的精英、交际的高手，靠的是什么？是他们具备良好的心态，是他们历经了诸多挫折和冷眼后，给予了自己积极的心理暗示：体重不是压力，身高不是距离，一切问题都不是问题。要说有问题，那是心态出了问题，改变心态就能改变人生。

2.生理调节法

生理与心理是互动互制的，心理的变化会引起生理的变化；同样，生理的调节也会对心理产生影响。我们在与人交际时，如果产生紧张、害羞、急躁等心理障碍时，会有面部肌肉紧缩、四肢僵硬、牙齿颤动、手足发抖等生理反应。这时，不妨通过生理上的一些调节措施，或许能立刻取得良好的效果。例如，缓慢的腹部深呼吸，根据需要作 5　10 次，甚至更多次；或者握紧双拳，握得不能再紧之后放松；或者干脆用力掐自己，也能马上分散或转移注意力；或者换个动作，换一个站姿；或者找个借口停下来用笔在纸上写写画画等。

美国资深评论家卡龙·波思在哈佛大学学习时，曾在公众面前做过一次讲话，题目是《国王的故事》。为了这次讲话，他把这篇故事逐段逐句地背诵下来，并且预讲了几百次。刚开始，他信心十足地走上讲台："女士们、先生们，我要讲的国王是个怎样的人呢……"突然，卡龙·波思脑子里一片空白，什么都记不起来了。他又惊又怕，几乎不知所措。绝望中，他灵机一动，做了三个动作，一是深深地作了几次呼吸；二是用笔在讲台上乱划一通；三是退后几步摆了个弯弓射箭的姿势。如此折腾一番，原来的故事内容全想起来了，他趁机弥补自己刚才的看似滑稽的表演，说："我刚才做的动作就是故事中国王经常做的动作，因为他是个文武双全的人。"接着，他一口气用自己的话讲完了这个故事，取得了非常好的效果。

3.微笑注视法

具有交际心理障碍的人往往害怕与对方进行眼神交流，常出现低头、抬头、侧身、目光游离等影响交际效果的不正确的反应。交谈时，说话者正视对方，这不仅仅是出于礼貌，更重要的是讲话者与听话者进行全方位互相交流的需要。有交际心理障碍的人不妨按照以下方法来训练：找人来与自己微笑对视，并且在此过程中不要讲话；早晨从进行晨练的队伍旁经过，用眼神同他们交流，想象自己在向他们介绍自己的晨练心得；人群上公交车时便看着他们的眼睛，想象着自己在对他们说"你也来坐车啊""你真有气质啊""你好漂亮啊"等。平时养成了这种习惯，与人交际时你便能"直视无碍"。

我们每个人都有这样的体验：当你站在镜子前，你笑，镜中的人也对你笑；你皱眉头，镜中的人也对你皱眉头。与人交谈同样存在这种"镜子效应"。保加利亚哲学家万基里尔·瓦西列夫在《情爱论》一书中说："爱的微笑像一把神奇的钥匙，可以打开心灵的迷宫。它的光芒照亮周围的一切，给周围的气氛增添了温暖和同情、殷切的期望和奇妙的幻景。"微笑能使他人容易接受自己，能使自己赢得他人的信赖。从某种意义上讲，微笑注视法是打开人心理障碍的神奇钥匙。

4.情境诱发法

李吉林老师曾说："言语的发源地是具体的情境，在一定的情境中产生语言的动机，提供语言的材料，从而促进语言的发展。"所以，我们要善于抓住交际情境，使自己置身其中。激发交谈欲望，使自己产生不吐不快之感，这样才能逐渐有效地克服心理障碍。

例如某高校文学社经常组织文学沙龙活动，别看他们是些乳臭未干的年轻大学生，但谈起文学话题，个个生龙活虎，高谈阔论，不乏精彩之处。李红同学自入社以来很想与同学们交流，可每次活动她都在别人的高见面前自贬三分，丧失信心，有时想表达自己的不同见解，可话到嘴边又犯起嘀咕，常常打退堂鼓。其实，李红在文学上还是有些见解的，创作上也有所收获。

一次，同学们在讨论林黛玉与薛宝钗的话题，刚好这是李红特别熟悉的。在社长的引导下，李红尝试着发表自己的见解，没想到，同学们听得津津有味，李红的发言赢得了阵阵掌声，从此，李红变得活跃起来，成为文学社的骨干。

5.注意转移法

注意是人们的一种意向活动，它使人的认识活动和行为有一定的方向，以保证某种认识和行动得以有效进行。注意转移法的运用是指在交谈前为克服心理障碍而将注意力分散，或将注意力转移到其他的人、事、物上。

例如，我们第一次登台讲课，正式上课前，可将注意力转移到教室的布置方面，细心地“研究揣摩”黑板报的设计，以对某一事物产生的新兴趣使大脑紧张得以缓解，使情绪趋于平静。又例如，在进行演讲、求职面试等比较重大、比较正式的口语交际前，我们还可听听音乐，看看开心一刻的幽默故事，与自己熟悉的人开开玩笑等，都有助于冲淡紧张的情绪。

6.勤练减压法

口才虽有天赋，但后天的训练是更重要的因素，所谓“熟能生巧”道出了克服心理障碍的秘密。与前几种方法相比，更重要的克服心理障碍的方法就是多讲多练，积累成功的经验。一次不行两次，两次不行三次，十次不行二十次。锻炼可以单独练，对着镜子练，对着实物练；也可和人一起练，请人指教练。应抓住一切时机练，到非正式场合去讲，也可以在正式场合上讲；既对熟悉的人讲，也对陌生的人讲；既到“小人物”中间讲，也到“大人物”中间讲。长此以往，必将锻炼出胆量，使自己讲话思路清晰，条理分明，口齿清楚，富有感染力。

例如，萧伯纳年轻时是伦敦最胆怯的人之一，他常常犹豫地走20多分钟才敢壮起胆子去敲别人的家门，但后来他成为20世纪上半叶最出色的演说家之一。有一次，他是这样告诫人们的：“我是以溜冰的方式来做的——我一个劲地让自己出丑，直到我习以为常。”又如，林肯不仅是19世纪美国杰出的总统，而且是著名的律师，卡尔·桑德堡在《林肯传》中，对他勤学苦练律师口才的情况作了详细的介绍："他徒步30英里，到一个法院去听律师们的辩护词，看他们如何辩护，如何做手势。他一边倾听那些政治演说家们声若洪钟、慷慨激昂的演说，一边模仿他们……挥舞长臂。""他曾对着树、树桩、成行的玉米演说过多次，但那时他是独自一个人练习的……"。

三、口语交际过程沟通技巧

1. 简单地表述

《墨子闲话》中有这样一个故事：墨子的学生子禽曾问墨子：说话多好还是少好。墨子说：青蛙没日没夜地叫，弄得口干舌燥，但是没有人在乎它的叫声；公鸡只在黎明前按时高叫，天下的人却注意到了。多言有什么好处？话要说到点子上才好。这是个挺有意思的解释。其实，山不在高，有仙则名；水不在深，有龙则灵。说话也如此，话不在多，简要则灵。在实际生活、工作和学习中，听话人一般厌恶空话、大话，而比较欢迎简明扼要的话。患有口语交际心理障碍的人更应清楚：用简洁的话语恰如其分地表达自己的思想，也是有效克服心理障碍的方法之一，所谓"言多必失"便是这个道理。

做到言词简洁明确要注意以下几点：一是要明确说话的中心，重点突出，抓住关键字句，与中心内容无关的不要说，尽量少说；二是正确判断听者的理解能力，在其理解能力范围内的，不要做过多的解释；三是讲话前打好腹稿，对一些口头禅或是多余的感叹词，都要尽量舍弃；四是不要做过多的强调，即使是重点部分也没必要多次重复。

2. 自信地表达

心理学家曾做过这样的实验：把一条梭鱼放养在有很多小鱼的鱼缸中，让它随时可以吞吃小鱼，然后用一片玻璃把它与小鱼隔开。它饥饿时再去吞食小鱼却遭到了无情的阻挡。在内部饥饿和外部小鱼的双重刺激和强烈驱使下，它一次次徒劳地发起攻击，屡次失败后，它吞噬小鱼的希望和信心逐步下降，终于完全丧失。这时，实验者再抽去玻璃，梭鱼尽管张开嘴就能吞食眼前的小鱼，但它却不再捕食，以致活活饿死。心理学家把这种屡遭挫折后形成的放弃行为称为"习得性无助行为"，即反复的失败可以使人消极。

患有交际心理障碍的人往往有“习得性无助行为”，要想克服这种行为，重要的一点就是要自信地表达自己的观点、意愿等。美国作家爱默森说过：“自信是成功的第一秘诀。”怀疑自己是取得成功的大敌，恐惧是滋生一切负面因素的温床。心理学研究表明，自信心强，大脑思维就活跃，容易产生灵感和创造力，利于激发个体的交谈激情；反之，缺乏自信，大脑活动就受抑制，很难进行创造性思维，个体的言谈激情就会受到抑制。

【训练】

1. 心态实训

(1)每天清晨和晚睡前各默念 20 遍“我想大胆地发言，我能大胆地发言，我要大胆地发言。我行的，我一定行的！”

(2)每天想象自己在公众场合成功讲话的情境，激发自己讲话的欲望。

(3)每天对镜练习微笑多次，配以相应的动作，直到自己满意为止。

(4)课间休息时，走上讲台，尽力张口，让右手食指和中指并拢，弯曲，将两手指第二关节轻松地伸入口腔内，然后大声发“a”音训练。(注意手要卫生)

2. 模仿实训

(1)选择自己喜欢的单口相声段子，对镜进行模仿练习。

(2)观察著名主持人的节目主持现场或相关片段，边听边看边模仿，然后与同学进行交流。

(3)邀请 3　5 位同学进行集体模仿训练。首先，共同确定模仿对象，或请其中一位同学说一个故事作为模仿范例；其次，大家轮流模仿；最后，评选最佳模仿者。要求从模仿对象的语气、语速、表情、动作等方面进行全方位地反复模仿。

3. 亲朋实训

每天面对着亲人或朋友进行一次“3 分钟演讲”训练或给他们讲一个故事。训练结束后，请他们予以评价，并写好个人的心得体会。训练时注意：

(1)讲话前，做深呼吸 3 次。

(2)面带微笑，与听者进行眼神交流后再开始讲。

(3)声音大一些，速度慢一些，长句少一些，语言美一些，不中断。

(4)如果出现 3 次以上卡壳现象时，重新调整，做些放松动作后，从头再来。

4.各抒己见

据报载，在距离日本东京 55 英里的富士宫市，有一所经理学校，该校以对学生进行严格而系统的训练著称于世。其中一项训练，即学校要求每名学生都必须不怕“当众出丑“，做几件看起来十分尴尬的事情。比如，要求学生西装革履地肃立在富士宫市火车站前的人行道上，放声高唱该校校歌，并且按照规定，还必须要使站在三四十米以外的教师听到。

你是赞成还是反对这种训练方法？谈谈你的理由。

5.出谋划策

(1)如果你的同学中有人专横跋扈，而且他听别人的话从来不会超过三句，你该使用怎样简单明了的言辞指出他的缺点，并使他接受你的批评？

(2)设想你是一班之长，班上的同学对教授外国文学的王老师的课“情有独钟”，因为他学识渊博、和蔼可亲，讲课深入浅出，你们想请他做一次讲座，但王老师每次上课时总是来去匆匆，你如何利用短暂的时间说服王老师接受你们的邀请？

(3)小昭是个“月光族”，每月的生活费总是前松后紧。这不，他又出现了“经济危机”。这时，他的老乡小孙急匆匆地去赶车。你觉得小昭怎样向小孙求援才能借到钱？

(4)小马是一名出身偏远山乡的美术学院的高材生，毕业时得到一笔奖学金，摆在他面前的路有两条：一是留在国内，为创建富于民族风格的新型版画而耕耘；二是去巴黎艺术宫殿深造。其父母要求儿子选择后者，然而，小马酷爱民族艺术，自己也举棋不定。巴黎又来电要他 10 分钟内决定去留问题。在此前提下你能劝说他的父母让他留下来吗？

(5)俗话说：“木秀于林，风必摧之。”赵蓉蓉是名很优秀的学生，她心地善良，谦虚谨慎。一次，她和班上三位同学参加学校的演讲大赛，获得了一等奖，其他同学则名落孙山。这时，有同学心生嫉妒，说什么“看她那德性，神气什么呀?”“她不就是凭借自己长得好,才赢得高分的吗?”为此,赵蓉蓉很伤心。请你为她设计一段自尊自信又不自傲,还能使嫉妒者听后心服口服的话语。

(6)知识分子是独特的社会群体,是文化的化身、知识的代表、智慧的象征,他们具有与众不同的思维方式、心理特征、生活方式和行为习惯,其言谈举止也异于常人,这就导致他们常常被人误解,甚至嘲讽。假如你是一位知识分子,当你和一群官僚在谈论官道时,对方一句:“你这个书呆子,知道什么?”这时你会怎样表达你自信的心声?

(7)小李长得很矮小,快三十了还没有找到女朋友。一天中午,办公室的几位爱说长短道的同事在午休时间里开始调侃道:

“他呀,就是一个三等残废,现在的女孩子眼界那么高,只盯着帅哥,哪里能看上他呀!”

“话也不能说得太绝对了,人家武大郎还娶了个美女潘金莲呢!”

“哈哈,也是啊! 如果他去打篮球,一定好玩……”

这时候,办公室里的门开了,小李从里面走了出来,原来他一直在里面,这些嘲笑他全听到了。办公室的气氛十分尴尬,大家全都不说话了,一时间屋里面很静。如果你是小李,这时你会如何说出蕴含着大度、自尊又自信的话来?

第四节　良好交流的基本品质

在人际交流中,仅有技巧是不够的,还应形成良好交流的基本品质,即真诚、移情。

一、真诚

真诚意味着诚实而坦率地表明自己的感情、需求和想法。

说话时的真诚态度是决定交际成功与否的一个重要因素。从心理学角度看,交际能够顺利进行的重要基础,就是双方能有效合作。交际的一方一旦发现对方有虚假的信号出现,交际活动就会受到影响,甚至终止。相反,真诚的态度往往容易打动对方，赢得对方的心理认同，有效促进或弥补交际活动，增进人与人之间的友谊。我国古人就非常重视言语交际中真诚的问题。早在《易经》中就有“修辞立其诚”之说，即要求言辞与道德修养相结合，言辞要真诚。宋代人程颐说得好：“以诚感人者，亦以诚而立；以术驭人者，人亦以术而待。”对别人缺乏真诚之心的人，便无法对他人流露出热诚，从而也无法使别人相信自己。真诚是一种个人修养，也是一种道德行为，更是值得推崇的一种人格境界，它要求待人真实无妄、诚实无欺。

现代交际中，说话的魅力不仅在于我们说得多么流畅、滔滔不绝，更在于我们是否能用真诚的心、真诚的语言去表达。缺乏真诚的交际语言，即使一泻千里、口吐珠玉，最终会失去吸引力。为人师表、教书育人的人民教师，除了要有丰富的知识，更要有真诚的品质。霍姆林斯基说：“决定教师言语效果的主要东西是教师语言中的诚意。”那么，我们如何在交际中体现自己良好的真诚品质呢？

1. 态度要诚恳

交谈中最重要的是态度，交谈时态度要诚恳，具体表现为语言应热情；目光应和对方的眼神交流，给人一种亲切感、信任感；面部表情要自然；在谈话中要注意“做个好听众”；注意使用敬语。

【示例】

电影《焦裕禄》中有一个令人难以忘怀的镜头：一位上海籍技术员，在兰考县林业局做治沙工作，因为个人的爱情受到挫折，决定离开工作和生活十分艰苦的兰考，离开治沙前线，返回家乡上海。

那位技术员快上火车了，县委书记焦裕禄急急忙忙赶来送行。气喘吁吁的焦书记拉着他的手，郑重地送给他一包沙子，眼含泪花看着技术员，动情地说：“我对你关心照顾不周，你要走了，没有什么礼物要送，就送给你一把兰考的沙子作纪念。你看到这包沙子，就会想起你曾经工作过的兰考。”

技术员接过县委书记送给他的沙子，听着那番暖心窝子的朴实话语，百感交集，泪如泉涌……往上海的火车开走了，这位技术员却从另一个车门走下车，留了下来，义无反顾地跟随焦裕禄继续战斗在兰考治沙第一线。

【评析】

如果匆匆赶来的领导不是依依不舍地送别，而是"指责"；不是情真意切地说自责的话，而是说刺伤人心的话——"尾巴翘上天啦，离了你地球就不转啦？兰考的治沙工作就开展不了啦?"使那位技术员逆反之心猛增，他能留下来吗？如果虚情假意，即使暂时把人留了下来，又岂能留住他的心呢？人际交往中，真诚的话语、诚恳的态度是最有效的。

2.言语要诚实

人们之所以不愿意轻易与不熟悉的人交谈，常常是因为不明白对方的底细，担心草率的交往会给自己带来麻烦，交谈的双方自然而然会产生一种隔阂。因此，当我们面对他人时，不妨主动一点，率先冲破这一层障碍：抛弃不必要的顾虑和过多的掩饰，把对方当作熟悉的朋友，用诚实的语言向对方吐露心声，用真诚和信任叩响对方的心扉。

【示例】

闻一多是一个平易近人、深受人们爱戴的学者，他诚实的言语往往能打动听众的心。他曾与一群陌生的劳动者进行过一次这样的交谈：

今天承蒙诸位光临，得到同诸位见面的机会，感激之余，就让我趁此正式地、公开地向诸位伸出我这只手吧！请诸位认清，这是"无缚鸡之力"的书生的手，不可能也不愿意威逼人，因此也不受威逼。这只"空空如也"的穷人的大手，不可能也不愿意去利诱人，因此也不受人利诱，你尽可瞧不起它，但是不要怕它，真理有什么可怕呢？不信，你闻闻，这上面可有血腥味儿？这只拿了一辈子粉笔的手，是随时可以张开给你们看的。你瞧，这雪白的一把粉笔灰，正是它的象征色。我再说一句，不要怕，这是一只洁白的手啊！然而也不可以太小看它。更有许许多多这样的手和无数的拿锄头的手、开机器的手、打算盘的手、拉洋车的手，乃至缝衣、煮饭、扫地、擦桌子的手团结在一起，到那时，你自然会惊讶这些手的神通，因为它们终于扭转了历史，创造了奇迹。我们现在是用最诚恳的心向大家伸出一双洁白干净的手。希望大家同我们合作，给我们指教！

【评析】

在这次谈话中,闻一多没有摆学者那种高高在上的架子,而是把听众当作知心的朋友,用平白诚实的言语真诚地表明自己的人格,发自肺腑地歌颂劳动人民。这种真诚和信赖很快冲破了他与听众之间由于身份差异、互不熟悉产生的屏障,使大家觉得他也是劳苦大众的一员,从而接受了他的主张。

3.表达要直率

真诚还有它另外的一面,那就是避免过于客套,过分地粉饰雕琢,失去心理的纯真自然。绕弯过多,礼仪过分,反而会给人"见外"的感觉,显得不够坦诚。

【示例】

有一位老师写了一本关于"思想政治工作方法"的书,出版社没有给他稿费,而是让他自行推销1000册书作为报酬,对那位老师来说,这远比讲课要难得多。

为了把书推销出去,他在党校学员里搞了一次演讲,他说:"当老师的在这里推销自己写的书,总不免有些尴尬。不过,如今作者也很难,写了书,还得卖书。出版社一下压给了我1000册,稿费一文没有,所以我不推销不行。这本书写得怎样,我自己不好评说。不过有两点可以保证:第一,这本书是我用3年时间完成的,是我心血的结晶;第二,书的内容绝不是东拼西凑抄下来的,是我自己长期思考的见解。前不久,这本书被思想政治工作研究会评为社科类图书二等奖,这是获奖证书。说实话,对于我们这些教书匠来说,搞推销比写书还难,只有硬着头皮来找大家帮忙。不过,买不买完全自愿,决不强迫。如果觉得这本书对你有用,你又有财力就买一本,算是帮我一个忙。谢谢。"

这位老师的话一下子产生了良好的效果,一次就卖掉了500多册。

【评析】

这位老师不是推销员,但是获得了成功。从某种意义上说,他的成功在于他用直率的言辞恰到好处地表达了自己的真诚:"说实话,对于我们这些教书匠来说，搞推销比写书还难，只有硬着头皮来找大家帮忙。不过，买不买完全自愿，决不强迫。如果觉得这本书对你有用，你又有财力就买一本，算是帮我一个忙。谢谢。”这样的话怎能不赢得听众的信赖？这就应了那句古话“精诚所至，金石为开”。

4. 有错误要承认

任何人都不可能不犯错误，犯了错误怎么办？不要掩饰，更不要去为自己做无力的辩护，为自己的不当行为找借口只会徒增别人对自己的不满和猜疑。坦诚地承认错误——即使我们还没有完全改掉它们，也可以在不同程度上让他人信服并改变对我们的行为举止的看法，因为没有人要求我们是“全知全能永不犯错的上帝”。卡耐基说得好：“如果你是对的，就该温和巧妙地让对方同意你；如果你是错的，就要迅速而真诚地承认，这要比同对方争辩有效和有趣得多。”

【示例】

卡耐基常常带着他的爱犬雷斯到公园散步，雷斯是一只友善而不伤人的小猎狗，因为在公园里很少碰到人，所以雷斯常常不系狗链或戴口罩。

一天，他们在公园遇见一位骑马的警察，警察好像迫不及待地要表现出他的权威。

“你为什么让你的狗跑来跑去，不给它系上链子或戴上口罩？”他申斥道，“难道你不晓得这是违法的吗？”

“是的，我晓得，”卡耐基轻柔地回答，“不过我认为它不至于在这儿咬人。”

“你不认为！你不认为！法律是不管你怎么认为的。它可能在这里咬死松鼠，或咬伤小孩。这次我不追究，但假如下回给我看到这只狗没有系上链子或套上口罩在公园里的话，你就必须跟法官解释啦。”

卡耐基客客气气地答应遵办。

卡耐基的确照办了，而且是好几回。可是雷斯不喜欢戴口罩，卡耐基也不喜欢那样。因此他们决定碰碰运气。事情很顺利，但接着他们撞上了暗礁。一天下午，雷斯和卡耐基在一座小山坡上赛跑，突然卡耐基看到那位执法大人，骑在一匹红棕色的马上。雷斯跑在前头，直向那位警察冲去。这下栽了，卡耐基知道这点，所以决定不等警察开口就先发制人。他说："警官先生，这下你当场逮到我了。我有罪，我没有托词了，没有借口了。你上星期警告过我，若是再带小狗出来而不替它戴口罩你就要罚我。"

"你忍不住？"警察问。

"的确是忍不住，"卡耐基接着说，"但这是违法的。"

"像这样的小狗大概不会咬伤别人吧！"警察反而为卡耐基开脱。

"不，它可能会咬死松鼠。"卡耐基说。

"哦，你大概把事情看得太严重了。"他告诉卡耐基，"这样办吧，你只要让它跑过小山，到我看不到的地方——事情就算了。

【评析】

如果我们知道免不了会遭到责备，而自己也的确做错了事，何不抢先一步，自己主动地先承认呢？听自己谴责自己不比别人批评好得多吗？而且这样，说不定别人会谅解我们的过失。反之，我们为自己极力辩解，别人会认为我们是个不明事理而且喜欢饶舌的人，要么会认为我们态度倨傲自以为是。如果给别人造成这种印象，又何谈人缘呢？又有多少人愿意接受我们呢？俗语说得好："用争斗的方法，你绝对不会得到满意的结果。但用让步的方法，主动承认错误，收获会比预期的高出许多。"

5.微笑要自然

发自内心的、自然真实的微笑是待人真诚的外在表现，是一种健康、文明的举止。"今天你微笑了没有？"这是美国希尔顿酒店总公司的董事长康纳·希尔顿在50多年里，不断到他设在世界各地的希尔顿饭店视察业务时经常问及各级人员的一句话。他说："酒店里第一流的设备重要，而第一流服务员的微笑更重要，如果缺少服务员的美好微笑，好比花园里失去了春日的太阳和春风。假如我是顾客，我宁愿住进那些虽然只有残旧地毯，却处处可见到微笑的酒店，而不愿走进只有一流设备而不见微笑的地方。"希尔顿酒店正是运用了微笑的魅力，使其真诚誉满全球，成为世界级的大公司。泰国曼谷东方饭店，曾数次摘取了"世界十佳饭店"的桂冠，其成功的秘诀之一，也在于把“笑容可掬”列入迎宾的规范。

二、移情

1. 移情的定义

移情，来源于精神分析学说，是个外来词，是从德国心理学家使用的“einguhlung”一词翻译过来的，它是指像对方理解他本人那样理解对方。我国有一个这样的俗语：“要想公道，打个颠倒。”说的就是移情。所谓移情，就是设身处地从对方角度考虑问题，通俗地讲就是换位思考。它的实质是对生命的关怀，对生命的尊重，对生命的创建。

2. 移情的必要性

移情由 3 部分构成：一是移情者敏锐而准确地理解对方的感情，同时保持一种超脱；二是移情者理解引发这些感情的处境；三是移情者与对方交流时，让对方感到自己得到了包容和理解。

人们的思维，总是从自己的预设出发，并用此去评判他人，虽然有些预设来自经验积累，具有概率上的可靠性，但这种预设往往有自己的偏好。如用此去评判、批评他人，那就成了人际交流的障碍。如果我们总是认为交谈的对方“应该”如何如何，那么，可以断定我们没有移情考虑。口语交际中的许多失败，就在于我们认为“应该”而对方并不觉得“应该”的错位上。当我们理直气壮地要求对方做“应该”的事时，对方是不是也认为“应该”呢？

在艺术心理中，有一种叫作“感情移入”的移情，在中国画论中，即所谓“迁想妙得”。就是把我心移入于对象中，视对象为与我同样的人。于是，禽兽、草木、山川、自然现象皆得情感，皆有生命。画家用这移情观看世界，则其所描写的山水花卉有生气、有神韵。中国画的最高境界“气韵生动”，便是由这一看法而生成的。同样道理，如果我们在与人交际时，能够将心比心，换位思考，站在对方的角度谋划和考虑，了解他的心理，了解他的需求，了解他的困难，了解他的处境，视对方为与我同样的人，交际双方就容易达成沟通、深化认识。我们要多想想，如果我处在他的境况中，我将有何感受，又会做出怎样的反应？要记住这么一句话：当我们带着移情去与人交谈时，我们实际上是在为对方提供心理氧气。

3.移情技巧训练

【示例】

人际关系大师卡耐基每季度都要在纽约一家大酒店租用大礼堂20个晚上,用以讲授社交训练课程。

有一个季度,他刚开始授课时,忽然接到通知,房主要他缴纳比原来多3倍的租金。而在这个消息到来以前,入场券早已发出去了,其他准备开课的事宜都已办妥。很自然,他要去交涉。怎样才能交涉成功呢?2天以后,他找到经理。

"我接到你们的通知时,有点震惊,"他说,"不过这不怪你。假如我处于你的位置,或许也会写出同样的通知。你是这家酒店的经理,你的责任是让酒店尽可能地多盈利。你不这么做的话,你的经理职位很难保住,也不应该保住。假如你坚持要增加租金,那么让我们来合计一下,这样对你有利还是不利。"

"先讲有利的一面。"卡耐基说,"大礼堂不出租给讲课的而出租给举办舞会、晚会的,那你表面上确实可以获大利了。因为举行这一类活动的时间不长,他们能一次付出很高的租金,比我这租金当然要多得多。租给我,显然你吃大亏了。"

"现在,来考虑一下不利的一面。首先,表面上你增加了租金,实际却是降低了收入。因为你这样做会把我撵跑。由于我付不起你所要的租金,我势必会找别的地方举办训练班。"

"还有一件对你不利的事实。这个训练班将吸引成千上万的有文化、受过教育的中上层管理人员到你的酒店听课,对你来说,这难道不是起了不花钱做活广告的作用吗?事实上,假如你花5000元钱在报纸上登广告,你也不可能邀请这么多人亲自到你的旅馆来参观,可我的训练班给你邀请来了。这难道不划算吗?"

讲完后,卡耐基告辞了:"请仔细考虑后再答复我。"最后经理让步了。

【评析】

可以设想,如果卡耐基这样吼叫:"这是什么意思!你知道我的入场券都发出去了,开课的准备工作全做好了,你却要增加3倍的租金,你不是存心整人吗？存心敲诈人吗？我们法庭上见！”这样的局面可想而知了。卡耐基的聪明之处在于拒绝对方的要求，却能站在对方的角度看问题，先是肯定对方：“假如我处于你的位置，或许也会写出同样的通知。”接着从有利和不利的两方面替对方做出详尽而合理的分析。权衡利弊之后，明智的经理当然会从长远利益考虑问题，而继续维持原来的协议了。

【示例】

一位老师在公园里见到一群小男孩在玩火，他走了过去，亲切地问道：“小朋友，你们在玩火吗？你们的中餐准备怎么做？我小的时候，也喜欢生火做野餐，现在想起来还觉得蛮有意思的。可是你们要知道，在公园里生火，那是很危险的，不过我知道你们都是好孩子，不会惹出什么麻烦的。可是别的孩子们，我相信就不会像你们这样小心了。他们看到你们在生火玩着，也跟着玩起火来，如果回家的时候没有把火熄灭，就很容易把干燥的树叶烧着，结果会连树也烧了，这个公园就没有树了。”看到小男孩们若有所思，这位老师接着说：“你们知不知道公园里玩火是被禁止的？当然，我并不想干涉你们的游戏，我希望你们玩得高兴。只是你们最好别把火靠近干枯的树叶处，而且你们回家时，也别忘了要在火堆上盖些泥土。如果你们下次再想玩时，我建议你们去那边的沙滩玩火，好不好？那里就不会有危险。小朋友，谢谢你们，希望你们玩得快乐。”当这位老师说完话离去时，小男孩们开始用水在熄灭火了。

【评析】

这些孩子们之所以很乐意跟这位老师合作，不反感，不抱怨，更不认为这位老师是在强制他们服从命令，一切都因为这位老师的说话技巧，因为他是站在小孩子的立场上来处理这件事情的，他不仅肯定了小孩的天性无可非议，而且也表示了自己小时候的喜爱。同时，他又从可能造成的危害方面来给小孩说道理、出主意，而且语气平和，说理得法，又很尊重孩子们。

【训练】

(1)赏析并分析下列案例。

1)有一次，美国商人怀特率领一个代表团与欧洲某公司的代表进行了一场关于“小麦出口”的谈判。

美国小麦过剩，造成了大量积压。欧洲公司代表知道这一真实情况，就想压低价格，从中捞一把。怀特考虑，如果价格太低，达成协议出售小麦，美国农场主肯定不同意。

在这样十分艰难的情况下，怀待坦诚地向对方陈述了国内危机，希望得到对方的体谅。他说：“我们与贵国是生意上的长期伙伴，大家彼此优势互补，患难时也相互扶持。不错，我们国内今年是丰收了，但丰收没有带来喜悦，反而是说不尽的烦恼，这大概有点滑稽吧。不过，在此我要告诉各位的是，尽管小麦过剩，但是农场主们一年的辛苦也不能白费，如果他们毫无利益，我想他们是不会答应出售的。希望各位先生郑重考虑我的话，然后再作决断。”

最后，欧洲公司代表按正常价格收购了美国的小麦。

2)一天，某顾客站在柜台前东瞧瞧、西望望，还不时用手摸摸柜台上的布料，却不肯买布。凭经验，营业员判断这位顾客是想买块布料，于是赶忙迎上前去说：“您是想买这块料子吗？这决料子很不错，但是您要看仔细，这块布染色深浅不一，我要是您，就不买这块，而买那块。说着，营业员从柜台里抽出一匹带隐条的布料，展开布料接着说：“我想您是机关里的干部吧？年龄和我差不多，穿这种料子的衣服更好些，美观大方，要论价钱，这种料子比您刚才看到的那种每米多三元，做一件衣裳才多七八元。您仔细看看，认真盘算盘算，哪个更合适。

顾客见这位营业员如此热情，居然帮自己选布料，挑毛病，当即买下了营业员推荐的布料。

3)一天中午，王老师路过学校后操场时，发现前两天帮助搬运实验器材的几位同学正拿着一块实验室特有的凸透镜在阳光下做“聚焦”实验。他想：他们哪来的透镜？难道是在搬运时趁人不备拿了一块？实验室正丢了一块。是上去问个究竟，还是视而不见绕道而去？这时，一位同学发现了他，其余的人慌忙站了起来，手拿凸透镜的同学显得很不自在。王老师从同学们惊慌的神情中可以进一步判断这透镜的来历，心想：学生拿透镜也是出于对实验的好奇，当年自己不也对透镜的功能很感兴趣吗？当时的空气就像凝固了似的，一分一秒也不容拖延。王老师快速地构思，终于想出了一条处理办法，他笑着说："哟，这块透镜原来被你们找到了！"凝固的空气开始流通起来。接着，他用略带感激的语调补充道："昨天我到实验室准备实验器材，发现少了一块凸透镜，以为是搬运过程中丢失了，沿途找了好几遍都未能找到，原来是你们捡到了。既然你们这么爱好物理，喜欢做透镜实验，这样吧，你们继续做实验，用完后下午还给我也不迟。"同学们轻松地点了点头，空气依旧是那么温暖，那么清新。

(2)使用本节涉及的知识点分析下列案例中交际失败的原因。

1)张老师为了提高学生的英语口语表达能力，特意进行了一周的课前英语口头作文训练，一周后，为了检测同学们的学习效果，他安排了一节英语口头作文课。由于学生的口头表达能力基础不好，训练时间又短，学生信心不足，课堂气氛很不活跃，十分多钟的准备时间过去了，只有几名同学主动举手。张老师不得不点名请学生起来即兴表达，但效果不佳，张老师不满的情绪流露出来了，他抱怨："哎！我真是做梦都没想到，你们怎么这么没有长进？都一个星期了，竟然连站起来说两句的勇气都没有，你们基础差是事实，可经过努力也应该有点进步呀，我怀疑你们时间都花到哪里去了！"听了张老师的话，学生们更没有信心去回答问题了，连几个情绪高涨准备发言的学生也耷拉着脑袋。最后，张老师只得让学生自习，一堂课变得沉闷异常。

2)珍珍做完作业，就坐到叶子身边，滔滔不绝地向她倾诉心中的郁闷："叶子，你知道吗？我爸爸妈妈现在都不理我了，他们'斗地主'(一种扑克游戏)的'斗地主'，打麻将的打麻将，都走火入魔啦！他们都怪对方不管我的生活和学习！可到头来，他们还是谁也不服谁，就这么时不时地将我晾着！叶子，你说，难道我不是他们亲生的吗?"叶子听她祥林嫂似的絮絮叨叨，就有些不耐烦，便边做作业边有心无心地应答："哦，是吗?""嗯，你说什么呢?""嘿，等等，我做完这道题再说！"就在叶子说出这几句话后，珍珍愣了一愣，然后失望地对叶子说："叶子，我以为你是我的朋友，没想到……"话没说完，珍珍便默默地走开了。

(3)某高校一位很出色的副教授,职称晋升时没评上教授,于是请辞,学校照例挽留,挽留照例无效——这类事情我们已经司空见惯了。但是,如果你是人事主管或者学校领导,你是否就认为,这位副教授请辞的真正原因确实是没评上教授?你准备使用怎样的语言挽留这位副教授?

第二章　口语交际是一门艺术

第一节　口语交际的功能

迄今为止，科学还没有发现在人类社会之外的哪一个生物层存在口语交际。口语交际对人类来说，不啻水和空气，是人类须臾不可或缺的。换言之，这种行为具有重要的功能。“功能”指发话人的行为对发话人产生的影响，即自己的话对自己有些什么用场。美国心理学家、社会语言学家苏珊·欧文·特立普(Susan Ervin Tripp)在《语言、话题和听话人之间相互作用的分析》一文中曾引用了斯金纳(Skinner，1957.2)对交谈功能的解释：“在语言的社会运用中，可将语言视为一种发生作用(得到报偿或受到惩罚)的行为，这种行为通过听话人的媒介对发话人产生影响。”我们基本同意这种解释，不过似乎还应指出，在持续的交谈中，听话人的反应是可能发生变化的，因而交谈的功能也会随之变化。

口语交际功能大体分为三类。

一、信息功能

发话人把思想上的一些东西用语言说给对方，这就是“信息输出”和“信息传递”。对方把所了解的意义接收进去，便是“信息输入”和“信息译码”(理解)。这一过程构成了信息的沟通，其目的是改变听话人的认识状态。人们通常把信息功能视为口头言语的最重要的功能，然而大部分言谈中能沟通的信息其实不超过15％　20％。

要说明的是，交谈时的信息沟通过程不同于打电报一类的情况。电报的社会功能，是用最经济、简洁的办法使收报人在最短的时间内得到发报人所发出的最必需的信息。电报比不得信件，更比不得交谈，不但不允许“废话”连篇，而且不允许有多余的话，甚至不要有多余的字。例如，一人家住广州，出差到了北京，办完事情，顺带买了些东西，准备回广州。行前打电报给家里：“我(21)日乘(15)次火车(23)日抵广州盼接。”他的电文的“赘余度”就太大，其实只要：(23)日接(15)次”就表达明确了。这不是因为要节约一点钱，而是要发挥电报的社会功能。电报的另一个特点是单方面传递信息(单方面的交际)，不能立即交流思想(如果回电，那就是另一个信息传达过程了)。而交谈，不但不一定用最“节约”的语言，而且往往还要求有一定的“赘余度”。例如有些词语像“客套话”、某些“表情词”等，虽然表面看它们所荷载的“信息量”等于零，但能收到更好的交际效果，实际上达到了“信息增值”。交谈不只单向传递信息，还可以使信息对流，使沟通可以立时形成。

发自沟通音的口语信息可以有两种类型。

(一)祈使信息

祈使信息表示命令、劝告和请求。它的目的是刺激某种行动。刺激本身可以是各式各样的。首先，它可以是促使，促使按规定方向行动。例如：“请把黑板擦干净。”“请递我一双高跟牛皮鞋。”慢一点说！”“九点钟了吧？”在这种情况下，说话人的话将操纵听话人的明显行为。其次，刺激可以是制止，虽然这也是促使，但这是促使不采取某种行动，禁止不适当的活动形式。例如：“请不要提起那些不愉快的事情。”“别嘀嘀咕咕。”“少说废话！”此外，祈使信息的刺激方式还可以是破坏稳定。

例如：“事儿不大，你看着办吧！”“去不去在你，我们目前在考虑你的会员资格问题。”“你最好三思而行！”这种信息可使某些独立形式的行为或活动不协调。

(二)判断信息

一般表现为表述的形式，例如：“那是个体摊贩。”“广州昨天下了场雨。”“听说昨天失火了。”“你听说老王离婚了吗？”主动提供消息或解释，是因为说话人相信听话人乐意得知，但它不要求直接改变对方的行为。

由于口头言语交际是“沟通角色”不断更换的过程，而且“人们力求在这里制定出共同的意义”），所以信息一般不仅是你来我往地传递，并且也在形成、补充和发展。正是在这种相互沟通的过程中，交际双方实现了知识交流和思想交流。

二、调节功能

在口头言语交际中，人们可以通过共同活动、相互影响、相互定向（要求）——相互作用，明确与对方的关系，并且协调这种关系。这便是调节功能，也叫人际功能或酬应功能。可以说，调节功能是维持社会集团内部联系的一种功能，是保持交际活动畅通和良好的社会联系的一种功能。

交往（广义的）是指社会关系和人际关系的现实。交往的相互作用，就是在交际对象之间存在着这两种关系的情况下实现的。社会关系的特点是“在这些关系中不是个体与个体的简单‘相遇’和相互‘发生关系’，个体是一定社会团体（阶级、职业团体或在劳动分工领域内形成的其他团体以及在政治生活领域内形成的团体，如政党等）的代表”。例如，无产者、教师、党员、政协委员、工会会员、校足球队队员、父亲、知识分子、老干部等，都体现了个体的社会关系方面。通常是用术语“社会角色”来表示这些称谓的性质的。无疑“这种关系是建立在每个人在社会系统中占据的一定地位的基础之上。因此，这些关系是客观决定的，这些关系是社会团体之间的关系或作为这些社会团体代表的个体之间的关系。这就意味着社会关系带有非个人的性质：它们的本质不是表现在具体个人的相互作用中，而是表现在具体角色的相互作用中”。在确定某人的“社会角色”时，实际就把这个人纳入了一定的社会团体或社会层次。

人际关系可以概括地看成是社会关系系统的一个特殊横截面。二者的关系密切，表现在社会关系上的某些因素只是人际间的相互关系，例如某些人被认为是“狡猾的商人”“傲慢的贵族”“平易近人的干部”等。从根本上说，人际关系是社会关系的实际现实，因为在人际关系之外，任何地方也不会有纯粹的社会关系，即如马克思所说：“正是个人相互间的这种私人的个人的关系，他们作为个人的相互关系，创立了——并且每天都在重新创立着——现存的关系”。某一个体在人际关系系统中所占的一定的地位，可以称为“人际角色”。这种人际角色的例子在日常生活中是屡见不鲜的，例如把一些人称作“奸诈的人”“恶魔”“应声虫”“尖头鬼”“替罪羊”“完全是自己人”等。

由于人际关系不以人在社会系统中的客观地位为依据，而只是以在个人心理特点基础上产生的地位、即情感基础为依据的，所以有理由认为人际关系是口语交际整个关系系统中的“产生于‘个体自觉意志和特殊目的’的因素”，这样，人们在口语交际中就完全有可能发挥主观能动性，调节这种关系。例如，表示问候、感谢和道歉的客套话，就是在发挥口语可以改善人际关系的功能。人们也通过社交闲聊来调节、改善人际关系，这时人际关系的对象不一定是确定的。例如一个人在火车站候车室里候车，车要很晚才开，在椅子上坐久了，有点腻烦，他对旁边的陌生人开口说道：“今天天气不错啊。”对方答道：“是啊，天气挺好。”过了好一会儿，他又说：“今天没下雨啊。”对方跟着说：“是啊，这季节该下雨了。”这是谈话的发起。无论古今中外，日常谈话往往都是从天气谈起的，这可能是因为“天气”是一“遗留话题”——人类祖先完全靠天吃饭，所以每天最关心的当然是天气，于是乎就相因成习了。也许是因为“天气”是一天然的“中性话题”，不具任何刺激性。觉得无话可说但又要找话来说，便常说上一句：“今天天气×××。”这种试探性的言语并未确定今天天气的阴晴雨雪，也没明确是否喜欢今天天气，没有交流什么知识或思想，只是发出一个信号，看看对方有什么反应。再如，两个人在公园的长凳上闲坐，可以你看你的书，他养他的神，沉默半个小时，一个小时。但人与人总是要交际的，一方终于开口说话了：“嗨，有火柴吗，您？”“没有。”“今天公园里真清静。”“嗯，没什么人。”“那边倒是有些老年人。”“是，退休了爱溜达溜达。”话匣子可能就由此打开了。这里，发话人问：“有火柴吗？”与其说是为了得到取火用具，不如说是表示一种社交要求；因为说话人虽然没得到取火用具，他也还在继续闲谈。看来，前述“问天气”一例也好，后举“借火柴”一例也好，发话人的话都有“弦外之音”，即所谓“潜在功能”——调节人际关系的功能。

很明显，问候、告别、感谢、道歉和礼节性的日常问话等都没有信息方面的意义，所担负的交际任务最轻——就是说说话的具体内容几乎无关紧要，重要的是说还是没说——但它们可以表示说话人的友好意图，填补交谈中的空隙，使听话人感到愉快，产生交谈兴趣，因而显示出其重要性。

对这种“酬应语言”，其他学科领域的专家也提出一些有趣的解释。例如社会精神病学家 Eric Berne 在《人们所做的游戏》(*Games People Play*)(1966)一书中，把“酬应语言”解释为一种替代活动。他说酬应交际[他称作“安抚”(stroking)]是成年人的行为，它代替了人类婴儿正常成长所需要而且得到的大量的身体方面的照料和爱抚。当婴儿长大成人时，人类并没有失去这种在肉体上得到安抚的需要，但是相当一部分需要不是通过身体的接触而是通过言语交际来满足的。因此“酬应语言”是人们相互安抚的形式，在这种形式中，交际双方所给予和所得到的愉快感觉保持平衡。生态学家 Desmond Morris 在《裸猿》(*The Naked Ape*)一书中甚至提到人类的寒暄语在动物世界中可以找到类似的现象，例如猴子之间相互梳理毛发的习惯。

另外，虽然社会关系按其本质来说属于角色的非个性关系，然而在其具体表现中却具有一定的“个性色彩”。这是因为，社会角色本身并不能决定每个角色扮演者口语交际活动和行为的细节，这要取决于个体掌握角色和角色内化的程度，也就是要由其个体心理特点来决定。这样，人们主动协调这种关系也就成为可能。众所周知，每一个体都扮演着多种社会角色；例如一名男子在家庭里充任丈夫的角色，又充任父亲的角色，也充任儿子的角色；在公司里，他充任经理的角色，又充任工会会员的角色，也充任乒乓球队队员的角色。又如一位妇女在学校是教师，在孩子面前是母亲，在丈夫面前是妻子，回到娘家是女儿，来到婆家是媳妇，坐在影院里是观众，逛商店时是顾客。每一种社会角色都具有特定的职能、规范和“演出场合”。在口头言语交际中，不能发生“角色错乱”(也称作“角色固着”)。如果在下级面前吆五喝六地扮演父亲的角色，在妻子面前不苟言笑地扮演经理的角色，在朋友面前以领导者角色发号施令，在女同事面前有丈夫角色的亲昵举止，就都会把关系搞糟。这属于个体掌握社会角色的能力问题。当与文化强度比你低许多的人交谈时，注意不要“引经据典”；与性格粗犷的人交谈时，避免咬文嚼字；与女性交谈时，则千万不可出口不逊。也就是说，除应根据环境和场合不断调节、变换角色外，尤其要注意有意识地使自己的社会角色带上一点接近对方社会角色的色彩，这样有助于协调双方的社会关系。

三、情感功能

有人称情感功能为“表达功能”[如(英)杰弗里·利奇]。口头言语交际的这一功能，是与前述“调节功能”密切相关的，因为交际双方产生正面的情感关系，主要是由于人际关系的协调。

在口语交际过程中，参加者的相互了解必不可少，不但如此，还可能接受与赞同交谈伙伴的动机、目的、要求和表达方式，从而不仅能使他们的行为协调一致，而且能够建立亲近的特殊关系。这种关系可以带有种种不同的感情系数：同情、友好、喜爱、依恋等。这种感情基础，又可以滋生出对交谈伙伴一些新的评价、理解、配合和要求。演讲家就都善于利用这种功能，他们有时就只提供很少的信息而偏重以大量的辞藻和体态语来打动听众。

在日常口头言语交际中，有哪些因素可以使交际双方产生正面的感情呢？一般认为，相互吸引的三个原因是：邻近、相似和仪表美。

邻近，指空间位置接近的吸引模式。按照一般社会的交谈规范，只要两个人在“近体度”的最小限度之外，空间位置越是接近，感情也便越是接近。即使是在和较多的人谈话时，也往往是和离得近的人容易发生“情感移入”。情人间常“窃窃私语”，朋友间会“促膝谈心”，干部要接近群众，写信注明“见字如晤”“见字如面”，都是“邻近吸引”的例子。

相似，指交往者在个人性格、气质、兴趣等心理因素，生活方式、言语习惯，文化程度等社会文化因素和外貌、身高等生理因素方面具有某些类似特征的吸引模式。俗话说得好，“物以类聚，人以群分”，这种人际吸引力就主要来自相似。人们常说的“有共同语言”“谈得来”“谈得投机”“一拍即合”“丝丝入扣”也是“相似吸引”很好的例子。

仪表美，指在相貌、体态、服饰、风度等外形特征上具有审美价值的一种吸引模式。很明显，仪表堂堂、姿态优雅、风度潇洒容易给对方留下好印象，产生美好的感情；相反，其貌不扬，不修边幅，邋遢，一定会使对方心中不悦，感情上疙疙瘩瘩。

在这三个决定吸引力的因素中，“相似吸引”和言辞内容的关系最直接且最重要，但是另外两个因素的作用也不容忽视。口头言语交际过程中，就是这样使双方感情孕育、形成并进行不同程度的交流，从而便实现了情感沟通的功能。

除上述信息、调节、情感三项重要功能外，口头言语交际还有一些一般功能，例如：表白功能——它主要是为了传达说话人自己的感受，而不管有没有听众或听者是谁；认识功能——在利用这一功能时，发话人又是自己的受话人，即发话人对自己的话进行认识，人们常常这样，通过事先设想可指望得到的反馈来预测受话人的反应。这也是一种内部言语；美感功能——利用恰当的修辞手法，如词序的巧妙安排、生动的比喻、悦耳的韵律、严密的逻辑以及鲜明的上下文过渡使言语引人入胜，让受话人产生审美快感。

了解所有这些功能，对于弄清口头言语交际中各种因素对理解的影响是很有裨益的。据此我们可以判断言语活动的各种特征所起的实际作用，进而认识影响参加者主观评价的规律性的依据，从而艺术地完成自己的话语构成。

第二节　口语交际的艺术沟通

为实现上述社会功能，口语交际需要讲究艺术性。这是为什么呢？

口语交际既不同于动物的单调的声音信号传递，也不同于“电文”式的干巴巴的文字交流，因为口语交际只是达到互相了解还不够，人们还希望能够产生更高的效能——说出的话，不仅让人懂，而且让人懂得容易、透彻；不仅懂了，而且使人觉得中听、有趣；不仅让人不感觉干瘪无味，而且令人信服、感动，乐于接受，发生共鸣，这样，“话”才能成为“开心的钥匙”（一作“话是开心斧”“话是开心的药”)。除了极为特殊的情况——例如在东非的布隆迪人中,一个农民可能掌握了他们文化中所强调的、受重视的口语表达能力,但他不可以在牧主或其他上级面前表现出这种能力,此时,恰当的行为是说话结结巴巴,语无伦次,嗓门很大,手势粗野,比喻鄙俗,感情流露无遗,词句不雅——之外,自古以来人们进行口头言语交际,无不自觉不自觉地抱着这样的希望。现代社会生活的节奏使这种希望变得更加强烈了。而要实现口头言语交际高效能、高效率的目标,就一定要琢磨该说些什么?先说什么?后说什么?怎么样说?换言之,就是要讲究点艺术性。

讲不讲艺术性,效果是大不相同的。

你出差到北京,上公共汽车不熟悉线路,会问售票员:“同志,这车到王府井吗?”如果你遇到态度不好的人,她会送你一个字:“上!”(意思是到,快上车)或者干脆射出一个字:“开!”(意思是不到,同时招呼司机开车)若论“必要信息”(俗称“意思”),应当说是传达了,对方了解了;然而这种过分“节约”“赘余度”等于零的言语,肯定会使你心里很不痛快,甚至会觉得自己“人”的尊严都受到了某种侮辱。相反,如果你遇到的是一位“服务标兵”,她会说:“这车到王府井,同志,请上车。”或者说:“同志,这车不到。请您到前边坐 103 路。”传达同样的意思,换了一种说法,便使人有“宾至如归”之感。

一则外国幽默小品曾写了电车上的“一堂礼貌课”——一位太太上了电车,车上所有的座位都坐满了。有位先生站起来让座,这位太太就一声不吭地一屁股坐下了。很明显,她的举止是缺乏教养的表现。那位先生心里当然不大高兴,便想在众人面前教育教育这位太太,使她意识到自己的不合社会规范的失礼行为。试想,如果那位先生说上几句尖刻的话予以讽刺,那么对方肯定会反应强烈,针尖对麦芒,先生自己也会因此而显得小肚鸡肠,缺乏涵养,而且不合自己让座的初衷了;即使是板起面孔说上几句规劝、训导的话,这位太太同样会表现出明显的反感,对先生来说似乎也是“小题大做”。那位先生是怎么说的呢?——他故意转身问道:“太太,您说什么?”“先生,我什么也没说呀。”“哦,对不起,太太,”那位先生说,“我还以为您说‘谢谢’呢。”这种方式委婉得体而又一针见血,这位太太红着脸低下了头,几秒钟之间，她上了一堂令心灵为之一颤的礼貌课。

在商店里，顾客走近柜台，有的售货员会粗暴地问上一句："你干什么？"到商店里来，当然是来选购或参观商品，"干什么"这句问话起码是有点莫名其妙了。顾客买东西想挑一挑，正在低头端详，有的售货员会冷言冷色地说上一句："你到底买不买？"询问里边含着讥刺、讨嫌和斥责，弄得对方惶惶不安。可是在同样的情况下，有的售货员会迎上前来先和顾客打招呼："您好，同志。"然后问："您想看点儿什么？""您"是敬称，可使听者意识到说者对对方的基本感情评价；顾客来商店，也许只是来看看商品，未必要买，因此问"看点儿什么"更使顾客心理自在、坦然得多；"点儿"这个表示极小的形体和极少的数量的量词也有"点铁成金"之妙——这个词所传达的意味是，即使顾客您买得少，哪怕是一根针，我们售货员也照样热情地欢迎您。前面提到的售货员不客气的话，经后面这位售货员一点窜，顿时就变得受听了。顾客即使因缺货没能买到称心如意的东西，也会感觉心满意足。讲究语言艺术的售货员已经在这方面积累了许多实际经验，例如：在适当的时候赞美顾客，以促成顾客购物时的良好心境；在无货时不简单地说"没有"，而说暂时没有，不过有其他颜色和款式，请顾客去看；熟客及其朋友前来购物时，不要只顾和熟客打交道而冷落了他的朋友，等等。这些口语交际技巧已在实践中收到了上佳的效果。

在家里，小孩向妈妈要水喝，他说："水？"妈妈端过一杯水来："喝！"一看起来，要传达的和了解的信息都不缺少，可是没有一点家庭生活的味道，倒像是"机器对话"。相反，如果孩子说："妈妈，请您给我一杯水喝，我渴了。"妈妈说："小宝宝，给你水。慢慢喝吧。"这样的对话不是使母子都感觉"其乐融融"吗？

《水浒传》里，晁天王临终遗嘱："但有人捉得史文恭者，不拣是谁，便为梁山泊之主。"卢俊义上山未久便夺了这一功。但众头领拥护宋江，不赞成卢俊义做山寨之主，这时各人所说的话就有高下之分了。武松"发作叫道：'哥哥手下许多军官都是受过朝廷诰命的，也只是让哥哥，如何肯从别人？"他虽未直接冲撞卢俊义，可也是不言而喻了。李逵则"大叫道：'我在江州舍身拼命,跟将你来,众人都饶让你一步。我自天也不怕!你只管让来让去,做甚鸟!我便杀将起来,各自散伙!'"鲁智深也"大叫道:'若还兄长推让别人,洒家们各自撒开!'"李逵和鲁智深是有名的火爆性子,所以一言不合,就大叫"散伙""撒开";尤其李逵还要"杀将起来",比鲁智深更猛烈。至于刘唐,他说道:"我们起初七个上山,那时便有让哥哥为尊之意,今日却要让别人!"他是感慨多于愤怒,虽也不赞成宋江谦让,但一下子又说不上多少道理。只有"智多星"吴用的话,经过深思熟虑,辞令委婉,却极有分量:"吴用劝道:'兄长为尊,卢员外为次,人皆所伏。兄长若是再三推让,恐冷了众人之心。'"他既表达了众头领的共同心愿,又没使用显露的词语刺激卢俊义,这样,他的话就平衡了众人(包括宋江和卢俊义)的心理,赢得了他们的信服。

口语交际的艺术性,还与表达得简单明了、不迟滞、不笨重有关。有时会见到某些基层领导,他们在与群众交谈时,在做报告时,习惯于慢慢吞吞且啰嗦。不是有这样一个幽默小品吗——甲:"咱们厂长定的是什么技术职称?"乙:"大概是中医师吧,他的报告专治失眠症。"这样的"啰嗦症"大概是跨国界传染的,外国也有类似的幽默小品——甲:"这个人的发言太枯燥无味、令人生厌了。讲了一个多小时,仅有一句话能使所有与会者感到高兴。"乙:"什么话?"甲:"先生们,我的发言完了。"说话慢慢吞吞之所以令人生厌,是因为由此可推想到"打官腔""小看人"或"不振作";说话啰嗦也令人讨厌,是因为这种话语不经济、效率低,是口语交际的痈疽,与现代社会生活更是格格不入。现在人们惜时如金,说话拖沓、啰嗦是"无端的耗费他人的时间,无异于谋财害命"(鲁迅语)。一则外国笑话中写道:"一位爱唠叨的老妇人要雇一部出租汽车。她对司机说:'司机,我要到火车站。''好的,太太。''天雨路滑,你可得开慢点儿,小心别出事。''放心好了,太太。''特别是拐弯的时候,可不要冲到人行道上去……''行了,太太,'司机火了,'我倒想问问,如果我们发生意外的话,你希望到哪家医院去呢?'"这位老妇人便是一个爱唠叨的典型人物。捷克著名作家哈谢克的长篇讽刺小说《好兵帅克》里,塑造了一个克劳斯上校的形象。这个人物说起话来很啰嗦。一次,他对军官演讲,就说过这么一段话:"诸位,我刚才提到那里有一个窗户。你们都知道窗户是个什么东西,对吗?一条夹在两道沟之间的路叫作公路。对了,诸位,那么你们知道什么叫作沟吗?沟就是一批工人所挖的一种凹而长的坑,对,那就叫沟。沟就是用铁锨挖成的。你们知道铁锨是什么吗?铁做的工具,诸位,不错吗,你们都知道吗?"显然,克劳斯上校也是一个爱啰嗦的文学形象。在现实生活中虽然真正这样说话的人并不多见,但是说话啰嗦的现象却是司空见惯,而且这被公认是说话的一大毛病,这种人常被戏称作"啰嗦先生""唠叨鬼",他们的言辞则被戏称作"车轱辘话""婆婆妈妈""懒婆娘的裹脚布"。

总之,要完成口语交际的社会功能,实现口语交际的高效率,就不能不讲究点艺术性。

不要把"艺术性"看得高不可攀。一提到"艺术性",有的人就认定是艺术家的事情,比方说,不是常常把大作家誉为"语言艺术巨匠",把相声表演艺术家称作"语言艺术大师"吗?而自己呢——缺少艺术细胞,所以无缘侈谈艺术。其实,这种看法不全面。我们这里所说的艺术性应当广义地去理解,说话透彻、中听、有趣、简明就是具有艺术性。即使是小孩子也有他们的艺术境界。例如,两个小孩子都向妈妈要刚买来的糖果吃,甲小孩很乖,说话很甜,三言两语妈妈就答应了;乙小孩又闹又哭,结果惹得妈妈生气,没有给他糖果。对比这两个口语交际行为,我们可以说,甲小孩的口语交际艺术高于乙小孩。

此外,也不要把语言的艺术性理解为文学的专美之物。不错,"语言是文学的第一要素"(高尔基语),"文学是语言的精华"(语言学家王力语),但这并不意味着在文学创作之外的其他场合就可以不考虑语言运用的艺术技巧。口头言语交际是言语活动最广阔的天地,成语中所谓"谈言微中""谈笑风生""言之成理""言近旨远""言简意赅""语重心长""微言大义""善颂善祷""硬语盘空""应对如流""娓娓动听""高谈阔论""伶牙俐齿""唇枪舌剑""哓长三尺""诲人不倦""要言不烦""药石之言""金玉良言""侃侃而谈""苦口婆心""出口成章""口角春风""一诺千金""一呼百应""一言九鼎"等,就都可以看作是通过口头言语交际行为而表现出的高度艺术性。这种艺术性化入在广阔的社会生活画面里。我们举出外交、内务和日常生活三个方面的实例予以证实。

一、外交

(1)两千多年前的先秦时代，那些政治家、思想家、外交家个个都有捷辩之才。他们凭着三寸不烂之舌，游说诸侯，出使各国，宣传政见，劝阻战争，活跃在大小国之间的交际舞台上，为己、为国赢得了很高的荣誉，真是“一言之辩，重于九鼎之宝；三寸之舌，强于百万之师”。例如《晏子春秋》里记载的晏子使楚的故事——晏婴身居齐国国相，楚王依仗兵强国富，有意侮辱他以贬低齐国。先是召见时，在大门旁边开了小门让个子矮小的晏婴进。晏婴巧妙地以“使狗国者从狗门入”为逻辑根据，从容不迫地推导出：“今臣使楚，不当从此门入。”迫使楚人请他从大门进去。楚王见了晏子，又含沙射影地提出一系列挑衅性的问题：“齐无人耶?”“然则子何为使乎?”晏婴回答：“齐命使各有所主，其贤者使使贤王，不肖者使使不肖王。婴最不肖，故直使楚矣!”辞令并不强硬激烈，但却义正词严，产生了巨大的威慑力量，维护了齐国的尊严。

(2)第二次世界大战期间，英国首相丘吉尔到华盛顿会见美国总统罗斯福，要求美英联合抗击德国法西斯，并给予物质援助。丘吉尔受到很高的礼遇，被安排下榻于白宫。一天早晨，丘吉尔正躺在热气腾腾的浴盆里抽着他那特大号雪茄，这时门开了，进来的正是罗斯福。丘吉尔大腹便便，肚皮露出水面……可以想见，这两位世界伟人在此情此景下相见，会是多么尴尬。可是丘吉尔很有幽默才能，他扔掉烟头，望着罗斯福说：“总统先生，我这个英国首相在您面前可真是一点也没有隐瞒。”说完，俩人都哈哈大笑起来。丘吉尔说话的艺术，不止在于自我解嘲，投身于窘境，而且由于“一点也没有隐瞒”这句话又暗合于谈判桌上需要表白的“毫无保留”，所以这也是在借机向罗斯福坦露会谈的诚意，以增进双方的了解与信任。两个人会心的笑声，则表明双方获得了很好的交际效果，这在一定程度上促进了谈判的成功。

二、内务

法国前总统戴高乐口才很好。但他在记者招待会上对记者的回答也不是即席赋成，而是经过精心准备的，这种准备，除了内容之外，主要就是进行艺术加工。在记者招待会上，不管向戴高乐提什么问题，一般他总能巧妙地绕到自己想谈的问题上。不过突如其来的、意想不到的问题总还是有的。在一次记者招待会上，《震旦报》的一名记者一上来就问已届高龄的国家元首的身体近况如何。显然，这个反对派记者提出的问题多少有点虚伪，甚至可能是不怀好意的。对这种发难，戴高乐当然不能说身体不适，因为那会正中人家下怀，会被大肆渲染，推波助澜，以至可能使政局的天平发生变化；他也没有单纯表示自己身体状况良好，因为那样将缺乏一点“反击”的尖刻意味。他回答说：“谢谢你，我很好。但是请你放心，我迟早会死的。”这个回答即是镇定自若、彬彬有礼的，又表示了对提问者的嗤之以鼻，从而表现了他的言语艺术风格。他的这个艺术性的答话，对法国新闻界来说，至今言犹在耳。

三、日常生活

(1)意大利文艺复兴的伟大先驱、世界名著《神曲》的作者但丁，童年时父母亡故，生活艰难。37岁时又因积极参加反对封建贵族的斗争而被判处终身流放。直到死前，仍然十分贫寒。有一次，他遇到一位亲王的弄臣。这位弄臣皱了皱鼻子，装腔作势地说：“你聪明绝顶，但是贫穷；可我呢，虽然愚笨，但是富有。嗯，这是怎么回事呢?”但丁望着这个愚蠢的有钱人，眼睛里闪动着俏皮的光芒，他指了指自己，又指了指对方说：“将来，我遇到的是像我这样的人，而不是像你那样的人，我就富有啦。”面对弄臣的不怀好意但又未出大礼的问话，既不能直言不讳、强硬反击——那样会因失体而使矛盾表现化、白热化，又不能噤若寒蝉、无言以对——那样等于甘愿吞咽人家塞来的苦果，更不能唯唯诺诺、随声附和——那样将丧失人格。但丁言辞巧妙，针锋相对而又文明雅致，反唇相讥而又幽默诙谐，表现出了他运用语言的艺术功力。

(2)英国伟大的批判现实主义小说家、《大卫·科波菲尔》《双城记》等名著的作者狄更斯，特别喜欢钓鱼。一次，狄更斯在江边垂钓。他把钓钩甩进水中，然后坐下来聚精会神地看着水里。忽然，一位陌生人走到他的身旁，问道："怎么，你在钓鱼呀？"狄更斯直起腰来，点了点头，很干脆地回答那人说："是的。今天钓了半天，没钓到一条鱼。可昨天，嘿，也是在这个地方，却钓到了15条鱼呐！""真的？"陌生人说，"那么，你可知道我是谁吗？我是这地方管鱼的。这段江上严禁钓鱼！"说着，他从口袋里掏出一个本子来，准备记下名字并且罚款。看到这种情景，狄更斯耸了耸肩，连忙反问道："那么，你可知道我是谁吗？"那个陌生人瞪大了眼睛瞧了瞧狄更斯，狄更斯慢条斯理地说道："我是作家狄更斯。我说我钓了15条鱼，你不能罚我的款。因为，虚构故事本来就是我的职业。"为了不致被罚款，除非矢口否认刚才说过的话，可是覆水难收，如果硬性抵赖，出尔反尔，其结果只能是"欲盖弥彰"，那样双方说不定会争斗起来。狄更斯在这里虽然实际上也是在"翻手为云，覆手为雨"，然而他以自己的公开职业特点——"虚构故事"为掩护，委婉、幽默、成功地把自己刚刚说过的话又"吞食"了进去。

(3)中国一名留美学生在留学期间，曾听到西方女性带个人感情的问话："你更喜欢美国姑娘还是中国姑娘？"问话人显然对这个中国留学生吐露出爱慕之情。试想，如果直率地回答喜欢中国姑娘，势必会使对方难堪；如果违心地回答喜欢美国姑娘，则纯粹是为了讨好对方。如何作答呢？我们这个留学生聪明地答道："凡是喜欢我的姑娘，我都喜欢。"话虽笼统，对方一听也就领悟了。

讲求口语交际艺术的目的，是为了提高口语交际的效果。在社会心理学、交际心理学领域，已经进行了大量的旨在弄清提高口语影响效果的条件和方法的实验研究，为此目的而采用的各种方法的总合称为"说服沟通"。研究者们在"说服沟通"的基础上制定了所谓"实验演说术"——用言语说服的艺术。这些研究具有重要的理论意义和实际指导意义。例如，过去人们普遍认为，只要说话合逻辑和实际上有根据，就一定能够被对方所接受。我们中国不是有习用成语"理所当然""理直气壮"吗？其实"有理走遍天下"并非一条通则，常常还要取决于表达艺术。这也是欧洲人19世纪的传统观点——这一观点认为，在逻辑上和实际上有根据的信息会自动地改变听众的行为。但苏联心理学家克拉普涅尔的研究表明，“在这种情况下不存在任何自动化，实际上最重要的因素是信息和听众定势之间的相互作用。这种情况对有关听众定势在理解信息中的作用的一系列研究给予了生命力”。此外，苏联的波尔什涅夫提出，信息在社会中的传播是通过独特的“信任”和“不信任”的“过滤器”进行的。这个过滤器能起这样的作用——完全真实的信息可能变成不可接受的，而不真实的信息则可能变成可接受的。这一情况虽然令人担忧，但也有帮助接受信息以及减弱过滤器作用的手段——“迷惑力”。它是基本信息所附带的手段的综合。它通过建立使基本信息占优势的某种补充“背景”，来“护送”信息，因为这种“背景”可以部分地克服“不信任”的过滤器。例如，一篇蹩脚的讲话稿往往可以通过有声有色的朗读而被听众接受；辞藻的华丽有时能够掩饰泛泛的空谈；委婉的话语因受听而易于为人接受；礼貌的言谈则有助于缓和紧张的气氛；适当、优雅的体态语会强化对方的信任印象；音乐伴奏也使言语具有“迷惑力”。这里所谓的“迷惑力”，其实很多便是说话艺术性的表现。显然，口语交际的艺术性是影响“听众行为”的一个重要因素，在社会生活中是大有用武之地的。

第三节　口语交际的精神文明价值

一、精神生活的必要成素

18 世纪英国作家笛福的长篇小说《鲁宾逊飘流记》曾经长时间风靡世界。直到今天，仍为许多读者所熟悉。主人公鲁宾逊因所乘船只失事，在远离英国本土的荒岛上独自创造生活条件。在“离群索居”的 25 年里，他失去了任何口语交际，这曾折磨、憋闷得他痛苦不已。

鲁宾逊在荒岛上曾把自己所处境况的好处和坏处加以比较，“使自己能够知足安命，并按照商业簿记上‘借方’和‘贷方’的格式”，把他的“幸与不幸，好处与坏处公公正正地排列出来”。其中，他把“我没有人可以谈话”作为大难之中的一个“不幸”和坏处。

为了填补这种“空虚”，他经常对着鹦鹉“波儿”说话。小说中写道：“这种悲哀的语言，正是我经常向它说的，教给它说的，它把这一套话学得惟妙惟肖，经常停在我手指头上，把它的嘴靠近我的脸，叫着‘可怜的鲁宾逊，你在什么地方呀？你到什么地方去啦？你怎么到这儿来啦？’以及我教给它的一些别的话”。

当鲁宾逊搭救了土人“星期五”的性命之后，这个土人唧哩咕哝地向他说了几句土语。作品是这样描述鲁宾逊此刻的心理反应的：“我虽然不明白他的话，可是听起来却非常悦耳，因为除了我自己的声音以外，这是25年以来我第一次听见人的声音。”

鲁宾逊在断绝了口语交际之后，为什么会有如此难以言说的痛苦呢？这是因为，人是“一切动物中最社会化的动物”，人的本质在于社会性。一个人只有在与他人的交往关系中，才能确认自己的存在价值。按照通常的说法，社会交往是现代人的五大基本需要之一，并且交往需要是其中最广泛、最复杂的需要。而作为人际交往主要手段和主要内容的口语交际，更不仅是生产物质生活资料之必需，而且是人们精神生活（心理上和感情上）的一个支柱。

一个人如果断绝了口语交际，甚至哪怕是缺乏口语交际，那么往往会产生或强化孤独感，久而久之，将极可能成为心理发育不良者，甚或心理畸形人。现实生活中不乏其例，一些小说中更是有刻肌刻骨的描写的。法国著名小说家大仲马的名著《基度山伯爵》，在叙述主人公爱德蒙·邓蒂斯含冤入狱，在伊夫堡地牢中被长期独身囚禁时，曾写到他对口语交际的深切渴望（当然，这种渴望是与对自由的追求交织在一起的）：“他努力使自己和他那新来的狱卒讲话，虽然他可能比以前的那个更沉默寡言，但是，对一个人讲话，即使是哑巴，也总还有一点味道。邓蒂斯讲话的用意是要听听他自己的声音，他也曾尝试独自讲话，但被自己的声音吓了他一跳。在入狱以前，每当邓蒂斯想到那些犯人聚集在一起，有贼，有流浪汉，有杀人的凶犯，心中便不禁要作呕。现在他希望和他们在一起，以便除了那不和他讲话的狱卒以外，还可以看到一些其他的面孔，他羡慕那些穿着囚衣，系着铁链，肩上钉着记号的苦工。充当苦工的囚徒能呼吸到外面新鲜的空气，又能互相见面，他们是非常幸福的。他恳求狱卒有一天可以给他弄到一个同伴，即使是那个疯长老也好。在他的恳求被拒绝了以后，“一种阴郁的情绪充满了他的心头”，“接着就来了狂怒。邓蒂斯用他自己的身体去撞监狱的墙壁，口里大喊着渎神的咒骂，以致他的狱卒恐怖地望而却步。他把愤怒转嫁到他周围的一切，尤其是泄怒于他自己，泄怒于那来惹恼他的最微细的东西——一粒沙，一茎草，或一丝气。”并且，由此他已开始陷进自杀的泥沼里，愈陷愈深地被吞进去。

心理学家和社会学家的研究已经表明，人与人之间健康的口语交际，即使是一般的谈笑，也不仅对人的生理器官的健康大有裨益，而且能给人带来精神、情绪上的愉悦感。佛德里博士在纽约一所大学做学术演讲时曾指出："说话能减轻内心的紧张情绪。"伦敦一家医院经过反复调查，认为茶余饭后来一番轻松的谈话，确实是一项安全措施。因为精神上的紧张和压力往往使我们感到心烦意乱，而且还带来许多身体上的疾病。英国婚姻指导委员会的一名成员说，夫妻之间经常谈笑说说闲话，是幸福婚姻生活中不可少的因素。他说："丈夫结束一天疲劳的工作回家后，如果妻子滔滔不绝地在他耳畔讲些东家长西家短的趣闻，丈夫不仅不感到疲倦，而且还会参与进去。"也就是说，妻子的话匣子一打开，能使丈夫精神倍增。马田博士长期以来研究人类的谈话的性格之间的微妙关系。他曾经在大量已婚男女中进行过调查和研究，其统计结果是有趣的——在那些成功的男士们家里，都有一个喋喋不休、长舌妇式的妻子。综上可知，口语交际真真称得上是个人精神生活上不可或缺的维生素了。

一个社会，如果由于种种障碍，多数成员的口语交际发生阻断现象，人们感情交往的这一主要工具不能正常发挥其职能的话，那么这个社会就会产生整体性的精神病态。

西方发达国家虽然物质生活水平很高，但那里世态炎凉、人情淡漠，人与人之间缺乏工作内容之外的口语交际。缺少感情的“对话者”，所以许多人因孤独而缺乏自信心，精神抑郁，甚至自杀，出现了瘟疫一样可怕的社会感情危机。这一情况已引起了西方一些有识之士的关注。例如，在瑞士和列支敦士登，为了缓解这种语言——感情交往饥饿症，一些名为“友谊之手”的组织应运而生，它们通过电话与那些寻求同情和企望摆脱孤寂的人进行口语交际（有时甚至只是问问好，聊聊天）。1980年向“友谊之手”呼叫求助的就多达96800多人，1983年更增至133000多人。

西方社会里，最不幸的是老年人，他们几乎已被挤到了口语交际的被遗忘的角落。在人际关系冷漠的日本，每年大约有1000名单身生活的老人独自悄然离开人世，有的甚至在死去许多天后才被发现。据日本《朝日新闻》1986年12月29日报道，日本第一位女登山家、85岁的材井米子就是死后3天才被邮递员发现的。目前在东京都共有152万户单身居民，占都内居民总户数的34%。这些单身居民大多是老人，社会极少关心他们，他们与外界交往很少，口语交际实际接近“冰点”。这已成为日本的一个社会问题。美国《读者文摘》刊登过一名26岁的年轻妇女帕特·摩尔化装成七八十岁的老太婆，去亲自收集有关老年人面临问题的第一手资料的自述。她写道：“我‘老年’之行的第一天，是去俄亥俄州的哥伦布市，参加一个关于老年人的会议。……在检票的队伍里，我夹杂在一伙年轻商人中。‘早上好，先生！’检票员满面春风地向每一个客人问好，当老妇人——我出现在他面前时，检票员却悄然无声了。他只是翻看了一下我的票，便粗鲁地叫道：‘下一个。’专题研究老年人问题的这次会议的与会者，绝大多数是年轻的学者。难以置信的是：参加者们似乎忘记了在他们中间我这个唯一的老太太。一位年轻男子殷勤地请一伙妇女喝咖啡，而我却被冷落在一边。……在我居住街区的一家杂货店里，当我以老妇人的形象要买点治胃痛的药时，态度冷冰冰的店老板不耐烦地指指肩后：‘后面架子下层。’并很快地把我打发出门。……步出杂货店时，我的心真正为‘老妇人’痛苦了，我这才理解为什么老年人会变成‘防御型’，会时常带着受惊吓的样子。”作者在这里真实地记录了西方国家在口语交际方面的一种社会病。

不难看出，健康的口语交际确实是社会生活的重要食粮。

二、社会进步的标志之一

关于口语交际，有着各种各样的传说和故事。相传人类最初没有语言，都是哑巴，相互交际要靠指手画脚（手势、身势）、挤眉弄眼（面部表情、眼色）和叫喊呼吼。有一年普天大旱，河水干涸，草木枯焦。人们渴得嗓子冒烟，不能喊叫了。他们眼巴巴地盼着老天降雨，心急如焚。一天，各地突然下起倾盆大雨来。说也奇怪，这雨不是平常的雨，它落地有声，振振有词，是人们闻所未闻、见所未见的“语言雨”。久渴的人们个个兴高采烈地沐浴在喜雨之中，他们张开大口，贪婪地吞咽着“语言雨”。雨一停，一件怪事发生了：大家张嘴都会说话了。这突如其来的变化，更使人们又惊又喜。他们欢呼雀跃，手舞足蹈，互相尽兴地说，尽情地笑，整整欢庆了三天三夜。

当今的世界，科学昌明，当然不会有人再对这种神话信以为真了。马克思、恩格斯曾精辟地指出：“语言与意识同样是早就有了的……与意识一样，语言仅在人对互相交际有了迫切要求和需要之后才产生。口语交际是和人类社会相始终的，是人类最重要的交际方式。不仅如此，口语交际方式也是和人类社会同步发展的。不同的历史时期，不同的社会文明条件，就有着不同的口语交际方式。一般地说，口语交际方式决定于生产方式，“而生产本身又是以个人之间的交往为前提的”。

在原始时代，原始人为了防御猛兽的袭击，不得不成群结伙地居住在一起；为了在极端恶劣的条件下得以生存，他们不得不进行艰苦的劳动。而要这样，就必须协调行动，交流思想，也就是要进行口语交际，换言之，那个时候，他们“已经到了彼此间有些什么非说不可的地步”。口语交际的迫切需要和语言产生的物质条件（包括发音器官的改造、脑髓的发达、大脑功能和思维能力的发展），最终促成了语言的产生、口语交际的实现，这成为人类和其他动物分道扬镳的最后的、最重要的标志。当然，在人类社会初期，人们对自然界的狭隘关系制约着人与人之间的狭隘关系，口语交际虽已开始进行，但是“这个开始和这个阶段的社会生活本身一样，带有同样的动物性质”，人与人之间的口语交际，纯粹是为了维持生存的共同活动。因此说，它还处在很低级的地步。这种口语交际方式伴随着人类度过了漫长的蒙昧时代和野蛮时代。

原始公社制度瓦解之后，取而代之的奴隶制度大规模地利用奴隶劳动，使社会生产力比原始社会前进了一大步，社会文化有了较大发展。由于生产和生活的空前社会化，社会交往的增多，口语交际效果和口语交际艺术也受到一定重视。例如在古希腊，被马克思和恩格斯称为“经验的自然科学家和希腊人中第一个百科全书式的学者”的德谟克利特（Demokritos，约公元前460—前370）在其著作里，就对修辞学、逻辑学、语言学和心理学这些与口语交际密切相关的学科中的一些问题作过探讨。被恩格斯称为“古代世界的黑格尔”的古希腊哲学家、科学家亚里士多德（Aristoteles，公元前384—前322）曾著有《论辩篇》，是一本公认的指导人们论辩的指南。公元前5世纪中叶，古希腊产生了“诡辩学派”（源出希腊文“梭菲司特”——智者）。这一哲学派别的代表人物被称为诡辩学者，他们自己也这样称呼自己，因为“诡辩”这个词原本是善意的。诡辩学者们注重口才，精于论辩，他们发展了辞令的艺术——修辞学，辩论的艺术——辩论术和论证的艺术——辨证法（该词古义，即以对立意见冲突求得真理）。古希腊（对于自由出身的公民）的教育制度包括口语交际基础训练——在斯巴达（拉科尼边），成人要经常与儿童进行交谈，力图发展儿童简单扼要“拉科尼边式”的语言；在雅典，男孩从7岁起就要上语法学校，修习语言课程，以便奠定进行规范的口语交际的基础。古埃及，伊雷斯法老的老臣普塔霍特写有如何说话的教喻。古罗马，更有演讲家、教育家昆体良的《演讲学原理》问世，创立了比较系统的演讲学，使口语交际学的这一分文领域初具雏形。古印度各学派、教派以及诸“外道”的兴起，也促使论辩之风盛行，在此基础上创立了主要用于口语交际的“因明”。中国早在殷商时代，商朝明主盘庚就曾三度运用演说说服臣民，克服种种阻力，成功地迁都于殷，达到了进一步巩固王朝统治的目的。

但是，正如我们在前面所说，口语交际的发展是和社会的发展相顺应的。在奴隶社会里，奴隶是奴隶主的私有财产，没有人身自由，可被出卖和任意屠杀。在奴隶主的眼里，奴隶只是“会说话的工具”。不但奴隶和奴隶主之间绝少有生产性之外的交际，就连奴隶的儿童也被禁止和其他阶级的儿童往来。因此，到奴隶社会后期，这种生产关系便成为口语交际发展的严重障碍。

进入封建社会以后，生产关系得到了改善，农民有了一定程度的人身自由。农民与地主、农民与农民之间的交往已大大超出单纯的生产性交往，这就促进了口语交际内容的丰富化和形式的多样化。即以中国春秋战国时期来说，诸子百家就常通过口舌之劳来讲学论道，纵横游说，宣传各自的主张，开展学术争鸣，使得口语交际艺术有了长足的发展。

在封建制度下，口语交际虽然有了相当大的发展，但究其竟仍属封闭式的交际。因为封建的自然经济决定了“每一个农户差不多都是自给自足的，都是直接生产自己的大部分消费品，因而他们取得生活资料多半是靠与自然交换，而不是靠与社会交往。”这就是说，小农生产的交往方式，表现为大多数人只是在狭小的地域内和为数有限的人群，重复地进行单调的交往活动，正所谓“见闻不出乡里，交往止于四邻”。加之封建统治者为了维护其统治，总是要采用各种威吓或残酷手段来限制人们的社会交往，束缚人们的思想交流，人们自然怕“言多语失”，更怕“祸从口出”。在这种情况下，口语交际的发展，势必要受到社会经济形态本身更加严重的阻碍。

与自然经济相对立的商品经济要求有与之相适应的开放的交往方式，当然也就要求口语交际方式有一个突飞猛进的发展。马克思、恩格斯曾指出：“真正的资产阶级社会……只是随同资产阶级发展起来的，但是这一名称始终标志着直接从生产和交往中发展起来的社会组织。”资本主义社会的产生和发展，是和打破自然经济的封闭交往、开拓更广泛的交往领域密切联系的。

为了迎合社会的需求，当代西方国家的教育部门都比较重视口语交际能力的训练和口语交际修养的教育。美国的小学，近年来普遍开设了一门新课——社会交际课，课程主要是对儿童进行口语交际基本知识的教育。美国的中学除书本知识的传授外，还注意从讲述能力、论述能力方面培养学生。前一种能力的培养在美国是必不可少的一环。美国教师认为，如果一个人不能在各种场合中用英语清晰而有条理地口头表达自己的思想或各种要求,就说明此人尚未受到完善的教育。在美国中学,各门学科均有培养讲述能力的责任,但以英语课和世界文化课为主。英语课上除口头回答教师的提问外,还设有各种模拟的“演讲”,如某某纪念日演讲、某某例会演讲、各种宴会后演讲等,伴随着课文教学,还常常有课文评述演讲。世界文化课前安排有 5 10 分钟的“新闻报道”,由值日学生到讲台前面向全班同学报告昨日和今晨发生的最新新闻(一般以国际新闻为主,其次是国家新闻和地方新闻)。课堂上还要让学生对所学科目内容加以综述或评论。口头论述能力的培养一般在高年级进行,通常采用学生间的辩论或师生问的答辩方式。参加辩论的双方各自提出对某一论题的观点,通过辩论以证明其观点的正确:美国的教育部门最早创立了一种称作“模拟性联合国大会”的业余教学活动。方法是学生们分别“代表”若干个联合国成员国。他们事先在教师指导下,对当前重大国际问题、本人所“代表”的国家的基本立场和政策乃至联合国议事程序等,都要进行详细的了解和准备。然后在“联合国大会”上开展热烈的辩论和交谈。这种形式引起了学生们的极大兴趣,并陆续推广到其他国家。在日本,孩子们从小就受到口语交际、特别是礼貌语言方面的严格教育。日本有许多“礼仪学习班”,专门教授青少年基本礼仪、礼貌,教学内容之一便是口语交际训练,如怎样有礼貌地打电话、接电话,怎样招呼客人,在公共场合的谈吐等。这种“礼仪学习班”收费昂贵,但是家长们都乐于让孩子参加学习。美国、日本、英国、法国和德国的许多名牌大学,都设有名目繁多的社会交际课或相关的人文社会科学课程,其目的之一便是发展学生进行口头交往的能力,进而提高他们对社会交往方式的感受能力。这当然也和下述考虑不无关系:为适应今后变动剧烈的国际、国内经济,学生除要具有一定的专业特长外,还必须具备相当灵活的社交能力,以便随时调整自己的职业。

国外一部谈经营管理的畅销书——《如何在 40 岁以前成功》(*How to Succeed Before* 40)曾罗列了尽早取得事业成功的 21 项诀窍,其中一条便是“拓广自己的交际——通过业余活动,使自己活跃于世界”。美国有篇关于主管人水准的报告说,主管人必须具有 15 项特质,其中“人际关系技巧”一项(具体要求如“和所有的人保持和谐圆润的关系”“为人机敏却又不失幽默感”等)与口语交际艺术密切相关。事实上,这些国家的政府机关、企业公司录用雇员时,也的确注意考查应招对象的口语交际能力(如言语是否纯美、是否具有辩才、礼仪修养如何等)。在日本,许多公司还把经理级雇员送到2星期收费1046美元的“商人训练营”,在那里接受包括电话礼貌语言、从礼仪到发表玄妙演说在内的31个训练项目。训练相当严格,以至于被人称作“地狱十三天”。据1983年11月20日、25日香港《大公报》署名文章介绍,日本人现在十分重视演讲、辩论口才。日本人作了这样的反省,历史上因为轻视演讲辩论,曾经阻碍了现代科学的发展,招致了不应有的损失,使得日本和中国“未能产生现代科学”。鉴此,为适应日本经济国际化的发展,避免在同欧美的交往中吃亏,日本人专门开设了形形色色的演讲训练班,并从欧美聘请导师来指导训练,努力发展演讲,培养和提高学员的辩论口才。在日本,演讲比赛已成“气候”,大受欢迎。辩论学会纷纷成立,全国会员估计已有16000人。美国一些机关、团体、工商企业举行纪念活动时,有邀请名人演讲的风气。主要是为了借此壮大声势,抬高本单位地位,此外也兼有为其职员进行口语交际示范的目的。美国人哈利·沃克在参加一次这样的庆祝会后受到启发,开办了一家独特的“演讲公司”。这家公司既不购买产品,又不出售产品,它的唯一业务是为社会名流介绍演讲。哈利·沃克公司与250多位美国知名人士签订了演讲合同,其中包括前总统福持,前副总统蒙代尔,前国务卿基辛格和黑格,以及美国三大广播电视系统的新闻报告员,著名报纸的专栏作家和一些社会名流。该公司只租用纽约帝国大厦内的6个房间作为办公室,雇员也只有十几个,但生意十分兴隆,平均每天有演讲生意八九笔,每年介绍演讲3000多次,纯收入达1000多万美元。几年来,哈利·沃克已从这种生意中赚了数千万美元。后来,他又把生意发展到欧洲15个大城市。据香港《文汇报》报道,美国推出了一种最为别致的罐头产品——“罐头语言”,专门为那些不懂演说的人编写一系列演讲词,分别应付不同场合。为“罐头语言”撰稿的,是专为参议员和政客捉刀的撰稿人。每篇演讲词都短而精,最长不超过3分钟。罐头中除了演讲稿,还附上一些演说时的道具，如写有“喝彩”的牌子，可在需要时举起，让听众为你制造气氛。“演讲公司”和“罐头语言”这些新鲜事物，不能不说是应社会而生、应时而生的。

但是，在“金钱至上”的资本主义社会里，一方面口语交际史无前例地开放化和进步化，另一方面又呈现出口语交际减缩化的倒退趋势。这种畸形状态是社会经济形态本身的恶病质征兆。由于人际间正常交往关系被扭曲，“它使人和人之间除了赤裸裸的利害关系，除了冷酷无情的‘现金交易’，就再也没有任何别的联系了”，这样，就给口语交际的发展蒙上了一层阴影。特别在现代资本主义社会，人际间各种关系都带上了竞争对立的性质，人们的关系普通疏远，流行的箴言就是“说话是白银，沉默才是黄金”（英国谚语），“维纳斯雕像之所以有千古美的魅力，是因为她从来没说过一句话”（意大利谚语），感情交流发生障碍，“孤独感”成为“社会病”。这种“鸡犬之声相闻，民至老死不相往来”的口语交际上的“返祖现象”，已经引起了西方社会学家的严重忧虑。

随着生产力的高度发展和生活的高度社会化，随着一切旧的生产关系、交往关系的基础的消失，人们的生产劳动变成了自觉的“自主活动”，与之相适应的交往方式也发生了质的变化，“过去的被迫交往转化为所有个人作为真正个人参加的交往”，交往将主要是为了“个人向完整的个人的发展”。这样，作为人际交往主要手段的口语交际就摆脱了一切羁绊，会获得最充分、最完美的发展。

从总的脉络看，人类的口语交际活动有一个从低级到高级的发展过程。每一社会、每一历史时期的物质文明和精神文明的水平，都影响和制约着口语交际的动因、内容、范围、频率和形式；而口语交际方式，则反映了社会文明的程度，是衡量社会进步的一个尺度。

三、传递交流科学技术信息的重要手段

当前，国际上正在出现一场新的技术革命，科技发展日新月异；科技成果层出不穷；知识“爆炸”信息神速。我们只有实行对内对外的开放交往，增加交往机会，扩大交往范围（语言是交往的最重要的媒介），才能不断拓展自己的视野，及时获取各方面的重要情报信息，不误时机地选择和应用新的科技成果。据统计，现在许多科技人员的专业信息，50%甚至80%是来自文字材料以外的渠道，常常是从与同行、朋友的讨论、交谈，甚至是聊天、聚餐等日常口语交际活动中获取的。这一统计结果也许并不那么精确，但确能在一定程度上说明口语交际对科技信息获得的不容忽视的作用。美籍华裔科学家李政道教授在中国科技大学演讲时曾提到，他所在的大学每周有3次教授们共进午餐的机会。到时候，大家带着饭菜或“三明治”坐到一起，边吃边说。以一个人为主，讲一讲做了什么工作，然后各自发言。虽然可能有一半的话没有用，但是至少相互交流了情况。李政道和杨振宁合作打破宇称守恒定律就是在饭桌上的交谈中解决的。难怪美国有人戏称，到中国饭店吃一顿就可以得到诺贝尔奖。反面的例子也“令人深省”。当年，费尔巴哈因发表反对宗教神学的著作被德国埃尔兰很大学辞退后，隐居乡间，从事著述。由于他生活在穷乡僻壤，过着农民式的孤陋寡闻的生活，没有条件参加科学界的信息交流，所以虽然当时他已看到了科学领域的3个决定性发现（细胞、能量转化定律和达尔文进化论），但终究没能从中得到思想营养的补充。口语交际的减缩、阻断，几乎窒息了他思想的火花，使他没能成为彻底的唯物主义者，而是在社会历史领域滑入了唯心主义和形而上学的泥坑。恩格斯曾强调指出：“这应当归咎于这种孤寂的生活”“这仍旧主要是由于他的孤寂生活，这种生活迫使这位比其他任何哲学家都更爱好社交的哲学家从他的孤寂的头脑中，而不是从和他才智相当的人们的友好或敌对的接触中得出自己的思想”。费尔巴哈的教训很能说明口语交际在科学发现、人才成长中的重要作用。世界上那些在自然科学和社会科学领域有卓越贡献的杰出人物，如苏格拉底、达尔文、马克思、恩格斯、爱因斯坦、爱迪生等，都是长于社会交往、精于口语交际的。

我国由于教育部门以往对口语交际训练重视不够，历来缺乏口语交际的系统指导，因而许多科技人员的口语交际能力很差，从而直接影响了他们的社会活动能力。北京大学经济系研究人员在对燕山石化总公司人才需求的调查中曾指出，现在大学毕业生普遍存在一个弱点，便是到基层后不会待人接物。

四、人们之间发生道德影响的基本渠道

口语交际手段的健康与否,对人们的思想、道德发生着直接的影响。文明礼貌的口语交际有助于好思想、好道德的传播和教育,使人们的精神境界得以净化和升华。反之,语言粗野肮脏,则连人的尊严也丧失了,这种违反社会公德的行为反映了一种丑恶的道德面貌,受到社会广泛的谴责。青少年交往欲望强烈,他们的口语交际健康状况常常成为其家庭教养和道德品质状况的一面镜子。所以我们说,口语交际手段健康与否,一般可以看作是衡量一个人道德水准的重要标志,它与社会风气直接相关。

当然,“健康的口语交际”应当是和“开放的口语交际”并行不悖的,不能因噎废食。现在,社会上就有这样一种思想障碍,有些人惯于把“不善交往”作为“美德”来对人进行道德评价,“不善辞令”“笨嘴拙腮”“不会说不会道”常被当作优点得到褒扬,美其名为“厚道”“老成”“本分”等。而“交往活跃”“能说会道”则常常受到非议,甚至被视为品质有问题(被称为什么“社会油条”“交际花”等),一概被斥之为“油腔滑调”。其实,是否“油头滑脑”要作具体分析,我们绝不能人为地堵塞口语交际这条道德影响的基本渠道。

五、沟通人际感情交融的良好桥梁

在通常的情况下,人们的感情交流是通过口语交际实现的。即使是情人之间,也不总是“脉脉含情”“眉目传情”“海誓山盟”不就是口语交际吗?随着社会生产力的发展,物质生产水平的提高,人们对精神生活的要求也会越来越高,感情交往会越来越重要,口语交际在满足人们感情需要中的作用自然会越来越突出。

如果我们作一个社会的面面观,那么用语言进行的感情交流还将遇到下面的一些新问题:我国住房单元化带来邻里口语交际减缩,这种对社会心理、人际关系的不良影响如何减小或消除;目前,独生子女家庭成为我国城乡家庭的主体,独生子女从小缺少“兄弟姐妹姑表亲”的语境,缺少与他人交往的锻炼,如何引导他们通过口语交际与其他孩子、其他人建立感情联系;

随着社会的发展，家庭淡化不可避免，核心家庭已成为家庭模式的主体，那么老年人特有的口语交际目的、内容、重心和范围如何既适应新的家庭模式，同时又可以解决他们的感情寄托、心理平衡呢？据《中国新闻》报道："统计材料显示，上海市目前共有60岁以上的老人140余万，其中约有13万孤寡老人是希望再婚的。据分析，失偶老人迫切要求觅偶的原因主要是退休后感到孤独，希望找一个能互相依靠、解除晚年寂寞的老伴。"这些都必然会成为令人关注的社会问题。不过不必悲观，只要我们重视口语交际的感情联系作用，研究和实施相应的对策，这些新问题将不至于构成人们严重的"感情阻塞"。

六、涉外工作不可缺少的交往方式

实行对外开放，是我们的基本国策。今后若干年内，在对外经济技术文化交流方面，肯定会放得更开一些，步子会迈得更大一些。因为大量的对外交往实际上是通过个人之间的口语交际进行的，所以针对不同民族、不同国度的习俗和文化背景，采取不同的口语交际方式，便成为取得最佳交往效益的一个重要因素。在这个意义上，我们说，口语交际既是一门科学，也是一种艺术。

目前在外事活动中，有些人员不善于利用社交条件为我服务，交际尺寸把握不准，导致社交效率低、质量差，这往往与口语交际的能力低、修养差不无关系。这种状况显然是与我国对外开放的发展要求极不相称的。

很多中国留学生也在这方面暴露出他们的不足。受日本文部省和国际交流基金会的派遣，1983年曾来我国为准备赴日留学的学生补习日语的水本方治先生撰文指出："返回日本后，我先后到各地中国留学生所在处，了解了一下他们的生活及学习情况，………，美中不足的一点是：虽然是与忙于学习有关，但令人感到中国留学生跟日本人交朋友不够活跃……但愿中国留学生尽可能利用与日本人交往的机会，锻炼自己的社交能力，尽快地结交些情投意合的挚友，这样的朋友也是终身的财富。我想，只有多培养这种超越国界的友情，国与国之间的友好关系才有可能更加牢靠。"水本先生的话是中肯的。

对外交官(狭义的“外交官”,只指派驻外国的外交人员)来说,口语交际能力则更是必不可少的素质。这意味着要求。

(1)熟悉外语,适应外交工作的特殊需要。外语是进行外交工作的重要工具。各国在选拔外交官时,都把是否掌握一两门外语(包括国际通用语)作为必要条件之一,特别是驻在国语言。周恩来同志生前曾一再强调,我国外交人员一定要学习和掌握驻在国语言,因为懂得驻在国语言,既可表示对驻在国的尊重,也便于进行口语交际,开展外交活动,提高工作效率。当前,有的国家已采取措施,鼓励外交官学习外语,规定多懂一种外语,就发给额外工资。国际上精通两种以上外语的外交官已比比皆是。

(2)善于辞令,适应广泛开展的社交活动。外交代表机构的主要职能之一是“通过一切合法手段……了解和调查接受国的政治、经济、军事等各方面的情况和事态,并向本国政府做出报告。”广泛开展以口语交际为中心的社交活动,是外交官获得情报的主要手段之一。一个不善辞令的外交官显然是很难完成上述任务的。

(3)兴趣广泛,适应口语交际的各种场合。外交官应当兴趣广泛,特别是需要与驻在国人士共同参加各种文体活动(如打网球、打高尔夫球、扬帆行船、游泳、滑雪、下棋、打桥牌、跳交际舞、唱歌、玩乐器、打猎等)。在这些活动中,活跃地进行口语交际,从而达到既增进友谊,又获得大量非公开消息的目的。

口语交际在涉外工作中如此重要,看来,进一步提高我国外事人员、在外人员的口语交际能力(和有关外国文化知识水准),已经成为一个刻不容缓的问题了。

第三章　口语交际的特点与口语表达

第一节　口语交际的特点

英国讽刺作家约翰·斯威夫特(1667－1745)的代表作幻想小说《格列佛游记》,是一部饶有趣味的作品。其中《大人国游记》一部,曾写到大人国的百姓想绕开语言用实物来进行交际(因为据说说话要消耗力气来发音,这会侵害肺部,以致影响身体健康和缩短寿命)。于是每个人都带上个大口袋,里面装着可能要说到的全部东西,想要表达什么,就从口袋里掏出那个东西来。这种交际方式,谁都知道,只有在幻想中才有可能实现。因为且不说那个口袋该有多大的容量,很多东西像山、海、火、屋子等没法往里装;而且更多的表达内容,像“奇妙”“寒冷”“热爱”“真理”等,根本就不是具体的东西。可以说,只要进行社会交际,就离不开语言。语言是人类最重要的交际工具,作为社会成员之间的语言联系活动,口语交际是人类社会交际中最主要的方式,口语交际的服务领域很广阔,“包括生产的领域,也包括经济关系的领域,包括政治的领域,也包括文化的领域,包括社会生活,也包括日常生活”。

“口语交际”有广义、狭义之分。广义的“口语交际”,包括一切口头使用语言的社会行为,它既指单向的(例如广播、演讲),也指双向或多向的(例如聊天、打电话);既指即兴的(例如外交谈判、拉家常),也指已定的(即事先经过构思,语言组织停当,或有文字依据的口语交际行为,例如开大会念发言稿）；既指通常的，也指特殊的（例如话剧演员在舞台上的对白）。显然，广义的“口语交际”涵盖广阔，探求这种口语交际艺术，远不是一本小书所能胜任的。本书所论“口语交际”，指的是狭义的“口语交际”，即日常社会生活中人与人之间即兴进行的口头交往。

一般地说，口语交际具有以下几个特点。

一、交互性

口语交际具有交互性。茕茕孑立，形影相吊，不能形成交际。双方参加，是口语交际的最一般形式；即使表面上是多方参加，实际上口语交际也是两两进行的，不过说话人的对方是两个、三个……多个人构成的一个集合体而已。这是因为，人类的“语言是连续的精神活动”（德·洪保德），言语是呈线性排列的，人不可能像海豚那样在同一时间里把脑子一分为二地加以使用，一只海豚倒是可以与两只海豚同时“讲话”（其实应当说是“利用声音进行交际”）哩！

口语交际双方，都可以既是说话人，又是听话人。谈到口语交际，一般认为是指这样一个事实：人们在共同活动中，通过语言彼此交流各种观念、思想、兴趣、情绪、感情、定向等。所有这一切都可以看作是信息，而口语交际过程本身则可视为信息交流过程。但是应当指出，不能认为这种观点在方法论上是严密的，因为这种观点忽视了人的交际（沟通）的某些重要特点。不能把人的交际仅仅归结为信息的传递过程，即由某种传递系统发送信息或另一种系统接受信息。人的交际不同于两部机器之间的简单的“信息运动”。就口语交际中两个个体之间的关系来说，其中每一个体都是积极的主体，即每一方都要求对方有积极性，不能把对方看成是某种客体。在向对方发送信息时，必须判定其情况，但与此同时还须预料到，作为对发出信息的回答，将得到来自对方的新信息。实际上，口语交际是说者和听者（有人称作“沟通角色”）的连续不断的更替，他们以特殊的方式相互作用，相互定向，即当接受者变为沟通者并表示自己是如何理解所接受的信息意义时，原沟通者才能清楚原接受者对话语意义理解的准确性。在“沟通角色”的更替过程中，言语表述的意义得以显示，并无疑会发生所谓“信息的丰富和发展”现象。因此说，口语交际过程不是简单的“信息运动”，而是一种信息的积极交流。看来，为要取得双方各自所要达到的口语交际的最佳效果，交际双方都必须根据所处的语言环境，咀嚼对方的言语，消化其言辞的意义、说话的动机，然后作出判断，进行对话。来言去语交相影响所构成的口语交际的双向性特点，保障了语言的表义功能和表情功能的实现，当然这也就特别要求人们头脑清醒，善于应对，不可不讲求语言运用的技巧。

在口语交际过程中，即使有一方不说话或不说某些重要的“字眼儿”，说话人也可以从其手势(例如瞠向摆手——表示不同意)、身势(例如点头——表示赞同)、表情(例如瞠目结舌——表示惊讶)以及人嘴里所发出的自然声音(又称“类语言”，例如 h 跟单纯的舌根鼻音拼合的音 hng(哼)——表示不满意或不相信)甚至“不动声色”(可以表示无动于衷或傲慢)中，得到自己输出的信息的必要反馈，从而随时调整言语交际方式。例如《红楼梦》第二十五回“魇魔法姊弟逢五鬼，红楼梦通灵遇双真”中：“马道婆道：‘你只管放心，将来熬的环哥儿大了，得个一官半职，那时你要作多大的功德不能?’赵姨娘听说，鼻子里笑了一声，说道：‘罢，罢，再别说起。如今就是个样儿，我们娘儿们跟的上这屋里那一个儿！也不是有了宝玉，竟是得了活龙。他还是小孩子家，长的得人意儿，大人偏疼他些也还罢了；我只不服这个主儿。’一面说，一面伸出两个指头儿来。马道婆会意，便问道：‘可是琏二奶奶?’赵姨娘唬的忙摇手儿，走到门前，掀帘子向外看看无人，方进来向马道婆悄悄说道：‘了不得，了不得!’提起这个主儿，这一分家私要不都叫他报送到娘家去，我也不是个人。”赵姨娘慑于王熙凤的淫威，不敢直说王熙凤的名字，就“伸了两个指头”。马道婆马上心领神会，这是借指“琏二奶奶”。如果马道婆当时没有理解，那么交谈就要变得拖沓，或者受到阻断，口语交际的职能也就不能充分实现了。所以我们说，口语交际是一种交互作用的行为。

二、即时性

口语交际具有即时性。俗话说：“一言既出，驷马难追。”如果不去考虑其转义(表示“说出话来就要算数”)，而只看字面意义的话，即指话语出口，转瞬即逝。这是口头语言的特点。这样，也就要求说话对方要迅速做出反应,一般容不得沉思良久,反复琢磨;也不能“呆若木鸡”,无言以对;否则,将形成交际障碍,可能被认为是故意怠慢,或者是精神病、失语症症状。

我们知道,口语交际双方是各自在大脑中先由信息译码理解对方的信息内容,然后再经过信息编码加工自己的信息内容,而后输出。他们所发出的语言符号是相互衔接,在时间的线条上绵延不断的,或者说双方的来言去语通常是连续的,而且保持着相对稳定的语流速度。对对方话语的分析、理解乃至作出反应,实际上都是在称为“黑匣”的大脑内闪电般地完成的。因此,只有具有机敏的反应能力、熟练的语言能力,才有可能适应口语交际即时性的特点,达到口语交际的较高效能。

三、直观性

口语交际具有直观性。这里指的是,在通常的情况下,人与人面对面进行的口语交际。人们在交际过程中,不但能够“听其言”,而且可以“观其行”。双方的口形、表情、动作及其变化,这些可见的“伴随语言现象”能够对言语的理解起到辅助作用;在特定的情况下,它还能起辨别语义及其色彩的作用。例如,在不具备直观条件的口语交际中(如打电话),对方简单地回答:“好,好。”就言辞材料本身的意义来看,这没有什么贬义;就声音来说,也很可能听不出什么情绪表现。然而如果这是在面对面的口语交际中,你瞥见了对方答话时眉头微皱的表情,就会确切地知道他不耐烦了,是在应付你。尤其是一些寓谐于庄的反语,说话人常常要用神态、手势、身势来强势,听话人也只有联系对方的神态、手势、身势才能听出真意。这时,伴随语言手段往往更接近事情的核心,口语交际的直观特点就显得更有意义了。

言语交际中的“风度”,是“交际美”的一个鲜明标志,也是主要通过视觉形象而被感受到的。风度,简单地说,就是人们通过言谈、举止所表现出来的神态、气质和风格。外交官有外交家的风度,教授有学者的风度,指挥若定的将军的风度,人称大将风度。风度不同于仪表,它不是一个简单的形式。首先,风度是一个人性格和气质的反映。性格开朗,气质聪慧,风度往往潇洒大方;性格豪爽,气质粗犷,风度往往豪放雄壮;而性格温柔,气质恬静,风度则常秀丽端庄。其次,风度又是心灵和素养(文化、思想、道德)的外观。举止大方文雅，给人的感觉会是“诚于中而形于外”；举止轻浮或玩世不恭，甚至蛮横粗鲁，则会给人留下庸俗不堪、缺乏教养、心灵空虚的印象。

风度是丰富多彩的，这是由人们的性格、气质等的多样化所决定的。有人敏捷，有人持重；有人果断，有人谨慎；有人潇洒，有人文静；有的热情似火，有的含情脉脉；有的雍容华贵，有的朴质无华，等等。不能强求一律，它们都能在不同人的身上，体现出美的本质。风度可以学习、练习，但严格地说，它是不能在模仿中得到的——不然只能是“东施效颦”，适得其反，更不是装腔作势的结果。它不受装扮、服饰的影响，更不受时间、地点的制约。例如《世说新语·容止》所记载的关于曹操的一件事。

魏武将见匈奴使，自以形陋不足雄远国（梁·刘孝标注：魏氏春秋曰，武王姿貌短小，而神明英发）。使崔季珪代帝，自捉刀立床头。既毕，令间谍问曰：“魏王何如？”匈奴使答曰：“魏王雅望非常（魏志曰：崔琰字季珪，清河东武城人，声姿高畅，眉目疏朗，须长四尺，甚有威重），然床头捉刀人，此乃英雄也。”

可见，真英雄总有一种英雄本色，不是身材、服饰、相貌所能掩饰的。风度美，是一种通过眼睛来感受的形式美，它在文明社会的口语交际中，已经成为一个影响交际心理、交际方式的重要因素。

由此可知，口语交际所动用的手段不只是诉诸听觉感官的语言，口语交际是一种“立体”交际。

四、话题多变性

口语交际具有话题多变性。口语交际不同于背诵文章，不同于“照本宣科”，它常常不能保持话题的一致化和专门化，就是说，话题会常有变化，也会有一些“题外话”参加进来。在你一言我一语的交际中，牵四挂五，由此及彼，总会随时引发新的话题的。例如，从今天天气不好（下雪），可能谈到电视中看到的外国的铲雪车，由此谈到进口电视的价钱，又谈到中外合资的利弊，再谈到此地的中法合资葡萄酒厂，再谈到“十大名酒”，再谈到因喝酒引起的家庭纠纷，再谈到审理某一离婚案的某法院，再谈到这家法院对过的服装店，再谈到服装模特，再谈到电影明星轶闻……如果谈将开去，话题还将层出不穷。

另外,我们知道,口语与书面语大有不同——前者不可能像后者那样,可以在比较充裕的时间内进行构思、推敲、加工(书写要比口说慢得多),并且即使在完篇后,也可以进行反复修改;口头交际语言是“璞玉浑金”,一般是不大精炼的,例如要“问问好”“谈谈天气”还有其他一些即兴问话等——例如《红楼梦》第六十七回:“且说宝玉拉了黛玉,到宝钗处来道谢,彼此见面,未免说几句客言套语。”——这些也都是与话题没有直接关系的话。

很明显,话题转换是有内在条件的。相邻的话题,其间总有某些相似点或共同点。一次口语交际所涉及的多个话题,就像彩线穿珠一样,是具有隐性或显性线索的。多变的话题是水到渠成的产物,但这并不意味着说话人不能够有效地去进行控制和引导。成功地实现交际目的、达到最佳交际效果的口语交际活动,一般都是说话人在“抓住话题及时自然,把握重点审慎冷静”方面表现出才能的。捷克斯洛伐克的社会心理学家们已就此做过许多实验研究,揭示出了这种关系——在交谈中,决定口头沟通成效的一个因素,就是“伙伴在多大程度上保证信息主题的方向性。”

五、时代性

口语交际具有时代性。我国近代文学家林纾曾依靠他人口述,用古文翻译过美国作家华盛顿·欧文(Washington Irving,1783—1859)的一篇颇具奇趣的短篇小说《李迫大梦》(*Ripvan Winkle*)。故事说李迫出外打猎,因醉在田野间睡了20年,醒后归来,很多话都似懂非懂了。

演说之人遂执李迫之手言曰:“君祖何党?”李迫张目弗省。尚有一侏儒,仰跂其足,问李迫曰:“你为联合党耶,共和党耶!”李迫仍瞠目不答。

李迫“张目弗省”也好,“瞠目不答”也好,都是未能和问话人顺利形成口语交际。这是因为,他所掌握的词汇还是20年以前的,对新词、新义的产生一无所知。李迫自己也怅然若失,怎么只醉卧一夜,世人的话就像天书一样深奥难懂了呢——“一夕之醉,而世局变幻如是,然则一身于世为畸零矣!但有所问,而所对者咸如隔世,且村人有语,我咸弗审,何也?”

这个故事告诉我们,口语交际是有鲜明的时代特点的。之所以如此——撇开不言而喻的交际内容方面的原因，单说技术方面的原因——是因为口语交际所使用的材料（主要是词汇）是有时代标记的。对相邻时代的口语交际发生实际影响的语言要素是词汇，因为词汇的变动最烈，而语音和语法则稳固得多。社会的发展，时代的更迭，新事物的出现，旧事物的消亡，社会文明的进步，认识观念的深化，都必然会在词汇和词义中打上印记。这主要表现在新词的产生和旧词的消亡、词义的演变等方面。

随着社会生活、社会生产和科学技术的发展，随着人类认识客观世界的逐步深入，新思潮、新观念、新物质、新措施、新体制、新工具、新动作层出不穷，语言为表达它们就要不断产生新词。有的新词会在很长一段时间内延续其生命，甚或变为语言中的“基本词”；有的词则不过是昙花一现。

旧词的消亡，指语言中某些过去时代的词人们在今天的交际生活中不再使用了。有些词是伴随着旧事物的死亡而消失的，例如“社稷”“宗庙”“打针”“打千”“马褂”“虎贲”“顶戴”“黄包车”“杠房”等。另外，还有些词是由于时过境迁人们认识的改变而导致消亡的，例如，新中国成立后许多反映旧的社会意识的词语都改变了说法：戏子——演员，堂倌——服务员，车夫——司机，手民——排字员，司令官——司令员，归绥——呼和浩特，安东——丹东，这些旧时代的词都被摒弃、取消或更换了。再如，在上古，人们表示“行走”的意义时，只要走的场合和方式稍有不同，就用不同的说法：在室内慢步走叫“跱”，在堂上小步走叫“行”，堂下举足徐行叫“步”，在门外快走叫“趋”，在大路上疾行叫“奔”，在草丛、山林中走叫“跋”，在水中走叫“涉”，只有在中庭快走才叫“走”。后来，逐渐舍弃了这种对现实现象的不必要的区分，上面提到的在不同场合和用不同方式的走都用一词“走”来表达了。为什么说这也体现了认识的进步呢？因为这种“合而为一”，既毫不影响语言表达的明晰性，又使语言工具变得更为经济、简易。显然，先秦时期词汇系统的这种变动的结果，大量的旧词从活的语言里销声匿迹了，到今天或者已经变得无影无踪、无从查考；或者侥幸留存在古典文献中。现实语言中，有些词也正处于衰亡的过程之中，如“拜望”“求见”“不才”“玉体”等，如果这些词用得多了（即使是在知识分子中间），人家不是会认为“迂腐可笑”“老气横秋”“缺乏时代感”吗？

词义的演变，表现在词义外延的扩大和缩小，词义内涵意义的改变，词义理性意义和评价意义的变动，等等，这些构成了词义的时代性。

“菜”原只指蔬菜，现在是荤素全在内了。“灯”原只指油灯（用植物油或动物油为燃料的），现在也包括煤油灯、汽灯、电灯。“琴”原指一种五根弦的古琴，现在胡琴、提琴、钢琴也都叫“琴”了。“嘴”原专指鸟兽的嘴（人的嘴称作“口”），现在不但也指人的嘴，而且形状上与之相像的东西也可以叫“嘴”了，如“烟嘴”“壶嘴”。以上四个词，它们的外延意义扩大了。

“臭”本来可指一切气味，现在专指秽恶的气味了。“汤”原泛指热水，后来只指食用的菜汤、肉汤了。“勾当”原泛指一切事情，现专指坏事。“丈人”本义是年长的人，不分性别，后来逐渐变为“岳父”的意思。以上四个词，它们的外延意义缩小了。

《三国演义》里的关羽身长“九尺”，他使的青龙偃月刀有82“斤”。如果不从词义的时代特点出发，就会误解为他身高3米，刀重41公斤（那时的9“尺”，合现在的2.1米；82“斤”，合现在的18.26公斤）。实际上“尺”和“斤”的内涵意义变化了。“闻”原本指用耳朵听，现在是指用鼻子嗅了。“兵”本指武器，现在则指用武器打仗的人。这两个词的理性意义改变了。“顽强”本来带有贬义色彩，现在成了中性词。“泼辣”原来的感情色彩是贬义的，现在则变成褒义的了。“顽强”和“泼辣”的感情评价色彩发生了变化。古义到今义的演变，虽然是词义演变的重要方面，但这并不是说，词义演变一定要经历漫长的历史年代。例如“对象”一词，建国初期可以指爱人，也可以指恋爱着的一方，今天就只保留后边的意思了。

口语交际的时代性，还表现在交际范围、频率和形式等方面。社会文明化程度的不断提高，社会生活的逐渐丰富，促使每个社会成员与外界的联系日趋紧密，传统的交往方式（纵向交往）正在改变，横向网状交往大大得到发展，可以说，人们的交往对象越来越广（范围），交往机会越来越多（频率），交往形式也越来越多样化（工作午餐、舞会、郊游、旅游、夏令营、文艺联欢、文化沙龙、座谈会、周末茶话会……）。纵向和横向互补交往所提供的新的社交环境，促成了新的口语交际习惯，例如：过去时代的社会生活节奏缓慢，人们在日常交谈中常说许多客套话，话题也较分散，因为人们有的是时间。但是现在不同了，社会生活节奏加快，时间特别为人所珍视（现时有句流行的美国谚语，叫作"时间就是金钱"），日常交谈中的客套话已经几乎减少到只是维持必要的礼貌的地步，为了实现交际的高效能，话题也倾向于集中了。一个人在口语交际中所表现出的时代感，一般被认为是衡量这个人精神面貌的一个重要参考项。

六、符号意义的共同性

口语交际要求符号意义的共同性。在口语交际过程中，沟通者和接受者经常变换位置，他们之间的任何信息交流，只有在语言符号的共同性的条件下——即掌握统一的或相近的编码和译码体系——才能实现。也就是说，参加交际的双方都必须了解这些语言符号及其所代表的意义，口语交际得以进行的基础也就在于此。这一法则用通俗的话来说，就是"大家都应当用一种语言说话"。如果说者编制、发送的语言符号的意义与听者接受、理解的不一致，那么传播就没有相通，信息就无法共享。

需要强调的是，所谓"符号意义的共同性"或"共同的经验范围"，还包括对交往情境的相同理解。大家都有这样的经验：即使知道某一词语的意义，人们还可能因社会特点、政治特点或年龄特点等不同而有不同的理解。J.米勒曾用生动的实例恰当地说明了这一点："看来，对我们来说，重要的是在对话语的解释和理解之间找出某些区别，因为正是同这种具体话语有关的超语言学的上下文能够帮助理解。妻子对在门口迎接她的丈夫说：'我今天买了几个灯泡'，丈夫不应只从字面上理解这句话，他应当懂得是叫他到厨房换烧坏了的灯泡。"类似的例子是俯拾皆是的——一位农村姑娘和她的男朋友到城里来逛商场，姑娘指着一件颜色鲜艳的外套说："这件衣服很好看。"小伙子应当懂得，姑娘是要他买下这一件。有时人们并不把心里的话照直说出来，而是用别的说法向对方暗示。如甲本来想让乙关上窗子，可嘴上只说："这屋子里真冷！"乙只要根据语境（外面正刮风下雨，甲衣服单薄，窗子敞开等）进行推断，往往就可获得真实的信息，从而实现沟通。乙推断的基础便是与甲有对交往情境的相同理解。汉语中还有许多形象化说法，其真实信息也都存在于句子意义之外。如“我们家今天又揭不开锅了!”字面意思是“没有能力把锅盖与锅分开。”可如果有位热心肠人自告奋勇说：“让我去试试，我的力气大，兴许能帮你们揭开。”那可就叫人啼笑皆非了。这些形象化的说法之所以行得通，就因为这些说法字面意义的解释和理解之间的关系，已经是约定俗成的了。这种信息与意义不一致的现象在反语、讽刺中最为典型。当一名侦探对正在作案的罪犯说：“干得不错呀，伙计。”这绝不是在夸奖他的才能。反语能清楚地表义，并实现其特殊的修辞效果，也只是由于有同反语有关的社会语境能够帮助理解。口语交际要求交际者不仅应有相同的词汇体系和语法体系，而且在对交际情境的理解上，应能一拍即合，丝丝入扣。

第二节　口语的礼貌表达

一、礼貌言语及其道德价值

礼貌言语，即文明、礼貌的言语，这是言语美的基本要求。伟大的苏联作家高尔基说过：“人按其本性就是艺术家，他随时随地都竭力想使自己生活美丽。”他概括地揭示了人们对“美”的一种着意的追求。语言是美的一种形态，并且，它总是作为一个重要的审美对象影响着人们的审美意识、引起人们一种特定的情感反应的。这不仅因为它是“人类最重要的交际工具”(列宁语)，而且因为“语言是思想的直接现实”(马克思语)，它率直地体现了某些重要的道德价值观念。

历史事实和美学原理告诉我们，言语美和道德善的确有着非常密切的关系。就美和善相互联系的一面来说，人类最初所认识的言语美，同时也就是道德善，二者浑然一体。鲁迅在谈到语言艺术的产生时，就曾生动而精辟地指出：“人类是在未有文字之前，就有了创作的，可惜没有人记下，也没有法子记下。我们的祖先原始人，原是连话也不会说的，为了共同劳作，必需发表意见，才渐渐地练出复杂的声音来，假如那时大家抬木头，都觉得吃力了，却想不到发表，其中有一个叫道‘嗨哟’，那么，这就是创作；大家也要佩服、应用的，这就等于出版；倘若用什么记号留存了下来，这就是文学”。这就是说，原始社会的成员在实用活动中产生道德（评价人们的行为，并通过这种评价来调整人们之间以及个人和社会之间的关系的观念、规范、准则的总和）善的观念（实用观念之一）之后，才可能分化出对言语的审美感受和言语美的观念，产生相应的审美意识。这种对言语的审美意识的社会功利性质直接而又明显，与实用观念的功利性质是牵丝扳藤般地难以分开的。原始人朴素的道德观念和欲念要求（“都觉得吃力了，却想不到发表”；“大家也要佩服、应用的”）的表现，就是其言语的美的内容（“嗨哟”）；也可以说，他们朦胧的言语的美的形态，正是其道德观念和欲念要求的直接产物。这一点，从流传下来的原始艺术之一——图画文字（原始语言间接的书面形式）中，也可以清楚地看到。所以，在中国，先秦时代就有“美善相乐”之论；在外国，古希腊的哲学家也“美”“善”不分，有“美善”之说。

虽然随着社会实践和社会生活的发展，对言语的审美意识脱离了与实用观念的直接联系而相对独立地发展着；但是从根本上说，在其直观形式后面，仍然蕴藏着广泛而深刻的社会内容，显示出一定的伦理功利意义，只是后者已经沉淀在一种似乎是非实用、非功利的心理形式里而已。在一般人看来，即使是美的言语的构成要素——物质外壳（语音）和建筑材料（语汇）——本身好像也没有确定的伦理意义。但是，人们通过问好、聊天以及在其他社会言语交际活动中说客气话、用客套话等似乎非实用功利的形式，接收了这种社会化了的声音（例如和蔼热情的语气）和社会化的意义（例如尊称），就会受到感染熏陶，引起感情上的共鸣和内心的思想活动。当然，首先会对所接收的东西作出带有真实道德情感的道德评价，然后又有可能引申到对自己道德境界、道德行为和道德习惯的主动对比，从而进一步激起自己的道德感。在这种因他人或自己的言语符合自己的道德需要而产生的情感体验的沃壤中，就可能生长出对更高道德境界的追求，生长出按深化了的道德认识进行道德实践的冲动。所以说，言语美是关乎人们道德选择的一个不容忽视的问题。据此，我们可以得出结论——对言语的审美意识，即使在其独立发展阶段，也不会关闭通向伦理领域的门户。

言语美与道德善关系密切，还因为在人类进入共产主义社会以后，二者将重新联结在一起。当然，这种联结已不同于原始社会的那种蒙昧性质的混沌状态，而是一种高级形式的水乳交融。高尔基曾言简意赅地指出："美学是将来的伦理学。"言语是道德的标志，美的言语也就是一种高尚的道德。但对言语来说，为什么"美学是将来的伦理学"呢？原来言语美在社会主义社会与共产主义社会的性质还有些差别。在社会主义条件下，言语美已引起了人民群众的普遍重视，得到了社会舆论的广泛支持，但因为： 这毕竟是共产主义社会的初级发展阶段，社会成员的思想觉悟不会都那么高，讲究言语美还不可能成为全民的自觉要求，也并不是所有的人都意识到了讲究言语美的道德责任； 文化教育事业受到生产力水平的限制，还不可能充分得到发展，社会成员的文化修养、语言修养还有很大的差异，并且总的说来，水平也还比较低；所以，虽然提倡言语美，并未真正变成所有社会成员共同遵守的行为准则。在共产主义条件下就将不是这样。那时，全体人民的思想觉悟已有极大幅度的提高，整个社会的道德进步已进入最辉煌的阶段，并且由于生产力的高度发展，由于"生产劳动供给每人以全面发展并运用自己一切体力智力之可能"，人们的文化修养；语言修养也普遍地大大地得到了提高，这样，言语美也就可能并且必然成为生活之必需，成为公共的行为规范了，换言之，"美学"于是成为"伦理学"了。

综上所述，可知言语美和道德善无论过去、现在或将来，都存在非常密切的关系。这种关系，使我们有可能去衡量各个历史发展阶段的言语美的道德价值。

"中国这个古老帝国以普遍讲究温文有礼而知名于世"。这是西方传教士利玛窦在其《中国日记》里的评价。我们祖国不愧是世界文明古国之一，是举世闻名的礼仪之邦。两千年前的一部礼仪论著选集《礼记》中就写道："言语之美，穆穆皇皇。"意思是说，言语的美，在于谦恭、和气、文雅。这大概是中国礼貌语言理论的先河。如果浏览浩如烟海的祖国文学遗产，你会发现，礼貌而优美的词语简直俯拾皆是，琳琅满目，美不胜收。在漫长的历史进程中，中华民族通过所创造出来的优美的语言，显示出一种强烈的道德感，从而在世界民族之林展现出自己高尚的情操。

诚然，由于道德总要依附于一定时代、阶级和社会背景，所以言语美的标准及其道德价值的表现也不会是一成不变的。马克思说过，在改造世界的生产活动中，“生产者也改变着，炼出新的品质，通过生产而发展和改造着自身，造成新的力量和新的观念，造成新的交往，新的需要和新的语言”。那么，在当前，我们国家进入建设现代化的、高度文明、高度民主的社会主义强国的新的历史时期，“新的语言”美的标准是什么呢？我们认为，归纳起来，主要有如下几点。

文明礼貌。

逻辑正确，语音标准，语汇丰富，语法规范，修辞优美。

其中“文明礼貌”的言语是言语美的基础，是在此基础上的更高要求；二者从不同层次、不同高度上都给人以深刻的审美感受，同时也都给人以道德教育的陶冶。

言语礼貌，这是一套为说话者的民族所使用的言语行为规则，是一套在与对话者建立联系的交际过程中为使交际能在友好的氛围中进行而使用的固定格式。可以说，言语修养是行为修养的一部分，而言语礼貌又是言语修养的重要方面。俄罗斯古谚说得好：“没有任何东西能像礼貌那么便宜，也没有任何东西能像礼貌那么尊贵。”礼貌言语确实具有高贵的价值和神奇的作用。

礼貌言语的标准是：文雅，和气，谦虚。文雅，主要指说话文明雅致，不服不俗。孔子曰：“文质彬彬，然后君子。”《左传·哀公二十五年》有云：“言之无文，行而不远。”可知我们古人深知言语文雅的巨大作用。文雅最起码的要求是不使用肮脏下流、粗野庸俗的语词。世界各地也有一些关于恶骂的有趣习俗。例如在日本，曾有的地方在一年中的某一天允许骂人，平时不能讲的不堪入耳的话在这一天尽可开怀大骂。这种活动称为“砸次透那”。据说为了大年夜用削好的树枝花祭神，许多人前往都城的祇园殿参拜。当神前的灯火被弄暗，人们之间难以辨认面貌的时候，参拜的老少众人就分左右站开，然后在恶毒的对骂中一争雌雄。谁把对手都骂输了，谁就是人们称羡的优胜者，他本人会得意地摇头晃脑哼哼拍子。那种场面既热闹又令人捧腹，因此参加活动的人都很开心。

我们中华民族自古以来是有言语礼貌传统的，其基点便是文雅。古人即使在唇枪舌剑的论辩中，也能注意不使用侮辱人格的谩骂语言。例如北宋推行新法的王安石的《答司马谏议书》是驳斥司马光攻讦的论辩文章，其所以能别具魅力、流传千古，除了以雄辩的逻辑力量取胜之外，辞令文雅洁净，用语冷静审慎，表现出作者追求道德美的高尚境界，也是重要原因之一。

说话文雅，是言语净化最基本的特征。“在与人交谈时，或在演说时，我们不只传递了某种信息，而且自觉或不自觉地表达了我们对现实、对周围人们的关系”“因此，关注我们的言语对听话者所起的作用——是否因粗鲁的语言伤害了对方，是否损伤了对方的人格等，就变得十分重要”。文雅的言语体现了社会关系中最起码的人与人之间的关系，属于每个人都“应该遵循的那种简单的道德和正义的准则”，因此说，这是一种社会公德。俗语说“良言一句三冬暖，恶语伤人六月寒”。用脏话、粗话(其中最流行的表现形式要数当年鲁迅讥为“国骂”的“他妈的”，他曾“惊异于国骂之博大而精深：上溯祖宗，旁连姐妹，下递子孙，普及同性。真是‘犹河汉而无极也’。)等语言垃圾污染语言，就丧失了人的尊严。需要指出的是，现在在相当一部分青年人中，使用粗话成为一种“时髦”。要知道这些言语不仅会伤害、污染和丑化青年的口语，使青年人的口语中夹杂许多低级庸俗的东西，而且妨碍他们思想的健康发展和真正的言语创造活动。特别是“相骂无好言”，常常会激化矛盾，引起冲突，甚至使社会成员之间形成一种互相攻击和对立的关系。显然，这种关系不但会破坏社会的协作，而且不符合最低水准的社会道德规范。文雅，作为一种社会公德，要求一个人即使不能给别人带来直接的快乐和幸福，至少也不应造成别人的烦恼和不幸。有极道说一名女营业员一顿恶语，竟气死了一位老年顾客。可见，言语粗野——这种违反社会公德的行为，既反映了一种丑恶的道德面貌，也会导致或大或小的社会冲突，甚至造成恶劣的社会影响。人们对于这类污言秽语深恶痛绝是理所当然的。社会舆论对语言污染广泛的道义上的谴责，正从相反的方面说明了“说话文雅”在道德上的重要意义。

我们说，社会主义是空前高度文明的社会制度，其生产关系的极大改善有力地促进了社会关系的文明化程度。这意味着社会公德的标准比以往任何时代、任何社会都更高了，也会促使对言语“文雅”的要求相应提高。因而，毫无疑义，排除语言“杂质”，使语言纯洁，更应视为我们社会的基本道德准则。

和气，主要指口气和蔼热情，措辞委婉贴切。和气的前提是文雅，很难想象一个满口脏话、粗话的人会和气可亲，平易近人。和气是中华民族言语美的优良传统之一。例如，《战国策·赵策》中记载的“触龙说赵太后”的故事，便是这方面的一段千古美谈。当时，和气的言语发挥了神奇的作用，也突出表现了触龙强烈的爱国主义道德感。

和气，对说话人来说，一般至少体现了平等待人的社会意识，它使双方关系融洽，友好相处；而当与对方各执己见时，又体现为一种情感的克制。高尔基说“哪怕对自己的小小的克制，也能使人变得强而有力”，它常使矛盾缓解，争端消除，干戈化为玉帛。因此说和气在客观上对人际关系起着举足轻重的调整作用；在主观上，则也表现出一种高尚的道德修养。很明显，无论就哪一方面来看，说话和气都具有重要的伦理意义。

早在民主革命时期人民军队执行的“三大纪律八项注意”中，就提出“说话要和气”，把它当作无产阶级革命战士应有的一种道德品质。在社会主义制度下，人与人之间的新型关系，本质上是一种相互平等的同志式的关系。这体现了全体人民根本利益的一致性。而说话和气就是这种同志式的平等关系的一种反映，表现出尊重他人人格、爱护自己同志的高贵品质，表现出讲团结、讲友谊、讲谅解、责己严、待人宽的高尚道德境界。

谦虚，主要指尊重对方，诚恳恭谨。它离不开“文雅”和“和气”，比二者的要求更进了一步。谦虚，也从一个方面体现了我们民族言语美的优良传统。古人文章中数量颇丰的尊称、敬辞、谦称、谦辞，是自古以来我们中华民族讲文明、重修养的重要的语言标志。例如，“麾下”“仁弟”“先达”“高足”即古代尊称,“贵庚”“高就”“台甫”“高攀”为敬辞,“老朽”“不才”“鄙人”“不佞”为谦称,“下怀”“辱临”“蜗居”“寒门”为谦辞。古代社会生活中产生的这些词语,表明谦虚礼让、宽宏大度是我们民族的传统美德。

谦虚言语的运用,由于表示了对交际对象的尊重,就常常使对方不但欣赏这些朴实的辞藻,而且感受到了说话人的情感,从而引起共鸣,这样也就实现了说话人希望达到的最佳目的。所以说,谦虚的言语具有帮助调整人际间关系的重要道德价值。

在社会主义条件下,说话谦虚不但具有一般的社会意义,而且已经成为社会道德的一项内容。对老年人言语谦恭,彬彬有礼,可以体现晚辈人的尊敬崇尚之心,会使老年人感受到社会的温暖。一般地说,老年人总是在不同程度上对社会的发展做出了自己的贡献。尊重老年人也就是尊重人类的历史,尊重前人的劳动。因此,对考年人是否言语谦恭有礼,通常是社会舆论对人们道德面貌进行道德评价的重要标准之一。对同志言谈谦逊,真诚相待,会使别人体验到自己内心的感情和期望,增加彼此的信任和了解,有助于建立真挚而友爱的同志关系,增强革命队伍内部的团结。夫妻之间说话谦和,彼此尊重,会保持爱情之树常绿,使双方互敬互爱,和睦相处,而社会主义的婚姻家庭关系也就得到了不断的巩固。

总之,礼貌言语绝不是单纯的语言学课题(当然涉及传统语言学、社会语言学、心理语言学和教育语言学),而是和伦理道德、社会文明密切相关的重大社会问题。它是心灵美、道德善的反映,是人与人之间友好、团结、互助的新型关系的表现。

中华民族在历史的长河中,创造了素以优美著称的语言,同时表现了高尚的道德传统。今天,在经济体制改革带来的思想观念和生活方式的变化过程中,大力提倡言语美,广泛进行礼貌言语常识和规范的教育,必将促进我国人民道德水平的提高。这对实现社会风气的根本好转,在整个社会中造成良好的道德风尚,对建设社会主义精神文明,为实现四化创造更好的精神条件,将产生重要的推动作用。

二、言语礼貌的主要途径

莎士比亚在其名著《李尔王》中写道："请略为改进你的言语，否则它会毁坏你的前程。"在现实生活中，我们怎样改进自己的言语、实现文明礼貌的要求呢？

(一)使用委婉词语

人际交往中的委婉语——有人称之为"缓和了的语言"——由于以顺耳、中听、代用、暗示的词语构成曲折的表达方式，减轻了语义分量，削弱了色彩锋芒，顺应了对方心理，因而被文明社会普遍认为是一种必要的礼仪模式。

例如，人的生理缺陷是必须忌讳提及的，其原因是出于文明礼貌的要求。使用委婉词语，可以体现对对方的尊重、同情和关心。对失明的人，如果叫他人"瞎子"就很刺耳；可以称为"盲人"，或说"您的眼睛不方便"。对失聪的人，叫他人"聋子"就显得很不文明，可以说"耳朵背""耳朵不大好使"。对跛脚的人，叫他人"瘸子"也比较粗野，可以说"腿脚不方便"。对有此类生理缺陷的人，应当称作"残疾人"或"残障人"。总之，对他人的生理缺陷，一定不能照直使用原词语，否则，不仅可能触怒其本人，而且别人也会认为你缺乏起码的礼貌常识和文化教养。有些人体本身的条件，虽然不属于生理缺陷，但也应当使用委婉词语来表达——容貌不美，个子矮小，身体肥胖，身体瘦弱("瘦"字以"疒"为义符，说明古人把"瘦"看作是病症)等，都不宜直言说破，不然就是"不敬"，会引起对方的不快。例如，对身体胖的人最好不要说他"胖"，也不能说他"肥"或"肥胖")，特别是在公众场合。例如，酒店服务员在给一位身体胖的客人安排床位时，就不好说："同志，您挺胖的，住窗户边儿凉快。"而要说："同志，考虑到您的身体情况，给您安排比较凉爽一点儿的床位好吗？"二者效果大不一样。不过，广州话里没有"胖"这个词，"肥人""肥佬""肥崽"即指胖的人。如果是和外地人通话，广州人就不宜用"肥"，因"肥"在普通话里有明显的贬义色彩。"减肥"一词来自通行广州话的香港，现北方一些地区已把它改为"消胖"或"减脂"。普通话里可以把"胖"说成"富态"或"发福"(中年以上的人)。对上些年纪的男同志，也不要称呼人家

“胖子”“大胖子”。对年轻的女同志，则可用“丰满”一词。至于对身体瘦弱的人，虽然通常不用直接的称呼（“瘦子”），但在必得提及时，也要注意使用委婉词语——可用“清減”一词，对年轻女同志可用“苗条”一词——否则亦为失礼。当然，委婉词语不是在任何情况下都比直言更礼貌，例如百货商场里有过这样的招贴：“胖大姐的福音：三楼现售大号女衬衫！”这里的“胖”的贬义色彩已为“大姐”的尊敬色彩所遮盖，比用“特种体型的女同志”更亲热，也更礼貌。

（二）使用尊称谦称

在口语交际中，根据对方的年龄、性别、职业、辈分等不同，使用不同的称呼形式，是礼貌言语的一个具体表现。

选用合适的礼貌的称呼语，有时是要费些脑筋的。作家航鹰在小说《前妻》中曾描述了女主人公在对自己继父的离了婚的前妻的称呼上，就有一段曲折的心理过程：“该称呼她什么呢？伯母、阿姨？农村不时兴这个叫法。大娘？人们都还记得历史上允许一夫多妻制的时代，这个称谓的另一层含义，那对妈妈无疑是有辱的……怎么称呼才既贴切又显亲热呢？真叫人头痛！忽然，我想起城里人常常比着孩子称老年妇女作‘奶奶’或‘姥姥’，茅塞顿开，我也有了孩子，叫她姥姥不是很好么！那样既能把自己卑为女儿辈，又回避了直接的人物关系。”

看来，了解和熟悉现代汉语的礼貌称谓是很必要的。

尊称法大致有以下 4 种。

1. 名字尊称法

美国戴尔·卡内基研究所所长戴尔·卡内基，汇集名家经验，提出了被人喜爱的六个秘诀，其中第三个秘诀便是——说出对方姓名，这会成为他所听到的最甜蜜最重要的声音。戴尔·卡内基曾提到美国前邮政部长吉姆因有“初次相见，就能牢记对方姓名”的专长而获得事业成功的例子，来说明姓名的确是“最甜蜜的语言”。据说，一般人对于自己的姓名，比全世界人姓名的总和还关心。如果有人记得他的名字，就会对对方产生莫大的好感，这比无聊的奉承话更具说服人的魔力。相反，忘记或写错别人的名字，很可能招致意想不到的麻烦。记住许多人的姓名虽然比较困难，但却极有实用效果，看来这里用得上美国大文学家爱默生说的话："好的礼貌是由小的牺牲造成的。"在饭店从事服务工作的人员都知道，记住客人的姓名是很重要的，对于老主顾，更不可忘记随时称呼他的名字，这容易给客人留下好印象；不可思议的是，有时会产生客人也记住服务人员的效果。

古人重视名字的称呼法——对长辈或平辈喊"名"是不敬，应减"字"("字"之原意即由原来的"名"滋生出来的另一个名，古人的"名"总与"字"有些语义联系)，长辈对晚辈才可喊"名"。现在，不但长辈对晚辈可直呼其名，平辈之间亦可，只有晚辈对长辈直呼其名为失礼。简单地称呼姓和名(如"张玉明""李大欣")是通称，没有任何等敬、亲明意味。但如果只呼名不称姓(如"玉明""大欣")则有亲密色彩(在通常的交往中，两个字的姓名不再减缩)。称呼单称名字中的一个"代表字(如"明""欣")可以说是其亲爱者的"专利"。

2.姓名＋尊称词根

对上了年纪的知名学者、社会活动家和革命家，可在"姓"之后加一尊称词根"老"(如：叶圣陶——叶老，郭沫若——郭老，董必武——董老)；或在"姓"之后加一"公"字(如"廖承志——廖公，茅盾——茅公，"茅"相当于"姓")；也可在"姓"之后先加名字中的第一个字，再加"老"字(如"赵朴初——赵朴老，钱学森——钱学老)；还可在名字中的一个"代表字"("代表字"常是"俗成"的)之后加"老(如陈望道——望老，阳翰空——翰老)。

3.昵称词缀＋姓

对年龄小的人，一般可在其"姓"之前加昵称前缀"小"(如：张秀红——小张)；在南方，常在名字中的"代表字"前加"阿"字(如李明廉——阿廉，张俊秀——阿秀)。目前社会上常常用到的"姓"之前加"老"(如赵树栋——老赵)的称呼，只是"通称"，并非"尊称"，因而用以称呼年纪大的同志也是失礼的。

4.通用的礼貌称呼和尊称

(1)礼貌称呼：

您——来源于"你们"，为二字之合音。"您"，是受外语影响的一种尊称方法。用“你们”来表示同志——常用于最一般的场合，如问路、买菜；或极庄重的通常带有政治色彩的场合，如党的会议。在其他场合，一般需要根据对方年龄、身份选用另外的称呼。

(2)尊称：

师傅——常用于称呼男性成年。是生疏场合的一般性称呼，并不考虑年龄、职业、身份等特点。目前有缩小使用范围的趋势。

大姐——常用于称呼年纪不大或不太大——例如55岁以下——的女性，特别是城市妇女。既可用于生疏场合，也可用于同事、邻居之间(可前加“姓”)。此词可使接受者意识到沟通者的尊敬和把自己估计得比较年轻的口吻。

伯伯(伯父)——用于称呼跟父辈辈分相当而年纪较大的男子。

叔叔——用于称呼跟父辈辈分相当而年纪较小的男子。

阿姨——古称“姨母”(元好问《姨母陇西君讳日作三首》：“竹马青衫小小郎，阿姨怀袖阿娘香。”)；或“妻子之姊妹”[乐史《杨太真外传》卷上“(秦国夫人)对曰：‘岂有大唐天子阿姨无钱用耶?”]；或“庶母”(《南史·齐晋安王子娥传》：“若使阿姨因此和胜，愿诸佛令华竞斋不萎。”)。现在用于儿童或年轻人称呼跟母亲差不多的无亲属关系的妇女。

大爷、老大爷、老伯(南方方言区)/大妈、大娘、老太太——对老年人的俗用尊称。

爷爷、姥爷/奶奶、姥姥——常用于比着自己的孩子称呼并无亲属关系的老年人。如果与男方的关系近一些，就称“爷爷/奶奶”，与女方关系近的则称“姥爷/姥姥”。

你老、您老、你老人家、您老人家——用来称呼长辈或上了年纪的上级。

先生——初义即“先自己而生之人”。引申为“父兄”。《论语·为玫》：“有酒食，先生撰。”何县集解引马融曰：“先生，谓父兄。”后成为尊称，用于称谓：老师。《礼记·曲礼上》：“从于先生，不越路而与人言。”郑玄注：“先生，老人教学者。”年长有德业者。《孟子·告子下》：“宋牲将之楚，孟子遇于石丘，曰：‘先生将何之?’”泛称。《列子·力命》：“西门子曰：‘先生止矣，予不敢复言。'”现在一般用来称呼年长的社会活动家或学术界人士，可称呼男性，也可称呼女性。在北京等地大学里称老师为“先生”的多，东北许多大学就较少；中小学则一律称“老师”，不称“先生”。汉语有些方言把中医大夫称作“先生”，也有尊敬色彩。

5.对外交往用尊称

在外交场合或与外国人士、海外侨胞、台湾同胞、港澳同胞的一般接触中，不宜套用社会上的一般称呼(即或是尊称)，而应使用以下一些称呼才是得体而有礼貌的：

陛下——称呼君主制国家国王、皇帝、皇后。

殿下——称呼王子、公主、亲王。

阁下——对外交往中，对地位高的官方人士(一般为部长以上的高级官员)，按对方国家情况可称“阁下”“先生”或职衔，如“部长先生阁下”“大使先生阁下”，简称“阁下”。但美国、墨西哥、德国等国则习惯称“先生”，不称“阁下”。

先生——在一般场合对男子的通称。妇女也把自己的或别人的丈夫称作“先生”。对教会神职人员一般统称“先生”。

太太、夫人——虽都可尊称别人的妻子，但“太太”还可称自己的妻子。

小姐——称呼未婚女子。或以“娘家人”角度称呼已婚女子。

女公子——称呼外国人士的女儿。

女士——对女性的通称。不涉及婚否。

现代汉语里绝少谦称，书面上倒是常用“我们”表示“我”。这种谦虚用法显然是受外语影响。由于避免了过分突出说者本人，从而表示了对交际对象的信任和尊重。也可用于正式讲话中。

使用称呼，不仅要考虑到前文提及的年龄、性别、职业、辈分、身份等因素，还要顾及某些地区性的风俗习惯。例如上海地区，熟人之间，即使对方还只是中年人，你称其配偶为“你老头子”“你老太婆”，对方一般也不会见怪；但如果在其他地区，就很可能招致人家反感。在广州商店里，时兴把女售货员一律称“大姐”；如果你看到人家上了点年纪就想当然地“尊”称为“老太太”，说不定当下就会遭到白眼。南方有的地区把粗壮结实的男子称为“大侉子”“二侉子”，并无不敬之意；可是北方大多习惯把“侉子”与“不开化、不文明”等贬义联系在一起，意思差不多雷同于“土包子”。

使用称呼，还要考虑到时代色彩。例如，下面这些称谓就与现代化生活格格不入——尊称中如：明公、老丈、丈人、老老丈、丈人、老先、高明、卿、子、吾子、卿子、足下、左右、相公（称对方）、郎君、令郎君、郎子、令似、贤子、良子、令子、壤子、争子、克家子、不凡子、跨灶（称人之子）、媪（称年老之妇女）、德配、令阁、令正、令室（称人之妻）；谦、卑称中如；鄙人、犬子、小犬、贱内、糟糠、下愚、卑职、下妾、奴等。

不仅仅是这些历史语词，就是现在的一些口语词“孩子他妈”“孩子他爹”“我家里的”“当家的”等，其实也与时代精神不相适应。例如李准《李双双小传》中提到的：“村里街坊邻居，老一辈人提起她，都管她叫‘喜旺家’，或者‘喜旺媳妇’；年轻人只管叫‘喜旺嫂子’。至于喜旺本人，前些年在人前提起她，就只说‘俺那个屋里人’，近几年双双有了个小孩子，他改叫作‘俺小菊她妈’。另外，他还有个不大好听的叫法，那就是‘俺做饭的’。”这些称呼虽还在一定的社会圈内流行，但毕竟是太缺乏时代气息了。

贱称是旧社会的产物，像“阿奴、赖子、竖子、鄙夫、贱丈夫、奴才、婆娘、蛮子、鼠子、冠子虫、吃栗多、底栗多”等古语词，自然都已被摒弃了。不过现代社会中，一些带有旧时代烙印的称呼仍然保留着一定市场，如“剃头的、跑堂的、扫地夫、卖票的、邮差、厨子（伙夫）”等，都明显具有轻蔑、鄙视意味，所以均应予以淘汰，要分别称为“理发师、服务员、清洁员、售票员、邮递员、炊事员（大师傅）”等。至于称呼别人时用“喂”“我说”“哎”作呼语，也是不尊重人、不文明、不礼貌的，因而应当避免使用。

（三）使用敬辞谦辞

敬辞，专指尊称之外的表示尊敬的词语。谦辞，专指谦称之外的表示谦恭的词语。提及对方的话语，要多用敬辞；提及自己的话语，则要多用谦辞。现代汉语里敬辞、谦辞都较贫乏，这与我们的社会文明化程度是不相称的。丰富现代汉语敬辞、谦辞的一个重要来源是古代汉语。

（四）使用客言套语

凡人交往，必要客套、寒暄（寒：寒冷；暄：温暖。寒暄指见面时谈天气和饮食起居之类的应酬话）。这虽非尊恭，也非谦虚，而且没有传达多少信息，但据此可对说话人的社会身份、文化修养、道德修养等许多参数作出判断，有助于促成沟通，正如著名语言学家周有光先生所说："人一讲话，就能反映两个方面：一是把自己和对方的文明价值表现出来，二是表示彼此的关系。例如：见了面说'您好'，就能说明自己有一定的文化水平，同时也把对方看成文明人，有助于建立友好的关系。"

但庸俗的客套则是口是心非、虚与委蛇、不合潮流、令人作呕的。例如鲁迅在《论讽刺》一文中所讽刺的那种客套话："我们走到交际场中去，就往往可以看见这样的事实，是两位胖胖的先生，彼此弯腰拱手，满面油晃晃的正在开始他们的攀谈——'贵姓？……''鄙姓钱。''哦，久仰久仰！还没有请教台甫……''草字阔亭。''高雅高雅。贵处是……？''就是上海……哦哦，那好极了，这真是……'。"我们反对的仅是庸俗的客套而已，客套还是要讲究的，事实证明，客套话容易使对方产生亲切感，利于建立友好的人际关系，同时也表现出自己的文明礼貌修养。

应当说明的是，实现说话文明礼貌，不只要求使用文明礼貌的语词与和气的语气　这些属于语言学的范畴　·甚至还和一些社会规范有关。例如，有些人打电话时，不管是在家里还是在办公室，要求同一个人讲话，但不首先说明自己是谁；接电话时也不说自己是谁。如果要找的那个人出去了，接电话的人并不把对方要说的话记下来，以便转达，打电话的人常常会听到"不在"，电话接着就挂了。这些言行都是不符合社交的文明规范而显得粗鲁的。因此，在使用礼貌言语的同时，还必须加强其他社会规范的修养，才能真正实现言语的礼貌表达。

客套话范围很广。例如，见面时问候（"您好""认识您很高兴"），节日里祝颂（"过年好""春节好"），离开时道别（"再见""回头见""一会儿见"），做错了事时乞谅（"请原谅""请多包涵"），言行不得体时道歉（"对不起""抱歉"），对方乞谅时礼让（"不客气""不必介意""别客气""没关系"），求助时祈请

（“劳驾、劳驾，请让开一点路”），接受帮助、支持后道谢（“谢谢各位同志听了我的报告”“谢谢您，欢迎您再来”“麻烦您了”“打搅您了”“叨扰您了”），自己“言归正传”前谈谈阴晴雨雪（“今天天气不错”“昨天夜里雨下得真大”），对方身体不适时问问饮食起居（“听说您身体不舒服了”“天冷了，您身体弱，可得多穿点儿。”“您好点儿了吗？您没喝点稀的吗？”）等，都属于客套话范畴。

第三节　口语的委婉表达

一、说话方式的委婉

谈到“委婉”，有时是指曲折有致、渐入佳境的一种文学语言风格，也称“婉约”，它是从文章整体的语言气势上所表现出来的舒徐、纤秀风格，如小桥流水、花影婆娑。例如宋词人柳永的《雨霖铃》，字里行间，愁肠离绪，情深意切，凄婉动人，就是一首典型的婉约体作品。但这种意义上的“委婉”，不在本书题旨之内。我们所说的口语交际中的委婉，首先是指说话方式的委婉，它主要表现为“话题渐出”和“话题折射”两种形态，此外，也用到“话题隐藏”和“话题削弱”。

（一）话题渐出

话题渐出，指一种婉转迂回、循循善诱的说话方式。这种委婉可以表现为一种“话题”的“渐出”（电影术语）。说话人为要达到自己的交际目的，使对方容易接受、赞同自己的意思，不能不考虑到交际对象的心理特征及其变化、交际情况等因素——当谈及可能使对方不快、发火、愠怒、忌讳、尴尬、不以为然、无动于衷或过分激动等类问题时，不能直言不讳、开门见山。在这种情况下，就应考虑使用各种迂回曲折的方式，随时根据对方的反馈（言辞、体态及声音的细微变化等），调整自己的话题内容和表达方式，以便选择最佳时机提出与交际目的、动机直接相关的话题，并且导入实质性的信息的积极交流，最终实现自己的交际意图。从心理学的角度看，这种“水到渠成”的委婉方式实际上是一种情感的“转化控制”——利用兴奋与抑制的诱导规律，使可能产生的消极、否定性情绪，转移到相反性质的情绪中去。

例如，可以“欲言此而先及彼”——即先以最易为对方接受的话题谈起。可以从问询健康谈起，这是“礼貌话题”，由于这体现了对对方的关心，就容易形成情感沟通；可以从天气谈起，这是“中性话题”，由于这绝少刺激，因而便于沟通口语交际；可以从眼前发生的事情谈起，这是“即兴话题”，由于这是信手拈来，自然和谐，所以利于促成交谈；也可以从对方很可能感兴趣的问题谈起，这是“趣味话题”。根据心理学的研究，由于话题迎合了对方的兴趣，就能够使对方的“注意”持久稳定，容易引发对方的交际欲望。总之，要先以“真实话题”的外围谈起，先对起话来。由于口语交际一般具有话题多变性，所以总能“绕”到“真实话题”上来。又由于话题是渐变而非突变的，所以对方对相邻话题是有心理准备的，这样就容易为对方所接受。

《战国策·赵策四》中《触龙说赵太后》的故事，便是一个很好的例子。战国时，秦攻赵，赵求救于齐。齐提出以长安君为质的条件，然而遭到赵太后的坚决拒绝。对大臣们的纷纷进谏，赵太后很是恼怒，她公开申明：“有复言令长安君为质者，老妇必唾其面。”足见其任性和专横。在这种情势下，“左师触龙言愿见。”太后自然会猜想到他求见的目的，因此“盛气而胥之”，只要服龙一提到长安君为质的事，毫无疑问会自讨一番辱骂。但触龙的言谈恰与太后的估计相反。触龙“入而徐趋”，见到太后后，只是从人情交往方面叙谈些生活琐事。先说明自己因为“病足”，许久没来看望太后，却又很关心她的健康，所以愿意来见她。既是专诚问候，太后也就不得不理：“老妇恃辇而行。”触龙接着又问她饮食如何，听说只能喝些稀粥，就向她介绍自己调养身体的经验。这都是些老年人爱谈的事，尤其对太后健康的关心，表现得那么深厚和真挚，这就先使太后消除了敌意，平息了怒气。接下去触龙仍然不谈正题，却大谈自己爱幼子的心事——说幼子虽然“不肖”，还是“爱怜之”“愿令补黑衣之数，以卫王宫。”表明触龙要为自己所疼爱的幼子前途打算。当太后问：“年几何矣？”触龙回答了“十五岁矣”之后，赶紧又补上两句：“虽少，愿及未填沟壑而托之。”这一段话把老年人爱怜幼子的情态，表现得极为真切动人。这就投合了太后的心意，因此问道：“丈夫亦爱怜其少子乎？”眼看太后快要露出自己的心事了，触龙便抓住这话头逼进了一步，反激太后说："甚于妇人。"于是引出了太后的真心话——太后争执说："妇人异甚。"她否认男子会比妇人更爱幼子。触龙为使太后认识到怎样才算真爱，未谈理论，也不谈长安君，而用燕后为例，拐了个弯来启发太后——他故意说太后爱长安君没有爱燕后那么深切。太后终于中了这位老臣的计谋，老老实实说："君过矣，不若长安君之甚！"以上曲曲折折地费了许多唇舌，这才渐渐涉及本题；但触龙仍不直接揭穿太后溺爱长安君是错误的，而是用燕后作反衬，用赵王及诸侯的子孙为例，暗示太后的溺爱对长安君是不利的——最终涉及话题的核心部分。这种话题渐出的委婉方式使太后豁然领悟到拒绝以长安君为质的错误。太后最后回答："诺，恣君之所使之。"从语气中可以了解，触龙的话已深深打动太后内心。触龙之所以能劝谏赵太后，让她把爱子长安君"质于齐"，主要就是因为触龙话题渐出，丝丝入扣，方式巧妙，说理透辟，运用了高超的委婉艺术手段。

当然，同其他委婉方式一样，"话题渐出"也是不能滥用的，口语交际中没有这种"万应灵丹"。这使我们想起一则外国幽默小品《打电话》："妻子外出，打电话给丈夫：'亲爱的，我的那只小猫怎么样了？''死掉了''多么可怕！这对我的刺激太大了！这样的消息你不会委婉地告诉我吗？例如，你先说——它爬上了房，走了几步，越走越不稳，一不小心，它滑了下去。然后你再慢慢地说——它已经不在了。你明白了吗？''完全明白了。''那么请告诉我，亲爱的，我妈妈现在怎么样了？''你妈妈她爬上了房，走了几步，越走越不稳……'"

（二）话题折射

委婉的说话方式，又表现为一种"话题"的折射，通过说话角度的变换——直接变间接，正面变反面等——使听话人既领悟到自己的意见和倾向，又能达成听话人和自己有形或无形的心理接近，使听话人对交往关系满意。例如，可以用这样一些方法表示对交际对象某些言谈举止的赞美。

(1)烘云托月法。借褒扬与受话人有直接关系的人，来从侧面烘托、点染受话人的优良品质，使受话人实际成为受褒扬的主体。说得通俗些，就是用"绿叶"来扶持"红花"，使"红花"显得更为鲜明突出。例如："您培养的研究生学术水平很高。”“你的徒弟技术实在不一般。”

(2)括总挂单法。不正面提到受话人，而是有意把受活人看作是一个“社会角色”，述说其所在的某社会团体的一般优点，使人在言外自然推导出受话人的优点。例如：“你们南方人都会打扮。”“你们南开大学净出栋梁之才。”

(3)抑彼扬此法。通过稍稍贬抑某事物(常常是指出某事物与受话人的言行不相称的情况)，衬托出对受话人的褒扬。

例如：“你的大作在××杂志上发表，实在委屈了你。”“像您这样年轻有为、精明干练的人，肯到我们这个小单位来工作，真是大材小用了。”

(4)抑点扬面法。只对受话人言行举止的某些个别之处进行有分寸的批评，而对其整体予以肯定。这时，批评作为点缀，赞扬便成为重心。例如：“虽然说你处理问题还不十分老练，但是应当说你已经可以独挡一面了。”“您这篇文章虽然有一些语病，但是题材、立意和表达都很好。”

(5)变抑为扬法。用变异的道理(即不大合于公认道理的道理)把受话人的某些“缺点”进行褒扬，实际上是为受话人觅说辞，找“台阶”。例如：“不要紧，很多名人都是不修边幅的。”“您这样富态是福分，唐代的美人就都很丰满。”

(6)借花献佛法。凭借别人(常是资深望重的人)的评价，赞扬受话人，这既避免了直言可能给听话人带来的难为情，又暗示出受活人在外界的良好影响。例如：“听美学家王朝闻先生说，你的文章很有才气。”“据袁伟民教练说，你很有发展前途。”

(7)适度比美法。把受话人的言行与名人相比并，以此表现对受话人的较高的审美评价。例如：“您的潇洒风度很像阿兰·德隆。”“您的文章风格有点像鲁迅，当然，还没有鲁迅那样成熟、老练。”

(8)追溯赠言法。追述受话人以往的嘉言懿行等，表示对对方的良好印象一向十分深刻，从而取得双方的心理共容。例如：“你还是像从前一样用功呀！”“十年阔别，您还是那么年轻。”

(9)假性贬抑法。贬抑、嗔怪是虚，褒扬、推崇为实。例如：“我对你是有些意见，你工作起来太不注意自己的身体了！”“我真妒忌你的才能。”

（10）铺展条件法。为对方假设出更为顺利的发展条件，从而表现出对受话人现有优点、成绩的肯定和对其能力、前途的信任。例如：“如果时间充分，我相信你会干得更出色。”“如果您的健康状况良好，您一定会在科学研究上取得更为丰硕的成果。”

（11）移花接木法。为说话人的可以原谅的过错寻找一个可行的解释。例如：“这件事的责任不在你，你已经尽了自己的努力。”“虽然你在处理这个问题上考虑得不够周全，但是你毕竟是年轻干部，又是新官上任，所以一差二错总归难免嘛。”

以上只是从行为心理学的角度谈了谈赞美之辞的常用方法，用以说明“话题折射”的委婉表达方式确实是一种艺术技巧。要特别指出的是，归根结底，赞美应当是“有美而赞”，并且要出自真情实意。虚与委蛇、阿谀逢迎、言过其实、美恶颠倒，那不是“赞美”，而是肉麻的吹捧。

赞美之辞如此，表达非正面的感情信息更常如此。例如曹禺《雷雨》中：

繁漪：四凤的年纪很轻，她才 19 岁，是不是？

鲁侍萍：18。

繁漪：（委婉地）那就对了，我记得好像她比我的孩子是大一岁的样子。这样年轻的孩子，在外边做事，又生得很秀气的。

鲁侍萍：（急切地）四凤有什么不检点的地方么？请您千万不要瞒我。

繁漪：不，不（又笑了）她很好的。我只是说说这个情形。我自己有一个儿子，他才 17 岁——恐怕刚才你在花园见过——是个不大懂事的孩子。

……

繁漪：他要帮助她学费，叫她上学。他还说——（笑笑）这—（笑笑）这孩子！——要娶四凤。

鲁侍萍：您不必往下说，我都明白了。

这里，繁漪并没有向鲁侍萍直说她女儿四凤怎么不好，只说她“年轻”，“生得很秀气”，不在意地带出自己有一个比四凤小一岁的“不大懂事”的儿子，“要帮助她学费”，最后才实有心而似无意地捎带点出他还“要娶四凤”。

繁漪的这一席话，表面看来，并没有直接数落四凤的不是，而她隐含的深意——四凤继续留在周家做工是不合适的了——却使鲁侍萍清楚地领略到了，既没有刺激鲁侍萍的感情，又传达了要辞退四凤的意向。这种"旁敲侧击"式的委婉，也是一种"话题折射"。

在现实社会生活中，"话题折射"的委婉表达往往能收到良好的交际效果，具有较高价值的社会效益，因而受到实际工作者的普遍重视。上海有位菜场女售货员李明明，是服务标兵，她就把"话题折射"的委婉作为言语美的手段之一。有一天，一个小伙子来买毛笋，他选了两根大的放在竹篮子时，没有付钱，扭头就要走。这时，李明明同志仍然很客气地向他说："同志，您是不是忘了付钱？"小伙子唰地一下脸红了，连忙付了钱走了。李明明同志觉得，人都是有自尊心的，委婉地提醒对方比直接说出效果要好。不妨设想一下，如果她严辞质问这个小伙子顾客为什么不给钱，是不是想白拿，或者用更刺耳的"偷""摸""赖""返"等字眼儿，那么矛盾肯定会激化，根本无助于问题的解决，何况那位顾客是否真想混两根毛笋，谁也不敢完全肯定。所以用这种言此意彼的委婉表达方式，就不但能够使对方保全面子，促成正常沟通，而且也使说话人本身有了回旋的余地，不致陷于左右为难的境地。一位有经验的中学教师上课时，发现学生起立时有一位同学没有迅速直立，就幽默地说："我们班除了 1/43 的同学外，都初步具备了军人的风度。"说完，那位没站好的学生立即端正了起立姿势。这种"话题折射"的委婉说话方式较大声呵斥、直言指责更容易引起较强的心理效应，还可避免学生产生逆反心理，从而自觉矫正不良行为。又如，某大学中文系旁听生多，常挤得本校学生没座位。为了保证本校学生听课，决定规定本校学生才能坐前六排。一班长在课前是这样通知的："为了确保本班学生有座位，旁听生不得坐前六排！"结果旁听生很反感，双方关系搞僵了。到二班上课时，二班长则是另外的传达方式："为了尽可能让来我班听课的旁听生有座位，请本班同学坐前六排。"听了这话，旁听生都顺从地坐到了六排之后。一班长直陈其事，碰了钉子；二班长换了说话的角度，令人心悦诚服，可见话题折射的功效。

（三）话题隐藏

在口语交际中，当对方提出难以直言答复的问题——例如，问题带有超常复杂性，带有敏感刺激性时，答话人可以回避“主题辞”，采取“所答非所问”的答话方式。这样，一来不至于使答话人自己陷于语塞的尴尬境地，二来由于“话题隐藏”时常透露出答话人的聪敏机智，因而可以得到交际场合其他人士的欣赏。例如，我一代表团访问美国。陪同的主人问代表团的一位同志：“您爱纽约吗？”如果回答“爱纽约”吧，不恰当；回答“不爱纽约”吧，主人会不高兴；说“无可奉告”吧，又不是在记者招待会上。这位同志于是采取了“峰回路转”的答话方式，说：“纽约的汽车很多。”“汽车多”究竟是好抑或不好，对纽约是爱还是不爱，可任随对方理解去。

这种“话题隐藏”常用于外交界或政界。这是一种艺术的委婉答话方式，答话人需要具备深厚的语言修养、较高的政策水平和丰富的交际经验乃至于高雅的幽默感，因而它绝不同于笨嘴拙舌的“支吾其词”，也不同于故作惊人的“卖关子”。

另一种意义的“话题隐藏”，则指话题中关键字眼儿的省略，这些字眼儿通常都是带有某种禁制色彩的。这种言辞和语流中的“空白”到委婉的效果。例如：

（1）“铁功，我们现在就——你说好吧？”

——冯德英《苦菜花》

省略的是“结婚”一词。

（2）这是最好的年头，这是最坏的年头；这是智慧的年代，这是愚蠢的年代；这是足以信赖的时代，这是背信弃义的时代；这是光明的季节，这是黑暗的季节；这是希望的春天，这是绝望的冬天；我们前面一片大好，我们前面一无所有；我们全都直上天堂，我们全都直下另一端——

（英）狄更斯《双城记》

省略的是“地狱”一词。

（四）话题削弱

当涉及某一话题，尤其是祈使对方，试图操纵、影响对方的行为时，说话人为使口气显得不生硬、不粗野，从而既表达出对商品服务或信息的要求，又表现出风雅，他可以采用各种方式来“装饰”话题，其效果是使话题的“使令”或“突兀”色彩得以弱化。常用的句型和“装饰”词语有：

(1)祈使型疑问句——我在这儿抽支烟，可以吗？/我插一句话，好吗？/我想在您这儿打个电话，可以吗？/您能不能帮我把门打开？/您看，您能不能尽快和贵公司联系一下？/您是不是不要去打扰他？

(2)假设型祈使句——要是您答应晚上把礼堂借给我们，我们将十分感谢。/如果你们能帮我把这儿捆书拿上楼，我将非常感谢。/方便的话，请您把那台录音机递给我。

(3)让步型祈使句——请允许我们用一用这间教室。/请允许我先来介绍一下我校的情况。/请允许我谈谈个人意见。

(4)估量性陈述句——恐怕她不会完全按您的意见去办。/大概他对我们都有看法。/我想，你就不一定参加这个会了。/对这个问题进行专题研究，在我国学术界这似乎还是第一次。

二、语词内容的委婉

口语的委婉表达，除前面提到的说话方式方面的含义外，还有一个意思，就是指“委婉用语”。

在人际交往中，常会涉及一些不愿说出的名物或动作，如果一旦脱口而出，说话人会觉得难堪，听话人也会觉得刺耳。所以，这时说话人就往往会换一个说法，用与本意相关或相似的话语来替代，迂回曲折，闪烁其词。这些好听的或具有暗示性的替代语词，就是委婉用语。很明显，使用委婉用语是为了表达对交际对象的尊重，或是为了照顾对方的情绪和面子。这是口语交际中时常用到的一种艺术表达方式。

(一)委婉用语的由来

广义的委婉用语包括禁忌语、委婉语两类。它们的产生，都可追溯到很早以前的古代社会。

1777 年，英国航海家、探险家库克到了南太平洋汤加岛(Tonga)，在那里他发现当地居民有这样的禁忌——某些东西只允许神、僧侣、国王和领袖享用，而一般人则接近不得；或只允许作特定的用途，而不准用于一般目的；或不许某一社会团体（例如妇女、寡妇）使用等。那里的居民把这称为“塔布”（Taboo）。后来“塔布”就作为“禁忌”这种特殊的社会现象的专用名词而被广泛使用了。“塔布”代表了两种不同方面的意义，一是“崇高的”“神圣的”东西不许随便使用，二是“神秘的”“危险的”“禁止的”“不洁的”东西不许随便接触。“塔布”，从根本上说，来源于人们对自然物和自然力的不理解（即迷信），但对它所统制的人来说，却是理解所当然的事情。伍恩特（Wundt）曾精辟地指出，塔布是人类最古老的无形法律，它的存在通常被认为远比神的观念和任何宗教信仰的产生还要早，它起源于一种人类最原始且保留最久的本能——对“魔鬼”力量的恐惧。塔布表现在语言的语词内容上，便构成禁忌语。

随着文化形态的改变，禁忌语成为一种有其自身基础的力量，同时，也慢慢地远离了“魔鬼”迷信而独立，它逐渐发展成为一种习惯、传统，有的甚至成为“法律”，并且，一些禁忌语的禁忌色彩也大大弱化了，形成了所谓“委婉语”。可以说，委婉便是轻度的禁忌，而禁忌则可以看作是重度的委婉。因为二者从历时上说是同源的，又时常相混淆，所以我们有可能在“委婉用语”这一题目下讨论与二者都相关的问题。现实语言中的委婉用语显然并不局限于迷信，其原因是多方面的，它和社会历史、社会生活以及社会思想的变化有着千丝万缕的联系。一般地说，有这样三种情况。

1.出于策略的需要

中美《上海公报》里有一个很有名的委婉用语——“台湾海峡两边的同胞”，就是出于政治策略的需要而提出来的。当时（1972 年），中美双方为争取实现关系正常化，都认为应当在最敏感最关键的台湾问题上，找到双方能够共同接受的措辞。基辛格从北京飞到上海，一路上冥思苦想，终于想出来这么一个非常巧妙的委婉用语。由于这一委婉用语与双方的政策都不矛盾，并且照顾了双方的感情，因此能顺利地为双方所接受，从而在外交上打开了僵局。

2. 出于礼貌的要求

鲁迅笔下的“阿 Q”，头上长有癞头疮，于是乎“他讳说‘癞’以及一切近于‘癞’的音，后来推而广之，‘光’也讳，‘亮’也讳，再后来，连‘灯’‘烛’都讳了。一犯讳，不问有心与无心，阿 Q 便全脸通红的发起怒来，估量了对手，口讷的他便骂，气力小的他便打”。阿 Q 的“讳”虽然多了一些，但在人际交往中，对人家的病（特别是不治之症）和生理缺陷确实是要避讳的，避不开时，也须考虑使用各种委婉词语和委婉方式。这主要是为了不触动对方不愉快、不希望出现某种“不良预后”的心理，尊重对方的感情。鲁迅小说《药》中，华小栓得了不治之症“痨病”，因而华大妈和华老栓最忌讳这个词。可是粗鲁横蛮的刽子手“康大叔”一来，就放肆地大嚷：“包好，包好！这样的趁热吃下。这样的人血馒头，什么痨病都包好！”华大妈听到“痨病”这两个字，就“变了一点脸色，似乎有些不高兴。”华大妈反感，就是因为“康大叔”用语不避讳，言语显得粗野。出于礼貌，人们在日常生活中常使用一些相关的委婉语——例如去看病，医生会问：“你怎么不舒服？”（而不说：“你哪儿有病？”“你得了什么病？”）去探望病人，要问：“听说您身体不适。”“听说您精神不怎么好。”书面上则用“欠安”“违和”一类词代替。

中国古代封建社会等级制度森严，事事处处讲究上下尊卑，对高级官员，即使是其不端行为或无能之举，也要使用委婉词语，以示尊恭。例如，西汉初期贾谊在《陈政事疏》里曾介绍说，有淫乱腐化行为的，不说污秽，而要说“帷薄不修”，字面意思是“屋里的帘帷不整治”；软弱无能、不堪任事的，不说软弱无能，而要说“下官不职”，字面意思是“下属官吏不称职”。

3. 出于习惯的制约

习与性成的委婉词语，有些甚至有千百年的有案可稽的历史。这些词语往往不大容易找到它们的禁忌源由，单纯依据现代文化背景和心理背景来寻求解释则是困难的。例如“裤子”，在几百年前的英国上流社会里，是要用委婉语词来表达的，例如要说“我买了一条不能够描写的东西”“他穿了一条决不可以提及的东西”“别说出来的东西”“供你垫着坐的东西”。虽然现代人会把这当作笑谈，可在当时，则是时尚习惯。

（二）委婉用语的应用

从某个方面来说，委婉用语正好和贬义词相反。人们不是最大限度地扩大一个词的不愉快方面的联想，而是尽力净化这个词带有损害性的情感联想。但从事物的本质上来说，委婉用语显然并不能从根本上解决问题。一个语词不愉快的内涵毕竟不是这个语词本身的缺陷，而是由于这个语词所指的内容引起的，所以代替原来那个语词的委婉用语很快也就失去委婉色彩，变得和原来的语词没有什么差别了。这就是一个语词往往有众多委婉用语的原因。

虽然那些由于迷信和封建礼教所造成的委婉用语有的已成为历史的陈迹，有的则明显缩小了其使用范围；但是委婉用语仍不失为一种巧发奇中的修辞手段和表达方式，在社会生活中被广泛地大量地运用着。

第四章　口语交际的对象适用性

现实中，人们喃喃自语、表达感情独白的情况并不多，一般说话都是有对象的——在口语交际中，人们要彼此交流或使对方接受某些观念、思想和情绪，这样，口语交际的效果，就不仅取决于说话人能否选择准确的言语形式表述自己的思想感情，而且与听话人能否透彻领会、乐于接受密切相关。因此，进行口语交际，必须“有的放矢”，要考虑交际现象，考虑交际对象接受的可能性。

有这样一则题为《幻想小说》的外国幽默小品。

一位男读者来到图书馆借阅处，向一位女管理员说：“喂，我要借一本名字叫《女人是男人的仆人》的书。”女管理员白了他一眼：“这是一本幻想小说，这里没有！”

这位男读者之所以没能实现自己的交际目的，是因为没有考虑到对方的性别对书名的敏感性和逆反心理——女人不愿意做男人的仆人。

还有一则题为《算得多准》的幽默小品：

一个老头去看病。医生详细地检查了老头的身体后对他说：“亲爱的，您真健康，您可以活到 90 岁！”“我已经 90 岁了！”老头大喊道。“您看，我给您算得多准！”

老头勃然大怒，是因为这位医生没有询问对方的确切年龄就想当然地做出了判断。尽管他的主观意图是良好的，但结果却事与愿违。

看来，只有适应交际对象各方面的特点，选择最佳口语表达形式，才有可能实现理想的交际效果和交际目的。

第一节　对方的民族习惯与说话的顺应性

口头言语习惯、语言传统和交际方式都是在民族历史、民族文化的土壤里生长起来的，所以，在进行口语交际活动时，必须考虑和理解交际对象的民族属性。下面我们仅就时常遇到的几个语言文化方面的差异作些说明。

一、见面语的差异

我国上古时代，人们穴居洞处，不得不“朝避猛虎，夕避长蛇”，因而当时通行的见面语是“无它乎?”(没有碰上蛇吧?)战国后，人们会建筑房屋了，野外餐宿的生活结束，蛇虫之类的危害不再像先前那样严重了，但生产力仍十分低下，人们对自然界各种灾害的抵御能力很差，灾荒、瘟疫时有发生，构成对先民的严重威胁，因此人们的见面语逐渐变成“无恙乎?”(没生病吧?)现在我们中国人在日常生活中见面时常问:“吃了没有?”“吃过啦?”或者“做饭了没有?”这类问句其实并不表示疑问，也不要求对方回答，因为它只是一种见面时的问候语。这也是以中国的低物质生活水平为背景的——长期以来，温饱曾是中国老百姓生活中的大问题，吃了上顿饭常要担心下顿饭，所以，问人家是否“吃饭了”自然成为一种关心。初到中国的外国人常常不能理解，为什么人们见面总是问他“吃饭了没有?”有的甚至误会对方把自己看成了“饕餮之徒”而气恼。此外，我们中国人还用一种见面语:“您干什么去?”“您往哪儿去?”其实同样是习惯性的问候语，并非干预对方的私事，这一点，在对隐私权十分敏感的西方人眼里，有时会造成误解。

应当说，随着人们对言语方式、生活方式现代色彩的日趋崇尚，老式问候语正在被逐渐淘汰，而代之以“您好”。“您好”作为见面语，据说源于20世纪50年代。那时中苏两国人民交往较多，俄语的一些表达方式被借用了来，“您好”是俄语中可用于一切交际场合的见面语，较之汉语的旧式见面语(如“久仰，久仰!”“见面发财!”)和俗用见面语(如“吃饭了吗?”“您往哪儿去?”更具有时代感和得体性，因而我们中国人乐于接受。

二、赞美语的差异

当客人访问一个美国家庭，称赞主妇漂亮时，男女主人一定会笑容满面，连连称谢。而当美国客人有机会造访一个中国农家时，如果客人当众赞美主妇的美貌，那么情况就要变得尴尬——主妇会羞愧不安，而另主人可能已经怒形于色了。这是中西传统文化的不同。

曾经在中国根深蒂固的封建文化，要求恪守“男女之大防”“男女授受不亲”，男女有别的封建观念必然带来特别过敏的性意识。今天的中国，尽管男女之间的“大防”早已拆除，但因传统文化有相当顽强的沿袭性，所以仍然不时兴当众恭维女性的容貌，即使是接触西方思想较多的高级知识分子，也不可能全盘接受西方的这一言语习俗。例如湛容的小说《散淡的人》有这样一段：“田惠中抓紧时机，笑眯眯地举杯祝酒。‘来，来，今天各位光临寒舍，蓬筚生辉。我代表我自己，也代表我美丽的夫人……’”‘去，去，去！’章淑娴扬着手，那样子像轰一只苍蝇。田惠中视而不见，还接着说他的：‘……再就是，我们美丽的密丝林远道而来。’……‘什么密丝林，都老太太了。’密丝林又笑又摇头。”

在公众场合赞美、恭维女士容貌、服饰，在欧美则普遍作为一种优遇妇女的礼节。这种礼俗据说应当追溯到欧洲中世纪的骑士制度。司各特的骑士文学代表作《艾凡赫》中曾有相关的描写——骑士们比试武艺，取胜者有权从在场最美的“皇后”手中接受花冠，这是骑士最大的荣誉。难怪骑士文学中常常描写骑士不仅当众炫耀“情人”的美貌，而且还会用武力胁迫别人承认这一点，塞万提斯的《堂·吉柯德》就曾对骑士此举作过辛辣的讽刺。

三、谦恭语的差异

我们炎黄子孙向以谦逊为美德，古有“满招损，谦受益”之遗训，今有“骄傲使人落后，谦虚使人进步”之美谈，另有“枪打出头鸟”“人怕出名猪怕壮”“烦恼多因强出头”“登高必跌重”等俗谚，我们中国人历来的确是以自我贬抑的谦谦君子作为楷模的。如众所知，儒家的“中庸之道”思想千百年来已经深深渗透到中国文化的各个层面里。《子思·中庸篇》有：“君子之中庸也，君子而时中；小人之反中庸也，小人而无忌惮也。”所谓“时中”，就是儒家追求的理想境界。根据这一原则,“不及”和“过”都不可取,而对“过”的贬斥反映在处世哲学上,就是反对过于显露聪明才智,提倡“大智若愚”“藏愚守拙”“谦恭虚己”。这种道德观念、价值观念在言语行为上的表现则形成人们对自身的才能、作用总是有意贬抑,不愿外露。如果有谁忽视这一文化背景,提到自己时未用谦恭语而强调了个人才能,便往往要招致非议。以“自信”闻名的电影演员刘晓庆在回答美国一名记者的问题——“你认为中国电影界最优秀的年轻女演员是谁?”——时,她率直的答话——“是我。”——曾引来很多人的“侧目”,无非是指责她“太狂了”。这种社会心理欧美人难以理解,因为他们注重务实,虽然讲究温文有礼的绅士风度,但可以说是“恭而不谦”——这同他们对个人英雄主义的推崇不无关系,这种风尚可以追溯到荷马歌咏英雄的时代。如果把我们当作千秋佳话的“毛遂自荐”故事说给欧美人听的话,他们更会大惑不解——这难道也是什么惊人之举、值得千古传颂的吗?例如在美国,总统、州长、市长和议员不都是要主动向选民反复说明自己如何如何有经天纬地之才、有如何如何的雄图大略才能当选吗?这种风气、时尚和弱肉强食的现状,使得西方的孩子们也受到影响,常常也是“口大气粗”。据说在美国问男孩子长大了当什么,十有九个回答:“要当总统。”

在中国,新任某职或面陈领导,一定要说上几句自谦的言辞;但如果在西方,你在老板面前使用我们中国式的措辞:“我×某才疏学浅,能力有限,做这项工作实属勉为其难,希望您多多关照,也请各位鼎力相助……”老板会板起面孔,请你另谋高就——因为你自己都承认缺乏能力,缺乏信心,又不敢于负责,那么只有傻瓜才肯雇用你。

中国老师在向中国学生作自我介绍时,也往往要谦虚一番:“本人学识浅薄,水平有限,经验不多,授课中浅陋、疏漏之处恐所难免,希望同学们批评指正……”但这番话如果是说给外国学生听,那么老师的处境恐怕就不妙了,说不定要被撵下讲台,因为老师会被怀疑为“无能之辈”,请你讲课岂非“浪费时间”。

即便在日常交往中,这种文化差异也普遍地表现出来。例如,我们中国人请客吃饭，主人一定要循例客套几句：“没做什么好吃的。”“是家常便饭。”“随便做了几个菜。”文言可以说成：“略具便酌。”“略备粗馔。”尽管实际上是美酒珍馐，肴馔丰盛。此情此语难免会使欧美人产生困惑或不满情绪——“既然是家常便饭，你为什么还说要‘请’我?”欧美人在家里请客，主妇一定会特别向客人“表白”：“今天我烧了最拿手的菜。”即使在我们看来菜品很为简单。

四、家常话的差异

中国人拉家常，特别是在熟人、朋友之间，有时会谈及个人隐私。可是在欧美人的观念中，个人隐私简直如同私人财产一般，属于神圣不可侵犯的领地，打听个人隐私，同闯进他人家中翻箱倒柜一样不可原谅。而且欧美人观念中的“个人隐私”所囊括的范围要宽泛得多，像工资数额、家具价值等也在其中——而这些在我们这儿却从不避忌、甚至是津津乐道乐道的话题呢！

我们中国人的家常话里，问、答年龄一般未被看作是文明交际的内容。这一点与欧美人不同——他们普遍有一种恐老心理，所以当一位欧美朋友告诉你真实年龄时，你应当说上一句：“你看上去要年轻得多。”这不是虚伪，不是什么讨好行为，而是尊重其民族习惯。对妇女，尽管可以恭维其年轻、漂亮，但绝不可问及年龄，这可谓之与女界交往之大忌。

五、问答方式的差异

许多民族在口语交际的问答方式上，与汉族人迥然不同。例如，墨西哥契巴地区(Chiapas)的特采脱人(Tzeltal)不直接提问，不然对方会以“无可奉告”作答。巴西的卡曲纳华人(Cahinahua)的习惯是，直接回答第一个问题意味着回答者没有时间闲扯；而含糊的回答则意味着对方再问这个问题时就会得到直接回答，谈话可以继续下去。智利的阿拉加尼人(A-raucanian)认为，重复问题是侮辱别人。在日本，人们为了让对方作肯定的回答，常常以否定的方式提问，例如说：“听说你昨天没去上学，这不是真的吧?”当回答别人时，他们的否定则常通过暗示的、不明确的话来表示。如果你硬要对方给予答复，他们也许会罗列种种困难，但不会说一个“不”字；也许会大笑起来，不过这表明窘迫，而不是幽默。

六、语词感情色彩的差异

一种语言的某些语词的感情色彩，是和以此种语言为母语的人对客观事物的认知习惯密切相关的。例如，《三国演义》里写到曹操为笼络关羽，派人向关羽求亲，欲使其子与关羽之女结姻时，关羽怒斥日："虎女焉嫁犬子！""虎"在汉族人心目中为"山中之王"（俗语有"山中无老虎，猴子称霸王"），语词中可用以指威武、勇猛的形象，例如：虎踞龙盘，如虎添翼，龙腾虎跃，龙骧虎步，龙骧虎视，龙行虎步，龙吟虎啸，将门虎子，虎背熊腰，虎虎有生气。当"虎"与"犬"对比着来说时，这种褒扬色彩就更明显了。"犬"，大概汉族人不大喜欢，语词中常用以指卑劣、丑恶、龌龊的形象，因此通常都有贬抑色彩，例如：蝇营狗苟，狗头军师，狗急跳墙，驴鸣狗吠，鸡鸣狗盗，狗尾续貂，狗仗人势，狗血喷头，行同狗彘，狗彘不若，狐群狗党，狐朋狗友，狼心狗肺，鸡零狗碎，吠形吠声，鼠窃狗盗，桀犬吠尧，丧家之犬，摇尾乞怜，狗眼看人低，狗嘴里吐不出象牙，白狗子，狗崽子，狗官，等等。关羽忠正、高傲，鄙视曹操"挟天子以令诸侯"的不忠不义，所以用"虎女""犬子"可以鲜明地表明他激愤中的褒贬之情。从比较心理学的角度看，语词的这种感情色彩显然是民族特质的反映。例如，欧美人提到"山中之王"，不会想到"老虎"，一定指的是"狮子"，他们认为狮子是权力的象征。这种心理沉淀在词义上，就构成了英语中 lion（狮子）的一个义项——"勇士"。欧美人对"犬"则有爱怜心理，视之为"忠实可靠的朋友"，甚至爱狗如家人，语词中便常指褒扬或怜悯的对象，例如"爱屋及乌"英语中可以表达为 Love me，love my dog（爱我而爱及我的狗），"扶危济困"可以表达为 To help lame dogs over stiles（帮跛狗过门），"同类不相残"可以说成 Dog does not eat dog（狗不吃狗），"生活困苦"可以说成 To lead a dog's life（过着狗的生活）。

第二节　双方的熟识程度与说话的适切性

在通常的交往中，可以根据与交际对象的关系把同对方的熟识程度分为三级：生人、熟人和朋友。我们和这些人交谈，会有不同的目的：

或许你是想表示友好和热诚。一见面打招呼，迎上前去嘘寒问暖，叙谈家常，都是为了这个目的。

或许你是想与对方建立或协调关系。例如你是位花卉爱好者，业余时间乐此不疲，碰巧在朋友家里遇上一位“志同道合”者，你便可能希望与之相识，引起他对自己的注意，于是你去和他搭讪。

或许你是想与别人交流信息。假如你急于印证一件颇感兴趣的“社会新闻”或者需要尽快打听到手头的“彩票”的这一期中奖号码，你肯定会和可能了解这方面信息的人很快搭上话。

或许你不过是想打发时间。这时候，往往不大注意交际对象，也没有什么预定的目的，只是心不在焉地随便扯扯，消磨时间。

尽管与生人、熟人和朋友交谈的目的种种不同，并且每次交谈的内容和过程也是不同的，但是仍然可以发现这类交际活动的一般特点：

首先要强调的是，交际者之间的关系十分重要，往往甚于交际内容。同一交谈内容，因为双方关系不同，那么交际的意义也常随之改变。例如，在一个青年沙龙里，某个人对你很热情，邀你改天一道去看展览。你与这个人的关系——是生人还是熟人，是同性还是异性，你是把对方看作一般熟识的人，还是可结交的朋友——不同，这个要求的意义差别就很大。尤其是与生人交谈，首要的往往只是建立关系，谈话内容则很少与信息交流有关。熟人、朋友之间的交际，也常常少不了唠唠家常，扯扯闲篇，寒暄客套，戏谑逗趣，这类谈话的目的无非是保持彼此之间的联系。由此看来，交谈内容有时会成为支撑和膨胀交际过程的水分，而双方的关系却具有主体意义。即使要打听什么消息或传递重要信息，也必须把建立和保持关系放在第一位，这是玉成理想交往的前提。因此，这种事实本身并不能削弱关系的重要性。

其次，与对方关系的亲密度，最终决定于自方对交际所可能带来的利弊得失的权衡。根据西方研究者对“利”和“弊”的解释，所考虑的“利”的因素包括：对方的吸引力大小，对对方疑虑的减少和了解的深化以及进一步交往加深彼此关系的可能性；所权衡的“弊”的因素包括：交往中自己应承担何种责任，这是否危及自身期望保持的其他关系，以及能否容易从交往中摆脱出来。如果自己通过比较、推导、预测认定交往的利大于弊,则进行或乐于进行交往;如果觉得弊大于利,则不交往或犹豫。自然,这只是就冷静的原则而言,其实在通常的情况下,人们难免受到直接来自对方的某些因素的左右,邻近吸引、相似吸引和仪表美等吸引模式,就常常对人们的交往热情发生重要影响。

第三,这类口语交际活动常有相似的结构。尽管这类交际活动具有多面性、复杂性和多变性——例如,生人可以谈成熟人、朋友,熟人、朋友不都是由生人开始对话的吗?熟人可以进而结为朋友,朋友和熟人也可能发展成相对无言,视同路人——但是仍然能够按照人际关系变化的两大线索(发展与恶化)切分出若干明晰的阶段。

就人际关系的发展而言,可以分为注意、接近、适应和依附四个阶段。注意,指在人际关系的初期,对对方及其行为予以注意,这是选择观察对象的阶段。在许多人共处的场合,实际上我们不可能一视同仁地注意所有的人,只能把注意力集中于一个人或几个人。究竟何人能引起注意,那取决于我们观察到的对方的特异之处——性别、年龄、气质、相貌、体态、服饰、气味、声音,如此等都可能成为有吸引力的因素。一旦发现某人有吸引力,你会靠近对方,注视对方,当与对方目光相遇时会朝对方点点头,笑一笑等,用这些言语的和非言语的暗示来表明自己的注意。

接近,是人际关系发展的第二个阶段。当发现某人有吸引力,对他予以注意以后,你便会主动接近他,并想方设法展示自己的吸引力。你会与对方打招呼,与之搭讪,关心对方的话题,并通过言语褒扬对方。

当确认对方以某种(正式或暗示)方式认可了上一阶段的人际关系之后,便进入发展过程的第三个阶段——适应。人际关系的进一步热化,将使你觉得对方的某些特征具有更高的价值,为此,你值得在一些方面——大如信仰、生活方式,小如发型、服装款式——调节和约束自己以适应对方。在这一阶段,对方会有更多的共同感兴趣的话题,会希望保有接受以及同化对方的行为和个性不受侵犯的时间、空间。

人际关系发展的最后阶段是依附。依附具有外部形式,例如向外界主动显示依附关系——向别人介绍亲密关系，穿同样式同颜色同档次的服装并肩而行；或者通过某些社会上普遍使用的仪式表示依附关系——婚礼等；或者与对方交换具有象征意义的实物如戒指、书籍、钢笔、手帕等；或者和对方使用具有强烈感情色彩的言辞、“孩子式的话”等；从一些体态也可以看出双方的关系达到了依附阶段，如牵手而立，促膝而坐，窃窃私语，拥肩揽腰等。依附不仅是一种外部形式，而且是一种心理归向，表明双方心理已经趋向密合，感情十分融洽。

就人际关系的恶化而言，可以分为与发展过程相对应的漠视、冷淡、疏远和分离四个阶段。漠视，指对对方及其行为不予注意和关心，这是关系恶化的第一步，说明对方的吸引力开始消退，而自己的注意力则正在转移。例如，你不再想和过去的熟人、朋友打招呼，和对方交谈时你另有所思或另有所视，你不想靠近对方说话等，都是漠视的表示。

冷淡，是人际关系恶化的深层发展。冷淡会比漠视表示出更多、更明确的否定行为。例如，人家迎上前来友好地同你说话，你却表现得不冷不热；对方有意向你倾诉衷曲，你却无动于衷；或者你用言语明确表示，不想过问对方的任何事，而且毫无兴趣。

疏远是冷淡后的关系恶化阶段。这时，你已不想维持现有的关系，实际上双方又回到了原来分立的位置。例如，你发现对方走过来，你会转身避免正面相遇；你会回避对方的一切身体接触行为；对方的微笑或善意的面部表情，有时也会引起你皱眉或侧目；在言语上你会以直接或暗示的方式告知对方，你需要中止双方的关系，希望另觅新朋。

人际关系恶化的最后阶段是分离。它包括身与心两方面的分离，是双方失去完全联系的状态。例如，与朋友一刀两断，与恋人分手绝交，与爱人解除婚姻关系等。

应当指出，人际关系的变化并非都要循次经历上述各个阶段，并且这些阶段也不会是“等时段”的。例如，你可能因为一个人的仪表美而对之注意，并设法接近对方；但经过简单的交谈，你发现对方是“绣花枕头”，谈吐粗俗，欠缺修养，徒有虚表，这时，你可能马上转而为疏远和分离。相反的情况也有，例如在一个公众场合，某人从外表看似乎并无魅力，你对他开始并没有什么好印象，甚至没有印象(漠视)，但经过简短的交谈，你发现对方是“内秀”，资质聪慧，出口不凡，颇具涵养，这时，你可能很快转而为接近，并且很快便发展为依附关系。

人际交往中熟识程度和关系的差异，决定了我们不能用千篇一律的言语及非言语方式对待一切人。

与生人的口语交际，应当说是比较简单的。不过，与永远不再相遇的生人——例如火车里同座位的人，排队买东西时前后挨着的人，候车室里坐在一起的人，坐在公园的长凳上看着自己孩子玩耍的人——和那些有可能成为熟人或朋友的生人——例如新同事、新同学——的交往，情况不大一样。与前一种人交往，人们往往敢于吐露个人的一些秘密或是坦白地亮出自己对平素避忌的一些问题的观点，因为没有“后顾之忧”。与后一种生人交往，人们一般谨慎得多，说话会很有分寸，原因是来日方长，“后会有期”。

在通常的情况下，陌生人之间的话题仅限于闲聊的范围，因而交谈是粗浅的。在谈到个人自然情况和一般性信息时，自我表露应当恰到好处。这意味着，互相表露的信息量应维持正比例关系。如果对方敞开胸怀，畅所欲言，那么我们就不要拘拘束束，闪烁其词，否则人家会认为是找错了表露的对象。如果对方小心翼翼，遮遮掩掩，我们就不好滔滔不绝，表露无遗，不然对方会感觉很不自在。心理平衡，是交谈得以进行下去的基础。事实上，对方如果对自己的任何情况都守口如瓶，我们对他将一无所知，因而也就谈不上建立什么关系。我们如果在生人面前完全讳莫如深，那么和别人的关系就只能靠运气了。显然只是互相表露才能实现沟通。当彼此获得的信息达到了一定程度时，交际双方就会觉得是相互了解了，于是关系也就随之加深了。当然，应当强调指出，向陌生人的自我表露最好以表面信息为主，以不过多的信息量为适度，以委婉的试探性的方式进行信息交流，这是因为：

“一见如故”“一见钟情”事实上是不存在的，这些都只能在交谈持续一段时间以后才有可能；

向陌生人过分表露自己，有可能会被视为情绪控制不佳，甚至会被视为毛躁、轻浮或玩世不恭；

过分的自我表露（甚至只是谈论自己的偏爱），有时会使对方尴尬或无意中在两人之间设置其他交际障碍。例如你和一个素不相识的人在尚未经过交谈的初级阶段，即与对方尚未交换关于自我简况的信息时主动表露：“我不喜欢和那些跑买卖的市侩交往。”如果对方恰恰是商业经纪人，那么他一定不再想与你继续交谈。其实两个人在其他领域可能有很多共同语言，只是因为一句不慎的自我表露，而使想与你亲善的人对你敬而远之。所以，对陌生人“无话不谈”的人，往往容易被人视为不善交往。

与熟人的口语交际是很重要的，这首先是因为，一般来说，人们每天与熟人的交往最为频繁；其次，与熟人的口语交际是个人关系发展的主要途径；而且，这是团体凝聚力的显著标志。

与陌生人相比，熟人之间会有更多的自我表露，从个人嗜好、对时弊的牢骚到共同参与的活动等，都是时常谈及的话题。

无论是与生人还是与熟人进行口语交际，积极倾听都显得至关重要。就我们每天花在“听”上的时间来说，要比花在其他交流信息活动上的时间多得多。有研究者说，在我们每天醒着的时间里，听占去 29.7%，而学生花在听方面的时间则更多。有一份研究报告指出，人们用于听的时间是读的 3 倍，写的 5 倍，说的 1.5 倍。还有其他的报道指出，人们互相交换信息时，听的时间占 42%　66%。就所获得的信息量来说，听简直不能与其他信息交流活动相提并论，据称我们知道的事情有 85%是来自积极倾听。可以毫不夸张地说，一双耳朵使我们的眼界大为扩展了。

在与生人或熟人交际时，应当积极地听，要注意避免消极的听。这是在交际中为要加深人际关系的目的所决定的。消极听的时候，人差不多相当于一部接受声音的机器，不需要做出反馈，而且是在漫不经心中接受信息，例如观影、观剧、在马路上看热闹、坐在会场后排听乏味的报告等。而积极听则既要求把握对方的中心话题和话题中心，又要体味所接受的信息的真实含义，同时还需注意对方的感情，然后及时地用反馈核实自己的理解。

很明显，消极听在正面交际中是容易被察觉的，由此可能造成交际对象——特别是生人、熟人——之间的一些误会，影响关系。因而需要充分重视积极听，清醒地分析阻碍积极听的各种因素。通常认为影响积极听的心理因素和言语因素主要有以下几条。

(1)先入之见。在交往之初，人们自觉不自觉地把根据第一印象得到的对方的性格、能力、形象等特征和对对方地位、身份等印象进行归类，凭借以往和这类人交往的经验，并参照对方某些突出的个性特点，进行比较、推导，而后形成看法——一般人们易于接受与自己性格接近、能力强、形象好、地位高或身份重要的人的话，而小视相反类型的人的话；比较注意水平高的人的话，而轻视水平较低或与自己水平差不多的人的话。

(2)独尊之感。人们有时难免产生一种经验优越感。就是说，由于具备某种他人所没有的经历，所以在听人谈到有关话题时，就常会居高临下地对待。这时的你并没有认真地去听对方讲话，甚至会打断对方的话，因为你已认定反正对方不如你熟谙此道，对方的话绝非经验之谈。

(3)抵触之心。人们通常存在这样一种心理，不愿意听与自己观点相反或不一致的话，如果处于这样的交际情境之中，你会在心里酝酿自己的看法，这时自然是“听而不闻”了。

(4)言语障碍。对方的话语内容和言语行为本身也可能影响我们积极去听。例如，当说话人和我们对某一词语(说话人可能使用的是该词语的非惯用义)或某一句话(说话人的“言外之意”可能未被听话人悟出)有不同理解时，我们可能会因为专注于这个词语、咀嚼这一句话的真实含义而造成注意力分散，忽视了对方的其他言辞。另外，说话速度与听话速度之间的差别也会造成听话人注意力分散。一般地说，说话速度总要慢于听话速度——据说“一个人每分钟大约可以听 800 个英语单词而能说的只有 125 个单词”——所以，听话人的大脑有比较充裕的时间“开小差”。

既然在与生人、熟人交际中消极听会极大地影响接受信息和把人际关系搞糟，那么我们必须强调有意识地运用积极听的技巧。这种技巧的重要性在于听者的言语反应。一声不吭的“洗耳恭听”即没有言语反馈的听当然容易给人漠不关心或消极应付的印象，而缺乏操作性的言语反馈，同样也会效果不佳。这种技巧的表现形式为： 变换答辞。听的过程中，最忌千篇一律地点头称“是”。如能变换使用“是的”“噢”“对”“原来是这样”等，则能维持说话人的说话兴趣，活跃交谈气氛。 直接提问。这是把握、引导话题和鼓励对方继续说下去的有效方法。只是要注意，发问不可成为发难，所提问题不要带有挑战意味。 建议详述。用感兴趣的口吻请求对方把问题谈得详细一些，也可以促使对方的谈兴更浓。 表示同感。因为相同或相近的观点、态度及价值观是交流的基础，所以通过简要讲述自己的类似观点和经历，或用自己的话来解释对方的意思，或仅只重复对方所说的关键字眼儿，就可以表明已理解了对方话语，从而直接缩短双方的心理距离。 容人言毕。俩人交谈时，不要只顾自己说个没完，应当想着多给对方一些说话机会；当人家讲话时，即使是选择了新的话题，也不要中途打断人家的话而插入自己的大片议论，原因在于，这是一种带侵犯性的（有喧宾夺主、贬低对方意味的）行为，特别是人家侃侃而谈时，这种行为会使对方产生沮丧或抵触情绪。

和朋友的口语交际无疑是保持和发展友谊的重要形式。尽管朋友间表示关心、忠诚、信任、同感和理解可以有其特别代码，例如点点头、笑一笑、努个嘴儿、使个眼色，可是应当说，友谊主要是靠口头来传递的。朋友关系一定是经过自身选择而建立并保持下来的，这种关系的特征是彼此总是以积极的态度相待。这一点，和陌生人、熟人之间的关系不甚相同——与陌生人交谈，常说不上有什么正面或反面的看法，这是短暂偶然的、并非利益相关的关系使然；与熟人交谈，则正面和反面的看法常兼而有之，因为这种关系中一般可以不浸润忠诚、信任和理解的成分。如此说来，既然是朋友，是否不注意交际中的言语技巧，就可以表现朋友间的理解和同感呢？回答只能是否定的。如前所述，任何关系都不会是铁板一块，如果我们不能用持续言语来传递友谊，那么朋友关系也会退归相识关系；反之，则可能发展为更亲密的关系。

在和朋友的交往中，同感及其表现技巧常常被忽视，于是就影响到更深的人际关系的建立。由于同感是一种理智的有意识的情感反应，一种建立在理解基础之上的心理活动，因而同感并不要求一定进入对方的感情状态，而只要求能够设身处地、将心比心地体会对方的感情，并用言语表示出来，以实现全面的心理融合。常用的对对方表示关注的同感言语技巧在前述积极听的言语技巧时已介绍过，这里就不赘述了。

第五章　普通话朗读及语音训练

朗读，是把诉诸视觉的文字作品转化为诉诸听觉的有声语言的一种再创作过程。朗读绝不是简单地见字出声地念，而是一种创造性的语言艺术活动。它要求朗读者在认真分析理解文字作品的基础上，进行深入地感受、真切地体味，然后运用有声语言的各种表达技巧，准确、鲜明、生动地再现出原作的思想内容和独特风貌。

朗读有利于深入体味文字作品。文字作品是诉诸视觉的，人们在欣赏书面文字作品时，通常采用的是默读的方式，也就是用眼睛“看”书。看，可以反复看、慢慢看、经常看，对于深入理解书面作品而言，无疑是一种很大的优势，但同时也有一定的局限性。因为人们默读时往往是“一目十行”式的粗读，速度比较快，信号在大脑中存留时间较短、印象不深；即使是细读，也仅是凭借单一渠道将信息输入大脑，留下的印象，远不如多条渠道来得深刻，默读时人们对理解文字作品的要求不高，只求对其精神实质、主题内涵、重要情节的领会、感悟和了解，而不求对细节、词语的具体感受。而朗读恰恰弥补了这一缺陷。朗读，不但要看，反复看，还要变为有声语言，从而增加了传入大脑皮层的刺激渠道；同时，更需要认真领会、准确表达文字作品的语词内涵、言语意义及精神实质；这样，就意味着对文字作品更深入、更准确、更丰富的理解，更鲜明、更生动、更清晰地传达。因此，朗读者在准备朗读时，是带着压力和任务去分析作品、理解作品的，这样，自然就迫使朗读者去深入仔细地玩味、揣摩，严肃认真地考察、梳理，逐字逐句地分析、理解，同时由于朗读者精心的再创作。听者也可以比自己去看文字作品体味更深，朗读者及听者的判断、品评也就会更为切实。所以说,朗读引导着朗读者和听者步人文字作品的更深的去处。

朗读有利于提高语言表现力。朗读是在对文字作品深入体味的基础上运用和驾驭有声语言的,同时,朗读又对朗读者一定的语言表现力提出了要求,如果朗读者不具备相应的语言表现力,就不可能将文字作品传达得精妙、恰切;只有具备了一定的表现力,才可能把对作品深入理解之后获得的内心感受顺畅而贴切地通过有声语言体现出来。而日常生活中的朗读,一般是以古今中外名家的文字作品为依据,在对这些作品进行深入体味和耐心的咀嚼后,其准确的言辞概念、高远的主旨立意、巧妙的布局构思、生动的语法修辞、严谨的逻辑序列、隽永的文学韵味,无不令我们赞叹并给我们留下深刻印象,启迪我们的思路,激发我们的灵感,同时也促使我们采用各种技巧,以尽可能完美地表现出文字作品的深刻意蕴。因此,经常不断地练习朗读,能提高我们驾驭语言的能力,提高我们的文学鉴赏能力,增强我们运用语言传递信息、表达感情的效果。

朗读有利于发挥语言的感染力。文字语言有着较强的感染力,当把文字作品通过有声语言传达出来的时候,那感人的力量应该更强烈。字面上较易理解、字里行间蕴含的内在深义往往不可言传,而朗读却能使其溢于言表,使听者心领神会,获得极大的满足。书面作品诉诸视觉,而不是付诸人的听觉,这必然影响语言魅力的发挥,限制语言的深刻感染力。人们一般都有这样的体验:同样的一句话、一篇文章、一个剧本、一部小说,看一遍和听一遍的感受却相差甚远。原因就在于:朗读是一种有声语言的再创作,它通过朗读者主观能动性的发挥,浓缩了对书面语言的深刻体味、独特感受,同时,借助于感情的力量将文字符号转达为有声语言,从而弥补了书面语言没有把音响形象付诸人的听觉这一缺陷,使朗读者与听者在语言上、感情上得到了沟通,使听者更深刻地体味到书面语言的内在意蕴,增强了语言的感染力。

第一节　读准单音节词

单音节词是由一个音节构成的词，在书面上就是一个汉字，如“书”“看”“高”“红”等。古代汉语是以单音节词为主的，我们可以从古典文献中清楚地看出这个特点，在现代汉语里，创造新词却较少采用单音节形式。

一、单音节词朗读常见的错误

1. 声母错误

主要指将普通话的一类声母读成另一类声母，造成音节的别义错误。

常见的声母错误是：

(1)将 n 读成 l，或将 l 读成 n，或将 n 读成 ng；

(2)将 z、c、s 读成 zh、ch、sh 或将 zh、ch、sh 读成 z、c 、s；

(3)将送气音读成同部位的非送气音，或将非送气音读成同部位的送气音；

(4)将普通话音系中不同部位的声母换位，如将 h(花)、f(发)换位，将 zh(朱)j(居)换位；

(5)将普通话的 r 声母读成 z一 、l一 、n一或零声母，或将零声母字读成 m一(如“舞”)、ng一(如“眼”)声母字。

2. 声母缺陷

主要指声母的发音部位不准确、不到位，但并不是将普通话的一类声母读成另一类声母，以至产生辨义错误。

常见的声母缺陷有：

(1)将舌面前声母 j、q、××读得太接近舌尖前声母 z、c、s，但还不是 z、c、s；

(2)将舌面前声母 j 、q 、××读成舌叶音；

(3)将舌尖后音声母 zh、ch 、sh 、r 读得偏前，舌尖趋近于上齿或上牙床的位置；

(4)将舌尖前塞擦音声母读成齿间的塞擦音声母；

(5)将舌根擦音 x 读成深喉的 h；

(6)将清塞音或清塞擦音声母读成浊塞音或浊塞擦音声母。

3.韵母错误

韵母错误主要指韵母类型的发音错误而造成音节辨义的错误，或按方音模式对普通话结构进行明显的改造。主要表现有：

(1)将前鼻音韵母读成后鼻音韵母，或将后鼻音韵母读成前鼻音韵母；

(2)韵母四呼发生错误，将撮口呼韵母读成齐齿呼韵母或合口呼韵母，或将合口呼韵母读成撮口呼韵母；

(3)将舌面后半高不圆唇单元音韵母 e(如“车”“河”)读成舌面前半低不圆唇单元音韵母 ê，或将一类单元音韵母换成另一类单元音韵母；

(4)er 或儿化韵无卷舌音色彩；

(5)将复元韵母单元音化(如将 uo 改作 o 或 ，将 ai 改作)，将三合元音韵母改作二合元音韵母(如将 uai 改作 u)；

(6)将普通话的宽窄复韵母(ai—ei、uai—uei、an—en、uan—uen 等)换位；

(7)将鼻尾韵母改作鼻化韵母；

(8)遗留明显的方言入声韵尾。

4.韵母缺陷

韵母缺陷主要指韵母发音不到位、不准确，但还不至于发生韵类与辨义错误。常见的韵母缺陷有：

(1)单元音韵母 i、u、ü 或舌尖元音带有明显摩擦成分；

(2)单元音 u 舌位明显偏前；

(3)卷舌韵母 er 发音不自然，主元音偏高、偏低或偏前，或将一个音素发成两个音素；

(4)合口呼与撮口呼的圆唇度明显不够，听感上有明显差异；

(5)复元音韵母动程明显不够，主元音发音不到位，或韵尾咬得太死；

(6)ou、iou 韵腹、韵尾整体舌位偏前；

(7)in、ing 韵腹韵尾之间加入流音 e；

(8)鼻音韵尾发音过长或咬得太死,或前鼻音韵尾成阻位置偏后,后鼻音韵尾成阻位置偏前。

5.声调错误

声调错误主要指普通话四个声调调类的错读和各调类调形(升降曲折)行进方向和调值高低的明显错误。常见的声调错误有:

(1)将普通话的一类调值读成另一类调值,如将“室”(去声)读成上声,将“微”(阴平)读成阳平,将“穴”(阳平)读成去声;

(2)按方言调形将普通话的平调读成升调或降调,或将普通话的升、降、曲折调读作平调;

(3)将普通话的阴平调读作中平、半低平或低平;

(4)将普通话的升、降调形倒置;

(5)将阳平 35 读作低升 13,或将去声 51 读作低降 31;

(6)上声调只降不升。

6.声调缺陷

声调缺陷指在调形、调势基本正确的前提下调值偏低或偏高,尤其是普通话四个声调起点和落点的相对高低的明显不一致。主要表现有:

(1)阴平保持平调,但(尤其在重读音节中)调值略低(44,尚高于中平 33);

(2)阳平略带曲折(中间曲折作 325,或调尾又作降势拖音);

(3)上声开头略高,或上升不到 4;

(4)去声为降调,但起点不足 5 或落点不到 1。

二、单音节字词训练

(一)声母辨正练习

1.平翘舌声母练习

(1)平舌音:脏　擦　送　菜　宗　索　枣　聪　洒　葬　作　暂

(2)翘舌音:张　茶　纯　拆　中　硕　找　春　傻　账　浊　占

(3)平舌—翘舌辨正:

子—纸　词—池　丝—师　字—志　次—赤

(4)翘舌—平舌辨正：

搀—餐　展—攒　山—三　昌—仓　深—森

(5)综合练习：

残—壤—湿—紫—舒—灿—朱—草—商—伞

日—赞—手—醋—值—神—搜—床—册—追

2.舌尖、舌面声母练习

(1)舌尖音:姿　慈　思　粗　灶　卒岑　散　窜　尊　从　苍

(2)舌面音:鸡　齐　西　区　叫　局秦　线　劝　均　穷　枪

(3)舌尖—舌面辨正：

遭—焦　搜—修　擦—掐　走—酒　层—情

(4)舌面—舌尖辨正：

小—嫂　旧—奏　颊—杂　箭—暂　静—赠

(5)综合练习：

心脏　紫荆　集资　再见　江苏　搜集　紧凑　思绪

残局　基层　自己　现存　赞许　袖子　足球　习俗

3.n—l辨正

(1)n—l：

泥—离　女—吕　牛—流　鸟—了　聂—列

(2)l——n：

力—腻　连—年　零—宁　粮—娘　龙—农

(3)综合练习：

力—逆—脸—碾—料—尿—蓝—南—柳—扭—练—念

您—林—惠—郎—那—辣—聂—劣—奴—卢—耐—赖

4.k—h辨正

客—赫　口—吼　开—嗨　坎—喊

肯—很　空—轰　康—夯　坑—哼

5.h—f辨正

花—发　灰—飞　苦—府　昏—分

混—奋　欢—翻　荒—方　呼—夫

6.送气音与不送气音辨正

自—次　代—太　坐—错　背—配　助—处

巨—去　地—剃　跪—溃　道—套　在—菜

豆—透　阵—趁　贱—欠　动—痛　静—庆

(二)韵母辨正练习

1.前后鼻音韵母辨正

(1)an(uan、ian)—ang(uang、iang)辨正：

班—帮　蛮—忙　单—当　烂—浪　安—盎

方—翻　瓤—然　航—韩　唐—谈　抗—看

兼—疆　贤—祥　联—良　仙—香　烟—央

枪—迁　象—献　两—脸　将—剑　养—眼

管—广　环—黄　专—装　船—床　弯—汪

晃—换　闯—喘　双—拴　逛—惯　壮—赚

(2)en—eng辨正：

奔—蹦　盆—鹏　门—萌　分—风　痕—恒

根—耕　真—争　陈—程　人—仍　身—生

(3)in—ing辨正：

斌—兵　贫—平　民—名　紧—景　侵—清

新—星　金—京　信—姓　邻—灵　银—赢

2.舌尖元音韵母与舌面元音韵母辨正

资—机　此—起　磁—齐　字—记　思—西

几—子　其—雌　喜—死　气—次　系—四

3.齐齿呼与撮口呼韵母辨正

鸡—居　席—徐　李—吕　际—取　椅—雨

许—喜　举—几　趣—启　驴—梨　鱼—移

4.宽窄韵母辨正

(1)ai(uai)—ei(uei)辨正：

百—北　牌—陪　买—美　改—给　怀—回

妹—麦　坠—拽　水—甩　溃—快　威—歪

(2)ao(iao)—ou(iou)辨正：

高—沟　考—口　豪—猴　靠—寇　袄—藕

邹—遭　叟—嫂　绸—潮　肉—绕　沤—澳

(三)声调练习

1.阴—阳—上—去

风调雨顺　鸡鸣犬吠　深谋远虑　心明眼亮　妖魔鬼怪

2.去—上—阳—阴

绿草如茵　妙手回春　异口同声　万古流芳　逆水行舟

(四)常用入声字读音派调表

1.阴平调

拨　劈　跌　滴　踏　脱　托　贴　踢　刮　郭　割　鸽　哭

黑　喝　夹　接　缺　漆　七　瞎　薛　吸　锡　析　桌　捉

粥　摘　织　汁　出　吃　杀　刷　说　叔　湿　失　擦　缩

2.阳平调

拔　白　博　别　罚　伐　佛　福　服　达　夺　得　德　碟

蝶　笛　敌　读　毒　独　格　革　隔　合　核　盒　活　滑

结　杰　节　决　绝　局　菊　桔　集　及　级　即　急　吉

绩　峡　侠　协　学　穴　席　习　闸　宅　竹　烛　浊　折

哲　值　执　直　职　执　舌　十　食　识　石　实　杂　昨

则　足　族　卒　俗　额

3.上声调

百　北　笔　朴　抹　法　塔　铁　谷　骨　渴　郝　甲　脚

角　雪　眨　窄　尺　属　蜀　赎　辱　乙

4.去声调

必　壁　碧　毕　迫　麦　墨　沫　木　牧　目　灭　蜜　负

复　特　纳　捺　诺　聂　逆　辣　腊　蜡　乐　劣　列　落

陆　鹿　绿　六　力　立　历　各　扩　客　刻　克　鹤　获
切　妾　确　却　雀　浙　祝　筑　质　彻　赤　摄　设　术
式　室　热　若　入　日　作　册　策　侧　促　色　塞　速
药　月　越　岳　玉　育　叶　页　袜　握　物

三、单音节字词综合训练

捐 juān	缴 jiǎo	琴 qín	揣 chuǎi	哪 nǎ	稻 dào
增 zēng	怀 huái	阔 kuò	甲 jiǎ	江 jiāng	留 liú
壮 zhuàng	训 xùn	湾 wān	疼 téng	花 huā	嫩 nèn
舜 shùn	光 guāng	藏 cáng	杯 bēi	星 xīng	水 shuǐ
特 tè	惊 jīng	首 shǒu	绿 lǜ	铅 qiān	立 lì
串 chuàn	捏 niē	入 rù	表 biǎo	色 sè	乡 xiāng
唤 huàn	扫 sǎo	铐 kào	锌 xīn	铁 tiě	日 rì
取 qǔ	浓 nóng	军 jūn	笨 bèn	三 sān	面 miàn
瞎 xiā	阅 yuè	孩 hái	勇 yǒng	绝 jué	梦 mèng
放 fàng	冰 bīng	孔 kǒng	腮 sāi	浙 zhè	温 wēn
求 qiú	槛 jiàn	牛 niú	恰 qià	擦 cā	法 fǎ
毒 dú	锐 ruì	专 zhuān	耍 shuǎ	飘 piāo	外 wài
穷 qióng	费 fèi	村 cūn	否 fǒu	拼 pīn	揭 jiē
略 lüè	刮 guā	共 gòng	怪 guài	掐 qiā	乐 lè
您 nín	掀 xiān	擦 cā	丈 zhàng	清 qīng	埋 mái
损 sǔn	丁 dīng	暖 nuǎn	对 duì	促 cù	铜 tóng
任 rèn	卡 qiǎ	古 gǔ	揭 jiē	丸 wán	吞 tūn
抓 zhuā	修 xiū	荡 dàng	旺 wàng	摔 shuāi	畏 wèi
脸 liǎn	热 rè	把 bǎ	耗 hào	平 píng	筛 shāi
亏 kuī	否 fǒu	瓦 wǎ	棍 gùn	松 sōng	匀 yún
女 nǚ	用 yòng	喜 xǐ	说 shuō	揣 chuǎi	咱 zán
佛 fó	此 cǐ	勋 xūn	院 yuàn	子 zǐ	钻 zuān
牙 yá	民 mín	饭 fàn	北 běi	何 hé	凋 diāo

坡 pō	观 guān	骗 piàn	荒 huāng	烤 kǎo	赔 péi
级 jí	贪 tān	抢 qiǎng	风 fēng	理 lǐ	缤 bīn
能 néng	锅 guō	邻 lín	口 kǒu	而 ér	翁 wēng
掠 lüè	羊 yáng	思 sī	全 quán	捏 niē	灾 zāi
穷 qióng	体 tǐ	针 zhēn	描 miáo	月 yuè	容 róng
参 cān	歪 wāi	续 xù	贴 tiē	搜 sōu	场 cháng
拨 bō	是 shì	支 zhī	窗 chuāng	目 mù	耻 chǐ
掘 jué	熬 āo	诈 zhà	惹 rě	而 ér	紫 zǐ
迟 chí	碑 bēi	拆 chāi	冒 mào	否 fǒu	南 nán
粉 fěn	裆 dāng	耕 gēng	起 qǐ	俩 liǎng	丢 diū
表 biǎo	变 biàn	瞥 piē	拼 pīn	酿 niàng	
平 píng	扑 pū	挎 kuà	播 bō	阔 kuò	乖 guāi
退 tuì	断 duàn	抡 lūn	光 guāng	弄 nòng	翁 wēng
举 jǔ	略 lüè	泉 quán	均 jūn	穷 qióng	扎 zā
涩 sè	司 sī	使 shǐ	筛 shāi	废 fèi	找 zhǎo
偶 ǒu	山 shān	恨 hèn	扛 káng	仍 réng	习 xí
加 jiā	灭 miè	跳 tiào	牛 niú	甜 tián	民 mín
亮 liàng	鸣 míng	促 cù	抓 zhuā	佛 fó	若ruò
甩 shuǎi	绘 huì	卵 luǎn	纯 chún	矿 kuàng	红 hóng
岸 àn	决 jué	癣 xuǎn	熏 xūn	雄 xióng	损 sǔn
采 cǎi	赠 zèng	忍 rěn	盎 àng	簪 zān	疫 yì
截 jié	邀 yāo	雁 yàn	荫 yìn	仰 yǎng	顶 dǐng
蒜 suàn	村 cūn	壮 zhuàng	荣 róng	御 yù	远 yuǎn
躯 qū	恩 ēn	擦 cā	袄 ǎo	勇 yǒng	恽 yùn
学 xué	多 duō	她 tā	碑 bēi	判 pàn	某 mǒu
胞 bāo	肯 kěn	膘 biāo	童 tóng	扇 shàn	表 biǎo
言 yán	恩 ēn	层 céng	润 rùn	坏 huài	磅 bàng
贫 pín	索 suǒ	肉 ròu	涌 yǒng	绝 jué	共 gòng

女 nǚ	乱 luàn	浮 fú	面 miàn	增 zēng	瞎 xiā
接 jiē	元 yuán	区 qū	略 lüè	钻 zuān	平 píng
摸 mō	方 fāng	敌 dí	苔 tái	聂 niè	淡 dàn
废 fèi	贰 èr	涩 sè	采 cǎi	朱 zhū	净 jìng
丢 diū	腻 nì	懒 lǎn	虐 nüè	穷 qióng	旬 xún
捆 kǔn	隋 suí	花 huā	瓷 cí	野 yě	网 wǎng
册 cè	软 ruǎn	冲 chōng	宣 xuān	均 jūn	舜 shùn
秦 qín	灵 líng	更 gēng	漱 shù	谢 xiè	涮 shuàn
亏 kuī	俩 liǎng	欢 huān	杂 zá	酱 jiàng	铐 kào
枕 zhěn	尾 wěi	窄 zhǎi	损 sǔn	瓦 wǎ	疮 chuāng
迁 qiān	勺 sháo	安 ān	坐 zuò	氧 yǎng	拆 chāi
邹 zōu	邀 yāo	撒 sā	牛 niú	怪 guài	催 cuī
郑 zhèng	鹤 hè	池 chí	给 gěi	装 zhuāng	矮 ǎi
翁 wēng	色 sè	词 cí	秒 miǎo	咱 zán	世 shì
齿 chǐ	拽 zhuài	敲 qiāo	絮 xù	久 jiǔ	恒 héng
垮 kuǎ	柑 gān	辣 là	艇 tǐng	饶 ráo	贴 tiē
都 dū	移 yí	岸 àn	草 cǎo	滋 zī	若 ruò
谁 shuí	叉 chā	枕 zhěn	讯 xùn	囚 qiú	军 jūn
逛 guàng	开 kāi	给 gěi	抡 lūn	酿 niàng	贴 tiē
肉 ròu	潘 pān	莽 mǎng	浮 fú	靶 bǎ	庞 páng
粉 fěn	段 duàn	唐 táng	旅 lǚ	牛 niú	质 zhì
抠 kōu	伪 wěi	枷 jiā	劝 quàn	乡 xiāng	唇 chún
少 shǎo	贼 zéi	存 cún	桑 sāng	姚 yáo	我 wǒ
渊 yuān	野 yě	司 sī	佐 zuǒ	褥 rù	爽 shuǎng
穿 chuān	助 zhù	卸 xiè	寝 qǐn	计 jì	掰 bāi
您 nín	坑 kēng	俩 liǎng	褪 tùn	掂 diān	扉 fēi
惹 rě	观 guān	迸 bèng	决 jué	掩 yǎn	舜 shùn
喝 hē	外 wài	穷 qióng	样 yàng	戎 róng	濒 bīn

闯 chuǎng	踝 huái	涌 yǒng	划 huá	凭 píng	钟 zhōng
人 rén	虐 nüè	丸 wán	扒 bā	拜 bài	迥 jiǒng
憋 biē	田 tián	咯 kǎ	晕 yùn	废 fèi	如 rú
涡 wō	佘 shé	扮 bàn	罩 zhào	胸 xiōng	量 liáng
脱 tuō	流 liú	鲜 xiān	垧 shǎng	驭 yù	望 wàng
菠 bō	砂 shā	掘 jué	许 xǔ	块 kuài	矜 jīn
笋 sǔn	曾 zēng	踹 chuài	软 ruǎn	佣 yōng	董 dǒng
酿 niàng	反 fǎn	海 hǎi	稚 zhì	铝 lǚ	慌 huāng
卷 juàn	青 qīng	所 suǒ	滑 huá	省 shěng	死 sǐ
围 wéi	扭 niǔ	跨 kuà	寻 xún	阵 zhèn	菌 jūn
尿 niào	棕 zōng	堆 duī	槽 cáo	鹌 ān	侧 cè
碎 suì	欺 qī	淤 yū	窜 cuàn	拐 guǎi	疮 chuāng
槛 jiàn	盖 gài	贼 zéi	婆 pó	提 tí	二 èr
刨 páo	灌 guàn	铲 chǎn	吓 xià	苗 miáo	轨 guǐ
掐 qiā	讽 fěng	恩 ēn	灭 miè	鱿 yóu	脏 zàng
肉 ròu	粉 fěn	茉 mò	您 nín	尺 chǐ	贫 pín
劝 quàn	莽 mǎng	略 lüè	蹲 dūn	猿 yuán	共 gòng
吐 tǔ	谋 móu	饼 bǐng	盘 pán	狂 kuáng	蔫 niān
使 shǐ	白 bái	美 měi	份 fèn	丢 diū	舔 tiǎn
潘 pān	跨 kuà	豁 huò	壮 zhuàng	冤 yuān	啪 pā
胞 bāo	否 fǒu	浪 làng	秦 qín	揣 chuǎi	顺 shùn
翁 wēng	酸 suān	玉 yù	沓 tà	类 lèi	槛 jiàn
悄 qiǎo	芯 xīn	触 chù	刷 shuā	女 nǚ	颊 jiá
润 rùn	鹤 hè	之 zhī	回 huí	静 jìng	矩 jǔ
夏 xià	肉 ròu	吃 chī	日 rì	愁 chóu	撇 piē
苗 miáo	盯 dīng	挪 nuó	龟 guī	捆 kǔn	慌 huāng
全 quán	蔓 màn	铁 tiě	炸 zhà	石 shí	摸 mō
桃 táo	妞 niū	晾 liàng	贼 zéi	亏 kuī	扎 zā

而 ér　攒 zǎn　扇 shàn　蜂 fēng　剃 tì　增 zēng

阳 yáng　外 wài　均 jūn　母 mǔ　平 píng　地 dì

略 lüè　瓷 cí　寺 sì　纫 rèn　腌 yān　坡 pō

遍 biàn　襄 xiāng　癣 xuǎn　才 cái　奔 bēn　藏 cáng

腮 sāi　扇 shàn　穷 qióng　区 qū　洞 dòng　槽 cáo

涩 sè　迥 jiǒng　层 céng　让 ràng　虐 nüè　浮 fú

弄 nòng　荀 xún　辙 zhé　增 zēng　共 gòng　百 bǎi

货 huò　允 yǔn　许 xǔ　脾 pí　气 qì　永 yǒng

远 yuǎn　纳 nà　闷 mèn　儿 ér　观 guān　摩 mó

引 yǐn　导 dǎo　组 zǔ　合 hé　盼 pàn　望 wàng

舌 shé　头 tóu　演 yǎn　习 xí　日 rì　常 cháng

扣 kòu　子 zǐ　挂 guà　号 hào　爱 ài　称 chēng

从 cóng　而 ér　沸 fèi　腾 téng　孙 sūn　女 nǚ

拈 niān　阄 jiū　儿 ér　养 yǎng　料 liào　部 bù

分 fēn　显 xiǎn　得 dé　请 qǐng　求 qiú　虽 suī

然 rán　穷 qióng　困 kùn　差 chà　点 diǎn　儿 ér

谎 huǎng　言 yán　贫 pín　苦 kǔ　甩 shuǎi　卖 mài

小 xiǎo　姐 jiě　软 ruǎn　件 jiàn　破 pò　火 miè

绑 bǎng　架 jià　刚 gāng　强 qiáng　语 yǔ　法 fǎ

角 jiǎo　色 sè　名 míng　册 cè　约 yuē　束 shù

群 qún　众 zhòng　萝 luó　卜 bo　没 méi　事 shì

儿 ér　牙 yá　刷 shuā　拉 lā　拢 lǒng　稳 wěn

当 dāng　快 kuài　餐 cān　权 quán　宜 yí　仁 rén

政 zhèng　早 zǎo　晚 wǎn　垂 chuí　直 zhí　童 tóng

话 huà　方 fāng　程 chéng　喷 pēn　射 shè　搜 sōu

索 suǒ　扰 rǎo　乱 luàn　使 shǐ　劲 jìn　撒 sā

谎 huǎng　辽 liáo　阔 kuò　捐 juān　赠 zèng　穷 qióng

人 rén　询 xún　问 wèn　掠 lüě　夺 duó　女 nǚ

性 xìng　旷 kuàng　课 kè　拐 guǎi　弯 wān　灵 líng

魂 hún　两 liǎng　旁 páng　强 qiáng　迫 pò　贬 biǎn

低 dī　纽 niǔ　扣 kòu　儿 ér　假 jiǎ　如 rú

军 jūn　队 duì　创 chuàng　造 zào　痛 tòng　苦 kǔ

公 gōng　路 lù　需 xū　要 yào　轮 lún　船 chuán

暖 nuǎn　和 hé　坏 huài　处 chù　差 chà　点 diǎn

儿 ér　民 mín　族 zú　流 liú　利 lì　解 jiě

答 dá　夏 xià　天 tiān　背 bèi　后 hòu　小 xiǎo

孩 hái　儿 ér　虐 nüè　待 dài　犬 quǎn　马 mǎ

心 xīn　胸 xiōng　脚 jiǎo　印 yìn　鸡 jī　爪 zhǎo

儿 ér　挂 guà　彩 cǎi　写 xiě　生 shēng　蒙 méng

蔽 bì　湛 zhàn　蓝 lán　板 bǎn　擦 cā　儿 ér

肥 féi　壮 zhuàng　植 zhí　苗 miáo　陶 táo　器 qì

准 zhǔn　予 yǔ　平 píng　和 hé　反 fǎn　正 zhèng

一 yī　下 xià　儿 ér　快 kuài　乐 lè　保 bǎo

持 chí　朋 péng　友 yǒu　听 tīng　写 xiě　彩 cǎi

色 sè　增 zēng　加 jiā　悲 bēi　痛 tòng　马 mǎ

虎 hǔ　美 měi　好 hǎo　散 sàn　步 bù　说 shuō

明 míng　调 diào　查 chá　措 cuò　施 shī　迫 pò

切 qiē　干 gàn　脆 cuì　率 shuài　领 lǐng　人 rén

民 mín　闺 guī　女 nǚ　儿 ér　夸 kuā　奖 jiǎng

挂 guà　念 niàn　称 chēng　心 xīn　地 dì　理 lǐ

走 zǒu　私 sī　抢 qiǎng　救 jiù　秋 qiū　季 jì

狂 kuáng　风 fēng　打 dǎ　扫 sǎo　探 tàn　索 suǒ

第二节　读准多音节词

多音节词是由两个或两个以上音节构成的词，在书面上就写成两个或两个以上的汉字，如“科学”“进取”“社会主义”“澳大利亚”等。

现代汉语中占绝对优势的是由两个音节构成的双音节词。从词汇的发展历史来看，汉语的词有一种很明显的双音化的趋势，即把单音节的扩展为双音节的，把超过两个音节的压缩成双音节的，这是汉语发展的内部规律之一。汉语的词向双音化发展主要有以下几个原因。

(1)为了区分同音词。由于汉语语音的简化演变，很多古代不同音的词到现代都变成同音的了，这就容易引起误解。例如“工”“公”“躬”“宫”等现代读音相同，在口语中容易相混，扩充为双音节的“工作”“公正”“鞠躬”“宫殿”等，才便于互相区别。

(2)为了使多义词词义明确。例如，单音节的“土”意义宽泛，加上一个语素后就成了双音节的“泥土”“尘土”“乡土”“土地”等；单音节的“深”意义宽泛，加上一个语素后就成了双音节的“深厚”“深远”“深长”“深刻”“深入”等。所加的语素限定了“土”和“深”的词义，使之意义更加明确固定。

(3)为了使语言简练。如我们把“衣”说成“衣服”，把“架”说成“架子”。但是，把挂衣服的架子如果说成“衣服架子”，未免太啰嗦，于是就减缩为“衣架”，这样的称呼叫简称，即是事物的名称或固定短语简化了的称谓。

一、双音节词朗读的原则

(一)以词为单位进行朗读

这是多音节词语与单音节字词的根本性区别，也是读多音节词语的最基本要求。这里的多音节词语包括双音节词语、三音节词语和四音节词语，我们在读的时候不能按读单音节字词的方式一字一顿，要注意掌握多音节词语内在的节奏感和构词规律。有的人为了调值到位，出现了一个词念出两个音的现象，这属于“读断”。普通话测试中，多音节词语的朗读要求在2.5分钟内完成，时间比较宽裕，切忌读得太快。

(二)读准词的轻重格式

词的轻重格式是一种比较稳定的语音现象，是指多音节词语音节之间的音强比较。多数情况下词的轻重格式在语流中是不变的，即相对稳定。这是受语音规律限定的。下面将对双音节词语、三音节词语和四音节词语的轻重格式进行介绍。

1. 双音节词语

(1)中重格式:这类词占大多数,读时第二个音节比第一个重些、长些。如人民、大会、广播。

(2)重中格式:这类词不太多,读时第一个音节比第二个重一些,长一些。如毛病、药品、责任。

(3)重轻格式:第二个音节又短又弱,即轻声。如弟弟、石头、萝卜。

2. 三音节词语

(1)中次轻重格式:在读的时候,第三个音节重于第一个音节,而第一个音节又要重于第二个音节。如共产党、东方红、展览会、西红柿。有人习惯将这种格式读成中轻重,这样轻读容易吃字,语意不够明显。

(2)中重轻:第二个音节比第一个音节重,末音节是轻声。如打拍子、小姑娘、老头子、硬骨头、儿媳妇。

(3)重轻轻:后两个音节是轻声。如飞起来,投进去。

3. 四音节词语

四音节词语的轻重格式共分为 3 种,这一般与其词性的结构关系有关。

(1)中重中重:大部分具有联合关系的四字格式成语读此结构,如心猿意马、独断专行。

(2)中轻中重:读此结构的多为专用名词、叠音形容词、象声词,如社会主义、大大方方、蹦蹦跳跳、稀里糊涂、慌里慌张。

(3)重中中重:具有修饰与被修饰、陈述与被陈述和支配与被支配关系的四格式成语及一、三格式组成的成语,读此格式。如惨不忍睹、一扫而空。

值得注意的是,受轻重格式的影响,在读多音节词语时,其后字字调的调值一定要到位,否则将按评分标准中的"缺陷"进行扣分。

(三)看清多音节词语的构成,避免看错或念错语序

这种情形在考试中经常出现。由于考生太过紧张或大意,在读某些词语的时候可能会看错或念错语序或读成另外一个词语,如"计算"读成"算计""一帆风顺"读成"一路顺风",这样失分实在是太可惜了。所以,在考试

之前，一定要端正态度，认真对待。

二、双音节字词常见的朗读错误

双音节词语除了和单音节词语一样要考查应试者声、韵、调的发音外，还要考查上声音变、儿化韵和轻声的读法。在这项内容中，应试者比较集中的问题出现在如下几方面。

（一）找不到轻声音节，将轻声音节读作非轻声音节

正确的掌握轻声音节的读音可以使我们的口头表达强弱有致，和谐动听。双音节词语中的轻声音节有的是和词汇语法有关系的，例如一些带有特殊后缀的名词（鼻子、蛾子、裤子、结巴、锅巴、下巴、什么、这么、势头、砖头、馒头、花儿、鸟儿等）；一些结构助词和语气助词（他的、看着、我们、跑了、好啊、来吧、他呢等）。这些词语往往比较容易分辨，但在双音节词语中出现的频率却并不高。还有一些是和词汇语法没有关系的轻声音节，例如妥当、棉花、黄瓜、脊梁、教训、宽敞、抽屉、力量、态度、疟疾、包涵等，分辨这些轻声音节词语是双音节词语中的难点。应试者在遇到这类词语而不能确定其轻读与否时，一方面要利用自己日常积累的语音经验进行判断，另一方面要充分利用《普通话水平测试手册》，通过“应该念轻声的词语”表查找该词，如有则应该读轻声。

（二）儿化韵音节发音不到位

双音节词语中有一种特殊的情况即用两个音节来表示三个汉字，这种特殊情况就是儿化音节。

例如：毛驴儿（máo lǘer）　　　小孩儿（xiǎo hár）

　　　土豆儿（tǔ dòur）　　　没事儿（méi shèr）

儿化韵音节在形态上非常容易分辨，但应试者往往不能正确发音。

儿化韵音节即卷舌韵母“er”附着在其他韵母后面，变更了原来韵母的音色，使其加上了一个卷舌动作。这个卷舌动作加的是否到位直接影响到儿化韵音节的读音是否准确。一种情况是卷舌动作太小，舌面太平，只在发完韵母后微微抬起舌面，这样做的结果只能是更加突出方音特色。一种情况是卷舌动作过大，卷曲程度超出正常发音部位，使音节听上去变形。一种

情况是应试者没有认真审题，把儿化韵音节读成三音节词语。

例如：老头儿（lǎo tóuer 读作 lǎo tóuér）

山歌儿（shān gēr 读作 shān gēér）

（三）上上相连的双音节词语音变后调值不准

在双音节词语中除了轻声和儿化外还涉及到上上相连的双音节词语的音变现象。在测试过程中，应试者对这一类词语普遍存在不能正确音变或音变后调值不准的情况。

例如：稿纸（gǎozhǐ）按照音变规律，稿（gǎo）的调值应该变得近乎阳平（35）而纸（zhǐ）没有音变仍读（zhǐ）（214）。大部分应试者在读这一类上声音节时，将稿（gǎo）变为（gáo）几乎没有问题，问题往往出在纸（zhǐ）上，不能将纸（zhǐ）正确读成（214）的调值。要么读成半上（211）要么读成（2143），造成缺陷或错误。所以，注意保持上上相连音节末一个音节的调值应是一个重点。既不可缩短也不可加长，在听感上应该是整体上扬的即可。

在上上相连音节中，造成失分的另一个原因是对一些上上相连音节的方言性误读现象误导了其正确的读音。

例如：勉强（miǎn qiǎng 读作 miǎn qiáng）

侮辱（wǔ rǔ 读作 wū rǔ）

匕首（bǐ shǒu 读作 bì shǒu）

脊髓（jǐ suǐ 读作 jí suí）

龋齿（qǔ chǐ 读作 qū chǐ）

给予（jǐ yǐ 读作 gěi yǔ）

萎靡（wěi mǐ 读作 wēi mí）

猥琐（wéi suǐ 读作 wèi suī）

（四）不认真审题

在双音节词语中，应试者仍容易犯读单音节词语中常犯的毛病（互换位置、误读、联想），不认真审题，造成失分。

例如：花茶（huā chá 读作 chá huā 茶花）

家人（jiā rén 读作 rén jiā 人家）

袜筒(wà tǒng 读作 tǒng wà 筒袜)

高跷(gāo qiāo 读作 gāo shāo 高烧)

瘸子(qué zi 读作 guǎi zi 拐子)

挫折(cuò zhé 读作 zhé mó 折磨)

白干儿(bái gānr 读作 bái gàn 白干)

三、读对多音节字词

在现代汉语里,大部分的字只有一个读音。但有10%左右的字具有一个以上的读音,这类字一般称为多音字。对这些多音字如果只知其一不知其二,就会读错。多音字可以分为多义的多音字和同义的多音字两类,以多义的多音字为多。

多音多义字举例:量liàng 质量、宽宏大量

liáng 丈量、量体裁衣

便biàn 便饭、说做便做

pián 便宜、大腹便便

乘chéng 乘法、乘虚而入

shèng 史乘、千乘之国

多音同义字举例:给gěi 给人方便

jǐ 给予、自给自足

嚼jiáo 嚼舌、咬文嚼字

jué 咀嚼

对这类词,我们一定要掌握其规律,读准每一个词,尽量减少错误的出现。

普通话常见易错读词语:

挨打(ái dǎ)　蝙蝠(biān fú)　同胞(tóng bāo)　波浪(bō làng)

蚌埠(bèng bù)　哺育(bǔ yù)　匕首(bǐ shǒu)　不必(bù bì)

玻璃(bō lí)　萝卜(luó bo)　巡捕(xún bǔ)　粗糙(cū cāo)

差错(chā cuò)　乘车(chéng chē)　炽热(chì rè)　处理(chǔ lǐ)

唱片(chàng piàn)　惩罚(chéng fá)　创伤(chāng shāng)　对称(duì chèn)

绰号(chuò hào)	忏悔(chàn huǐ)	参差(cēn cī)	受挫(shòu cuò)
答复(dá fù)	逮捕(dài bǔ)	提防(dī fang)	档次(dàng cì)
癫痫(diān xián)	追悼(zhuī dào)	堤坝(dī bà)	订正(dìng zhèng)
呆板(dāi bǎn)	而且(ér qiě)	理发(lǐ fà)	复杂(fù zá)
符合(fú hé)	腹腔(fù qiāng)	气氛(qì fēn)	仿佛(fǎng fú)
讣告(fù gào)	果脯(guǒ fǔ)	王冠(wáng guān)	供给(gōngjǐ)
山冈(shān gāng)	供认(gòngrèn)	楼阁(lóugé)	一会儿(yī huìr)
混乱(hùn luàn)	几乎(jī hū)	教诲(jiào huì)	罕见(hǎn jiàn)
恐吓(kǒng hè)	雪茄(xuě jiā)	间断(jiàn duàn)	角色(jué sè)
尽管(jǐng uǎn)	粳米(jīng mǐ)	颈椎(jǐng zhuī)	根茎(gēn jīng)
校对(jiào duì)	比较(bǐ jiào)	疾病(jí bìng)	细菌(xì jūn)
立即(lì jí)	阶段(jiē duàn)	畸形(jī xíng)	内疚(nèi jiù)
发酵(fā jiào)	汲取(jí qǔ)	脊梁(jǐ liang)	针灸(zhēn jiǔ)
矩形(jǔ xíng)	夹层(jiā céng)	一刻钟(yī kè zhōng)	
看护(kān hù)	俘虏(fú lǔ)	质量(zhì liàng)	两栖(liǎng qī)
蓓蕾(bèi lěi)	伪劣(wěi liè)	度量衡(dù liàng héng)	
例外(lì wài)	风靡(fēng mǐ)	模具(mú jù)	
勉强(miǎn qiǎng)		联袂(lián mèi)	模糊(mó hu)
呕吐(ǒu tù)	乒乓(pīng pāng)	糟粕(zāo pò)	活泼(huó pō)
包庇(bāo bì)	关卡(guān qiǎ)	潜力(qián lì)	翘首(qiáo shǒu)
怯懦(qiè nuò)	侵略(qīn lüè)	强劲(qiáng jìng)	倾向(qīng xiàng)
悄然(qiǎo rán)	恰当(qià dàng)	围绕(wéi rào)	仍然(réng rán)
妊娠(rèn shēn)	塞车(sāi chē)	教室(jiào shì)	漱口(shù kǒu)
塑料(sù liào)	虽然(suī rán)	骨髓(gǔ suǐ)	收缩(shōu suō)
结束(jié shù)	常识(cháng shí)	栓塞(shuān sè)	熟悉(shú xī)
丧钟(sāng zhōng)	赡养(shàn yǎng)	扫帚(sào zhou)	狩猎(shòu liè)
矢口(shǐ kǒu)	艄公(shāo gōng)	标识(biāo zhì)	调皮(tiáo pí)
蜕变(tuì biàn)	突出(tū chū)	可恶(kě wù)	纤维(xiān wéi)

因为(yīn wèi)　违章(wéi zhāng)　肖像(xiào xiàng)　眩晕(xuàn yùn)
侮辱(wǔ rǔ)　向往(xiàng wǎng)　琴弦(qín xián)　混淆(hùn xiáo)
挟持(xié chí)　穴位(xué wèi)　流血(liú xuè)　徇私(xùn sī)
削弱(xuē ruò)　乳臭(rǔ xiù)　膝盖(xī gài)　木屑(mù xiè)
咆哮(páo xiào)　分析(fēn xī)　钥匙(yào shi)　亚洲(yà zhōu)
河沿(hé yán)　造诣(zào yì)　酝酿(yùn niàng)　友谊(yǒu yì)
参与(cān yù)　殷红(yān hóng)　应用(yìng yòng)　打颤(dǎ zhàn)
装载(zhuāng zài)　暂时(zàn shí)　脂肪(zhī fáng)　碰撞(pèng zhuàng)
卓越(zhuó yuè)　钻探(zuān tàn)　笨拙(bèn zhuō)　作坊(zuō fang)
召开(zhào kāi)　着重(zhuó zhòng)　证券(zhèng quàn)　挣脱(zhèng tuō)
高涨(gāo zhǎng)　沼泽(zhǎo zé)　琢磨(zhuó mó)(zuó mo)
憎恨(zēng hèn)　浙江(zhè jiāng)　挣扎(zhēng zhá)　确凿(què záo)
编纂(biān zuǎn)　总得(zǒng děi)　着想(zhuó xiǎng)　卓越(zhuó yuè)
诸位(zhū wèi)　秩序(zhì xù)　症结(zhēng jié)　照片儿(zhào piānr)
粘连(zhān lián)　载体(zài tǐ)　运转(yùn zhuǎn)　脂肪(zhī fáng)

第三节　按普通话词汇、语法规范说话

一、语法的辨正

普通话的定义中说:“以典范的现代白话文著作为语法规范”,即是说典范的现代白话文著作就是普通话语法的标准。典范的现代白话文指具有广泛代表性的、影响很大的、能成为使用语言的标准的“五四”以后的白话文作品,如毛泽东、鲁迅、郭沫若、茅盾、巴金、老舍、曹禺等人的经典著作。他们的现代白话文著作都是普通话书面语的典范,他们著作中丰富的书面语材料形成了普通话的语法规范。

二、语法规范的重要性

语法规范指根据普通话发展的客观规律,确定和推广普通话语法的标准。由于各地方言的语法在发展变化的过程中,会存在一些引起分歧的现

象,如在构词法、语序和词语的联结等方面存在差异,而这种差异就成了我们学好普通话语法的障碍。语法是构成普通话的三要素之一,其重要性不言而喻。在现代汉语中,只有词汇是不能形成语言的,只有运用语法把词语联结起来,语言才能成为重要的交际工具,因此,要学好普通话,就必须掌握好普通话的语法标准,而进行语法规范则至关重要。

三、例证病误的多样性

语言的规范并不否定语言的灵活性和多样性,这是由语言符号的任意性决定的。如果因说话太随意而出现无法理解的表达,就难以交际了。下面"说话"中的不规范表现在选词造句上的随意,同时也有因思维混乱而缺乏条理的表现。

(一)随意"活"用,前后语义搭配不恰当

例句:

(1)集体它成长了我。

普通话中的含义:我在集体中成长。

(2)音乐娱乐我们的同时,从中得到文化。

普通话中的含义:我们从欣赏音乐的娱乐中感受不同文化。

(3)爸爸为我们操白了头发。

普通话中的含义:爸爸为我们操心太多,头发过早变白了。

例(1)中,"集体"是一个名词性概念,不能主动发出动作。例(2)中,"娱乐"变成及物动词是不对的,不能带宾语,"从中得到文化"语义玄虚。例(3)中,"操"不能与"头发"搭配。

有时主语成分与谓语中心不搭配。

例句:

(4)知识面有很大增长。

普通话中的含义:知识面拓宽了。

(5)社会秩序不那么安分。

普通话中的含义:社会秩序不那么安定。

(6)去年刮起去西藏的热潮。

普通话中的含义:去年掀起去西藏旅游的热潮。

例(4)中,主语“知识面”不能用“增长”说明。例(5)中,主语“社会秩序”不能用“安分”来形容。例(6)中,动词“刮起”的宾语应该是“风”,而不是“热潮”,可用“掀起”与宾语“热潮”搭配。

(二)重复累赘

例句:

(7)我小时候的时候喜欢打羽毛球。

普通话中的含义:我小时候喜欢打羽毛球。

(8)必须亲自临驾。

普通话中的含义:必须亲自在场。

(9)经自己努力,把成绩有点补回去了。

普通话中的含义:经过自己的努力,学习成绩有进步。

(10)海很脏,最好别往里面游泳。

普通话中的含义:海水很脏,最好别去游泳。

例(7)和例(8)都是一句话中前后两个词语意义接近,重复表达。例(9)是乱用“把”字句,“有点补回去”是方言的一种说法。例(10)中,“里面游泳”意思不明,实际说的是下水游泳。

有时表现为修饰成分多余。

例句:

(11)大路比较畅通无阻。

普通话中的含义:大路较畅通。

(12)我边走边回寝室。

普通话中的含义:我边想边走向寝室。

(13)我觉得肚子非常饿极了。

普通话中的含义:我觉得肚子饿极了。或:我觉得肚子非常饿。

例(11)中,“比较畅通”与“畅通无阻”二者只能选其一。例(12)中,“走路”与“回寝室”不能同时进行,不能用“边……边”组合在一起。例(13)中,

“非常”与“极了”意思重复，选择其一即可。

（三）由于省略造成表意不完整

例句：

（14）戴眼镜对清洁度很高。

普通话中的含义：戴眼镜对眼镜的清洁度要求很高。

（15）我的业余与体育无关。

普通话中的含义：我的业余生活与体育不沾边。

（16）物质提高了，精神也提高了。

普通话中的含义：物质生活水平和精神生活水平都提高了。

以上谓语对主语的陈述中由于缺少某些相关词语，使前后表意不完整。例（14）中，“戴眼镜”指的是“对清洁度的要求很高”；例（15）中，与体育有关的是“我的业余生活”；例（16）中，“物质”和“精神”不能“提高”，应该指“物质水平”和“精神文明程度”提高。

有时因缺少交代而产生歧义。

例句：

（17）我从小对老师感兴趣。

普通话中的含义：我从小对当老师感兴趣。

（18）狗用铁链把它吊起来走。

普通话中的含义：用铁链把狗吊起来走。

（19）没有体育频道我们家电视就不行了。

普通话中的含义：我们家人非常喜欢电视的体育频道节目。

例（17）中，说话者想表达从小有当教师愿望，但缺少必要说明，听者不明白是对老师本人还是对老师这个职业感兴趣。例（18）中，应试者想说的是用铁链把狗吊起来，但表达时没有说清楚主体和客体的关系。例（19）是想表达我们家人非常喜欢体育频道的节目，但没有交代清楚，听者误认为没有体育频道电视就坏了。

(四)思维混乱造成句式杂糅

例句:

(20)对他没有太大有恨意。

普通话中的含义:对他没有恨意或没有太大恨意。

(21)没有车没有房的辛苦的家庭。

普通话中的含义:没有车没有房的家庭或家庭成员很辛苦。

(22)我就希望自己想当医生。

普通话中的含义:我希望自己是医生和我想当医生。

以上把不同的句子重叠在一起,造成了表达上的混乱。例(20)由于“没有”和“有”同时使用,使句义表述不清。例(21)描述家庭中的家境和成员情况时,把家庭成员与家境用一个词语说明,从而造成了混乱。例(22)“希望”与“想当”都表示还没实现,但立足点不同,应该分开表达。

(五)语序排列混乱

例句:

(23)我想跟同学联系电话。

普通话中的含义:我想跟同学电话联系。

(24)我爸爸缺点是个头不高,是中学教师。

普通话中的含义:爸爸是中学教师,唯一的缺点是个头不高。

(25)非常感到自豪。

普通话中的含义:感到非常自豪。

以上例句中,表达词语的前后顺序颠倒,语义上虽然能猜出说的是什么,但不符合汉语的表达习惯。

(六)逻辑不对

例句:

(26)我在没有学习的过程中生活。

普通话中的含义:我不愿意学习,整天无事可做。

(27)跟傻子待久了,像个小孩子。

普通话中的含义:常跟傻子在一起玩,也变得不懂事了。

(28)村里有妇女,还有奶奶。

普通话中的含义:村里留下的都是上了年纪的妇女。

(29)我妈准备了很多苹果、香蕉、梨和水果。

普通话中的含义:我妈准备了很多水果,如苹果、香蕉、梨等。

(30)大路比较畅通无阻。

普通话中的含义:大路较畅通。

(31)我边走边回寝室。

普通话中的含义:我边想边走向寝室。

(32)我从小对老师感兴趣。

普通话中的含义:我从小对当老师感兴趣。

(33)狗用铁链把它吊起来走。

普通话中的含义:用铁链把狗吊起来走。

(34)没有体育频道我们家电视就不行了。

普通话中的含义:我们家人非常喜欢电视的体育频道节目。

例(26)和例(27)中前言不搭后语,语义含混不清。例(26)想说明自己的学习生活,但表达得语无伦次。例(27)中"傻子"与"小孩子"所指含义不清,听者难以理解。例(28)"妇女"包括"奶奶",属种不当并列。例(29)中,"水果"是类概念,包括苹果、香蕉、梨,种属不当并列。例(31)和例(32)中,修饰成分多余,前文已有分析。例(33)和例(34)中,表达引起歧义,前文已有分析。

四、语言不规范的原因

说话者在特定情境中出现的语言不规范,一方面反映出选词造句的语用习惯受语言环境和所掌握语文基础知识的影响,另一方面也折射出应试者的心理素质与场景的适应性和协调性。

(一)言语转换时的错位

存在语法、逻辑问题的应试者多是普通话水平在二乙以下的应试者,从他们的语音可以判断出他们还没有完全脱离方言音的影响。从小受方言母语的熏陶,特别是语音方面的印象很深刻,久而久之习惯了一种较固定的言语表达方式。当方言向普通话转换时，来不及筛选或者转换成规范顺序，就脱口而出，如“重复累赘”等。有时则因过多考虑语音是否准确而出现思维混乱，语义表达不清。来自乡村的许多应试者，方言音根深蒂固，“说话”几乎是在背诵，一旦忘记了原稿，就显得慌乱而语无伦次。

（二）普通话口语基础不扎实

普通话口语基础一方面来自校园的语言环境，一方面来自语文教学中教师对“说”的环节的训练。近几年在大力推广普通话的方针政策指引下，很多中小学在课堂上逐步实行了普通话教学，但仅限于教学中教师的教学语言，而在日常口语交际中仍然使用地方方言。普通话成为校园语言还需一个过程。

语文教学中“说”的训练尚显薄弱。中小学语文教学一直在呼吁要重“说”的教学，而在教学实践中基本上还是教师“说”得多，学生“说”得少。加上教师发音不标准，直接影响到学生的普通话学习。在中小学语文教育中还没有建立起“说话”规范的达标措施，到了大学开始学习普通话时，才强调说话中的语法、逻辑规范。

（三）语言规范意识淡薄

普测一直强调语音标准。从普测评分标准中可以看出，对语音准确的重视要高于语法规范和语言逻辑性。“说话”中，词汇、语法规范程度占 5%，最多扣 2 分。有些应试者认为与其他分值相比，扣去 2 分不影响普测等级的评定，便不在乎了。教师在普通话教学和培训中也把主要注意力放在语音的规范程度上，忽略词汇、语法规范训练，甚至直接在教学中略去这方面的内容，从而误导学生忽视词汇、语法规范。在这样的思想的影响下，出现词语组织随意，词汇、语法失误便是不可避免的。

五、如何规范普通话和词汇、语法

普通话词汇、语法的规范并不像语音规范那样明确、清晰，而有一定的模糊性。这种规范尺度的模糊性，造成了测试员评判的难度，是测试表现出或宽或严的不当评判的原因之一。为了提高评判的科学性和准确性，减少测评误差，我们认为词汇、语法的评判应坚持以下原则。

（一）坚持规范原则，严格评判典型的方言词语和方言语法

语言规范是对作为交际工具的语言的抽象和概括，是使语言保持自身社会属性、民族属性的一种手段。语言规范能维持、巩固和发展汉语，具有支柱功能；能作为评价某个人言语对或错的标准，具有评价标准的功能；能告诉人们什么情景下应该怎样说或写，不应该怎样说或写，以指导人们按规范行动，具有行为导向功能。普通话以“典范的现代白话文著作为语法规范”，也就是说，典范的现代白话文著作中的一般用例是普通话的语法规范。语言规范在一定程度上是人力对语言发展变化的干预，从社会角度看，这种干预是必要的。虽然语言的规范来自言语实践，言语实践又是不断发展变化的，但不管哪种语言，要健康合理地发展，总有一些从实践中演绎抽象出的一般要素，这些要素形成该语言与其他语言的根本差异，构成自身的特质。普通话是中华民族的通用语言，与通用语言相对的是方言，方言只在局部地区人们中使用，带有明显的地域性特征。建立普通话规范，一方面有利于保护普通话的纯洁性，使普通话朝着健康的方向发展。俗话说，“没有规矩，不成方圆”。这“规矩”就是一定的规范，一定的制约。规范使普通话具有了区别方言的特性，避免了语言使用中的随意性和非科学性。另一方面，规范有利于指导语言实践，尤其是指导方言区人们学习普通话，匡正谬误。由于普通话和方言在词汇、语法方面的差异不像语音那么明显，而是比较隐晦，长期生活在方言区的人们，对普通话和方言的词汇、语法把握比较模糊，规范的推行和实施，增强了人们的理性认识和感性认识，有利于人们正确掌握普通话。

在“命题说话”中，不符合普通话规范的词汇、语法现象主要有两类。一类是使用流传范围比较狭的方言词和典型的方言句式。普通话词语与方言的大部分相同，如“水、天、人、建设、科学、社会主义”等，但也有一些词语在词形和词义上存在一些差异。如普通话的“麦子、石灰”，苏州话为“麦、灰”；普通话的“蜘蛛、中间”，长沙话为“蜘蛛子、中间子”；普通话的“茶缸、近视眼、手腕”，贵阳话为“钟钟、秋秋眼、手颈颈”。这些差异表现为音节数量的不同、叠音与非叠音的区别等方面。

一类是使用公认的无争议的病句。汉语语法虽然会随着语言的发展产生一些变化，但总体上说具有稳固性。很多语法手段和语法格式历经千百年而不变，如语序和虚词用作重要的语法手段，主语在前，谓语在后，修饰语在中心语之前等语序，从古到今都是如此。如果对汉语的语法现象进行改变，就有可能产生病句。

仔细分析这类不规范语法现象出现的原因会发现，它既与一个人语言规范程度的高低有关，也与其文化程度的高低有关。一个文化积淀深厚的人，其语言能力和水平相应会高一些，出现这种知识性错误的概率也较低；一个文化程度较低的人，出现这种因文化知识而导致的错误就在所难免了。所以，对于“命题说话”中出现的这类无争议的病句，我们并不赞成一刀切，每错必究，而是可以采取评判的柔性原则，因对象而定，因出现次数的多少而定。因为普通话水平测试虽然不可避免地涉及文化的考核，但毕竟不是主要目的，其主要目的是检测应试人的普通话水平。所以，对一般的应试人来说，因知识不足产生的语法错误可以从宽对待，视轻重程度不扣分或扣分；对以语言为职业的播音员、演员、汉语教师则应从严，按出现次数计算，严格按评分标准扣分。因为这些职业的人员是语言规范的宣传者，他们具有向广大民众示范的作用，从严评判有利于促进其规范意识和规范程度，有利于普通话的推广与普及。

（二）坚持动态原则，谨慎对待有争议的词语和语法现象

语言的发展是绝对的，规范是相对的，一定时期的语言规范只能为特定时期的社会大众所接受、认同，一个时期是不规范的词语、语法，另一个时期可能是规范的，规范与发展是一个矛盾统一体。因此，对一些新出现的词语和语法现象，应持谨慎态度，测试评判时不可武断以错误论处。测试中应谨慎对待的有争议的词语和语法现象主要有以下几种类型。

1.新词语

词语是语言的建筑材料，是为表达和交际服务的，在历史进程中，词语必然会发生一些改变，一些不适应社会生活和时代潮流的词语会被逐渐淘汰，而适应新形势和新情况的词语会慢慢产生。有些新词语是符合造词原

则的，有些新词语虽不太符合某些原则，却频繁地出现在大众口语和媒体中，对这些词我们应以宽松的标准去对待它们。因为语言的发展有着自身的规律，词语的生灭、消长、使用频度主要取决于自我调节，过多的外部干预不仅达不到预期的效果，还会把事情弄糟。

新词语的产生有的是直接引进外来词，如“CT”“MTV”“DVD”“CD”等，用外文字母表示；有的是中外杂交，如“BP机”“中巴”“蹦迪”，中文和外文音译相加；有的是纯中国式的，或者新造整个词，如“的哥”“的姐”，或新造一些词缀或类词缀，如“热”“风”“族”“吧”，由此派生出一系列新词，如“考研热、出国热、文化热”“吃喝风、送礼风、摊派风”“追星族、上班族、炒股族”“酒吧、茶吧、粥吧”等。这些新词语的出现对表达思想、传递信息起到了重要作用。

新词语的产生，一方面是由于社会经济文化的发展出现了一些新现象，新事物，需要用一个新的词语去表达或命名；一方面是由于人们追求新颖、时尚、前卫的趋新求异的心理，试图用新词语张扬个性，证明自己的与众不同和“先锋”。但新词语能否进入现代汉语的语言系统，能否被普通话吸收，并不取决于某个人或某几个人，主要取决于整个社会的政治经济文化和语言自身的内部发展规律。鉴于此，我们主张以得体性作为判断正误的标准，看“命题说话”这个特定的语言环境中使用的新词语有没有必要，新词语对表达效果有帮助还是有损害。如果使用的新词语在表达中是必需的，是可以增强表达效果的，测试员或其他交际对象是能够接受的，这种新词语的使用就是得体的，应该予以认可。

2.是否符合语言规范有争议，但交际中广泛使用的语言现象

人们广泛使用的有些词语或用法，语言研究者的观点有分歧，有的研究者从规范的角度出发，认为其用法违背语言规则，是语言使用中出现的毛病；有的研究者从语言应用角度出发，认为其合理，承认其正确性。针对这种语言规范与语言使用之间的矛盾，普通话水平测试的评判应遵循从众从俗的原则，准予其存在和运用，不以错误论。

(1)一些似乎不合理，而又被大家所接受，谁也不会产生误解的说法。

对“凯旋而归”“凯旋归来”的用法学界有不同看法。有的研究者从规范

层面分析，认为“凯旋”就表示“归来、回来”义，“而归”“归来”也表示“归来、回来”义，“旋”和“归”是一个意思，犯了重复啰嗦的毛病。有的研究者从审美层面和修辞层面分析，认为：“从审美层面上看它是优美的表达形式，从语言结构上看它符合汉语‘2＋2’式的优势韵律结构，所以它被社会文化心理所认可，以至于我们常听到‘欢迎凯旋归来’，而较少说‘欢迎凯旋’。前者拖长了音节，自豪喜悦之情悠长久远，后者音节少，似乎戛然而止，不便于表达兴奋之情。”还有学者从语言信息传递的层面加以分析，肯定这些明显的重复啰嗦。曹国军先生认为：“‘出乎意料之外’这种现象叫作‘羡余’现象，‘羡余’是信息编码中运用的一个术语，指多余的信息成分。羡余度大小和传达信息量的多少成反比：羡余度越大，传达的信息量越小；羡余度越小，传达的信息量越大。但信息传达并非羡余度越小越好：羡余度太小，信息固然增加，信息的区分度却会下降，从而可能影响到信息接收的准确性。可见，羡余在信息传达中起到抗干扰的作用。我们也可以把语言看作是一种信息编码，有时为了清楚明白地传达某一信息，可以适当增加信息的羡余度，即重复这一信息，从而使语意表达更加丰满晓畅。”

对于像“恢复疲劳、救火、养病、晒太阳、看电视”等类似乎不合理，而又被大家所接受，谁也不会产生误解的说法，测试评判应尊重语言事实，承认其合理性和规范性。

(2)“副＋名”现象。

现代汉语名词一般不能受副词的修饰，这是一个普遍的规律。20 世纪 50 年代，吕叔湘、朱德熙的《语法修辞讲话》明确指出，“副＋名”形式是不规范的，因为副词不能修饰名词，并举了“今天显得如此青春”为例加以说明。但是，“这个普遍的规则”当下受到了极大的冲击，“很青春、特中国、最民族、非常现代”等说法十分普遍。目前，人们对“副＋名”现象的评价、阐释见仁见智。有的认为“副＋名”中的名词是兼类词，有的认为“副＋名”这种搭配是一种特定语境中的临时的修辞现象，还有的认为“副＋名”是省去了充当宾语的名词前面的动词，如“最具新潮→最新潮”“很有气派→很气派”。但这些观点基本形成了一种趋势，即反对这种用法的声音越来越小，赞成的人越来越多，人们正在逐渐认同这一现象。

关于“副＋名”现象，我们赞同沈孟璎先生的观点，它具有特殊的语用价值，是别的词无法取代的。首先，它具有语义的模糊性，大大增强了信息存量。如“这里的风景很诗意”。风景怎么个“诗意”法呢？是优美、秀丽，还是苍凉、雄壮，抑或二者兼而有之，话语并没有明确表达。其次，它具有语义的扩展性、延伸性，人们可以根据自身生活阅历、知识结构、所处时空等因素去感悟、领会和把握。如“他这个人很男子汉”，男子汉的样子可以有很多内涵，例如外表身高体健、强悍有力、粗犷豪爽，内心刚毅坚强、严谨克制、凶狠狡诈、独断专权，到底“他”是一个怎样的男子汉，就只能靠听话人自己去判断了。第三，它可以加重某些色彩意义，使原本带贬义色彩的名词更加具有贬义，如“太官僚”；使原本带褒义色彩的名词更加具有褒义，如“特淑女”；使原本中性的名词更加具有灵活性，如“很外国”。

(3)“A 不 AB”形式。

动词和形容词都可以用肯定和否定并列的形式表示疑问。单音节重叠形式是“A 不 A”，如“走不走、宽不宽”，双音节重叠形式是“AB 不 AB”，如“同意不同意、漂亮不漂亮”。单音节的重叠形式，语法规范和语言运用趋于一致，但双音节重叠形式在使用中出现了对语法规范的突破，除了有“AB 不 AB”形式外，还有“A 不 AB”形式。“A 不 AB”最初出现在方言中，是一种典型的南方方言结构，该形式虽然目前使用频率很高，但人们对它存在的合理性和规范性的认识仍持有不同看法，是否规范还处于发展中，一时难以定论。20 世纪 50 年代，有语言学家就认为“AB 不 AB”中的“A”和“B”“绝对不能拆开”，“万一拆开，那就是破坏了词的完整，是应该排斥的”。最近，学者罗华炎又撰文指出，“‘AB 不 AB’构成的词语在删略了第二个音节后，往往会产生歧义”，只有“‘AB 不 AB’这种正反格式是规范的”。虽然他并没有明确表示“A 不 AB”不规范，但从其分析判断不难看出对“A 不 AB”是持否定态度的。也有研究者对“A 不 AB”持肯定意见。吕叔湘先生指出：“A 有两个以上音节时，往往只重复第一个音节。”并举例“打不打球、可不可以去、你知不知道这件事情”。吕冀平、戴昭铭先生认为，“A 不 AB 是对汉语规范的有益突破，因为它省去了一个音节，而且信息的传递决不会因此而出现误差。此外，由五个音节变为四个音节，显得整齐，符合汉语讲究对称的习惯”“完全符合效率原则，我们就没有必要仅仅因为前人没有这样用过，就绝对不能这样用”。这些完全相左的观点，对普通话水平测试评定是一个参考，在没有正确结论或规范出台之前，应允许两种情况并存，以尊重语言事实和发展规律。

此外，还有一些有争议的语法现象也不应以错误论。口语中名词直接作状语的情况，如“黄牌警告、头球攻门”。动宾式动词带宾语的情况，如“落户香港、备战奥运、出台条例、留学美国”。副词用作形容词的情况，如“永远的中国、永远的春天”等。

(三)坚持实用原则，灵活对待特殊的口语句式

语言是人们交际的工具，说话是为了表达思想，交流感情。汉语口语语体有着自身的特点，就字、词方面而言，大量运用生动活泼、通俗易懂的口语词，较多使用表现日常生活、具有实体意义的词语，较少使用表现抽象意义的词语；就句子而言，大量使用短句子、省略句和重复句，词序比较灵活，经常出现一些易位现象，形成倒装。对于口语表达中的特殊句式，应尊重口语特点，坚持实用有效原则，在不出现语法错误和歧义的基础上，承认其规范。普通话水平测试中应灵活对待的特殊的口语句式主要指倒装句和省略句。

1. 口语中的倒装句

倒装句是一种突破了语言结构顺序常格的变式句。一般来说，句子的主语在前，谓语在后；修饰语在前，中心语在后；偏正复句的偏句在前，正句在后。但是为了起到突出和强调的作用，有时常把在后面的部分提到前面，形成一种句式的倒置，这种倒置表明，前置部分是说话人急于要传达的内容，往往带有被强调的色彩，后移部分则是稍带补充性的内容。口语中的倒装句现象比较普遍，主要有以下三种。

(1)谓语前置。为了强调突出谓语，将其放在主语之前。例如：

真美啊，深圳！(深圳真美啊！)

找到了吗，你的老乡？(你的老乡找到了吗？)

学习有进步吗,你?(你学习有进步吗?)

才二十岁,他。(他才二十岁。)

这种前置成分一般是形容词谓语句中的谓语,如例　;主语为受事的动词谓语句的谓语,如例　;主谓谓语句的谓语,如例　;名词谓语句的谓语,如例　。

(2)宾语前置。为了强调突出宾语,将其放在谓语之前。例如:

啤酒,喝点儿吧!(喝点儿啤酒吧!)

他入党了,我听说。(我听说他入党了。)

(3)修饰语后置。为了强调突出定语或状语,将其放在中心语之后。口语中状语后置的现象比较普遍。例如:

快放假了吧,大概。(大概快放假了吧。)

(4)正句前置。为了强调、突出偏正复句中的正句,而将其置于偏句之前,倒装后的偏句常起到补充说明的作用。例如:

逛街是有意思的,要是身上有钱。(要是身上有钱,逛街是有意思的。)

我喜欢体育锻炼,尽管我的体育成绩不太好。(尽管我的体育成绩不太好,但我喜欢体育锻炼。)

2.口语中的省略

口语不像书面语那样严谨完整,说话人可以根据语境对话语的某些部分进行省略。省略可能是句子成分的省略,也可能是起某种作用的词语的省略。句子成分省略后形成的句子是省略句,省略句结构紧凑,表意突出,是一种言简意赅的表达方式。口语中常见的省略句有省谓语的,有省宾语的,有省主语和宾语的,有省主语和谓语的,这些省略句一般出现在口语问答中。例如:

A:谁来了?

B:老孙。(省谓语)

A:你喜欢看电影吗?

B:我喜欢。(省宾语)

口语中起引介作用的介词也常常省略。介词大部分由动词虚化而来，介词带上别的词或短语，形成介词短语，补充动词、形容词，表示行动、形状的时间、处所、对象和方式等。位于句子开头的介词在口语中常常省略，例如：

嗓子都唱哑了。

这些方面，他是很有经验的。

例　省略了表致使的介词“把”，例　省略了表范围的介词“在”。这些省略不仅不会引起理解上的歧义，还充分地体现了口语在表达上简洁明快的特点，测试评判时应本着实用有效的原则，不应将其当作不规范形式。

第四节　普通话朗读的规律和技巧

朗读，是把文字作品转化为有声语言的创作活动，也就是朗读者在理解作品的基础上用自己的语音塑造形象、反映生活、说明道理，再现作者思想感情的再创造过程。在“普通话水平测试”中，朗读是对应试者普通话运用能力的一种综合检测形式。日常朗读活动中，决定朗读者朗读水平高低、朗读效果优劣的因素是多方面的。本章就普通话水平测试中影响应试者成绩的几个主要因素，谈谈朗读的基本要求和技巧，目的是帮助应试人把握难点，在测试中减少失误，更好地发挥水平。

一、朗读的基本要求

普通话测试中作品朗读的语言既不同于生活口语，也明显区别于朗读、演讲、播音、讲故事的语言(在表达上，朗读没有艺术性的夸张和态势语的语用；声音的处理上，不必绘声绘色、角色化等)。作品朗读要求用朴实的语言，恰如其分地表现作品的内容。普通话水平测试的作品朗读，基本特征为朴实、规范、情感适度、语速适中、流畅自然。具体要求是“规范、准确、自然”。

1. 规范

朗读作品要求应试者除了忠于作品原貌，不添字、漏字、改字、回读外，还要求朗读时在声母、韵母、声调、轻声、儿化、音变，以及语句的表达方式等方面都符合普通话语音的规范。

(1)注意普通话和方言在语音上的差异。普通话和方言在语音上的差异,大多数情况是有规律的。这需要平时多查字典和词典,要加强记忆,反复练习。在练习中,不仅要注意声韵调方面的差异,还要注意轻声词和儿化韵的学习。

(2)注意多音字的读音。一字多音是容易产生误读的重要原因之一,我们必须注意。注意从两个方面学习多音字。第一类是意义不同的多音字,要着重弄清其不同的意义,从各个不同的意义去记住其不同的读音。第二类是意义相同的多音字,要着重弄清其不同的使用场合。这类多音字大多数情况是,一个音使用场合"宽",一个音使用场合"窄",只要记住"窄"的就行。

(3)注意因字形相近或由偏旁类推引起的误读。由于字形相近,由甲字张冠李戴地读成乙字,这种误读十分常见。由偏旁本身的读音类推一个生字的读音而引起的误读,也很常见。所谓"秀才认字读半边",闹出笑话,就是指的这种误读。

(4)注意异读词的读音。普通话词汇中,有一部分词(或词中的语素),音义相同或基本相同,但在习惯上有两个或几个不同的读法,这些被称为"异读词"。这就要求参照《异读词审音表》加以训练。

2.准确

准确是指在朗读时,要能充分领会文章的内容,理顺文章的整体布局,弄清文章的体裁和表达方式,恰到好处地运用各种朗读技巧,表意准确。特别是在朗读技巧上要做到停连,重音的位置准确、恰当,语流、轻音娴熟自然,语速、节奏变化及语调的选择要准确,不出现歧义及忽快忽慢的现象。

3.自然

自然是指作品朗读过程中,情感得体,语句连贯、流畅、自然、不夸张,不出现一字一蹦、一词一蹦的现象,也不出现回读现象等。朗读要做到自然、流畅需处理好几个关系:一是朗读与朗诵的关系,朗诵是舞台表演,可用态势语言来强调表达效果;二是朗读与生活语言的关系,朗读不能任意拿腔作调；三是朗读与日常说话的关系，朗读不能随心所欲，脱离文章。

二、朗读规律

（一）语词感受律

朗读者面对文字作品，无论是在分析、理解作品时，还是进行朗读时，都必须对文字语词产生相应的感受。这种感受，首先是看到了文字，所以一般是通过视觉（盲人是通过触觉）产生的。这视觉，并不是看到了实物，如一座山、一条河、一个人、一只虎、一片景色、一种场面……而只是看见了白纸黑字，一个个的方块汉字（或许是拼音）。而汉字，不过是一种符号，首先是声音符号，尔后是事物符号。文字作品中的字词，都有自己的声、韵、调、轻重格式，这在我们看见文字时，也就伴随着产生相应的语感了。“看”书时口腔及面部有关肌肉的潜动，已被生理学、心理学、医学、语言学所证实。但更重要的是文字语言所蕴含着的“意义”，即它所代表的客观世界的一切（现象的、本质的、自然的、社会的、历史的、现实的、物质的、精神的、形象的、逻辑的）种种构成物。语词的符号意义有其社会交际的一般共性，也有其自身要求感受的独特个性。一般共性是其整体稳定性，感受个性是其局部灵活性。语词的整体稳定性，使它们保持着交际的社会功能，可以在一定空间、一定时间发挥作用。语词的局部灵活性，使它浸透着个人的特色，在具体作品中，在具体朗读中，染上不同的色彩。例如“寒冷”一词，其一般共性为气温很低，冻手冻脚，不论用在哪里，也不会发生歧义，其含意是稳定的。但是，在这个基础上，不同场合、不同的人却会产生不同的感受：有的人忆起“寒风刺骨”，有的人想到“冰天雪地”，有时是感到“冷在三九”，有时是觉察“春寒料峭”，或者是“饥寒交迫”，或者是“愁云惨淡”。这些，便带有个体感受的独特性，显出语词的局部灵活性。在朗读中，这是有很强的实践意义的。

语词作为历史形成的世间事物的符号，具有代表性和间接性。代表性，使人能够以词代物，因词思物，一看见字词似乎也就看见了那事物本身。由于汉语词汇的丰富，构词造句法的多样，的确可以使世界事物在诉诸语言之后能“栩栩如生”“跃然纸上”。但是，语词作为符号，是不能直接把世间事物变为映象，展现在人们眼前的，它只能间接地反映世间事物，使语词接受者透过这些符号间接地感觉到世间事物。因此，这种间接性很容易造成模糊的印象，甚至发生偏差。这首先就要求语词发出者（作者、朗读者）力求确切、明晰地反映世间事物，不要造成误解；其次还要求语词接受者根据语言环境，不断给接收到的语词以廓清和补充。对那些“不可言传”“意在言外”的含蓄，更要反复领会，多方体味。只有这样，才能沟通作者、朗读者、听者的思想感情，达到朗读的目的。作为朗读者，不但要充分把握住语词的明确含义，而且要精细感受语词的具体色彩，以便准确地表达文字作品的情理。不管对文字作品中的具体语词有多少种不同的诠释，朗读者对于作品、对于具体语词的理解必须有自己的主见，并努力获得具体的感受，使听者从有声语言中承受到直接可感性刺激，并且比从文字语言中承受的要强、要深。朗读者对文字作品的语词，在理解上不应模棱两可，应使语词符号的代表性极其明确；在感受上更不应含混不清，应克服语词符号的间接性所极易造成的隔阂。这样，听者从朗读中得到的才是世间事物的真切映象，才是文字作品的精神实质。

语词，不论是实词还是虚词，大抵都有其可以感受的具体属性。作品总是把它们纳入一定的语言环境，分布在一定的语言链条上，并赋予它们一定的个性特征和色彩。无论是形象感受抑或是逻辑感受，在朗读时都要通过文字作品的具体语词传达出来。不能因为是“寒冷”这类语词就认为是可感，而因为是“但是”这类语词就认为不可感。

从出生的第一天起，人们就在有声语言中过日子。因此，对于语词感受的阈限，可以说人人都有，虽然有程度的不同。善于最精细、最灵动地感受语词，是朗读者至关重要的能力，是朗读好一篇作品的必备条件。有人说，朗读，只要识字就行。其实，识字也不是简单、没有心理活动地念、写、用。识字是对符号的感知，尤其是对符号与世间事物关系的认知。如果我们抓住识字过程，加强识字者对语词的具体感受，那对语词的掌握和运用将有莫大的好处。朗读，远比识字复杂得多、高深得多，但必须要在对语词产生具体感受的基础上进行，否则，就会变成照字读音、有音无意的“和尚念经”。

对语词的具体感受，要靠积累。袁守定《占毕丛谈》就指出：“文章之道，遭际兴会，摅发性灵，生于临文之顷者也。然需平日餐经馈史，霍然有怀，对景感物，旷然有会，……得之在俄顷，积之在平日。”作文如此，朗读也不例外。没有在学习和生活中的积累，没有日积月累的语言功底，对文字作品中语词的感受是不会深刻的。

（二）引向情感律

作品内在的含义无论怎样抽象和笼统，作品的文字叙述无论怎样平白和冷静，朗读者都要在深入开掘的基础上，使自己的思想处于运动状态，有感情地朗读它。

所谓深入开掘，绝非仅只理解。即使理解得再深刻，朗读者倘若以冷漠、木然的态度对待，也会形成厚厚的障蔽，甚至一道道冰墙，把朗读者同作品、更同听者隔离开来。深入开掘必须为朗读的任务和目的服务，特别要开掘出作品中饱含的具体而细微的思想感情及其运动变化，缺少这一步，朗读中的所谓有声语言，不过是无生命的声音躯壳，语言的社会功能便会消失。

在朗读别人的作品，甚至朗读自己的作品时，容易出现的毛病是“理智”地朗读。理智本身并不是什么坏东西，它给人以智慧，给人以分析、综合的力量与方法，给人以清醒的头脑、缜密的思维、明晰的概念、冷静的处置等。然而，“理智”地朗读作品，必然给人以无动于衷、冷若冰霜的感觉，连朗读的积极愿望都被抑制了，便不再是语言艺术的再创作。

因为，由于十分理智，朗读者极容易以旁观者的身份“审视”作品，“品味”声音，很不利于设身处地、如临其境，深入推进思维过程、心理活动。文字作品从开端到结尾的词语系列是作者安排好的，由文字语言转化成的有声语言是朗读者再创作的成果。以旁观者的身份“理智”地朗读，即使有时表达出某些词语系列的含意，也是一种偶然的东西，绝大部分词语与声音形式还是两张皮。因为缺乏情感的丰富变化，技巧的运用也成了有形无神的赝品。丰富的情感当然要有理智的引导和控制，但却不能没有情感。失去情感，理智也便显得呆板，有声语言就会黯然失色。我们赞成李渔的“言者，心之声也，欲代此一人立言，先宜代此人立心：若非梦往神游，何谓设身处地？……务使心曲隐微，随口唾出。”他指的是剧本、角色和演员，我们可以当作文字作品、朗读和朗读者去看。朗读者必须深入作品中，“梦往神游”“设身处地”，务使作者的“心曲隐微”由朗读者“随口唾出”。这是“理智”朗读所不能企及的。我们在朗读任何作品、任何语句的时候，都应把自己的思维过程、心理活动引向情感。

只有引向情感，才可以在深入理解的基础上赋予作品丰富的色彩、恰切的分量、灵动的活力、艺术的魅力，发挥巨大的感染力。所以，罗丹说艺术就是感情。尽管该表述有一定欠缺，但却从根本上抓住了艺术，当然包括语言艺术的要义。

只有引向情感，才能使诸种感受、多层体验升华、飞动，并把一切技巧巧妙地综合、融汇到语流中去，精雕细刻而鬼斧神工。

只有引向情感，主题的深刻性、目的的准确性、愿望的迫切性、对象的交流性才可以负载在有声语言中，实现由已达人的意图。这正是“作者用一致之思，读者各以其情而自得”。

情感，作为人类所特有的生理与心理机制的操纵过程，是一种高级的情绪，即使非常含蓄，也饱含着巨大而且有时是不可估量的能动作用，不仅具有语言的一般社会功能，而且可以进入美学意义的至高境界。这是“理智”地朗读所无法达到的。

这里必须强调指出：理智并不是处于被排斥的地位，也不是处于可有可无的地位，在思想感情的运动状态中，理智是无形的路标，时刻在指引、评价思想感情运动的方向、意义，使这种运动循着作品的脉络，不迷路，不越轨。我们只是主张理智不能强制、更不能代替感情的引发、运动，不能因理废情，而应理寓情中，情至理成。

为了把对作品的理解引向情感，为了实现引向情感的动势，为了赋予有声语言以丰富的感情色彩，在朗读的准备和进行中，我们要牢牢把握住“要变声音先变状态”这个原则和方法。

朗读时，声音总是在变化中行进的。求其有依据的变化，就会使声、韵、调、轻重格式、语节、语势，在语流进程中显出千态万状。但是，仅仅专注于声音变化，尽管有所抑扬，却不能导致有声有色、声情并茂。声音变化，只是

"果",而朗读者的状态的变化才是"因"。

所谓朗读状态,主要指一定精神状态下的气息状态。精神状态的积极、集中是很重要的。在此基础上,必须要求运动者的气息状态。一定精神状态下的气息状态体现着具体思想感情的进程。吸气与呼气的多少和快慢,是朗读中应该时刻变化的,而这种变化如果没有情感的引发就很难调节。值得注意的是,它的具体调节又催动着引向情感的动势。气息状态的运动,大体上表现为"上提"与"下松"两种。一般情况下,气息状态的上提,有利于声音上行与放开,"下松"又有利于声音下行与收束,那种"理智"的朗读,总是保持着平静的气息状态,相等时间呼气或吸气的气量也相等,这是不能真正运动起来的,形不成起伏波澜的语流,当然也不会有情感的引发表露。因此,"变状态再变声音"就为引向情感、求诸情感、丰富情感色彩打开了方便之门,正切合引向情感的重要规律。

(三)不可替换律

朗读,必须依据作品的一字一词、一句一段循序进行。一个词有一个词的感受,一句话有一句话的语气,一篇作品有一篇作品的节奏。高水平的朗读,字字句句形之于声,声音形式与字、词、句、段、篇的思想感情、结构方式完美和谐地结合在一起,其严密贴切,有如天衣无缝,其顺畅自如,好像行云流水。这十分确切的具体性,要求这一句的声音形式不可被另一句的声音形式所替换。

不可替换律,显示着作品语句等的具体性,显示着声音形式的准确性,正所谓"牵一发而动全身"。这也就是说,只要在某一段、某一句中,改变原来的一些词语,特别是关键性词语,或者变换一下句式,变动一下语法关系,尽管也许还保留着原来的大多数词语,还保存着原来的基本含义,但原来的声音形式却应随之改变,否则,就必然显得不准确、不正确了。如果变成另一种语意,就大相径庭了。

可惜的是,目前的大多数朗读却或多或少地存在着"可替换性"。就是说,这一句的声音形式同那一句的声音形式极少变化,几乎雷同,体现不出爱和憎、悲和喜,听不出语气、节奏的差异,就像是用一种声音形式去表达千变万化的思想感情。于是使人感到刻板、单调，恰如其分的表达不见了，有音无义、有声无情的腔调盈耳不绝。这种"可替换性"的表达违背了不可替换律，降低了朗读的质量，从反面证明了不可替换律的价值。

请看以下两句：

1952 年 10 月，朝鲜战场上最激烈的上甘岭战役打响了。

1931 年深秋，王若飞同志在包头不幸被捕。

这两个句子，因为内容不同、思想感情不同，尽管句式差不多，声音形式却迥然不同。这两句的声音形式之不可替换是显而易见的。即使像"1952 年 10 月"与"1931 年深秋"这类时间状语，受全篇、全句的制约，也是不可替换的。

的"打响了"，如果在声音形式上与"结束了"毫无区别，这句话的具体性便显得笼统了。"打响了"与"结束了"轻重近似，抑扬相反，不可替换。

的"不幸被捕"，如果在声音形式上与"光荣入党"的声音形式雷同，连"痛惜"与"兴奋"的色彩都不会显露一二，语句的实质和目的怎么能揭示出来呢？严格地说，这一句同《刑场上的婚礼》中"由于叛徒告密，他们两人不幸同时被捕"的声音形式也有相当明显的区别，同样不可替换。

由此可以说明：

第一，一句话的声音形式如果是符合具体的思想感情的，那就是贴切的。某些词，特别是重音词或词组，一旦被近义、反义词替换，声音形式必须随之改变，若原来的声音形式不变化或变化极小，便证明这种声音形式是不贴切的。同一词语系列、同样结构的某个句子，在语言环境发生变化之后，或处于不同的语言环境中时，声音形式也一定发生变化，一定不可雷同。否则，也是不贴切的。

第二，从转换的角度看，不可替换律也含有转换前后不可同一的意思，主要点是一个"变"字。变是绝对的，不同一是绝对的，不可替换也是绝对的。不变，变中也有不变，是相对的；同一是相对的，可替换也是相对的，这里有范围和程度的问题。在一定的范围内、一定的程度上，并非没有同一和可替换的情况，其中有语词感受律的个性特征方面的问题，也有不同风格的问题。初学朗读者却应该运用不可替换律加强、加深自己的具体感受，检验自己的朗读中那具体的声音形式。朗读水平甚高的同志也受这个规律的指引和制约。尤其对那种较难处理、十分重要的语句进行表达时，运用这个规律，更能显示出它的威力和获得的进益。

第三，从包容的范围看，不可替换律含有整体感与具体感两方面的含义。这两方面是辩证地统一在一起的。从整体感来说，朗读与演戏有根本区别，二者是不可替换的。朗读不同体裁的文字作品，从朗读看，都是朗读的材料，具有朗读的整体感；从不同体裁看，却具有各体裁的具体感。同一体裁的各篇作品，每一篇作品的层次、段落，也都既具有整体感又具有具体感。整体感要求表达样式的统一，具体感要求表达样式的区别，统一既非同一，区别也不意味着割裂。由此可见，不可替换律的核心虽然是指每一作品、每一语句的朗读不可由另一作品、另一语句的声音形式所替换，但同时，也指对朗读、对同一体裁、对全篇作品所具有的整体感的尊重。只有把握了整体感和具体感这两方面，在朗读中才会“从心所欲而不逾矩”，真正符合不可替换律。

（四）定向推进律

在朗读的进程中，思想感情的运动状态造成的声音形式的每一起伏，都是不尽相同的，都不是处于同等重要、同样分量、同一高度、同一强度的位置上的。在思想感情的运动线上，在声音形式的起伏线上，总有某种“制高点”，我们要调动各种因素和手段，沿着语言链条，向着那“制高点”的方向推进，以便显露它、突出它、巩固它、加强它。“制高点”，指朗读中那思想感情的凝聚点、声音形式的突出点、作品内容的重点、落实目的的焦点。犹如军事争战中的有利地形，居高临下，易攻易守。制高点、声音形式的突出点，不应看作“声音最高”的地方，只能理解为重点突出的地方。

就全篇作品内容看，可以有参差错落的几个制高点，层次、段落中也可以有，也可以没有。制高点应该位于重点中，落在主要语句上，它的顶峰便是主要重音。

如：“我这时突然感到一种异样的感觉，觉得他满身灰尘的后影，刹时高大了，而且愈走愈大，须仰视才见。而且他对于我，渐渐的又几乎变成一种威压，甚而至于要榨出皮袍下藏着的‘小’来。”

这一段话，可以分为两层。前一层，是起潮类语势，到“仰视”才是思想感情的凝聚点，声音形式的突出点。后一层是落潮类语势，到“小”字，这也是思想感情的凝聚点，声音形式的突出点。每一小层都要从一开始就向制高点推进，中途的转折、停顿、上行、下行，所有曲折处都不可稍有懈怠，一直推向制高点的顶峰。这有些像举重运动员推举，一直要推到双臂伸直，还要停够三秒，朗读时的那种定向推进感要十分鲜明、有力。又有些像飞机的降落，不管中间有多少盘旋，最后要降到指定的跑道上，同样是一种定向推进，也要十分清晰、稳妥。

这里，要特别注意推进的单一性，或者叫作集中性。这单一性，便成为定向推进的保证。推进过程中，不应分散力量，企图面面俱到，而应方向明确，主动进取。法国的弗朗珏斯科·萨赛在《戏剧美学初探》中就论述过这一点。他说：“如果诗人希望感受强烈而又持久，感受就必须是单一的”“想要直达观念灵魂的深处，就必须永远朝一个地方冲击，只有感受越单一，也才能越强烈和越持久。”他还举例说明：“他的意图如果是引人发笑，单单为了这一点，他就必须注意避免任何可能导致他的观众悲伤的意外事故；反之，他的目的是使人落泪，那么他就必须下定决心，把逗笑的情况勾销，以免抵消他所希望产生的激情。”戏剧上的单一性不失为一条原则或规律，朗读也与之相通。这意思是极明显的。戏剧、朗读都要有一个既定目的，一切手段，包括对比手法，都要服从于这个目的，而不能起干扰的作用。试想，我们在朗读中字字玩味，句句遐想，看见“满身灰尘的后影”就想表现车夫劳碌奔波的情景，推进必然受挫；看见“刹时高大了”又想展现迅速高大起来的过程，推进必然停滞、中断。这样的朗读就会显得支离破碎，显不出凝聚，觉不到突出。这正是朗读显得平淡，既感受不到思想感情的波澜，又听不出语言流动变化的一个重要原因。因此，定向推进，一定要像蜻蜓点水，旋而不停，落而不坠；像大军长驱直入，过关斩将，直捣“敌巢”。这样，在到达顶点时，便像重锤击鼓、一锣定音，振聋发聩，使人豁然开朗。

定向推进过程中，声音形式会有轻重、高低、快慢、虚实的变化，但比起制高点来，却普遍显得不那么突出，不那么着力。

制高点有时在句中、段中、篇中，有时在句末、段末、篇末。凡制高点前面的词、句、段，处于一种离弦之箭的蓄势，酝酿着，运动着，向着箭靶（制高点）推进。而制高点后面的词、句，虽然也在运动，但却必须服从制高点的制约，为制高点的突出服务，不能干扰、争夺制高点的突出位置，这样，才能使全句、全段、全篇的推进顺利完成。朗读语流中，后面的词、句比前面的词、句更容易使人觉得突出，很有点“后来居上”的味道，因为时间的流逝会把前面的词、句泯灭，很不容易做到“先入为主”。因之，制高点后面的词、句、段，尤其要注意削弱。制高点后面的词、句、段，也有主次关系、轻重格式等问题，只要稍不注意，某些处于较主要位置的词、句突出的程度一旦接近（虽然没有达到）制高点，便会给听者留下更深的印象，甚至产生制高点后移的误解。

定向推进律使语言本质明朗化，使语言链条跃动起来，从而给听者更强的认知，更深的感染，更好地实现朗读目的。违反这条规律，必然本末倒置，节外生枝，言不及义，不知所云。

（五）语言规整律

朗读，既要准确表达作品的内容、精神实质，以及具体的思想感情，还要有对象交流。朗读，是一种严肃、郑重的转述，是一种比较庄重、质朴的再创作。朗读者的任务是传达而非表演，朗读的内容非常广泛，没有局限性，不追求情节性、趣味性，而强调准确性、深刻性；朗读的语言非常多样，不追求渲染性、夸张性，而强调严谨性、规范性。

我们认为，朗读语言的规整性，犹如文学创作中的白描手法，既不拮屈聱牙、生涩隐晦，又不浓墨重彩、奇险浮饰、更不哗众取宠、插科打诨。语言规整律是指：声音形式规规矩矩，工工整整，严密恰切，质朴无华，去粉饰，无虚夸，少做作，不浮飘，蕴深意，重分寸，出庄重，显从容。

这里面，当然包括声韵调准确、轻重格式正确、语法关系明确、逻辑关系精确，这些规范性要求是不能忽视的。

另外，特别要注意词的疏密度相对适中，不宜过疏或过密。犹如踱、走、跑的变化，但速度不显悬殊。如果在一篇文章的朗读之中，忽如幼儿学步，蹒跚可掬，忽如健将冲刺，风驰电掣，就会显得不平衡、不协调。

同时，也要注意语势的峰谷，起伏要得体，不要忽高、忽低，起潮如入云，落潮如坠谷，显得“奇险”，不端庄、不坚实。邻句转换，更不可突兀怪诞。

节奏的变化也要平稳，不宜在回环往复中出现天壤之别。

音色，不应超越朗读者本人实在声音范围，不能忽尖忽粗、忽亮忽沙，也不宜大声呼吸、又哭又笑，更忌“抖音”“滑音”“炸音”“疙瘩音”。

在课堂教学、大会宣读、学术交流、新闻报道中，更要注意语言的规整性，以保持庄重的态度和准确的传达。

规整性不求表演上的形似，而求转述中的神似。“不曰形，不曰貌，而曰神者，以天下形同者有之，貌类者有之，至于神则有不能相同者矣。”

规整性不求写实，而求写意。写意，点染即成。王充在《论衡》中指出“饰貌以强类者失形，调辞以务似者失情”。处处求实，反会作茧自缚；注意写意，直是海阔天空。以朗读者其人，写作品蕴藉之意，方可达到“最能表现内容而绝不引人注意到它自身”的目的。古希腊悲剧家安诺德把这称为“最好的表现”。

规整性要求匀称的对比，不要求对感官的强烈刺激。匀称的对比同样有主次，有波澜，但不会比例失调，不会惊涛拍岸。这种匀称的对比，更内在，更含蓄，也更深沉。就像高明的画家，并不以大红大绿为主色，而是“密叶偶间枯槎，顿添生致；纽干或生剥蚀，愈见苍颜”。

规整性并不呆板，多层次、多类型、多种技巧，使它在艺术语言中独树一帜，为其他艺术语言所不可替代。朗读语言的规整性，与朗诵语言的吟咏性、话剧语言的夸张性、电影语言的自然性、相声语言的诙谐性、评书语言的描摹性、播音语言的明晰性、教师语言的讲解性，可以说是“八仙过海，各显其能”，不过极为明显的是，朗读语言的规整性是以其共通的基础性对其他艺术语言发生重要的影响的，其他艺术语言完全可以从朗读语言的规整中，从规整自身语言的过程中加深语言造诣，加强语言特色。

语言规整律为朗读打开了一条通向高峰的大道，这条大道平直中藏着博大，坦荡中含着精深，是只看表面、只图省力的行路人所不能明其三昧的。

三、朗读技巧

朗读技巧是在朗读活动中所运用的一切表达方法，是实现朗读目的的必要手段，是朗读时为了使声音清晰洪亮、为了增强语音的感染力，更恰当地传情达意而使用的一些技巧和方法。朗读技巧主要包括两部分：一是内部技巧；二是外部技巧。

1. 朗读的内部技巧

朗读的内部技巧是指对作品的正确理解和感受。具体包括以下四个部分。

(1)形象感受的运用。朗读者要学会在作品形象性词语的刺激下，感触到客观世界的种种事物及事物的发展、运动状态，使情、景、物、人、事、理的文字符号在内心跳动起来。朗读者的形象感受，来源于作品中的词语概念对朗读者内心刺激而产生的对客观事物的感知、体会、思考，“感之于外，受之于心”。朗读者要善于抓住那些表达事物形象的词语，透过文字“目击其物”，好像“看到、听到、嗅到、尝到、伸手即可得到”一样，使形象在内心“活”起来，形成“内心视像”。朗读者自身的经历、经验和知识积蓄是形成“内心视像”的重要条件。朗读者要善于发挥记忆联想和再造想象的能力，以增强有声语言的强烈感染力。

(2)逻辑感受的运用。朗读者要学会将作品中的主次、并列、转折、递进、对比、总括等“文路”，在逻辑感受过程中转化为自己的思路，进而形成内心的“语流”，以增强有声语言的征服力。朗读时，作品中的概念、判断、推理、论证，以及全篇的思想发展脉络、层次、语句之间的内在联系，在朗读者头脑中形成的感受，就是逻辑感受。逻辑感受主要体现在两个方面：语言目的要明确，不能似是而非；语言脉络要清晰，不能模棱两可。语言目的必须抓住语句、篇章的真正含义，挖掘实质。语言脉络指的是上下衔接、前后呼应、贯通文气、连接层次语句，文中起着“鹊桥”作用的虚词是获得逻辑感受的重要途径。

(3)内在语的运用。所谓内在语,俗称"潜台词",是朗读作品的文字后面更深一层的意思,也是文字作品所不便表露、不能表露或没有完全表露出来的语句关系或语句本质。没有内在语,有声语言就会失去光彩和生命。朗读者要学会在朗读中运用内在语的力量赋予语言一定的思想、态度和感情色彩。朗读时,内在语要像一股巨大的潜流,在朗读者的有声语言底下不断涌动着,赋予有声语言以生命力。内在语的潜流越厚,朗读也就越有深度。

(4)语气的运用。声音受气息支配,气息则由感情决定,而感情的引发又受文章内容和语境的制约。学会将情、气、声三者融为一体,并能运用自如,才能增强有声语言的表现力。所谓语气,从字面上理解,"语"是通过声音表现出来的"话语","气"是支撑声音表现出来的话语的"气息状态"。朗读时,朗读者的感情、气息、声音状态,同表达有着极为密切的关系。有什么样的感情,就产生什么样的气息,有什么样的气息,就有什么样的声音状态。

语气运用的一般规律是:喜则气满声高,悲则气沉声缓,爱则气缓声柔,憎则气足声硬,急则气短声促,冷则气少声淡,惧则气提声抖,怒则气粗声重,疑则气细声黏,静则气舒声平。感情上有千变万化,才会有气息上的千差万别和声音上的千姿百态。

2.朗读的外部技巧

朗读者要重视内部心理状态,还要发挥外部表达技巧的作用。脱离了内部思想感情的运动状态,技巧就难以具有强大的生命力;如果没有最完善的声音形式,内部心理状态也无从表达。在普通话测试中,由于外部技巧的运用会直接影响应试者的成绩,因而应试者要重点把握外部表达技巧的运用。

朗读的外部技巧主要包括呼吸、发音、吐字、停连、重音、语速、语调等方面。

(1)呼吸。学会自如地控制自己的呼吸非常重要,因为这样发出来的音坚实有力,音质优美,而且传送得较远。有的人在朗读时呼吸显得急促,甚至上气不接下气,这是因为他使用的是胸式呼吸,不能自如地控制自己的呼吸。若想在朗读时有较充足的气流，需要采用胸腹式呼吸法。它的特点是胸腔、腹腔都配合着呼吸进行收缩或扩张，尤其要注意横膈的运动。我们可以进行缓慢而均匀的呼吸训练，从中体会用腹肌控制呼吸的方法。

(2)发音。发音的关键是嗓音的运用。朗读者的嗓音应该是柔和、动听和富于表现力的。为此，要注意提高自己对嗓音的控制和调节能力。声音的高低是由声带的松紧决定的，音量的大小则由发音时振动用力的大小来决定，朗读时不要自始至终高声大叫。除此之外，还要注意调节共鸣，这是使音色柔和、响亮、动听的重要技巧。人们发声的时候，气流通过声门，振动声带发出音波，经过口腔或鼻腔的共鸣，形成不同的音色。改变口腔或鼻腔的条件，音色就会大不相同。例如，舌位靠前，共鸣腔浅，可使声音清脆；舌位靠后，共鸣腔深，可使声音洪亮刚强。

(3)吐字。吐字的技巧不仅关系到音节的清晰度，而且关系到声音的圆润、饱满。要吐字清楚，首先要熟练地掌握常用词语的标准音。朗读时，要熟悉每个音节的声母、韵母、声调，按照它们的标准音来发音。其次，要力求克服发音含糊、吐词不清的毛病，一是在声母的成阻阶段比较马虎，不注意发音器官的准确部位，二是在韵母阶段不注意口形和舌位，三是发音吐字速度太快，没有足够的时值。朗读跟平时说话不同，要使每个音节都让听众或考官听清楚，发音就要有一定力度和时值，每个音素都要到位。平时多练习绕口令就是为了练好吐字的基本功。

(4)停连。停连是有声语言表达中最重要的表达技巧之一，是指朗读语流中声音的停顿和延续。那些为表情达意所需要的声音的中断和停歇，就是停顿(用“/”的多少表示停顿时间的长短)；那些声音(尤其是气息)不中断、不停歇的地方就是连接(用 表示)。停连是为了清晰地显示语句的脉络，以准确、生动地表达语言内容，同时也有强调、加重情感、增强语势、突出重点等作用。这里重点介绍一下停顿。

朗读时，有些句子较短，按书面标点停顿就可以。有些句子较长，结构比较复杂，句中虽没有标点符号，但为了表达清楚意思，中途也可以作短暂的停顿。通过停顿还可以控制语速，调整语句的节奏。正确的停顿有以下几种类型。

标点符号停顿。标点符号是书面语言的停顿符号，也是朗读作品时语言停顿的重要依据。标点符号的停顿规律一般是：句号、问号、感叹号、省略号停顿略长于分号、破折号、连接号；分号、破折号、连接号的停顿时间又长于逗号、冒号。因此，标点符号停顿分为两种情况，一是句子内部的停顿，大致是根据不同标点符号的应停时间长短进行停顿。例如：

一切都像刚睡醒的样子，/欣欣然，/张开了眼。//山朗润起来了，/水涨起来了，/太阳的脸红起来了。

另一种情况是从整个篇章考虑，文章的标题、作者的姓名后，应有明显的停顿。而一般句子后的句号（或问号），停顿时间要短于自然段后的停顿时间，自然段的停顿时间又短于“层次”或“段落”的停顿时间等。例如，贾平凹的《丑石》，标题“丑石”之后，有明显的停顿“//”，作者姓名之后也有停顿“///”。

以上的停顿，也不是绝对的。有时为表达感情的需要，在没有标点的地方也可以停顿，在有标点的地方也可以不停顿。

语法停顿。语法停顿是句子中间的自然停顿。它往往是为了强调、突出句子中主语、谓语、宾语、定语、状语或补语而做的短暂停顿。学习语法有助于我们在朗读中正确地停顿断句，不读破句，正确地表达作品的思想内容。语法停顿主要有以下几种情况。

a. 主语或谓语较长，主语和谓语之间或主语和谓语内部可使用语法停顿。例如：

我们那条胡同的/左邻右舍的/孩子们的风筝/几乎都是叔叔编扎的。

英国女王伊丽莎白二世/专程前往悉尼。

这棵榕树/好像在把它的全部生命力展示给我们看。

b. 动词谓语与结构关系比较复杂的宾语之间，可使用语法停顿。例如：

至今谁也不知道/为什么这里的海水/会没完没了地“漏”下去……

我明白了/她称自己为素食者的真正原因。

c. 结构关系复杂的定语、状语、补语内部，或者与中心语之间，也常使用语法停顿。例如：

它毫不悭吝地/把自己的艺术青春奉献给了哺育它的人。

森林维护地球生态环境的/这种“能吞能吐”的特殊功能/是任何其他物体都不能取代的。

强调停顿。为了强调某一事物，突出某个语意或某种感情，而在书面上没有标点、在生理上也可不作停顿的地方作了停顿，或者在书面上有标点的地方作了较大的停顿，这样的停顿我们称为强调停顿。强调停顿主要是靠仔细揣摩作品，深刻体会其内在含义来安排的。例如：

我与父亲不相见已二年余了，我最不能忘记的是他的/背影。

盼望着，盼望着，东风来了，春天的脚步/近了。

让暴风雨来得/更猛烈些吧！

我懂了，您让我明白了/一分钟的时间/可以做许多事情，……

沉默呵，沉默呵！不在沉默中/爆发，就在沉默中/灭亡。

有的人活着/他已经死了；/有的人死了/他还活着。

连接也是有声语言准确表意的需要。停顿和连接是相辅相成的，确定停连的位置，必须要能正确地分析语句的结构，准确把握语句要表达的意思。一般说来，当语句的前后两个部分是属于并列关系，它们做同一个句子成分时，可以把前后两个部分连接起来。例如：

在那里，你可以从众生相所包含的酸甜苦辣、百味人生中寻找你自己。

填埋废弃塑料袋、塑料餐盒的土地，不能生长庄稼和树木，造成土地板结……

海洋中含有许多生命所必需的矿物质，如氯化钠、氯化钾、碳酸盐、磷酸盐，还有溶解氧……

(5)重音。重音是指那些在表情达意上起重要作用、在朗读时要加以特别强调的字、词或短语。重音是通过声音的强调来突出意义的，它能给色彩鲜明、形象生动的词增加分量。普通话的重音有词重音和句重音两种。

词重音。词重音即词的轻重格式中重读的音节。普通话双音节词语占普通话词语总数的绝对优势，其轻重音格式的基本形式中占绝大多数的是“中＋重”格式，即后一个音节重读（如钢笔、红旗）。其他还有两种：“重＋轻”格式（如窗户）和“重＋次轻”，格式（如参与）。三音节词语大多数为“中＋次轻＋重”格式（如火车站）。四音节词语大多数为“中＋次轻＋中＋重”格式（如焕然一新）。

普通话测试中，在认读词语时，掌握词的轻重格式非常重要，但是在朗读作品时，则以语句的重音为主，因为词语的轻重音格式在语流中有时会有变化，如果完全按照词语的轻重音格式来读作品，语感上就会显得很不自然，甚至感到生硬。因此，在朗读过程中要根据语流音变的情况正确处理好词重音。

句重音。普通话的句重音是指为了准确地表达语意和思想感情，有时强调那些起重要作用的词或短语，被强调的这个词或短语通常称为重音或重读。在由词和短语组成的句子中，组成句子的词和短语，在表达基本语意和思想感情的时候，不是平列地处在同一个地位上。有的词、短语在表达语意和思想感情上显得十分重要，而与之相比较，另外一些词和短语就处于一个较为次要的地位上，所以有必要采用重音。同样一句话，如果把不同的词或短语确定为重音，由于重音不同，整个句子的意思也就发生了很大的变化。例如：

我知道你懂电脑。（别人不知道你懂电脑）

我知道你懂电脑。（你不要瞒着我了）

我知道你懂电脑。（别人懂不懂我不清楚）

我知道你懂电脑。（你怎么说不会呢）

我知道你懂电脑。（别的懂不懂我不清楚）

句重音主要有语法重音和逻辑重音等形式。

a.语法重音。语法重音是按语言习惯自然重读的音节。这些重读的音节大都是按照平时的语言规律确定的。一般来说，语法重音不带强调的色彩。语法重音的主要规律如下。

一是主要的谓语动词。例如：

山朗润起来了，水涨起来了……

中国人民从此站起来了。

我们应战胜一切困难。

二是动宾结构的宾语成分。例如：

我愿给您的圣诞树挖一个树坑。

三是中心语前表示性状的定语成分。例如：

这可真是一种潇洒的人生态度……

四是表示形状、程度的状语。例如：

就是这篇作文，深深地打动了他的老师。

太阳慢慢地升起来了。

五是表示结果或程度的补语。例如：

他的普通话说得很流利。

教室打扫得很干净。

树叶却绿得发亮，小草也青得逼你的眼。

六是表示疑问和指示的代词。例如：

这种事是谁干的？

这像什么话？

b.逻辑重音。逻辑重音比语法重音要强烈一些，强调重音不受语法制约，它是根据语句所要表达的重点决定的，它受应试者的意愿制约，在句子中的位置是不固定的。强调重音的作用在于揭示语言的内在含义。由于表达目的不同，强调重音就会落在不同的词语上，所揭示的含义也就不相同，表达的效果也就不一样。

逻辑重音有多种类型，常见的有强调性重音、并列性重音、对比性重音、递进性重音、转折性重音、肯定性重音、排比性重音、拟声性重音等。例如：

“他们一定会买些花装扮他们华丽的客厅，如果真是这样的话，那么我们一定会赚许多钱，有朝一日我也会成为富人……”(肯定性重音)

人们从《论语》中学得智慧的思考，……从《正气歌》中学得人格的刚烈。(并列性重音)阳光虽然为生命所必需，但是阳光中的紫外线却也有扼杀原始生命的危险。(转折性重音)

一年之计在于春，刚起头儿，有的是功夫，有的是希望。（强调性重音）

“所以，废话多不多，并不看它是文言文还是白话文，只要注意选用字词，白话文是可以比文言文更省字的。”（对比性重音）

更为重要的是，读书加惠于人们的不仅是知识的增广，而且还在于精神的感化与陶冶。（递进性重音）

井冈山的翠竹啊！去吧，去吧，快快地去吧！多少工地，多少工厂矿山，多少高楼大厦，多少城市和农村，都殷切地等待着你们！（排比性重音）

“想着想着，我不由得背靠着一棵树，伤心地呜呜大哭起来……”（拟声性重音）

重音的运用要建立在对作品有较深理解的基础之上。朗读作品时，究竟采用何种方式来强调重音而又能恰到好处，应视作品的具体内容和语句而定。

(6)语速。语速是指朗读、说话的速度。语速可以影响文章节奏的变化和情感表达的效果，因而在朗读、演讲和语言交际中有重要的作用。

语速的快慢要与文章的情境相适应，根据文章的思想内容、故事情节、人物个性、环境背景、感情语气、语言特色来处理。除此之外，文章体裁不同，语速也会有变化。语速大体可以分作慢速、快速、中速三种情况。

慢速。慢速往往用于讲述比较严肃，庄重的事情，多用来表示悲痛、伤感、哀悼的感情。例如：

读小学的时候，我的外祖母过世了。……我无法排除自己的忧伤，每天在学校的操场上一圈儿又一圈儿地跑着……

小孩儿默默地回到自己的房间关上了门。

灵车队，万众心相随。哭别总理心欲碎，八亿神州泪纷飞。红旗低垂，新华门前洒满泪。日理万机的总理啊，您今晚几时回？

快速。快速常用于叙述或描写紧张、急迫的情形或场面，表达紧急、气愤、激动的情绪或表现热烈、豪放、激昂、雄浑的气势。因此，语速应适当放快些。例如：

……像只无头的苍蝇，我到处乱钻，衣裤上挂满了芒刺。

“不，不行!”女护士高声抗议，“我记得清清楚楚，手术中我们用了十二块纱布。”

暴风雨！暴风雨就要来啦！这是勇敢的海燕，在怒吼的大海上，在闪电中间，高傲地飞翔；这是胜利的预言家在叫喊：让暴风雨来得更猛烈些吧！

今天，这里有没有特务？你站出来！是好汉的站出来！你出来讲！凭什么要杀死李先生？杀死了人，又不敢承认，还要污蔑人。说什么“桃色事件”，说什么共产党杀共产党，无耻啊！无耻啊！

中速。语句的内容和情感没有什么明显的起伏变化，或是讲述、说明事实，或是描写“不大动情感”的事物，语速应平缓。例如：

大海上一片静寂。在我们的脚下，波浪轻轻吻着岩石，像朦朦胧胧欲睡似的。在平静的深黯的海面上，月光劈开了一款狭长的明亮的云汀，闪闪地颤动着，银鳞一般。

江南的山水是令人难忘的，缭绕于江南山水间的丝竹之音也是令人难忘的：在那烟雨滚滚的小巷深处，在那杨柳依依的春江渡口，在那黄叶萧萧的乡村野店，在那白雪飘飘的茶馆酒楼……谁知道，那每一根颤动的丝弦上，曾经留下多少生离死别的故事。

对于一个在北平住惯的人，像我，冬天要是不刮风，便觉得是奇迹；济南的冬天是没有风声的……

作品朗读中，语速的选择是必不可少的。一般而言，议论文、说明文语速稍慢些，而散文、诗歌语速稍快些。但即便是同一篇文章，由于语句内容的不同或有情感的变化，语速也应当做些调整，根据文章内容，适当地进行变化。朗读时语速死板单一，一统到底是不可取的。

(7)语调。语调是指句子里声音高低升降、快慢的变化。语调和语句的句调、停顿、高低、轻重、快慢等都有关，也就是说，语调是语音的韵律特征在话语中的集中体现。普通话测试作品朗读中出现的“语调偏误”，就涉及上述的几个方面的问题，如字词的轻、重音失当，或者不自然，且有系统性表现；音长不规范；节奏有忽快忽慢现象；语气词带有明显的方言痕迹。但是语调中最重要的是句调，句调是整个句子声音高低升降的变化。句调的作用一般可以归纳为两个方面。

一是要准确表达句子的语意，就要采取相应的句调形式。例如："这件事是他干的?"表示疑问，而"这件事是他干的。"则表示肯定的语气，因此句调形式会不相同。

二是为了增强语言的表达效果，需要对语句的语调做一定的调整。例如："它只是树林中的一个小小的长方形土丘，上面开满鲜花——没有十字架，没有墓碑，没有墓志铭，连托尔斯泰这个名字也没有。"这样的叙述性的语言，如果不进行一些句调上的变化处理，就会显得很枯燥乏味。调整后语调会有升降起伏，因而也就增强了语句的表达效果。

句调的变化中以结尾的升降变化最为重要，一般是和句子的语气紧密结合的。在朗读时，如能注意语调的升降变化，语音就有了动听的腔调，听起来便具有音乐美，也就能够更细致地表达不同的思想感情。语调变化多端，主要有以下几种。

平直调。平直调一般多用在叙述、说明或表示严肃、平淡、迟疑、思索、冷淡、追忆、悼念等句子里。朗读时始终平直舒缓，没有显著的高低变化。例如：

在繁华的巴黎大街的路旁，站着一个衣衫褴褛、头发斑白、双目失明的老人。

在一个晴朗的下午，总部和党校的同志刚做完宿营准备工作，朱总司令来到了。

那年我六岁。离我家仅一箭之遥的小山坡旁，有一个早已被废弃的采石场，双亲从来不准我去那儿，其实那儿风景十分迷人。

高升调。高升调多在疑问句、反诘句、短促的命令句子里使用，或者是在表示愤怒、紧张、警告、号召的句子里使用。朗读时，注意前低后高、语气上扬。例如：

啊！小桥呢？↗它躲起来了？↗

当你在积雪初融的高原上走过，看见平坦的大地上傲然挺立这么一株或一排白杨树，难道你就只觉得它只是树？↗

共产主义是不可战胜的。↗

降抑调。降抑调一般用在感叹句、祈使句或表示坚决、自信、赞扬、祝愿等的句子里。表达沉痛、悲愤的感情，一般也用这种语调。朗读时，注意调子逐渐由高降低，末字低而短。

但我的白话文电报却只用了五个字："干不了，谢谢！"↘

为什么我的眼里常含泪水，因为我对这土地爱得深沉。↘

他从破衣袋里摸出四文大钱，放在我手里，见他满手是泥，原来他便用这手走来的。↘

然后他呆在那儿，头靠着墙壁，话也不说，只向我们做了一个手势："散学了，你们走吧。"↘

曲折调。曲折调用于表示特殊的感情，如讽刺、讥笑、夸张、强调、双关、特别惊异等句子里。朗读时先升后降，或先降后升，把句子中某些特殊的音节特别加重加高或拖长，形成一种升降曲折的变化。例如：

"——这些海鸭呀，享受不了战斗生活的欢乐，轰隆隆的雷声↗就把它们吓坏了。"↘

……会不会是他已经表达了↘而我却不能察觉？↗

"为什么你已经有了钱↘还要？↗"父亲不解地问。

关于语调还有几点是需要注意的。

一是朗读中的语调是个涉及面很广的较为复杂的问题，上面分的这几种基本类型，只是一个大体分类，或者说是对语调的基本情况的一个大体描述，只是一个框架，给语调分类也绝不是硬要把丰富多彩的语调变化强行纳入一些简单的公式。

二是不要把这里说的语调类型与书面语中的陈述句、祈使句、疑问句、感叹句等句子类型完全等同起来。书面语中的句子的语气类型远不能概括口语中千变万化的语调。

三是朗读中的语调在其表现中，始终是同断和连、快和慢、轻和重等联系在一起的。

四是朗读是一种艺术。这种艺术性主要是通过语调加以体现的。朗读语言同生活语言的主要不同之处就在于语调。生活语言当然也有语调，但那种语调一般是没有多少变化的，显得自然、从容。而朗读语言的语调则有明显的起伏变化，它能使语意表达得更加顺畅、明晰、突出。朗读中一旦失去这种富于变化的较为明显的语调，它就无异于一般的生活语言了，实际上，朗读也就不存在了。

五是朗读中语调的表现又不同于艺术表演（如朗诵、话剧表演）中语调的表现。表演语言的语调带有明显的夸张性、表演性。如果把这种夸张性和表演性搬到朗读中来，使朗读时的语调奔突跳跃，大起大伏，这就会使朗读显得既不自然，也不真实。朗读中的语调介于生活语言和表演语言之间，没有语调的起伏变化固然不行，起伏变化过大同样也会失去朗读的特点。

(8)节奏。就是由全篇作品生发出来的，朗读者思想感情的波澜起伏所造成的抑扬顿挫、轻重缓急的声音形式的回环往复。

节奏不同于语气。语气是以语句为单位，节奏则是以语段或全篇为单位。人们可以感应节奏，也同样可以运用节奏从事朗读创作。正如美学家朱光潜先生指出："节奏是主观和客观的统一，也是生理和心理的统一。它是内心生活（思想和情趣）的传达媒介。艺术家把应表现的思想和情趣表现在音调和节奏里，听众就从这音调节奏中体验或感染到那种思想和情趣，从而引起同情共鸣。"(《谈美书简》)

语言的节奏是由音色、音强、音高、音长四个要素构成的，其中任何一个要素在一定时间内有规律地交替出现，都会形成节奏。由音色造成的节奏主要表现在押韵上；由音强造成的节奏主要表现在轻重变化上；由音高造成的节奏，主要表现在字音平仄和语调变化上；由音长造成的节奏，主要表现在朗读速度和停顿上。综合运用这几个要素，造成声音上高低抑扬、强弱轻重、快慢疾徐、断连顿挫、明暗虚实等对比变化以及声音行进、语言回环往复的流动，不仅可以准确而形象地反映生活图景，而且可以生动地体现作品思想情感，还可使朗读具有鲜明的节奏感和富于音乐的美感，从而增强了表达效果。

运用节奏时，一方面要掌握节奏的基本类型，以确保思想感情的表现准确、鲜明和完整；另一方面也要注意节奏的丰富和变化，以烘托思想感情变化的层次性，增强生动感人的力量。根据节奏的基本特点与基本表现形式，我们把节奏分为六种类型。这六种类型，主要是从声音形式的速度、力度和亮度方面的特点来划分的。各节奏类型的具体特点只是轮廓上的大体相似，并没有刻板划一的模式。

轻快型。多扬少抑，声轻不着力，语流中顿挫少，且顿挫时间短暂，语速较快，轻巧明丽，有一个跳跃感。全篇重点处的基本语气、基本转换，都比较轻快。如：杨朔的《雪浪花》、朱自清的《春》、孙犁的《荷花淀》等，就是典型的轻快节奏。

凝重型。多抑少扬，多重少轻，音强而有力，色彩多浓重，语势较平稳，顿挫较多，且时间较长，语速偏慢。重点处的基本语气、基本转换都显得分量较重。如《藤野先生》《最后一课》《岳阳楼记》等。

低沉型。声音偏暗偏沉，语词多为落潮类，句尾落点多显沉重，语速较慢。重点处的基本语气、基本转换多偏于沉缓。夏衍的报告文学《包身工》、李瑛的长诗《一月的哀思》、老舍《骆驼祥子》中的《在烈日和暴雨下》就是典型的低沉节奏。

高亢型。声多明亮高昂，语调多为起潮类。峰峰相连，扬而更扬，势不可遏，语速偏快。重点处的基本语气、基本转换都带有昂扬积极的特点。袁鹰的散文《井冈翠竹》、茅盾的散文《白杨礼赞》、高尔基的《海燕》、贺敬之的《三门峡——梳妆台》等是典型的高亢节奏。

舒缓型。声多轻松嘎朗，略高但不着力，语势有跌宕但多轻柔舒展，语速徐缓。重点处的基本语气、基本转换都显得舒展徐缓。朱自清的《荷塘月色》、老舍的《济南的冬天》，以及散文《桂林山水》都是典型的舒缓节奏。

紧张型。声音多扬少抑，多重少轻，语速快，气较促，顿挫短暂，语言密度大。重点处的基本语气、基本转换都较急促、紧张。闻一多的《最后一次讲演》、外国文学作品《麻雀》《跳水》，贺敬之的《回延安》等，都属于紧张节奏。

事实上，一篇作品往往并不是一种节奏一贯到底。在带有全局性和整体性的基本节奏之外，还会局部渗透其他类型的辅助节奏。只有将二者结合,才能使整个作品丰满生动,和谐优美。

第五节　语音的性质

语音就是语言的声音,是由人的发音器官发出的表示一定意义的声音,是语言的物质外壳。语音同自然界的一切声音一样,是由物体振动而引起的现象,具有物理属性;语音又是由人的发音器官发出的声音,因此又具有生理属性;尤其重要的是,语音具有表意功能和交际作用,以什么样的语音形式表示什么样的意义,是社会约定俗成的,因此语音又具有社会属性。对于语音,我们可以从物理性质、生理性质、社会性质三个方面来说明。

一、语音的物理性质

语音是声音,一切声音都是物理现象,都具有音高、音强、音长、音色四种要素。

(一)音高

音高就是声音的高低,它决定于发音体在一定时间内振动次数的多少和快慢。声学上把发音体在单位时间内的振动次数称为“频率”。振动次数多,振动得快,频率就大,声音就高;反之,声音就低。语音的高低同声带的松紧、长短、厚薄有关。一般说来,成年男性的声带长而厚,女性和儿童的声带短而薄,因此,女性和儿童的声音比成年男性高。同一个人,发音也可以有高低不同的变化,这是因为人在发音时可以控制声带的松紧,声带越松,声音就越低;声带越紧,声音就越高。音高在汉语中具有非常重要的作用,普通话的声调和语调主要是由音高变化形成的。

(二)音强

音强就是声音的强弱,也叫音势或音量,它决定于发音体振动幅度的大小。发音体的振动幅度叫作振幅。振幅越大,声音就越大;振幅越小,声音就越小。语音的强弱取决于说话时用力的大小。在汉语中,轻声和语调可以表现出音强的作用。

需要注意的是,不要把音强和音高混为一谈。它们有时能够一致,例如一个人平时说话的音高和音强同他在吵架或呼唤人时是不一样的，后者声音要高，也要强。由于用力大，所以声音就强；由于用力大，使声带处于紧张状态，所以声音就高。这时的音高和音强是一致的。但是它们不是一回事，一个较低的声音，完全可以比一个较高的声音更强些，如京剧中的花脸与青衣的声音就是明显的例子。

（三）音长

音长就是声音的长短，它决定于发音体振动时间的久暂。语音的长短是指某个音的发音动作延续的时间。在汉语中，轻声和语调能体现出音长的作用。

（四）音色

音色就是声音的个性、特色，也叫音质，它决定于音波振动的形式（音波波纹的曲折形式）。造成不同的音色取决于三个条件。

（1）发音体不同。例如同是乐器，笛子和二胡的音色不同。因为笛子的发音体是笛膜，二胡的发音体是琴弦。甲乙两人在隔壁的房间说话，我们能够清楚地分辨出来，这是由于两人声带等发音体的情况有所不同，因而形成了不同的音色。

（2）发音方法不同。二胡和琵琶同是弦乐器，但二胡用弓拉，琵琶用手弹，它们的音色不同。语音中塞音 b 和鼻音 m 的音色不同，主要是由于发音方法不同：前者气流由口腔通过，发出爆破音；后者气流由鼻腔通过，发出鼻音。

（3）发音时共鸣器形状不同。二胡和小提琴同是弦乐器，也都用弓拉，但音色不同。这是因为二胡的共鸣器是圆筒形，而小提琴的共鸣器是扁盒状的。语音中元音 i 和元音 ü 的音色不同，主要是由于发 i 时口腔共鸣器的形状（唇形）跟发 ü 时不一样的缘故。

任何声音都是音高、音强、音长、音色的统一体，语音也不例外。对于任何语言来说，音色都是用来区别意义的最重要的要素。其他各要素在不同语言中区别意义的作用不完全一样，对于汉语来说，音高的作用是特别重要的。

二、语音的生理性质

语音是由人的发音器官发出来的。发音器官活动部位不同和活动方法不同，都会造成不同的声音。分析语音必须对发音器官的构造有大致的认识。

人类发音器官的整个装置像一架风琴，分三大部分：动力部分（呼吸器官）、发音体（声带）、共鸣器（口腔和鼻腔）。

（一）呼吸器官（动力部分）

呼吸器官包括肺、支气管和气管。肺是呼吸器官的活动风箱、发音的动力站。由肺的活动所产生的气流通过支气管、气管到达喉部，作用于声带，并经过口腔、鼻腔各部分的调节作用，发出各种不同的声音。

（二）声带（发音体）

声带藏在喉头里，是两片薄膜，形似两条富有弹性的带子，人的声音就是通过这两条带子的振动发出的。两带之间可闭可开，这叫声门。人呼吸的气流就从这里经过，呼吸时，声带放松，声门大开；说话时，声带拉紧，声门关闭，用气流冲击声带，使其发生振动，这就产生了语言的声音。所以声带是人类语音的发音体。除了耳语之外，人类离开声带就无法使用有声语言进行交际。

（三）口腔和鼻腔（共鸣器）

口腔和鼻腔是人类发音的共鸣器。声带发出声音之后，经过口腔、鼻腔引起振动，发生共鸣作用，增强声音。人类就是依靠这个共鸣器（主要是口腔）的各种变化，形成千变万化的语音。

口腔有唇、齿、腭、舌等几个部分。

唇可以作圆扁活动，产生不同的音，如 i、ü 是唇形圆扁不同而形成的两个音。

齿本身不能有什么变化活动，但它可以和唇、舌接触或接近产生不同的音，如 f 是下唇和上齿接近而成阻形成的音；z、c 是舌尖和上齿接触成阻形成的音，s 是舌尖和上齿接近而成阻形成的音。

腭分上腭和下腭，下腭是个活动器官，控制整个口腔的开合、大小。上腭分硬腭和软腭:前部是硬腭,后部是软腭。硬腭不能活动,但舌可以和它接触或接近成音,如 j、q、x。软腭(和小舌一起)可上下活动和舌接触或接近成音,如 g、k、h。软腭还可升降造成口腔音、鼻腔音和口鼻腔音。

舌是口腔中最灵活的发音器官。舌尖、舌面、舌根和上腭接触或接近,可发“j 很多声音。舌的前部为舌尖,舌尖可以形成前、中、后不同的音,如 z、t、zh 分别为舌尖前、中、后音。舌的中部为舌面,可以形成几组音,普通话只有 j、q、x 一组。舌的后部习惯上称为舌根,也可形成几组音,普通话里只有 g、k、h、ng 一组。

舌除了和上腭接触变化成音之外,它本身还可以做出很多不同的活动。如上升、下降、前伸、后缩、凸起、凹陷,都可以造成不同的声音。

我们学习发音,就是要熟练地掌握这些器官的活动,从而准确地掌握语音。

三、语音的社会性质

为了全面认识语音的性质,我们可以把语音当作自然现象,从物理学、生理学的角度进行分析,但语音毕竟不是纯粹的自然物质,它是由社会化的动物——人所发出的声音,语音的功能在于社会交际,在于表情达义。语音的表意功能不是个人决定的,而是社会赋予的,用什么样的声音表示什么样的意义,是使用同一语言的社会全体成员约定俗成的,因此,语音的社会性是语音的根本属性。

语音的社会性质表现在多方面: 从语音的地方特征看,普通话有翘舌音,而汉语的许多方言没有这一类音。 从语音的民族特征看,英语有齿间音,而汉语没有。 从语音的系统性看,普通话“拔”“爬”语音不同,意义也不同。“拔”的声母 b[p]发音气流弱,“爬”的声母 p[p‘]发音气流强。但在英语中,[p]、[p‘]并不区别意义,这说明在汉语语音系统中,送气不送气的差异能区别意义,而在英语语音系统中,送气不送气的差异不能区别意义。可见,声音和意义没有必然的联系,什么样的声音表示什么样的意义是由使用这种语言的人约定俗成的。

第六节 普通话语音系统

一、语音系统

语音系统简称音系，指的是一种语言中的各种语音要素及其相互关系的总体。各种语言都有自己的语音系统，同一种语言里不同的方言也有各自的语音系统。学习一种语言的语音系统，最重要的是认识该语音系统的规律性和独特性。

语音系统的规律性具体表现在：一种语言里有哪些音素，每一个音素在结构中居何位置，各音素怎样配合组成音节，两音相连有无变化，重读轻读能否辨义等。认识了某个语音系统的各种构造规律和变化规律，也就从整体上掌握了某种语言的语音系统的全貌。

语音系统的独特性，指不同的语言在语音系统上都存在或多或少的差异，每一种语言都有自己独特的语音系统。了解了不同的语言在语音系统上的种种差异现象，也就是在比较中认识了一种语言的语音系统的特点。

二、普通话语音系统

（一）语音单位

语音是由大小不等的语音单位组成的。按照现代语音学的分析法，可以把音节分析为音素、辅音和元音。

1. 音节

音节是人们听觉上最容易分辨的最自然的语音片段，也是语音的基本结构单位。从生理上看，一个音节，发音时肌肉明显紧张一次，听觉上最容易分辨出来。一个字音就是一个音节。如“我们是学生”这句话，我们能清晰地听出它是由5个自然的声音单位组成的，每个声音单位就是一个音节，写下来就是5个汉字。只有“儿化音”例外，如“花儿”写下来是两个字，说起来却是一个音节 huār。

2. 音素

音素是分析音节得出来的语音最小单位。例如“砝码”两个字音拖长音念，很容易听出两字的后半部分声音相同，都是 a。两个字音不同的地方在开头部分，“砝”开头音是 f，“码”开头音是 m。a、f、m 就是从“砝码”两个音节中分析出来的、不能再做分析的音素。每一个音素都有区别于其他音素的特色。反之，“砝码”两个音节 fǎ 和 mǎ 就是 f 和 a、m 和 a 拼合成的基本结构单位。一个音节可以由几个音素构成，也可以由一个音素构成。

3. 辅音、元音

辅音、元音是对音素进行分类得出的一对概念。音素可分为辅音和元音两大类。气流在口腔或咽头受到阻碍而形成的音叫辅音，如 b、p、m、f 等。气流在口腔或咽头不受阻碍而形成的音叫元音，如 a、i、u 等。

按照传统音韵学的分析法，通常把一个音节分为声母、韵母、声调三部分。

声母是音节开头的辅音。例如在“中”(zhōng)这个音节里，辅音 zh 就是它的声母。有些音节不以辅音开头，即没有声母(声母为“零”)，习惯称为“零声母”，这样的音节就称为“零声母音节”。例如“爱”(ài)、“恩”(ēn)、“雨”(yǔ)等开头都没有辅音，它们都是零声母音节。

韵母是声母后面的一部分。例如“华”(huá)这个音节里，ua 就是它的韵母。零声母音节整个由韵母组成，例如“安”(ān)。

声调是音节高扬曲降的调子。如“妈”(mā)、“麻”(má)、“马”(mǎ)、“骂”(mà)四个音节，其声母、韵母完全相同，但声调不同:“妈”(mā)是高而平，“麻”(má)是上升的，“马”(mǎ)是先降后升的，“骂”(mà)是下降的。它们意义的不同就是通过声调来区别的。

(二)普通话音系

普通话音系，就是以《汉语拼音方案》为代表的音系。它包括 21 个辅音声母、39 个韵母、4 个声调、音节拼合规律(400 个基本音节，1210 多个带调的音节)，以及变调、轻声、儿化等。

第七节　声母

一、辅音

（一）辅音及其作用

辅音也叫“子音”，是普通话语音中除元音之外的另一大类。它有22个，依次为：b、p、m、f、d、l、n、l、g、k、h、j、q、x、zh、ch、sh、r、z、c、s、ng。

辅音的重要作用在于它在绝大多数的音节中充当起头的声母，普通话里的声母全由辅音充当。另外辅音n、ng还能充当韵尾。

（二）辅音的发音过程

辅音发音时，各部位阻碍的形成和消失有一个过程，语音学家把这个过程分为三个阶段：

（1）成阻阶段，即发辅音过程的开始阶段，指发音中口腔内某两个部位开始形成阻碍，由静止或其他状态转到发一种辅音时所必需构成阻碍状态的过程。如，发b时，软腭上升，双唇紧闭，形成双唇阻气的态势。

（2）持阻阶段，即发辅音过程的中间阶段，指发音中口腔内某两个部位阻碍形成的紧张持续状态，是从开始“成阻”到最后“除阻”的一种中间过程。如发b时仍然紧闭双唇，气流加强充满口腔伺机突破双唇成音，有一种憋气的感觉。

（3）除阻阶段，即发辅音过程的最后阶段，指发音中口腔内某两部位阻碍作用从某种阻碍状态转到原来静止状态或其他状态的一种过程，是结束阶段。如，发b时，双唇由于紧闭受气流的冲击突然打开爆破而成音，阻碍消除，发音结束。

成阻、持阻、除阻是任何辅音发音时必须经过的三个基本阶段，但由于各个辅音的性质不同，发音情况也不完全一样。下面介绍辅音的发音特点和发音方法。

（三）辅音的发音特点

（1）发辅音时，肺里的气流经咽头、口腔的过程中，一定会在不同的程度上受到不同部位的阻碍。气流只有克服各种阻碍才能成音。

(2)辅音发音时气流较强,气流克服阻碍通过口腔时激发阻碍的各部位而形成声波,经口腔、鼻腔、咽腔共鸣而成音。没有较强的气流辅音就不会有音响。

(3)发辅音时,口腔中阻碍气流的部位肌肉特别紧张。不阻气的部位不紧张。

(4)辅音发音时,大多数声带不颤动,声音不响亮。只有 m、n、l、r、ng 5 个辅音声带颤动,声音响亮,但其响亮度不如元音。

(5)辅音大部分为声波不规则颤动的噪声,不带乐音成分。

(四)辅音的发音方法

可以按照发音部位和发音方法来看其发音的条件。

1.发音部位

发音部位指的是气流在口腔中受到阻碍的位置。也就是在发音时某两个发音器官接触或接近所形成的阻气的着力点,这个着力点会因接触面的变化而形成不同的阻气部位,即发音部位。

普通话的 22 个辅音,根据阻气部位的不同可归纳为 7 种发音部位:双唇阻、唇齿阻、舌尖前阻、舌尖中阻、舌尖后阻、舌面阻、舌根阻。

双唇阻:即上唇与下唇成阻,如 b、p、m。

唇齿阻:即上齿与下唇内缘成阻,如 f。

舌尖前阻:即舌尖与上齿背接触或接近成阻,如 z、c、s 的发音部位。

舌尖中阻:即舌尖与上齿龈成阻,如 d、t、n、l。

舌尖后阻:即舌尖翘起与硬腭前部接触或接近成阻,如 zh、ch、sh、r。

舌面阻:即舌尖轻抵下齿,舌面向上接触或接近硬腭前部成阻,如 j、q、x。

舌根阻:舌头后缩,舌根与软腭接触或接近成阻,如 g、k、h、ng。

2.发音方法

发音方法指发音器官构成阻碍和除去阻碍的方式。

(1)辅音的5种发音方法：

塞音，也叫“爆发音”或“破裂音”。发音时，成阻的发音部位完全形成闭塞阻住气流，从肺部呼出的气流充满口腔后不断冲击成阻部位，成阻部位突然解除阻塞使积蓄的气流冲破阻碍爆发成音。普通话有6个塞音：b、p、d、l、g、k。

擦音，也叫“摩擦音”。成阻时发音部位之间相接近形成适度的缝隙，持阻时，气流从窄缝中挤出摩擦成音，到除阻时摩擦完了，发音结束。普通话有6个擦音：f、h、x、sh、r、s。

塞擦音。发音时以“塞音”开始，以“擦音”结束，是“塞音”和“擦音”的紧密结合。发音开始时，发音部位先完全闭塞阻住气流，然后慢慢放松阻塞部位形成一定的缝隙，让气流从窄缝中挤出去摩擦而成音。普通话有6个塞擦音：j、q、zh、ch、z、c。

鼻音。发音时，发音部位完全闭塞封住口腔通路，同时软腭小舌下垂打开鼻腔通路。从肺里呼出的气流颤动声带到达口腔，因受到阻碍，只好从鼻腔流出而成音，由于鼻腔是不可调节的固定的发音器官，不同音质的鼻音是口腔不同部位的阻碍造成不同的口腔共鸣状态，最终由口腔和鼻腔双重共鸣而形成的。普通话的鼻音有3个m、n、ng。

边音。发音时，舌头后缩，舌尖与上齿龈接触，舌头两边仍留有空隙，同时软腭上升阻塞鼻腔的通路，声带颤动，气流从舌头两边的缝隙通过而成音。普通话只有一个边音。

(2)送气音和不送气音

普通话辅音除了上述5种发音方法外，还可根据发音时气流的强弱把塞音和塞擦音区分为送气音和不送气音。送气和不送气主要用于区别那些同部位、同方法的辅音。如b、p都是双唇阻塞音，不同处就在于发b时不送气，发p时送气。

送气音——这类辅音发音时气流较强，较显著。如果拿一张薄纸片放在唇前发b、p两个音并进行比较，发p时气流对纸的冲击明显比b强。或者将手心置于唇前发b、p，会明显感到气流的强弱不同。普通话里送气音有

6 个：p、t、k、q、ch、c。

不送气音——这类辅音发音时气流较弱，较缓和。普通话里不送气音有 6 个：b、d、g、j、zh、z。

送气与不送气是相对而言的，不送气音比送气音气流相对弱一些、短一些，但比元音要强。

(3)清音和浊音：

普通话的辅音根据发音时声带是否颤动分为“清音”和“浊音”。

清音。发音时声带不颤动，声音不响亮带有噪音成分的音叫清音。普通话有 17 个清音：b、p、f、d、t、g、k、h、j、q、x、zh、ch、sh、z、c、s。

浊音。发音时声带颤动，声音较响亮带有乐音成分的音叫浊音。普通话有 m、n、l、r、ng 5 个浊音。其中只有 m、n、l、r 作声母用，ng 只当韵尾用。

二、声母

(一)声母

声母是汉语音节开头的辅音。

在普通话中，基本上一个汉字对应一个音节的读音。普通话的音节是由声母和韵母拼合而成的。

除零声母外，声母都是辅音。普通话的声母共有 22 个(包括零声母)。零声母音节是一种特殊的音节，大多是由古代的有声母的音节脱掉声母而形成的。零声母的齐齿呼、合口呼和撮口呼音节的韵头都或多或少有一些摩擦的成分，可以看成是用半元音[j][w][hw]起头。半元音是摩擦很小的一种擦音，性质介于元音和辅音之间，按元、辅音两大类来分，它属于辅音。在小学课本中，没有零声母的概念，而将 y、w(即 i、u)也作为声母。严格来说，y、w 不能算作声母，它是复韵母中的韵头，只是在零声母音节中，其位置类似声母罢了。

(二)声母与辅音

声母的发音条件从性质上来说与辅音相同。但原则上声母和辅音是有区别的。声母是就音节而言的，是音节起头的辅音音素，从数量上来说它只有 21 个，是古汉语音韵学沿用至今的名称。而辅音是就音素的性质而言的，从数量上来说它有 22 个，除了充当声母外，辅音音素 ng 还能充当韵尾，n 除了充当声母外也能充当韵尾，所以在使用范围上辅音的概念大于声母，它是语言学对语音进行分析得出的结果。如“fei”，f 在音节中是声母，f 的性质是辅音。

（三）声母的分类

不同的声母是由不同的发音部位和发音方法决定的。

1. 按发音部位分类

发音部位指气流受到阻碍的位置。除零声母外，另外 21 个声母按阻碍部位可以分成七类：双唇音、唇齿音、舌尖前音、舌尖中音、舌尖后音、舌面音和舌根音。

2. 按发音方法分类

发音方法指阻碍气流和解除阻碍的方式、气流的强弱及声带是否颤动等。声母按发音方法可以分成五类：塞（sè）音、擦音、塞擦音、鼻音和边音。

3. 按声带是否振动分类

按声带是否振动可以分为清音和浊音。清音又有送气与不送气之分。

（四）声母的发音

1. 双唇音 b、p、m 和唇齿音 f

双唇音，就是利用双唇闭合这样的阻碍发出的辅音。

发 b 时，双唇闭合，软腭上升，气流因通路被完全封闭而积蓄起来，然后双唇打开，气流脱口而出，爆发成声。声带不振动。发 p 的阻碍部位和发音方式与发 b 相同，只是在发 p 时，冲出的气流比发 b 时要强许多。像这样，先在口腔中造成阻碍，让气流在阻碍后面积蓄起来。然后除去阻碍，让气流冲出，爆发成声。以这种方式发音的辅音就叫作塞音。声带不振动的辅音，就叫作清音；反之则叫浊音。像 b 这样，有气流冲出，但气流不强，叫作不送气；而像 p 这样，冲出的气流很强，叫作送气。因此，b 是双唇不送气清塞音，p 是双唇送气清塞音。

需要注意的是，汉语的 b 和欧洲语言中自[b]是不同的。汉语的 b 是清音，英语的[b]是浊音。因此，不能以汉语中的 b 去发欧洲语言中的[b]音，也不能用欧洲语言中的[b]去发汉语中的 b 的音。后面的 d、g、j、zh 和 Z 都是这样的情况。

发 m 时，双唇闭合，封闭气流的口腔通路，软腭下垂，气流从鼻腔泄出，同时振动声带成声。像这样，在口腔中造成阻碍，让气流从鼻腔中泄出，同时振动声带成声，以这种方式发音的辅音就叫作鼻音。此外。很显然，m 是一个浊音，它是双唇浊鼻音。

唇齿音，就是上齿与下唇接触形成阻碍而发出的辅音。

发 f 时，上齿与下唇相接，软腭上升，让气流从唇齿间的窄缝中泄出，摩擦成声。声带不振动。像这样，在口腔中造成阻碍。但在阻碍中留一窄缝，让气流从这条窄缝中泄出，摩擦成声，以这种方式发音的辅音就叫作擦音。f 是唇齿清擦音。

2. 舌尖中音 d、t、n 和 l

舌尖上翘，抵在上腭的不同部位，形成不同的阻碍。其中，舌尖抵在上齿龈形成阻碍发出的辅音，叫作舌尖中音。相对应的还有舌尖前音和舌尖后音，将在后面介绍。

发 d 时，舌尖抵住上齿龈，软腭上升，气流因通路被完全封闭而积蓄起来，然后舌尖离开上齿龈，气流迸发而出，爆发成声。声带不振动。发 l 的阻碍部位和发音方式与发 d 同，只是在发 l 时，冲出的气流比发 d 时要强许多。d 是舌尖中不送气清塞音，l 是舌尖中送气清塞音。发 n 时，舌尖抵住上齿龈，封闭气流的口腔通路，软腭下垂，气流从鼻腔泄出，同时振动声带成声。n 是舌尖中浊鼻音。发 l 时，舌尖抵住上齿龈，软腭上升，然后让气从舌与两颊内侧的空隙间流出，同时振动声带成声。以这样的方法发音的 l 叫作边音。l 是舌尖中浊边音。

3. 舌根音 g、k、h 和一ng

舌根音，就是舌根隆起抵住软腭形成阻碍发出的辅音。

发 g 时，软腭上升，舌根隆起抵住软腭，气流因通路被完全封闭而积蓄起来，然后舌根下降，脱离软腭，气流迸发而出，爆发成声。声带不振动。发

k的阻碍部位和发音方式与发g同，只是在发k时，冲出的气流比发g时要强许多。g是舌根不送气清塞音，k是舌根送气清塞音。发h时，软腭上升，挡住气流的鼻腔通路，舌根隆起，与软腭之间形成一个窄缝，气流从窄缝中泄出，摩擦成声。声带不振动。h是舌根清擦音。发－ng时，软腭下垂，舌根隆起抵住软腭，封闭气流的口腔通路，气流从鼻腔泄出，同时振动声带成声。－ng是舌根浊鼻音。在普通话中，－ng不是声母，仅作为后鼻韵母的韵尾。

在一些方言中，h与f会相混。学习普通话，要注意区分这两个音。关于h与f的分辨，我们将在后面的"声付辨正"中具体讲解和练习。

4. 舌面音j、q、x

舌面抬起，抵住上腭的不同部位，造成不同的阻碍。其中，利用舌面前部抬起抵住硬腭前部形成阻碍发出的辅音叫作舌面音。

发j时，舌面前部抵住硬腭前部，软腭上升，气流因通路被完全封闭而积蓄起来，然后舌面前部微离硬腭，形成一个窄缝，气流从窄缝中泄出，摩擦成声。声带不振动。发q的阻碍部位和发音方式与发j同，只是在发q时，冲出的气流比发j时要强许多。像这样，先在口腔中造成阻碍，让气流在阻碍后面积蓄起来，然后在阻碍中留一窄缝，让气流从这条窄缝中泄出，摩擦成声。由于这种发音方式兼有塞音(阻塞)和擦音(摩擦)的特点，因此，以这种方式发音的辅音就叫作塞擦音。j是舌面不送气清塞擦音，q是舌面送气清塞擦音。发x时，舌面前部靠近硬腭前部，形成一个窄缝，软腭上升，气流从舌面与硬腭间的窄缝里挤出，摩擦成声。声带不振动。可见x的发音部位和j、q相同，但它的发音方式没有塞的成分，是纯粹的擦音。因此，x是舌面清擦音。

5. 舌尖后音zh、ch、sh和r

舌尖后音，就是舌尖抵住硬腭前部形成阻碍发出的辅音。硬腭前部比上齿龈位置靠后(靠近咽喉)，因此相比于利用舌尖抵住上齿龈的舌尖中音，这类音就叫舌尖后音。

发zh时，舌尖翘起，抵住硬腭前部，软腭上升，气流因通路完全封闭而积蓄起来。然后舌尖微离硬腭，形成一个窄缝，气流从窄缝中泄出，摩擦成声。声带不振动。发 ch 的阻碍部位和发音方式与发 zh 同，只是在发 ch 时，冲出的气流比发 zh 时要强许多。zh 是舌尖后不送气清塞擦音，ch 是舌尖后送气清塞擦音。发 sh 时，舌尖翘起，接近硬腭前部，在舌尖与硬腭之间留有一个窄缝，软腭上升，气流从舌尖与硬腭间的窄缝里挤出，摩擦成声。声带不振动。发 r 的阻碍部位和发音方式与发 sh 同，只是在发 r 时，声带要振动。sh 是舌尖后清擦音，r 是舌尖后浊擦音。

由于发舌尖后音时，舌尖要向上翘起，仿佛是向后卷，因此舌尖后音 zh、ch、sh、r 通常又叫作卷舌音。

6. 舌尖前音 z、c 和 s

舌尖前音，就是舌尖抵住或接近上门齿背形成阻碍发出的辅音。上门齿背比起上齿龈来，位置靠前（靠近双唇），因此相比于利用舌尖抵住上齿龈的舌尖中音，这类音就叫舌尖前音。

发 z 时，舌尖抵住上门齿背，软腭上升，气流因通路被完全封闭而积蓄起来。然后舌尖微离上齿背，形成一个窄缝，气流从窄缝中泄出，摩擦成声。声带不振动。发 c 的阻碍部位和发音方式与发 z 同，只是在发 c 时，冲出的气流比发 z 时要强许多。z 是舌尖前不送气清塞擦音，c 是舌尖前送气清塞擦音。发 s 时，舌尖接近上门齿背，形成一个窄缝，软腭上升，气流从窄缝中泄出，摩擦成声。声带不振动。s 是舌尖前清擦音。

由于发舌尖前音时，舌尖要前伸，上翘的姿势不明显，舌面平直，因此舌尖前音 z、c、s 通常又叫作平舌音。在许多方言中，卷舌音和平舌音不分，甚至这两类音和舌面音 j、q、x 也不分。学习普通话，要特别注意这三类音的区分。

在发以上各音时，软腭的位置也是不可忽视的。软腭上升，是为了堵住气流的鼻腔通道；软腭下垂，是为了堵住气流的口腔通道。如果软腭的位置不好，气流总是同时从鼻腔和口腔中泄出，发出的音就不是标准的普通话声母了。

（五）声母辨正训练

1. 声母 f 和 h 的分辨

普通话中声母 f 和 h 的字音的区分很清楚，如发（fā）—花（huā），分（fēn）— 昏（hūn）。而在湖南话、江西话、闽南话、客家话、甘肃岷县话中，f 和 h 都有不同程度的混同现象。对声母 f 和 h 区分不清的人，首先要学会声母 f 和 h 的发音（可参照“声母的发音”），然后再逐步分辨和读准字音。

f 与 h 都是清擦音，主要区别是发音部位不同：f 是唇齿音，下唇必须主动轻触上齿；h 是舌根音，使舌面后部隆起与软腭形成摩擦。

【朗读训练】

风吹灰飞，灰飞花上花堆灰。风吹花灰灰飞去，灰在风里飞又飞。

丰丰和芳芳，上街买混纺。红混纺，粉混纺．黄混纺，灰混纺。红花混纺做裙子，粉花混纺做衣裳。穿上衣裳多漂亮，丰丰和芳芳乐得喜洋洋。

笼子里有三凤黄风红凤粉红凤。忽然黄凤啄红凤，红风反嘴啄黄凤，粉红凤帮啄黄风。你说是红凤啄黄风，还是黄风啄红凤。

2．声母 n 和 l 的分辨

普通话中“牛”与“留”“难”与“兰”“女”与“侣”的读音均不同，“牛、难、女”读 n 声母，“留、兰、侣”读 l 声母。但是，在湘、赣以及大部分西南官话和甘肃方言中，都有对声母 n 和 l 混同的现象。对声母 n 和 l 区分不清的人，首先要学会声母 n 和 l 的发音（可参照“声母的发音”），然后再逐步分辨和读准字音。

n 和 l 都是舌尖中浊音，发音部位相同，都是舌尖中音，主要区别在于：发音方法不同。n 是鼻音，舌尖和舌两边与齿龈及臼齿形成全封闭阻碍，软腭下降，带音的气流由口腔转入鼻腔透出，发出舌尖鼻音。l 是只通过舌尖上举与齿龈形成阻碍，舌身收拢，软腭封闭鼻腔通道，带音的气流从舌两边流出，形成边音。

【朗读训练】

出南门，面正南，有一个面铺面冲南。面铺门口挂着一个蓝布棉门帘。摘了蓝布棉门帘，看了看，面铺面冲南，挂上蓝布棉门帘，瞧了瞧，哟，嗬！面铺还是面冲南。

男旅客穿着蓝上衣，女旅客穿着呢大衣，男旅客扶着拎篮子的老大娘，女旅客搀着拿笼子的小男孩儿。

蓝帘子内男娃娃闹，搂着奶奶连连哭，奶奶只好去把篮子拿，原来篮子内留了块烂年糕。

3.声母 z、c、s 和 zh、ch、sh 的分辨

关于这两组声母，在甘/陇、吴、湘、赣等方言里，以及东北、西南等许多官话方言里，都存在不同程度的混读现象。这两组声母的混同，主要是缺失 zh、ch、sh 声母，因此，正确掌握 zh 组声母的发音（可参照"声母的发音"），辨正 zh 组声母的字音，才是解决问题的关键。

z、c、s 和 zh、ch、sh 的发音最大的不同是：z、c、s 组是平舌音，又叫舌尖前音，舌头平伸让舌尖与上齿背形成阻碍，zh、ch、sh 组是翘舌音，又叫舌尖后音，舌尖翘起与硬腭前部形成阻碍。

【朗读训练】

四和十，十和四，十四和四十，四十和十四。说好四和十，得靠舌头和牙齿。谁说四十是"细席"，他的舌头没用力；谁说十四是"适时"，他的舌头没伸直。认真学，常练习，十四、四十、四十四。

杂志社，出杂志，杂志出在杂志社，有政治常识、历史常识、写作指导、诗词注释、还有那植树造林、治理沼泽、栽种花草、生产手册，种种杂志数十册。

三月三，小三练登山。上山又下山，下山又上山。登了三次山，跑了三里三，出了一身汗，湿了一件衫。小三站在山上大声喊："这里离天只有三尺三！"

时事学习看报纸，报纸登的是时事，常看报纸要多思，心里装着天下事。

三山撑四水，四水绕三山，三山四水春常在，四水三山总是春。

刚往窗上糊字纸，你就隔着窗户撕字纸，一次撕下横字纸，一次撕下竖字纸，横竖两次撕了四十四张湿字纸。是字纸你就撕字纸，不是字纸，你不要胡乱地撕一地纸。

第八节　韵母

一、韵母及其特点

韵母是音节中声母后面的部分。

一个音节中的韵母，通常可以分为韵头、韵腹和韵尾三部分。韵腹是一个韵母发音的关键，是韵母发音过程中，口腔肌肉最紧张，发音最响亮的部分；韵头是韵腹前面、起前导作用的部分，发音比较模糊，往往迅速带过；韵尾则是韵腹后面、起收尾作用的部分，发音也比较模糊，但务求发到位。

普通话中的韵母共有 39 个，数目比声母多，系统也比较复杂。

二、韵母的分类

（一）按韵母的结构成分特点分类

按结构成分的特点可以将韵母分为三类。

1.单韵母

由一个元音构成的韵母叫单韵母，又叫单元音韵母。单元音是指发音时，舌位、唇形始终不变的元音。所以，单元音韵母发音的特点是自始至终口形不变，舌位不移动。普通话中单元音韵母共有 10 个：a、o、e、ê、i、u、ü、－i（前）、－i（后）、er。其中，a、o、e、è、i、u、ü 为舌面单韵母，发音时主要由舌面起作用；－i（前）、－i（后）、er 发音时，主要由舌尖的活动来调节音波，叫特殊元音韵母（前两个是舌尖单韵母，后一个是卷舌单韵母）。

2.复韵母

由两个或三个元音结合而成的韵母叫复韵母。普通话共有 13 个复韵母：ai、ei、ao、ou、ia、ie、ua、uo、üe、iao、iou、uai、uei。根据主要元音所处的位置，复韵母可分为前响复韵母、中响复韵母和后响复韵母。

前响复韵母 ai、ei、ao、ou；

中响复韵母 iao、iou、uai、uei；

后响复韵母 ia、ie、ua、uo、üe。

3.鼻韵母

韵尾可以分成两种：一种叫鼻韵尾，有－n，－ng 两个，另一种叫口韵尾。有鼻韵尾的韵母叫鼻韵母。带舌尖鼻音 n 的鼻韵母称为前鼻韵母，带舌根鼻音 ng 的鼻韵母称为后鼻韵母。

（二）根据韵母开头元音的口形特点分类

我国音韵学家根据韵母开头元音的口形特点，将韵母分为四类，也叫“四呼”。

（1）开口呼——指没有韵头，韵腹又不是 i、u、ü 的韵母，共有 15 个：a、o、e、ai、ei、ao、ou、an、en、ang、eng、ê、－i（前）、－i（后）、er。

（2）齐齿呼——指韵头或韵腹是 i 的韵母，共有 9 个：i、ia、ie、iao、iou、ian、in、iang、ing。

（3）合口呼——指韵头或韵腹是 u 的韵母，共有 10 个：u、ua、uo、uai、uei、uan、uen、uang、ueng、ong。

（4）撮口呼——指韵头或韵腹是 ü 的韵母，共有 5 个：ü、üe、üan、ün、iong。

注：韵母 ong 和 iong，在《汉语拼音方案》中根据开头的字母分别列入 a 行和 i 行，在“四呼”中则根据实际语音分别归入合口呼和撮口呼。

三、韵母的发音

（一）单韵母 a、i、o、e、ê、u、ü、er、－i（前）和－i（后）

普通话的单韵母共有 10 个，都属于单元音。普通话中共有七个舌面单韵母：a、o、e、ê、i、u、ü。发音时舌面起主要作用。元音的发音情况，可以用舌面元音舌位图来表示（图 5－1）。

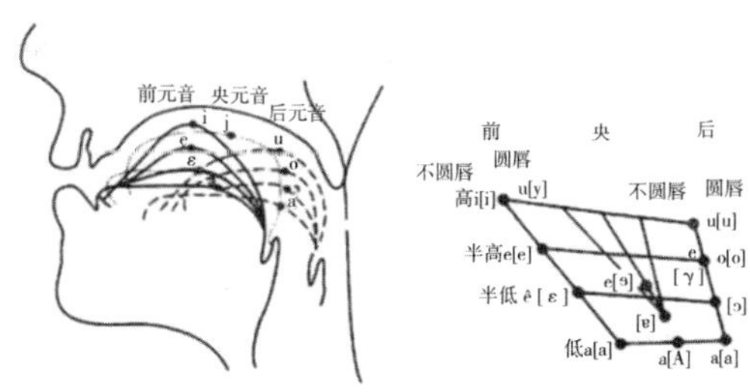

图5-1　元音舌位图

最高最前的元音是 i，最高最后的是 u，最低最前是前 a[a]（普通话中 ai 的开头部分），最低最后的是后 a[ɑ]（普通话中 ao 的开头部分）。普通话的舌面元音的发音范围就在这 4 个音的范围之内。图上的横线代表舌位高低，竖线代表舌位的前后，竖线两侧为不圆唇和圆唇，根据这个图，可以看出各个元音的发音特点。下面我们对单韵母、复韵母、鼻韵母来逐个分析。

发 a[A]时，口大开，舌尖微离下齿背，在口腔中处于一个不前不后比较适中的位置，舌面中部微微隆起，处于一个较低的位置，和硬腭后部相对。双唇不圆，声带振动，软腭上升。由于发 a 时舌尖在口腔中处于一个不前不后适中的位置，这种元音就叫作央元音；发 a 时舌面微微隆起，处于最低的位置（舌位最低），这种元音就叫作低元音；发 a 时双唇不圆，这种元音就叫作不圆唇元音。因此，a 是央低不圆唇元音。

发 i[i]时，口微开，两唇呈扁平形，上下齿相对，舌尖接触下齿背，使舌面前部高高隆起和硬腭前部相对，声带振动，软腭上升。发 i 时舌尖在口腔中处于靠前的位置，这种元音就叫作前元音；发 i 时舌面高高隆起，处于最高的位置（舌位最高），这种元音就叫作高元音。因此，i 是前高不圆唇元音。

发 o[o]时，上下唇自然拢圆，舌身后缩，舌面后部隆起，舌位半高半低，介于 a 和 i 之间。声带振动，软腭上升。由于发 o 时舌身后缩，使舌尖在口腔中处于靠后的位置，这种元音就叫作后元音。发 o 时舌位半高半低，介于最高和最低之间，这种元音就叫作中元音。发 o 时双唇拢圆，这种元音就叫作圆唇元音。因此，o 是后半高圆唇元音。

综上所述，单元音按舌尖在口腔中的前后位置，可以分成前元音、央元音和后元音三类；按嘴唇圆与否，可以分成圆唇元音和不圆唇元音两类。

（二）复韵母的发音

1. 前响复韵母 ai、ei、ao、ou

前响复韵母共有 4 个，都属于复元音。发音的共同点是元音舌位都是由低向高滑动，开头的元音音素响亮清晰，收尾的元音音素轻短模糊。

发 ai[ai]时，舌尖抵住下齿背，口腔大开，使舌面前部隆起与硬腭相对，从前 a[a]开始，舌位向 i 的方向滑动升高。

发 ei[ei]时，舌尖抵住下齿背，使舌面前部（略后）隆起对着硬腭中部。舌位从前元音 e[e]开始舌位升高，向 i 的方向往前往高滑动。ei 是普通话中动程较短的复元音。

发 ao[au]时，舌头后缩，使舌面后部隆起，从后元音 a[a]开始，舌位向 u（拼写作—o，实际发音接近于 u）的方向滑动升高，唇形渐圆。

发 ou[ou]时，舌头后缩，口腔半闭，起点音比单元音 o 略低略前，然后舌位向 u 的方向滑动上升，唇形始终为圆形，只是口腔开度渐闭。它是普通话复韵母中动程最短的复合元音。

2. 后响复韵母 ia、ie、ua、uo、üe

后响复韵母共有 5 个，都属于复元音。它们发音的共同点是舌位由高向低滑动，收尾的元音音素响亮清晰，而开头的元音处于韵母的韵头位置，发音不太响亮，比较短促。

ia[iA]的起点元音是前高元音 i，由它开始，舌位滑向央低元音 a[A]止，口腔渐开。

ie[i]的起点元音也是前高元音 i，由它开始，舌位滑向前半低元音 ê[e]止，舌尖自始至终不离下齿背。

ua[uA]的起点元音是后高圆唇元音 u，由它开始，舌位滑向央低元音 a[A]止，唇形由最圆逐步展开到不圆。

uo[uo]的起点元音也是后高圆唇元音 u，由它开始，舌位向下滑到后半高元音 o 止，舌头始终后缩，唇形始终为圆形，只是口腔开度渐大。

üe[y]的起点元音是前高圆唇元音 ü. 由它开始，舌位下滑到前半低元音 ê 止，舌尖始终与下齿背接触，唇形由圆到展。

3. 中响复韵母 iao、iou、uai、uei

中响复韵母共有 4 个，都属于复元音。这些韵母发音的共同点是舌位由高向低滑动，再从低向高滑动。开头的元音音素不响亮，比较轻短，中间的元音音素响亮清晰，收尾的元音音素轻短模糊。

发 iao[iau]时，由前高不圆唇元音 i 开始，舌位降至后低元音 a[a]，然后再向后高圆唇元音 u 的方向滑升。发音过程中，舌位先降后升，由前到后，曲折幅度大。唇形从中间的元音 a 开始由不圆唇变为圆唇。

发 iou[iou]时，由前高不圆唇元音 i 开始，舌位降至后半高圆唇元音 o 的位置，然后再向后高圆唇元音 u 的方向滑升。发音过程中，舌位先降后升，由前到后，曲折幅度较大。唇形到折点音 o 时就已拢圆。

发 uai[uai]时，由后高圆唇元音 u 开始，舌位向前滑降到前低不圆唇元音 a[a]，然后再向前高不圆唇元音 i 的方向滑升。舌位动程先降后升，由后到前，曲折幅度大。唇形从最圆开始，逐渐减弱圆唇度，发前元音 a[a]以后渐变为不圆唇。

发 uei[uei]时，由后高圆唇元音 u 开始，舌位向前向下滑到前半高不圆唇元音 e[e]，然后再向前高不圆唇元音 i 的方向滑升。发音过程中，舌位先降后升，由后到前，曲折幅度大。唇形从最圆开始，随着舌位的前移圆唇度减弱，发 e[e]以后变为不圆唇。

（三）鼻韵母的发音

鼻韵母的发音特点是由元音的发音状态逐渐过渡到鼻辅音，中间听不到接续的痕迹。做韵尾的两个鼻辅音发音部位不同：发 n 时，舌尖抵住上齿龈；发 ng 时，舌根抵住软腭。但它们的发音方法相同：都是软腭下垂，打开鼻腔通路，气流从鼻腔出来，同时声带颤动。需要注意的是，这两个音做韵尾时不除阻，而是以发音渐弱终止声音。

鼻韵母按其韵尾的不同，分为前鼻音尾韵母和后鼻音尾韵母。

1. 前鼻音尾韵母 an、en、in、ün、ian、uan、uen、üan

普通话的前鼻韵母共有 8 个。它们都以舌尖浊鼻音－n 作为韵尾。

发 an[an]时，an 的起点元音是前低不圆唇元音 a[a]，舌尖接触下齿背，舌位降到最低，软腭上升，关闭鼻腔通路；然后舌面升高，舌面前部抵住硬腭前部，当两者将要接触时，软腭下降，打开鼻腔通路，紧接着舌面前部与硬腭前部闭合，使在口腔受阻的气流从鼻腔里出来。口形先开后合，舌位移动较大。

发 en[n]时，en 的起点元音是央元音 e[ ]，舌尖接触下齿背，舌位居中，软腭上升，关闭鼻腔通路；然后舌面升高，舌面前部抵住硬腭前部，当两者将要接触时，软腭下降，打开鼻腔通路，紧接着舌面前部与硬腭前部闭合，使在口腔受阻的气流从鼻腔出来。口形由半开到闭，舌位移动较小。

发 in[in]时，in 的起点元音是前高不圆唇元音 i，舌尖接触下齿背，软腭上升，堵塞鼻腔通路；然后舌面升高，舌面前部抵住硬腭前部，当两者将要接触时，软腭下降，打开鼻腔通路，紧接着舌尖靠在上齿龈上，舌面前部与硬腭前部闭合，使在口腔受阻的气流从鼻腔里透出。口形几乎看不出什么变化，舌位动程较小。

发 ün[yn]时，ün 的起点元音是前高圆唇元音 ü，舌尖接触下齿背，软腭上升，堵塞鼻腔通路；然后舌面升高，唇形渐渐展开，舌面前部抵住硬腭前部，当两者将要接触时，软腭下降，打开鼻腔通路，紧接着舌面前部与硬腭前部闭合，舌尖抵在上齿龈上，使在口腔受阻的气流从鼻腔里透出，舌位动程较小。

发 ian[i n]时，ian 的起点元音是前高不圆唇元音 i，舌位向下滑动，口腔渐开。当舌位降到前半低不圆唇元音 ê[ ]的位置时，又开始滑升，直到舌面前部贴向硬腭前部，舌尖抵在上齿龈上，形成鼻音 n，整个舌位动程是先降后升。

发 uan[uan]时，uan 的起点元音是后高圆唇元音 u，舌位向前向下滑动，唇形渐展。当舌位降到前低不圆唇元音 a[a]的位置时，又开始滑升，直到舌面前部贴向硬腭前部，舌尖抵在上齿龈上，形成鼻音 n。

发 uen[un]时，由圆唇的后高元音 u 开始，舌位向央元音 e[ ]滑降，唇形渐展。然后舌位升高，接续鼻音 n。唇形由圆唇在向中间折点元音的过程中渐变为展唇。

发 üan[y n]时，从前高圆唇元音 ü 开始，舌位向下滑动，口腔渐开，唇形渐展，当舌位降到前半低不圆唇元音 ê[ ]的位置时，又开始滑升，直到舌面前部贴向硬腭前部，舌尖抵在上齿龈上，形成鼻音 n。

总之，发前鼻韵母时，要注意软腭的运动，不能发成鼻化元音。此外，要注意唇形的变化，例如 ün 在发音过程中，唇形由圆渐展，而发 in 时始终是展唇。

2.后鼻韵母 ang、eng、ing、ong、iong、iang、uang、ueng

普通话的后鼻韵母共有 8 个，它们都以舌根浊鼻音－ng 作为韵尾。

发 ang[a]时，ang 的起点元音是后低不圆唇元音 a[a]，口大开，舌尖离开下齿背，舌头后缩，舌跟抬起；当舌根贴近软腭时，软腭下降，打开鼻腔通路，紧接着舌根与软腭接触，封闭了口腔通路，气流从鼻腔出来。

发 eng[e]时，eng 的起点元音是后半高不圆唇元音 e[e]，舌头后缩，舌根抬起靠向软腭；当舌根贴近软腭时，软腭下降，打开鼻腔通路。此时，气流在口腔的通路已被舌根与软腭阻塞住，改从鼻腔出来。

发 ing[i]时，ing 的起点元音是前高不圆唇元音 i，舌尖逐渐离开下齿背，舌跟抬起靠向软腭；当舌根贴近软腭时，软腭下降，打开鼻腔通路。此时，气流在口腔的通路已被舌根与软腭阻塞住，改从鼻腔出来。

发 ong[u]时，ong 的起点元音是后高圆唇元音 u，舌后缩，舌面后部隆起，软腭上升，关闭鼻腔通路，舌面后部贴向软腭，当两者将要接触时，软腭下降，打开鼻腔通路。紧接着舌面后部抵住软腭，封闭了口腔通路，气流从鼻腔出来。

发 iong[y]时，iong 的起点音是前高圆唇元音 ü，舌后缩，舌面后部隆起，软腭上升，关闭鼻腔通路。舌面后部贴向软腭。当两者将要接触时，软腭下降，打开鼻腔通路。紧接着舌面后部抵住软腭，封闭了口腔通路，气流从鼻腔出来。

发 iang[ia]时，iang 的起点音是前高不圆唇元音 i[i]，紧接着舌位向下向后滑动，滑动到后低元音 a[a]时，舌位再向上滑升。当舌根贴近软腭时，软腭下降，打开鼻腔通路。此时，气流在口腔的通路已被舌根与软腭阻塞住，改从鼻腔出来。

发 uang[ua]时，uang 的起点音是后高圆唇元音 u，紧接着舌位向下滑动，唇形渐展。舌位降至后低不圆唇元音 a[a]，然后舌位再向上滑升。当舌根贴近软腭时，软腭下降，打开鼻腔通路。此时，气流在口腔的通路已被舌根与软腭阻塞住，改从鼻腔出来。

发 ueng[ue]时，ueng 的起点音是后高圆唇元音 u，舌位向下滑动，唇形渐展。当舌位降至比后半高元音 e[e]略前略低位置时，接着再向上滑升，舌根靠向软腭。当舌根贴近软腭时，软腭下降，打开鼻腔通路。此时，气流在口腔的通路已被舌根与软腭阻塞住，改从鼻腔出来。

综上所述，普通话韵母的韵头有 i、u、ü 3 个，韵尾有 i、u、－n、－ng 4 个。其中的两个辅音韵尾－n，－ng 在普通话中分得很清楚，但在不少方言中没有区分。所以学习普通话要注意这两个辅音韵尾的区别。

中篇　中职生口语交际训练

第六章　口语交际理论

第一节　口语交际能力训练的重要作用和现实意义

纵观历史，从中国春秋战国时期出现“百家争鸣”的局面，到古希腊演讲始祖们掀起的以传授演说术为核心内容的“智者运动”；从第二国际政治舞台上列宁激情澎湃的演讲，到第二次世界大战时期丘吉尔饱含诗意的激励鼓舞人民斗志的演讲，语言都起到了不可估量的作用，有时语言的力量甚至比武器更强大。

反观当代，不管是交际中的人情往来还是学习中的讲授诵读，不管是生意场上的洽商谈判还是各种场合的辩驳演讲，都离不开语言。当今时代，是个知识大爆炸的时代，更是经济大发展的时代。在这个无处不充满竞争的时代里，人们越来越认识到：口语交际水平的高低，已成为一个人生活及事业优劣成败的关键因素。

加强学生的口语表达能力的训练，使学生具备良好的语言修养，越来越得到世界教育家的重视，成为许多国家国语教学的培养目标。美国早在“二战”时就把原子弹、演说和美元当做三大战略武器,而当今则把舌头、美元和电脑当做三大战略武器,口语表达由原来的第二位提高到第一的重要地位。中西方对听说能力的培养的重视程度差异,明显地体现在中西方学生的交际行为表现和言谈举止中。日本也是一个十分重视语言运用效果的国家,话语的措辞用字、语调语气,须按说话者的性别、年龄、身份及说话目的确定。提高学生的口语表达能力,不仅是语文教学的基本要求,也是对人才培养的基本要求。在我国和西方发达国家,都把说话水平作为衡量优秀人才的重要尺度之一,每个公司、企业招聘人才,都要进行口试,这反映了一个事实:口语交际与事业的关系至为密切,它是胜任本职工作最重要的条件之一。知识就是财富,口才就是资本,早已成为人们的共识。

一、口语交际能力训练的重要作用

中职生口语交际能力的培养,不仅是21世纪时代发展的要求,而且是现代社会发展的需要,也是学生生存与发展的需要。它将有力促进中职生的全面发展,促进其语文素养的全面提高,将会提升中职生的审美情趣,而对未来从事教师职业的中职生则有着更特殊的重要意义。

(一)口语交际能力的培养是信息时代的要求

随着现代电讯科技的迅速发展,记录有声语言的工具大量普及,信息传递手段有了崭新的突破,口头语言的传递、储存、检索、转换都已进入实用领域,因而就语言的应用范围和频率而言,口语远远超过书面语。许多在过去依靠书面文字传达的信息,在今天已被口语取代;另外,现代传声技术的发展,使口语突破了时间和空间的限制,人机对话已经成为一种信息传递和交流的方式。为了适应现代信息技术的发展,如传声技术、影音跨海越洋转播技术等要求,说话效率的提高,是当务之急。每一个社会成员都要具备良好的口语交际能力。听的素养不好,注意力不集中,效率低下;说得不规范、不清楚,就难以适应信息时代的发展。由于不受时间和场地等条件制约,很多口语交际是在群体活动中进行的,具有多向性、随机性、及时性、临场性等特点,这样更有助于锻炼青少年的胆识与魄力,培养勇敢自信的具有分析力、应变力的创新型人才。所以,为了迎接新时代高速发展的挑战,只有文明礼貌、善于倾听，而又谈吐机敏、应付自如的人，才是跨世纪的骄子。

（二）培养学生的口语交际能力是现代社会发展的需要，也是学生生存与发展的需要

首先，提升口语交际能力是现代社会发展的需要，也是培养现代社会建设人才的需要。现代社会的进步、经济的发展和世界范围新的技术革命高潮的到来，使得人们彼此间的交往越来越频繁，口语在交际中的地位和作用也越来越重要。21 世纪是科技和人才的社会，对人才也提出了更高的要求，不仅要具有广博的知识储备，更要拥有良好的口语交际能力。一个人的口语交际水平是其综合素养的集中体现，也是评价其综合素养的重要指标之一，更是其走向成功不可缺少的条件之一。美国著名成人教育家戴尔·卡耐基说："一个人的成功，15％取决于他的专业知识，85％取决于他的口才和人际交往能力。"作为我国 21 世纪的建设人才，不仅要有符合社会发展潮流的思想和见解，而且要有能够在其他人面前明白、准确表达思想的能力，还要有能满腔热情地去说服、感染别人的口才，这就要求人们必须努力提高自己的口语交际能力。因此，对中职生口语交际能力的培养，已成为社会发展和培养现代社会建设人才的迫切需要。

其次，人类的一切活动都离不开口语交际。口语交际能力强，才能在信息交流复杂纷纭的现代社会生存和发展。一个正常的人，虽然会听会说，但要达到听得精确，说得准确、得体、流畅、简洁，就不是件容易的事，必须接受系统的训练才能达到。再者，任何人也不可能离群索居，只要生活在社会上，口语交际就是须臾不可离的基本能力。做买卖、学技术、谋职业、得信息……都离不开耳听口说。所以，口语交际能力是现代社会每一个成员必备的基本能力。

中职生正处于向"成人化"过渡的阶段，其心理和生理都处于敏感时期，在口语的交际体验中，学生可以发觉语言的魅力，体会情感的流动，加深对社会、对人生的理解。有助于学生摒弃自卑心理，走出内心狭隘，拓展人际关系。在理想、道德、品行和意志等方面都会获得一定的提升。若能与周围对象建立融洽和谐的关系，形成良好的口语交际能力，不但可以提高学生的

心理素质，还有助于学生形成良好的个性品质。这是学生自身发展的需要，有助于其自我价值的最终实现。

作为一名即将踏入社会的中职生，要想顺利地踏入社会，在社会上立足，除了需要过硬的专业技能，还要提前具备与社会建立良好沟通的能力，这样才能很好地适应将来的生存环境和工作岗位。否则，将会被社会淘汰，甚至陷入生存的窘境。因此，学生口语交际能力的培养，在其正式踏入社会就业前尤为重要。

（三）学生口语交际能力的提高将有力促进其全面发展

首先，口语交际能力的培养可以促进学生的思维发展。爱因斯坦说："一个人的智力发展和他形成概念的方法，在很大程度上是取决于语言的。"思维和语言是密切联系的，语言是思维的直接表现形式，思维是借助语言体现的。学生口语交际能力的培养过程，也就是思维训练的过程。口语交际训练的核心是促进思维能力的发展。良好的口语交际能力训练要适应话题和情境，要适应眼前瞬息万变的现实问题。这样就可培养、发展思维的敏捷性和应变性；良好的口语交际能力训练能使人在交际时善于缜密地检查自己的观点，朝着言语交际的目标，寻找解决问题的方法和途径，这就培养了思考的评估性和批判性；良好的思维能力训练能使言语交际的话题呈现向四周发散的辐射思维状态，同时又不忽视重要的细节，这就培养了思维的广泛性和缜密性。敏捷应变的特性，反映了思维活动的深度；评估批判的特性，反映了思维获得的广度。在这些思维能力的基础上，才能表现出非凡的口语能力。

其次，口语交际能力是一个人的学识、智慧、气质、个性、风度等的完整而直观的表现，提高口语交际能力的同时也是个体的个性发展的过程，是使自己的内在气质、修养与外显风度日臻完美的过程。

耳听口说是个体与他人、社会衔接的端口，一个人的学识、修养、气质、个性、风度、生活阅历等尽在言谈中。学识修养对交际者说话风格的形成有着重要作用。学识修养高，受知识的熏陶深，言语交际中无论内容还是形式，都会表现出高层次的品位。一般说来，一个目不识丁的农民，其说话风格是质朴、俚俗的；一个满腹经纶的学者，其说话风格是凝重、典雅的。例如鲁迅作品《孔乙己》中的读书人孔乙己，一张嘴便之乎者也，教人半懂不懂，常引得众人哄笑，其说话风格可谓鲜明至极！个性气质方面，如《水浒传》中的李逵，语多粗顽率直，这是其个性气质所就；而生活在大观园里的林黛玉和薛宝钗，由于林黛玉的个性气质比薛宝钗显得伤感、孤傲，所以，二人的说话风格迥然不同。同样，生活阅历深者，其说话风格往往深沉稳健；而生活阅历浅者，其说话风格则大多外露、游移。

现代社会的人都面临一个塑造个人形象、展现个人魅力以使自己立足于社会、交融于社会的课题。因此，由谈吐、口齿而展现的个人风貌是实现个人价值的重要因素，对此我们不能忽视。

(四)口语交际能力的培养会促进学生语文素养的全面提高

首先，口语交际能力的培养有利于读写能力的协调发展，增强学生的基础能力。听、说、读、写是语文能力的基本因素，是学习语文的基础。四种能力之间迁移、同步、互补的本质联系，反映了语文能力协调发展、互相促进、整体提高的规律。张志公先生在谈到语文教学忽视听说训练时做过这样的比喻："语言首先是口耳之事，因此，练口耳是基础。""过去教语言，往往忽略口、耳，只注意手、眼。这是砍掉植物的根而希望它开花的办法，充其量这叫插瓶，也许开两朵花，然而开不多，也开不久。"这话非常形象地指出口语交际训练是读写训练的基础，是根本。听、读是语言的感知，必然会迁移为说、写，转化为表达能力；听、说是口头语言，必然会迁移为读、写，形成书面语的能力。听、说、读、写对语言互为吸收和运用，螺旋式推进语文能力的提高。语文能力是学好各门学科的基本能力，国外语言教育界称之为基础学力，扎扎实实打好听说的基础，有利于促进学生读写能力的协调发展，有利于增强学生的基础学力。

叶圣陶曾在《关于师范教育》一文中就这个问题指出："必须认识到看书读书就是听他人的话——用眼睛从书面上听他人的话，作文其实就是说自己的话——用笔在纸上说自己的话，读和听是同一回事，写和说是同一回事，不能丢开听和说不顾，光管读和写，认清了这一层，语文教学才能切合实际，对学生真有益处。”叶老这段话，明确指出听、说教学应当放在与读、写同等重要的位置上，不可偏废，对学生的教育也是“真有益处”的。

听说读写这四种语文能力，是互相渗透、紧密联系的；听读同属于理解的范畴，说写同属于表达的范畴，加强听说能力的训练，有助于读写能力的提高。

当然，在现实生活中，善说的人不一定善写，善写的人不一定善说。二者明显不协调的情况，也是语文训练应该解决的问题。一方面听说能力的训练，有助于读写能力的提高；另一方面，说话能力的训练，也是整体语文能力训练的一部分。因为说话是以表达为中心的把思维快速转换成有声语言的过程。口语表达必须先有明确的思想，紧接着快速选择适当的词汇，按一定的方式构成句子，再通过发声器官转换为口头语言，并不断根据听者的反应调整讲话内容。听话，要想听出对方的主要意思、弦外之音，就要有敏锐的觉察能力和思辨能力。语言是稍纵即逝的，因此需要听者边听边记忆，边进行缜密的归纳、分析、综合、推理，进而做出判断。由此可见，听说能力的基本要素是思维力、词句的组织力、反馈力等。

（五）口语交际能力的培养将会提升学生的审美情趣

语文学科具有人文性。其中最明显的特征是语文具有其他任何学科都不能相比的美育功能。为了让学生感受美、鉴赏美，教师通常要在语文教学中创设情景，进行熏陶感染，其中最简单也是最重要、最有效的方法，便是口语交际教学。如利用演讲、交谈、辩论等形式，通过描述性、评论性语言，使学生的感情共鸣进入到对社会、对人生等的更深层次的思考，使语文的美育功能得以充分发挥；通过放录音或教师朗读、学生朗读，特别是配乐朗读，来再现形象、渲染氛围、呈现情景，引起学生的联想、想象，激发审美情趣。如朗读《桂林山水》一文中对桂林山的“奇”“秀”“险”和水的“清”“静”“绿”的描写，有声语言为我们展现了桂林独具特色的山水之美“这样的山围绕着这样的水，这样的水倒映着这样的山，真是舟行碧波上，人在画中游！”这种美感的产生不仅仅是基于桂林山水之美，更是对祖国大好河山之美由衷的赞美，热爱祖国之情溢于言表。真是“情动于中而行于言”！言为心声，思想行为和语言一脉相通。“语言美”同“心灵美”“行为美”相辅相成。因此,有计划地加强口语交际能力的培养,对提升学生的审美情趣、培养学生高尚的审美情操有着积极的影响。

(六)口语交际能力的培养对未来从事教师职业的中职生有着重要的意义

良好的口语交际能力是教师从事教学、教育工作必备的素质和条件,教师的口语表达能力在一定程度上决定着教学和教育的质量和效率,同时也影响着学生口语交际能力和思维能力的发展。

从事教师职业所要求的口语交际能力,即教师职业口语,其特点是规范性、科学性、教育性、生动性和可接收性。另外,教师良好的口语交际能力是学生学习知识、获得语言技巧,进而提升口语交际水平的范本。换句话说,学生时刻从教师的口语中受到影响和感染,潜移默化地学习、运用语言。

培养中职生具有良好的口语交际能力,不但可以促进他们的学习,而且会促进他们的智力、情感和人格的全面发展;不仅有利于提高中职生的言语水平,还能起到活跃思维、提高思维的敏捷度和应变能力的效果,对提高学生的交际能力、培养良好的人际关系也有积极的作用。

二、中职生口语交际能力训练的现实意义

针对中职生面临求职应聘以及即将置身职场的现状,激烈而残酷的就业竞争要求他们必须具备良好的口语交际能力,也就是说良好的口语交际能力是一名合格中职生必备的素质和条件之一。

(一)这里的“口语”不是一般的口头语言和独白语言,它首先是具有规范性的语言,必须要讲国家法定的语言——普通话

口语的语音、语汇要规范,语句要符合语法要求。即要用标准或比较标准的普通话说话,做到发音吐字清晰,语流通畅,节奏明快,语调自然、适度;在遣词造句方面要符合现代汉语的语法习惯,做到用词恰当、条理清楚、表达得体。而我们面临的现实问题是我国方言体系复杂,对于来自方言区的人来说,方言是普通话学习的一个巨大障碍。因此,努力克服方言语音对普通话学习的影响,进行系统而科学的普通话学习是口语交际的先决条件。

(二)不可忽视传统教学观念对今天人们口语交际能力培养的影响

回顾历史,我们不难发现,“重读写、轻听说(口语交际)”在我国有着悠久的传统,其根源在于我国封建社会中期开始实行的科举制度。

其实,我国古代的教育是很重视听说能力的培养的。西周的国学就有学习说话的内容。据《周礼》载:“大司乐教国子以乐德、乐语、乐舞。”所谓“乐语”,指的是包括“兴道”“讽诵”“言语”在内的综合教育。用今天的话来讲,“兴道”即道德教育,“讽诵”即阅读教育,“言语”即说话教育。我国古代伟大的教育家孔子也十分重视说话能力,孔门四科中就有“言语”一科。《论语》就是孔子及其弟子的对话录,其中多处谈到了“言”即“谈话”的重要性。如《阳货》篇:“不知言,无以知人也。”《子路》篇“一言可以兴邦”等。我国古代另一位教育家墨子同样重视说话,他在《尚贤》篇里提出成为贤人要达到三条标准:“厚乎德行,辩乎言谈,博乎道术。”其中的“辩乎言谈”就是说做贤人要具备能言善辩的口才。正因为古代教育重视听说能力的培养,所以我国历史上曾涌现过不少雄辩之士。《左传》《战国策》等就记载了许多能说会道、辩才无碍,在当时的政治舞台上纵横捭阖的谋臣策士,如苏秦、张仪、冯谖、唐雎等。

但到了封建社会中期,隋唐开始实行科举制度,统治阶级纯以文章取士,乡试、省试、殿试,三篇文章定终身,读书人趋之若鹜。这就开了只管读写,不顾听说的风气。尤其到了明清两代,科举考试以《四书》《五经》中的文句为题,八股文成为文章的规定格式,更无人理会听说了。事实上,当时的语文教学已经完全沦为科举考试的附庸,老师为考试而教,学生为考试而学,“识字读书写文章应试”就是当时所有读书人必须遵循的道路。

清末,科举制度废除了,开始推行学校教育,加上白话文运动、五四新文化运动、国语运动相继开展,都对传统的语文教育产生了冲击。随着西方口才学、演讲学的引进,在少数有识之士(如胡适、黎锦熙、阮真等)的倡导下,有的学校(如上海吴淞中学、长沙一中)开设了演讲、辩论等旨在培养听说能力的课程,但影响不大,未能触动重读写、轻听说的根基。

20 世纪 50 年代初,听说能力的培养一度得到重视。首先,“听说”在学科名称上得到了体现，新中国成立前的“国语”“国文”被统一改为“语文”。对此，著名教育家叶圣陶先生做过这样的说明：“平常说的话叫口头语言，写到纸面上叫书面语言。语就是口头语言，文就是书面语言。把口头语言和书面语言连在一起说，就叫语文。”其次，曾明确提出了“听说”是语文教学的任务。1950 年中央人民政府出版总署编审局编辑的语文课本在《编辑大意》里说：“语文教学应该包括听、说、读、写四项，不可偏重偏轻。”20 世纪 60 年代初，叶圣陶、吕叔湘、张志公等先生对听说读写应全面训练的问题发表了中肯的意见。遗憾的是，这些正确主张并未得到贯彻，反而遭到了压制。新中国成立以后，在 1956 年、1963 年、1978 年颁布的《中学语文教学大纲》中，仍只提读写能力的培养，不提听说。直到 1986 年颁布的大纲，才第一次将听说放到了与读写并重的地位，突出了全面发展学生语文能力的要求。但由于考试时仍只考读写，不考听说，多数老师仍然重读，而轻听说。

进入 21 世纪，我国基础教育阶段语文教学大纲明确地提出语文教学要培养学生的读、写、听、说四种能力，相应地提高了听说教学的地位。大纲将“听说”明确地表述为“口语交际”，予以了特别的强调。可是，在基础教育阶段，由于受传统应试教育的影响，重读写、轻听说的情况至今仍然难以扭转。所以，今天高等院校学生的口语交际水平是不容乐观的，这是一个不能忽视的现实问题。学生口语交际水平低下的现状与全面提高学生的素质这一时代精神是相悖的，也势必造成学生难以适应 21 世纪现代社会的不利影响。

综上所述，重读写、轻听说(口语交际)的现实状况是有多方面原因的。

(1)从历史的角度看，我国经历了漫长的封建社会，由于经济文化等落后，人们的交际处于较低的水平，听说能力得不到应有的重视。尤其是科举制度以文章取士，淡化了口语在一个人的学识中的应有地位，形成了“重文轻语”的传统。

(2)从中国传统的语文教育看，在语言和文字的关系上是重文轻语的。古代的语文教育，基本上是学习书面语(甚至还不是书面语，而是书面“文”)。正如张隆华、曾仲珊先生在《中国古代语文教育史》一文中所说：“长期以来，学子们学习的，是经过雕琢的‘书面语’，即使是‘三、百、千’那样的童蒙教材，就更不是语而是文（学）了。语言的学习、口语的学习，日常生活应用的普通文字的学习，是否要在语文教和学的实践中占有相当重要的地位？”这值得我们深思。由此可见，传统的语文教育对“重文轻语”的影响不可低估。

（3）从教育观念的角度看，许多人认为，听话、说话是与生俱来的能力，不需要像读写那样进行系统的训练。殊不知，这种与生俱来的能力只是一种低级的语文能力，而经过专门训练的说话能力不但会促进读写和听的能力的发展，而且会对人们的学习、工作、生活发挥积极的作用。

（4）从教育实践的角度看，任课教师在教学实践中并不重视学生口语交际能力的培养，自己在课堂上往往一言堂，不为学生提供口语交际的机会，即使偶尔进行口语交际训练，也是随心所欲，缺乏系统性和科学性。

（5）从生源的角度看，我们的学生不少来自偏远的农村，相对封闭、贫困、保守的农村生活环境使这些学生进入学校后沉默寡言，自卑感强，不主动与老师、同学交流；另外，在大力推广普通话的今天，要求这些同学由长期讲方言突然向说普通话转变，在此过程中，他们存在严重的心理障碍，这些原因直接导致了学生怠慢口语交际能力的提升，在口语交际中，具体表现为表述不清，缺乏条理，主题不突出，方言障碍严重，当众说话紧张结巴、语汇贫乏、词不达意等。

第二节　口语交际能力训练的理论依托

中职生口语交际能力的训练离不开多种学科的理论依托。简而言之，有语言学、思维科学、心理学、教育学、美学等多种学科都对口语交际具有不可忽视的理论依托作用。

一、口语交际的语言学理论

从语言学的角度看，语言是一种社会现象，是一定社会约定俗成的符号系统。雅科布逊（Roman Jakobson）认为，和任何符号系统一样，语言首先是为了交流。人们运用语言符号进行信息交流，传递思想、情感、观念和态度，达到沟通目的的过程，叫言语沟通。言语沟通是人际沟通中最重要的一种形式，大多数的信息编码都是通过语言进行的。语言是思维的工具，语言的功能在一定意义上被大部分人认为是信息功能；又因为语言是交流的工具，所以语言的另一个重要的社会功能是交际功能。

在面对面的人际沟通中，人们多数采用口头言语沟通的方式，例如，会谈、讨论、演讲以及对话等。口头言语沟通可以知觉地（自觉地）及时地交流信息、沟通意见。这个过程取决于由“说”和“听”构成的言语沟通情境，说者在沟通过程中积极地对信息进行编码，然后输出信息。同时，听者也要积极地思考说者提供的信息，进行信息译码，从而理解信息源所发送的信息，将它们储存起来并对信息源做出反应。在这个信息传递过程中，信息的转换是不可缺少的中间环节。信息的转换有两种基本的操作：编码和译码。编码即发信者要把传送的意义信息符号化，编写成一定的语言文字或表情、动作。在编码之前，发信者首先要将自己的想法进行解释，充分理解自己的想法，然后才能使之成为可以表达的形式。接信者在接收信息后，首先要进行译码，即将符号化的信息还原为意义信息。在译码后仍然是进行解释，理解其意义，才能成为可接收的信息。在解释过程中，信息传递双方必须具备共同的知识经验，才能理解一致，避免发生歧义或成为无意义的信息。

语言心理学的研究表明：口语交际是一种心理过程，口语交际就是用词语把思想的结果表达出来，口语交际能力是把内部语言（思想感情）转化为外部语言的能力。口语交际的心理过程包括两个有联系又有区别的过程。

首先，是内部言语过程。

人类有敏锐的感觉器官，能够眼观六路、耳听八方，通过听觉、视觉、触觉、味觉等反映现实，认识客观事物。这就为大脑这个加工厂提供了说话的原料。大脑迅速对这些原料加以分析、概括、综合、推理，通过联想、想象等一系列思维活动，形成连续、线性的语意体系，然后逐步、连贯、序列地组织编排起来。这种内部语言组织是待扩展的语言表述的基础，是构成口语交际能力的前提，即口语交际先要有内部语言。语文教育家叶圣陶说过：“要有意思才有话说，没有意思硬说就是瞎说，意思没有想清楚就说，那是乱说……”。这里的“意思”就是以内部语言的形式在大脑里活动的，通过内部语言来组织的意思。所以，口语交际训练可采取先想后说、边想边说的方式，只有想得清楚才能说得明白；只有想得丰富，才能说得精彩。

其次，是外部言语的过程。

口语交际必须把“内部言语”转为“外部言语”，即必须按照语意加以扩展，编码为一定的词汇句式表述出来。这首先要有一定的口语词汇储备，即言语编码的符号材料，它是转化为外部言语（有声语言）的重要条件。其次，要掌握正确的组合语词次序的语法规则，这是语言编码的结构法则，是转化为外部语言的又一个重要条件。列宁说：“人的实践经过千百次重复，它在人的意识中以逻辑的格固定下来。”就是说在长期不知不觉的反复实践训练和在社会的不断交往中，语言文字规律、词句的含义、情味等就以“格”的形式巩固和积淀，而储备在大脑里的一个个“格”组成了“格的结构群”，这样人们在接受语言编码时，意识里就会与自己头脑里的“格”相契合，立刻触动心弦，以自动化方式对号入座。如果说话者的口语词汇、句式储备多，而且能按照语法规范来编码，就能根据需要迅速地选词，系统、准确、流畅地把要表达的意思说出来。人们把内部语言扩展并编码为一定的语句后，还要通过语音语调表达出来。

另外，对于口语交际的认识和研究，我们还可以从认知心理学和社会语言学中找到理论的支持。

由于语言是思维的再现，因此思维训练无法摆脱语言训练而单独完成。近年来，认知心理学的发展使我们对基于语言的大脑加工有了更详细的了解。例如，大脑存在着独立的区域，专司听词（他人的口语）、看词（阅读）、说词（口语）和成词（用语言思维）的子任务。这就提示我们是否存在着针对口语的不同的教学模式。英国的 George Yule 教授在研究口误时发现，口误是大脑在组织语言信息时出现了疏漏造成的。这也提示我们，正确的口语表达需要大脑正常的活动作为支持。所以，口语交际必须需要“口”与“脑”的一致行动才能完成，这使得口语训练更偏向于一种强调操作性的语言教学，而不是偏向于基于文学鉴赏和文化传承的整体感悟性的读写教学。我们都知道，人的大脑左半球具有语言生成和理解的各种能力，如说话、口语理解、阅读和书写等;而右半球具有情绪的表达和形象物体的识别能力。在训练学生成功地进行日常的口语交际外,对思维的全面训练以及充分整合大脑两个半球的思维获得也许是口语交际的一个隐含的但却是最终的目的之一。

总之,以上两个过程在头脑里迅速地转化交错进行,不容许说话者有丝毫的懈怠或简单化处理,否则说出来的话必然会出现不知所云或语义不连贯等问题。

二、口语交际的思维科学理论

语言训练(口语交际)与思维紧密关联。语言是思维的外壳,思维是语言的内核。口语交际的过程实际上就是把思维的结果表述出来的过程;口语对思维有加工、提高的作用。因此,口语交际水平的高低与一个人思维能力的强弱密切相关,口语交际水平的提高,取决于说话者思维素质和思维能力的提高。一个人的思维活动是在其脑海中进行的,是看不见、摸不着的,这表明口语交际中思维过程的复杂性。因此,口语交际能力训练离不开思维训练,口语交际离不开思维科学原理的依托。

口语交际训练中的思维训练是通过两个环节、四个重点来进行的。两个环节即指单向表达环节和双向或多向交际环节。四个重点分别为:单向表达环节中的思维宽度(辐射面)、深度(深刻性);双向交际环节中的思维灵敏度(即时反应)与反应准确度(应对力度)。

思维训练在口语交际训练的过程中同时完成。这是由口语交际的"口脑一致性"特点决定的。

思维活动的宽度检测,具体表现为说话者在就某一话题发表看法时,是只能就事论事,呈单向线性因果发展趋势,还是可以触类旁通,旁征博引,以话题为思想主脉,同时在思考面上交叉纵横,呈网状发展趋势。思维活动的宽度检测,要求我们不仅要全面地、辩证地看问题,而且要富于联想、善于想象。这样,在口语交际中就能纵横捭阖、左右逢源。因此,思维训练的方式主要有:联想训练、想象扩展训练、想象结果训练等。以联想训练而言,有接近联想、类似联想和对比联想三种形式。如由"茶"联想到"龙井",联想到

“西湖”，这就是接近联想。由“茶”联想到“咖啡”，联想到“啤酒”，这就是类似联想。由“茶”联想到“白开水”，由“茶”联想到“饭”等就是对比联想。

思维活动的深度检测，具体表现为说话者在就某一话题发表看法时是浅尝辄止，只能肤浅地发表一些人所共知的观点看法，还是能紧扣话题，向思想深处发掘，最终得以发表别人没有想到，或虽想到却认为不该说出，或不知如何说出的深刻见解。

思维活动的灵敏度检测，具体表现为表述者在双向或多向交流交际的过程中，对新出现的话题或观点能否在事先未做准备的情况下，迅速做出或是赞同，或是反对的即时反应，并且能以“快速编码”的方式组织适当的语言明晰表述自己的立场、观点及何以如此的原因。思维的灵敏度训练，包括思维的敏捷性和思维的灵活性两方面。在口语交际中，思维敏捷以及思维向言语的快速转化，是最重要的思维品质，也是衡量一个人口语能力的重要标志之一。思维的灵活性即思维的变通性，要求当事人根据具体情境与临场变化随机应变地做出切合情境的巧妙反应。我们常会看到一个优秀的节目主持人只有具备了以上重要的思维品质，才能把一场节目主持得游刃有余，精彩纷呈，给观众呈现一场美妙的视觉盛宴。

思维活动的准确度检测，可以理解为灵敏度的延伸。如果说灵敏度是瞬间反应检测（反应是否快速），那么，准确度则是反应后果检测（是否准确中的）。具体表现为，在双向交流过程中，说话者能否把握话题的关键与实质，并准确无误地做出应有的反应。准确性是一个人运用语言，与他人进行交际的基本要求。具体包括以下几个方面。

一是语言环境的准确性。在交际活动中，说话能够适应环境，是十分必要的。语言的准确运用，首先是语言运用的条件限制。其次是指准确地使用语言。所谓条件的限制，具体来说，就是语言的运用是由各种特定的客观环境，以及交际活动的特定内容来决定的。例如，在关于运动员刘翔受伤的一则新闻播报中，男主持人说：“刘翔的伤痛牵动着国人的心。”女主持人接着说：“让我们祝贺刘翔。”这番对话可谓叫人笑掉大牙。二是运用语言的准确性。有一则央视新闻，在谈到“钓鱼岛”问题时，女主持人无意中将中国领土钓鱼岛说成“日本的钓鱼岛……”，遭到很多网友的吐槽。正确地使用语言，就是语言运用的最大技巧，在语言的驾驭上是因人而异的。

四个重点相比，思维的宽度和深度可以有相对充足的思考时间和准备过程，而灵敏度和准确度则常常是瞬间显现的，一般不可能有充足的思考时间和准备时间。

思维训练的四个重点的“度”的把握和检测，对口语交际水平的提高有十分重要的意义。

三、口语交际的心理学理论

从心理学角度看，说话是个复杂的心理过程，口语交际中双方的心理处于互动互变状态。克服心理障碍，具备健全的心理素质，值得心理沟通的方法，是人际交往获得成功的前提条件。在普通话水平测试“说话”测试中，常常可以看到这种现象：有些应试者，尤其是那些初次在公众面前说话的人，即使事先已背熟了稿子，也仍难免出现卡壳、忘词以及支支吾吾、颠三倒四的情况。这一事实向我们显示了心理学原理对口语交际的不可忽视的依托作用。

这种依托作用在单向表达和双向交际两个口语交际基本环节分别具有不同的表现。

单向口语表达的高标准之一就是在表达过程中，要求思维运动轨迹的准确性以及口语表达与思维运动的同步性或一致性，即“口脑一致性”。实际情况是，实现这一点很难。原因之一就在于其间存在着“心理因素”的干扰。有时，心理因素的干扰可以把一篇准备得相当充分、效果原本颇佳的口语表述变得支离破碎、索然无味。

单向口语表达环节的心理素质要求，有三个递进层次。一是基本要求，要求对已经程序化的口语表述，即经过充分准备、对文字材料记忆很熟练，口语交际时尽可能排除心理因素的干扰，力避因紧张而导致的卡壳、忘词等毛病，流畅、自然地完成表述。二是提高要求，当口语交际中因心理紧张等因素的干扰而出现卡壳、忘词等毛病时，应能够在心理自我调节的同时，进行即时信息编码，使得口语表述按“即兴组合”的方式顺利完成。针对以上两个要求,可以有针对性地选择训练方法。例如,如果是由于自我分析不当,期望值过高而形成自卑,可采用自我心理暗示法,有意识地做自我调节;如果因为性格内向而不爱讲话,或吐字不清、不善讲话而胆怯与自卑,则可以采用强化训练法,通过增加实践机会来取得效果。如同陌生人、名人、异性交谈时出现紧张心理,可用自我心理暗示的方法加以调控。例如可做这样的暗示:大家都是人,有什么好紧张的。也许他正想同我交谈而难以启齿呢。我做了充分准备。比他有利,交谈一定能成功。这样一想,可以帮助克服紧张心理。三是最高要求,在无充分准备的情况下,能根据说话的需要,完成“瞬时”信息编码,使说话获得成功。

双向交际交流中的心理素质要求,是在单向表达环节的心理素质要求的基础上,要求能运用心理学原理分析对方的心理状况及心理活动,并采取相应的应对措施。能否达到这一水平是语言双向交流能否取得最佳效果的一个重要前提。“一句话让人笑,一句话惹人跳”就说明了口语交际中截然不同的语用效果。之所以会出现对比鲜明的效果,其根源正在于其表述内容和方式在对方心理上所激起的不同反应。因此,我们一定要学习运用心理学原理分析对方心理的技能,以选定最佳表达交流方式,在口语交际中力争“让人笑”的最佳效果,避免出现“惹人跳”的不良反应。

四、口语交际的教育学理论

作为研究教育现象、解说教育规律的一门社会科学,教育学原理似乎与一般口语交际并无多少密切的内在联系。其实不然,口语交际的本质特点和功能特点,使得两者之间在很大程度上达到了本质的统一。

现代社会的一个特点是,社会分工越来越细,这必然会在口语的运用上表现出来。不同职业、不同社会层次对口语运用的要求是不同的,因此,现代的口语教育应该“因人施教”。口语交际,无论从行业分类,如商贸口语、司法口语、教育教学口语……还是从其表述交流形式分类,单向表述如朗读、演讲,双向交流如辩论、交谈等,其根本目的都是为辨析事理、交换观点、交流感情,不外乎为了劝说、说服对方,争取对方的赞同与支持,这就要借助教育学原理中的“因材施教”原则,即根据口语交际对象的实际情况不同而采取不同的交际原则。

这一原则要求:要做到因材施教,必须充分地了解每一名学生。除了学习成绩之外,学生的个性特征的各个方面、家庭背景、生活经历等,都是教师因材施教的重要基础。要做到因材施教,必须尊重学生的差异。学生的差异不仅是客观存在的,而且是合理的,因材施教的含义不仅包括承认差异,而且包括尊重差异。在达到基本标准的前提下,教师应当允许学生存在不同方面、不同水平的差异。并且针对每一个学生的具体条件帮助他们得到最适宜的个性发展。因而,口语教学中必须充分考虑到由于受环境、遗传、实践机会、个人主观努力等多方面因素的影响,学生口语的交际能力资质是不同的。即使同在一个班,口语交际水平也会存在一定的差异,也会出现个性特点的不同。不同年龄段、不同性别等对口语交际能力也有很大影响。口语交际教学是最需要照顾学生的特点和个性,发展学生的特点和个性,最需要因势利导、因材施教的一个领域,也是最需要学生积极参与的一个领域。基于以上要求,这一"因材施教"的原则在具体运用中又演化为口语交际的针对性具体性和及时性三个基本特点。

所谓针对性,指针对各种不同的交际对象、不同的境况采用不同的针对性的语言,也就是说,说话应因人而异。这一针对性特点,在口语交际教学中尤为突出。例如,根据学生口语发展不同阶段的特点,有针对性地进行指导。学生口语交际能力的发展大体会经历一个"不会说,无话可说(纳于言,词汇贫乏)——有话可说,但说不好(重复、哆唆、言语渐趋泛滥)——会说,且能达到口语交际较高水平(头头是道,娓娓道来,体现出准确、简练、条理性、生动形象、有较深刻的内涵特点)"。这是一个思想深刻化,驾驭词语的本领和语言控制能力逐步增强的过程。教师根据学生口语发展的阶段特点,选择相应的指导策略。对处于第一阶段的学生以鼓励为主,鼓励学生敢说、多说;对处于第二阶段的学生,以引导为主,引导他们不满足于滔滔不绝,要"挑剔"他们的能说会道,警惕语言泛滥,让学生明白简洁干练才是口语表达的高境界。

口语交际的针对性体现在针对不同年龄、根据不同性别、区别不同职业、注意地位差异、把握不同性格、分清个人好恶、考虑心理状态等方面。只有考虑到以上因素，口语交际才能切合实际，有的放矢，能说到点子上，即口语交际的内容和形式务必要能切合对方的思想水平和思想现状。口语实践表明：与高水平者进行低水平的口语交际，和与低水平者进行高水平的口语交际，往往都难以达到好的交际效果。究其根源即是：缺乏鲜明的针对性。也就是说，成功的口语交际务求对对方思想与认识水平的准确把握，"量体裁衣"，"对症下药"，才能使口语交际获得真正的成功。

所谓具体性，指在口语交际中要力戒说一些帮话、套话，力戒不着边际的"隔靴搔痒"，力求"言之有物"，以使表述内容鲜明具体，进而实现思想感情的真诚交流。例如，在社交上，缺乏诚心、刻板的客气话，必不能引起听者的好感，如"久仰大名""如雷贯耳"之类，这些缺乏感情、空洞的，完全是公式化的恭维语，若从谈话的艺术观点来看，是最需要避讳的。"言之有物"是一切言谈应该具备的条件，与其泛说"久仰大名、如雷贯耳"，不如说"阁下上次主持的讨论成绩之佳，真是出人意料"等话。

所谓及时性，即是口语交际只有把握最佳时机才能取得最佳效果。口语交际的成功，在某种意义上，也可以说取决于思想交流的及时性。不论是"锦上添花"，还是"雪中送炭"，失去了及时性，也就顿失其感人的魅力，交际的意义和价值也就不复存在，交际就会变得索然无味，甚至令人生厌，令人反感，当然，也就谈不上口语交际的成功了。

由此可知，口语交际的成功，不仅依赖于说理的透辟、状物的形象和抒情的感人，同时，它还要求表述内容切合对方的思想水平和思想状况，以其针对性、具体性和及时性使对方心悦诚服。

在学校教育中，教师"教"得怎样，实际上应当以学生"学"得如何为标志。口语交际也与教育行为一样，是否成功，实际上也是以对方对自己的观点、立场的理解、认可、接受为标志的。在这一点上，教育学原理与口语交际原理达到了本质的一致。

五、口语交际的美学理论

我们知道，美学是关于人与现实的审美关系的一门科学。在口语交际中，其实也存在着一个审美过程，即对口语交际水平高与不高（美与不美）进行多层次、多角度的认识、理解、评析、对比过程。这是在口语交际的成功与失败的对比中进行的审美活动。不难看出，美学理论中对美的本质的探讨、对艺术与现实的关系的探讨等在口语交际中的依托作用是显而易见的，所以，如果口语交际能成功借鉴美学原理，其能力与成功率也将大大提高。

具体而言，我们可以将美学原理称作“审美标腔”，其对口语交际的指导作用主要表现在三方面。

一是美学原理要求口语交际中多因素之间的整体和谐。对口语交际从系统论的角度来看，大的方面如单向口语表述和双向口语交流，小的方面如发声、思维、心理及态势等无不可以分别看作一个个内涵丰富的子系统。高水平的口语交际，从审美角度不仅要求这些大大小小的子系统，以其各自的完美综合融聚而成口语交际的整体和谐，而且还要求细致入微的多种因素之间的和谐。例如，我们要鉴赏教师课堂言语的艺术美，可以从语音、修辞、句式等子系统的和谐与否来评析，更要从语音的准确、悦耳与否，从修辞突出强化言语的直感性、形象性所采用的各种手法，如比喻、拟人、反复、夸张、对偶、反问、顶真等的多样与协调。还要从句式表达的需要出发，教师根据表达的需要，对各种句式的使用，如陈述句、疑问句、感叹句、祈使句的运用，也要会使用被动句、主动句、否定句、双重否定句、倒装句等特殊句式，还要会使用长短句（散句）和整齐句式（对偶、排比），这种整齐划一与参差变化的整体和谐，使教师的教学言语显得更为生动、活泼、新颖。所以，教师经过精心设计、闪耀着智慧火花的言语，能把模糊的事理讲清楚，把枯燥的道理讲生动，把静态的现象讲得活起来，使学生的思维经常性地处于活跃状态，给学生以审美的愉悦，以保证教学的成功。

二是美学原理要求口语交际中个人风格的多变。风格原指一个时代、一个民族、一个流派或一个人的艺术作品所表现的主要思想特点和艺术特点，习惯上称艺术风格。口语交际虽不是艺术作品，但它也要讲艺术性，如口语交际具有语音美、语调美、简洁美、节奏美以及语态美等方面的审美特性。口语交际中个人风格的显现是因人而异的。有的人说话风格简洁干脆，有的则委婉含蓄，有的亲切细腻，有的幽默风趣，有的严肃深刻……如毛泽东的宏博，周恩来的机敏，领导人的质朴，列宁的激越，斯大林的沉稳……这些伟人的说话风格都给人们留下了鲜明而深刻的印象。中国自古就有“文如其人”“字如其人”的说法，在文字表达中也有“言如其人”之说。“言如其人”是说一个人的言谈、举止、神态都体现出这个人的风格。法国著名评论家布封认为“风格即本人”。在口语交际中，要注意自己身份的转换，即作为一名表述者时就应是一名成功的表述者，作为一名听众时就要成为一名优秀的“听众”。口语交际在任何时候都不拒绝、排斥对成功经验的借鉴。当然，口语交际中最忌讳的是“东施效颦”式的刻意模仿，这种亦步亦趋的模仿不但不可能给口语交际带来良好的效果，而且最易失去个人原有的语言风格。

对于口语交际教学而言，教师要善于发现学生口语表达的个性特点、风格风貌，因势利导、发扬长处、克服不足。针对口语风格人“言”人殊的特点，面对学生特色鲜明的口语个性，教师应有开放的眼光，给予一定的肯定和鼓励，不能用自己固定的审美模式和自己个人的审美标准把学生限死。有的学生擅长说理，有的则偏于描述；有的喜欢用长句、复句，有的偏爱短句；有的反应机敏、出语幽默，有的则慢条斯理、一本正经；有的富于感情，有的偏于冷峻……这就是学生口语表达个性的千姿百态。教师要善于发现学生个人风格的萌芽，善于发现学生口语表达的美之所在，从而发扬学生的长处，鼓励其形成个人的特色。同时，要引导学生克服口语表达的缺点和不足，防止片面性和不良倾向的出现。如善用长句表明思维绵密，但用得过多会嫌过于冗长。有的同学讲起话来客观冷静，但总不能冷冰冰，平淡淡。所以，根据表情达意的需要，个人口语风格不能出现片面化和极端化的倾向。个人风格的千姿百态，还要求因话题不同而使其交际内容与形式各具特色。诸如话题的严肃与轻松，表述形式是开门见山还是迂回曲折，是一语中的还是娓娓道来等。

三是美学原理要求口语交际中个人趣味与社会观念的交融统一。口语交际的本质特点是交际双方借助语言来实现感情的交流与思想的沟通，以及双方在共同话题上追求认识的一致性。口语交际实践表明，当一方的口语表述，如果从内容到形式，都能在对方心头激起“美”的享受，使对方感到愉悦，则口语交际的成功率将大大提高。“听君一席话，胜读十年书”，可以说是对成功的口语交际的一种赞赏，也是审美价值的效果评鉴的角度之一。

口语交际的成功，必须以对方感到愉悦，且听之入耳、听之入心为前提。这就要求表述一方要能从内容与形式两个方面准确把握其审美的角度与尺度。例如，自己所讲内容虽正确却早已为对方所熟知，虽新颖却难以使对方理解接受，表述形式是否适应对方的文化素质、心理特点，是否既能使对方耳目一新而又为对方乐于接受等。从审美角度而言，口语交际，最忌讳那种以个人品位、喜好为标准，甚至孤芳自赏式的表述，而注重在交际中将个人趣味与社会观念的交融统一。

第三节　口语交际与口语交际教学理论

一、口语交际的相关概念

（一）口语交际教学

口语交际教学是对学生在现实交往的情境中进行听话、说话能力训练与培养的教学策略和方式。

在我国，口语交际教学尚未成为一门独立的科目，而是隶属于语文学科。《全日制义务教育语文课程标准》中规定：“口语交际能力是现代公民的必备能力。应培养学生倾听、表达和应对的能力，使学生具有文明和谐地进行人际交流的素养。”

口语交际教学在新课程改革之前一直被称为“听说教学”。尽管听话、说话能力是口语交际的重要组成部分，但我们不能简单地把口语交际教学等同于听说教学。两者存在一定的区别：从教学内容来看，听说教学仅是对听话和说话能力的训练；而口语交际教学除了对听说能力的训练之外，更注重对交际过程中的分析、综合、判断、推理、归纳等思维能力、分析和解决问题的能力以及创造能力的训练。从教学结果来看，听说教学强调的是在交流过程中获取信息和表达信息的准确程度;而口语交际教学除了注重听说的品质外,还要强调交际的恰当、得体和完美等交际效果。因此,口语交际教学代表了一种更为全面的教学方式,从“听说教学”到“口语交际教学”的流变过程表明了我国语文教育界对该问题理解的深化和认识的提升,它突破了简单听说技能训练的狭隘视野,认识到了口语交际的核心在于“交际”。

(二)口语交际能力

1. 口语交际能力的涵义

交际能力理论是美国社会语言学家德尔·海姆斯(D. Hymes)提出来的。他认为交际能力应包含以下因素: 懂得什么样的话合乎语法; 懂得什么样的话能被别人接受; 懂得什么样的话适合什么样的场合; 懂得某一种语言形式上真正使用的可能性有多大。用海姆斯自己的话说,交际能力就是:“何时说,何时不说,以及关于何时、何地、以何方式与何人谈何内容。”

美国语言学家卡纳尔(Canale)和加拿大语言学家斯温(Swain)对此作了进一步延伸和发展,把交际能力概括为 4 个方面的知识和技能。

一是语法方面的知识和技能。指语言本身的知识(包括语音、词汇、构词规则、句法等方面),主要涉及正确表达和理解话语的字面意义,也就是能正确地遗词造句。

二是社会语言方面的知识和技能。指在不同的语境中在语义和形式两方面恰当表达和正确理解话语。语境因素包括话题、交际双方的社会地位和交际目的。

三是语篇方面的知识和技能。指把语法形式和意义融合在一起,用口头或书面形式连贯表达不同种类的语篇。通过语言形式的衔接和语义的连贯来实现语篇的完整统一。

四是交际策略方面的知识和技能。指为了加强交际效果或弥补由于缺乏交际能力等因素引起的交际中断所使用的策略,包括言语和非言语两方面。能够按照某一特定的社会环境的需要,运用语言规则遣词造句,通过形式和意义的结合而组成口头或书面的篇章,并采用一些言语和表情、姿态等非言语形式来实现思想沟通和交流的目的。

由此可见,口语交际能力是指在人际交往中,对语境、背景以及对交际对象的分析能力和适应能力。口语交际能力强的人能够做到适情、适境、适度、适时，适合自己的身份、地位、职业、教养以及思想文化水平。

前三种知识与技能可以概括为表达能力，而交际策略方面的知识和技能又可分解为修辞能力和应变能力。

表达能力就是按照说什么、怎么说的语言预设，迅速组织语言并符合清楚、准确、条理性和得体性要求，是一种由内部语言迅速转变成外部语言的能力。说话时，根据表达的主客观需要，把大脑中出现的关键性词语，连同其他相关词语，按特定的语法规则连接起来，符合语法可接受性和内容得体性的要求。

修辞能力是指善于运用比喻、借代、设问、排比、对偶等修辞手段，根据不同对象、场合、气氛等具体要求，适度恰当选择语言把话说好的能力。修辞能力强的人，能够恰当地运用一定的修辞手段，使自己的语言表达生动、形象、幽默、风趣，从而增强语言表达的效果。

语言的应变能力是指口头语言的反应能力和处理能力。口语的应变能力有三个要素：迅速，恰当，巧妙。它不仅能够表现一个人口语表达能力和思维反应能力，还能体现出一个人的智慧。不仅能根据语境需要组织话语，更能在交际受阻情况下采取恰当的方法和手段保证交际顺畅进行。

这就需要教师在教学中根据具体情境，以恰当的方式将这些程序性知识和技能性知识呈现出来，并通过实践反复使学生进行感悟和领会，以形成相应的语言运用能力。

总之，根据以上对口语交际能力的表述，我们可以将口语交际能力概括为：交际双方在一定的语言环境中利用语言资源来口头表达言语意义即获得信息和传递信息的综合能力。它的实质应该是由听知学、语言学、语用学及交际学、演讲学等知识和口语交际技能构成的个体的口语交际能力。

2.口语交际能力的结构

对口语交际能力的结构，以往的研究有两种角度，一是分析的角度，即将口语交际能力分为言语接受（听）和言语表达（说）两个环节，根据它们各自的特点分别对它们加以探讨，我们将它称为口语交际能力结构的分析模式；二是综合的角度，即将口语交际看作是一个动态的复合系统，将它作为一个整体来进行考察和研究，我们将它称为口语交际能力结构的综合模式。在口语交际能力结构的分析模式中，我们看到有两种不同的倾向。第一种倾向是以统一的维度来构建口语交际能力的结构，如鲁宝元(1988)经过分析，提取出听话、说话过程中共有的三个因素：语音、话语(口头语篇)和体态语，并据此提出他的听说能力结构。张敏(1991)根据认知的不同水平提出听说能力结构。第二种倾向是用不同的维度来构建听说能力结构，如恽昭世(1985)从思维品质角度提出了听话能力结构，从语言三要素的角度提出了说话能力结构。周元(1992)从认知水平的角度提出听话能力结构，根据言语产生的过程提出了说话能力的结构。海姆斯创造的交际能力观对语言教学产生了重大的影响，它的核心是言语的适当性，即语言的运用要符合特定的社会文化环境。要构建一个科学的口语交际能力结构，必须对语言能力和言语交际能力的关系作一番剖析。它们两者的关系，一直是语言学家关注的一个热点问题。海姆斯认为语言能力和言语交际能力是并列的关系，而卡纳尔和斯温则将语言能力纳入言语交际能力的范畴。我国多数的听说能力结构模型将语言能力和语言运用融合在一起，实际上也暗示着言语交际能力与语言能力是包含关系，而不是并列关系。产生这种分歧的根本原因源于人们对语言能力和言语交际能力的内涵把握得摇摆不定。我们赞同卡纳尔和斯温对语言能力的定义，把语言能力看做是语言获得能力，包括语音、语义和语法的获得，即通过学习，实现语言系统的内化过程，其结果表现为能发出一定意义的音，掌握一定数量的词汇，能说出结构正确的句子。而言语交际能力不是指语言获得，不是指识字能力、解词能力、造句能力，不是指通过发音，能说出一个词的意思，能说出结构完整的句子，而是指通过语言进行信息交流的能力。语言能力只包含主体与语言两个因素，言语交际能力则包括主体、客体及语言三个因素。这里的主体指的是言语的活动者，包括言语活动的发出者和接受者，客体指的是言语的内容。语言能力处理的是主体与语言之间的关系，是主体与语言关系在主体身上形成的一种心理特征，而言语交际能力则处理的是主体与语言、客体之间的关系，是主体与语言关系、主体与客体关系在主体身上形成的一种心理特征，从这个意义上来说,言语交际能力内在地包含了语言能力。

如上所述,口语交际能力处理的是主体与语言、主体与客体之间的关系,它包含两方面的能力:处理主体与语言关系的能力,我们将它称为语言能力;处理主体与客体之间关系的能力,我们将它称为口头语境适应能力。据此,我们试图构建一个科学的口语交际能力结构。

语言能力,根据语言三要素,又可以将它分为语音能力、词汇能力和语法能力。按照听说两个环节,还可以对它们进行进一步的划分: 语音能力,分为语音听辨能力和语音发出能力。语音听辨能力指能正确听音,分辨语调,判断对方的态度、情感。语音发出能力,指能准确而清晰地发音,恰当地掌握语调,合理地安排语音和停顿。 词汇能力,分为词汇理解能力和词汇表达能力。词汇理解能力指能正确理解口语词汇的意义。词汇表达能力指能正确地选择词汇,表达意义。 语法能力,分为句子理解能力和句子表达能力。句子理解能力指能正确理解各种句式,把握话语的内在逻辑。句子表达能力指能说出结构正确的句子。

对口头语境适应能力的划分,则依赖于对口头语境的内涵和分类的理解。我们将口头语境分为口头言辞语境和现实语境两大类。所谓口头言辞语境,指口语交际过程中表现为言辞的条件系统,是从言语内部对言语提供的一种条件系统,也就是英文中“context”,中文译为“上下文”,上下文意味着句子意义的组合和递加,而这种组合和递加只有在口头语篇中才能实现,因此我们将口头言辞语境理解为口头语篇。所谓现实语境,指口语交际过程中现实性的条件系统,是从言语的外部对言语提供的条件系统。现实语境又分为口语交际的伴随因素、口语交际的情境和口语交际的背景,分别构成伴随语境、情景语境和背景语境。伴随语境指的是口语交际时的表情、手势、姿态和距离等。情境语境指交际的场合,包括交际事件发生的现场环境和人际环境,即口语交际活动的时间、地点、场面以及交际双方的角色类型、交际双方的心理态度。背景语境指的是口语交际活动赖以发生的社会背景、历史背景和民族文化背景。

综上所述,对口头言辞环境的适应能力,称为口头语篇能力,对伴随语境的适应能力，称为体态语能力，对情境语境和背景语境适应的能力，称为策略能力。

同样按照听说两个环节，对它们进行进一步的划分： 口头语篇能力，分为口头语篇理解能力和口头语篇组织和表达能力。口头语篇理解能力指能根据上下文抓住话语主旨，评价和鉴别话语内容，推断说话人的立场、观点和意图。口头语篇的组织和表达能力指能集中表现话题，连贯、条理清楚地安排内容，恰当地使用修辞手段。 体态语能力，分为体态语理解能力和体态语使用能力。体态语理解能力指能根据说话人的表情、手势、姿态、交际双方的距离理解话语。体态语使用能力指能正确地使用表情、手势以及姿态.以增强话语的表现力。 策略能力，分为听力调整能力和口头言语调整能力。听力调整能力，指能根据交际的目的、对象、场合、背景调整听话目的，恰当地反馈，解决听力障碍和交际中出现的冲突问题。口头言语调整能力指能根据交际的目的、对象、场合、背景调整话语的内容和形式，能采用补救交谈的策略，解决交际中出现的冲突问题。

根据上述分析，我们可以建立口语交际能力结构的新模型(图 6－1)。

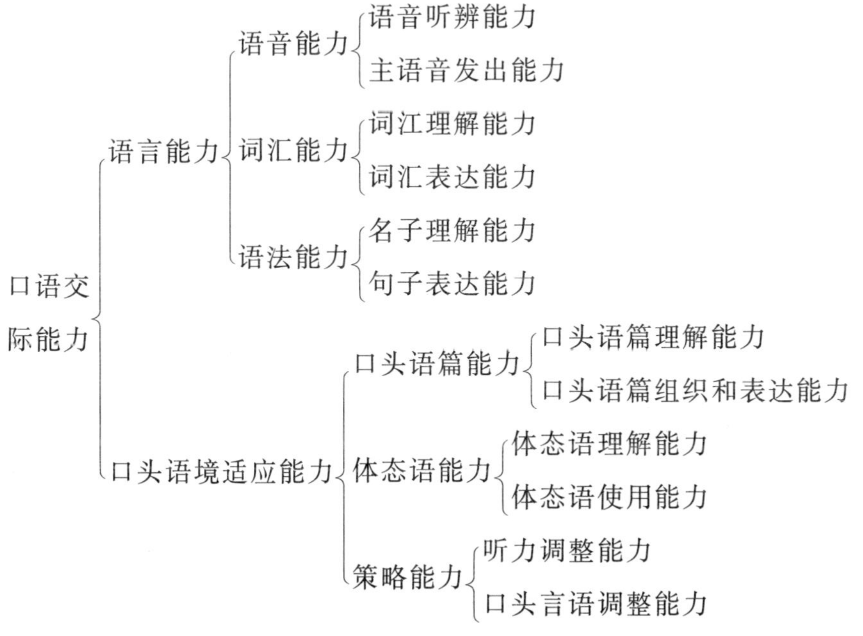

图 6－1　口语交际能力结构示意

3.“口语交际能力”在语文教学中的重新定位

语文教学中，向来把“口语交际能力”称为“听话能力和说话能力”，直到2000年，语文教学才将听说明确地表述为“口语交际”，予以了特别强调。称谓的改变赋予了听说教学以新的理念。用“口语交际能力”来代替“听说能力”，也体现了语言的交际性和工具性特征，同时顺应了交际越来越频繁的现代社会的现实需要，更有助于师生进一步明确听说训练的目的和采用“交际性”的训练方法。

长期以来，这种“交际性”在听说教学中一直被忽视。一是对“听”与“说”进行人为割裂，分而治之；二是偏重独白式的言语练习，忽视听者的情感、态度与感受；三是话题脱离生活实际，为练习而练习。口语交际教学要求教师在教学中要以学生为中心，关注学生的活动，不仅要注重语言知识、语言形式结构的传播，而且还要注重语言的社会交际功能，培养能力。由此可知，“口语交际能力”这一新提法，将口语活动目的(为了交际)与活动方法(交际)统一起来，使新课标的表述更为规范、科学，对克服当前听说教学中的弊端，改进教学和评价方法将会产生重要影响。

二、口语交际教学的现状

随着现代社会人际交往的频繁，口语交际更加显示出其重要的意义。可以说学会交际是21世纪人才必备的素质之一。因而重视口语交际教学已成为当今世界各国语文教学的共同趋势。但是，长期以来，口语教学一直是我国语文教学中最薄弱的环节。究其原因，人们总是将其归结为“重文轻语”的历史传统和“应试教育”体制的影响，主要归根于人们不够重视。其实，在我国语文教育界，有一些教育家和教育工作者，如叶圣陶、吕叔湘、张志公、钱梦龙等都对口语交际教学做过中肯、系统、精辟的论述，可谓苦口婆心，大声疾呼。当代更是重视有加，从新课标到新教材到课堂教学，均在呼吁重视学生口语交际能力的培养和口语交际教学。在观念上，人们已经认识到口语交际教学的重要性，正在意识到应努力尝试改变“重文轻语”的现象。不论是新课程标准的明确规定，还是教材内容每一章节的编排等都把口语交际提到了比较重要的位置。从课堂教学实践看，每堂语文课都有课前三分钟的口语表达练习环节;从口语交际训练形式来看,各种形式的演讲赛、辩论赛、朗诵赛层出不穷;据有关调查来看,学生也认识到了口语交际能力的重要性。可以说,口语交际教学目前被提到了前所未有的高度,语文教育界自上而下都清醒意识到重视口语交际教学势在必行。但是,口语交际教学的现状不容乐观,我国目前的口语交际教学效果不理想,具体表现为学生的口语交际水平低下。这是有目共睹的事实,应引起我们的思考。

(一)在数学理论上,口语文际教学理论基础薄弱;口语文际教学实践上,缺乏成熟的教学体系

众所周知,口语交际教学理论与口语交际理论是两个不同的概念。目前,口语交际的研究理论很多,诸如"口才学""口语艺术""演讲与口才"等比比皆是。关于口语教学研究的文章与论著,近年来虽也推出一些,如王荣生主编的《口语交际教例剖析与教案研制》、张鸿苕主编的《中国当代听说理论与听说教学》、李明洁的《新专题教程:高中语文口语交际新视点》等,但仍是为数不多。可以说关于口语交际教学的研究还处于贫乏状态。王荣生教授从课程取向的高度分析了我国听说教学存在的误区。在对比分析国内外口语交际教学的基础上,对我国的口语交际理念提出了中肯的意见:对于口语交际能力的阐述相对模糊,没有清晰的范围,对实施、评价体系没有明确规定,反映在教材中的口语交际内容也无法形成具体的可行方案,形式大于内容,空洞而笼统,缺乏实践价值。

正是由于口语交际教学理论的研究可谓凤毛麟角,教学方法几乎空白,训练方式也略显老套,毫无新意与实践价值,根本无法上升到理论的高度,也就谈不上指导实践教学了,对学生口语交际能力的培养自然成为空谈。口语交际教学理论基础薄弱,成熟教学体系的缺乏,更加为口语交际教学增加了一定的难度。因为徒有倡导而无实践不行,但仅有实践而缺乏理性指导也很容易陷入操作的盲目、随意状态。这一点在教学实践中很突出。

即便教师注重学生的口语交际能力训练,由于没有一定的口语交际理论依托。训练的盲目性、随意性较突出,常常是定形式而没有实质性的收获,例如在口语交际教学中,口语交际的话题或内容对学生思维的局限性很

大，如果过多依赖《普通话水平测试》中规定的话题或内容来展开训练，使口语交际内容的丰富性、趣味性和实时性、交际性受到较大的限制。而这主要是由现行的普通话口语教材缺乏一定的系统性、科学性、趣味性、实用性直接导致的。

（二）在课程与数材建设上，口语交际课程与数材严重缺失

目前，德国、美国、英国等发达国家都把培养学生的口语交际能力作为教学的重要内容，还编写了专门的教材。如德国的《说话教育》、美国的《现代美国英语》、英国的《从 5 岁到 16 岁》等。早在中世纪，欧洲就开始把口语交际课设为独立的学科。他们安排的口语交际教学都是严谨有序、有计划有组织的，不再是停留在课堂上理论的灌输，而是注重培养学生的口语交际能力，并且有很完善的口语测评体系。在我国，除了师范院校曾开设过《教师口语》课程外，从中小学至其他高等院校，至今还没有开设口语交际专设课程，中小学只是在语文教材中穿插地安排了关于口语交际的内容，而且课时严重不足。连课时都无法保障，就更无法谈及为其提供多媒体教室，教学音像资料等口语训练课程的相关设施了，这些都制约了口语交际教学的发展，影响着学生口语交际能力的培养。

（三）测评体系和考试内容的缺失

对于学生目前口语交际水平的衡量，我们暂时也没有明确的测评体系，无法对学生的口语交际能力进行全面、客观的评估。虽然现在通行的普通话水平测试中有“说话”这一考试项目，而且占了 30％的分值，但也不完全是对被测评人口语交际水平的测评，只是对其普通话规范程度的一个初步考查和评定。在我国应试教育体制下。无论是义务教育阶段还是高等职业教育阶段，考试中根本就没有口语考试这个项目，自然口语交际教学得不到学校、教师的重视，更不会得到学生的重视，这严重制约了学生口语交际能力的提高。

（四）口语教师自身语言素养的欠缺

由于多年来口语教学中缺少具体可行的教学方法，教师往往是摸索试探性地进行着口语教学，缺乏可遵循、可借鉴的教学方法和经验，这也在一

定程度上影响了口语课堂教学的效果。目前,由于缺少专业的口语交际课程的教师,口语交际课程的教学内容都是由语文教师来承担,很多语文教师可能是一个优秀的语文知识的传授者,但未必是一个善于口语交际的交际人,若自身都不擅长口语交际,自然也很难指导完成口语交际内容的教学。口语教师自身口语交际能力低下及对与口语训练相关的语音学、语意学、社会语言学、语言学知识及发展心理语言学等学科知识的匮乏,将导致他们在设计口语教学课程时无从入手。因此,语文教师应该把口语交际能力作为一项基本素养,在口语教学中用自身的语言魅力去感染学生,激发学生对语言的高度敏感性,从而练就学生对语言得心应手的驾驭能力。

以上通过对我国口语教学现状的分析,我们看到了目前在口语教学中存在的诸多不足。

结合教学实践和调查研究,我们认为目前口语交际教学出现了偏离和非本质的教学,具体表现为以下几点:

(1)口语交际课虽然受到师生的重视,但教学效果不佳。

(2)口语交际课堂教学或是注重理论,忽视实践,或是一味注重实践,缺乏相应理论的指导。

(3)口语交际训练将听说分开,单项练习,重说轻听,忽视了“交际”因素。

(4)口语交际教学实践中存在操作难和难以调控的问题,即很多教师认为口语交际教学的切入口难选定,既要考虑表达的中心明确,结构严谨,又要考虑学生的自我心理调节,还要讲究适切语境等。同时,由于口语交际涉及面广,可变系数大,因而课堂教学随机性大,难以控制。

三、构建以口语交际理论为导向的教学体系

口语交际教学不乐观的现状及人们对口语交际课程的性质、特点、功能的定位等问题的认识不清,导致了当前的口语交际教学较混乱,表现为口语交际教学中教师“不会教”“教不好”,甚至“不教”的现实状况,影响了学生的全面发展。因此,从教学内容的角度来看,要推进口语交际教学的科学有效性就需要重构口语交际教学体系。

中职生口语交际能力的培养及强化，如果像传统语文教学中仅仅是教学的“间奏”或点缀显然是不行的，如果不能冲破中职语文“文选式”的教材格局——精讲精读为主体的传统形式也还是不能实现的。因此构建新的适合中职生口语交际能力培养的中职语文教学体系便成为关键条件。

人是各种社会关系的总和。每个人都不是孤立存在的，必须存在于各种社会关系之中。良好的人际交往能力和融洽的人际关系是生存和发展的必要条件。良好的人际交往能力包括高超的表达能力和快速的理解能力、积极的人际融合能力和高效的问题解决能力等，这些能力的核心要素就是口语交际能力。培养中职生良好的口语交际能力是中职语文教学的关键任务。为了实现培养中职生口语交际能力的目标就需要重构以交际理论为导向的中职语文教学体系。

语文学习的任务就是培养听、说、读、写能力，而这些能力只能在相应的听、说、读、写活动中才能获得。语文教师的任务就是如何组织学生进行听、说、读、写的语言训练。因此，为了提高中职语文教学效率，除了追求教学内容的科学性之外，还需要重构以交际理论为导向的中职语文教学体系。重构以交际理论为导向的中职语文教学体系可以拓展和深化中职语文教学改革的思路，促进中职语文教学转向培养交际能力的内在本质。加德纳的《多元智能》(1999)揭示了语文学习的核心任务是提升个体的语言智能。坎贝尔在《多元智能教与学的策略》中指出了良好的语言智能所显示的内在特征。

(1)能够倾听并反应口语的声音、节奏、色彩及变化。

(2)能够模仿他人的声音、语言、阅读和写作。

(3)通过倾听、阅读、写作及讨论来学习。

(4)有效地倾听，能够理解、释义、分析并记住别人所说的内容。

(5)有效地阅读，能够理解、概括、分析或解释，并记住所阅读的内容。

(6)能够结合不同目的，针对不同听众有效地“说话”，懂得随机应变，简要、善辩、有说服力或热情地“说话”。

(7)有效地“写作”，能了解并活用语法规则、拼写、标点，也能有效地运用词汇。

(8)显示出学习其他语言的能力。

(9)运用听、说、读、写进行记忆、沟通、讨论、解释、说服、创造知识、建构意义以及对语言本身进行反思。

(10)致力于增强自己的语言运用能力：对新闻杂志、诗歌、讲故事、辩论、演讲、写作或编辑等有浓厚的兴趣；创造新的语言形式、创作文学作品或口语沟通作品。

以上10个方面的语言智能特征，说明了在中职语文教学中构建以交际理论为导向的教学体系的主要内容和大体框架。

从交际的视角来说，要培养个体高超的交际水平，不仅需要不断地提升个体的语言理解和表达能力，更重要的是要具备精准细致地揣摩对方交际意图的能力。无论是准确的语言理解和表达能力还是精准细致地揣摩对方交际意图的能力，这所有的一切都是基于交际的现实需要。因此，从交际的视野来理解中职语文教学可以让我们跳出传统"以文本为本"的语文教学思路。在传统的语文教学中，语文教师的任务就是对语文教材中的课文进行孤立或纯粹的文本分析，将写作当做文章技法的机械训练，将口语交际看成是单纯的说话练习。

当前语文教学中普遍存在的这种"以文本为本"的教学思想在现实中的具体表现就是仅仅将语文教学导向语义学的范畴而忽略语用学的范畴。其实，语文教学只有从单纯的语义学的泥淖中挣脱出来进入语用学的知识体系，才有可能为养成学生敏锐的语感能力创造条件。

第七章　一般口语交际能力的初级训练

一般口语交际能力的初级训练即凭借文字材料的口语交际能力训练，指在单向表述或双向交流中凭借一定的文字材料来进行说话练习或口语交际的媒介，一般是以已有的文字材料或自己拟订的说话提纲或写好的讲稿为依托，是准备口语交际的一个重要环节。

凭借现成的文字材料，不需要费多大力气，而且表述也比较准确。但缺点是难以做到自然、生动、活泼，表现不出学生个人的说话风采，也不能根据听众的反应和情绪变化做出灵活积极的调整。凭借文字材料的口语训练，极易出现背书式地再现原原本本的文字材料，这种凭借自己的记忆，像背书那样一字不差地背出来的口语训练，不仅听起来语调不自然，而且局限了学生的思维，还常有忘词、卡壳的危险。这样的表达效果不太佳。要做到自然流畅、条理清晰地进行口语表达，这里需要强调的一点是必须通过反复诵读，把文字材料的书面语言转换成自己的口头语言。一般来说，书面语言规范、严谨。但由于句式较长，修饰语较多，且太乏味，缺乏口语表达所需要的节奏与活力。这样的语言，讲起来不自然，记忆起来更困难。口头语言的句子修饰成分少、自然句多、短句多，更贴近日常生活、更通俗，一般较少用生僻词、术语，而常用俗语、谚语、歇后语等，语气词用得也较多。只有花时间精力把文字材料的书面语言变成自己的口头语言加以理解和记忆，表述起来才会自然随意而不失个人风格。也符合了口语交际训练中的语言要求。

从凭借文字材料到不凭借文字材料，是个逐步过渡、循序渐进、熟能生巧的口语交际过程。只有经过反复练习、多次锻炼，才能逐步掌握不凭借文字材料的口语交际技巧。所以，凭借文字材料的口语表达训练是提升口语交际水平的必经之路。

第一节　凭借文字材料的口语交际能力训练

一、凭借文字材料的口语交际能力训练的必要性

凭借文字材料的口语交际能力训练属于复现性口语表达，即运用口头语言再现文字材料的内容，是口语交际训练的初级阶段。其必要性是：

(1)语言具有口语与书面语两种不同形式，语言一产生就是有声的，就具备现代语言的交际功能。口头语言比书面语言具有更直接、更广泛的交际作用。书面语是文字产生以后在口语的基础上形成的。有了书面语以后，口语也经常受到书面语的影响。所以，从书面语与口头语的关系来看，书面语源于口头语，反过来，书面语又对口头语的规范化施加正面影响。凭借文字材料的口语交际能力训练，就是要使口语表达能力的形成接受书面语中具有表现力的词汇、表达模式等方面的正面引导，使人们逐步树立口语表达的规范意识。

(2)从语文能力构成的四要素之间的关系来看，听、说、读、写四种能力之间迁移、同步、互补的本质联系，反映了语文能力必须协调发展、互相促进、整体提高的规律。因为，语文中的听、读是对语言的感知，必然会迁移为说、写，转化为表达能力；听、说是口头语言，必然会迁移为读、写，形成书面语的能力。听、说、读、写对语言互为吸收和运用，螺旋式推进语文能力的提高很重要。

(3)思维科学原理表明，人的思维活动是与语言紧密相连的。语言既是人们交际的工具，也是人们思考的工具。口语训练与思维活动之间呈同步发展的关系，具有同步性。当说话者通过对某一命题发表自己的思考和见解，将无声的内心思维语言(内部语言)转换成有声的口头表述语言(外部语言)，这种限定了说话者的思维模式的有声表述将同时显现出其思考过程，即思维轨迹。所以，从内部语言转换为外部语言的思维轨迹来看，由于思维

活动在人脑中是看不见、模不着的，但又是确确实实存在的思维运动，至今人们对语言的这一“转换”规律，还不十分清楚，使得内部语言转换为外部语言的推进速度过于缓慢，口语表达能力的提高受到了阻碍。因此，提供文字材料进行口语表达训练，既看得见，又摸得着，使得“说”有依托，“评”有根据，这就给快速的语言编码提供了便利条件，为边想边说的无文字材料依托的表达能力的形成设置了一个中介训练环节，而且由于凭借文字材料进行口语训练，难度相对降低，学生容易较快地体验到训练的成效，训练过程就可能进入良性的推进轨道。

二、凭借文字材料的口语交际能力的训练要求

对于凭借文字材料的口语交际能力训练，如复述、解说、命题演讲等，结合学生口语训练中的实际表现，如口语表述中声音太小且口齿不清，上台后的局促不安、拘谨，表达时结结巴巴、语无伦次，表达内容空洞无物、干巴巴、缺乏情感等，综合这些问题和不足，特地提出以下具体要求，这是从每堂课的系统化训练和自觉掌握的角度来看所要达到的最低、最起码的要求。

（一）声音洪亮

说话音量大小、高低、强弱的程度，是受气息支配和控制的。一般情况下，对口语训练时的声音要求为音量适中即可，能叫人听清楚。但是，针对大部分学生初次登台时由于胆怯、缺乏自信等导致的声音太小、叫人听不清楚的实际情况。我们强调声音要洪亮。学会调控自己的声音，做到不要过低、也不要过高。声音的大小、高低要以说话人所在场所中坐在最后一排的人听清为宜。即口语表达首先叫人要听清楚，其次才能让人听明白，接着是理解和反馈。有的人在说一句话时，后半截弱化、虚化，甚至最后的字音消失，这是吐字归音的问题，虽然自己不易觉察，但听者却不知所云。另外，从心理素质的角度来看，说话声音洪亮的人多半是很自信的人。因此，强化声音洪亮这一要求，不仅有利于口语交际的成功，而且对培养学生的自信心有着不可忽视的作用。

（二）语音标准

这一要求主要侧重于普通话语音的标准与否而言。口语交际训练要突

出其交际功能，就不能不重视对语言规范的严格要求，就不能不强调对普通话的运用。由于口语交际训练的基础是普通话训练，交际中使用普通话才能有利于人们之间交流和沟通。口语交际实践证明：大部分来自方言区的人所讲的普通话都带有或浓重或轻微的方言口音，这在一定程度上影响了交际的畅通，口语交际的效果不佳。针对来自方言区的学生，我们提出这一要求，主要目的是促使学生对普通话的学习和掌握。近些年来，普通话随着社会经济的发展已得到广泛应用，作为专门的口语表述和交际的训练更应注重对普通话的学习和推广，更应注重对普通话应用水平提高的明晰要求。

（三）言之有细

这一要求侧重学生口语表述中话题内容是否具体。“言之有物”，指口语表达的内容具体而充实，有实质性的东西，有鲜明的形象感，有真实感，重点突出，详略得当。它和“言之无物”是相对的，即与那种由于内容缺乏具体性、针对性，表述显得啰嗦、不知所云，甚至空洞无物、苍白无力的口语表达相对。

要做到言之有物，首先要对话题进行周密构思，这一要求主要侧重于对话题的思考能力的训练。口语交际训练与日常生活中的交际表述的区别之一是，前者更注重于对话题全面深刻的理解与把握，训练中一般不允许信口开河、东拉西扯、漏洞百出，这就要求在正式表达前必须对话题进行周密地构想。其次，要对话题思考以不落俗套和立论的新颖别致取胜。口语交际的主要功能之一在于人们之间的信息传递与交流，而且更注重有价值的新信息的交流。因此，在日新月异的今天，观点落后贫乏，甚至庸俗陈腐，是不受欢迎的。再次，要对话题的表意准确到位。这一要求主要侧重于口语表达中的语法修辞训练。口语表达是叙述、说明、描述、议论、抒情等多种表达方式的综合运用，因此；它要求叙事要生动、说明要清晰、描述要形象、论证要周密、抒情要贴切，总而言之，我们可以将之称为“表意准确”。在这一要求下，口语表达训练要力避含混不清、似是而非、词不达意等不良现象的出现。只有经过以上严格的训练，口语交际才能真正做到“言之有物”，口语交际的交际价值也就得以体现了。

（四）自然流畅

这一要求主要侧重于发声系统在语言表述时运动的协调性。常言道："知而能言，言之能顺。"它反映在两个方面：一是说一段相对完整的话时，要说得自然、顺畅，不拿腔拿调、矫揉造作；二是口语交际时，要应对敏捷，说得流畅。自然、顺畅的语流一般具有词能达意、冗余度小、句与句或层与层之间能体现依存关系的特点。不顺畅的语流特点是：选词时有"卡壳"，急不择语，时常吞吞吐吐、言不达意，表达时有"断档"现象，接对质询迟钝缓慢，说话冗余度高，口头禅多。因此，提高口语表达的流畅度，要从提高思维品质和内部言语的瞬间组织能力人手，同时要在实践中增强对动态语境的适应能力。

（五）富有情感

这一要求主要侧重于学生的口语表述是否具有吸引力、感染力，给人印象深刻。口语表达过程不仅是信息传递的过程，也是感情交流并引起共鸣的过程。可是，在口语交际训练中，学生说起话来常呆板无趣、缺乏生动性、感染性，为了改善这一状况，我们要求学生在口语表述时要"富有情感"，要尽量做到声发于情、意寓于情、理融于情，以增强口语表达的吸引力和感染力。

在口语训练中教师应不失时机地诱发学生的真情。学生也要对所说话题赋予自己的真情实感。在人世间，没有什么比人的真情更能打动人心的了。英国著名政治家丘吉尔是一个非凡的演说家，在第二次世界大战期间，他凭着他的胆量、真情和出色的演说才能，唤起了英国人民坚决抗击法西斯德国的决心。尼克松在评价他的演说时说："他的演讲之所以激动人心是由于其本人也被他为之奋斗的理想所激励。"澳大利亚前总理罗伯特·戈登·孟席斯爵士认为丘吉尔的演讲之所以那样扣人心弦，其原因是他"懂得一个伟大的真理，这就是，讲演者或领导人要想打动别人，首先得打动自己，他脑海中的一切都应该是栩栩如生的"。任何真情都源自心灵的深处，源自对生命和人生的最深刻的理解和体验。因而，要深深地打动观众，赢得观众，不是靠美丽的辞藻和做作的表演，因为这些产生不了真情。只有你付出了真情，才能换回观众的真心。

（六）仪态大方

这一要求主要侧重于面部表情、眼神和态势动作等体态语在口语交际中的有机配合训练，是强化语言表述效果的非语言因素的重要成分。“表情自然，态势得体”是仪态大方的明确体现。在日常口语交际过程中，人们总是自觉或不自觉地调度着面部表情、眼神，选择合适的位置和身姿态势，并辅以适当的手势动作，以配合自己的有声语言，增强其感染力。口语交际训练（尤其是口语表述）对这一方面的要求可一分为二：一是如何学会自觉地运用；二是表述中对这些体态语的“度”的把握。即不仅要求语言表述中表情、眼神等自然不做作，而且要求在调度表情、眼神、手势等作“感情投入”时“度”的把握的自觉性和准确性。

总之，只要有意识地从以上几方面严格要求自己，约束自己，自觉地强化、调控某一方面，成功的口语表达就离我们不远了，理想的口语交际境界就会到来。

第二节　凭借文字材料的口语交际能力训练的主要方式

凭借文字材料的口语交际训练的主要方式有：复述、描述、解说、评述、命题演讲等，下面将逐一介绍这几种口语交际训练方式的特点、要求和技能。

一、复述

（一）概念及特点

复述就是通过视觉或听觉将语言材料消化理解存储在大脑中，然后转化为口头语言表达出来。即把所获得的材料在头脑中重新组合，灵活调整，根据需要改造原材料的语言的过程。

复述的特点是，复述者组织内部语言的基础是理解吸收原语言材料，因此，复述的内容是现成的。复述的重点是按现成内容组织内部言语和外部言语的转换。转换中可凭借原文来实现语词编码。所以，复述对丰富学生的语言，体会内部言语的组织，体会语词编码的思维训练有很大作用。

复述的方法多种多样。可详述，也可简述；可摘要复述，也可重点复述；可交换角度复述，也可变换结构或变换体裁复述；可发挥想象力，扩展原材料的某些内容来复述，也可在复述基础上进行评论或有感而发，而成为评述；不仅可复述叙述性的语言材料，也可对说明性、议论性的材料进行复述。

复述在现代社会生活中有广泛的应用价值，是各种媒体传播信息的主要手段，如电台、电视台开办的各种读报、播报节目。

（二）复述的分类

复述主要有以下三种形式。

一是详细复述，指把原语言材料的内容原原本本地重述出来。这种复述训练动规范而富有表现力的书面语向口头语的迁移，也是对口语表达具有条理性的一种强化训练。作详细复述的要求是细而不乱，准确反映原貌。

详细复述的训练要领是：

(1)要对原材料进行认真阅读和理解。

(2)要对原材料在阅读和理解的基础上进行详细而缜密的记忆，不仅要有框架记忆，更要有具体的细节记忆，要做到条理清晰、细节分明、内容完整。为了记住原材料内容。可以先进行记忆、背诵，然后自己试述一遍。

(3)详细复述不必追求字字与原材料相符，但内容必须原原本本地复述出来，即要尽量完整地保留原作的观点、情节或内容，并且不改变原作中材料的顺序。

二是概要复述，是对原材料的加工或再创作。它和后面提到的扩展复述在难度上比详细复述要大一些，需要调动复述者已有的知识经验、语言组织能力、思维品质等方面的知识储存。概要复述的要求是：把握整体，理清线索，舍枝去叶，反映原貌的轮廓。即删去次要的、解释性的和修饰性的内容，并对内容进行必要的抽象，再用自己的语言加以组织和概括。

概要复述的训练要领是：

(1)要对原材料进行认真阅读和理解。

(2)注意记忆技巧：既要有框架记忆，又要有细节记忆；阅读过程中要留意能揭示原材料主旨的重点语句;为了疏通语流,可以先自言自语地试述一遍。

(3)概要复述要防止取舍不当、偏离中心。

三是扩展复述,是对原材料作适当扩充、展开的叙述。对不同的材料作扩展复述,侧重点各不相同。对议论文作扩展复述,主要是增加有理性论证的层次,补充论据材料,作更深入的剖析;对说明文作扩展复述,主要是对所述内容增加更具体、更鲜明的细部描述或说明;对记叙文作扩展复述,主要是通过合理想象补充细节,使讲述的内容更生动、更充实、更完整。

扩展复述的要领是:

(1)根据原有材料展开合理的想象,或作有理性的拓展和延伸,但不能背离原意和基本框架。

(2)不要面面俱到,根据原材料的中心思想来确定待扩展的重点。

(3)根据口语表达的需要,可综合运用解说、论证、描述,及比喻、对比、夸张、拟人等多种方法。

二、描述

(一)描述及其持点

描述是显示事物形状、再现某种场景的表达方式。对客观事物作口头描述,有的是当场观察后立即进行描述;有的是对曾经的所见所闻进行描述。描述常常要通过丰富的想象,运用传神的描摹,塑造栩栩如生的听觉形象,以增强口语表达的生动性、直观性和审美性。

一般而言,口头描述要经过"看"—"想"—"说"三个阶段。利用所有的感知器官,通过观察,把现场的人、物、事、景等表达对象的特征及形态,用形象的语言即兴表达是口语训练的重要一环,重在培养学生的观察能力和感受能力。

1.观察能力的训练

"看",即观察,观察是口头描述的基础和起点。

描述的目的和要求不同,观察的方法可以十分灵活。观察,无论是由上到下或是由下到上,由远及近或是由近及远,由人到物或是由物到人,由整体到局部或是由局部到整体，都需要注意以下要求：

(1)观察要具体。如下面这则材料是我们非常熟悉的。

“不必说碧绿的菜畦，光滑的石井栏，高大的皂荚树，紫红的桑葚；也不必说鸣蝉在树叶里长吟，肥胖的黄蜂伏在菜花上，轻捷的叫天子(云雀)忽然从草间直窜向云霄里去了。单是周围的短短的泥墙根一带，就有无限趣味。油蛉在这里低唱，蟋蟀们在这里弹琴。翻开断砖来，有时会遇见蜈蚣；还有斑蝥，倘若用手指按住它的脊梁，使会啪的一声，从后窍喷出一阵烟雾。何首乌藤和木莲藤缠络着，木莲有莲房一般的果实，何首乌有臃肿的根。有人说，何首乌根是有像人形的，吃了便可以成仙，我于是常常拔它起来，牵连不断地拔起来，也曾因此弄坏了泥墙，却从来没有见过有一块根像人样。如果不怕刺，还可以摘到覆盆子，像小珊瑚珠攒成的小球，又酸又甜，色味都比桑葚要好得远。”

(鲁迅《从百草园到三味书屋》)

作者通过仔细观察，具体描写了百草园中形形色色的动植物，为读者展现了百革园生机勃勃的大环境和“周围的短短的泥墙根一带”“有无限趣味”的小环境，富有儿童情趣，生活气息很浓。

(2)观察要深入。观察人、事、物、景时，要善于抓住人、事、物、景的外在主要特征，突出重点，以形传神，不要求面面俱到。尤其在观察人物外貌的主要特征时，要多角度、多侧面地进行观察，反映出人物的思想、品格、性格的特点。

下面是一段描述人物的范例：

“鸡鸣外欲曙，新妇起严妆。著我绣夹裙，事事四五通。足下蹑丝履，头上玳瑁光，腰若流纨素，耳著明月珰，指如削葱根，口如含朱丹，纤纤作细步，精妙世无双。”

(《孔雀东南飞》)

作者通过对刘兰芝外貌装扮的精细描绘，充分表现刘兰芝的美，并以此衬托出她离开焦家前的无比悲伤之情。

2.感受能力的训练

面对人、事、物、景等观察对象，如果不能感之于外，受之于心，就不能深入地理解观察对象，也就更谈不上迅速、有条理地组织好内部语言和词语序列。

感受，包括形象感受和逻辑感受。在描述训练过程中，重点要加强形象感受的能力。

【示例】

东晋丞相谢安喜欢吟诗。一天，窗外纷纷扬扬下起了大雪。谢安与侄儿侄女一道欣赏雪景，不由得诗兴大发，他指着窗外的大雪问道:“白雪纷飞何所似?”侄儿谢朗马上脱口而出:“撒盐空中差可拟。”谢安听了直摇头:“不好，谁有那么大的力气把盐撒得满天都是? 用盐作比喻，不够准确。”侄女谢道蕴道:“未若柳絮因风起。”谢安听了，拍手大笑:“好个风吹柳絮，恰如雪花飞舞，絮白如雪，雪轻若絮，这个比喻真好!”

这则材料中对大雪的描摹，用盐比喻雪或用柳絮比喻雪都未尝不可，可以取其“白”的相似性，但是盐沉重，且平时是不在空中的，谢朗用盐来比喻雪显得生硬且不符合实际。相反，如果比喻的不是骤起的飞雪，而是地上的积雪，可能盐的比喻就更贴切一些了。而谢道蕴用柳絮作比，因为春天柳絮本来就是漫天飞舞，飘飘洒洒，所以用来比喻雪更为贴切，既有颜色上的相似，也有形态动感上的相似。谢道蕴形象的比喻源于她对雪和柳絮两种景物的细致的观察和深刻的感受能力——二者的相似性，因此才有对雪如此形象贴切的描述。面对此情此景，仅仅一句话的描摹就彰显了她卓尔不群的文学才华。

(二)描述的分类

从描述方法的角度，描述可分为白描和细描。白描是写意式描述，多用对话，寥寥几句就把事物活生生地勾勒出来;描述是工笔式，多角度地作细致描绘。

例如，鲁迅先生在《藤野先生》中关于藤野先生的一段描述就使用了白描方法:

“其时进来的是一个黑瘦的先生，八字须，戴着眼镜，夹着一叠大大小小的书。一将书放在讲台上,便用了缓慢而很有顿挫的声调,向学生介绍自己道:“我就是叫作藤野严九郎的……”

这里,作者抓住了人物的主要特征,并以简洁的语言勾画出人物形象,就是典型的白描写法的运用,读后给人印象深刻。

关于细描,如阿累的《一面》写鲁迅就比鲁迅写藤野先生更细一些:

“他的面孔黄黑带白,瘦得教人担心,好像大病新愈的人,但是精神很好,没有一点颓唐的样子。头发约莫一寸长,显然好久没剪了,却一根一根精神抖擞地直竖着。胡须很打眼,好保浓墨写的隶体‘一字’。”

这里,作者运用细描的方法对人物进行了精雕细刻,使人物形象跃然纸上,形象逼真。

从描述对象的角度,描述可分为描述人物、描述景物。

1. 描述人物

描述人物,要把人物的外貌、声音、行动、心理等几个方面用语言生动地描绘出来,让听的人感到如闻其声、如见其人。下面的两个例子,虽然出自作家手笔,但都是用规范化的口语写的。可以作为口头描述的范例。

【示例 1】

水生笑了一下。女人看出他笑得不平常。

“怎么了,你?”

水生小声说:

“明天我就要到大部队上去了。”

女人的手指震动了一下,想是叫苇眉子划破了手,她把一个指头放到嘴里吮了一下。

(孙犁《荷花淀》)

【示例 2】

我吃了一惊,赶忙抬起头,却见一个凸颧骨,薄嘴唇,五十岁上下的女人站在我面前,两手搭在髀间,没有系裙,张着两脚,正像一个画图仪器里洗脚伶仃的圆规。

(鲁迅《故乡》)

示例1是水生和水生嫂的对话和动作的一段描述。通过短短的几句话，活生生地表现了两个人的思想感情和性格特点，表现了他们的爱国情和夫妻情。口头描述时，声音不要高，应饱含感情，语气果断、温柔而亲切。示例2是鲁迅先生在《故乡》一文中描写曾被誉为“豆腐西施”的杨二嫂的今日形象。昔日的杨二嫂因为美丽、端庄、文静，豆腐生意兴隆，被人们誉为“豆腐西施”，今日的杨二嫂却变成了细脚伶仃的“圆规”，而且说起话来世俗至极，刻薄自私。鲁迅在描写人物时，总是寥寥几笔，便勾勒出杨二嫂的巨大变化：“豆腐西施”——“圆规”，这样的描写不无讽刺意味，但人物的轮廓鲜明而生动。

2.描述景物

景物描摹分静态描摹和动态描摹两种。例如：

“最妙的是下点儿小雪呀。看吧，山上的矮松越发的青黑，树尖上顶着一髻儿白花，好像日本看护妇。山尖全白了，给蓝天镶上一道银边。山坡上有的地方雪厚点儿，有的地方草色还露着；这样，一道儿白，一道儿暗黄，给山们穿上一件带水纹的花衣；看着看着，这件花衣好像被风儿吹动，叫你希望看见一点儿更美的山的肌肤。等到快日落的时候，微黄的阳光斜射在山腰上，那点儿薄雪好像忽然害了羞，微微露出点儿粉色。就是下小雪吧，济南是受不住大雪的，那些小山太秀气。”

（节选自老舍《济南的冬天》）

这段是老舍先生关于济南的冬天的景物描述。作者采用静态描摹和动态描摹相结合的描写手法，充分展现出济南雪后如诗如画的美丽景色。

（三）描述训练

描述训练的最好形式是讲故事。

“讲故事”是一种重现性表达，即把看到的、听到的情节用完整的语言文字材料描述给别人听。“讲故事”需要将上述几种复述方式结合起来运用，同时，根据需要也可以不受原材料的限制。有的地方可详述，有的地方可概述，有的地方可扩展，有的地方可变序、变角度、变表达的形式，这样，对原材料的改编、加工就是一种再创作了。其一般规律是：

第一，根据需要，确定一个有积极意义的主题，确定故事的主要人物和情节主线；

第二，通过删节、充实、调整，使故事紧凑、生动，既有形神兼备的细节描述，又有反映人物性格的对话，并且要突出故事的高潮；

第三，故事要完整，设计一个有吸引力的开头，并要安排一个让人回味的结尾。讲故事的语言要用通俗易懂的口语，尽量淡化书面语色彩，尤其要避用文言词汇。叙述时要从容不迫地把环境、情节、人物关系交代清楚；描述时要正确表达感情倾向；对话可适当运用拟声造型手段，做到“言如其人”。还要把握好语速、节奏的变化，并适当运用表情、手势、姿态辅助表达。

讲故事分为“文讲”和“武讲”两种。“文讲”动作幅度比较小，语调适中，表情含蓄一些。“武讲”动作夸张，语调表情也可“火”一点。

三、解说

(一)解说

解说是对人们不明白的事物、事理作分解性的说明。它是日常生活中常用的一种口语表达方式，如“产品介绍”——介绍一件产品的性能、特点，“烹调介绍”——介绍一种东西的制作过程和方法，“自我介绍”“使用说明”“防火须知”……练习解说，有利于培养学生细致的观察能力和准确的口语表达能力。

“解说”可以从三个层面展开

第一个层面:讲清“是什么”。

第二个层面:讲清“为什么”。

第三个层面:讲清“怎样做”。

为了增强即兴解说的易受性，作解说应注意以下几点。

第一，口齿必须清晰。即说话不能拖泥带水，吐字要字字清晰，让人听得明明白白。

第二，把握解说节奏。即语速不宜过快，要把握好表达的节奏，说到数字、地名、专业用语以及关键性的、难以理解的地方，要说得慢一些，有时甚至要一字一顿地说，或作必要的重复。

第三，注意重音停顿。即要注意用重音、顿连等表示强调、区分、提示，以增强表达效果。

(二)即兴解说原则

1.诚信为本

第一，真实性原则。

第二，科学性原则。

第三，准确性原则。

【示例】

宋世雄解说中美排球赛

“现在是第三局，场上比分是4比2，中国队领先。现在梁艳发球，梁艳发勾手飘球，美国队打过来，单人栏网，好球！太漂亮了！美国队一传到位，排球比赛一传到位威胁很大，一传到位可以马上组织进攻。中国队预料到了，双人拦网拦住了，5比2……”

“现在场上比分是7比6，中国队教练袁伟民要求暂停。这场比赛中国队开始是4比2领先，接着被对方连续追了上来。我刚才说了，这场比赛关键是网上的竞争，看推能封住对方的进攻，削弱或堵截对方的进攻，并且突破对方的拦网，谁在这方面占优势，谁就能取得胜利。一传到位也很重要，一传到位才能组织快速进攻。这场比赛一传到位率，中国队已经达到60%，但是一传失误或无功较多。什么叫无功？无功就是对方球过来，二传不能组织进攻……”

这则示例中，宋世雄的解说遵循了真实性、科学性、准确性的原则，用语及时、客观、准确，分析点评到位，具有很专业的解说水平。

2.坚持专业要求

【示例】

黄健翔的“疯狂解说”

2006年6月世界杯足球比赛期间，原中央电视台主持人黄健翔的“疯狂解说”引起轩然大波——意大利足球队在补时阶段获得了一个有争议的点球，黄健翔兴奋地高喊：“意大利不要给澳大利亚机会了，他们早该回家啦！”

后来意大利球员托蒂将点球罚进，黄健翔立即用“海啸音”狂呼“伟大的意大利！意大利万岁”……后来据黄健翔说，他十分讨厌澳大利亚足球队。

当晚，互联网上烽烟四起，不少球迷对“名嘴”滥用话语权的“渎职行为”十分不满。虽然第二天黄健翔就向全国球迷道歉，但将国家媒介当作自我宣泄的平台，如此“自作聪明”的“恶劣的个性化”，在任何国家都是禁止的。

据报道，本次世界杯赛还出现了所谓“德版黄健翔”。当德国队对阿根廷比赛时，柏林奥林匹克球场解说员不停地重复：“女士们，先生们，德国需要你们支持……”以煽动现场气氛。

虽然这样的“煽动”与黄健翔的“疯狂解说”不可同日而语，但是世界杯组委会立即提出严肃批评，因为国际足联早有明文规定：“球场播报员的解说立场必须是中立的。”第二天，柏林纪委会新闻发言人召开记者招待合，宣布：“他将不再有机会在球场担任解说员了。”

此示例说明，解说不但要遵循真实性、科学性、准确性的原则，而且还需坚持专业要求，即不能以个人好恶来做主观臆断的点评，更不能借此机会宣泄个人的情绪。

（三）解说的分类

解说作为一种表达形式，大量存在于我们的口语表达之中，我们可以作不同角度的分类。如从解说的详略、规模划分，解说可分为简约性（或纲目性）解说、阐明性（精细性）解说；从语言风格上划分，有平实性解说、形象性解说、谐趣性解说等。下面介绍几种常见的类型。

1. 简约性解说

简约性解说是指用比较凝练、概括的话说明事物、解释事理。在说话节奏日益加快的今天，简约性解说有助于提高工作效率，有时也被看作是精明、干练的表现。其特点是尽量省略烦琐的说明，只用简明扼要的话，就把事物的本质属性说得清清楚楚。在作简约性解说时，应注意说话前将表达内容作一番提炼，快速确定表达用语，这样才能做到话一出口就抓住了关键。

【示例】

例如，1988年9月2日《热点访谈》中，主持人专访国家发展计划委员会主任李融荣，主持人的提问切中要害："一般来说，要启动国家经济让它迅速发展的话有三个手段，一个是扩大出口，一个是扩大国内需求，还有一个是靠政府向基础建设投资来带动。那么在现在的经济环境下，这三个手段各自情况怎么样？"在这里，主持人用简约性解说清晰地说明国家经济建设发展的一般规律，不仅一开始就切入问题的症结所在，也体现主持人的扎实功底。再如"数学是什么"，这可以写成一篇论文，但用简约性解说可以是：

"华罗庚说'宇宙之大，粒子之微，火箭之速，化工之巧，地球之变，生物之谜，日用之繁……无一不可用数学来表达。'从这里我们知道，数学是科学的精灵，是科学王宫最神秘的宫殿。数学的内涵博大精深，数学的外延无所不在。数学是人们认识世界的工具，掌握世界的钥匙。在许多科学革命中，都是以数学为先导，都是以数学理论为其支撑，都是以数学计算为其保障……"

再如，在说到缺水问题时："如果您听说北京市人均水资源只是国内人均水资源量的 1/8，缺水程度与沙漠地区的以色列相似，您会吃惊吗？如果您听说北京市去年洗车用水量相当于昆明湖蓄水量的总和，您会相信吗？节水和遏制北京市水资源的严重浪费是我们面临的迫切问题。"

【训练要求与提示】

简约解说，言简意明。

解释概念，要明确概括出事物的本质特征，作出唯一正确的解释。但是，在口语表达中有时不可能、也没有必要将其本质属性全部提示出来，这时可以用"释义"，及对其本质特征作部分的揭示。

【训练话题】

下面是《现代汉语词典》（第 6 版）收录的网络新词，快速给下列概念下定义：

如，什么是警句？警句是发人深思让人警醒的句子。

什么叫"雷人"？

什么叫"微博"？

什么叫"低碳"？

什么叫“给力”?

用一句话讲清一个时下热词或新词的含义或一部电视剧、一个重大案件的梗概。可反复作这个练习。

【示例】

网络打谣:2013年8月,全国公安机关在开展集中打击网络有组织制遗传播诺言等违法犯罪专项行动中,抓获了一批靠制造谣言谋取利益的网络推手。

中国大妈:2013年金价大跌期间,市场上出现了疯狂抢购黄金的一群中国散户,他们中多数是以购买黄金首饰为主的大妈,对黄金寄予保值的崇高期望。由于黄金市场的难以顿测性,这种盲目投资有一定的风险。

(以上两则示例均选自《语言文字报》素养·能力版块“月度热词”第727期)

请用简约性解说,介绍汽车驾驶的要领。

2.阐明性解说

阐明性解说是对一个事物、一种见解作详细的分析或说明。其方法很多,有作分解、举例子、讲特征、作比较、打比方等。运用这些方法,可以把抽象的道理说得具体、形象,把难懂的道理说得浅显明白,把专业性较强的知识说得通俗易懂。

【训练要求与提示】

分解说明要在同一范围内进行,并力求全面,不可以偏概全。

举例要力求真实、典型。在解说时,对所举例子只作概述,力求简明扼要。

【训练话题】

运用分解、举例、比较、列数字等说明方法,就下列话题作阐述性解说。

近年来,跳广场舞风靡大江南北,广场舞成了全民舞蹈,但同时也给他人带来了负面影响,请说说跳广场舞的利弊。

近年来中国人为什么越来越爱看韩剧?

向别人介绍自己。

怎样解决食品安全问题?

3.纲目性解说

纲目性解说,常用的说明方法是列举和分类。列举,是把解说对象的基本特点分条分项依次罗列并逐一说明,从而使人们对说明对象有清晰的认识。分类是通过明确概念外延来说明事物的方法,它便于解说头绪纷繁的事物。分类可一次划分,也可连续划分,但每次划分只能依据同一标准,不可随便改变。

纲目性解说有以下几种:

一是总分式解说。

二是分列式解说。

三是层递式解说。

【示例1】

你所知道的桥有哪些?

桥,不是没有生命的冷冰冰的建筑物,它体现着人类的智慧,并给人以美感。桥是充满魅力的,它集实用功能与审美价值于一身。

桥,又称梁桥,梁式又称梁往式,是在水中立桥柱或桥墩,上搭横梁,连而成桥,有单跨多跨之分。梁桥有以下几种:

一是浮桥,用舟或其他浮体作中间桥脚的桥梁。

二是吊桥,古时设置在城壕上的桥,现在为悬索桥和斜拉桥的统称。

三是拱桥,用拱作为桥身主要承重结构的桥。

四是立交桥,线路(如公路、铁路等)交叉时,为保证交通互不干扰而建造的桥梁。有线路之上跨越者又称跨线桥,在地下穿过者又称地道桥。

【示例2】

我国古代桥梁的艺术风格

我国古代桥梁的艺术风格,首先表现在造型上,如曲线的柔和多变;其次,我国古桥十分重视与环境的协调,由于桥的存在又增加了环境的美;第三,我国古代桥梁的艺术风格还体现在附属建筑和石作雕刻上,许多古桥上都有桥屋、亭、阁、栏杆以及牌坊等。

【示例 3】

如何摆脱无聊的纠缠?

“如何摆脱无聊的纠缠”,这个一时说不清的话题,有人这样说:

第一,对方迎面走来,不要主动同对方目光接触。

第二,坦白说你正忙着,手头事情必须立即完成,不能奉陪。

第三,对方不走,手上的事情千万别丢手。

第四,对方仍不走,可以说。你走以前,我想请你看一样东西”(如看花草、看小鸟)看后就说“好,今天就到这里吧”,顺势送出家门。

第五,也不要总是拒人于千里之外,让人不愉快,可以先发制人,明知对方喜欢纠缠,可以随时主动找对方聊几句,适时结束,抓紧走人。

【训练要求与提示】

纲目分明,易懂好记。

纲目性解说力求用语精确,一语中的。

列举以分析、比较、综合为前提。可全部列举,也可摘要列举。列举出以后,一般不作阐述,如需要的话,也只画龙点睛地作几句解说。

【训练话题】

用连续划分法给文学作品分类。

中职生求职应聘应注意什么问题?

说说现在交通事故增多的原因。

说说食品安全问题产生的原因。

【示例】

如何介绍自己?

做自我工作情况介绍,以便让人们进一步了解自己在工作中取得的成绩和存在的不足,使他人能对自己做出公正的评价。在实事求是的基础上,必须注重语言技巧的运用。

一是控制语气、语调。语气是指说话时的口气,语调是指说话的腔调,主要指一句话里语音高低轻重的配置。在做“自我介绍”时,最好多用陈述语气。例如:“我×年×月×日在×校毕业,获硕士学位”等。这时一般不用感叹句和祈使句。在语调上，介绍者最好少用高亢、激昂的语调。宜用轻松而又平和的语调，给人一种自然谦逊的感觉。也不要像在课堂上朗读范文那样抑扬顿挫，富于表情。切忌被扣上“狂妄”的帽子或有“自吹自擂”之嫌。

二是提供的信息要适量。该说的话要说得充分，不该说的话就不要说。

三是掌握好时间。介绍自己往往要受时间限制，即使客观上无时间要求，介绍者自已也要有时间观念，不要使时间拖得过长让别人感到你是在借机表现自己，而引起反感。要在有限的时间内，将自己要说的内容说完，就得先对自己要讲的内容进行周密的考虑，对语言逻辑乃至词语进行反复推敲，做到：条理清晰，重点突出，语言简洁明了，防止面面俱到。

四是必要的谦词。谦虚是一种美德。在自我介绍时尤其要谦虚。如在介绍情况前后，适当的谦词是必要的，如：“我介绍完了，或许有失片面，还请大家包涵和批评。”谦词也不宜过多，两三句即可。

（选自《语言文字报》素养·能力版第729期）

4.平实性解说

平实性解说的语言常常是直截了当地说明对象。不描写、不夸张，没有弦外之音。平实性解说一般是用来解释科学原理，说明制作过程、步骤，或介绍建筑物等。这种解说适用于说明事物、事理的科学性及条理性，更多的是给读者以埋性认识。所以，平实性解说在表达形式上的最大特点是极少修饰，用平平实实生活化的口语直截了当地把事物、事理说清楚。这样的解说，有时可能因为过于“平”，不易调动人们的听觉兴趣，但也正因为它朴实无华，更贴近于生活，会使人觉得可靠、实在。

【示例】

马的驯化

据说在甲骨文中，“马”是最好辨认的字之一。甲骨文象形，所以“马”字写出来——其实根本算是画出来的——是一匹马的侧面像，长脸，尖耳，两条腿，背上还有鬃毛，一条长马尾，可谓象形至极。后来，金文、大篆、小篆一路演变下来，“马”字慢慢变成了由四条腿，头背融合，等到隶书时，基本形态固定成了“马”。

从“马”字形态的演变可见，中国人驯化马的历史相当早。但到底早到什么时候，却是历史上一个著名的谜。

（节选自杂志《vista 看天下》2014 年第 4 期）

上面示例运用平实性解说方式说明“马”字形态的演变，语言朴素无华，贴近生活，说明事物清楚明白，具有很好的科学性和条理性。

【训练要求与提示】

平实，不是做作出来的，这是一个人良好品质的流露。从社会交际上说，“立诚”是社交技巧的第一要则。在任何情况下，别人是不会同不可靠的人打交道的，所以，平实性解说的交际功能不可忽视。

【训练话题】

如果你是一名推销员，请用平实的解说方式向用户介绍某一种新产品的性能、特点，并讲讲这种产品的使用和保养方法。

朱自清先生的《背影》用朴素平实的语言描写了父爱，请你借鉴这种语言风格用平实性解说方式介绍你的父亲。

用平实性解说方式介绍一道你的拿手菜。

假如你是一名药店销售员，请向顾客详细介绍一种常用药品（包括此药品的主要成分、功能与主治、用法用量、不良反应、禁忌、注意事项、包装等）。

5.形象性解说

形象性解说是用来说明事物，使被说明的事物具有具体性、生动性和形象性，易于引起读者的兴趣。能使形象性解说达到生动、形象、感人的效果的方法主要有：

（1）使用比喻和拟人的修辞方法，使被说明的事物形象性加强。

（2）适当运用叙述和描写，可使被说明事物栩栩如生，而不是枯燥无味。

（3）现身说法，利用生活感受，解说者可以加入自己的主观感情，可使文章在准确性的基础上更添真实性和生活情趣，这样会更有感染力，易于让人接受。

【示例】

我们知道，美国境内有几百万穷人，吃不饱，穿不暖，然而在尼亚加拉大瀑布这儿，却平均每小时浪费相当于25万条面包……每小时有60万枚新鲜的鸡蛋从悬崖上摔下去，在漩涡中制成一个大蛋卷。如果印花布不断地从一架像尼亚加拉河那样宽达4000英尺的织布机上织出来，那也就表示同样数量的布料被浪费掉了。如果把卡耐基图书馆放在瀑布底下，在1　2小时内就能使整座图书馆装满各种好书。或者，我们也可以想象，一家大型百货公司每天从伊利湖上游漂下来，把它的各种商品冲落到160英尺下的岩石上。

示例是美国记者爱德文·史路森呼吁人们充分利用尼亚加拉大瀑布的能量的文章节选，是值得我们学习借鉴的典范。它表明高明的谈话者总是善于把干巴巴的数据转化为具体、生动的图景。

【训练要求与提示】

形象性解说需要描述。静态描述要说明其空间位置，讲清其形态、方位和结构；动态描述则要注意时间顺序和在不同时间中不同事物的状态。

在描述中，可适当运用比喻、描摹、拟人、借代等修辞方法，可使解说更生动、具体。例如用打比方作解说，它是用人们熟悉的事物作比较，使人们对不熟悉的事物或抽象的道理有具体、深刻的理解。

作形象性解说前，可先阅读几篇文艺小品和科普读物，这类作品在给人知识的同时，又强调文章的生动性，然后借鉴这类作品的形象性表达方式。

【训练话题】

用形象性解说介绍你曾游玩过的名胜古迹或建筑园林。

用形象性解说说说反腐倡廉中怎样打“苍蝇与老虎”。

用形象性解说讲一讲随地吐痰的坏处。

6.谐趣性解说

在说明某问题或解说某事物的时候，让话语蒙上一层幽默诙谐的色彩，使得解说更有吸引力、感染力，这就是谐趣性解说。

要把话说得有趣，首先要能用“趣味思维方式”解释被说明的事物；另外，择词用语避免用陈词套话，适当用些民谚俗语，或来个欲衰虚贬、欲贬虚衰、大词小用、移用双关等。有时可以在"平实"的表达中点染成趣，含而不露地让人们在联想中感受其兴味。有时也可整段话妙语迭出，这样人们听解说就成了一种愉快的接受过程了。所以，谐趣性解说能够启发思维，使枯燥乏味的分析说理成为愉快的接受过程，引起心理共鸣。当然，要做到这一点，首先自己要理解深入，积累丰厚，而且表达心理宽松豁达，这样择词用语才可能俏皮有趣。

谐趣性解说方式虽然比较鲜明地流露出自己的情感或情趣，但这是次要的。谐趣是手段，把事物、事理说清楚是主要目的，因此，要浓淡相宜，不可将重点放到"谐趣"上面。

【示例】

毛泽东在井冈山讲游击战术（片断）

"现在白军强大，红军弱小，我们以弱斗强，只能采取游击战术。什么叫游击战术？简单扼要地说，就是'敌进我退，敌驻我扰，敌疲我打，敌退我追'，十六个大字。从前井冈山有个山大王，叫朱聋子，他和当时的统治者斗了好些年，总结了一条经验：'不要会打仗，只要会打圈'，朱聋子前一句话不对，后一句是对的。我们改它一下好了：既要会打仗，又要会打圈，这样，才能歼灭敌人，使根据地不断巩固，不断扩大。打圈子是为了避实就虚，迷惑敌人。强敌来了，先领着他兜几个圈子；看出他的弱点，抓准了就打。要打得干净利落，要缴到枪炮、抓到人。打得赢就打，打不赢就走，赚钱就来，蚀本不干。"

（1928年）

毛泽东妙趣横生地讲解游击战战术，先讲了一个有趣的故事，形象鲜明地证明了"兜圈子"的好处；接着讲怎么"兜"，用的都是通俗的习惯用语，说的都是短小俏皮的句子，透出了诙谐与自信，显得轻松活泼。

【训练要求与提示】

谐趣是手段，目的是解说，因此，谐趣应浓淡相宜，不可喧宾夺主。

谐趣性解说在人际交往中，有时是不动声色、含而不露、妙趣横生的。它启发思维，引起心理共鸣。要有这个口语表达技能，首先自己对事物要有较深理解，积累较丰厚，心理比较稳定，这样，择词用语才显得俏皮、有趣、含蓄、幽默。

【训练话题】

阅读下面的示例，然后以“趣说自己”为题，进行谐趣性解说练习。

伟人这样趣说自己

毛泽东曾接待过一对美国夫妇。他们是美国前总统的亲属。

毛（毛泽东）：你在看什么？

戴（戴维）：我在看您的脸。您的脸，上半部分……很出色。

毛：我生了一副大中华的脸。我们中国人的脸演戏最好，世界第一。中国人什么戏都演得，美国戏，苏联戏，法国戏……因为我们鼻子短。外国人就不成，他们演不了中国戏，他们鼻子太高，演中国戏又不能把鼻子锯掉一截……

戴维后来深有感触地说：“十里之外，就可以呼吸到毛的个性……”

用谐趣性方式解说：如果我国不大力加强对食品安全问题的监管，将会出现什么样的后果？

对“中国式过马路”现象进行谐趣性解说。

用谐趣性方式对大城市中的“蚁族”现象进行解说。

四、评述

（一）评述及其特点

评述是对客观事物发表自己的见解的表达方式。评述既有评又有述，与叙述、复述的不同点在于它不仅要叙述所见所闻，更重要的是还要有所感。现代社会信息传递迅速、物质生活丰富多样、人与人的交往更加密切，这一切都为学生提供了丰富多彩的生活素材。学生对新鲜事物十分敏感和好奇，他们乐于说见闻、评见闻。在课堂上开展评述见闻的活动，可以提高学生对新鲜事物的敏感度，培养他们的分析能力和论辩能力。

夹叙夹议，评述结合，是评述的主要特征。因此，评述是叙述和论证两种方式的结合运用。

(二)评述的分类和原则

从构成方式看,评述有先述后评、先评后述、边评边述等。评述必须遵循两个原则:

第一,评是目的,述是手段。

第二,述有选择,评有针对。

【示例】

名人也有无知时

名人有时也很无知,学识渊博的恩格斯就闹过"请鸭嘴兽原谅"的笑话。那是 1843 年的事情了。恩格斯在曼彻斯特看到一枚不太多见的蛋,有人告诉他,这个蛋是鸭嘴兽下的,恩格斯听了哈哈大笑,说鸭嘴兽是哺乳动物,不可能下蛋,把人家也搞糊涂了。后来恩格斯心里不踏实,查阅了资料,他发现自己竟然在这个常识性问题上十分无知。后来他经常提起这件事,在给朋友的信中。他说他做了一件"事后不得不请鸭嘴兽原谅的事情"。

大千世界,无奇不有,人的认识永无止境。对于客观世界"无知"是绝对的,"有知"是相对的。恩格斯的不凡,在于他毫不掩饰自己的某些"无知",而且,有及时弥补自己某些知识空白的热情。对于现在有了一得之见便沾沾自喜,一窍不通也好为人师的人来说。恩格斯给他们上了一课。

示例中,先简述鲜为人知的名人轶事,然后进行议论,指出恩格斯这样的名人也有"无知"的时候,赞扬他对待"无知"的态度,针砭时弊,显得简练而深刻。

(三)评述训练

【训练要求与提示】

(1)评述时要将叙述和论证两种方式结合运用

(2)叙述的基本要求:

事实必须准确:虽然叙述的内容没有限制,但必须是自己亲眼所见亲耳所闻的事情,包括事件、实物、影视、图像等。

重点突出:叙述时要突出重点,详略得当。

形象生动:叙述时为了避免平铺直叙的平淡,要求形象生动,还要强调对各种表达手段的运用，如比喻、拟人、对比、问询、追加等修辞方式在叙述中运用的技巧，通过这样的叙述，使人如临其境、如闻其声、如见其人。

(3)论证的基本要求：

实事求是。

内表及里，由浅入深；使抽象的道理具体化、深奥的道理浅显化。

见解独到。

【训练话题】

(1)随着互联网的大力普及和人们对其普通高效的运用，网络成了人们发表观点、抒写心情的主要表达渠道。但是，近年来，网络上人们的各种随意自由的表达给他人带来了很多负面影响：诈骗、威胁、侮辱、诽谤、漫骂、捏造……请以“网络表达应正当合法”为题对这种社会现象进行评述。

(2)有人说聊天不好，浪费时间，说那是“闲得太无聊了才干的事”。请以“聊天的好处”为话题，作“先评后述”的练习。

(3)请以“把话说得简练些”为话题，运用下面材料作“先述后评”的练习。

有人问美国第28任总统伍德·威尔逊，准备一份10分钟的演讲得花多少时间，他说，至少需要两星期；问准备1小时的演讲需要花多少时间，他说需要一星期；那人问：“那么，如果请你讲2小时呢？”威尔逊立即回答：“不用准备，马上就可以讲。”

(4)阅读下面的材料，进行评述。

陈蕃是东汉时的名人。他少年时独居一室而庭院龌龊不堪。他父亲的朋友薛勤见状批评说：“孺子何不洒扫，以待宾客？”他回答说：“大丈夫处世，当扫除天下，安事一屋？”薛勤当机针锋相对地反问：”一屋不扫，何以扫天下？”

五、命题演讲

(一)演讲的特点及作用

演讲，又称讲演、演说。它是就某个问题面对听众说明事理、发表观点的一种口语交际活动，是有声语言和态势语言紧密配合表达思想感情的一种宣传方式。演讲与复述、解说、评述等说话方式不同:演讲不可以冷静地传授知识、说明事物、剖析事理,而是必须充满激情,具有强烈的鼓动性,起到宣传作用。可以说,演讲由于要说明事理、发表观点而具有“说理性”,由于说理是以充满感情的语言进行的而具有“抒情性”,由于演讲的说理和抒情,其意都在鼓动对方而具有“鼓动性”,所以,演讲具有“说理性”“抒情性”“鼓动性”三性合一的特点。因此,演讲在革命年代是进行革命斗争的有力武器,在今天,是各种竞争场合常用的说话方式和竞争手段。

成功的演讲不仅要有好的口才,而且要有敏锐的思维,独特而出色的思想观点和广博的知识,演讲是一个人各种才能综合表现的一种艺术。因此,演讲训练不但能锻炼口才,也能磨练思想、拓展知识,使学生从多方面得到提高。演讲训练对学生的全面发展和提高都有益处。

(二)命题演讲的主要特点

演讲分为命题演讲和即兴演讲两种主要形式。命题演讲是根据预定的题目事先写好讲稿的演讲,是凭借文字材料进行口语交际训练的重要方法。命题演讲的主要特点如下。

1.讲稿语言的通俗性

演讲是面对大庭广众的口语表达,因此,语言必须通俗易懂,具有标准化口语特点。演讲稿应力求口语化而不是文绉绉的书面语。由于演讲是讲出来的,而不是念或者背诵出来的。讲稿语言的口语化决定了演讲的口语化特色。演讲的口语化,主要指演讲中应使用生动活泼的大众语言,语句力求简短、有力;也可以适当地使用一些能上口的书面语,这样会使演讲的语言更为简练有力。

为适应口语表达“口传”“耳收”的特点,演讲应多用双音节或多音节词。例如,说“当我走上演讲台时”就不如说“当我走上演讲台的时候”顺口入耳;说“因我未受专门的演讲训练”就不如说“因为我没有接受过专门的演讲训练”舒缓清晰。演讲过程中要注意话语中词语音节要搭配匀称,一般单音节词与单音节词相配,双音节词与双音节词相配,或四音节词组与四音节词组相配。如毛泽东在《改造我们的学习》一文中的一段讲话,就很注重词句音节的搭配，读起来上口，听起悦耳，富有韵律美："无实事求是之意，有哗众取宠之心。华而不实，脆而不坚。自以为是，老子天下第一，钦差大臣满天飞。这就是我们队伍中若干同志的作风。这种作风拿了律己，则害了自己；拿了教人，则害了别人；拿了指导革命，则害了革命。"

除声音要配合匀称外，演讲时还可多用些俗语、歇后语等，以便达到生动活泼的效果。演讲语言虽然强调口语化，但是，演讲的口语与日常口语有着许多不尽相同的地方：

一是演讲的口语是经过加工的口头语，而日常口语是随意状态的口头语；

二是演讲的口语有一定的书面语色彩，而日常口语无书面语色彩；

三是演讲的口语是有准备的边想边说，而日常口语是无准备的边想边说；

四是演讲口语的表达内容有严格的规定，而日常口语无严格的规定；

五是演讲口语信息密度较高，而日常口语信息密度不高。

从以上比较可以看出演讲用语的口语化区别于日常口语的明显特征。为了表达更通俗易懂，还应注意：

词的运用：择词应避难就易，多用常用词和双音节词，慎用文言词语和容易混淆的同音词，做到说得顺口、听了顺耳，让人一听就懂。

句的运用：采用口语惯用语序，难以听懂的长句要换成短句说，修饰成分过多的要分成几句说。

所以，演讲中注意运用适合于口语表达的句式。例如：闻一多先生在《最后一次演讲》中的一段话："今天，这里有没有特务？你站出来！是好汉的站出来！你出来讲！凭什么要杀死李先生？杀死了人，又不敢承认，还要诬蔑人，说什么桃色事件，说什么共产党杀共产党，无耻啊！无耻啊！这是某集团的无耻，恰是李先生的光荣！李先生在昆明被暗杀，是李先生留给昆明的光荣，也是昆明人的光荣！"在这里，闻一多先生用反问句式、感叹式的小短句如连珠炮弹，频频射出，淋漓尽致地吐出了演讲者的胸中块垒，喊出了人民的愤怒声音。短句表达简洁有力、明快晓畅的特点，由此可见一斑。

2.演讲主题的针对性

演讲是就某个问题发表自己的看法，这就决定了它的主题必须具有鲜明的针对性。毛泽东同志的《改造我们的学习》这篇演讲稿的首句开宗明义地提出："我主张将我们全党的学习方法和学习制度改造一下。"这样的开头，观点鲜明，能够很快把听众的注意力集中起来。恩格斯的《在马克思墓前的讲话》围绕"马克思不仅是一个伟大的思想家，而且是一个伟大的革命家，他的英名将永垂不朽"这一主题，开头简要叙述了马克思逝世的情景，接着从理论建树、伟大的革命实践等方面展开论述，最后推出"他的英名和事业将永垂不朽"的结论。演讲内容紧紧围绕主题，观点统帅材料，材料证明观点，具有鲜明的针对性。

演讲主题的针对性，指围绕主题对所持观点进行充分的阐述。不仅要紧扣演讲主题的限定范围——力求从生活中发掘一个最佳论题，而且要切合自身——自己或有过深刻体验，或比较熟悉，也就是说，演讲主题的针对性应当落在主观（自身）和客观（限定题目）的交叉点上。演讲内容针对听众的问题，解决他们的问题，使他们从中得到启发，受到教育，那么演讲才有可能成功。

3.演讲叙述的情感性

演讲要有充沛的情感。世界上没有什么能比情感更能打动人心的了。不带情感的演讲是没有感染力的，也不会起到鼓动、宣传和教育听众的效果。更不能激起听众的共鸣。例如，我们非常熟悉的闻一多先生的《最后一次讲演》，就是充满情感的。它语句简短，语气铿锵，感情激愤；用了许多语气词，完全口语化，因此能打动听众的心，得到在场听众的热烈响应。他的这篇演讲可以说是演讲的一个典范。当然，演讲者注重情感抒发的同时，自始至终都没有忘记自己所承担的"宣传道理"的责任，不能忽视身边的听众，所以，演讲中的情感抒发即抒情是说理的辅助手段，是为了强化其感染力的"催化剂"，需要恰当把握。

4.演讲要有魅力

作为一名演讲者，总想让自己的演讲受到听众的欢迎，总想让自己愤慨激昂的、滔滔不绝的演讲打动听众、感染听众，引起听众的共鸣，使演讲生辉、收到预期的效果。这就是演讲的魅力。演讲的魅力是指在演讲中，演讲者如何充分展现自己的魅力，把演讲发挥到极致，让演讲的效果达到最佳状态，从而使演讲产生最大吸引力和影响力，是真正演讲“艺术”的完整体现。演讲的魅力包括演讲者笑的魅力、声音的魅力、眼神的魅力、身体的魅力、性格的魅力、人格的魅力……人的魅力可以无所不在，包括发怒、忧伤、哭泣等负面情绪也会成为魅力的源泉。所以，演讲不仅是口语表达的艺术，而且是演讲者的品格修养、知识经验、思想情操和风度仪态的综合体现。演讲中只有通过对有声语言和态势语的恰当处理，使演讲内容具有时代特色，才会产生易感染的艺术能力。

首先，演讲中，不可忽视有声语言语音语调的表述作用。演讲中必须借助普通话标准悦耳的语音，适当运用抑扬顿挫的话调，使听者乐于听下去。例如，反常停顿这种语音表达方式就深受演讲家的青睐，因为极具表现力，有时会收到出人意料的表达效果。

其次，由于演讲要求演讲者站着大声地演说，要求仪态大方，并能恰当地运用表情、姿态、手势等表情达意，所以，平时练习中，要有意识地纠正有伤大雅的小动作，如有的人演讲时常无意识地抓抓耳朵、挠挠头皮，或摸摸纽扣、扯扯衣角，应该去除那些多余的动作。

第三，演讲内容要有强烈的时代特色，能否吸引和征服听众，是演讲是否具有效力的关键所在。演讲是社会宣传的有力工具，也是人们自我教育的一种有效形式。要想让自己的演讲充满魅力，成为前进的鼓点、时代的号角，就应该反映出强烈的时代特色。

(1)要始终把握时代的脉搏，在演讲内容上狠下功夫。要使演讲闪耀出时代的光彩，内容是关键。首先，要使演讲的主题富有时代特征。白居易曾说过：“文章合为时而著，歌诗合为事而作。”演讲也不例外。演讲者应充分考虑当今时代的新要求、新任务、新特点、新思潮，要始终站在时代前列，敏捷地追踪时代信息，提炼出合乎社会发展方向的、具有深刻时代性的主题。其次，要用贴近现实的新例。我们在演讲中要使用新鲜的实例和数据等材料，做到贴近现实、贴近听众，可利用报刊、广播、电视、互联网等现代化传播工具提供的信息，尽量使用“前不久”“昨天”“刚才”所获知的实例，使我们演讲的内容始终具有时代气息。

(2)要选用符合当代听众接受习惯的恰当的演讲形式。首先，要密切注意词汇的变化。当今社会新生词不断出现，原有的词赋以新意时有所见。演讲者应及时准确地把握这些变化，运用最能贴近现实，能引起同代人共鸣的“现代语”“习惯语”。要把握演讲语言的总体节奏变化。现代人的语速、节奏较以前快了很多，从宏观上讲，适当地加快语速，结构上来点有跨度、有跳跃的安排，对突出演讲的当代特色不无裨益。其次，要注意态势语言的更新。如食指拇指弯曲如“o”状(ok!)以示满意，食指中指伸出如“v”状以示胜利等动作，在今天的演讲中适时运用，对于体现其时代性，自然有其作用。

如果在演讲中再加入一些幽默的语言，就会使我们的演讲更具渗透力、感召力和凝聚力，使演讲锦上添花，更加精彩迷人，更具魅力。

(三)命题演讲训练指导

初次进行命题演讲训练时，学生的演讲极易出现随意性、盲目性，甚至有些应付差事，对于成功的演讲(除了写好有质量的讲稿外)还应具备什么条件，学生心中没底。因而课堂演讲出现的问题主要有：语音问题，普通话发音不准确；声音大小；语速太快或太慢；语调不自然；缺乏情感；不会使用态势语；等等。为此，有必要为学生的演讲训练提出几项明确的要求，即演讲必须达到的基本要求，有了这些要求，学生的演讲就有了明确的努力方向和目标，演讲就会取得事半功倍的效果。这些基本要求如下。

(1)普通话要准确，切忌使用方言。

(2)声音要洪亮，切忌像蚊子哼哼似的声音。

(3)语速适中，语调自然。

(4)有感情地演讲。

(5)恰当使用一定的态势语。

以上这五项基本要求，是针对学生演讲过程中出现的问题而提出的。课堂上的演讲是面对全班同学进行的，首先要让每一位同学都能听见、听清、听懂，从而受到感染和鼓舞，所以，要求学生必须使用普通话，声音要洪亮，语速适中，语调自然，而且要有感情地演讲，并能使用态势语。以上这五项是要求学生必须完成的最基本最低的要求。

在演讲训练要求方面，要达到的训练目标是“通过命题演讲训练，掌握这种口语表达形式的特点、要求和技能”。这个目标的提出简单而模糊，对于演讲这种实实在在的口语训练来说显得太大、太高，没有切实的指导意义，而且通过几节课的训练是很难达到这个要求的。因此，命题演讲训练要求的提出，一定要从最低要求（目标）着手，着眼于学生的实际演讲水平，着眼于学生课堂演讲的实际情况来定。我们的学生，大多来自偏僻的农村，封闭、贫困、保守的农村生活环境，使得这些学生进入学校后沉默寡言，自卑感强，不善于表现自己，不敢在公众场合发表演讲，等等；另外在大力推广普通话的今天，要求他们由长期说方言突然向普通话转变，在这个转变过程中，他们存在严重的心理障碍，这些实际情况导致了他们的演讲能力较低，表现为方言障碍严重，不敢当众发表观点和看法，即便当众说话或演讲也显得紧张结巴，声音很小，没有感情，或不能大方地使用态势语来表情达意等。鉴于此，提出以上五项训练要求（目标），要求学生从最基本的能力进行训练，逐渐过渡到较高水平的训练目标。如果我们把演讲的要求定得过高、过于成人化，对学生是不太现实的，不但使学生在课堂日常训练中不容易做到，反而会使他们丧失演讲的信心。相反，如果在训练中以最低要求来要求学生，并进行扎实的训练，就容易扬长避短，收到良好的教学效果。

下面结合学生的演讲训练对这几项要求进行一定的说明：

（1）普通话方面，由于普通话训练是口语交际的基础训练，所以，在演讲这一口语表达活动中必须使用标准或比较标准的普通话，这是最起码的要求，是演讲训练的基础。演讲中切忌使用方言，南腔北调的演讲不但听起来别扭，而且让人费解，增加了理解的障碍。

（2）声音方面，要求学生用洪亮的声音进行演讲，以让教室每一位同学听得清楚为原则。在这一原则下，演讲时音量的调控应以演讲内容的表达需要来确定，该高亢时则不能低沉，以至于含糊不清，该低沉时则不能太高亢，以至于让听众听觉疲劳。洪亮的声音可以树立自信，可以培养稳定的心理素质。演讲中切忌发出像蚊子哼哼似的声音，或者像和尚念经般让人听不清你讲的是什么。

(3)语速语调方面，要求学生语速应适中，语速的快慢应以所讲内容来定，强烈的抒情语速可快一点，平常的讲述语速可适中一些，回忆式的叙述语速可慢一些；演讲中切忌语速千篇一律，贯穿始终。“文似看山不喜平”，阐述事理、发表观点的演讲也如此，语速也忌“平”。以表情达意的需要为原则，语速应有所变化，有时甚至可以有明显的落差，以显示口语表达的层次感。如果语速过快，似乎说明学生对演讲稿记忆得很熟练，这样的演讲虽像背书或念书一样流利，却谈不上是真正的演讲；因为演讲是口语化的表述，它必须是讲或说出来的。如果语速过慢，除了说明学生对讲稿不太熟练外，演讲中常会出现结巴、不断重复、卡壳等不良现象，好像演讲者在冥思苦想演讲的内容，最终导致不能顺畅地演讲下去。

(4)语调方面，应亲切自然。演讲过程，从根本上说，是讲、听双方的思想和情感的交流过程，从这一点而言，演讲的基本语调应该是亲切感——如同是与朋友谈心式的亲切感。演讲的语调切忌做作或无动于衷，呆板地说下去。因此，演讲的语调应在把握基本语调的前提下富于变化，切忌千人一腔。

(5)需要强调“有感情地演讲”。演讲是面对听众阐明事理，发表自己的观点和看法的口语交际活动。而演讲能否取得成功，关键问题就是能否打动观众、感染观众。所以，带着你的满腔激情上台演讲，以情感人，与观众产生强烈的情感共鸣，这样，你的观点和看法才能得到观众的认同和理解，从而观众会与你一起同呼吸、共命运。做到这一点，你的演讲就有可能是成功的。俗话说，要想打动别人，首先得打动自己。“情动于中而形于言”，只有自己全身心投入演讲，只有自己真正被演讲内容所感染、所打动，自己真情实感地自然流露，才能感染听众、打动听众。演讲切忌干巴巴的毫无情感的背诵或念书式的演讲，这样的演讲不仅没有生机与活力，没有感召与鼓舞，没有激情与感染，而且容易让听众产生烦躁不安、没有耐心听下去的不良情绪。

(6)演讲过程中使用一定的态势语。态势语是口语交际活动中传递信息的重要手段,是通过身姿、手势、表情、目光等配合有声语言传递信息的一种形式。演讲中恰当的态势语能强化有声语言所表达的思想感情,所以也是演讲成功的必要条件。演讲训练中,我们不难发现,学生要么由于紧张而忘记使用态势语来表情达意;要么先声夺人,语未出而态势语先到;要么不该用态势语时却画蛇添足地使用;甚至个别同学在演讲即将接近尾声时,非常突然甚至有些夸张地来一个幅度较大的手势作结束,这也许是即将讲完后全身心的完全放松与舒畅的表现,也许是自我满足的情绪的抒发。其实,我们应该明白:态势语仅仅是演讲中的一个辅助手段,演讲应以表情达意为主;演讲者使用的态势语应该是其内心情感的真实流露,要学会恰当使用态势语。恰当地使用态势语能为你的演讲起到锦上添花的作用;如果使用不当,则有多余、做作、突兀之感,甚至让人产生啼笑皆非的感觉。所以,态势语的使用要得体、自然、适度,要与有声语言的内容、语调、响度、节奏等协调,要同演讲者的心态、情感相吻合。

总之,演讲是口语表达的艺术,听众不仅听其声、解其义——听其标准悦耳的普通话、洪亮的声音,并通过其适中的语速和亲切自然的语调理解演讲者所要表达的意思,还要观其形、悟其情——展现恰当而得体的态势语,通过演讲者的情绪感染来体味其所传达的情感,因此,我们要明确这五项要求中,普通话的训练是基础,洪亮的声音、比较适中的语速、亲切自然的语调是语言语音的外在表现形式,是演讲训练不可缺少的外在条件,“有感情地演讲”是演讲获得成功的关键,而恰当的态势语也是演讲成功的重要条件之一。在准备高质量讲稿前提下,只有对以上五点要求进行反复强调和坚持不懈的训练,我们的演讲才会产生感人的艺术魅力,我们的演讲水平才能迈上一个新的台阶。

(四)命题演讲训练

1.引导学生学习演讲范例,进行模拟训练

学习演讲范例,是学好演讲的前提。因为学习首先是从模仿开始的。演讲训练之初,让学生朗诵古今中外名人的演讲词,观摩演讲录像,都可以提高学生对演讲的认识。古希腊的演讲家德摩斯梯尼、英国首相丘吉尔、美国总统林肯等著名政治家的演说,都给世人留下了深刻的印象;我国古代的孔子、孟子,现代的毛泽东、孙中山、闻一多、曲啸等都是闻名的演说家。他们的演说曾经吸引和教育了亿万人民群众,特别值得我们学习。

【训练话题】

(1)模拟训练。

训练时,先观看一小段精彩的演讲录像,要求当场默记,然后进行模仿。注意模仿的目的不是为了背出这段内容,而是为了学习口语和态势语处理的技巧。

(2)仿说训练。

仿说前应根据演讲的类型,定好演讲的基调。演讲一般分为叙事性演讲、抒情性演讲、议论性演讲。分清材料的演讲类型,然后处理口语与态势语,要把人物当时的心境、演讲的思想内容表现出来。

训练材料:下面是革命者秋瑾言简意赅地紧扣当时现实,充分说理并宣传了演讲的好处的一段话,进行仿说。

……演说有种种利益。第一样好处是随便什么地方,都可随时演说。第二样好处:不要钱,听的人必然多。第三样好处:人人都能听得懂,虽是不识字的妇女、小孩子,都可听的。第四样好处:只需三寸不烂的舌头,又不要兴师动众,损什么钱。第五样好处:天下的事情,都可以晓得。

2.指导学生写演讲稿

写演讲稿的前提是演讲资料的搜集。所以,要完成演讲稿的书写,要经过以下阶段。

首先,搜集材料,确定演讲内容。材料的来源不外乎所见所闻、调查访问、书本等。

其次,拟订演讲提纲。演讲一般由开题、主体、结尾三部分组成。

开题部分,要求初学者根据听众的情绪、场合的特点,设计开场白的方式,或开宗明义,或由近及远等,其目的都是抓住听众的心。无论采取何种方式,都要以能与听众沟通,调动听众的积极性为原则。

主体部分是提纲的中心，要体现出演讲的主体内容，具体讲哪几个问题，分几个层次讲。

由于演讲的过程是用连贯而较迅速的口语来传播信息的，听众无法像看书、读报那样回头细细品味，所以，听众如果无法把握说话的层次结构，那么，演讲的效果就会打折扣。所以，必须精心构思，追求逻辑性和条理化。

结尾部分，应该是演讲的高潮。美国作家约翰·沃尔夫认为“演讲最好在听众兴趣未尽时戛然而止”。如能在达到高潮时果断“刹车”，不仅能强化听众的最佳印象，而且能概括、深化演讲的主题思想。结尾的方法多种多样，应根据演讲的主题和内容而定。一般有总结式、启发式、抒情式、引用名诗名句式、鼓动号召式等。

最后，依据提纲写出演讲稿。

3.指导学生练习演讲

写好演讲稿或演讲提纲后，演讲就有了一定的基础，演讲就有所凭借，可以消除心理上的一些紧张情绪。但写好演讲稿，并不意味着就一定能讲好，对于初学者来说，必须要经历扎实的练习阶段，演讲才有可能获得成功。练习得如何，直接关系到演讲的效果；演讲的才能，往往是在反复的练习过程中获得的。

练习演讲，首先要熟记演讲稿，然后抛弃演讲稿自由讲说。只有离开演讲稿的演讲，才能挥洒自如，发挥出演讲的作用。否则，完全依赖演讲稿，只能表现为冥思苦想、不断重复、结结巴巴、语无伦次的口语表述。

练习演讲的重点是训练口语表达能力。即在反复练习过程中，能把讲稿的书面语言化为自己的口头语言，做到自然、流畅、准确地表达，符合自己的语言表达习惯；还能根据所表达的思想感情的需要，设计表达方式，确定语调、语速、语气、顿连、重音等，同时要对态势语进行设计，确定一些必要的动作、手势等。

第八章　一般口语交际能力的高级训练

第一节　不凭借文字材料的口语交际训练

不凭借文字材料的口语交际训练属于原发性口语表达，它的特点是，说什么、怎么说，完全由说话人临时据情酌定，人们日常的交谈、论辩、即兴演讲等一般都属这种表达形式。这种表达形式有社会交际的实践价值，在人们口语交际能力结构中，占有相当重要的地位。今天，随着科技的快速发展，现代社会以高效率化、高信息化和高社交化为特征，不仅使人们的生活内容、思维方式发生了根本性的变化，也对人们的口语交际能力提出了更高的要求，即要求人们注重口语反应的速度和效率，要求在没有文字材料凭借的情况下，及时准确地对所要说的意思进行规范化的表达。这就是口语交际训练的高级阶段。

由凭借文字材料的口语训练到不凭借文字材料的现想现说的口语交际，这个过程中存在着一个“过渡”阶段，即在经过口语交际训练的初级阶段后，由于先是凭借文字材料的口语表达，一旦当他们离开文字材料，口语表达则会显得无所适从、词不达意、思维混乱、不知所云。所以，这是一个难度较大的转变，要完成这个“转变”，到达口语交际训练的高级阶段，需要付出艰辛的努力。为了降低训练的难度，在这两个训练类型之间可设置一个“过渡”阶段，即带提纲、半脱稿方式的口语表达训练，这是完全必要的。

第二节　不凭借文字材料的口语交际训练的主要方式

一、即兴演讲

（一）概念及特点

演讲是就某个问题面对听众说明事理、发表意见的一种口语交际活动。演讲是晓之以理、动之以情、授之以知、导之以美的心灵的碰撞。在说服人、感染人、引导人与改变人的思想和行为方面起着积极的作用。演讲分为命题演讲和即兴演讲。命题演讲是根据预定的题目事先写好讲稿的演讲，是凭借文字材料进行口语表达训练的重要方法。即兴演讲是在特定环境和主题的诱发下，或者是自发或者是别人要求的立即进行的演讲，是一种不凭借文字材料进行表情达意的口语交际活动。即兴演讲与命题演讲相比，无法事先拟就讲稿，也不允许反复修改、反复试讲、反复排练。所以，即兴演讲比命题演讲的难度相对大一些。在学校开展演讲多采用命题演讲的形式，这既符合学生的口语交际的实际，又符合口语训练遵循由初级训练向高级训练渐进的规律，而且有利于他们的口语向更高的水平迈进。

即兴演讲的特点如下。

一是即兴发挥。即兴演讲大多只有两三分钟的时间打腹稿，是全凭迅速组合头脑中的既存材料，边想边说，边说边想，力求巧妙地挖掘题意，讲出一点新内容，是靠“临阵磨刀”即兴发挥的。

二是篇幅短小。由于即兴演讲是临时准备、即兴发表的一番说话，很难构思出长篇大论来，所以即兴演讲一般具有主题单一、篇幅短小、时间短暂的特点，有的两三分钟，有的甚至寥寥数语。

三是使用面广。即兴演讲在日常生活中使用面很广，如小范围的社交聚会中的欢迎、欢送、哀悼、竞选、就职、答谢、婚礼、寿庆等场合下的发言或讲话。对于教师而言，即兴演讲也有广泛的运用，如迎新仪式、主题班会、毕业典礼、节日联欢等场合。由于在这些场合，演讲者只要言简意明，当场表示某种心意即可，不宜作过于冗长的演讲。

(二)即兴演讲的技巧

一般而言,学生在演讲时基本上能做到:文稿口语化,主题比较鲜明,叙述条理清楚;但在体现“演讲的魅力”这点上,学生还有待于提高。针对学生演讲中存在的主要问题,如,普通话不标准,让人听了很别扭;对有声语言的重音、停顿、节奏、语调等技巧的处理不当;情感干瘪乏味,没有声情并茂的感人效果;不注重态势语的运用;容易出现怯场、出现意外不知如何应对等问题。然而,这些问题关系到能否体现演讲艺术的魅力、关系到演讲的成败。同时,演讲不仅是口语表达的艺术,而且是演讲者品格修养、知识经验、思想情操和风度仪态的综合体现。听众不仅听其声、解其义、还要观其行、悟其情。所以,只有通过对有声语言和态势语的恰当训练,演讲才会产生感人的艺术魅力。下面谈谈演讲的技巧问题。

即兴演讲虽然是在特定场合下的临时发挥的口语交际活动,但它并不是“无任何准备的演讲”。即兴演讲仍然是需要有些准备的,即可以进行预测性准备,也可以进行临场性准备。下面从准备(选材、构思)的角度来介绍即兴演讲的技巧。

1.即兴演讲的选材

即兴演讲的选材常用“选点”法。所谓“选点”,是指选好沟通演讲者与听众心灵的人或物。由于即兴演讲事先无法精心构思演讲稿,所以在演讲时,必须临场选择听众所熟悉的或易于理解的人、事、物作为媒介物来传递信息,才能激发听众的共鸣。同时,所选的人、事、物又必须与演讲的主题和谐一致,也只有这样,才能充分表达演讲者此时此地的特定的思想感情。

【示例】

有位教师应邀参加迎新大会,会上主持人要求他代表教师说几句话。他巧妙联系新生刚到一个新环境,一切对他们而言都是新的,抓住一个“新”字进行了发挥,对新生寄予了良好的祝愿。

亲爱的新同学,你们好!

大家带着父母新的希望,带着朋友新的祝愿,也带着自己新的理想,来到了一个新的地方。在这新的学期里,衷心希望大家以新的语言、新的行动、新的风貌、新的一切去适应新的环境，开始新的学习，展示新的生活以掌握新的知识，增加新的技能，取得新的成绩。相信大家三年之后，将以新的姿态、新的风采站在父母、朋友、社会的面前，那时你可以骄傲地说："新的生活又开始了。"

【解析】

这段即兴演讲发之于心，一气呵成，格式新颖，得到了师生热烈的掌声。

下面是几种常见的选点方法：

(1)以"物"为点。这种方法要求抓住某物在特定场合、特定时间下的象征意义，借题发挥。

(2)以"环境"为点。此方法是以会场的环境或某种氛围为点，点明其象征意义，从而表现演讲主题。

(3)以"前者讲的内容"为点。这种方法要求当场从前面演讲者的演讲里捕捉话题，加以引申、发挥，讲出新意来，从而给人以启迪，所以难度相当大。

2.即兴演讲的构思

即兴演讲的构思一般常用"连缀"法。所谓"连缀"，是指通过联想，把已经选好的点——看似孤立的人、事、物有机地联系起来。并设法将这种"联系"上升到某种高度，以表现演讲的主题。这种"连缀"(联想)绝不是点与点的简单罗列、相互关系的简单陈述、华丽词句的简单堆砌，而应严密地构思、创造性地思维、有机地联想，从而把它们组织在一起，形成一个和谐的统一的整体。

(三)即兴演讲训练

1.即兴演讲的训练要求

(1)要以积极的心态对待即兴演讲。要相信自己的演讲会对大家有所启发。自卑心理是即兴演讲最大的心理障碍，必须消除。

(2)要善于抓住即兴表达中闪现的"灵感"。由于即兴演讲成功的关键在于即兴发挥，在边说边想的过程中，一有"灵感"就要抓住，可以突破一点，可以逆向求新，言人之所未言。切记不要跑题。

(3)要重视培养"即兴意识"。由于即兴演讲能力的高低并非单纯的技巧问题,很大程度上取决于演讲的实践。因此,在各种会议或某种活动中,要注意培养自己的"即兴意识",即让我说,我该怎么说。只有抓住时机进行实践,即兴演讲的能力将有望较快提高。

2.散点连缀法训练

训练内容:小组抽条散点连缀法练习

训练方法:小组活动,每人在三张小纸条上各写一个词,然后混在一起。练习时,每人任意抽三张,然后将这三个似乎毫不关联的词用几句话连缀起来,组成一段有意思的话,开始时可以给几分钟,以后则应逐步减少时间,达到拿到题目就能讲的地步。

【示例】

三个词是:"春天、衣服破了、环境保护",有人是这么回答的:

人的衣服破了,可以补,也可以处理掉,换新衣服。地球母亲的衣服是臭氧层,现在也破了一个洞。这件衣服补起来很难,更无法处理掉再换新的。所以我们必须注意环境保护,不然再让臭氧层破坏下去,地球必然受到严重的伤害,地球上将永远没有春天。

(1)仿照上面的示例,试用下面的连缀物件说一段话:

"啤酒""花园""葡萄干"

"手机""暴风雪""香烟"

"头发""身份证""饼干"

(2)请围绕"环境保护"和"废物利用"的主题,将"废电池""易拉罐""塑料袋""一次性木筷"连缀起来,说一段话。

3.扩句成篇训练

【训练话题】

(1)中职生的攀比心理严重影响了其身心健康。

(2)青少年追星现象存在着误区,追星不能只追日韩的影星、歌星,应正确引导。

(3)勤工俭学,有利于提高学生素质,应该提倡。

注:以上练习,与命题的口头作文不同,所谓"命题",仅仅提供了一个题

目，所以围绕着题目，可以多侧面、多角度地确定论点。而“扩句成篇”练习所给的题目，往往就是中心论点，或者包含了中心论点。所以一定要细细品味后，再组织内容，不要跑题。

(4)下面是几段即兴讲述的开头，虽然只起了个头，但话题已经提出，请接着往下讲，使其成为完整的语段或语篇。

幸福是一个诱人的字眼，古往今来多少人追求、探求，但是大千世界，茫茫人海，对幸福的理解，对幸福的追求是不尽相同的……

谁能用一个字来概括我们青年和祖国的关系？我认为这种关系概括起来，就是一个“根”字……

男人的视野是宽阔广袤的，他可以为了治水而三过家门而不入，他可以征战疆场，马革裹尸而无悔……

4.“选点”法训练

(1)借事发挥。面对十几岁的孩子抽烟这件事，请以“向小烟民们进一言”作即兴讲述。

(2)借物发挥。在上海市“钻石表杯”业余书评授奖会上，《书讯报》主编将“钻石”“表”与“读书”联系在一起，来了一段即兴演讲，既有贴切的象征和准确的推理，又揭示了读书求知、读书成才的道理，也切合会议宗旨。请设计一下，这个即兴演讲该怎么说。

(3)借名发挥。一位叫李怀争的学生，在学生会干部竞选时发表讲话，从自己的名字说起：……我的名字叫李怀争。我不安心无声无息的生活，不安心死水一潭，‘怀’着‘争’的热情，想创造一个丰富多彩，无限美好的生活……”你能借你的名字，作一段即兴讲话吗？

(4)借境发挥。设想你为了一件忍无可忍的事发了一通脾气。有人批评你说，虽然“理”在你一方，但不该发脾气。于是，你在这个特定的语境中，以“人不能没有一点脾气”作即兴讲述。

二、辩论

(一)辩论及辩论赛的特点

从一些中职生辩论赛的实况来看，不难发现，中职生对辩论的知识了解较少，甚至不知道什么是辩论，如何辩论，以及辩论时应注意什么，怎样才能做到成功的辩论；同时辩论赛也反映出学生口语表达的一些不足，如知识积累不够，辩论中有理屈词穷之感；有时被对方驳得无言以对、不置可否；辩论前的准备不充分，对辩论技巧掌握得不够；思维的灵敏度较差，不善于逻辑推理等。

那么，什么是辩论？如何才能做到成功的辩论呢？

辩论是一种常见的语言交流形式。对一些大事情的争辩，法庭上的讼争，工作中出现的争执，甚至买卖中的讨价还价等，都涉及辩论。通过辩论，可以澄清事实，使问题得到解决，还可以沟通思想，形成正确的认识，维护合法权益等。辩论一般分为专题辩论和自由辩论两种，这里主要谈专题辩论。

辩论具有驳诘性，辩论双方对同一问题的观点是相互排斥、互不相容的；辩论具有应对性，辩论不仅要阐明自己的观点，驳倒对方观点，而且还要不断地应对来自对方的质问与反驳。此外，在辩论过程中，辩论双方还要表现出一种相互激发、相互牵制的关系；辩论双方言辞激烈但又出语严谨，尽可能不给对方可乘之机。

敏捷的才思、广博的知识和流畅的表达是辩论取胜的前提，而准备是否充分则是辩论胜败的关键。

辩论赛是不凭借文字材料的口语表达方式，是指两支辩论队在事先规定人数、规定程序、规定题目、规定时间的情况下，按抽签所选定的各自立场，通过交替发言，论证本方观点、攻击对方的观点，最后通过评委打分，来决定胜负的一种训练口语交际能力的方法。辩论赛是一种短兵相接的言语对抗，也是机敏应变能力的较量。在辩论赛中，辩论双方随时都可以从各个角度向对方发难，双方必须面对一些意想不到的难题，还要做到随机应变、快速应对。所以，来言对去语的快速问答便是辩论赛的显著特点。

所以，自信、机智、幽默、丰富的知识等便是辩论者应具备的条件。

在此。针对辩论中常常出现理屈词穷、词不达意的现象，特别强调要注意日常综合知识的积累。由于辩论的主题丰富多彩，一个人即便有辩论的热情，如果其知识底蕴很差，可供调动的东西很少，那就会陷入“巧妇难为无米之炊"的窘境，纵有再高的热情，也无法取得理想的效果。知识好比一座金字塔，不了解宽泛的知识背景，只对本专业知识了解较多或者比较丰富，想在辩论中运用自如、应答如流也是不可能的。

由于辩论比较尖锐、激烈，是非、正误鲜明，对辩论双方要求比较高，因而对学生的锻炼很大。辩论前，要做充分的准备，深入研究论题，搜集资料，明确我方观点和理由，预测对方论点和论据，做到知彼知己。教师要引导学生学习辩论范例，我们曾学过一些论辩性很强的文章，如《邹忌讽齐王纳谏》《触龙说赵太后》《曹刿论战》等，从中可以学到论辩的方法；还可阅读一些辩论纪实，观看录像和电视上辩论比赛实况，进行论辩术的指导等。

(二)辩论训练

1.辩论的原则

(1)正确对待辩论的胜负。辩论中没有胜负之分，因为辩论的话题本身往往没有一个绝对正确的结果，所以，决定辩论胜负的不是双方谁掌握了或者坚持了真理，而是看谁能够在理论上自圆其说，能够表现出高超的辩论技巧、令人尊重的个人魅力、更高的人气以及风趣幽默的语言等口语交际能力。

在辩论时，应像我们上网的目的一样，辩论也是为了"释放生活压力、抒发个人情怀、交结天下朋友、享受轻松人生"，因而，没有必要进行恶意的攻击和谩骂，这才是辩论的真正意义。最后取得胜利的必然是大家。

(2)尊重辩论对手的人格。当辩论的结果明显不利于自己的时候，要采用种种诡辩的手法进行辩论。但是，如果掌握不好分寸，往往演变成双方的谩骂和攻击，甚至对对方进行人格的蔑视乃至否定。如果你不尊重对方的人格，自然对方也不会尊重你。要想使自己的人格得到尊重，必须首先尊重他人的人格。

(3)诡辩不等于胡搅蛮缠。由于辩论双方是为自己所"信奉"的真理在辩，往往明知道自己的观点不对，也不愿意认输，在辩论中进行某种诡辩是很正常的，但诡辩不等于胡搅蛮缠。所谓胡搅蛮缠，就是当对方把问题阐述得清清楚楚时，自己却不理会对方的观点，继续把自己所"理解"的观点强加到对方的身上，对别人进行无目标的攻击。

2.辩论应注意的事项

(1)指导学生选好辩论题。教师应留心搜集生活中值得学生辩论的题目，从中挑出有意义的、学生比较感兴趣的问题来让他们辩论。

(2)安排辩论人员。辩论赛要安排好三方面的人员：

首先，要有辩论人，论辩双方一般各设四人，其中一位是主辩人。主辩人要事先拟好主辩提纲，辩论时由双方主辩人先发言。

其次，要有一位主持人，主持人安排双方人员依次发言，并负责掌握时间。

最后，要有评判员，负责裁决胜负和评论优劣。

以上三方面人员在比赛时都可以由学生轮流担任，使他们每个人都能得到充分的锻炼。

(3)辩论的程序。

研究和确定论题。

研究双方的论点和论据。先研究自己一方的立场和主张，通过阅读大量材料，搜集充足的证据。进而研究对立一方的主张，预测对方可能怎样提出论点，摆出哪些论据。如何批驳：哪些重点批、哪些稍带批、哪些先批、哪些后批。只有做到知己知彼，才能百战不殆。

正面陈述我方主张。大体由三部分组成：立论、证明、结论。由主辩人先发言，其余人与他配合，从一些关键处展开或作补充。

反驳对方主张。

辩论结束。通常情况下，经过辩论，双方的观点可能一致了。对于共同的认识，可以作为这次辩论结论的主体。有些观点接近了，可以加进来。总之，通过辩论，要形成双方可以完全接受或基本上可以接受的意见。

3.辩论训练的要求

(1)不论什么辩论，都要求参与者头脑要冷静，思路要开阔，考虑问题要全面。

(2)在证明中，要求立论要正确而适中，论据要真实而充分，论证要科学而严密。

(3)进行反驳时，不必面面俱到，可从对方的论点、论据、论证中的任何破绽入手，抓住本质，痛击要害。

4.辩论方法训练

(1)“假言法”。

【示例】

早晨，去集市的路上，一位老农妇牵着两头驴，两位贵族骑着马，不期而遇。

贵族：你早，驴妈妈！

农妇：你们早，我的孩子们。

“假言法”论辩是指以假言推理为主的论辩。这里，老农妇的回答看似平淡，却是一个非常厉害的“假言法”论辩。其推理是这样的：假如我是驴妈妈，那么你们就是驴的孩子；假如你们不是驴的孩子，那么我就不是什么驴妈妈了。

(2)“以子之矛攻子之盾”法。由于辩论双方队伍往往由四位辩手组成，在辩论过程中出现观点的矛盾是不可避免的，即使是同一个人，在辩论中，也往往会出现自相矛盾的现象。一旦出现这样的情况，就应当马上抓住，竭力扩大对方的矛盾，扩大对方的观点裂痕，迫使对方陷入窘境。使之自顾不暇，无力进攻自己。“以子之矛攻子之盾”，使之于急切之中，理屈词穷，无言以对。

【示例】

蒋子龙巧解怪题

1982年秋天，在美国洛杉矶举行了一次中美作家会议，在一次宴会上，美国诗人艾伦·金斯伯格请我国作家蒋子龙解一道怪题：“把一只5斤重的鸡，装进一个只能装1斤水的瓶子里，您用什么办法把它拿出来?”蒋子龙略加思索，边回答说：“您怎么放进去，我就怎么拿出来。您显然是凭嘴一说就把鸡装进了瓶子，那么我就用语言这个工具再把鸡拿出来。”金斯伯格说：“您是第一个猜中这个谜语的。”

这里，蒋子龙既顺应了对方的辩词，假设对方“把一只5斤重的鸡‘装进了’一个只能装1斤水的瓶子里”，又从对方的辩词中分析出对方是“凭嘴一说”就把鸡装进去的内涵，指出对方辩词与事实之间的悖谬之处，以“以子之矛攻子之盾”，使对方束手就擒。

(3)后发制人法。后发制人法是故意迂回而行，落后于他人，迟一步行动，而结果却能先期到达目的地，收到别人意料不到的效果。这就是后发制人的内涵。论辩中，特别是遇到敌强我弱、敌优我劣的情况，运用后发制人的谋略，可以避免在对己不利的情况下仓皇迎战。一旦时机成熟，便可全力反击、灭敌威风、壮我气势。后发制人法，就是先不动声色，在静待战机中了解对手，判断敌情，酝酿战胜对手的辩解，避其锐气，以静制动，择机进行反攻的技巧。

在辩论中，当对方死死守住其立论，不管我方如何进攻，对方只用几句话来应付时，如果仍采用正面进攻的方法，必然收效甚微。在这种情况下，要尽快调整进攻手段，采取迂回的方法，从看来并不重要的问题人手，诱使对方离开阵地，从而打击对方，在评委和听众的心目中造成轰动效应。

(4)示“误”诱敌法。辩论中，有时故意把话说错，设置陷阱，蓄势布阵，待引起敌方注意后，再借题发挥，顺势反击。这时候，“错”似乎成了诱敌上钩的圈套。

(5)归谬反攻法。在“唇枪舌剑”的论辩中，措词激烈但并不轻率，为了防止对方抓住把柄，语言分寸感的把握要慎重，有时到了字斟句酌的地步，所以，“据理力争，力排众议”是智慧的较量。思维的镇密程度和语言驾驭能力的高低，直接影响论辩的成败。

(6)以退为进法。辩论中，有些提问者语气咄咄逼人，对此，可以采取以退为进的方式回答，即先把话承认下来，然后适当回敬对方。如：

“你这么漂亮，怎么还没有结婚呀?”

“是的，因为我挑得比你仔细。”

(7)围魏救赵法。不取“头痛医头”的做法，而是绕过提问，以奇兵突袭，使对方陷入窘境，从而为自己解围!

(8)釜底抽薪法。刁钻的选择性提问，是许多辩手惯用的进攻招式之一。通常，这种提问是有预谋的，它能置人于“两难”境地，无论对方作哪种选择都于己不利。对的做法是，从对方的选择性提问中，抽出一个预设选项进行强有力的反话，从根本上挫败对方的锐气，这种技法就是釜底抽薪。

(9)顺水推舟法。所谓顺水推舟法，指在辩论过程中，当发现敌方的意图后，因势顺从，先巧妙地“顺”敌方逻辑之“水”，引诱其孤军深入，然后再借敌之力，顺势反驳，“推”出己方观点之“舟”，从而达到折服对方目的的一种辩论技巧。

三、交谈

(一)交谈的特点

交谈是一种古老的口语交际形式，也是人际间最直接、最广泛、最简便的言语交往形式。

交谈又具体表现为谈话和讨论。

其特点如下。

(1)对象明确。交谈的对象是固定的、明确的，是面对一个或若干个人进行的交谈。无论参与交谈的人是多是少，交谈的形式总是固定的双向或多向的交流式。

(2)话题灵活。交谈必须围绕话题进行，可以围绕一个共同话题展开，也可以随时提出新的话题。交谈双方的思想都要随着交谈的进程而展开，临场发挥，天南海北，想到哪里说到哪里，所以，交谈同独白性讲话相比，要灵活得多。

(3)听说兼顾。交谈是双向或多向信息传递活动，说与听须互相配合，才能保证交谈的进行。

(4)口语化。交谈时所说的话一般不作刻意的修饰，随想随说，有自然明快的口语特点。

(5)语句松散。从语用角度而言，交谈与语言环境有直接关系，常常不需要把话说得很完整，使用零散句反而更亲切、自然，更能表情达意。因此，交谈的语言结构要比独白式语言松散。

（二）交谈的基本要求

（1）注意对交谈对象的了解。

（2）注意对交谈地点和交谈时机的把握。

（3）注意交谈的体态、语调。

（三）交谈训练

1.交谈的态度问题

与人交谈，要注意自己的态度。一是要讲礼貌，交谈的对象不同，对对方的称呼也应有所不同，如果与长辈交谈，应称"您"，表示尊敬；如果与同辈交谈，应称呼"大哥""大姐""同志"，表示亲切、友好；如果与小辈交谈，应称呼"孩子""小朋友""宝贝"等。二是与人交谈要态度诚恳，这样会使交谈双方关系融洽，容易达到默契。三是交谈时要专注，交谈时心不在焉、应付别人是最不礼貌的表现。四是交谈过程中应表现出热情和兴趣，这是使交谈得以继续下去的保证。如果交谈中自己的态度冷淡，表现出漠不关心的样子，交谈就无法进行下去。

2.交谈的开头问题

良好的开端是成功的开始。但人们常说万事开头难，所以，交谈如能有一个好的开头，就会比较顺利地进行。

3.交谈话题的提出、展开、控制和转换

与人交谈，要善于提出话题、寻找话题。有人说："交谈中要学人没话找话的本领。"所谓"找话"就是"找话题"。写文章，有了好题目，往往会文思泉涌，一挥而就；交谈，有了好话题，就能使谈话融洽自如。所以，好话题是初步交谈的媒介，是深入细谈的基础，是纵情畅谈的开端。好话题的标准是：至少有一方熟悉，能谈；大家感兴趣，爱谈；有展开探讨的余地，好谈。

4.倾听

善于倾听，是谈话成功的一个要诀。倾听对方谈话时，应注意以下几点。

（1）与人交谈要善用目光交流，适当地点头或做一些手势动作，表示自己在专注倾听。

(2)听者应轻松自如,在听的过程中,应不时用“哦”“嗯”等词语应和,以引起对方继续谈话的兴趣。

(3)适时插语和提问,暗示对方,你确实对他的话感兴趣,或启发对方,以引出你感兴趣的话题。

(4)善于从别人的话里找出他没有能明白表达出来的意思,避免产生误解。也可用一两个字暗示对方:你不但完全理解他的话,甚至和他趣味相投。

(5)不要急于下结论,过早表态会使谈话夭折。

当然,如果你对对方的话不感兴趣,且十分厌烦,那你就应想方设法地转变话题,但不要粗鲁地说:“哎,这太没意思了,换个题目吧。”

5.提问

提问是引导话题、展开谈话或话题的一个好方法。提问有三种功能:一是通过发问来了解自己不熟悉的情况;二是将对方的思路引导到某个要点上;三是打破冷场,避免僵局。发问首先应注意内容,不要问对方难于应对的问题。如超乎对方知识水平的学问、技术问题等;也不应询问人们难于启齿的隐私,以及大家都忌讳的话题等。其次是注意发问的方式。查户口式的一问一答只能窒息友善的空气。提问者应注意发问方式。例如家中来了一位上海客人,你若这样问:“你是上海人吧?”“你刚到北京吧?”“上海比北京暖和吧?”对方恐怕只好一次又一次地重复回答“是”了。这不能怪客人不健谈,而是对这种笨拙的发问至多能回答到这个程度。如果你换一个问法:“这次到北京有什么新的感触?”“上海现在变化挺大吧?有什么新闻?”等,这样的话,对方不但可以介绍一些你所不了解的新鲜事,还会使客人能充分叙述自己的感受而使交谈气氛自然融洽。如果你所提问题对方一时回答不上来,或不愿回答,不宜生硬地追问或跳跃式地乱问,要善于调换话题。可先问点与此无关的事,等紧张的气氛缓和了,再把话题引入正轨。

6.课堂上的交谈训练指导

课堂中的交谈训练形式主要指谈话和讨论,谈话和讨论不仅可以精研学业,磨砺思想,而且可以有效地培养学生的口语交际能力。因为在切磋论辩之中,不仅有着情感与思想的交流,心理的沟通,而且不时会闪现智慧的火花,心灵的碰撞,而这一切又都在动态的口语交际语流中得以展现。交谈时,不光要善于倾听,还要随想随说,深谙谈话技巧,有利于双方言语和情感的沟通;而且交谈的口语表达要自然明快,对所说话语不做刻意修饰。所以,交谈是训练口语交际能力的最好时机。

课堂上进行这种口语交际训练,显而易见的效果是:学生的表现非常积极,有强烈的表达欲望——乐于开口,放得开,不紧张,能够自由地表达自己的情感与观点;课堂气氛非常活跃,口语交际氛围良好。对于课堂中的交谈训练指导,教师要有所为也要有所不为。“有所为”即指教师对自己角色定位为引导者、参与者,在交谈中对学生的话语起调控和促进作用;“有所不为”指交谈话语的主体是学生,话语权的行使者是学生,教师不能过多主导话语,进行过多干预。从培养学生口语交际能力的角度,教师的“有所作为”具体指如下几点。

第一,交谈训练指导中,教师应有明确的训练口语交际能力的意识,既要关注学生交谈的内容,还要关照学生口语表达和听别人口语表达的能力与素养。如因遣词造句不当而未能准确表达,或随意插话、打断别人的讲述等都要及时因势利导,引起学生对口语交际能力的关注。

第二,交谈方法的指导上,教师要重视训练学生迅速进行言语编码的能力,即边想边说的能力。要求学生迅速想好交谈的“要点”,形成内部言语的“语点”“信息点”,以便在交谈中展开词语编码。

第三,教师要注意提高课堂交谈的艺术性,不要使交谈教学流于形式和走向偏误。交谈应是思辨逻辑言语艺术的享受,是一种绝妙的精神享受。为了追求这一境界,我们非下工夫不可。

因此,课堂教学中教师要注意以下几点。

(1)教师要巡回指导或引导,避免学生扯到不着边际的话题,或进行无意义的谈笑、打闹,如果这样,离我们的课堂目标要求太远,不能达到明确的训练目标。因此,要强化听话意识,要求学生不间断围绕话题展开说话。

(2)教师要强调口语交际态度的重要性,即有“文明礼貌”的交际态度。

在一方讲话时，另一方不要随意打断，而是自然而然进行言语性反应和非言语性反应，使得谈话顺利进行下去，从而达到交际目的。

(3)教师对个别性格内向的学生要引导他(她)加入到口语交际活动中，使其善于倾听别人说话和有意识地参与说话。

(4)教师在巡回指导时，要面带笑容，亲切和蔼地融入学生口语交际的氛围中，不要使学生因你的出现或加入而中断话题，或显得突兀，或使学生感到紧张，无所适从，从而打破这种融洽的交际气氛。

(5)注重课后总结与反思。交谈实践表明：大部分学生用方言交谈时能够自然流畅、应对自如、信手拈来，用普通话交谈时虽然沉着自如，但思维的灵敏度不够，而且在力求讲好普通话的过程中语速显得过慢，有点结结巴巴，影响了口语表达的流畅度。

交谈训练中常出现的问题有：　方言区学生多用方言进行交谈。虽说教师有明确的要求，但在谈话的过程中学生会不由自主地回到方言语调上，这不利于学生对已学过的普通话语音的巩固。　参加交谈的人数不宜太多，两三人为宜。如果人数太多，学生间偶尔随意的多方插话会影响说话者的思路，打断其积极的思维状态。　在交谈中要重视听话者的反应：有时是言语性反应，有时是非言语性反应，学会两者的交互使用。听话的一方，要学会倾听。因为倾听表达着听者的态度，体现着听者的修养，更加表现了对别人的尊重。所以，交谈中要善于倾听，乐于倾听，最终学会倾听。

第九章　一般口语交际能力的相关技能训练

一番成功的口语交际，不仅得力于良好的心理素质和思维品质，更得力于出色的有声语言，以及必然伴随有声语言的和谐而得体的体态语。可见，具备良好的心理素质和思维品质是一个人成功进行口语交际的基础。同样，和谐而得体的体态语是口语交际活动中传递信息的重要手段，具有不可忽视的作用。

本章关于一般口语交际能力的相关技能训练，主要指体态语（态势语）训练、心理素质训练和思维训练。

第一节　体态语训练

一、体态语及其作用

人类交际是语言交际和非语言交际的结合，而体态语（body language）是非语言交际中最丰富的一种。它是由人的面部表情、身体姿势、肢体动作和体位变化而构成的一个图像符号系统，是人们在长期的交际中形成的一种约定俗成的自然符号。体态语又叫态势语，其包括手势、头部动作、面部表情、眼睛动作和装饰用品等。

体态语的作用主要有以下三方面。

（一）强调、补充口语信息

口语交际过程中，说者的举手投足、神情容貌、身姿体态始终伴随着有声语言，传递着各种信息。通过动态的、直观的形象，与有声语言协调统一，同时作用于人们的视觉和听觉，拓宽了信息传递渠道，补充和强化了有声语言的信息，使有声语言的表现力和感染力得到升华。

（二）沟通、交流情感

体态语是无言的心声。人们可以通过体态语表情达意，也可以通过观察体态语，分析对方说话的内容是否表达了真情实感，从而达到双方交流思想、沟通情感的目的。

（三）修饰、渲染气氛，调控口语交际活动

口语交际过程中的体态语往往具有暗示作用。说者或听者有意识地通过手势、表情、目光、身姿等手段传递信息，可以调动或影响口语交际对象的情绪，启发或引导对方的思路，调节口语交际的气氛，使口语交际中的主动权掌握在自己手中。通过体态语辅助有声语言调控口语交际活动，可以化不利的、被动的局面为有利的、主动的局面，以达到口语交际的目的。

二、体态语训练

由于体态语是对有声语言的交际效果能产生一定影响的非语言因素之一，所以它与口语交际中的话题主旨也有一个相互协调和吻合交融的问题。也就是说，口语交际中的体态语如果运用得当，就会对口语交际效果的增强起促进作用，反之，则会对其效果产生某种干扰或破坏作用。口语交际活动的不同形式，如演讲、交谈、朗读、辩论等对体态语的要求是不同的。演讲与交谈的要求相对比较严格一些，而朗读和辩论的要求相对比较宽松一些。同时，又因话题的不同，人际关系及语境的不同，对体态语的要求会出现具体而细微的差别，因此，对体态语的训练有时很难提出一种统一的模式。下面结合教师在课堂教学中的体态语（态势语）运用情况对态势语训练提出一些原则性的要求和建议。

（一）课堂教学中教师如何恰当使用态势语

关于课堂教学中教师的态势语，俄国教育家马卡连柯说了一番具体而实在的话，他说："我认为，高等师范学校应当用其他的方法来培养我们的教师们。如怎样站、怎样坐、怎样从桌子旁边的椅子上站起来、怎样提高声调、怎样笑和怎样看待“细微末节”，在我的实际工作中，对于我和对于你们这些有许多经验的教师一样，是具有决定意义的……如果没有这些技巧，那就不能成为一个好教师。”那么，要成为一个好老师怎样才能获得这些技巧呢？马卡连柯说：“只有在学会用 15 种至 20 种声调来说‘到这里来！’的时候，只有学会在脸色、姿态和声音的运用上能变换 20 种风格韵调的时候，我就变成一个真正有技巧的人了。”可见，教学中的态势语是需要教师经过反复训练逐渐掌握的一种教学技能。它是课堂教学活动中传递信息的重要手段，是通过身姿、手势、表情、目光等配合有声语言传递信息的一种形式。态势语在课堂教学中具有不可忽视的作用，它是进行成功的教学活动不可缺少的条件。例如，教师在运用有声语言进行讲述的同时，再辅以优美而恰当的态势语，二者相得益彰，能使教师的口语显得生动有力而顿然生辉。教师在教学中有效地利用态势语，对准确恰当地表达教学内容，渲染情感气氛等，都有语言所不可替代的作用。因此，态势语又被称为“第二教学语言”。

1. 教师的态势语对课堂教学的重要作用

首先，态势语可以传递更为丰富的知识信息，加大教学信息的密度。态势语最主要的功能和特点是可以辅助、补充、加强有声语言教学，另外，态势语有时还可以替代有声语言，独立地向学生传授信息，有声语言教学和态势语的合理结合，丰富了课堂教学的内容，增大了课堂教学的信息量。

其次，态势语能使学生获得形象的感受。有声语言作用于人的听觉，而态势语则作用于人的视觉。这两种信息同时传递，不仅可以使学生获得绘声绘色的讲授，还可以使学生通过丰富多彩的表情、姿态、手势动作获得形象的感受。

第三，态势语能吸引学生的注意力，有利于组织、优化课堂教学。心理学告诉我们，教学过程是学生有意注意与无意注意交替运用、共同发挥作用的认识过程。课堂上仅靠有意注意支撑学生的学习会使学生感到疲倦，难以持久。教师必须根据学生的特点充分发挥无意注意的作用。如讲课中教师的那种富于变化的表情、抑扬顿挫的语调、不断变换的节奏，配以指引性手势或加强性手势并自觉地变换身体姿态、视线、与学生的空间距离，可以悄悄地把学生的注意力吸引过来，从而起到组织优化教学的作用。因此，在教学过程中，教师的体态语对于集中学生的注意力，往往比用语言提示更为有效。

第四，态势语能促进师生双方的情感交流，使教学得以顺畅进行下去。课堂教学中，师生之间情感融洽，能使学生在愉快而又亲切的氛围中学习，充分调动学生的非智力因素，使他们认真思考，积极发言，成为学习的主人。体态语是交流中非语言因素的重要组成部分，教师体态语的无声诉说与有声语言相辅相成，共同对学生施加着影响。教育心理学研究表明，学生智力潜能的开发与发挥，受其学习过程中情绪状态的影响很大。学生在课堂上情绪的变化受教师体态语的制约。教师的表情、眼神、身姿、手势无不影响着学生的心境和态度，进而对学生的情绪产生极大的暗示性和感染力。教师积极的体态语会促进学生的智力活动，使学生产生一种轻松愉快、自然明朗的情感。积极的情绪和愉悦的心境有利于教学信息的传授、加工和储藏，并能激发学生的学习动机。教师一个信任的目光，一个赞赏的微笑都会给学生带来巨大的精神力量。教师和谐有度的教学态度必然会赢得学生的信任和尊敬，使其保持学习兴趣，发挥思维潜力，因而形成活跃的课堂气氛。活跃的课堂气氛无疑对整个教学信息的传授起着非常重要的作用。例如教师亲切的态度是对学生的一种奖赏和鼓励，老师在课堂上对学生的微笑、点头、赞许，能增强学生的信心，缩短师生之间的心理距离，让学生在获得情感满足的同时激发学习的兴趣，积极主动的学习。而且，学生因为从老师的体态语中读出了亲切和信任、肯定与欣赏、鼓励和赞许，也会对老师产生信任感和亲近感，促进了师生“心理相容”，就能主动配合老师，与老师之间达成共同的默契。师生之间的和谐互动也就营造出了民主、平等的课堂气氛，有利于师生之间的教学相长。

2.课堂教学中教师如何使用态势语来表情达意

曾听过一位教师教授苏轼的《念奴娇・赤壁怀古》一文，教师对文中个别语句朗读示范时，由于其声音的力度、面部表情和手势都与句子所描绘的情景、气势等特点不相吻合，让人看后感到极不舒服。这样使用态势语，不但不能帮助有声语言恰到好处的表情达意，反而让人觉得做作、多余，有哗众取宠之嫌。课堂教学是一门艺术，是教育艺术的重要组成部分，它体现了一个教师先进的教育思想、丰厚的知识积淀、娴熟的教育技巧和高超的语言运用能力，具有审美的特性。著名教育家苏霍姆林斯基对年轻教师说："你将在自己的整个教育生涯中当一名教育者。而教育，如果没有美，没有艺术，那将是不可思议的。"因此，教师如何在课堂教学中恰当而得体地使用态势语来表情达意，使自己的教态富有美感，应从以下几方面考虑：

(1)态势语的使用应建立在对文章内容的正确理解之上。对文章进行正确的理解是教学的前提，理解作者所传达的思想感情，理解文中所描绘的景与物的含义，把自己所挖掘的这些东西如何通过自己的有声语言和恰当的态势语准确而传神地传递给学生，是我们教师应具备的基本功。因此，只有对文章内容进行正确的理解，才能产生与之相匹配的恰当的态势语。例如教师的面部表情，在正确理解文章内容的基础上，应做到顺乎自然而富于变化，一颦一笑都要和所讲的内容和拍，而不能风马牛不相及也。如，朗诵苏轼的"大江东去，浪淘尽、千古风流人物"两句，首先要理解句子所描绘的画面：大江滚滚东流，浪花翻滚，从古到今，仿佛没有什么大的变化，但"千古风流人物"却湮灭荡尽，是被这浪花卷走了吗？奔流不息的江水，作为历史的见证，它目睹了多少时代的世事沧桑！这不能不令人感叹生命的短暂和宇宙的无穷！这两句笔力雄健，气势豪迈。理解了这些，朗诵时所使用的态势语——手势应是豪迈有力的，把长江雄伟的气势通过手势烘托出来；所发出的声音应是浑厚有力而略显低沉、略带回忆性的，把对时光一去不复返和多少风流人物的历史变迁以及对生命短暂的感叹体现出来。

(2)态势语的使用还需符合教师的个性特点。俗话说"人心如面，性格各异"，教师的性格是有差别的。课堂上态势语的使用应符合教师的性格特点。对于性情比较直爽、开朗的教师来说，使用的态势语应具有"演讲者的风格"，即鼓动和宣传的风格。除了语言高亢响亮，如行云流水，浑厚雄壮，抑扬顿挫外，态势语的幅度和力度应大一些，以显得舒展、洒脱、豪放；对于性情是温柔细语型的老师来说，除了语言清脆柔美，娓娓动听外，上课时的表情应丰富、亲切、和谐、朴实动人，一个手势、一个眼神，无不体现对学生的关怀，因而态势语的幅度应小一些，以显得柔和、优美。心理学告诉我们，不论哪种性格，都有其一定的优点。因此，教师具有哪种性格特点，还是应尽力去体现这种性格内在的真实自在的美，而不能为了达到某种效果或目的去表演、做作，这样反而显得不自然，使用的态势语也有哗众取宠之嫌。

(3)态势语的使用应该是教师内心情感的真实流露。不能“为赋新词强说愁”而矫揉造作地使用。“情动于中而形于言”，体现在态势语上也是如此，只有自己全身心投入课堂教学，只有自己真正被文章内容所感染、所打动，发自内心而不露痕迹地自然而然地使用态势语来表情达意，这就是一位教师真实情感的自然流露，是最真实、自然的行为。因此，教师使用态势语应当随情所致、自然大方，切忌矫揉造作、放任随意。

3.运用态势语应遵循的原则

态势语是教师在课堂教学中经常使用的一种手段。运用得当，会使有声语言增色生辉，但运用不当，也会削弱或破坏有声语言的表达效果。因此，教师课堂态势语的运用应该讲究技巧，注意方法。概括地说，运用态势语应该适度、自然、协调。

(1)态势语的使用应适度。适度，指运用态势语的幅度、力度、频率等要受到有声语言、语境等因素的制约，要注意把握分寸。动作幅度不宜过分夸张，形式不宜复杂；力度和频率要适中，要有助于口语表达，而不要喧宾夺主、哗众取宠。下面以手势和表情为例来说明。

手势是口语交际中(如演讲、朗诵、辩论等)最常用的态势语之一。运用手势要讲究艺术性，必须明确、精炼、自然、活泼。所谓明确就是教师要使自己的手势有内在的根据和清楚的用意，对语言表达能起到补充和强调作用。精炼就是教师运用手势不能过多过乱，要用比较少的手势动作衬托关键性的语言，实现高精度、高效率的交流。自然就是不做作，随心所欲，与教学内容和谐一致。活泼就是不死板，要符合学生的心理特点。

表情是情感的表象。学生往往能通过教师表情的变化，捕捉某些难以或不宜用语言表达的微妙、复杂、深刻的思想感情。因此，蕴含着丰富信息的教师的面部表情常常是学生最为关注的目标。一般情况下，教师的表情受到两种情况的制约：一是对学生的态度、情感；二是所表达的教学内容。就对学生的态度情感来讲，教师的表情基调是微笑，因为微笑是一种具有强烈感染力的体态语，它可以融洽师生关系、活跃课堂气氛；就所表达的教学内容来讲，教师的情感就不能是单一的微笑了，不同的教学内容，应该有不同的表情，要做到自然适度，恰到好处，以期达到最佳的表达效果。

(2)态势语的使用应自然。教师课堂态势语是教师内心情感的自然流露，这要求态势语的运用不能故作姿态。无论是从审美的角度还是从表达的角度，态势语的运用都要自然得体，既要符合美的原则，给人以美的享受，又要是内心情感的真实流露。一方面，不要虚张声势，因为夸张的态势语只能使有声语言表达失真，丑化自己的形象；另一方面也不要做作，做作的态势语总是给人以虚假的形象，会招致学生反感，应避免。

(3)态势语的使用应协调：教师课堂态势语必须服从教学内容表达的需要，并与教学内容融为一体，切忌生搬硬套、矫揉造作。一方面各种态势语之间的动作要互相配合，另一方面态势语要与有声语言表达的内容和谐统一。态势语是为表达内容服务的，它应该与表达内容有机地结合起来。教师在课堂上运用态势语必须注意这一问题，否则就难以发挥其应有的功效。

如果说"言为心声"，态势语则是无言的心声，是课堂教学中师生双方心理状态和情感的自然流露或有意识的表现。教师通过态势语表情达意，达到师生双方交流、沟通的目的。如果课堂教学中对态势语使用不当，不仅不能达到师生双方交流和沟通的目的，反而会有多余、做作、突兀之感，甚至让人产生啼笑皆非的感觉。如果恰当使用态势语，则会为课堂教学起到锦上添花的作用：例如，教师的表情随着教学内容和教学情境的变化而变化，或喜悦，或惊讶，或愤怒，或激昂，或恐惧，随文而变，通过自己的情绪感染，从而调动学生的情绪，使学生深刻理解教学内容；恰当运用目光和手势，不仅可以起到集中学生注意力，而且还能起到增加口语表达的力度、进而强化讲授内容等作用，为教学口语增添亮色和活力。

一个优秀的教师，不仅要具备丰富的知识，还必须具备艺术地传授知识的才能。态势语的运用，也是教学艺术的一个方面。在教学流动的过程中，教师的举手投足，都是在与学生交流。所以，善用态势语，对文章的理解、教学氛围的营造以及教学艺术能力的提高都是有很大作用的。态势语在课堂教学活动中占有不可忽视的重要地位，应引起每位教师的高度重视。一个教师要想有较高的态势语艺术，首先必须具有较高的思想境界、高尚的道德品质、渊博的学问知识和优良的文化教养。离开这些，只会是忸怩作态，整个教学效果会适得其反。

（二）态势语训练

在口语交际中，学生的态势语使用不当的表现主要有：背台词式的动作，生硬、别扭；口语和动作不同步，口语在前，动作迟缓；忘词、卡壳时搔头、挤眼、皱眉、仰视或用手绞衣角；忘了事先设计的动作，想起来又补上……下面对态势语训练进行分解说明。

1. 身姿语训练

身体姿态是一种处于静止和无声状态的非语言交流，可分为坐姿和站姿两种。自古以来中国人就重视对身姿语的强调：所谓“站有站相，坐有坐相”，“站如松，坐如钟”，这些俗语都表达了人们对身姿语的重视。由此可见，身姿语在一定程度上能够反映一个人的精神状态和文化修养。人们常常通过观察他人的姿态来衡量其文明程度，甚至会据此在交谈之前对对方形成肯定或否定的印象。

头是人身体上最突出的部位，其表达情感、传递信息的作用很明显。现代诗人徐志摩 1924 年 7 月随印度诗人泰戈尔访问日本，临回国时，日本侍女的一个低头动作，给他留下了很深的印象。他感到这一低头，传递给他的是无比的温柔与娇羞：“最是那一低头的温柔，像一朵水莲花不胜凉风的娇羞。”日本侍女的动人之处，他感受到的，不是明亮的眼睛、雪白的肌肤、婀娜的身姿、艳丽的和服，而是那夺人心魄的温柔的一低头。今天，人们读起这首诗，展开想象的翅膀，也会为那“一低头”的温柔而感触万端。

授课过程中，教师的姿态可以表明教师的精神状态和风貌，教师上课时的姿态有别于平时的状态。教师的姿态应呈现出教师的“精”“气”“神”——

精神集中、情绪饱满、心情愉快、神采奕奕的精神状态。如教师走上讲台时的身姿，要能显现沉着、充满自信，稳健有力、大方自然，上身要挺拔向上。抬头挺胸，给人一种冷静、胸有成竹之感。教师的站姿和坐姿应当自然、放松，两腿分立，应避免身体重心在两腿间频繁交替，不应瘫坐或仰坐在椅子上，亦不宜趴在讲台上。

【训练话题】

(1)端正身姿训练：坐如钟——正襟危坐；立如松——挺身直立；行如风——步履稳健。(提示：注意克服驼背、塌腰、凹胸、垂肩等毛病。)

(2)渗透训练：有意识地在日常生活中随时端正自己的坐姿、行姿和站姿。

(3)你是否注意过你说话时的习惯性动作(包括头部、手、臂的动作)？让你的好朋友指出来，你的哪些动作语应该发扬，哪些应该规避？

2.手势语训练

手势实际上是体态语的核心。因为手势的应用最多，也最细腻生动，运用起来也更自如。通常情况下，人们通过手的接触或手的动作可来解读对方的心理活动或心理状态，同时还可将自己的意图传达给对方。

教师的手势共有三个作用：一是澄清和描述事实；二是强调事实；三是吸引注意力。手势的效果在于是否用得恰当、适时、准确。所以，教师讲课应伴以适当的、准确无误的手势，以加强表达效果，并激发学生的听课情绪。但次数不应过于频繁，幅度也不能过大。切忌不停地挥舞或胡乱地摆动，也不要将手插入衣兜或按住讲桌不动。手舞足蹈会令人感到轻浮不稳重，过于死板又会使学生感到压抑，总之应以适度为宜。另外，还应注意各种消极的手势，如用食指指人，用黑板擦不停地敲击桌子，掷粉笔头打学生的头，玩弄粉笔或衣扣等。

【训练话题】

(1)列举并评析人们说“你”“我”“他”时的各种手势，选用你认为最合适的手势进行自练。

(2)手势观察训练：观察并收集人们说“你好”“再见”等常用语句时的各

种不同手势，说说这些手势同说话者的性格或交际双方的人际关系有什么联系。

3.表情语训练

人的面部表情与人的情感活动密不可分。人的基本情感，如喜、怒、哀、欲、爱、恶、惧都可以通过面部表情反映出来。所以，面部表情的内涵很丰富。心理学家 Albert Mehrabian 认为：信息的总效果 7%来自文字，38%来自音调，55%来自面部表情。由此可见，面部表情在人际交流中占有相当重要的地位。口语交际中的面部表情内涵的丰富性使得交际者一定要注意面部表情的含蓄性。例如，满面春风、喜笑颜开，表示内心的喜悦与兴奋；和颜悦色、笑容可掬，表达出对人的热情与友好；面如死灰、目瞪口呆表示出内心的惊悸与恐惧。惊讶时张大嘴巴，困惑不解时张口结舌，痛恨时咬牙切齿，无可奈何时长呼一口气等。

微笑是口语交际中最能促成彼此沟通交流的表情语。微笑好似和煦的春风，使人感到温暖、亲切和愉快，容易营造出融洽和谐的交际氛围。《诗经·卫风·硕人》中的“巧笑倩兮，美目盼兮”，就揭示了这种作用。有人说，微笑是交际的灵魂，这话很有道理。达芬奇的名画《蒙娜丽莎》画了一位几个世纪以来令世人为之倾倒的女人，成为人们心目中最美好的形象。

按照东方民族的审美观，荣娜丽莎算不上漂亮，而且多少还显得有些臃肿。可她的惊人之处，正在她那永恒的微笑。欣赏这幅画，总会让人觉得心里舒畅、愉悦、产生好感，令人回味无穷、浮想联朗。

表情语的运用要注意以下几点：

(1)要真诚，忌矫饰；

(2)要灵敏，忌呆滞；

(3)要鲜明，忌晦涩；

(4)要适度，忌夸张；

(5)要丰富，忌单调。

教师的表情应和蔼、亲切、充满工作热情，授课应富有感情，这也易于产生情感共鸣，激发学生参与课堂的意识和热爱学习的兴趣。教师不应是呆若木鸡、冷若冰霜的人，否则师生沟通起来都很困难，哪里还谈得上什么教学效果。

【训练话题】

(1)教师对表情语运用不当的表现有这么几种：一种是“麻木式”表情。面部呆板，毫无生气，喜怒哀惧不形于色，另一种是“僵化式”表情，表情单一，缺少变化；还有一种是“虚假式”表情，笑不由衷，皮笑肉不笑，好像把“笑容“冻”在了脸上；对学生冷笑、嘲笑等。这些表情不仅不能恰到好处地与学生交际，而且在表情达意方面毫无感染力。

(2)表情语情境训练：根据下列词语所提示的表情，设计不同的口语情境，先自己对镜细心体味、练习，然后在班上模拟表演。

训练材料：开怀大笑、微微一笑、抿嘴而笑、莞尔一笑等。

(3)对着镜子观察你说话时的各种表情。要学会在表情上“扬长避短”。

4.眼神语训练

人们常说：“眼睛是心灵的窗户。”在与人交际交往中，要学会让眼睛配合自己的语言表情达意，与对方发生积极的交流。例如，当对方提问时，要以亲切、热情的鼓励目光看着对方，而不要将目光移往别处(如看窗外，或与别人交谈等)；听众水平不高，不要流露出鄙视的目光；所提问题有刁难性，不要有反感的目光；提问者因紧张而一时语塞，甚至词不达意，不要有讥笑的目光。

课堂上，眼神是体现师生的非语言思想的关键点。教师讲课时，不能昂首望天、目中无人，也不能东张西望、若有所失，更不能死盯着教案讲义，照本宣科。实践证明：教师的目光和学生的目光接触的时间越多，获得学生信赖、激发其兴致的可能性就越大(据心理学家测试，这种接触的时间应达到整个讲课时间的60%　70%)。教师讲课时，应以敏锐而亲切的目光有意识地关注每一个学生，使他们感到没有被冷落。当然，整个目光还要随着教学内容的进行、学生的情绪等自然地变化。

【训练话题】

(1)下面列举的不同眼神有可能反映出说话人或听话人的哪些心情？

正视：　　　　俯视：　　　　斜视：

凝视：　　　　环视：　　　　漠视：

点视：　　　　虚视：　　　　仰视：

(2)视觉的长短软硬透出的信息可能是：

长而硬的视线(直视)一般表示(　　)

长而软的视线(虚视)一般表示(　　)

短而硬的视线(盯视)一般表示(　　)

短而软的视线(探视)一般表示(　　)

视线忽然消失(短暂闭目)一般表示(　　)

(3)试揣摩下列神态提示,将答案写在括号内

下面的神态可能透露了什么?

听着听着,目光凝滞住了。(　　)

听着听着,眼睛忽然湿润了。(　　)

听着听着,身子不停地扭动起来。(　　)

听着听着,忽然眼睛闪动了一下,向别处看去。(　　)

听着听着,眼珠转动,不自觉地搓着双手。(　　)

听着听着,一面点头,一面打起哈欠来。(　　)

(4)目光语导练:结合示例,学会用眼神来“说话”。

【示例】

“会说话”的眼睛

任老师有一双漂亮而明媚的眼睛。那是炯炯有神的眼睛,清秀的黑色眉线之下,仿佛一口明汪汪的水井,蕴含着波澜不惊、从容淡定;也宛若一轮皎洁的明月,虽光华纤弱,却真诚地映照于我们的心灵。

当你成功时,她用赞许的目光注视你,此刻她的眼皮迅捷翻起,晶莹的黑色瞳仁深处,饱含着欣赏与感动,这一瞬,她曾教育我们的所有情景都历历浮现,在她幽深的眼神中,只能用“爱”才能得到最完美的书写。当你失败时,依旧是那种熟悉的眼神,只是这眸子深处多了一份理解与包容,这一刻,她的眼睛是那样的柔和,视线之中分明能看到她的坚定、坚持与执着。这眼

神是深刻的，亦是明朗的，它注视你的一刹那已经告诉了你很多东西：坚持，坚持，再坚持！你会成功的！因为这是一种博大的爱，它虽无声，却可以用眼神来交流。她嘴角微微的浅笑，已然同眸子深处复杂的情感合成一体，这就是老师的眼神。它是洁净纯澈的一汪水井，也是明亮柔和的一轮明月，但是它温柔中有刚毅，坚定中有执着，责备中有赞许，这种熟悉的眼神教会了我们很多东西。

任老师有一双明亮又会说话的眼睛。有一次上课的时候，我不由自主地把小飞机拿出来玩儿，不料被任老师看见了。她用严厉的目光望着我，好像在说："你手里拿着什么呢？"我明白了老师的意思，赶紧把小飞机收起来，重新专心听讲。还有一次，下课的时候，我看见地上有张废纸，就随手拾起来扔到簸箕里。当时，教室里没人，谁也不知道这是我干的。过了一会儿，上课了，老师发现地上的纸没有了，很奇怪。我一边笑，一边看着老师。老师发觉了，眼睛弯得月牙似的，微笑着把目光投射到我身上。老师的眼睛像一面镜子，能够照出我们一丝一毫的过错。老师的眼睛又像妈妈的眼睛一样，充满了对我们的关心和慈爱。

(5)下面是《高山下的花环》中雷军长的一段台词。请设计态势语并试讲。

"我的大炮就要万炮轰鸣！我的装甲车就要隆隆开进！我的千军万马就要去杀敌，就要去拼命！就要去流血！可刚才，有个神通广大的贵妇人，竟有本事从千里之外，把电话打到我这前沿指挥所。她来电话干啥？她来电话是要我给她儿子开后门不上战场，让我关照关照她的儿子！哼！走后门，她竟敢走到我这流血牺牲的战场上：我在电话里臭骂了她一顿！我雷某人不管她是天老爷的夫人，还是地老爷的太太，走后门，没门儿，谁敢把后门走到我这流血牺牲的战场，我雷某要让她儿子第一个扛上炸药包去炸碉堡！去炸碉堡！"

5. 衣着服饰

人们讲究衣着和饰品，既是出自追求美的本能，更是为了达到交际的目的。服装和饰品除了能满足一定的心理需求，还能表明人的身份、地位和职业，改善人的社会环境和人际关系。“以貌取人”固然不对，但服装饰品确实可以改变一个人的面貌，从而改变他（她）在别人心中的形象。例如，公安、司法工作者身穿制服能够强化其行使国家权力的庄严性，以增强对罪犯的震慑力量。教师作为一名教育工作者。其服装应以整洁、大方为原则，切不可穿奇装异服，过分打扮，如果穿戴过于时髦的服饰，有时会使自己在对方眼中失去庄严感，进而使其指导教诲失去分量。当然也不能肮脏邋遢，不修边幅。

【训练话题】

你喜欢什么样穿着打扮的教师？设想你第一次登上讲台时的服饰，并说明你希望向你的学生传递什么信息。

提示：穿着打扮这一无声语言所传递的种种信息，常会使学生形成一定的印象。因为，教师一登上讲台便会无声地向学生表明：“我是随便的”（假如他穿休闲服），“我是严肃的”（假如他穿中山装、西装），“我是富有的”（假如他穿的是名牌、高档的衣服，戴的是贵重的饰物），“我是浪漫的”（假如他穿着奇异、扮相特别），“我是新潮的”（假如他穿时髦衣服或涂脂抹粉），“我是简朴的”（假如他穿的是普通、价廉的衣服）。

第二节　心理素质训练

在口语交际过程中，由于交际双方的心理处于互动互变状态，心理因素对口语交际的成功与否起着极为重要的作用。口语交际实践表明，大部分人在口语交际过程中都或多或少存在一定的心理障碍，尤其是面对大庭广众时，而这也必然会影响到口语交际的效果。所以，克服心理障碍，具备健全的心理素质，懂得心理沟通的方法，是人际交往和学生口语交际获得成功的前提条件。在此，从训练的角度提供一些心理素质训练的方式与方法。

一、自我暗示训练

自我暗示法主要是通过内心积极的自我暗示，消除胆怯、紧张、恐惧等心理障碍。自我暗示法主要针对存在口语交际心理障碍的人。

【训练内容】

主持班会。具体内容有：布置周末文艺活动，主要事项有介绍活动项目，活动时间地点，活动要求；会场布置由哪些同学去做，服务工作由哪些同学去做，征求同学对活动安排的意见。

【训练方法】

(1)在上台前3　5分钟，闭上眼睛，扩张胸腔，深呼吸数次。想好活动安排方案，开头、结尾的关键词句。设定暗示信号，如："我有把握讲清楚，会表现得比同学想象的好。"

(2)走向讲台的速度可比平时稍慢。登上讲台时可深呼吸一次。

(3)目光向前平视或仰视。自我暗示："只要我不慌，紧张一会儿就消除……说话语速慢一点，语调坚决一点。

二、默想脱敏训练

默想脱敏训练主要用于消除学生对紧张、恐惧的心理体验，降低造成心理障碍刺激强度，帮助学生恢复自信心。

【训练内容】

由老师组织学生讨论引起心理紧张、恐惧的原因，讨论题目是：引起学生紧张、恐惧的主客观原因都是什么？

【训练方法】

(1)由老师组织学生共同讨论，分析原因，然后按主客观因素分类。

(2)将引起口语表达紧张、焦虑的诱因根据刺激的强弱、严重程度，把它们由低到高逐级排列、分类。提示如下。

一般诱因包括以下内容。

客观消极刺激因素：

说话对象的目光、表情；

说话对象交头接耳、嬉笑、鼓掌、怪声；

说话对象的职业或文化水平具有特殊性；

对说话对象陌生；

对场地陌生，气氛紧张；

出现偶发事件。

主观消极刺激因素：

对口语表达的效果没有信心；

对口语表达的效果有较高的期望值；

认为出现语塞、失误，肯定会影响自己形象；

自认为说话对象不满，源于自己讲得差劲，他们在嘲笑我；

自己有生理缺陷，形象欠佳。

其他因素：略。

(3)舒适地坐在椅子上或躺在床上，微闭双眼，想象引起最初高度紧张的最弱刺激诱因，直到紧张感接近消失。

(4)升级想象引起较强紧张的较严重刺激因素，直到紧张、焦虑完全消失为止。

三、目光接触训练

在指导学生试讲时，我们常会发现：大多数学生讲课时，只顾盯着讲桌、教案讲，不敢抬头看学生，即不敢与学生进行目光接触，这是心理素质欠佳的表现。因此，对学生进行目光接触训练，增强与人交际的自信心是很必要的。

【训练内容】

(1)说说你在口语表达时，害怕与对方目光对视的原因是什么？

(2)谈谈说话者与对方目光接触时，说话者目光应该发挥什么作用？都有哪些含义？

【训练方法】

情境模拟训练：在一面镜子前，一边看着自己的眼睛，一边想，一边说：现在，我应该用柔和、信任的目光去与听众交流，感谢他们注意听我的发言；现在，我应该用平和、企求的目光去征询听众的意见："听懂了吗？""我讲得清楚吗？"现在，我应该用坚定、自信的目光告诉听众："我坚信这一点。"现在，我应该用火热、亲切的目光与听众交流，表达我们感情上的共鸣。

四、话题训练

【训练内容】

话题一：任何人都是独一无二的。

话题二：战胜怯懦，战胜自己才能成功。

话题三：我的怯场心理正在发生改变。

【训练方法】

在一个正式场合，对上面的话题从容地发表讲话。

请先阅读下面的示例，然后找几位志同道合的朋友“侃”下面的话题。大家大胆的“侃”，饶有兴味地“侃”，互不相让地“侃”，一人说一段话，语段必须完整。

【示例】

侃爷话“侃”

甲：北京这地界挺怪，不管什么人都可以称“爷”。蹬三轮的称“板爷”，腰缠万贯的称“款爷”，能说会道的称“侃爷”，真是“爷儿们”何其多！

乙：是啊，“爷”再多也没“侃爷”多。大概是做“侃爷”比较容易，什么都不要。只两张嘴皮儿，咱俩今天碰一块儿也都成了“侃爷”啊！

甲：“侃”是闲谈，聊天，看似东拉西扯，漫无边际，其实相互补充见闻，既可以消磨时光，又可以打开眼界。

乙：是啊，听说名人也爱“侃”，他们一“侃”就点着思想火花了，不留神就酝酿出新的见解。鲁迅的《门外文谈》最初就是炎炎夏日的夜晚在“门外”同几位邻居“对侃”，后来他回到房间就有了想头，这样就写出来了。

甲：对啊，“门外”侃了回家就成了文本，听说爱因斯坦的一些重要科学观点，是同朋友在瑞士伯尔尼的“奥林比亚”咖啡馆聚会时，一边吃简便的晚餐一边无拘无束地“对侃”，有了灵感，然后经过深入思考提出来的。

乙：不过能像鲁迅、爱因斯坦那些名人那么“侃”的人是太少了，咱们侃不了。所以要说“侃爷”，那也是分层次的。

甲：是啊，有的人碰到一起就叽叽喳喳、叽叽咕咕、胡吹乱侃，说的都是背后损人的话，那种“侃爷”最叫人生厌了。

乙:还有的不“侃”便罢,一“侃”准带点“荤腥味儿”,什么下三流的打情骂俏,桃色新闻黄段子,“侃”得眉飞色舞、口沫横飞、不堪入耳,我看八成儿有过几分体验……那是“荤”侃,不是咱俩的强项。

甲:我想,现在社会环境宽松了,“侃”的范围很广泛。没必要“侃”那些无聊的东西,太没意思了,简直是闲扯淡!

乙:所以“侃”有“侃”的品位,高品位的“侃”益智明理,增长见识,也训练了口才;低级的“侃”,污言秽语,出口成“脏”,浪费时光,最后一事无成,那还不如不“侃”!

甲:对,有品位的“侃”,才能称得上“爷”!

话题1:电视节目的克隆现象

话题2:“网恋”之我见

话题3:“山寨现象”之我见

【训练要求】

运用前面的心理调节技巧进行话题讲述,并及时总结在这方面的进步。

【训练提示】

训练时不要去探究别人目光的含义,你只管去用自己的目光同别人交流,并尽量体会自己的目光是否体现出友好的交流感情;如果你仍然紧张,可以用虚视或扫视。

五、快说脱敏训练

一个人之所以能从口讷到大胆讲话,做到“目中无人”,想说什么就说什么,这是心理调节的结果。目中无人,就是尽量把注意力集中到想什么说什么上,这样,紧张、恐惧的刺激反应就会逐渐变弱。有了想什么说什么的流畅表达,久而久之,便敢大胆地说了。

【训练要求】

面对大庭广众,不管听众的反应如何,只管想什么就说什么,直到紧张、恐惧感消失。

【训练方法】

(1)试对下列论题做出快速有说服力的反驳。

“你的爸爸当海员，死在海里；你的爷爷当海员，也死在海里。我看你就不要再当海员了。”

“我男人好歹是个科长，你男人是什么东西？扫垃圾的！扫垃圾的老婆，你不害臊，我倒替你害臊！”

(2)故意同别人就某问题的观点唱反调，作“抬杠”练习。

所谓“抬杠”是一种通俗的说法，指两个人为了一个问题作短兵相接的争论。“抬杠”可以作为快说脱敏训练的一种形式。请以下列论题作“抬杠”练习：

正方：不要这山望着那山高。

反方：应当“这山望着那山高”。

正方：好汉不吃眼前亏。

反方：好汉爱吃眼前亏。

正方：有志者，事竟成。

反方：有志未必事竟成。

正方：文人不言利。

反方：文人应当言利。

【训练提示】

围绕题目中心内容，只管目中无人地讲，如果出现语塞，就立即换个角度接下去；如果同学鼓掌、交头接耳、发出噪声时，声调可升高，用目光接触对方或听众，聚焦要虚，也可视而不见地说下去。

第三节　思维能力训练

思维能力包括理解力、分析力、综合力、比较力、概括力、抽象力、推理力、论证力、判断力等能力，它是整个智慧的核心，参与、支配着一切智力活动。概念、判断和推理是思维的基本形式，思维的过程是通过分析、综合、概括、抽象、比较、具体化和系统化等一系列活动，对感性材料进行加工并转化为理性认识及解决问题的过程。无论是学习活动，还是人类的一切发明创造活动，都离不开思维能力，思维能力是学习能力的核心。

思维能力的训练体现在5个方面。

创造性。创造性指思维活动的创造意识和创新精神，不墨守成规，求异、求变，能够创造性地提出问题和创造性地解决问题。突出表现在独立性、分散性、新颖性。

系统性。系统性指善于抓住问题的各个方面，又不忽视其重要细节的思维品质。考虑问题，总是要从整体出发，能够很好地处理整体与局部的关系。

深刻性。深刻性指思维活动的抽象和逻辑推理水平，表现为能深刻理解概念，分析问题周密，善于抓住事物的本质和规律。

敏捷性。敏捷性是指思维活动的反应速度和熟练程度，表现为思考问题时的快速灵活，善于迅速和准确地做出决定、解决问题。

灵活性。思维的灵活性指能从不同的角度按不同方法解决问题，能恰当运用分析和综合等思维方法，具有概括和迁移能力，善于运用规律，触类旁通，获得合理而灵活的答案。

语言是思维的外壳，思维是语言的内核。口语表达的过程实际上就是把思维的结果表达的过程实际上就是把思维的结果表述出来的过程；而口语训练对思维也有着加工、提高的作用。因此，通过思维方式与思维品质的训练，有助于从根本上提高口语交际的质量。

一、思维方式的训练

（一）发散思维与集中思维

发散思维是指思路从某一中心向不同层次、不同方向辐射，从而引出许多新的信息的思维方式。训练发散思维能使说话者思路流畅、长于联想发挥、善于应急变通。集中思维是将许多新的信息围绕中心进行选择、归纳和重新组合。发散思维与集中思维可以同时训练。

（二）正向思维与逆向思维

正向思维是指常规的思维方式，逆向思维是指与常规思维反向的一种思维方式。“司马光砸缸的故事”很多人都耳熟能详，按常规思维，救人应先让人离开水，但由于缸太高，小伙伴们无法把缸里的孩子救出来。这时，司马光运用逆向思维:难道就不能让水离开人吗?于是他砸缸救了人。所以,善于逆向思维,可以使人在口语交际中新意迭出。

【训练方法】

(1)请发挥想象力,说出下列物品的至少10种用途。

饭碗 被单 绳子 自来水 窗户 眼镜

(2)扩展话语训练:

分别用“家里很温暖”“教室里很安静”“公园里很热闹”作为开头,各说一段话。要求:每段分别不能重现“温暖”“安静”“热闹”等词;每段必须分别围绕“温暖”“安静”“热闹”为中心组织语言;准备时间为3分钟。

(3)参照范例,对下列词语作发散思维的练习。

粉笔:色彩——洁白 形体——短小 原料——纯净

质地——坚硬 属性——易碎

路灯 黑板 茶壶 天平 春天 微笑

(4)将学生分为正方、反方,对下列成语,正方同学按正向思维方式进行3分钟阐述,反方同学按逆向思维方式作3分钟阐述,然后展开辩论。

知足者常乐——不知足者常乐

愚公移山赞——愚公移山质疑

只要功夫深,铁杆磨成针——即使功夫深,铁棒未必能磨成针。

二、思维品质的训练

(一)思维条理性训练

思维条理性的训练,又叫思维品质的条理性的训练。条理性是思维品质最基本的要求。

思路清晰,才能保证表达清晰流畅。它是关于思维活动的准确性与条理性的训练。

为了使思维有条理,说话有条理,要注意适时留下“思维路标”。常用的方法有三:

一是恰当使用插入语——“首先”“其次”“再次”“总之”“可是”“总而言之”等;

二是正确使用关联词语——“由于”“从而”“因此”“因为”“所以”“但是”“然而”等；

三是话语中必要的称代重提或词语重复，如，“一位老师走了进来。这位老师……”

(1)用100字左右口头选释下列词语（不查字典、不动笔，限时3分钟。）

语文　微博控　草根　蚁族　粉丝

(2)用几句话说明下列物件的结构、功能和使用方法。

烟灰缸　筷子　手机　电脑　茶几

(二)思维开阔性训练

思维开阔性训练，也叫思维品质的开阔性训练。思维的开阔性指思维的广阔、新颖、灵活。

(1)请把下面互不相干的20个单音节词语，经过想象快速组合成一首诗，或说一段描写景物的话。20个字要全用上。如：

日　鹤　萋　空　白　人　乘　愁　楼　返　云　悠　晴　江　树　草　暮　烟　乡　载

(2)成语想象训练：

【示例】

塞翁失马

边塞上一个老头丢了一匹马，别人来安慰他，他说：“你怎么知道这不是一件好事呢?”后来，这匹马竟带着一匹好马回来了。

这个成语故事告诉我们：

暂时吃亏可以得到更大好处。

在一定条件下，坏事可以变成好事。

安慰别人要注意一分为二，免得自讨没趣。

参照示例，请你说说下列每个成语可以从不同的角度引出哪些不同的旨意。说的越多越好。

东施效颦　大海捞针　刻舟求剑　四面楚歌　滥竽充数　邯郸学步　请君入瓮

(三)思维敏捷性训练

思维敏捷性训练,也叫思维品质敏捷性训练。它指思维活动的正确而迅速的特点,正确是前提,迅速是关键。

1.快速归类训练

表示或描述"手"的动作的词有哪些?说得越多越好。如,打、提、写、砍、抽……

2.限时答问

请按照下面的例题,设计一组常识性或"脑筋急转弯"的问题,双方限时性作快速提问,快速回答的练习。(100秒为净答所需用的时间。问句语速稍快,以训练听辩的反应力。回答基本正确即可。)

题例:"雷鸣电闪"和"电闪雷鸣"哪个说法更合理?

什么话说了自己不知道?

外么动物代表澳洲?

处于困境又遇生路可用什么成语表达?

鸟都是会飞的,马都是会跑的。对吗?

两个父亲两个儿子去打野兔,每人打了一只,怎么只有3只?

话不投机,投机取巧,两个"投机"的意思相同吗?

3.迅速判断

下列成语解释哪些是对的、哪些是错的。

(1)其貌不扬:事物的真实面貌还没有宣扬出来。

(2)不刊之论:报刊上没有公开发表过的观点和言论。

(3)满城风雨:全城到处都在刮风下雨。

4.积累词语训练

(1)试用ABB、AABB结构迅速说出表达喜悦、欢乐的词。如:

笑呵呵 笑哈哈 高高兴兴 蹦蹦跳跳

(2)迅速、正确地说出带"马"和带"好"的成语。如:

马到成功 千军万马 指鹿为马 花好月圆 好事成双 好自为之

5.限时快速接对相近或相反的成语

“寸步不离”相反的成语是——

“阳奉阴违”相近的成语是——

“不翼而飞”相近的成语是——

“门庭若市”相反的成语是——

“唯我独尊”相近的成语是——

“祸不单行”相反的成语是——

“时来运转”相近的成语是——

“不足为奇”相反的成语是——

6.接对成语

这是思维和语言的反射性训练。方法是:先就某个成语的意思作简明概括的解释,说后要求对方快速说出相应或相近的成语。两个人一组各组配一套题,互问互答。

题例:事物消亡前的表面辉煌(回光返照)

按自己的需要引用别人的话(断章取义)

行动出没无常,不可捉摸(　　)

不管到什么环境,都安然自得(　　)

在即将成功的时候失败了(　　)

以空想代替现实,以自我安慰(　　)

羞愧得下不了台,就发脾气(　　)

行动和目的相反,背道而驰(　　)

不需攻击,自己就失败了(　　)

治平乱世,恢复正常(　　)

力量很小却想撼动强大的事物(　　)

7.妙对成趣

用对偶句训练择语反应力,是我国传统语言教学中行之有效的方法。对偶句也可以增添情趣。请快速完成下列民谚的接对。接对的评定尺度可放宽。不一定要工对,对已流行的俗语也可进行改动,但要能自圆其说。如：

虎不怕山高——鱼不怕水深；

嘻嘻哈哈喝茶——叽叽咕咕谈心；

粪堆里长不出灵芝草——狗窝里养不出金钱豹；

(1)千军易得，________

(2)尺有所短，________

(3)鱼怕离水，草________

(4)抓鱼要下水，伐木________

(5)明里一把火，暗里________

(6)生姜老的辣，笋子________

(7)甘蔗者来甜，辣椒________

(8)路不走长草，刀________

(9)宁吃鲜桃一口，不呛________

(10)菜刀越磨越快，文章

(11)人勤地出宝，人懒________

(12)柿予拣软的捏，山芋________

(13)好花不浇不盛开，小树________

(四)思维灵活性训练

思维灵活性即思维的灵活变通，指言语交际者根据具体情境与临场变化随机应变地做出切合情境的巧妙反应。这种思维方式也叫“语境生智”。

【示例】

董卿的“语境生智”

2009年春晚彩排前，央视主持人董卿在大理主持节目摔下石阶，后来她来到央视彩排现场，走路有些蹒跚，笑着自我解嘲说她“为大理的景色‘倾倒’，倒在了三塔寺下”。春晚彩排中，青年美声歌手王莉在上场的时候也不慎摔倒，单膝跪地。虽然没有影响到声音的效果，但现场气氛未免显得尴尬。面对王莉的摔倒，董卿说了这样一段话：“刚才歌手王莉不小心摔倒，好在没影响到她的演出。其实春晚就是这样一个舞台能站在这里的都是最优秀的演员，大家都是摔倒了又爬起来才走到这里的！”

两个“摔倒”，语境不同，董卿运用幽默和“别解”巧妙化解尴尬气氛，这就是“语境生智”的功夫。

突破惯性需要语境生智；处变不惊，就可能说出几句机智妙语。如果心情过于紧张，思维难以聚合，表达变得迟钝起来，就可能落入思维惯性的陷阱。“语境生智”就是让思维处于积极状态，来个“急中生智”。

思维灵活性品质的训练表现在表达方式的灵活运用上，如“凡是人，都是有情的”这一思维结果，可以根据不同语境的需要予以多样化的表述。

所有的人都是有感情的。

人世间不存在没有感情的人。

没有感情的人是不存在的。

哪里会有没有感情的人？

作为人，怎能会没有感情呢？

难道会有没有感情的人吗？

没听说过，人会没有感情？

全班讨论后，以下面的命题。进行灵活多样的表述。

该来的人还没有来

好男儿志在四方

（五）思维新颖性训练

思维的新颖性是指由于习惯使然或受他人思维方式的影响，自己的思维趋于定势，口语交际中总会重复别人说过的话，缺乏个人独到的见解。

1. 突破思维惯性的训练

题例：教师问：“猪的用途有哪些？”孩子们踊跃回答，最后大家说不出来了，一个孩子起来回答说：“猪，还可以用来骂人。”

（1）人们总认为“老鼠”是害人精，偷吃粮食，损坏衣物。请你说一段话，讲讲老鼠的贡献”。

（2）人们都讨厌“狗仔队”，请你为狗仔队“讲几句公道话”。

2.就以下命题,试着从“我”的角度说说你的见解,要从新角度来阐发

(1)知足者常乐。

(2)中职生上网的利与弊。

3.对下列论题作“反常合道”的思考,并作言之成理的讲述

题例:天平最公平——天平是最不公平(谁给多点就倾向谁)

(1)班门弄斧——“弄斧”必到“班门”前

(2)良药苦口——“良药”应当“爽口”

(3)想入非非——“想”必须入“非”

(4)知足常乐——知“不足”者常乐

(5)敝帚自珍——“敝帚”何须“自珍”

(6)忠言逆耳——“忠言”应当“顺耳”

(7)愚公移山——“愚公”不该“移山”

(8)自以为是——自以为“非”很可怕

第十章　基于普通话水平测试(PSC)的口语交际能力训练

第一节　普通话水平测试的内容及试卷构成

一、普通话水平测试的内容

普通话水平测试主要测查应试人的普通话口语运用能力，因而测试一律采用口试。测试分为凭借文字和不凭借文字两种方式进行。凭借文字的测试包括读单音节字词、读双音节词语和朗读，而不凭借文字的测试是说话。

二、普通话水平测试试卷的构成

测试试卷的构成有以下四个部分。

(一)读单音节字词 100 个

这一测试题主要考查应试人在一个音节的声母、韵母、声调三方面的发音。一个音节由声母、韵母、声调三部分构成，要读对一个音节，必须做到声母、韵母、声调三部分的正确无误，如果这三者中一项出现错误或失误，整个音节判为错误或缺陷。测试所用 100 个单音节字词均从《大纲》中“普通话常用词语”部分选取。

(二)读双音节词语 50 个

这一题除了考查应试人对音节的声母、韵母、声调的掌握外，还要考查上声的变调、轻声和儿化等音变现象。测试所用50个双音节词语均从《大纲》中“普通话常用词语”部分选取。

（三）朗读

这一测试题主要考查应试人在运用普通话朗读文章的水平。测试所用朗读材料是《大纲》确定的60篇篇目，测试时由电脑显示朗读篇目。

（四）说话

这一测试题主要考查应试人在没有文字凭借的情况下，说普通话的能力和所达到的规范程度。测试所用30则话题均由《大纲》所列出。应试人测试时根据电脑屏幕显示的两个题目进行二选一确定话题。

第二节　朗读测试技巧指导

朗读，是把文字作品转化为有声语言的创作活动，也就是朗读者在理解作品的基础上用自己的语音塑造形象，反映生活，说明道理，再现作者思想感情的再创造过程。

在“普通话水平测试”中，朗读是对应试者普通话运用能力的一种综合检测形式。关于测试中的朗读，语言学家徐世荣先生在《普通话朗读辅导》一文中说得很到位：“严格要求发音正确，念字务‘实’——即表情达意的语势有一定的限度，自然地适当地读出轻重、疾徐、抑扬、顿挫等语调语气，却不过多地作艺术夸张，是质朴平正，字字落实的朗读，而非意气纵横，声情跌宕的表演。”所以，普通话水平测试中的朗读与一般意义上的朗读略有不同。日常朗读活动中，决定朗读者朗读水平高低、朗读效果优劣的因素是多方面的。下面就普通话水平测试中影响应试者成绩的几个主要因素，谈谈朗读的几个基本要求和应该注意的事项，目的是帮助应试人把握难点，在测试中减少失误，更好地发挥水平。

一、朗读的基本要求

（一）用普通话语音朗读

用普通话朗读是一门学问。它除了要求应试者忠于作品原貌，不添字、漏字、改字外，还要求朗读时在声母、韵母、声调、轻声、儿化、音变以及语句的表达方式等方面都符合普通话语音的规范。朗读一篇作品，如果连普通话都读不准确，甚至读错了，那就会影响听众对原文的理解，甚至会闹笑话。要使自己的朗读符合普通话的语音规范，必须在以下几方面下功夫：

(1)注意普通话和自己的方言在语音上的差异。普通话和方言在语音上的差异，大多数的情况是有规律的。这种规律又有大的规律和小的规律，规律之中往往又包含一些例外，这些都要靠自己去总结。单是总结还不够，要多查字典和词典，要加强记忆，反复练习。在练习中，不仅要注意声韵调方面的差异，还要注意轻声词和儿化韵的学习。

(2)注意多音字的读音。一字多音是容易产生误读的重要原因之一，我们必须十分注意。多音字可以从两个方面去注意学习。第一类是意义不相同的多音字，要着重弄清它的各个不同的意义，从各个不同的意义去记住它的不同的读音。第二类是意义相同的多音字，要着重弄清它不同的使用场合。这类多音字大多数情况是一个音使用场合“宽”，一个音使用场合“窄”，只要记住“窄”的就行。

(3)注意因字形相近或由偏旁类推引起的误读。由于字形相近而甲字张冠李戴地读成乙字，这种误读十分常见。由偏旁本身的读音或者由偏旁组成的较常用的字的读音，去类推一个生字的读音而引起的误读，也很常见。所谓“秀才认字读半边”，闹出笑话，就是指的这种误读。

(4)注意异读词的读音。在普通话词汇中，有一部分词(或词中的语素)，意义相同或基本相同，但在习惯上有两个或几个不同的读法，这些被称为“异读词”。为了使这些读音规范，国家于20世纪50年代就组织了“普通话审音委员会”对普通话异读词的读音进行了审定。历经几十年，几易其稿。1985年，国家公布了《普通话异读词审音表》，要求全国文教、出版、广播及其他部门、行业所涉及的普通话异读词的读音、标音，均以这个新的审音表为准。在使用《审音表》的时候，最好是对照着工具书(如《新华字典》《现代汉语词典》等)来看。先看某个字的全部读音、义项和用例，然后再看审音表中的读音和用例。比较以后，如发现两者有不合之处，一律以审音表为准。这样就达到了读音规范的目的。

(二)把握作品的基调

基调是指作品的基本情调,即作品的总的态度感情,总的色彩和分量。任何一篇作品,都会有一个统一完整的基调。朗读作品必须把握住作品的基调,因为作品的基调是一个整体概念,是层次、段落、语句中具体思想感情的综合表露。要把握好基调,必须深入分析、理解作品的思想内容,力求从作品的体裁、作品的主题、作品的结构、作品的语言,以及综合各种要素而形成的风格等方面入手,进行认真、充分和有效的解析,在此基础上,朗读者才能表达出真实的感情,鲜明的态度,产生出内在的、急于要表达的律动。只有经历这样一个复杂的过程,作品的思想才能成为朗读者的思想,作品的感情才能成为朗读者的感情,作品的语言表达才能成为朗读者要说的话。也只有经历这样一个复杂的过程,朗读者才能以作品思想内容出发,把握住基调。无论读什么作品,这“案上的工作”都不能少。

(三)掌握朗读的基本技巧

1.停顿

朗读时,有些句子较短,按书面标点停顿就可以。有些句子较长,结构也较复杂,句中虽没有标点符号,但为了表达清楚意思,中途也可以作些短暂的停顿。但如果停顿不当就会破坏句子的结构,这就叫读破句。朗读测试中忌读破句,应试者要格外注意。正确的停顿有以下几种类型。

(1)标点符号停顿。标点符号是书面语言的停顿符号,也是朗读作品时语言停顿的重要依据。标点符号的停顿规律一般是:句号、问号、感叹号、省略号停顿略长于分号、破折号、连接号;分号、破折号、连接号的停顿时间又长于逗号、冒号;逗号、冒号的停顿时间又长于顿号、间隔号。另外,在作品上的段落之间,停顿的时间要比一般的句号时间长些。以上停顿,也不是绝对的。有时为表达感情的需要,在没有标点的地方也可以停顿,在有标点的地方也可以不停顿。

(2)语法停顿。语法停顿是句子中间的自然停顿。它往往是为了强调、突出句子中主语、谓语、宾语、定语、状语或补语而做的短暂停顿。学习语法有助于我们在朗读中正确地停顿断句,不读破句,正确地表达作品的思想内容。

(3)感情停顿。感情停顿不受书面标点和句子语法关系的制约,完全是根据感情或心理的需要而做的停顿处理,它受感情支配,根据感情的需要决定停与不停。它的特点是声断而情不断,也就是声断情连。

2.重音

重音是指那些在表情达意上起重要作用的字、词或短语在朗读时要加以强调的技巧。重音是通过声音的强调来突出意义的,能给色彩鲜明、形象生动的词增加分量。重音有以下几种情况。

(1)语法重音。语法重音是按语言习惯自然重读的音节。这些重读的音节大多是按照平时的语言规律确定的。一般说,语法重音不带特别强调的色彩。

(2)强调重音。强调重音不受语法制约,它是根据语句所要表达的重点决定的,它受应试者的意愿制约,在句子中的位置是不固定的。强调重音的作用在于揭示语言的内在含意。由于表达目的不同,强调重音就会落在不同的词语上,所揭示的含意也就不相同,表达的效果也不一样。

(3)感情重音。感情重音可以使朗读的作品色彩丰富,充满生气,有较强的感染力。感情重音大部分出现在表现内心节奏强烈,情绪激动的情况。

3.语速

应试者在朗读时,适当掌握朗读的快慢,可以造成作品的情绪和气氛,增强语言的表达效果。朗读的速度决定于作品的内容和体裁,其中内容是主要的。

(1)根据内容掌握语速。朗读时的语速须与作品的情境相适应,根据作品的思想内容、故事情节、人物个性、环境背景、感情语气、语言特色来处理。当然,语速的快慢在一篇作品中并不是一成不变的,它要根据具体的内容有所变化。

(2)根据体裁掌握语速。国家《普通话水平测试大纲》在选编朗读测试材料时,为了保证作品难易程度和评分标准的一致性,所选的60篇作品,几乎都是记叙文。记叙文有记事、记言。一般说，记事要读得快些，记言要读得慢些。

4.语调

语调指语句里声音高低升降的变化，其中以结尾的升降变化最为重要，一般是和句子的语气紧密结合的。应试者在朗读时，如能注意语调的升降变化，语音就有了动听的腔调，听起来便具有音乐美，也就能够更细致地表达不同的思想感情。语调变化多样，主要有以下几种。

(1)高升调。高升调多在疑问句、反话句、短促的命令句，或者是表示愤怒、紧张、警告、号召的句子里使用。朗读时，注意前低后高、语气上扬。

当年毛委员和朱军长带领队伍下山去挑粮食，不就是用这样的扁担吗?(上扬调，表示疑问)

(2)降抑调。降抑调一般用在感叹句、祈使句成表示坚决、自信、赞扬、祝愿等感情的句子里。表达沉痛、悲愤的感情，一般也用这种语调。朗读时，注意调子逐渐由高降低，末字低而短。如：

盼望着，盼望着，东风来了，春天的脚步近了。(降抑调，表示肯定)

(3)平直调。平直调一般多用在叙述、说明或表示迟疑、思索、冷淡、追忆、悼念等的句子里。朗读时始终平直舒缓，没有显著的高低变化。如：

我家的后面有一个很大的花园，相传叫百草园。(平直调，叙述、说明)

(4)曲折调。曲折调用于表示特殊的感情，如讽刺、讥笑、夸张、强调、双关等句子里。朗读时由高而低后又高，把句子中某些特殊的音节特别加重加高或拖长，形成一种升降曲折的变化。

天冷极了，下着雪，又快黑了。这是一年中的最后一天，大年夜……(曲折调，强调语气)

二、朗读测试应注意的事项

(一)朗读测试前应做好以下准备

(1)分析作品：指从语音、语速、停连、节奏、结构层次、感情基调等方面对作品进行细致分析，做到心中有数。另外，应试人应针对自己的实际，确定练习的重点和难点，突破这些障碍。例如，经常念错的读音，语速把握不当,节奏的快慢等,调整好自己的训练点,进行全面准备。

(2)熟读作品:熟读每一篇作品是达到“自然流畅”要求的前提。对作品进行反复朗读,一方面掌握作品的基本意思,另一方面通过朗读,培养形象思维能力,“熟能生巧”,而且能够锻炼发音,丰富语汇,培养普通话语感。这是普通话水平测试前必要的准备。所谓“书读百遍,其义自见。”正是这个道理。

(3)模仿训练:是指对照标准录音磁带进行朗读训练。模仿别人的语音语调和语速节奏进行练习,以增强语感,培养语感,帮助朗读。

(二)朗读测试时的必要准备

(1)确定朗读的基调和语气:首先迅速浏览作品,判断其体裁,进而确定朗读的基调和语气。

(2)了解作品结构层次:作品无论长短,都有一定的结构或层次,要分清语意,读出层次,才能读得自然流畅。

(3)找准和突破难点音:朗读时要找到自己的语音难点,予以突破。对于轻声、儿化词,由于它们隐含其中,要尽快找准,做到心中有数。

(4)快速默读作品:在明确了以上几点后,应迅速扫读全文,使自己思路清晰,读得顺畅。

第三节　说话测试技巧指导

普通话水平测试第五项为“命题说话”,要求被测试者在脱离文字材料的前提下,围绕给定话题,完整地说一段话,限时3分钟。这项考试的目的是测查应试人在无文字凭借的情况下说普通话的水平,重点测查语音标准程度、词汇语法规范程度和自然流畅程度。

作为普通话水平测试的考项之一,命题说话在整个考试中权重最高,占40分。因此,考生应高度重视说话项考试。

一、命题说话的要求

(一)语音标准

具体是指每个音节的声母、韵母和声调都要符合普通话的规范;注意轻声、儿化的正确使用;“一”“不”“啊”和上声的变读必须符合普通话规范;无方言出现,无各种错误和缺陷。

(二)词汇语法规范

具体是指遣词造句完全符合普通话规范,没有明显病句;少用书面词语,不使用典型的方言词汇、典型的方言语法格式。

(三)自然流畅

具体是指语言表达符合口语习惯;表达连贯,停顿恰当,没有长时间的停顿或无意义的重复;没有口头禅;语调自然,没有装腔作势、矫揉造作的问题。

二、命题说话的方法与步骤

(一)选定话题

考试时,先从两个给定的话题中任选一题。选题的原则是自己比较熟悉、准备比较充分的话题。

(二)分析话题

普通话水平测试用的30个话题都是很宽泛的,考生应该有很大的自由发挥余地,只要在说话中把握话题大的方向即可。这30个话题可以根据它们的体裁大体分为三类:叙述类、论述类、描述类,而每一类话题又可以按照不同方法来述说。因此,选定话题后,要迅速确定话题的述说方式,只要把握好说话的方法,就不至于无话可说。

(三)理清思路

确定方法后就要理清说话的思路。也就是理清楚从何说起,说哪些内容,如何结束。有了清晰的思路,确定了说话的方法,我们才能将话题有条不紊地展开。考试时,最好不要有固定的稿件,否则会影响我们说话的自然度。就用平常的心态、平常的话语来说就行了。

(四)充实内容

给定的话题都只是一个大致的范围,正是宽泛的题目给我们充足的空间自由选择说话内容。只要在这个话题范围内,说什么都是符合要求的。因此,没有必要去网上或书上找现成的材料去读去背,只要是说自己或自己身边的事情,用自己的语言流畅地表述下来就成功了。

(五)自然表述

说话项考试要求按照普通话口语应有的语调来表述,尽量减少方言语调以及其他不良语言习惯对说话语调的影响。另外,说话时除了注意语音标准,语调自然,还要注意语法和词汇的规范性,避免使用方言词。

(六)说够时间

说话必须说满 3 分钟,而且也只需要说 3 分钟。一般在组织说话内容时,适当把话题拉长一点,不要过早地结尾。否则话说完了,时间还没到,出现这种情况是要扣分的。

三、常见问题分析与对策

(一)说话不能限定时间

按规定,命题说话限时 3 分钟,不足 3 分钟者要酌情扣分,说话时间少于或等于 30 秒,本项测试按 0 分计。一些应试者该开始时却说不出话,一些应试者说话中长时间停顿,一些应试者往往不满 3 分钟就无话可说。

如果是事先经过了准备,由于心理素质的原因,一到测试现场就把预先准备的东西忘得一干二净。这时可以先说些别的,一般能自然镇静下来再进入正题;即使稍微游离一点正题也比闭口不说强。在说话的过程中,还要注意屏幕下方的及时滚动条,把握好时间,可以适当把话题拉长一点,不要过早地结尾。

(二)书面化与表演化

有些应试者预先写好 30 个话题的讲稿,并背得滚瓜烂熟,考场上口若悬河,滔滔不绝,书面语、长句、各种修辞一拥而上,结果不是出现“背书”现象,就是表演的成分过多,把说话变成了朗诵或演讲。

但命题说话主要考核的是应试者的“说”,即要求说话者按照日常生活中口语交谈的语音语调进行表述,强调自然流畅,即语音、语调、语气、语态等都呈自然流畅的日常说话状态,不能有背书的痕迹。因此,考生在事先准备命题说话时只要写好并记住提纲,到时随机组织语言效果会比较好。如果担心自己临场发挥不好,可以在准备稿子时进行口语化的写作,即多用短句、简单句，尽量少用长句和复杂的句型，并避免使用文言及书面词语。在进行测试时，调整好状态，给自己心理暗示，假设是跟自己的朋友进行面对面的谈话，用适当的语调、语气将准备好的内容娓娓道来。

（三）不断纠错与简单重复

有些应试者在考试时过于小心，一旦出现发音错误或用词不当立即纠正，有些应试者因为紧张，出现的错误较多，致使说话过程变成了纠错练习，严重地影响了水平的发挥。正确的做法是：将错就错，既往不咎，就这么过去，认真说好下面的内容就行了。如果太在意小的失误，会使自己处于内疚和紧张当中，造成更多的失误，得不偿失。

有些应试者经常简单地重复某一句话。如果平时有这样的习惯就要及时纠正，不然等到“习惯成自然”，上了考场再想改就来不及了。还有一种情况是由于应试者情绪紧张、语速过快造成的。语言的组织是需要时间和过程的，如果语速过快，来不及组织下面的语言，就会造成紧张和“空白”，为了填补“空白”，就会不由自主地进行重复。如果遇到这种情况，应试者不妨深呼吸一次，调整一下情绪，放慢语速，在句末适当地停顿，给自己思考的时间。

（四）反复暴露致命弱点

有些应试者在说话过程中，反复地犯同样的错误，如前后鼻音不分，或平翘舌音难辨，或尖音难掩……可以说，大多数应试人员都有自己的致命的弱点，而测试员的职责正是尽量发现考生的这些问题并适度扣分。

所以，在准备说话内容时，千万要注意到自己的这些弱点，遣词造句时应该尽量回避有关音节，而选用同义词或近义词来代替，或换种说法也可以，若是非说不可的一定要仔细斟酌。事实证明，除前后鼻音不分与平翘舌音难辨外，其他缺陷都有掩饰的可能。当然，在平常的学习和训练中真正解决这些问题才是根本。

（五）内容空洞乏味

有些应试者在面对议论类的话题时往往会手足无措，架空议论，致使空洞乏味，说着说着就会“理屈词穷”，没了下文。其实，无论抽到什么样的话题,都可以将事例的叙述或分析作为主体,也就是说,无论是什么命题,都可以穿插一个故事,而且这个故事最好是曲折动人,能够吸引听者注意力的。当然,这个故事必须得紧扣题目,若是离题万里,不但无法支撑自己的论点,还会被扣分。

(六)套用"朗读短文"中的作品

有些自作聪明的应试者,为了说得流畅,会套用普通话测试的第三项——"朗读短文"中的某一作品,以此作为命题说话的主要内容。若是出现这种情况,会被作为"离题、内容雷同"来处理。而且扣分严重,实在是得不偿失。

第四节　PSC30个说话题目指导

1.我的愿望

应该说这是个比较好说的话题,因为每个人都有过很多的愿望(或理想),而且会随着年龄的不断增长和阅历的不断丰富而有所变化。

第一种方法是可以先从小的时候的愿望(或理想)说起,接着说说随着年龄的增长,学习、生活环境的变化,愿望(或理想)发生了哪些改变,有没有实现;然后再说说现在的愿望(或理想),以及为目标的实现而正在付出的努力。

第二种方法是开门见山地表达出"我"的愿望(或理想),接着讲讲这一愿望(或理想)产生的缘由——一个完整的感人故事,然后憧憬一下实现这一愿望(或理想)的美好时刻,换言之,实现了这一愿望(或理想)后,你将怎样做。这个话题,可以说大的、远期的愿望(或理想)也可以说近期的、小的愿望或期盼。

注意事项:切忌说"每个人都有自己的愿望(或理想)"之类的给人感觉千篇一律的、俗套的话。

2.我的学习生活

对每个人来说,学习生活都应该有很多内容可以说。可以按照时间顺序，分阶段介绍自己从小学、中学到大学的学习经历，也可以说对自己影响比较大的，或给自己留下深刻印象的某一阶段、某一方面（如某类专业知识或专业技能）的学习经历。这些都可以从学习的环境、学习的内容、学习的方式、学习的体会和收获等方面去说。

也可以先概括性地介绍一下自己学习生活的特点，然后讲述一两个自己学习中发生的故事，或者回顾几个学习生活的片段：可以是在教室里上课或自习的，也可以是在图书馆看书的，还可以是在宿舍里就某一问题与同学们发生的争论等。

注意事项：材料安排可以按照时间顺序，也可以按照空间顺序，在讲述中要特别注意详略得当。

3.我尊敬的人

值得尊敬的人可以是一个群体，如教师、医生、军人、环卫工人等，也可以是某一个人，可以是伟人、英雄、名人；也可以是自己身边普通的人，如父母、老师、邻居、好友等。

说这个话题，首先要对自己尊敬的人有较多的了解，这样才能保证有话可说，"话源"充足。可以直接说明自己最尊敬的人是谁，然后重点说明他（他们）值得尊敬的原因，一般可以从他（他们）的道德素质、学识才艺、为人处世、社会贡献和社会影响等方面去说。

注意事项：尽量说得具体一些，最好是举一两件具体、感人的事例来说。

4.我喜爱的动物（或植物）

选择一两个自己了解比较多的动物（或植物）来说，这样说起来才会得心应"口"。开头直接指出你所喜爱的动物（或植物），接着用几句话简要介绍一下该动物（或植物）的外形、特点等，然后具体谈谈自己为什么喜爱它。

展开的方式有多种：可以叙述一个与此相关的动人故事，也可以列述喜爱的种种理由。

喜爱的原因可以是多方面的。如果是动物，可以从它的外貌外形、生活习性、功能作用或饲养它的经历等方面来说；如果是植物，则可以从它的外形、习性、颜色、香味、果实、对环境的作用或种植的方法等方面来说。

注意事项:无论是说动物还是植物,都可以在结尾升华主题,用托物言志的方法进说明它的象征意义,对自己的启示和鼓励。

5.童年的记忆

每个人都有珍贵而又难忘的童年,所以这个话题的材料应该是谁都能够信手拈来的。但是为了使说话更流畅、更自然,最好选样自己最熟悉、印象最深刻的童年经历来说:可以说与小伙伴一起游戏的开心有趣,也可以说在爷爷、奶奶、爸爸、妈妈身边的幸福生活。有些人的童年充满着艰辛的、不愉快的、甚至是痛苦的经历,而这些对于一个人的成长而言很可能是极其宝贵的人生财富,因此也可以作为话题的内容。

最常用的组织方式是先用几个词概括一下童年记忆的特点,然后围绕此特点讲述一两件难忘的事情。

注意事项:所叙述的事件要符合儿童的年龄和心理特点,要能体现出儿童的天真活泼,纯真有趣,令人感觉真实可信。

6.我喜爱的职业

选择一种自己熟悉或了解较多的职业,说出喜爱它的原因。

这个话题一般可从以下几个方面来表述:首先,说明自己喜欢的职业是什么,可以是教师、医生等一些传统的职业,也可以是软件工程师、人力资源主管等一些新兴的职业;其次,说明喜欢这一职业的原因,或因为它自己的性格、特长、爱好等密切相关,或是出于某个特殊经历或某种特殊原因,自己爱上了这一职业;最后,说说自己对这个职业的理解,这部分应该作为话题的中心重点阐述。当然,如果可以讲述一个感人的故事,通过故事来说明自己对这个职业是怎样由不喜欢转变为喜欢的,也不失为一种好的方法。

7.难忘的旅行

很多人的旅行经历可能不止一次,而让人难忘的一般是比较特殊的旅行经历。人生的"第一次"往往是令人难忘的,因此可以选择自己旅行中经历的各种"第一次"作为说话的材料:第一次出门旅行,第一次独自旅行,第一次坐飞机,第一次看到大海等。

话题开头、可以先交代一下那次难忘的旅行的时间、地点、人物,接着具体讲述旅行的过程及体验。可以说比较特别的见闻，有趣的或令人感动的故事，也可以说旅行中一些不愉快的经历。

以去一座城市为例，可先简要说明你对这座城市的印象，然后介绍具体的路线及浏览的地方，并选择性地举一两个有代表性的或给人深刻印象的地方加以描述。

注意事项：要注意避免“流水账”式的“汇报”方式，尽量做到有详有略，感受特别深的应重点阐述，一般的则可一带而过，让听者感觉到有层次、有重点、不乏味。

8.我的朋友

自己的朋友可能有很多，学友、网友、驴（旅友）、票友等都可以作为说话的内容，可以说说其中的一个或几个。

开头可引用“朋友看朋友是透明的，他们彼此交换着生命（罗曼·罗兰）”“人生最美丽的回忆就是他同别人的友谊（林肯）”等关于朋友、友谊的格言，或一两句经典的歌词引出自己的这位朋友；然后介绍朋友的基本情况，如外貌、年龄等。然后重点说说自己与他是如何成为朋友的，如性格、兴趣爱好等方面的共同点，或者因为某次特殊的经历使自己和他成了朋友；还可以选择与朋友之间所发生的一两件有趣的、有意义的事情作为重点来说；当然，朋友其他方面的情况，如工作学习、成就、家庭等也都可以说。

注意事项：叙述时要注意层次清晰，过渡自然。

9.我喜爱的文学（或其他）艺术形式

选择这个话题时思路应开阔一些，不要局限在文学上，还可以是其他艺术形式，如音乐、舞蹈、影视、曲艺、戏曲等。另外，一门艺术还可以再细分，如音乐可分为流行、通俗或美声等。总之，要选择具体的、自己熟悉并喜爱的艺术形式来说，才不会无话可说。

但是，如果泛泛地去谈某一艺术形式，往往会流于空洞，且语言组织较难，尤其是自己对这种艺术形式没有深入的研究或了解时，就会感觉比较困难，如果结合具体的作品，如一部文学作品、一部电影、一件艺术品等，就可以分别从作者、作品内容、艺术特点、自己的感受等几个角度来具体阐述对该艺术形式的喜爱之处,然后再围绕此展开进一步的表述;当然,也可以讲述一个故事,谈谈自己是怎样喜欢上某件作品,进而喜欢上这类艺术形式的。

10.谈谈卫生与健康

卫生包括很多方面,如环境卫生(包括居住环境、学习环境、工作环境、生活环境)、饮食卫生、个人卫生、心理卫生等;健康则包括身体健康、心理健康等方面。

这个话题要求从卫生与健康的关系这一角度来说。这个话题有两种说法。

第一种方法是,开头先亮出自己的观点,即表述一下卫生与健康的关系,如“讲卫生是健康身体的前提,而要拥有健康就必须讲卫生”;接下来,可以从正、反两方面分别阐述卫生与健康的关系。

第二种方法是,先说卫生对健康有重要的影响,然后从不同的侧面说说如何做到讲究卫生、保护健康。

注意事项:在阐述的过程中,力求做到有理有据,也就是说既要摆事实,又要讲道理,切忌浮于表面的说教。如果能讲述一个“因讲卫生而健康”或“因不讲卫生而导致疾病”的故事来证明自己的观点,将是一种十分明智的做法。

11.我的业余生活

这个话题说满3分钟应该比较容易,只要选择一些自己业余生活中说起来最得心应“口”的材料即可。可以是游泳、爬山、上网、种花养鸟等;也可以是阅读写作、练习书法等;还可以是各种家务琐事。可以是由于自己的业余爱好而参加的各种活动;也可以是因为某种需要而促成的活动,如充电学习、体育运动等。

开头总括一下自己业余生活的特点,然后叙述自己的各种业余生活。也可以挑自己花费时间最多、感受最深的一项活动加以叙述,谈谈在此过程中的体验,并适当讲讲这项活动给自己的启发。

注意事项:无论怎样讲,穿插一个完整而能给人以深刻印象的故事非常关键,会使整个讲述过程变得生动起来。

12.我喜爱的季节或天气

这个话题有两种说法。

第一种是,首先说自己所处的地域,列举那里的四季(或不同的天气)的特点,并由此引出自己喜欢的某一季节(或某种天气)。接着具体说明喜欢这一季节(或这一天气)的原因,可以是性情的原因,也可以是身体、生活、工作或其他特殊情况造成的原因。

一个人喜欢的季节也可以是随着年龄的增长而变化的。所以,另一种说法是,自己曾经喜欢哪个季节,现在又喜欢哪个季节,再说说变化的原因。在说话的过程中,可引用诗歌加以点缀,使自己的讲述充满诗意;也可以通过一个具体的事例来表明自己喜爱这个季节(或天气)的前因后果。

13.学习普通话的体会

这个话题乍看起来有点儿难,可若是仔细琢磨还是有多种说法。

可以这样说:首先可以从学习普通话之前对普通话的感性认识说起,例如,原来以为自己的方言与普通话很接近,学说普通话很容易,或者原来以为学普通话很难;接着与学习普通话以后对普通话的认识形成对比,既可以印证以前的看法,也可以否定以前的看法;还可以从学习普通话的方法上来说如怎样练习声、韵、调的准确发音,怎样向他人学习,如何克服困难在实际交往中逐渐熟练运用普通话。

或者可以这样说:首先明确一下普通话的概念;然后举一个因交际场合使用方言而引起误会的例子,说明推广普通话的必要性;还可以结合自己的生活或工作经历,说说在与别人交往中说与不说普通话的不同效果;最后,具体谈谈自己的学习方法及学习体会,可以分条列述,如怎样掌握发音部位,通过多读报刊、勤查字典帮助提高;坚持用普通话进行日常会话等。

14.谈谈服饰

凡是有关服饰的知识、自己对服饰的看法都可以作为说话的材料。

可以宏观地说。从服饰的功能与作用角度说:服饰可以防晒御寒、蔽体遮羞、饰身悦目,即实用、伦理、美化三方面的作用;从服饰的变迁角度说,如我国从清代到民国到新中国成立到改革开放后的今天,服饰的变化情况;从服饰的穿戴和搭配角度说,如根据性别、年龄、性格、身材、肤色、环境、职业等方面的不同,在服饰穿戴上应注意的事项等。

也可以微观地说。可将话题缩小为对某一具体服饰的介绍,如中国妇女的传统服饰之一旗袍。可以先介绍一下旗袍的演变过程:它原是旗人妇女的服饰,20 世纪 30 年代盛行一时,成为当时女子最时髦的服饰;改革开放后,随着人们观念的改变,旗袍重新回到了人们的生活中,经过改造后的旗袍更富有现代气息;接着从审美的角度来评价穿着旗袍的优点,从审美的角度来评价穿着旗袍的优点,可体现女性的优雅姿态、凸显女性身材等。

当然,讲一两个有关自己或身边发生的关于某一服饰的故事,来说明服饰的作用,或正确选择、搭配服饰的重要性,也是一种很好的方法。

15.我的假日生活

假日生活无非就是这样几个方面:体育锻炼、娱乐休闲、看书学习、旅游观光、走亲访友、处理家务。

说这个话题时可以把双休日和较长的节庆假日、寒暑假分开来说。可以先说双休日一般是怎样安排的,再讲长假是如何度过的。可以多涉及几个方面,也可以重点说说某一个方面。

也可以以某 较长的假期作为时间对象,简要说说自己参与的各种活动,然后具体讲述某一项给自己留下深刻印象的活动。讲述时,先简要介绍一下组织此项活动的目的、参加的人员等;再具体说明整个活动的过程,重点叙述在此过程中自己的体验与经历;最后作个总括,或抒发感慨,或表达愿望。

注意事项:这个话题可与“难忘的旅行”“我的业余生活”这两个话题合并,因此可以把有关“难忘的旅行”或“我的业余生活”的内容稍微改动一下搬过来。

16.我的成长之路

此话题的中心词是“路”,因而话题的展开应有个“路”,也就是成长过程的体现。有些人的成长过程是平淡的、一帆风顺的,有些人的人生之路却充满了坎坷和磨难,因此可以说成功的艰辛和喜悦,也可以说经历的挫折和不堪、失败的遗憾和教训。

一种方法是:从小到大一路说来,依次介绍各个年龄阶段的大致情况,其中重点说说自己成长过程中某些较为特殊的经历。例如,曾遇到过什么困难,自己是如何战胜困难走出困境的,或不慎走过弯路而留下终生遗憾和深刻教训等。

另一种方法是:先简要说明自己成长过程中所受到的来自各方面的影响;然后举一两个促使自己不断成长的具体事例。也可以说在人生紧要关头曾给予自己帮助和教诲的某些好心人,要突出在这些事件中自己的转变及感受,最后谈谈自己对成长的一些认识。

17.谈谈科技发展与社会生活

这个话题的实质是科技发展对社会生活的影响。科技发展对人们的生活方式、生活质量起着决定性的作用。

可以从大的方面说,如卫星发射、航天航空、水稻等农作物的增产增收、预测自然灾害或预测天气变化对人类生活的影响;也可以从小的方面说,如直接影响着人们生活状况的交通通信、饮食起居、衣着服饰、休闲娱乐、医疗卫生等。

可以从正面、积极的方面说科技发展给人们生活带来的便利,如促使人们在生活观念、生活方式上有所改变,极大地提高了效率,发展了生产力;也可以说科技发展给社会生活带来的负面影响、如环境污染、网络对青少年的不利影响等。

比较全面的说法是:先说明科技发展正悄然地改变着人们的社会生活,接着应从正、反两方面具体谈谈科技发展对社会生活产生的影响。

注意事项:最好是用具体的、真实的事例来证明自己的观点,以增强说服力。

18.我知道的风俗

风俗包含的内容很广泛,如年节风俗、婚丧寿宴风俗、日常生活风俗等。每个地方都有其自己的风俗,每个人都会对自己居住地的风俗有所了解,因而这个话题说起来应该比较容易。

可以介绍自己比较熟悉的几种风俗，可以根据情况自由灵活地安排，了解多的说得详细一点，了解少的就说得简略一些。

也可以就某一具体的风俗加以叙述。具体可以从这一风俗的由来、演变过程、现在的状态等几方面逐一说明。如端午节吃粽子的风俗，先讲述伟大的爱国主义诗人屈原的动人传说，然后介绍各地不同的粽子，最后说明一下，现在人们会更多地将端午节作为一个家人聚会的节日。

注意事项：有些考生在考试时为了求新求异，不说自己熟悉的风俗，而去说一些从书本或网络上得知的异国他乡的风俗，因为内容不熟，往往会给人不流畅、背稿子的感觉，以至于影响测试成绩。这种做法无疑是弄巧成拙，舍本逐末，很不可取。

19.我和体育

每个人和体育都不无关系。有些人喜欢体育，也有些人不喜欢，但不管是否喜欢，应该都有话可说。

如果喜爱体育运动、有体育专长，可以说的就更多了，因为体育不仅可以强身健体，也充实丰富了自己的生活；假若不太喜爱，也不擅长体育运动，但回顾从小学到大学经历的体育课、体育考试，一定有不少的充满“恩怨”和“曲折”的故事可以说。另外，观赏体育赛事及电视体育节目的经历和感受也可以作为说话内容。

还可以以“我对体育认识的转变”为话题来组织说话内容，说说自己喜欢上(或逐渐不喜欢)某一体育运动的相关故事。如起初自己不喜欢体育，但由于看到某个亚运会、奥运会上体育健儿勇夺奖牌的情景，或是自己身边的同学通过拼搏勇夺佳绩，为集体争得荣誉，在无形之中受到了感染，便主动积极地参与到体育活动中去；然后进一步谈谈参加体育活动给自己身心方面发展带来的益处。

20.我的家乡(或熟悉的地方)

无论是说家乡还是说熟悉的地方，都可以从这几方面去说：首先说说它的地理位置、自然风貌、资源物产、风土人情、人文历史等；其次，说说它若干年来发生了哪些变化；另外，还可以说说自己与它的关系，在那里生长、生活、学习或工作的情况。

还可以这样说:开头直接指出“我”的家乡(或熟悉的地方)是哪里;接着描述你那里的美丽景色或风土人情,然后讲述一两件自己在那里发生的故事来说明对此地的某种情结。

注意事项:事件的讲述要有真情实感,给人真实、亲切的感觉。

21.谈谈美食

美食不一定是专指那些高档的美味大餐,也包括那些可口的、健康的普通菜肴和食品。知道了这一点,就会有很多话可说。可以先从自己对“美食”的理解说起,然后可以介绍中华美食的相关知识,如美食传统、八大菜系等;可以具体说说自己喜欢的特色菜肴、特色食品、风味小吃;也可以说说自己制作美食的方法和经验;还可以说说美食与健康的关系、美食中所蕴含的历史文化等。

当然,介绍一两家本地有名的菜馆和特色菜,或讲一个有关美食的生动故事也是不错的选择。最后,最好作一个概括性的总结。

22.我喜欢的节日

生活中有很多美好的、有意义的节日:有传统的,如春节、中秋节、重阳节等;有舶来的节日,如圣诞节、情人节、感恩节等。喜欢某个节日的原因也有很多,如热闹、可以与家人团聚、有充足的时间休息、娱乐等,因而这个话题说起来也比较容易。

本话题可分三部分来讲述。第一部分,可以列述一下各种节日,说明自己最喜欢的节日是哪个;第二部分,可以分别从这个节日的起源或自己喜欢的原因;第三部分,说这个节日是怎样度过的,有哪些有趣的活动。

也可以讲随着年龄的增长自己喜欢的节日有所改变,这几个节日都有什么特点,如何度过。话题中,可以穿插一个在某个节日发生的有趣的故事。

注意事项:普通话水平测试的说话题目里没有“我喜爱的节目”这个话题,但时常有考生在应试时把这个话题误看成“我喜欢的节日”,而围绕节目展开话题,这是要按离题扣分的。

23.我所在的集体(学校、机关、公司等)

集体的范围可大可小。大到一个单位,如学校、机关、公司,小到一个小组、寝室、部门。说自己所在的集体,可以先做一简要介绍,如名称、位置、性质、规模、职责、经营或服务范围等;然后用几个词来概括一下这个集体的特点,如融洽的、团结互助的、积极向上的等,再分别用一两个较为典型的事例来印证这些特点;最后表达自己身处这样的集体中而感到的自豪或幸福。

如果感到有困难,也可以通过故事介绍这个集体中的一个或几个有特点的人物,说说他们的个性、特长;还可以说说大家是怎样和谐相处、团结协作的。

24.谈谈社会公德(或职业道德)

社会公德是社会公共道德准则和道德规范,公众视野范围内人们的言行都应该受它的约束、接受它的评判。如果选择这个话题。可以分别从良好社会公德的益处、目前社会公德中存在的不好的现象、应该如何做到遵守社会公德、如何提高人们的公共道德水准等方面展开;也可以列举一些诸如尊老爱幼、扶弱助残、公共卫生、交通秩序等方面的社会现象,分别评说它们是否符合社会公德。

职业道德,是指从事某一职业的人士应该遵守的道德规范。如果选择的是这个话题,则可根据自己的职业和身份,确定话题的立足点。

注意事项:这个话题属论述类话题,乍一看似乎无话可说,或不知从哪儿说起。的确,单纯作理论性的阐述时可能一时确实说不出很多话来,但可以把它具体化,联系一些具体的社会现象、事例来说应该就比较简单了。

25.谈谈个人修养

个人修养是一个人的文化知识水平和道德水平的综合反映,具体表现为一个人为人处事的态度。这个话题可以用古语“修身、齐家、治国、平天下”中将修身放在第一位作为开头,强调个人修养的重要性:个人修养的高低可能直接影响着一个人的交往、工作、事业等;然后从如何提高个人修养这个角度来说,例如加强文化知识学习、加强自己文学方面的素养、提高艺术修养、增强法治意识、注意言行举止的文明等;也可以联系人们的言谈举止、日常行为来说说其个人修养。

同样，通过一个故事说明加强个人修养的重要性也是个明智的办法。

26. 我喜欢的明星（或其他知名人士）

明星可以是影视明星、歌舞明星、娱乐明星、体育明星，也可以是其他知名人士。

首先，选择好一个自己喜欢的明星（或其他知名人士）作为讲述的对象，适当介绍他（她）的一些情况；然后重点谈谈喜欢他（她）的原因，展开的方式有多种：可以从俊酷靓丽的外表、独特的表演风格、超人的才艺、独具魅力的作品、令人瞩目的成就等方面来说；也可以从更深的层次来说喜欢的原因，如他（她）的人格魅力、对待事业的态度方面来说；还可以讲述一个触动心灵的关于他（她）的故事，如在成长过程中面对磨难和挫折，所表现出的坚强毅力和不屈的精神，或由积极投身社会公益事业、义演义捐等善举而表现出的社会责任感和慈善之心。

27. 我喜爱的书刊

一个人喜爱的书刊可以是一种，也可以是几种，因而不用担心没有充足的说话内容。说话的重点应该是喜爱的理由。这个话题也有不同的说法。

一种是：在话题开头，首先明确一下自己喜爱的具体书刊；接着简单介绍一下这种书刊的相关知识；然后结合书刊本身具体谈喜欢它的原因，可以从不同的角度展开：如内容的丰富、情节的精彩、人物的生动、思想的深邃、语言的优美等，还有像插图的艺术、装帧的精美也可以成为喜爱的理由；如果喜爱的是杂志，还可以结合其栏目、板块的设置来说。

另外一种是：先开门见山地说明自己喜爱的具体书刊，然后介绍自己如何与该书刊结缘：如自己的人生经历与作者或书中的某个人物命运相似，因而同病相怜，相见恨晚；或是在某个特定环境中发现、阅读了它，因而喜爱上了它。

注意事项：有些考生在遇到这个话题时，开头只是简单提一下自己喜爱的书刊是×××，后面一直在讲书中刊登的某个故事。这在测评时是要按离题扣分的。

28.谈谈对环境保护的认识

日益严重的环境污染问题已经引起了全世界的关注，很多媒体都有相关问题的报道，因此对这个话题，大家应该不会陌生。

说环境保护可以先从人类生存环境的现状说起，即“提出问题”，如工业废气、废水的污染、生活环境的污染或由于滥垦滥伐等造成的环境破坏；接着“分析问题”，谈谈环境保护的重要性，针对上述环境问题分析原因；最后“解决问题”，如何正确处理好发展经济与保护环境的关系、如何保护环境：如提高环保意识、从身边细节做起、低碳生活等。在话题的结尾还可以呼吁一下，号召大家从我做起，从小事做起，共同保护我们生长的环境。

29.我向往的地方

向往的地方可以是风景名胜，也可以是普通的地方，这个话题的关键是要说出“向往”的原因。人们向往风景名胜会有很多理由：怡人的景色、悠久的历史、古老的文化、独特的风俗习惯；而一个普通的地方令人向往就应该有自己独特的原因了：那里可能有思念的亲人，也可能珍藏着美好的童年回忆，或者是自己人生的梦想所在。

话题的开头应该开门见山地指出自己向往的是哪个地方；然后叙述向往的原因：可以是因朋友的描述，可以是受一部纪录片的触动等，这些都可以通过具体的故事表述出来；接着具体说说自己所经历的辛酸的期待，付出的艰苦努力，也可以憧憬自己到达那里的情景。

30.购物(消费)的感受

购物(消费)的经历人人都有，而且应该都有过各种不同的感受。当买到了货真价实、物美价廉的商品，或得到了热情周到的服务，就会感觉开心；而有时会买到假冒伪劣或质次价高的产品，在退换货时遭到冷遇，便会非常郁闷。这些都可以说，如果把它具体化为某一次购物(或消费)的经历，这样就更容易组织语句。此外，还可以就此谈谈自己的看法和感想，说说购物(消费)时防欺诈、识别假冒伪劣产品的方法、经验或注意事项等。

第十一章　口语交际能力测试

第一节　衡量中职生口语交际水平的基本标准

衡量一个人口语交际水平的高低，我们常用下列词语来描述。如用“口若悬河”来表达其讲起话来的滔滔不绝的情形；常用“妙语连珠”来赞扬其话语的巧妙风趣，字字如玑珠，很有文采；常用“听君一席话，胜读十年书”来感慨其话语的深刻性、独到性；也常用“笨头笨脑”“笨口拙舌”“理屈词穷”等词语来描述一个人没有口才，不善言辞；用“语无伦次”来形容一个人的说话缺乏条理性，用“吞吞吐吐”来描写其说话结结巴巴，表达不顺畅，用“闪烁其词”来说明其话语的表意模糊，叫人听不明白，理解不了；常用“对牛弹琴”来表达其话语不分交际对象的盲目性，缺乏鲜明的交际效果。以上词语都从不同角度（如思维的敏捷性、表意的深刻性、话语的条理性、针对性等方面）来衡量了一个人口语交际水平的高低，在此基础上，本节主要阐述口语交际水平的衡量标准，即目的性标准、逻辑性标准、准确性标准、针对性标准、通俗性标准、真切性标准。依据这些标准来衡量口语交际的得失将有助于实现交际动机与效果的统一，合规律性与合目的性的统一，使口语交际水平的提高尽可能由必然王国迈入自由王国。

一、意图鲜明的目的性

无论是在日常生活还是在工作中，口语交际都有一定的目的性，口语交际目的的明确与否，会直接影响到交际效果。英国哲学家奥斯汀提出了说话行为的理论，认为交际的基本单位不是句子或其他什么语句，而是完成某一言语信息传输收受的一定类型的行为。如，肯定、请求、提问、命令、道歉、致谢、祝贺等，将研究的注意力放在说话行为及意图和效果上。这对于口语交际水平的研究很有启发作用。

交际目的的实现有赖于说话行为的自我调控。人们的言语交际是一个相当复杂的过程，当表达的一方按照预期的目的发出话语信息，或因措辞不当，或对交际对象的不了解，引起对方的误解和反感，这时就需要加以控制和调节，使对方易于理解，乐于接受。还有一种情况是，交谈的开端是按原定目的进行的，可说到中途，或因对方及周围情况的反应变化，或因兴之所至，走了题，偏离了原定的交际目的，这时，同样需要自觉控制，调节说话行为，以便回到原定话题上来。这是言语交际中贯彻目的性原则和最优化原则的控制手段。例如，一位年轻的人口普查员问一位农村大娘："你的配偶呢?"大娘不知所云。人口普查员连忙调节说话形式："就是你的老伴嘛!"大娘笑了："你说老伴不就是了?"这才达到预定的交际目的。

除了上述调控方式之外，还有针锋相对、步步引导、投其所好、将计就计、委婉含蓄等。例如，在委婉含蓄方面，一位家长问老师："我孩子成绩怎么样?"老师回答："要是能抓紧点，他成绩不会差。"显而易见，这个学生成绩不算好，但这位老师没有真话实答，而是委婉地用对学生的希望作答，既避免家长没面子，又能避免家长迁怒于孩子。

总之，人们运用话语进行交际时，总是想尽一切办法，采取一切有效手段，来调控自己的说话行为，组织相应的说话形式来表达话语意图，以期达到预期的交际目的。

二、条分缕析的逻辑性

"条分缕析的逻辑性"主要针对话语条理性、逻辑性的清楚而言。

衡量一个人说话水平的首要因素便是准确、清晰、明白。为达此目的，话语必须将话题、观点、材料等纳入一定的思路中，最终条分缕析地呈现话语的内在联系。厘清思路的方法有：一是组织一定的表达形式，按一定的顺序展开，从头到尾，都要符合事物的发展规律，符合事理推演的逻辑顺序。

二是将问题分门别类，观点排列有序，即先说什么，后说什么，在头脑中要有全盘考虑，这样才能使要表达的内容有条不紊。

要使口语交际条理清楚、头头是道，就必须安排好表达时的话语语义组合。口语交际要承前启后，一句接着一句，这是由言语陈述的线性特点决定的。对人说话时，每个句子都有自己的话语起点，即陈述对象，也叫“主位”，代表旧信息；后边的话是对话题起点的陈述，也叫“述位”，传递新信息。句子的表述过程就是由旧信息到新信息的表述过程。在完成一个由许多句子组成的言语行为过程中，人们说完一句话后，就要考虑下一句话的表述应选择什么样的主体作为新信息的起点，是仍然以上一句话的主位作为下一句的主位呢，还是将上一句的述位做下一句的主位呢？每说完一句话，人们都面临着同样的选择，直至表述完毕。捷克学者丹纳斯把这种过程中的主位关系称作“主位推进程序”。这种“主位推进程序”既体现出思维路线之魂，又体现出话语框架之形，很值得我们借鉴。如颇具中华民族思维特点和语言表达特色的时空排列方式：“从前有座山，山里有座庙，庙里有个老和尚，老和尚给小和尚讲故事……”这种表述推进程序以时空坐标点为主位，引出一个述位，然后不断变换成新的主位和新的述位。

这种在语义上的逻辑性，或按时间顺序，或以空间线索，或依据事理关系，等等，都是围绕着一个中心，顺着逻辑线索展开，因而能使话语中心突出，条理明晰。

三、表情达意的准确性

准确性是中职生运用语言进行口语交际的基本要求。表情达意的准确性主要指语言运用的准确性、知识储备和掌握知识的准确性。

语言运用的准确性，主要指正确地使用语言。正确地使用语言，就是语言运用的最大技巧，是每个人驾驭语言的基本方式和方法，在语言驾驭上每个人都有自己的特点。按照标准性要求来说，一般要具备这样几个条件：一是要认识明确。对自己所要表达的东西不熟悉或一知半解，其语言的运用也必然张冠李戴。二是要建立宏大的“词汇库”。口语交际中如果词汇贫乏，语言单调，表达就会苍白无力，这是不受欢迎的。三是要有感情色彩。

感情色彩主要指褒贬语词的正确使用，这样使用语词是对内心世界的真实表达。四是对古语、现代新词和优秀的外来语的使用。在语言运用中，如果恰到好处地使用一些有生命力的古代语言文字、现代社会出现的新词、热词以及国外的一些优秀语言，除了大大丰富自己的语言外，还能增强语言运用的文化底蕴、新颖性、时代性和民族性。五是语言要精练。即尽量用最少的词句准确地表达自己所要表达的意思。清代画家郑板桥有诗云："削繁去冗留清瘦。"可见，言不在多，达意则灵。语言的精炼就是长话短说，言简意赅。

中职生在口语交际中对语言的准确运用，首先要求要掌握丰富的知识，如果没有丰富的知识，语言的运用就会表现得浅薄、空泛、苍白无力而缺乏吸引力。有了丰富的知识储备，还要使知识的掌握趋于准确性，似是而非、模棱两可、含糊不清都是口语交际中语言表意的大忌。21 世纪是知识经济时代，现代社会是知识型社会。中职生应努力学习各种文化知识，不断充实自己。中职生要掌握的知识既包括社会科学内容，又包括自然科学内容。只有将社会科学和自然科学有机地结合起来，才能使自己的知识更加完善。

四、因人而异的针对性

口语交际的针对性标准在前面章节我们已谈过。指中职生口语交际时要针对交际对象的不同年龄、不同性别、不同性格、分清个人好恶、考虑心境状态等，切合实际，有的放矢。针对不同年龄。如对老年人说话，由于老年人的人生阅历丰富、体验深刻、经验丰富、智力水平很高，心理状态相对稳定，这是首先需要考虑的。其次要了解老年人喜欢与厌恶的话题。喜欢的话题，如对当前国际国内形势的看法，对社会风气的评价，对青年一代的愿望及其退休后的生活与健康等做到了解；反感的话题，如与生老病死有关的话题是老年人员最敏感忌讳的，应慎之又慎。只有了解老年人的爱憎情感，我们所说的话才能适应其生理、心理特点，口语交际才会取得成功。如，遇上一位老人去换煤气罐，如果你说："老大爷，您没气啦！"老人家肯定会不高兴的。因此，口语交际的针对性很重要。由于老年人喜欢热情、稳重、平实、幽默的话语，所以，我们应该用尊敬、庄重、谦和、亲切的态度同他们交际与交流。

针对不同性别。男女性别的不同决定了其担负的社会职能的不同，这就形成了男性和女性不同的心理和习惯。一般来说，男性较自信、大方、果断，有较强烈的主动性、批判性和坚韧性，不太拘泥于细枝末节；女性则比较文静、柔弱、感情细腻、善良、富有同情心，具有较强的敏感性、依赖性、脆弱性和易受暗示性，心理比较复杂。所以，男性之间的交谈一般是海阔天空，自由随意，坦诚直爽，但应注意控制冲动，克服盲目乐观；女性之间的交谈多是家长里短，柴米油盐，丈夫儿女，温馨自然，但应注意认识的新颖、深切和防止过于敏感。男女性之间的交往，男性应注意用坦诚、热情的言辞平等对待女性，以取得女性的认同；女性应排除自卑心理，敢于大胆发表自己的独立见解。

口语交际的针对性标准还体现在对交际对象的不同性格的把握上。性格，是指人对现实的态度及习惯化的行为方式，它是最能表现个性差异的心理特征。对于性格豪爽者，要求说话耿直爽快、褒贬鲜明、淋漓尽致，厌恶言不由衷、转弯抹角、遮遮掩掩；对于性格拘谨者，要求言辞坦诚真挚，恳切明晰，对出言不逊、绵里藏针非常反感。脾气暴躁者往往喜听温和婉转之言。胆小怯懦者一般厌恶粗暴强悍之语。

分清个人好恶。爱好，是指个人对某种事物具有浓厚的兴趣。由于个人的爱好不同，对话语的“兴奋点”也不相同。如果对一位潜心学问的学者大谈“股票”“生意经”，他定会嗤之以鼻；相反，若对一位经商之人大谈“治学之道”，他也会味同嚼蜡。不同的爱好有不同的“兴奋点”，爱好相同的人聚在一起交谈，可以激发出话题焦点的“火花”，进而产生思想感情的共鸣，使交谈者彼此在口语交际能力上得到共同提高。

考虑心境状态。所谓心境，是指一个人的一种较微弱、持久而具有感染性的情绪状态。在良好的心境下，主体对一切都感兴趣，会以亲切平和的态度待人接物，在人际交往中，心与心容易沟通；相反，在不好的心境下，主体对一切都感到枯燥无味，容易被激怒，在人际交往中，心与心很难沟通，这时的说话要注意，不能“哪壶不开提哪壶”。所以，口语交际中，我们必须把对方当时的心境作为一个基本的前提加以考虑。

五、明白晓畅的通俗性

通俗性即指“明白如话”，让听者明白，易懂，使人乐于接受。口语交际中的“通俗性”，主要指在口语交际活动中要说生动形象的大众话和朴素平易的实在话。

生动形象的大众话，指在口语交际中准确使用俗语、谚语、歇后语等老百姓的口头语，能增强说话的感染力。俗语是通俗而广泛流行的定型语句，简练形象。恰当引用俗语，可以增强说话或演讲中的幽默感和说服力。如，“当家才知盐米贵，出门才晓路难行”、谚语是劳动人民在长期的生产生活实践中总结出来的语言。经历了千百年的传诵，千锤百炼，凝结着劳动人民丰富的思想感情和智慧。谚语具有寓意深长、语言精练、朗朗上口、便于记忆的特点。恰当使用它，可以为语言增色。如有关生物反应与天气的谚语：“燕子低飞要落雨”“蚂蚁搬家早晚要下”“天上鱼鳞斑，晒谷不用翻”，等等。歇后语是为老百姓所喜闻乐见的语言，在群众中广为流传。歇后语一般由前后两半截组成，前半截形象的比喻，像谜面，后半截是解说，像谜底。在口语交际中恰当运用歇后语，可以增强谈话的趣味性，增加语言的表现力。如，外甥打灯笼——照舅（旧）、锦上添花——好上加好、孔夫子搬家——净是输（书），等等。

又如，《红楼梦》六十五回中，兴儿向尤二姐介绍王熙凤的为人时所说的一段话：

“她说一是一，说二是二，没有人敢拦她……如今连她正经婆婆都嫌她，说她‘雀儿接着旺处飞，黑母鸡一窝儿，自家的事不管，倒替人家去瞎张罗’。……我告诉奶奶，一辈子不见她才好呢。‘嚼甜心苦，两面三刀’；‘上头笑着，脚底下使绊子’；‘明是一盆火，暗是一把刀’，都全占了。”这段话中，兴儿使用了许多大众化语汇，形象地描绘了王熙凤心狠手辣、媚上欺下，“少说也有一万个心眼儿”的多面性格，可谓惟妙惟肖。

朴素平易的实在话，指在口语交际中要说符合实际的话，即心平气和，直来直去，实话实说，中肯实在，语言平易。大众喜欢的是有啥说啥，直来直去。对于那些空话、套话、大话、假话，不但不愿听，甚至觉得是受精神折磨，是浪费时间。

强调口语交际中语言的通俗性，还要注意避俗。通俗不是粗俗，通俗忌讳粗俗。通俗而形象的语言，给人以享受，容易打动人，叫人易接受。粗俗而低下的语言，使人嗤之以鼻，不屑一顾。所以，口语交际中的语言不是华丽辞藻的堆砌，不是文绉绉的书面语，而是充满生活气息的通俗质朴的语言。这样的语言，因为很受人欢迎，因此很有生命力。

六、情真意切的真切性

口语交际所传递的信息，除了理性信息外，还有情感信息。这种情感信息，内涵十分丰富。其功能不仅要诉诸人的理智，而且更要打动人的情感。所以，《毛诗序》云："情动于中而形于言，"白居易说："感人心者，莫先乎情，"说明口语交际时既要以理服人，又要以情感人，这才能表现出良好的口语交际水平。如果口语交际中对某一信息的传递缺乏影响人的情感的因素，那么这样的口语交际便是不成功的。情感在口语交际中的重要性可见一斑。"事实、情真、可信性"被认为是一番言语具有说服力的三大要素，有人称这种说服力为"充满激情的逻辑推理"。因此，口语交际水平与情真之间存在密不可分的关系。

这里"情真意切的真切性"主要指"以情感人"的语用效果和表达方法。要想达到理想的口语交际效果，情感的运用是必不可少的；要想达到"言者惓惓，听者潸潸"的效果，必须重视"情真意切的真切性"。下面是一则超市购物时的口语交际实例：

顾客：请问有白猫牌的柠檬红茶洗洁精吗？

导购：那上面不摆着吗？

顾客：多少钱一瓶？

导购：自己看嘛，那上面不写着吗？

这样的对话，顾客被噎得够呛，随即会掉头而去。这是极其不成功的口语交际。顾客虽然获得了准确的理性信息：有白猫牌的柠檬红茶洗洁精及其价格，但由于导购冷淡的服务态度，以反问句式传达的理性信息，使得情感信息受阻，顾客受了气，生意自然难成。

情感是打动听众的有力武器。说理可以服人，诉情可以感人。要想使听众真正被你的话感动，却不是一件容易的事。所以，“以情感人”的表达方法很重要。较常用的是推心置腹法。这里的推心置腹就是指话语的真诚。所谓真，是指不矫揉造作，言辞不虚浮，能够保持说话者的自我本色。例如，1860年，林肯与民主党候选人道格拉斯竞选美国总统。道格拉斯是个阔佬，为了推销自己，特地租用漂亮的专列，车后安放一尊大炮，每到一站就鸣放30响，配以乐队的喧闹，声势之大，为历史之最。并口出狂言："要让林肯这个乡下佬闻闻贵族的气味。"而林肯则买票乘车，每到一站就登上朋友们为他预先准备好的马拉车。面对道格拉斯的强大挑战，他以退为进，沉着迎战。在一次演讲中，他说："有人问我有多少财产？我有一个妻子，三个儿子，都是无价之宝。此外，还租有一间办公室，室内有办公桌子一张，椅子三把，墙角还有一个大书架，架上的书值得每个人一读。我本人既穷又瘦，脸蛋很长，不会发福。我实在没有什么可依靠的，唯一可依靠的就是你们。"林肯这番话的真诚首先在不讲排场，与选民的心理距离拉近了；内容上，贴近常人之心：谁没有妻室儿女？他却称他们是无价之宝。这是情感认同。办公室是租用的，摆设极其简单，但书架大，投合选民们理想中的总统形象：廉洁、勤奋、富有学识。这样的自我介绍，不乏幽默感，这是形象的心理认同。最后，不把自己当作选民的救星，而把选民当作自己唯一的依靠，予以得体恭维，从而获得心理的亲近认同，可谓真诚显魅力，林肯最终的一举获胜便在情理之中。

第二节　口语交际能力测试相关事项

目前，我国对中职生的口语交际水平的测试缺少测评体系，教师和学生对口语交际教学的重视程度必然也有所减弱，教师对学生在口语交际课程中的学习效果也没有依据来衡量，因此，我们要对中职生进行口语交际能力的测评，可以借鉴国外的测评标准，参考我国普通话水平等级测试的形式，这将对学生口语交际能力的提升有一定的促进作用。下面，谈谈中职生口语交际能力测试的相关事项。

一、口语交际能力测评原则

(1)以《师范院校“教师口语”课程标准》关于一般口语交际的教学要求为依据，通过几种主要口语表达形式的出题考核，了解学生对一般口语交际技能的掌握情况。

(2)激励性评价贯穿始终。激励性评价作为学生的精神刺激物，极大地激励了学生的进取精神，为学生积极行为的不断涌现起到潜移默化的作用。激励是学生不断提升口语交际水平的内驱力。因此，教师在口语交际教学过程中，对学生的口语交际表现，无论优劣，都要先给予肯定，适时做出激励性评价，与学生展开心理对话，满足学生寻找自我价值、寻找自我肯定的心理需求，引起更高层次的积极行为。及时调动学生的学习热情，让学生愿意参与到口语交际训练当中。只要学生敢说、愿意说，就是口语交际训练成功的希望。激励性评价不仅能促进学生在本次口语交际训练中全身心投入，更能增强学生在生活实践中交际的信心，其口语交际能力在平时的点滴积累中必然会逐渐得到提升。

(3)即时性评价与终结性评价相结合。

即时性评价。即时性评价是一种与教学过程密切黏合的行进性评估，它始终贯穿于课堂学习过程中。教师在教学中通过学生的表现，及时给予评价，以学生为主体、以教师为辅翼，可以对学生在口语交际方面的交际意识、情感态度和参与兴致作出综合性的临场评定。这种评价最大的价值就在于随时评定，随时反馈，可以对学生的学习效果及时掌握，适时地调整教学策略，更有效地发挥教师的指导作用。学生通过这种即时性评价，也可对自己的优势和不足随时了解，及时更正。

终结性评价。终结性评价是在一定时间段的口语交际训练结束后，对学生进行总结性的综合评定，可通过对学生进行口语交际评估来协助完成。这种评价方式既可检验学生经过学习训练后的学习效果，也可让学生对自己的口语交际水平有所衡量。在实践教学中，可以将两种评价方式相结合，促进学生口语交际能力的提高。

总之，遵循平时教学过程中的即时性评价与编、章结束时的终结性评价相结合，按比例评定成绩的原则，力求客观公正。

(4)坚持全面测试，即从听与说、有文字凭借与无文字凭借的表达、静态语境中的说与动态语境的表达等多方面进行综合考核。侧重点放在无文字凭借的静态语境中的适应性表达方面。

(5)对学生进行口语交际能力测评要以实用有效为原则，根据学生专业特点，把对学生口语交际能力的测试与学生所学专业紧密结合。

(6)本测试全部口试，以等级显示成绩。

二、测试内容和方法

(一)口语交际能力测试内容

(1)概要复述。现场向被试者出示一则言语材料，要求3分钟后作概要复述。主要测试被试者的记忆能力、思维能力、瞬间言语组织能力。

(2)朗读。指定朗读一篇文章，重点检测被试者对朗读技能技巧的运用。

(3)备稿演讲。提前出题，要求被试者作有听众的登台演讲。主要检测被试者的思维能力、心理素质、语音表情达意的能力、态势语的运用等方面。

(4)听后评说。当场让被试者听一段录音，听后3分钟对此发表自己的看法。主要测试被试者的听记能力、听话组合能力、听话辨析能力、测试快速语言编码的能力。

(5)辩论反驳。现场让被试者听一段录音，介绍一种错误的说法或一种大多数人公认的正确说法，要求3分钟后反驳错误说法，或将正确说法的逆命题说得能够成立。说过以后，测试者可以作一次性质疑，令其当场答辩。主要测试被试者的听辨能力、思维品质、心理素质和动态语境中表达的应变能力。

(6)话题交际。现场让被试者听一段录音，介绍一个交际语境中的话题情境，请被试者1分钟后说说自己在这种情况下怎么说、怎么做。主要测试被试者口语交际中适应语境的能力。

测试内容，除朗读、备稿演讲外，试题必须当场出示，以增强水平测试的可信度。后附测试样题，供教师出题参照，学生也可运用这些材料自测或互测。

（二）口语交际能力测试方法

（1）测试采用单向表述与双向或多向交际相结合的方式。概要复述、朗读、备稿演讲、评述主要采用单向表述的口语表达方式，而辩论反驳、话题交际主要采用双向或多向的口语交际形式。

（2）考试方式：

学生按学号在考前 5 分钟抽取考题。

每位学生的口试时间为 3 分钟。

三、测试评分标准和测试计分表

（一）测试

测试共分六项，每项得分为："态度认真、举止合乎礼仪规范"这一项为 10 分，朗读、复述、演讲、评述、辩论反驳、交际话题讲述各项均为 15 分。

各项评分：A 级，10　15 分；B 级，5　10 分；C 级，5 分以下。

（二）评估标准

（1）普通话表达：用普通话说话，要求发音标准、口齿清楚、语言流畅、有节奏感。

（2）口语表达能力：语言组织能力、语法规则、词汇储备、语音语调语速的配合，语义明确程度，情感的融合程度。

（3）语言领会能力：注意力、语义理解、感悟对方言语情感。

（4）语言应对能力：应对是否得体大方、机智灵活。

（5）临场表现：精神状态、举止谈吐、仪态风貌。

（6）测试项目具体要求：

态度认真，举止合乎礼仪规范。

对复述、朗读、演讲的具体要求：熟练掌握不同形式的口语表达的基本要求、方法与技巧，做到：语音准确，自然流畅，语速适中、语调亲切、自然，针对不同的口语表达形式，语调应富于变化。

评述的具体要求：语言流畅、观点明确，有理有据，彰显自我个性。

在辩论反驳中，观点要鲜明正确，反驳论证逻辑严密，言语犀利、流畅、简短、有力，尊重对方的质疑，讲究辩论风度。

交际话题的应对，能够切合语境，自如地对答，随机应变，言语巧妙而不失礼仪风度。

第十二章　培养中职生口语交际能力的策略

有资料表明:在日常言语活动中,“听”占45%,“说”占30%,“读”占16%,“写”占9%。从“听、说、读、写”的比例来看,“听”占的比例最大,人们几乎用了一半的时间在听。由此可见,口语交际在人们日常交流、交际活动中占据着十分重要的地位。因此,训练学生的口语交际能力就成为现实而紧迫的任务和需要。

第一节　语言与口语交际训练

学生口语交际能力的训练是一个复杂的过程,语言是口语交际能力训练的核心。语言的一系列属性决定了口语交际能力训练的相关属性。

口语交际离不开语言,口语交际训练必须依托于语言训练,而语言是一种非常复杂特殊的社会现象。语言的复杂性在很大程度上决定了口语交际训练的复杂性。从口语交际训练的角度看,有必要强调语言的以下几个属性:

一、语言和社会的互相依存性

语言离不开社会,语言的内容,要受时间、环境、方式和社会形态的制约;语言的效果要由社会反映来检验和决定。而社会也离不开语言,没有语言就不利于人们之间的相互沟通;没有语言,就不利于人们统一认识,统一步调;没有语言的交流,就不利于社会的发展。因此,语言与社会有着密不可分的关系;语言水平对社会的存在和发展起着重要的作用。很难想象,一个没有良好语言沟通的社会将是一种怎样的状态。

语言和社会的这种互相依存性决定了语言是动态的,语言是随着社会的发展而发展的,语言依存于社会,这点决定了口语交际训练的不间断性,即持久性;社会离不开语言,这点也决定了口语交际训练必须立足于满足社会交际需求的性质。

二、语言的自然获得性和依赖学习性

语言的自然获得性决定了口语交际训练的阶段性,而语言的依赖学习性决定了口语交际训练的必要性。前者要求口语交际训练应该在一个适当的阶段完成其基本任务,而后者要求人们要进行口语交际,如果想使自己的语言能够最大限度地满足社会交际需求的话,必须终身学习语言。

三、语言的系统性、规律性和反系统性、反规律性

语言的系统性决定了语言单位、规则的有限性和言语作品的无限性,同时也决定了口语交际训练可以通过科学的方法来进行,因此它又要求口语交际训练必须具有科学性;语言的反系统性、反规律性决定了口语交际训练中应该正视规则操练的单一性所带来的负面效果。另一方面,语言的系统性、规律性有助于人们通过口语交际训练获得判定语言形式合法性的能力,而语言的反系统性、反规律性则有助于人们明白在口语交际训练中还要尊重活的语言事实。

四、语言的工具性和交际性

语言的工具性决定了口语交际训练是一种技能训练,技能训练要求人们知道怎样使用语言,在日常生活中能恰当熟练地操作和运用语言进行沟通和交流。而语言的交际性则又决定了口语交际训练是一种素质教育。语言是交际的工具,这是语言的交际赖以存在的根本,口语交际训练的根本目的是提高人的言语交际能力。口语交际又是一个非常复杂的过程,因此任何想通过单一途径提高口语交际能力的做法都是不现实的。

五、语言的规约性和可塑性

语言能指和所指的约定性决定了口语交际训练中语言规范教育的必要性，语言的可塑性表明人对语言是有影响的，即通过口语交际训练改变一个人的语言习惯和编码是可能的，例如，由长期讲方言向说普通话的转变过程就体现了语言的可塑性属性。

由以上不难看出，语言的属性决定了口语交际训练的相关属性，因此，我们在探讨口语交际训练教学策略时，必须从语言的属性出发，重视语言属性对口语交际训练的重要影响，同时还要认识到口语交际训练会受到个体心理、文化素质、生活阅历等其他因素的影响，从而制定科学、系统、严谨的训练原则和教学策略。

第二节　口语交际训练的特点与训练原则

一、语言训练

从个体语言运用能力的养成来说，训练是必需的，而且在教学中的训练也是一以贯之的。从古至今，语言的获得、语言能力的养成都是长期训练的结果。从语言学习的实践来看，语言学习主要有两种途径：模仿和积累。这两种途径都体现了训练的内在本质。儿童的语言习得主要借助于模仿，例如婴儿的牙牙学语，小学生的识字、写字、写作等都是通过模仿进行的。随着年龄的增长，学生语文能力的提升就主要依靠积累，包括：语言积累、知识积累、经验积累等。积累需要大量的时间，并通过持续不断地反复来对抗遗忘；积累需要大量的内容以扩充积累的数量。有了充足的时间和数量的保障就基本上可以实现积累的顺利进行，并取得相应的效果。

学生语言学习的过程体现在三个层面：技能层面、观念层面和精神层面。技能层面要求学生知道怎样使用语言，在日常生活中能恰当熟练地操作和运用语言进行沟通和交流。观念层面要求学生知道为什么这样使用语言，能在理论上明晰语言使用的规则和恰当有效地使用语言的细则。精神层面要求学生知道必须这样使用语言，以传承语言的审美价值，体现语言之美，这是有意识的文化自觉，更是无意识的思想维权。学生语言学习的过程可以跨越第二个层面，通过语言积累直接从技能层面进入精神层面，在潜移默化中感悟语言的审美价值。不过在实现这种跨越之后而感悟到的语言审美价值是只可意会不可言传的。当然，在更多的情况下，学生的语言学习依然停留在技能的层面。其实，只要实现了这个层面，一个人就能够熟练地运用语言进行沟通和交流以满足生活的需要。

关于训练，一般认为，教学过程中的训练就是借助于教师有目的、有计划的方法指导和操作示范，使学生能熟练地掌握规范的技巧和要领，使学生的活动方式规范化。

关于语言训练，语文教育家钱梦龙先生有他自己的看法，他在《为“训练”正名》一文中指出：何谓“训练”？“训练”不等于“练习”，更不是做习题，跟通常在语文课上所见的那种刻板的字、词、句的“操练”也不是一回事。“训练”的过程，其实是一个师生互动、合作的过程。“训”，指教师的教导、指导、辅导，也就是教师在教学过程中发挥主导作用；“练”，指学生在教师指导下的实践、操作，也就是学生在教学过程中发挥认知主体的作用。可以这样说，“训练”是教师（训方）和学生（练方）在教学过程中赖以建立互动、合作关系的必要形式。只要你真正确认学生的主体地位，那么，“训练”必然贯穿于教学的全过程。

由以上分析可知，语文教学中的训练并不特指字、词、句的机械式操练，同时也指教学过程中师生间交际交往的互动过程，在此过程中，教师发挥其主导作用，学生发挥其主体作用，来达到使训练贯穿教学始终的目的。当然，钱梦龙先生对“训练”的定义是站在新课程的角度，突出了教师的主导作用与学生的主体地位，更加强调“训练”是课堂师生互动关系建立的必要形式，这是对语文教学中的“训练”的更为广义新颖的一种理解。

由此我们可以这样定义：“训练是有计划、有步骤地使学生具有某种特长和技能，具有强烈的使动性，即在教师的指导下有目的、有计划、有步骤地为达到一定的目标而进行的练习，绝不仅仅指练习、测试、作业而已。”

二、口语交际能力训练的特点

(一)口语交际训练的计划性和可操作性

要培养学生的口语交际能力,必须进行科学、系统、严格的口语训练。在科学理论的指导下,进行严格、系统的口语训练是培养和提高学生口语表达能力的必经之路。由以上对"训练"所做的界定不难看出,口语训练具有两个明显的特征:计划性和操作性。所以在口语训练中,一定要体现口语训练的计划性和操作性特点。

由语言的工具性和交际性属性可知:语言是交际的工具,这是语言的交际性赖以存在的根本,口语训练的根本目的是提高人的言语交际能力。而口语交际又是一个非常复杂的过程,因此,任何想通过单一途径提高口语交际能力的做法都是不现实的。针对口语交际训练因素的复杂性,在口语交际训练的内容、方法、途径以及原则的制定等方面都要有一定的计划和可供学习者操作的特点。由语言的自然获得性和依赖学习性属性可知:语言是用来进行交际的,是通过不断学习和反复操练获得的,反复操练是语言习得的首要条件。所以,口语训练中要体现训练的操作性特点。另外,由于口语训练的盲目性和随意性是造成口语交际教学效率不高的重要因素,不少教师虽也知道只有扎实的口语训练才能提高口语交际教学效率,但却苦于无具体的操作方法可资借鉴,常常是"跟着感觉走",所以这种盲目训练的效果并不见佳。因此我们必须花大力气,将训练分解为一连串的基本操作步骤,合理而顺利地指向教学任务的完成、教学目标的实现,收到举一反三之功效。

(二)遵循学生能力发展规律,拟定口语交际能力训练系列,使训练计划具有一定的科学性

口语交际能力构成因素复杂,训练内容多样,途径也多,训练应通盘考虑,有计划地进行。应遵循学生能力由低水平向高水平发展的规律,拟定口语交际能力的系列,使训练计划具有一定的科学性。例如把听、听记、听说、说作为计划的横向展开,在纵向依次定出不同的能力要求,例如说话,能说一段话,清楚地表达意思;讨论时能发表自己的意见、观点;具有叙事、说明、

一事一议的能力；能在规定的时间内复述有关的内容；有准备地进行命题演讲、即兴演讲等。制订计划，是为了防止训练中的随意，教师想到什么就让学生训练什么，全然不顾学生能力发展的平衡要求。教师要认识到：均衡的增长才是真正的增长，仅仅突出单个因素并不一定有益于能力的发展，口语交际能力因素的复杂和训练内容、途径的多样，更要求有科学的计划，这样的训练才能有效。

三、口语交际能力训练的原则和方法

（一）口语交际能力训练的原则

1. 科学性原则

教师在安排教学内容和进行课时分配时，要避免低效、无目的教学。一定要预先设计，根据学生具体情况具体分析，确定明确的教学目标，让学生在每一次的学习后都能有所收获。不一味追求量的积累，一定要注重质量。在课时分配上也根据学生学习的实际情况做相应调整，根据学生的掌握程度增加或减少相应课时，不可能按照计划一成不变。

2. 应用性原则

培养学生的口语交际能力的最终目的就是将其应用到实践中去，尤其是对中职生，在教学中一定要贴近生活、贴近社会，能让学生将所学很好地融合于今后的交际场合，为其就业打下一个良好的口语基础，切忌将课堂变成传统模式中的教师一言堂，即只是一味传授口语交际的理论知识。要将理论与实践紧密结合起来，在课堂中多设置各种交际情境，开展多种口语交际活动，让学生体验真实的交际场景，并能在课外的交际场合中，将课堂上关于口语交际的所学所练真正投入到实践中去。

3. 主体性原则

口语交际训练，是教学中最需要照顾学生的特点和个性，最需要因势利导、因材施教的一个领域，是最不能容忍刻板说教，最需要学生积极参与的一个领域。要培养学生良好的口语交际能力，学生就一定要参与其中，而且要积极主动，充分发挥学生的主观能动性，学生才是口语交际教学中的主体。若没有学生的参与，再好的教学模式和教学方法也是空谈。因此在教学中，教师一定要调动起学生的热情，让学生认识到参与其中的重要性和目的性，采取灵活多样的形式来组织教学，对学生多加鼓励和赞扬，让学生愿意并喜欢投入到学习中，有意识地锻炼自己的口语交际能力，突破课堂的局限，形成自觉培养口语交际能力的意识。

（二）口语交际训练的方法

1. 循序渐进，系统训练

俗话说："三年胳膊五年腿，十年练出一张嘴。"可见练嘴之难，非得根据口语训练的规律下苦功夫不可。这个规律就是由简到繁，由易到难，由单一到复杂循序渐进地系统训练。口语训练的过程应该是由基础训练到专业技能训练，由单项训练到综合训练。基础训练一般包括普通话的语音、词汇、语法的训练，结合普通话水平测试的朗读指导及其训练、说话指导及其训练，以及态势语训练、心理素质训练、思维训练等一般口语交际技能；专业技能训练指表述基本形式（包括凭借文字材料的表述训练与不凭借文字材料的训练）和表述与交际的基本类型（单向表述与双向交流）。由读到说，由片段到整段、整篇；由照稿说到按提纲说，由背着说到即兴说；由初步掌握口语技巧到熟练运用口语技巧再到运用自如，形成技能。这个训练过程适应了中职生的思维特点，切合了中职生口语交际能力较低的现状，注重夯实普通话（语音、词汇、语法）的基础，注重以"有文字依托的口语表述"为基础的训练，循序渐进，逐步实现向"无文字依托的即兴口语表述与交际"的过渡。由于大部分学生来自农村，普通话语音基础很差，要完成由方言向普通话的转变，必须进行普通话的系统学习，纠正方音，促使他们的口语交际走到普通话的轨道上来；在此基础上，学习掌握一般口语交际技能，及与此相关各种技能。这个训练就是既符合口语表达规律又能够系统培养和逐步提高口语表达能力的系统训练程序。

2. 讲练结合，重在实践

口语训练是要培养中职生的口语交际能力，因此，要以培养口头表达能力为主，以传授口语表达与交际知识为辅，讲练结合，重在实践。由于语言具有可塑性，所以加强口语交际实践，进行苦练. 才能练好口才。要按照"基础理论—典型事例—系统训练—总结评议”的课堂结构进行。除教师讲的一些必要的口语训练理论和知识外，主要精力应放在口语的实际练讲上。“练”即是口语训练的语言实践，体现了语言的自然获得性和依赖学习性的属性，是口语训练的基本活动。只有抓住了这个中心环节，口语训练才能有理想的收获。

3.听说兼顾，四个结合

口语训练，虽然以练说为主，但又不可忽视听的训练。虽然说和听各有其相对的独立性，但彼此不可替代，其间的密切关系，相互促进的作用是十分明显的。听是人们学习语言最重要、最方便的途径，听好才能说好，说好又促进了听力的提高。尤其在课堂上进行口语训练，有机会说的人是少数，听的人则是大多数，所以听辨能力的培养，也是培养口语表达能力的一个不可或缺的途径。这样，在以训练说话能力为主的同时，听的能力也受到了训练，使听说能力得到协调提高。

口语交际能力的训练，要投入很多精力、下很大工夫才能奏效，因此，在训练口语时，还应注意以下四个结合。

一是课堂练习和课余练习相结合。课堂上人数多、课时短，在有限的时间内要让所有的人都得到足够的训练是不可能的，因此，要利用课余时间进行更多、更实在的训练，以此来增加实践的机会及训练的深度和广度。例如，在课余时间进行演讲、朗诵等形式的口语练习活动可以弥补课堂练习的某些不足。

二是口语训练同其他课程教学相结合。例如，口语训练可在教法课和《现代汉语知识》等课上进行，根据课堂教学内容，给口语交际训练留有一定的时间，如选取语言运用精彩典范的篇目进行朗读和复述，或结合课文进行课堂讨论，或进行语音训练等。很多教师组织学生进行课前三分钟说话练习或演讲，就是将口语训练与其所教课程相结合的很好体现。

三是口语课的教学与校内外社团或其他社会实践活动相结合。形成以口语课堂教学为指导课、示范课，与其他教学活动和社会实践活动相互配合、相互沟通的广阔课堂，博采众长、为我所用。与高中阶段相比，中职生学业负担较轻,学校管理相对宽松,在时间、空间上学生拥有相对的自主权,这种相对宽松的环境为学生口语交际能力的提高提供了广阔的时空。语言和社会的互依性决定了语言是动态的,口语交际训练必须置于校内外的社会大环境中才能有切实的收获,因此口语交际能力的培养必须和除了课堂之外的社会紧密结合,即与校内外的社会实践活动相结合。

四是传统的教学方法同现代教育技术相结合。传统的教学方法,大家较熟悉,易于接受;电化教育可视、可听,具有直观性、形象性特点,可以起到典型示范和自我评价的作用。

总之,口语交际训练不是一朝一夕完成的,要进行有效的训练,贵在坚持。只要将科学、系统、规范的口语教学策略与学生按照人生的自我需要和社会需要,自觉地、持之以恒地、有机地结合起来,中职生的口语交际能力就会有实际提高。

第三节　培养口语交际能力的策略

语文教育家张志公先生说:“语文教学要培养听、说、读、写能力,这一点在道理上大概不会有多少人反对。但是在教学实践中,却往往是重读写而轻听说。听话、说话的训练与阅读、写作的训练比较起来,没有周密的计划,也没有严格的要求,处于一种放任自流、听其自然的状态……今天的时代,不容许我们对口头语言训练放任自流听其自然。必须采取有效措施,来提高青少年的听说读写能力。否则就不能适应社会发展的需要。”

高校学生毕业后将直接进入工作岗位,为了使学生能更好地融入工作环境,教师应以其实际应用的需求为导向,来设置调整教学内容,强化口语交际教学,培养学生的口语交际能力,让学生提前进入到专业语境,为其就业服务。

下面结合中职生口语交际能力的现状和我们自己的教学经验与总结,提出相应的提高中职生口语交际能力的策略。

一、普通话的学习是提升口语交际能力的第一步

普通话是现代汉民族共同语。在语言实践中，我们都要使用普通话交流和沟通，说普通话时是提高口语交际效果的一个手段。一个口语交际水平高的人，不一定说普通话，但一个口语交际水平高的人，如果加上一口流利的普通话，更会使口才增辉，更会增强交际效果。普通话听起来自然大方，给人以庄重感，毫无轻飘浮躁感，而且表现力丰富，声音高低错落有致，对于面临就业的中职生来说，讲好普通话是其就业的敲门砖。

要提升中职生的口语交际能力，首先要解决如何由方言向普通话转变这一问题。

(1)学生应从观念上明确：普通话是我国规范的现代汉民族共同语，是我们国家的通用语言。

要提升自身口语交际水平，普通话的学习是前提。而且，普通话的训练应贯穿口语交际训练的始终。因为一般口语交际能力训练是普通话训练的继续和深化，是职业口语训练的基础。对于生于农村，长于农村的大部分中职生来说，由于受地域环境的影响，学习普通话的机会很少，甚至没有，因此，在日常的交流中，就自然地用方言代替了普通话。这反映在口语训练中，就出现了声调不准、发音不到位、方言语调较重等现象。可以说，方言的影响，成为学生学习普通话的最大障碍。

(2)针对方言这一障碍，纠正乡音，提高运用普通话交际交流的准确率和自由表达的流畅度。

克服普通话学习中的心理障碍。大家知道，在口语课上，一定要让学生开口，这才是最重要的。可是，在口语交际中，学生由于存在心理障碍，不愿意开口讲话，担心自己讲不好被人笑话，缺乏自信，对自己认识不足，容易产生胆怯、自卑等心理。强调学生开口时，一定要注意不要强迫他们开口，而是要使他们愿意主动开口，教师要使用激励性的话语，使学生消除心理障碍，这才能使学生愿意表达自己的观点，才有利于提高口语表达能力，因为只有开口说或读，才能实现语言的两种转换，即：书面语言向口头语言的转换，作者语言向读者语言的转换。在这个转换过程中，学生的语言感悟和言

语表达能力才能同时获得提高。对于他们在口语交际能力训练中的表述有误时,坚持做分解性评价,将其正确部分提出来予以肯定,使其增强信心。在言辞的选择和语气、语调的使用上,注意保持对学生的信任和关切;在口语课堂上,要为这类不愿开口的学生提供更多的锻炼说话的机会,注意增强他们在众人面前说话的勇气和胆量。

在口语教学中,必须适应教育对象的差异。因为学生接受水平不同、态度不同、个性倾向不同,对教师的教学口语的感受、理解就会存在差异。教师必须重视并适应这些个体的、群体的差异性,在教学口语的应用中,遵循教育的一般原则的同时,坚持因材施教,才能取得较好的教学效果。如对不同个性倾向学生的教学口语的运用,必须分别对待。对性格内向的学生,考虑到他们感情内向,反应较迟钝,在学习遇到困难时,有的容易产生自卑感,因此,应增加教学用语的激励因素,诱发其主动参与学习活动的热情。对性格外向的学生,由于这类学生感情比较丰富、敏感、情绪不够稳定,因此,注意运用口语中的感情元素,调动他们积极的心理体验,诱发他们的学习热情;适当增强教学用语的指令性,并通过及时的提示,控制他们在学习活动中的注意力;杜绝用全盘否定、极而言之的方式说话。

抓住关键,着重于普通话语音的训练。据统计,方言和普通话相比,在语音上的差别很大,词汇、语法和语气次之。方言区的人学习普通话,往往受方音的影响比较大,因此,要花大力气去纠正方音语调。首先,在说话练习时,方音语调比较明显,从而影响普通话的语调。由于学生的母音是某种方言,方言语调根深蒂固,虽然能用普通话朗读,但不能熟练地用普通话进行思维。学生在做说话练习时,总习惯于先用方言进行思维,然后再把思维的结果翻译成普通话,在这个过程中,就把某些方言的语调习惯,诸如把一个字加重,或在句子某一处停顿、拉长或提高音量,而显出方言特征。其次,要强化声调训练。学习声调,先要把普通话四个声调的调值念准,要记住常用字词的普通话声调读音。另外,还需要找出自己方言声调与普通话声调的对应关系,进行“求同正异”。

努力纠正方言语调。乡音总是伴随在语流中。自由交谈时,人们会不自觉地带上乡音语调，那么，怎样才能纠正乡音语调呢？首先，要善于运用普通话进行思维。在日常生活中多说多练，养成良好的语言习惯，不急不缓，平稳适中，不要因性格急躁或情绪紧张就像打机关枪一样语速过快，也不要像老夫子读诗那样慢条斯理语速过慢。其次，努力读准普通话四类调值，避免由于语调变化而使字调发生变化。

(3)在实践教学中，再通过以下训练方法加以强化。

绕口令练习。绕口令是普通话传承过程中，人们进行正音强化训练中不可缺少的基本功。它可以帮助同学们辨识声母、韵母的区别，它是把声母、韵母、声调相近的字有机编排在一起，要求学生快速准确地说出来，避免错误发音，对辨音、利唇有很大帮助。如让学生们练习这样的绕口令："哥挎瓜筐过宽沟，赶快过沟看怪狗；光看怪狗瓜筐扣，瓜滚筐空哥怪狗。"学生们比较喜爱绕口令的训练方式，在课堂上参与的积极性也很高。

指导学生朗读。朗读在提升学生的普通话水平和口语交际能力方面有着不可低估的作用。教师要从字音、发声技巧、朗读技巧和相应的态度、表情等多方面对学生加以指导，让学生在朗读中练习普通话，把握词语的连接和贯通，感受文章的情感，培养学生敏锐的语感和表情达意的能力。通过朗读优秀的作品，可以让学生更具体地学到艺术语言的表达技巧，丰富词汇量，这是养成正确发音习惯的一个重要途径，通过朗读，可以把普通话说得更好，提高运用普通话交流思想的能力，最终提高口语交际能力。

朗读不是照字读音的简单过程，不是书面材料的简单有声化，是将文学作品转化为有声语言的再创造活动，是要从文章全篇着眼，恰当运用有声语言的表达技巧，通过富有艺术感染力的声音，准确生动地再现文章思想内容和艺术形象，具有口语化、艺术化和针对性的特点。在实践教学中，可以以普通话水平测试中规定的60篇测试篇目为普通话练习的主要内容，指导学生朗读，把握停连、重音、语气和节奏的变化，力争达到发音准确、吐字清晰、传情达意、自然流畅。让学生在朗读中增强表达的信心，培养语感，增强对语音、语义、语法的感受能力。

(4)学好普通话，完成方言语调向普通话的转变，还需要养成良好的学习语言的习惯。

学习语音的过程是一个日积月累的过程,不是一朝一夕能完成的。语言习惯的养成很重要。习惯是经过反复实践和训练形成的一种自觉需要的行动,是一种近乎本能的意识反应。在学习普通话过程中,要求学生养成良好的语言习惯,能起到事半功倍的效果。首先,养成听读的习惯。实践证明,学习普通话最有效的方法是从听读实践中习得。听,指听广播、电影、电视、话剧中的规范口语;读,指阅读、朗读规范的书面语,从中学习和吸收普通话词法和句法的表达形式,把规范的书面语转化为自己的口语。其次,养成发言的习惯。发言不仅可以训练口语,使语言逐步做到通畅、自然,而且还可以训练思维,使思想集中、敏捷。我们的学生不善于发言,课堂气氛不活跃,这是他们从进入学校直至毕业的一贯表现。当然,学生不发言,有其年龄和性格的因素,但最主要的是语言环境的影响。所以,在课堂上要形成一种人人都讲普通话、都用普通话发言的语言环境,使学生通过发言,锻炼自己的胆量,能坦然、自信地与老师同学交流,消除陌生感与恐惧感;同时,还能锻炼学生的思维能力和组织语言的能力。俗话说"习惯成自然",只要在学习普通话时养成良好的语言习惯,那么,由乡音转变成普通话也是很自然的。

二、口语交际能力训练的主要方式、方法

(一)坚持课前3分钟说话练习

课前3分钟说话练习,是指每堂课前3分钟,请一位同学站在讲台前,在3分钟内,用标准或比较标准的普通话,能够自然大方地表达。这种课前说话的方式可以学生平日的见闻感受为主要内容,随着年级的升高,可不断做些调整。因为这些内容来自学生身边,贴近学生生活实际,容易激发学生学习的兴趣,促进口语交际水平的提高,还能促使学生自觉扩大阅读面,留心观察生活。在这样短的时间内,要做到表达中心明确,条理清晰,仪态大方,发音准确,必须重视以下几点。

一是在题材选择上,最好选取自己切身感受或经历过的人和事。只有自己亲身经历过的、亲身体会到的东西,才能讲得真切、感人,有吸引力。口语表达则会显得自然、流畅,有条理性。

二是说话时应该以平缓较慢的语调语速来说,这样学生就不会因语速过快而暴露许多缺陷,如急不择语、出现语塞等现象,可谓“欲速则不达”;也不会因语调的“曲折升降”(因其随思想感情的变化而产生的语调形式)而显得过于紧张,导致无端的停顿,显得语无伦次;同时导致胆怯,没有自信再说下去。这儿,所强调的是说话者应该力求平缓,而不是否定语调本身的曲折升降。在咬文嚼字均清晰的前提下,采用什么语速才合适也要因人、因景而异。但在起初训练说话时应力求语调的平缓。

三是在语言的选择上,应该多选用朴实无华的语言来表达,才能使人感到可信、倍感亲切。有的学生在说话时选用的语言显得华丽无比,甚至完全是辞藻的堆砌,让人一听似乎很有文采,但他们忽视了一个问题,那就是自己觉得越有文采的话语,越让听者觉得像写文章,不像是说话,因为口语表达不需要太多的华丽的修饰,需要朴实的明朗化的语言来表达。正如莎士比亚所言:“充实的思想不在乎言语的富丽,只有乞儿才能够计数他的家私。”所以,朴实、简练、准确才是说话时语言的特点。

课前3分钟说话练习,面对全班同学和老师,时间虽短,却能有效锻炼学生的胆量,培养自信,同时训练学生组织语言的能力,能有效地培养学生的口头表达能力。但口语表达的训练不是一朝一夕能完成的,要进行有效的口语训练,贵在坚持,只有长久坚持,口语训练才能见成效。这种训练应遵循口语训练的规律,由简到繁,由短讲到长讲,由有准备到即席发言。

总之,口语交际训练,不论是课前3分钟说话练习,还是演讲、朗诵、辩论等,都是语言艺术的较量,语言作为一门艺术,包括外形与内涵两大部分。就其外在表现而言,讲究发音准确,吐字清晰,音色优美,音质醇厚,语速错落有致,语调抑扬顿挫。对语言的外在特点的把握,没有丰富、扎实的内涵底蕴也是做不到的。所以,必须做到言之有物,词能达意,紧扣题旨,不讲废话。所以,在口语训练的起初阶段,除了兼顾以上三方面外,必须强调言之有物。

(二)结合读、写、听的学习过程进行口语训练

训练口语交际能力,不是单一的学习过程,它是与读、写、听紧密相连的语文学习过程。因为听、说、读、写虽然是四种能力,但它们是相通的。说和听、读的关系密切,要“说”话,先要“听”懂别人的话,分析别人的话,这就会促进听话能力的提高;“说”还可以从“听”和“读”中找到谈话的材料,学到表达方式,反过来又促进了“听”和“读”的能力的发展。再从“说”和“写”的关系来看,它们是相通的。“说”和“写”都是表达,其过程大体相同,都要把想表达的意思转换成词语,组织成有条理的、连贯的语句,最后用语音(或文字)说(或写)出来,才能达到交流的目的。说话是写作的基础,把要说的话写成文字,就是文章。如果话说得通顺明白,有条有理,作文的语言也就通顺,有条理。人们常说“写出来的文章要明白如话”,这个“话”就是指说话。

进行说话训练,离不开读的过程。从读的生理机制看,读的过程不仅是一个眼与心谋的过程,它还是口与心谋、耳与心谋、口与耳谋这样一个全方位、多渠道、深刺激的过程。从读的功能效果看,读的过程不仅是一个吸收的过程,还是个倾吐的过程,在读的过程中,把文章的语言积淀并内化为自己的语言。这里的读,主要指朗读。通过朗读,不仅可以训练学生的阅读能力,对于训练说话能力也有很大的作用。因为朗读是将书面语转换成有声语言的一种活动,朗读训练要练语音、语调、语气,是说话训练的一种基本形式。朗读能锻炼说话的胆量,锻炼发音器官和发音技巧,丰富口头表达的内容和方法,培养敏锐的语感。

王力先生说过:“说话对于写作有促进作用。作文其实就是说话。”进行说话之前,先写好作文,不仅有利于提高说话时的条理性、连贯性和完整性,而且能促进学生写作能力的提高。写作就是把内部语言转变成书面语言的过程,先写好东西,再用口、脑把早已写好的东西转变成口头语言。对于初次练习说话的人来说,说话之前先写好作文,说的时候就可按照已写好的文章的思路,组织语言文字,就能有条理地说下去;同时还能增强说话的信心和勇气,可以说,练习说话时走了一条快捷方式。因为这样就能避免说话时的语无伦次,词不达意等现象的发生,久而久之,说话时的思维就越来越严

密，说话的质量越来越高，而且还促进了写作能力的提高。

写作能力在口语交际过程中具有的重要作用是不可忽视的。对于表述者来说，对某一命题进行写作的过程往往就是对该命题的观点逐渐明确、认识逐步深化的过程。也就是说，一份文字底稿对于即将进行的口语表述具有理清思路、确立观点、明晰层次、突出中心的作用，具有对思维周致严密的强化作用。如果我们对现实生活做一番考察，则不难看到文字写作在口语交际中的作用。如专题报告人通常都先写好一份提纲或文稿；较重要的发言和表态，人们往往准备一份文字底稿；司法人员的职业交往常常离不开起诉书、裁决书，教师更不能与讲稿绝缘……

听，也是训练说话的一种好方法。听，可指听广播、听录音、听老师说或读等方式。前面我们已经谈过，只有听好才能说好，说离不开听，可见听是很重要的练习说话的好方法。练习说话时，可以听别人的准确的发音，听说话者的语气、语速、重音、停顿等说话技巧。人们起初学习语言大体经过这样的过程：听取—模仿—比较—发展—记住，即首先要听取，然后加以模仿，经过比较、发展和记忆的过程，再说出来。模仿在语言学习中居于极其重要的地位。幼儿牙牙学语靠的是模仿，年龄较大的中小学生运用语言又何尝离得开模仿？学生在听广播、读文章、听人说话后，在自己说或写的时候更自然地选择善者而用之。所以，在口语教学中，教师要引导学生在听的过程中加以模仿，然后自己就可以“创造性”地使用语言进行口语交际。

总之，说话与读、写、听的训练密不可分，共同构成了语文教学的整体。

（三）抓住时机，进行课外口语训练

为了提高学生的口语表达能力，老师往往注重课堂上的训练，而对课外的时间没有充分利用。这是一种很大的浪费。其实，中职生学业负担较轻，学校管理宽松，在时间、空间上学生相对自主，这种相对宽松的环境为学生口语交际能力的提高提供了广阔的时空。因此，利用课外时间锻炼学生的口才与课内训练有同样的效果，并且课外有比课内更为灵活的训练场合和话题。因此，进行课外口语训练，教师要善于抓住一切机会，为学生的口语训练做启发、做引导。

创设氛围，熏陶渐染，引进活水，开口不难。要让学生锻炼口才，必须有一个可以锻炼的环境和说话的契机。为此，教师要想方设法给学生提供说的机会，并尽量为他们做示范以启发他们的思路。如我们可以将开班会作为一个训练的切入点，精心策划，或以老师生动的引言开头，或以学生精彩的演讲开路，然后让同学们针对班情发表见解，展开争论。此外，还应鼓励学生积极参与班内举行的“团委生活”，进行诗歌散文朗诵、演讲比赛、辩论赛等口语训练，在这些活动中，让学生们在亲身体会中拓宽视野，丰富说话渠道。这样，大起天下事，小悟身边情，活水源源，真情绵绵，说起话来就容易多了。

总之，只有创设一个民主和谐的交际环境，才能调动学生内在真实的情感体验，激发他们强烈的表达欲望，发展他们的个性和创造性思维能力，达到口语交际训练的要求。抓住一切时机进行口语训练，熟能生巧，一旦学生掌握了窍门，他们也就成了敢想敢说敢做的具有创新能力的高素质人才。

三、提高口语交际水平的基本途径

任何一种能力，包括口语交际能力，都是经过后天培养、锻炼而成的，这是毫无疑义的。苦练出口才，这方面的例子是很多的。古希腊卓越的演讲家德摩斯梯尼，年轻时有发音不清、说话气短、爱耸肩的毛病。可是，当时在雅典想要当一名演说家，必须以声音洪亮、发音清晰、姿势优美、富有辩才见称，尤其需要广博的知识。他起初的演说很不成功，以致被观众哄下台。然而，失败、嘲笑与打击并没有使他气馁。他一方面刻苦读书，虚心请教朗读方法，学习用最简洁的语言表达丰富的思想；另一方面，他又向著名的演讲者请教。为了练嗓音，他把小石子含在嘴里朗诵，迎着呼啸的大风说话。为了克服气短的毛病，他故意一面攀登陡峭的山坡，一面不停地吟诗；为了克服耸肩的毛病，每次练习演讲时，他都在自己的上方挂两柄剑，剑尖正对着自己的双肩，迫使自己随时注意改掉不必要的动作。为了能安心在家练习，不外出游走，他剃了阴阳头。他还在家里安装一面大镜子，经常对着镜子练习演讲，以克服演讲上的毛病。后来，他终于成为一名闻名于世的大演讲家。

我国著名演说家曲啸在20世纪80年代初的几场演讲，真是众人叹服。当有人评说他是“天生的好口才”时，他笑着说：“哪来的天才呀？不敢当。我小时性格内向，说话还口吃，越急越结巴，有时涨得脸通红也说不出话来……”曲啸练口才也吃了不少苦。为了开阔心胸，训练心理素质，他常常早晨迎着寒风跑到沙滩高声背诵高尔基的散文诗《海燕》。他不放过一切“说”的机会，积极参加辩论会、演讲比赛、朗诵会、话剧演出，终于在高中阶段崭露头角。一次在“奥斯特洛夫斯基诞辰纪念会”上，他拿着一份简单的提纲，一口气竟做了2小时的精彩演讲。经历了20多年的人生磨难，生活的锤炼使他的口才达到炉火纯青的地步了。

这些实例应了这样一句名言：“宝剑锋从磨砺出，梅花香自苦寒来。”但也说明，任何一个人的说话能力，都不是天生而就的。哪怕是笨嘴拙舌，甚至有口吃的毛病，只要不怕困难，长期实践，就一定能提高自己的说话能力。

一个人具有较高的口语交际能力，既是社会交际的需要，也是顺利实现理想目标的可靠保证。

张志公先生说：“善于说话不是一件简单的事。有思想，有丰富的知识，有敏捷而致密的思维能力，有丰富的语言材料的储备，有组织驾驭语言的能力，有丰富的社会经验，知道在什么样的场合用什么样的语言是得体的，效果好的，有力量的，如此等，这是善于说话必备的条件。所以，高超的口语交际能力，既来源于丰富多彩的社会生活，更主要在于为提高自己的口语交际能力而进行的有计划、有步骤的学习和实践。

下面是提高口语交际能力的基本途径。

(一)培养良好的心理素质是提高口语交际水平的保证

对人说话是一种精神活动，表达效果的好坏，与说话者的心理素质有很大关系。说话练习中，心理素质的良好与否直接影响着学生口语表达的效果。说话训练时，不管准备得怎样充分，如果缺乏良好的心理素质，一站在公众面前便丧失镇定的情绪，思绪混乱、手足无措、语无伦次，哪里还谈得上表达效果呢？所谓良好的心理素质，是指学生在受教育过程中自然产生并表现出来的比较稳定的心理特点。即登台时不紧张，说话过程中有良好的自我感觉;之后对自己的表达效果有清醒客观的评估。整个说话活动都在自己稳定心理的制约之下从容不迫地进行。虽然学生的心理素质存在着差异,甚至还有某些先天的遗传成分,但它不是固定不变的,而是可以随着说话训练的实践而发生变化,随着多次登台实践的锻炼和自觉、有意识地培养而逐步得到提高。

心理素质主要包括感觉、知觉、注意、记忆、思维与意志等方面。训练时应根据“导人必因其性,治水必凶其势”的原则提高训练效果。所谓“人心如面,性格各异”,这种差异,在心理学上称之为“个性”。“导人必因其性”是指在训练过程中不可忽视学生的个性。个性是每个人都具有的、稳定的,区别于他人的心理特征,包括了智力、能力、气质与性格四大方面,与各人的思想观念,所属的文化层次,具有的文化水平,达到的文化素质相关。在先天遗传的基础上,受后天社会环境的价值观、个人所处地位、接受的教育、人际关系等影响逐步形成,并被社会或集体舆论所强化或削弱。个性具有稳定性和可塑性两大特点。稳定性是指个性中难以改变的特性,所谓“江山易改,本性难移”吧;可塑性是指人在适应不断变化的客观环境、在不断丰富自己的知识与阅历的过程中,从主观与客观两个方面促使某些个性特征生成、强化或削弱、消失的可能性。因此,人们口语交际中的心理素质存在个体差异,有人心理素质好,有人心理素质差,而心理素质差的原因主要是对自己不自信,面对交际场所产生怯场心理等,依据心理个性的可塑性特点,下面从激发表现欲、培养自信心、克服怯场心理三方面来提供一些良好心理素质的培养方法。

1.激发学生的自我表现欲

欲望是行为的动力。如果学生没有强烈的自我表现欲,是很难主动自愿地站在众人面前发言或演讲的。那么,如何激发学生的自我表现欲呢?有效的做法如下。

一是树立强烈的机遇观念。指出每一次当众发言或讲话都是一次难得的锻炼自己、提高口才的机会,要抓住它,决不放弃它。

二是具有浓厚的参与意识。指出不要满足于当一个安静的听众,而要做一个出色的演讲者。力争不要满足于当交际的配角，而要努力争取当交际活动的主角。

2.培养自信心

自信是魅力口才的金钥匙。口才最重要的是自信心的问题。自信来源于什么？有两个层面：一个是内在的层面，指一个人的知识储备和对所说事情的了解熟悉程度。一个是外在的层面，指个人的外在形象等。常听到学生抱怨说，当我站在讲台上的时候，我的大脑一片空白，这是因为不自信，准备得不充分；外在的层面，主要是对自己的形象仪表的不满意。因此，要让学生树立足够的自信心，首先要客观评价自己，对自己的优点、缺点的认识尽量客观，不能只看到自己的缺点和不足，而要看到自己做这个事的优点和长处；其次，对自己的观点、见解的正确性要坚定不移，相信它是有说服力的。培养学生自信心的方法很多，这里介绍几种：

一是注意仪表，塑造优美的形象，增强自信。首先，整洁、得体的仪表，有利于增强一个人的自信；其次，举止自信，如挺胸抬头走路，人的走路姿势与步伐和内心的信心体验有密切的关系，平时应该养成挺胸抬头，步伐坚定有力，速度稍快的走路习惯。

二是通过公开表白，建立自信。教师可以安排学生在班级、年级集体活动等公开场合，大声说“我是世界上最优秀的人”“我是世界上最棒的演讲家”等提高自己至尊的话语，让学生破胆，度过胆怯、羞涩关，逐步建立起自信。随后可以有意安排一些学生喝倒彩，提高学生心理承受能力，提高其心理素质。

三是进行成功体验，产生自信。教师可以在学生练习完毕后，通过掌声、指出优点等形式，让学生体验成功，逐步产生自信；也可以以赛代练，增加比赛机会，有意识扩大获奖面，通过奖励来建立自信。总而言之，要给学生提供体验成功的氛围，让他觉得自己“行”。

四是注重知识积累，形成自信。教师可以开设一些讲座，向学生讲解各种口语交际形式的特点、讲稿的书写、语言的要求、情感的调控、体态语的使用等；也可以讲一些口语交际技巧。如如何开头和结尾、声音的调控、情感的调控、口语表达中出现忘词、卡壳等意外该如何补救的技巧等；同时介绍一些比赛评分办法及注意点，让学生感到自己知识充实，口语交际时能“应对自如”“游刃有余”，从而形成自信。

五是进行自我暗示，坚定信心。例如，演讲时，可以让学生想平静的大海、静谧的森林等容易让人平静的事物，让学生能够经常以平静心态对待演讲，逐渐适应演讲氛围，从而坚定自信。

3. 克服怯场心理

怯场是一种心理障碍：要么感到自己被说话场合的气氛、形式所压迫；要么顾虑重重，担心自己讲不好或讲错：要么担心自己不是他人的对手，因而畏首畏尾、诚惶诚恐。其实，这种心理障碍是完全不必要的。有的人在家人面前滔滔不绝，可一旦与外人交谈，他就难以启齿；有的人在人少的场合口若悬河，可在人多的场合，尤其是上台，就心慌意乱，语无伦次。这说明他不是不能说，而是有心理障碍。只要破除这种障碍，怯场就会消失。消除这种障碍的方法如下：

一是消除怕丢丑的思想顾虑，要豁出去。怕丢丑，其实是如何看待面子问题。针对这种顾虑，教师要指出在学步阶段人人都可能摔跤、出洋相，而学校是学步的场所，每个学生都在学步，不存在谁笑话谁的问题，就是上台没讲好，也是正常的。因此，大可不必把个人面子看得太重要。

二是加强平时训练。如朗诵、多同亲近熟悉的人交谈、多听别人交谈等。

三是每次发言前做必要的准备。这在单向交流时容易做到，就是双向交流时，同谁交谈，涉及什么内容，也可做大体的言辞推测。只要在大方向上有所准备，到时也不至于不敢说或说不下去。

四是故意视而不见。指在初次登台讲话前，心中有听众，但在讲话时，眼中不能有听众，只顾按自己的意图去表达。这样可避免听众的不良反应带给其过多的心理压力。当经过多次登台体验、锻炼后，就要做到心中、眼中都得有观众，因为口语交际是互动的，是需要交流和反馈的。

（二）丰富自己的知识积累，是提高口语交际水平的源泉

口语交际是一门综合性很强的艺术，是语言与智慧的游戏，是知识与信心的竞赛。知识是人们在社会实践中所获得的认识和经验的总和，是说话者能够很好地以言辞实现人际沟通交流的源泉。我们评价一个人的说话水平很高，究其根本原凶，主要在于丰厚的知识积累。胸有成竹，欲发则出；积之愈深，言之愈佳。反之，如果一个人的知识底蕴很差，可供调动的东西很少，即使有高超的说话技巧，也会陷入“巧妇难为无米之炊”的窘境。所以，丰富的知识积累，是提高说话水平的源泉。

只有语言积累丰厚，口语交际时才能左右逢源，触类旁通。而语言材料的积累只能靠自己有意识地听、说、读、写的语言实践，舍此别无他途。

（三）精心组织语言材料，是提高口语交际水平的要诀

所谓材料，是口语交际时所使用的一系列的事实现象或理论根据。材料是否充足、优良直接影响到口语交际的质量。有些人说起话来套话连篇、空洞无物、干涩无味，从根本上说是掌握和使用有价值的材料少的缘故。材料是说话的物质依托，没有翔实的材料，说话就显得苍白无力，根基不牢，给人一种空洞的感觉。清人刘大魁说：“理不可以直指也，故即物以明理；情不可以显出也，故即事以寓情。”（《论文偶记》）意思是要想把你的观点、目的让人理解和接受，没有充足的材料作基础是不行的。一番精彩的演讲或辩论，都离不开大量丰富、新颖的材料的支撑。材料是主旨的支柱，是思想观点的依托。

平时收集和积累材料，是确保口语交际成功的关键。凡是口语交际能力强的人，平时大都善于收集和积累材料，口语表达时信手拈来，随意使用。占有材料宜多不宜少。只要占有大量的材料，口语交际时才能左右逢源、游刃有余，不至于捉襟见肘、左右为难。

面对大量的材料，平时注意观察、体验，注意积累、分析、比较和筛选材料。一般情况下，人们只看到某人的好“口才”、好“笔杆子”，羡慕他们的才能，却没有看到“口才”和“笔杆子”的背后，是日积月累的辛勤聚材。口语交际所使用的材料，一方面是平时积累的现成材料，另一方面是从现实生活中抓取的活生生的生活材料。只有运用大量的生活材料，口语交际才显得生

动活泼、贴近现实、富有表现力。

(四)拟写讲稿,是提高口语交际水平的前提

在学习口语交际的初级阶段,好的说话提纲或讲稿是确保说话成功的基础,只有经过这个扎实的准备阶段,说话才能从容不迫,有条不紊。

1.写出说话提纲或讲稿

写出说话提纲或讲稿是准备说话的一个重要环节。拟订说话提纲或讲稿,是进一步思考谋篇的过程,是认真研究和推敲所说主题是否正确、思路是否合适、材料是否妥帖、结构是否合理、详略是否得当,等等。通过撰写讲稿,还可以加深对话题内容的记忆,进一步熟悉说话的内在结构、篇章布局以及重要段落和关键句子。

2.反复试讲,最后脱稿

念讲稿,不用动脑,不要费多大力,而且表述也比较准确,但难以做到生动、活泼,表现不出学生个人的说话风采,也不能根据听众的反应和情绪变化做出灵活积极地调整。背讲稿,凭借自己的记忆,像背书那样一字不差地背出来,不仅听起来不自然,而且也有忘词、卡壳的危险。这样的表达效果都不佳。那么怎样才能做到自然流畅、条理清晰地进行口语表达呢?这里需要掌握三个环节。

一是反复诵读,把讲稿的书面语言转换成自己的口头语言。一般来说,写好的讲稿多为规范、严谨的书面语言。书面语言由于句式较长,修饰语较多,且太干巴,缺少说话时所需要的节奏与活力。这样的语言,讲起来不自然,记忆起来更困难。只有花时间精力把讲稿变成自己的语言加以理解和记忆,表述起来才会自然随意而不失个人风格。

二是熟记提纲。提纲是整个说话的总体思路和框架。口语表述时只有按照这个提纲,围绕表述内容,进行充分发挥,表述思路才不会被打断和阻隔。表述前,根据要说的内容列出一个较为详细的提纲并熟记。在每个纲目下再列出一些,关键词、关键句子以及重要的事例。千万要记住你所要表述的意思。当把要表述的意思全部牢记于脑海里,用自己的话按一定的顺序把要说的内容连缀起来后,就能顺畅地表述了。

三是反复练习，自如表述。依据事先准备的讲稿或提纲，反复进行口头表达练习，直到自己对练习的效果满意时，便可胸有成竹地走向讲台。

总之，从撰写讲稿到提炼提纲，再到不用讲稿和提纲，是个逐步过渡、循序渐进、熟能生巧的过程。当你经过反复练习，多次锻炼，有了口语交际的经验，并确信自己不会忘词时，你就掌握了脱稿说话的交际技巧了。

(五)培养坚强的自制力，是提高口语交际水平的关键

一个人的口语交际水平既受外在环境的影响，也受自身情绪的影响。口语交际实践表明：当你热情、开朗的时候，口才自然就变得很好。可当你自闭，不愿意跟外界沟通、跟世界有隔阂的时候，你是讲不出有影响力的语言的。所以，一个人要想口才好，情绪一定要好。外在环境随时都可能发生变化，而自身的情绪也随时可能发生波动。如何把握交际局面，增强调控能力，对能否展现自己的口语交际才能至关重要。自制力是一个人在整个口语交际过程中能够自觉、灵活控制自己的情绪，约束自己言辞的能力。口语交际是一种复杂的精神活动，受心理的支配和制约。该不该说，怎样说，何时起始，出现意外如何应对等，能不能做到适时的自我调控，直接影响着说话的效果。自制力是一个人心理素质的反映，也是口语交际必备的基本能力。这种能力，一方面可以消除说话者害羞、恐惧、不敢说或不敢大胆说的情绪；另一方面可以保证说话者在遇到意外情况时，情感不致大幅度波动而造成言辞的失误。那么，怎样培养自制力呢?

1. 意念控制

一个人的意念(念头、信念、自我监督、有意识的语词等)可以控制调节一个人的心理状态。自制力，很大程度上就表现在意念控制上。意念控制的作用就表现在促进自己积极行动。这方面的训练有两种方法。

(1)自我暗示。积极的自我暗示的作用在于使自己获得信心，进而提高自制力。不断对自己进行正面心里强化，避免对自己进行负面强化。一旦自己有所进步(不论多小)就对自己说，“我能行!”“我很棒!”“我能做得更好!”等，这将不断提升自己的信心。

(2)自我激励。无论干什么，全靠自觉。自觉往往指的是自己获得一种

动力去积极行动。怎样才能获得一种动力去积极行动呢？这就要学会自我激励。自我激励即自己给自己提出任务、自己给自己奖惩、自己命令自己、自己做自己的司令员、指挥员。自我激励的方式有： 制订切实可行的计划，安排好必须做好与可做可不做的事情，然后给自己做出奖惩规定。 写出座右铭，时时勉励自己。 常写日记，在日记中进行自我监督。 口头命令。每遇困境或身临危急之时，要学会自己指挥自己。通过口头命令，可以组织自身的心理活动，获得精神力量。

2.松弛训练

失去自我控制或自制力减弱都往往发生在紧张的生理心理状态中。因此通过松弛训练，学习消除紧张，可以提高自控力。紧张状态伴随着肌肉紧张、呼吸急促、心跳加速等过程，松弛训练可产生有意识地控制这些过程的作用，获得生理反馈信息，从而控制和调节自身的整个心理状态。松弛训练主要有以下几种方式。

(1)呼吸训练。在发怒、激动、恐慌时，人们往往意识不到自己呼吸的急促，甚至觉察不到呼吸困难，由于这样，反而更增加了紧张。因此，在从事预计会引起紧张的活动之前，做一做呼吸松弛训练，使自己的呼吸保持一种平静、舒缓的节奏，方法有： 站立或静坐，使全身放松，进行深呼吸； 一边缓步行走，一边深呼吸等。

(2)肌肉放松训练。通过肌肉放松训练可消除疲劳，克服紧张，甚至可治疗某些病症。经常进行或临场进行放松训练，可以使我们学会自我控制，变得坦然、从容。

下篇　中职语文口语交际应用

第十三章　环境友好

第一节　阅读与鉴赏

一、揣摩表达，感悟精妙

一篇好文章之所以让人喜爱，除了具有精彩的内容和完美的结构外，还在于叙述、描写、说明、议论和抒情这些常用表达方式的熟练运用。叙述，是把人物的经历或事物发展变化的过程表达出来；描写，是对人、事、物及环境所做的具体刻画和生动描绘，使描写对象更加逼真、形象，给人身临其境的感觉；说明，是对客观事物、事理进行解说和阐释，使读者明白事物的特征，包括性质、状态、功能等；议论，是对某个问题或事物、事理进行分析评论，发表自己的观点和看法，使文章鲜明、深刻；抒情，是作者的主观感受和情感的流露，能渲染气氛、开拓意境、突出主题、增强感染力。

好的文章往往会将多种表达方式构建为一个不可分割的整体。例如叙述中常常融合描写、议论、抒情，如果缺少了这些，就会失去生动性、深刻性、感染力；议论多是缘事而发，缘情而发，缘理而发；说明时离不开对事实的描述和对事理的阐明；而抒情往往依托叙述、描写、议论而展开，如借景抒情、借物抒情、借理抒情。我们在阅读时不能只满足于感觉这篇文章“写得好”，而要知道它好在哪儿，这就需要我们在阅读时仔细揣摩多种表达方式在文中的综合运用。

1.穿插运用，相得益彰

一篇文章中往往会有多种表达方式穿插组合，交替使用。如《故乡的榕树》，作者以榕树为线索，围绕着对故土乡亲的思念之情，交替使用多种表达方式：绘声绘色的描写绚丽多彩，浓郁自然的抒情真挚感人，明快流畅的叙述中穿插的议论则画龙点睛，揭示出文章的主旨。儿时老榕树下桩桩件件的往事充满了真切的生活情趣，散发着故乡泥土的芬芳。

2.有机融合，贴切自然

在表达方式的综合运用中，有时往往两种表达方式融合在一段文字中。如鲁迅的《藤野先生》一文，主要表达方式是叙述，但文中又不乏议论和抒情。文中揭露日本“爱国青年”诬蔑作者得到泄题一事的一段文字，“中国是弱国，所以中国人当然是低能儿，分数在六十分以上，便不是他们的能力了：也无怪他们疑惑”，悲愤之情中融合着深刻的议论。文章结尾又以离别后的琐事为依托，抒发作者对藤野先生的敬仰、怀念之情，情感真挚、自然，毫无做作之感。

3.巧妙渗透，含蓄传情

此类形式多见于抒情这种表达方式。抒情分直接抒情和间接抒情，直接抒情即直抒胸臆，而间接抒情则是依托对人物和事件的叙述、描写、议论，以情感渗透的方式，含蓄地表达作者的感情。如在朱自清的《荷塘月色》中，作者运用多种表现手法，多层次、多角度，生动形象地描绘“月下的荷塘”及“荷塘上的月色”，展现出一个素淡朦胧、和谐宁静、令人神往的美好境界，在描写中流露出作者对眼前美景淡淡的喜爱之情。所抒情感在含蓄自然间灵活巧妙地渗透出来。

以一种表达方式为主而兼用其他表达方式，是各类体裁文章的共同特点。表达方式跟文章的体裁关系密切，文章的体裁不同，语言的特点也不同。一般说来，记叙文以叙述、描写为主，语言生动形象、富于情感；说明文以说明为主，语言准确周密、客观平实；议论文以议论为主，语言鲜明有力、严谨明晰。我们揣摩表达方式需要有滋有味地细细咀嚼、鉴赏，即带着欣赏、研究的态度去阅读，才能真正体会到表达的韵味，领悟到文章的意蕴，感受到文章所具有的艺术魅力。

二、范文

离太阳最近的树

毕淑敏

【导读】

人们常说生活就如一面镜子，如果我们微笑着面对它，它也同样会以微笑回报我们。红柳，这一高原上的“精灵”，凭着顽强的生命力，用“从太阳那里索得的力量”，以不屈的精神，“对着高原的酷寒和缺氧微笑”。然而，现实生活却没有对它报以同样的笑容，那本应与雪域同在的红柳竟然毁在了人类燃起的一堆堆篝火之中，空留下那“傲然不屈的英魂”和沙丘上空洞的眼睑“怒向苍穹”。可悲的是，人们却并没有意识到：人的生存发展与自然界万物的生存发展是相依相存的。

本文以冷峻、含蓄的笔触向我们叙述了红柳悲哀的命运，语言极具穿透力，熔铸着作者对生活和生命的真切感悟以及对人与自然这一永恒主题的深刻思考，深深地震撼着人们的心灵，阅读时要细心领会。

30 年前，我在西藏阿里当兵。

这世界的第三极，平均海拔 5000 米，冰峰林立，雪原寥寂。不知是神灵的佑护还是大自然的疏忽，在荒漠的皱褶里，有时会不可思议地生存着一片红柳丛。它们有着铁一样锈红的枝干，风羽般纷披的碎叶，偶尔会开出谷穗样细密的花，对着高原的酷寒和缺氧微笑。这高原的精灵，是离太阳最近的绿树，百年才能长成小小的一蓬。到藏区巡回医疗，我骑马穿行于略带苍蓝色调的红柳丛中，曾以为它必与雪域永在。

一天，司务长布置任务——全体打柴去！

我以为自己听错了，高原之上，哪里有柴?!

原来是驱车上百公里，把红柳挖出来，当柴火烧。

我大惊，说红柳挖了，高原上仅有的树不就绝了吗?

司务长回答，你要吃饭，对不对? 饭要烧熟，对不对? 烧熟要用柴火，对不对? 柴火就是红柳，对不对?

我说，红柳不是柴火。它是活的，它有生命。做饭可以用汽油，可以用焦炭，为什么要用高原上唯一的绿色!

司务长说，拉一车汽油上山，路上就要耗掉两车汽油。焦炭运上来，一斤的价钱等于六斤白面。红柳是不要钱的，你算算这个账吧!

挖红柳的队伍，带着铁锹、镐头和斧，浩浩荡荡地出发了。

红柳通常都是长在沙丘上。一座结实的沙丘顶上，昂然立着一株红柳。它的根像一柄巨大章鱼的无数脚爪，缠附至沙丘逶迤的边缘。

我很奇怪，红柳为什么不找个背风的地方猫着呢? 生存中也好少些艰辛。老兵说，你本末倒置了。不是红柳在沙丘上，是因为有了这棵红柳，固住了流沙。随着红柳的渐渐长大，流沙被固住的越来越多，最后便聚成了一座沙山。红柳的根有多广，那沙山就有多大。

啊，红柳如同冰山。露在沙上的部分只有十分之一，伟大的力量埋在地下。

红柳的枝叶算不得好柴薪。它们在灶膛里像闪电一样，转眼就释放完了，炊事员说它们一点后劲也没有。真正顽强的是红柳强大的根系。它们如盘卷的金属，坚挺而硬韧，与沙砾黏结得如同钢筋混凝土。一旦燃烧起来，持续而稳定地吐出熊熊的热量，好像把千万年来，从太阳那里索得的光芒，压缩后爆裂出来。金红的火焰中，每一块红柳根，都弥久地维持着盘根错节的形状，好像一颗傲然不屈的英魂。

把红柳根从沙丘掘出，蕴含着很可怕的工作量。红柳与土地生死相依，人们要先费几天的时间，将大半个沙山掏净。这样，红柳就枝桠遒劲地腾越在旷野之上，好似一副镂空的恐龙骨架。这时需请来最有气力的男子汉，用利斧，将这活着的巨型根雕与大地最后的联系一一斩断。整个红柳丛就訇然倒下了。

连年砍伐，人们先找那些比较幼细的红柳下手，因为所费气力较少。但一年年过去，易挖的红柳绝迹，只剩那些最古老的树灵了。

掏挖沙山的工期越来越漫长，最健硕有力的小伙子，也折不断红柳苍老的手臂了。于是人们想出了高技术的法子——用炸药！

只需在红柳根部，挖一条深深的巷子，用架子把火药探进去，人躲得远远的，将长长的药捻点燃。深远的寂静之后，只听轰的一声，再幽深的树怪，也尸骸散地了。

我们餐风宿露。今年可以看到去年被掘走红柳的沙丘，好像做了眼球摘除术的伤员，依旧大睁着空洞的眼睑，怒向苍穹。但这触目惊心的景象不会持续太久，待到第三年，那沙丘已烟消云散，好像此地从来不曾生存过什么千年古木，堆聚过亿万颗沙砾。

听最近到过阿里的人讲，红柳林早已掘净烧光，连根须都烟消灰灭了。

有时深夜，我会突然想起那些高原上的原住民，它们的魂魄，如今栖息在何处云端？会想到那些曾经被固住的黄沙，是否已飘洒到世界各处？从屋顶上扬起的尘雾，通常会飞得十分遥远。

探究与练习

1. 联系课文内容，分析文章的题目有什么含义？

2. 本文既是一首颂歌，又是一曲悲歌。文中运用大量的笔墨描绘了红柳的悲剧，请找出这些情节，理解红柳的悲剧意义。

3. 本文以叙述为主，兼以描写和抒情，试找出文中描写的内容，并谈谈文章的抒情有何特色。

4. 文中有不少比喻句，把这些句子画出来，比较一下，说说你喜欢哪几句，为什么？

海洋与生命

童裳亮

【导读】

一提到海洋，人们总是联想到它的广阔无边，却很少把它和生命联系起来。生命是从海洋中诞生的吗？海洋为什么会成为孕育原始生命的摇篮，海洋怎样养育着生命？学了这篇文章，相信我们可以从中找到答案。作者紧扣标题，分四个部分分别为我们介绍了海洋的深广、海洋孕育了生命、海洋养育着生命以及对我国海洋开发的期望，由因及果，联系紧密。

本文以生动有趣的笔调，充实的材料，从科学的角度辩证地说明了海洋与生命的密切关系以及海洋对人类生活的重要意义，启迪人们科学地开发利用海洋生物资源。阅读时要注意对水的特性与生命起源之间联系的理解。

浩瀚的海洋

站在祖国的海滨，观赏一下海洋的景色吧！辽阔的海洋，无尽的碧波在荡漾，在金色的阳光下，像无数面银镜在闪闪发亮。海渐远，天渐矮，海洋在远方和蓝天接壤。

翻开世界地图，看一看地球的面貌吧！整个地球表面，海茫茫，水汪汪，世界大陆只不过是耸出海面的一些岛屿，一些群山。

海洋确实浩大。世界海洋的总面积有 36100 万平方公里，约占地球面积的 71%。而世界陆地的面积只有 14900 万平方公里，占 29%。海洋不仅大，而且很深。海洋的平均深度是 3800 米。币世界大陆的平均海拔高度只有 840 米。如果把整个地球表面锣平，水深将有 2440 米！海洋最深的地方是太平洋的马利亚卸海沟，最大深度是 11515 米。我国西南边境的珠穆朗玛峰是世界最高的山峰，它的海拔高度是 8848 米。如果将珠穆朗玛峰移到马利亚纳海沟，峰顶距海面还有 2000 多米！

所以，地大不如海大，山高不如水深。生命的摇篮

我们人类祖祖辈辈在陆地上生活，总是把陆地看作自己的故乡。但是不要忘记，我们很远的祖先却生活在海洋！

大约在 32 亿年以前，最原始的生命在海洋里诞生。根据化石所见，这些原始的生命和今天的细菌相似。它们以海洋里自然形成的一些有机物为生，所以是一些“异养生物”。大约一亿年以后，才出现像蓝藻一样的原始生命。这些原始的蓝藻含有光合色素，能进行光合作用。也就是说，它们在地

球历史上第一次能以取之不尽、用之不竭的太阳光作为能源，以水、碳酸盐（或二氧化碳）、硝酸盐、磷酸盐等无机物作为原料，合成富含能量的有机物——糖、淀粉、蛋白质、脂肪等。因此，这是一批自食其力的“自养生物”。

原始生命的诞生，像一声春雷，打破了地球的死寂，开辟了地球历史的新纪元。这些原始生命在和大自然的搏斗中生存下来，发展下去，经过亿万年的进化，逐步形成了原生动物、海绵动物、环节动物、软体动物、节肢动物、棘皮动物，以至出现了像鱼类这样比较高等的海洋脊椎动物。原始生命向另一个方向发展，又形成了许多海洋藻类。

生命在海洋里诞生绝不是偶然的，海洋物理和化学性质，使它成为孕育原始生命的摇篮。

我们知道，水是生物的重要组成部分，许多动物组织的含水量在80%以上，而水母一类海洋动物的含水量高达95%。水是新陈代谢的重要媒介，没有水，体内的一系列生理和生物化学反应就无法进行，生命也就停止。因此，在短时期内动物缺水要比缺少食物更加危险。水对于今天的生命是如此重要，它对脆弱的原始生命，更是举足轻重了。生命在海洋里诞生，就不会有缺水之忧。

水是一种良好的溶剂。海水中含有许多生命所必需的无机盐，如氯化钠、氯化钾、碳酸盐、硝酸盐、磷酸盐，还有溶解氧。原始生命可以毫不费力地从水中吸取它所需要的元素。

水具有很高的热容量，加之水体浩大，任凭夏季烈日曝晒，冬季寒风扫荡，海水的温度变化却比较小。因此，巨大的海洋就像是天然的“温箱”，是孕育原始生命的温床。阳光虽然为生命所必需，但是阳光中的紫外线却有扼杀原始生命的危险。水能有效地吸收紫外线，因而又为原始生命提供了天然的“屏障”。

这一切都是原始生命得以产生和发展的必要条件。

原始海洋的海水是淡的。在历史过程中，由于雨水冲刷，陆地上的无机盐被洗入江河，成年累月地倾注入海。再加上海水不断蒸发，使海水的含盐量不断增加。在生命起源的那个时期，海水还可能是比较淡的。到了无脊椎动物大量出现的那个时期，即距今五六亿年以前，海水可能是半咸的。今天绝大部分动物的体液，包括我们人体的血液在内，都是半咸的，这是当时海水状况的重要见证。

正像温室里的花朵经不起风吹雨打一样，优越的海洋环境也限制了生物向高级的方向发展。高等动物和高等植物是在陆地上诞生的，爬行类、鸟类、哺乳类动物是原始的海洋鱼类移居陆地以后才慢慢进化起来的。而陆地植物则是由海洋藻类进化而来。这种移居陆地的过程，很可能是被迫的。由于地壳的变动和气候的变迁，一部分海洋变成了陆地，迫使一些水生的植物去适应新的环境。空气的比重很小，不能像海水那样“浮”起动植物的身体，于是陆地植物逐渐分化为根、茎、叶。根钻进土壤吸收养料和水分，叶在空中吸收阳光进行光合作用，茎起着连接和支持植物体的作用。陆地动物逐步进化出四肢，以适应在陆地上的奔跑。由于陆地气候干燥，气温变化较大，于是陆地动物又进化出致密的皮肤和保温的毛发。总之，陆地的艰苦环境锻炼了生物，使它们的身体结构变得更加精细、更加复杂、更加完善。

诚然，今天的海洋除了鱼类外，也有一些高等动物在那里生活着，如海龟、海蛇等爬行类，鲸、海豹等哺乳动物。海洋植物除了低等的藻类，也有少数高等植物。这些高等动植物是从陆地返回海洋的。

天然的牧场

辽阔的海洋，昔日是生命的摇篮，如今是天然的“牧场”。海洋里的动物有肉眼看不见的原生动物，有个体小、种类繁多的甲壳动物，有人所喜食的鱼类，有地球上最大的动物——蓝鲸。海洋的上空还有海鸟在展翅翱翔。

形形色色的海洋动物已成为人类副食品的重要来源。人类每年从海洋里捕获的鱼虾已达几千万吨，而且每年以百分之几的速度在增长着。如果海洋水产资源能得到适当的保护和合理的开发，将来每年的渔获量可望达到两亿吨左右。

经验告诉我们，哪里森林成荫，哪里就百鸟齐鸣；哪里牧草丛生，哪里便牛羊成群。海洋的情形也不会例外。这是因为植物能依靠太阳光能来合成有机物，动物只能以植物生产的现成有机物作为“燃料”来开动自己这部“生命机器”。尽管有些动物是吃肉的，但是这些动物所猎食的动物，到头来还要以植物为生。

当你来到海边，会看到各种各样的海洋植物(海藻)。有绿色的石莼、浒苔和礁膜，有褐色的海带和裙带菜，有红色的紫菜和石花菜，还有形状像羽毛的羽藻，细长似绳的绳藻等，可以说五颜六色，形状万千，无所不有。这些较大的海藻，有的是人们的珍贵食品.有的是重要工业原料和药材，有些海藻已进行人工养殖。奇怪的是，许多海洋动物并不吃这茂盛的“海洋牧草”。

离开海岸较远的广阔海面，很难再看到海洋植物的踪影了。那里真的没有植物吗？不。那里有植物，只不过肉眼看不见罢了。从大海里取一滴水，放在显微镜下观察，你会看到许多单细胞海藻。有的细胞外面有一个由硅质组成的硬壳，这是硅藻；有的细胞长着两根细长的鞭毛，在水中游来游去，这多半是甲藻。硅藻和甲藻是海洋里的主要单细胞藻，此外还有数量不等的其他单细胞海藻。

不要小看这些单细胞海藻，它们是海洋的“主人”。它们的数量很多——约占海洋植物总量的95%左右；分布广——分布在占地球面积2/3的海洋上。它们每年通过光合作用制造的有机物，约等于陆地植物的总产量或是更多。就是这些无名“隐士”，供养着几百亿吨级的海洋动物，它们是真正的海洋“牧草”。而生长在沿岸一带的大型海藻，不管它们怎样令人注目，讨人喜爱，它们在海洋植物界却是微不足道的。

我们伟大的祖国，不仅地大物博，人口众多，而且面临着世界最大的海洋——太平洋。

我国的海岸线，北起鸭绿江畔，南到北仑河口，长达14000多公里。自北往南有渤海、黄海、东海和南海。

我国海域辽阔，岛屿成群，再加地处温带和亚热带，水产资源十分丰富。我国的海产鱼类有2000多种，目前产量较高的有200多种，其中有大黄鱼、小黄鱼、带鱼、鲥鱼、鲳鱼、鲨鱼等。此外还有乌贼、鱿鱼、虾蟹等无脊椎动物资源，以及鲸、海豹等海洋哺乳动物资源。

祖国的海洋啊，多少人为你歌唱，多少人为你奔忙！新中国诞生后，我国的海洋事业有了迅速发展。随着科学技术水平的提高，丰富的海洋生物资源必将越来越充分地被人们所利用，为祖国的社会主义建设发出更加灿烂的热和光！

探究与练习

1.作者是怎样写海洋之大、海洋之深的？文中用了什么表达方式和说明方法把有关海洋生物学知识具体、清楚地告诉了人们？

2.文中“生命的摇篮”与“天然的牧场”这两部分是怎样说明海洋与生命的本质关系的？

3.下面句子划横线的词可以去掉吗？为什么？

(1)海洋的平均深度是3800米。

(2)大约在32亿年以前，最原始的生命在海洋里诞生。

(3)在生命起源的那个时期，海水还可能是比较淡的。

4.结合当前实际，搜集有关信息，谈谈怎样保护海洋环境。

令人担忧的人类生态学问题

画春

【导读】

这是一篇研讨人类生态学问题的综述。当今时代，生态问题日益严重，使人类突然从往昔惯于养尊处优的美梦中惊醒。面对“只有一个地球”的严峻现实，人们开始居安思危，树立环保意识，尊重自然规律，维护生态平衡，自我调节人类的行为，以创建有利于人类生存和发展的优良环境。文章首先概述由于人类环境意识的增强而逐渐发现的令人担忧的人类生态学问题，然后着重从人口增长、能源危机、人类与环境的关系三个方面分别综述人们对于人类生态学问题的不同见解和大体倾向，从而唤起人们对关系到人类生存发展的生态学问题的关注。

本文引用资料概述历史和现状，介绍人们对未来的种种看法，得出客观的结论，条理清楚，广而有序；文中有多种数据，不同见解，具体翔实，述而不论。阅读时应注意文中从不同见解中引出的结论与作者发表己见的评论有什么不同。

1972 年，联合国在斯德哥尔摩召开了举世瞩目的人类环境会议，提出了“只有一个地球”的口号，从此，人类的环境意识日益增强，人类生态学重新崛起。

人类在地球上已生活了漫长的岁月，并极力按照自己的理想和意愿来重新调度山山水水：使荒漠变成绿洲，使荒山变成果园，使荒滩变成城镇……人类雄心勃勃的“填海造田、改造地球”之举震惊了宇宙苍穹，以至有人将 20 世纪 50 年代后期至 60 年代中期称为是人类最“趾高气扬”的时代。然而，从 60 年代末到 70 年代，人类逐渐发现，地球上人口在膨胀，资源在枯竭，环境在恶化。众多令人担忧的人类生态学问题，使人类突然从养尊处优的美梦中惊醒。

地球究竟能供养多少人

据有关资料分析，公元初地球上大约只有 2.5 亿人口；到了 1650 年，人口仅增长了 1 倍，达 5 亿左右；到 1800 年，人口达到第一个 10 亿。以后，人口的增长大有蒸蒸日上之势：1930 年达到 20 亿；1960 年达到 30 亿；1975 年达到 40 亿；1987 年达到 50 亿。可见，人口数量正按照一条可怕的指数曲线增长着！目前，世界人口平均每分钟增加 150 人；每天净增 22 万人；每年净增 8 000 多万人，这一数字相当于地球每年都在“生产”一个“英国”啊！

人们不禁要问，随着人口的骤增，地球究竟能供养多少人呢？

有关人士认为，地球能供养的人口将比 21 世纪初地球上居住的人口多得多，可达 500 亿，是目前人口的 10 倍，而且到那时，人类照样会拥有“公园的树阴和圣诞节上的烧鹅”。但是，大多数学者却不赞成这种田园牧歌式的观点，他们认为，地球最多只能养活 100 亿左右的人口。

也有人认为，如果从生物圈能够提供的食物资源来看，地球能供养的人口极限并非是 500 亿或是 100 亿。他们认为，地球上的植物每年约能生产 165×10^{15} 克的有机物质，折合成能量就是 660×10^{15} 卡，假定每人每天平均消费 2200 卡的话，每人每年就需消费 80 万卡，由此推算出地球可养活的人口数为 8000 亿。但实际上，人类大约只能利用植物总生产量的 1%，这意味着，地球只能养活80亿人口。

尽管人们对这一问题的看法莫衷一是，但有一点是可以肯定的，即地球能供养的人口是有限的，而且人口数量正日益逼近这一极限，人口过剩的危机感正与日俱增。

值得一提的是，我国的人类生态学家正在为控制人口增长进行着大量的研究工作。他们以生态系统的稳定支付能力为基础，计算了我国100年后的理想适度人口数在6.5亿　7亿之间，然而，目前我国的人口数正在朝这一数值的翻番方向挺进，情形不容乐观！

随着人口危机的日益严重，有些权威人士发出了悲观的叹息声。他们认为，总有一天，地球会承受不了这一负荷，人类将会自己消灭自己！但愿这一天永远不要到来。

地球上的能源会枯竭吗

能源在人类社会的发展过程中起着重要的作用，从木炭时代到煤炭时代，从石油时代到原子能开发以及各种各样新能源的问世，都曾给几近停滞的人类文明以新的活力。近年来，人们逐渐意识到，随着人口的增长以及消费水平的提高，现有的能源正面临着短期内枯竭的危险，它和人口、物资、粮食、环境问题一起，构成了当代人类社会所面临的五大挑战。

进入20世纪以来，人类的能源消耗量直线上升，估计到20世纪末，能量使用量将比1900年大30倍，为1970年的4倍。另外，化石能源十分有限.据目前已探明的地球非再生能源储量推测，人类还可使用350年左右；普通钻井的石油还可用60年，页岩和沙漠中的石油还可用660年；天然气还可用72年；铀可用27131年。而据1978年的资料，在总能源消费量中，石油占47%，煤占28%，天然气占20%，其余是核能、水能以及太阳能。因此，在今后的几十年内，世界上的绝大部分石油将被耗尽，“能源危机”实际上就是“石油危机”。

当然，也有人对世界能源抱着极其乐观的态度。他们认为，随着科学技术的发展，人类在提高非再生能源利用效率的同时，还会不断开发利用太阳能、氢能、地热能、核能、海洋能、生物能和风能等再生新能源。例如，太阳在其 60 亿年生存期间仅消耗了自身能量的 2%，由此推算，太阳能还可供人类使用 1000 亿年以上。又如，正在研究的核聚变技术一旦成熟，1 立方公里海水中的核能就相当于世界全部石油储量；地热能则相当于地球全部煤储量的 1.7 亿倍。因此，科学家们预言，如能开发这些再生能源和新能源，人类将彻底改变所面临的能源危机的局面。

地球上的能源既有限又无限，我们只有居安思危，才能临危不惧。

环境是人类的“仆人”“主人”，还是“朋友”

有人认为，自然界是一个消极的任人摆布的客体，人则是大自然的主宰者。随着科学技术的发展，生产力水平的提高，人类对自然的征服力将是无穷无尽的。

也有人认为，今天人类活动给自然界造成的影响已经超出了自然界自我调节功能的限度，自然界越来越变得不利于人类生存了。为了摆脱环境危机，拯救人类，只有放弃造成环境危机的工业化，倒转生产，退向自然，“返璞归真”。

还有人认为，在人与环境的关系问题上，必须抛弃以人为中心的观念，承认人类以外的价值，还要把社会正义、社会平等准则应用到环境中去。例如，森林、动物、河流、山岳、海洋等都有各自的生存权利，它们和人类同等重要，有着各自的尊严。蔚蓝的天空、茂密的森林、清澈的河水、洁净的海洋，这是它们的生存权利。人类向天空排放有毒气体、向江海倾倒污水杂物、滥伐森林，就是侵犯了它们的权利，违反了道德准则。

环境究竟是人类的“仆人”“主人”，还是“朋友”？

不言而喻，人类唯有尊重自然规律，爱惜自然财富，维护和创建良好的生态环境，与环境保持和谐优美的关系，明日的太阳才会更红，来年的地球才会更蓝……

探究与练习

1. 这篇文章正文部分用三个设问句作小标题，与文章标题中的“人类生态学问题”相呼应，并从材料的综述中得出结论。文中得出了哪些结论？你是怎样认识这些问题的？

2.本文的重点是什么？作者是怎样从不同见解的综述中客观地得出结论的？

3.谈谈从不同见解中引出的结论与作者发表己见的评论有什么不同。

4.本文在表达方式的运用上以叙述为主，兼用说明，在对所选用的资料作客观的叙述或说明时，使用了一些表示资料客观性的惯用语，请从文中找出这些惯用语。

5.搜集人口、能源、环境方面的相关资料，进一步了解近年来有关人类生态学发展的现状，谈谈你的看法。

维也纳森林的故事

冯骥才

【导读】

走进维也纳的森林，扑面而来的是“清新、湿润、凉爽”的空气，无边的绿色，“大片大片开满鲜花的牧草”。不论是炎夏季节“千奇百怪”“乱穿衣”的人群，还是“无忧无虑地生活在千楼万宇中间”的小鸟，都会让我们欣喜地感受到大自然的神奇与美妙，使人仿佛置身仙境。大自然为什么会对维也纳人如此“厚爱”？这是因为“维也纳入与这片森林生命攸关，互惠互助，相依相存”。他们对房前屋后的草地像“居室内的地毯一样爱惜”；“不肯使用汽车里的空调，担心废气污染草木与空气”；露天音乐会上乐队与孔雀相互应和“边奏边唱”的动人场面，更为我们奏响了一曲大自然与人类和谐亲密相处的美好颂歌。

本文仿佛是一首轻松美妙的森林圆舞曲，令人陶醉；又像是一幅赏心悦目的水彩风景画，引入遐想。作者以清新优美的语言，或大笔勾勒，或浓墨点染，描绘出维也纳优良的人文、生态环境，巧妙地为我们揭示出人与环境关系的深层内涵，发人深思。

还有比这表达大自然与人类和谐与亲密关系更好的颂歌吗。

维也纳人的骄傲与福气之一，是他们生活在层层叠叠的绿色包围之中，森林不单是维也纳人度假游玩的去处，平日黄昏人们也常常驱车到城市东北角的卡伦堡山上，敞开肺叶，张开嘴巴，大口吸吮林海散发出来的清新、湿润、凉爽和充沛的氧气。放眼远眺，绿海无边，每一棵树都是一朵绿色的浪花，多少树才汇成这海一样无边无际的森林？维也纳人的眼睛整天被城市的奇光异彩所眩惑，此刻觉得绿色真是一种净化眼睛和心灵的颜色。

所以，维也纳人喜欢绿色。绿色的家具、窗帘、墙壁、器皿都是常见的。盐溪湖一带专门烧制一种带有绿色条纹的陶瓷，是奥地利最富特色的民间工艺之一。这里的男人还爱穿绿色西服，打绿色领带，就像温暖的澳大利亚的男人们爱穿粉红色的衬衫一样。

世人只知道这片森林受益于施特劳斯的名曲《维也纳森林的故事》而名扬天下，引来千千万万旅游者，为这座城市赢得外汇。哪里知道维也纳人与这片森林生命攸关，互惠互助，相依相存，因而才给了那位“圆舞曲之王”以创作的灵感、冲动和深情。

维也纳森林到底有多大，有人说面积四十平方公里，有人说方圆百里。其实这个被称作“森林王国”的奥地利，拥有370万公顷森林，整个国家土地的百分之四十四被森林所覆盖。处处森林相连，谁能找到这维也纳森林的边缘？

一出城市，到处是这样的景象：向阳的山坡上，林色鲜翠；背阳的山坡上，森森然像一片埋伏在那里披甲戴盔的兵阵。森林之间是大片大片的开满鲜花的牧草，很难看见土的颜色。维也纳森林是指维也纳城市近郊一带，地势最高不过海拔四百米，很少针叶树，多为阔叶林、榆槐桉桐等，数十种树木，交相混杂。每逢春至，树上开花，小鸟欢叫，各种野生小动物奔跃其间。这感觉与南部蒂罗尔州那种高山峻岭、松柏参天、雪溪喷泻，全然两样。这里的森林清新柔和、温文尔雅，倒与维也纳这个城市的味道更相调和。

森林不单使人赏心悦目、呼吸舒畅、排除烦恼，它还神奇地调节着气温。在维也纳，无论太阳怎样灼热，只要钻到树阴里便立刻清爽宜人，这感觉异常分明。“太阳地”和“阴凉地”，好似两个季节；中午与早晚，温差非常分明。即使炎夏时节，日落之后，空气会很快凉爽下来，维也纳人在夏天夜里也要盖被子睡觉，特别是一场雨后，天气如秋。气候多变，穿衣常跟不上变化。有时风起雨过，那些等候公共汽车的人群，可谓千奇百怪。有的依然穿背心光膀子，有的已经穿上毛衣和皮夹克。此种奇观，很像中国北方的“二八月乱穿衣”，但这里却是“五六月乱穿衣”了。

我在游览维也纳郊外一座皇家猎宫时，骤然风雷交加，大雨疾降，忽见大片草地冒起浓浓白烟，林间更是烟雾飞扬，很是壮观。这种景象以前很少见到。导游告诉我，这是因为森林和草地吸收阳光的热量，冷雨一浇，顿成烟雾。我才深知森林与草地作用的非凡。

维也纳人明白，宜人的气候不只是上帝的恩赐，更出于祖祖辈辈对这种恩赐的倍加珍爱。早在1852年奥地利就颁布了《森林法》，一百余年，沿用至今。这实际上就是严格的森林保护法，科学性与应用性结合得很完美。例如采伐，伐掉的那一片林木的空地，正是需要阳光射入、促使森林更好生长之处。所以，奥地利人从来不缺乏木材，也不缺乏绿色。

如果留心观察，还会发现维也纳人对房前屋后的草地就像对居室内的地毯一样爱惜。你很难发现一小块枯草。他们甚至不肯使用汽车里的空调，担心废气污染草木与空气。在这个百万人口的大城市里，无论何处，张目一看，总有鲜艳的花木在视野之内。放眼望去，空气透明，视线无阻，只要目力所及，那些远远站在楼顶上的一座座雕像的面孔，都能看得一清二楚，绝无尘烟障目……这样，各种各样的鸟儿就像在维也纳森林里一样，无忧无虑地生活在千楼万宇中间。

一天黄昏，我在城市公园正兴致勃勃欣赏露天音乐会，忽然大厅顶上发出声声异样鸣叫，音调似猫，其声宏大，扭头望去，原来是一只大孔雀站在上面。孔雀是逞强好胜的飞禽，她要与乐队一比高低，这引得欣赏音乐的人们都笑起来，但没有人驱赶孔雀。乐队更起劲地演奏，随后便是乐队与孔雀边奏边唱，奇妙至极。

还有比这表达大自然与人类和谐与亲密关系的更美好的颂歌吗？

这不正是《维也纳森林的故事》最动人的深层内涵吗？

这一天也不会太远

皮皮

【导读】

今天，环境保护似乎已经成为大家的共识，“作为普通人，可能没人反对环保”。但现实是：有人认为“种树和清洁河水”是“国家的事”；有人对每天发生在自己身上和身边的，如烧烤的浓烟、购物用的塑料袋、“没完没了的淋浴”等“小事”熟视无睹，还心安理得地为自己找出种种理由辩解。然而，现实生活中还有一些像“吝啬鬼”那样为“我一天省下的水至少能让一棵小树成活”而感到“幸福”的人；还有“自然之友”这样的民间环保组织；也有“把海底的泥巴糊到脸上”“节假日不去购物去植树”等不经意间就变得“时髦”的事。因此，文末作者才满怀信心地为我们描绘了一幅“所以这一天也不会太远”的“美丽图景”。

本文标题新颖、含蓄，引人想象。作者从正反两方面列举身边诸多“小事”，引发出环境保护要从“点点滴滴”做起的“大道理”。字里行间流露出的褒贬之意、期盼之情跃然纸上。本文在我们建设环保型、节约型社会的今天，具有很强的现实意义。

作为普通人，可能没人反对环保。人们可以把环保直接理解为到处是绿树，到处是洁净的河水，而种树和清洁河水似乎又都是国家的事，不是一个人两个人所能做到的事。于是，许多并不反对环保的人实际上也没为环保做点什么，于是，下面的状态并不会受到谴责，良心也安静，可以直接说出的理由很多：我没有乱伐林木，我没有污染河水，我没有汽车……

我没有把洗澡的水存起来冲厕所，我也没有把淘米的水用来洗菜，可我这么做没什么不妥，因为我付水费了。

我知道烧烤的浓烟污染环境，可我太喜欢吃烧烤了。我想，即使我不吃，他们也会为别人烤，所以那些浓烟并不是因我而冒。

我知道塑料饭盒和塑料袋都不是环保材料，可在超市不用塑料袋子，怎么把东西拿回家？我知道有另一种可能，随身带着布袋子，这样就可以减少污染，但是，有时我就忘了带，有时又觉得太麻烦。中国太大了，我少用一个塑料袋又能改变什么？

用纸从没考虑到两面利用，不仅仅因为我用的那些纸都是免费得来的，有时也是为了好看，总不能给人家写信或者投递稿件都用正面已经用过的废纸吧？这是礼貌问题。

……

好在这世界还有不同的角度可以变换。

我认识一个人，他在用水方面是个地地道道的“吝啬鬼”。他把洗澡水用来冲厕所，把洗菜的水用来再洗别的菜。有一次他对我说：“我知道这也许帮不了什么忙，我知道我节约的这么点水还抵不上一个公共场合坏水龙头一刻钟流失的水，我知道我根本管不了那么多。中国太大了，我甚至不能在公共浴池制止那些让淋浴没完没了冲洗自己的人，可我还是愿意尽我所能节约一点水。我想的是我一天省下的水至少能让一棵小树成活，于是，所有的树木在我这儿都变得具体了；我和它们之间也有了联系。当我看着它们的时候，我就很幸福，这幸福的感觉又会给我新的力量，坚持做下去。”

他的理解打动了我，倒不是他做的事有什么特别的意义，但他能让自己从中获得安慰和幸福，这境界已经让我羡慕。我觉得如果我也这么想，那么环保对我来说就是件很个人的事，点点滴滴的“成果”也会让我感到高兴，从而忽视了它跟整个状况相比之下的“渺小”。

但是，做起来并不容易的，有时是为自己沮丧，有时是为他人沮丧。有一次，我在超市买东西，自己带着布口袋，但是，入口处的警卫不让我带进去。我向他解释布口袋的用途，也让他看布口袋是空的，他还是坚持让我把布口袋存起来。我说：“把袋子存起来我交款时就不能用它装东西了。”他说：“我们会给你塑料袋的。”希望他们今天已经有了新的认识和新的面貌。而我也不是每一次都能想着带袋子，有时上班忘了带袋子下班买东西就没办法了。每到这时候，心里面都有点不安静，很歉疚。我唯一感到高兴的是，我终于不那么心安理得了。

前不久，我加入了“自然之友”，这是一个民间的环保组织。他们给我寄的资料都是用背面印刷的，我想没人会觉得他们不礼貌吧。如果用这种用过的纸给美国总统写信，他肯定也不会发怒，可能还会因此更敬重你一分。

如今有很多事情，不经意间就变得时髦了。例如把海底的泥巴糊到脸上，例如女人去自己的俱乐部，例如节假日不去购物去植树，例如不生孩子的人也灌肠(但有新名字叫洗肠)……

所以这一天也不会太远。

用用过的纸给朋友写信，会让朋友心里舒服。

拎着布袋子买东西的女人会在人们的眼里更加妩媚。节约水的人在你眼中有别样的洁净。为“自然之友”这样的组织捐点钱做点力所能及的事。

统统变得时髦！

第二节　口语交际

一、讨论

讨论是一种多向交流形式，在学习、工作和生活中经常运用。通过讨论，我们不仅可以学会积累各种观点，而且可以学会仔细分析和评价这些观点；通过讨论还可以集思广益，加深对问题的认识，从而找出解决问题的办法。参加讨论要分清对象和场合，把握讨论的语言特点。

讨论往往是有组织进行的，有主持者，有参加者，只有双方都讲究听说的技巧，相互配合，才能使讨论取得成果。因此，参加讨论要注意以下问题：

1.明确议题

参加讨论首先要明确讨论的议题和要求。讨论的议题应该是能引起讨论者兴趣的、熟悉的问题。如果讨论者对这个议题一无所知，是无法参加讨论的。因此，讨论的议题最好选择讨论者经验范围和能力范围之内的热点问题。此外，讨论者还要明确讨论的具体要求，这样，讨论时才能做到有的放矢。

2.准备充分

讨论不是闲聊，不能天南海北地由着自己兴致说。因此，参与讨论者要围绕议题做好充分的准备。一是对所讨论的问题要认真思考，解决“讲什么”的问题。二是对内容的逻辑顺序、语言组织有大致的设计和预想，解决“怎么讲”的问题。三是要有对讨论正确理解的良好心态，对问题要有客观正确的认识，解决“讲到位”的问题。

3.表达得体

参加讨论有助于学会在众人面前发表意见，学会与他人沟通思想、交流信息、探究真理、寻求共识。因此，参与者要认真听说，积极思考。发言时要围绕议题明确、具体地发表意见，并阐明理由和根据，不能离题，不能空谈原则而不接触实际。要坦诚、谦虚，语言要简洁委婉、条理清楚、表达得体，做到言之有物、言之有序、言之有理。

4.讲究技巧

要想讨论取得成果，讨论者还要讲究听说的技巧。一是讨论时要尊重他人，理解他人，认真听取他人的发言，不能中途打断别人的话。二是要有主见、不盲从。否定别人的意见时，要注意语言和态度，不要主观武断或讽刺挖苦。三是当讨论发生分歧时，不固执己见。正确的态度应该是求同存异，找到解决问题的最佳方案和符合客观规律的正确认识。

主持人是讨论中的重要角色。主持人要努力营造一种良好和谐的讨论氛围，要善于从讨论发言中捕捉闪光点，讨论出现冷场时，要适时调节气氛；讨论离题时不能听之任之，要相机插话，引回正题；讨论出现争议时，态度应不偏不倚，冷静倾听双方争论的焦点是什么，引导双方在关键问题上深入讨论。小结时，要简单明了，富有感染力。

二、借鉴实例

关于“尊敬水”的讨论

主持人：当前，“水危机”问题已成为全球关注的话题。2003 年，全球有 100 多个国家针对“水危机”问题同意联合国将本年度定为“国际淡水年”并发出“尊敬水”的号召。今天，请大家就“水危机”及“尊敬水”的问题各抒己见，畅所欲言，发表自己的观点。

同学 A：我认为，尊敬水我们就不能浪费水。我知道现在我国水资源匮乏问题非常突出，全国有400多个城市缺水，其中缺水严重的城市就有130多个。但是，有人根本不管这些，仍在浪费水。还有人认为自己交了费的，用多用少别人管不着，连洗手、洗碗都无节制地大开水龙头。因此，我认为有必要经常对大家进行水资源教育，杜绝类似浪费，提倡节约用水。

同学B：我认为，我们节约用水不光是在平常生活中节约水，我们还应该想办法，充分利用节水措施、节水途径，如废水净化呀、循环利用呀等。而对浪费水资源的人，则可以利用必要的法律手段进行约束。

同学C：我同意。我看到有些人为了自己的利益，往水里乱倒垃圾，还有的人开什么小炼油厂、小化工厂、小造纸厂，随便排放污水，污染水源，连鱼虾都死了，人也得了好多怪病，治也治不好。我主张对这些企业要坚决全部取缔。

同学D：可是我觉得还是要看情况，不能全部取缔呀。我们家乡就有一个小造纸厂，周围的好多人都在厂里上班，我爸也在，家里全靠他挣钱供全家人生活，供我上学。上次说是要取缔，大家都不愿意。我们那儿穷得很，有好多人不上班连吃饭都成问题，而且厂里每年也要缴好多税给国家啊，幸好厂子没有被取缔，我才能来上学。

同学E：我认为你们那儿的人是只看到自己的困难，只看到眼前利益，没想到长远利益。我们不能想想别的办法吗？如果大家都像你们那样的话，我们以后就没有清洁的水可喝了。还有，厂了没有被取缔，我认为是你们那儿的领导在搞地方保护主义，如果为了当地经济利益，对水污染放任自流的话，只能是眼前受益，祸及子孙，最终受害的还是我们人类自已。我们再不能污染水了呀！

同学F：是啊，我国的水污染真的是非常突出，据我所知，全国七大水系有近一半的河段污染严重，有的流域支流的水都变黑了，沿岸不少工厂因此停产，还有一些地区农作物绝收，所带来的损失和影响简直无法计算。

……

主持人：好了，就讨论到这里吧，大家发言很踊跃。我想，今天我们至少得到了两点启示：第一，尊敬水，我们就要爱护水，节约水，不要污染水。人类需要依靠水才能生存，我们不能只顾眼前利益，破坏我们的生存环境。第二，任何经济的发展，都是以环境和资源做支撑的。那些单纯追求经济效益，而以牺牲环境为代价的急功近利行为，终究会得到自然界最残酷的报复，最终受害的是我们人类自己。最后，希望我们大家都能树立环保意识，响应联合国的号召，以实际行动"尊敬水"！

简评：

在如何"尊敬水"的问题上，与会者围绕讨论话题，从不同角度发表了自己的观点，基本上做到了不离题，摆事实，讲道理，说话有分寸。因此，讨论能在和谐融洽的气氛中进行，达到交流信息、沟通思想的目的。主持人的小结捕捉到了讨论中的闪光点，从大家的意见中进行综合归纳，并提出了希望，语言简明扼要，有感染力。

第三节　语文实践活动

保护环境从我做起

一、活动目的及要求

1. 了解保护环境是我国的一项基本国策，保护环境，人人有责，增强社会责任感。掌握有关的生态环保知识。

2. 通过访问、调查、考察等途径了解本地生态环境，为保护生态环境出谋献策，提高口语能力。学会搜集和整理资料，灵活运用多种表达方式及写作技巧写出相关的文章，提高写作能力。

3. 以积极认真、不畏困难的态度参与实践活动。树立团队意识，在活动中学会与人交往，与人合作，互助共进，提高人际交往能力。

二、活动步骤

1. 学生自愿组合成若干调查小组，选定调查主题，明确各小组任务：

(1)空气质量调查组（在本地气象部门的指导下着力调查）：

——了解空气鉴定的等级标准，搜集本地近段时间空气质量的数据；

——调查空气污染源，到工业区和交通要道调查、测量工厂以及机动车排放废气的情况；

——查找资料，了解被污染的空气对人体及生活环境的严重危害性；

——参考国内外的成功经验提出整改建议。

(2)水质调查组(在环保部门、水质监督部门的指导下着力调查)：

——了解水质的评定标准；搜集本地近年来的水质情况；

——在确保安全的情况下，到本地主要河段取水化验，了解污水的来源；调查生活用水、工业废水是否经处理才排放，处理效果如何？

——提出改善水质的建议。

(3)白色污染调查组(在环卫部门的协助下着力调查)：

——用各种途径查找资料："白色污染"究竟是怎样形成的？又是怎样危害生态环境的？

——了解本地颁布的有关防治"白色污染"的法规以及治理的措施和成效；

——向环卫工人、垃圾处理厂的工作人员了解本地"白色污染"的情况；

——到本地餐饮场所了解塑胶饭盒的使用情况，到各大市场、超市观察塑料袋的使用量，并进行数字统计；

——提出有效防治"白色污染"的途径。

(4)爱护花鸟树木组(在园林部门的协助下做以下调查)：

——了解本地森林面积、园林绿化的情况以及土地森林被破坏的现象；

——在确保安全的情况下到野外观察动植物，作简短的观察日记；

——搜集有关本地森林、城市绿化情况，参加植树节活动等录像资料；

——到各大公园、街道观察绿化设施被破坏的现象，进行数据统计，剖析原因。

(5)绿色环保宣传组：通过广泛阅读报纸杂志和借助丰富的网络资源搜集、综合有关环境保护的资料，向同学们宣传世界十大环境问题：气候变暖；臭氧层破坏；生物多样性减少；酸雨漫延；森林锐减；土地荒漠化；大气污染；水体污染；海洋污染；固体废弃物污染。

2.学生以小组为单位走出校门，走向社会。根据自己的选题，从不同的角度、层面筛选出适合自己需要的典型材料，根据实际情况进行采访、调查、拍摄，并把搜集到的材料进行整合、编辑，充分发表评论，写出有关文章，文体不限。

3.交流各组调查成果。

(1)召开讨论会，探讨改善环境的途径。

(2)评选最佳拍摄图片，优秀文章。

(3)将评选出的最佳图片贴出展览。

(4)将评选出的有关环保优秀文章呈送环保职能部门作参考之用。

第十四章　友谊华章

第一节　阅读与鉴赏

一、品味语言，心读华章

所谓品味就是琢磨体会，就是咀嚼玩味。品味文章的语言，就是对作品语言的仔细琢磨，是人们用眼、口、心来赏识、领悟作品的过程。品味文章语言的内涵是非常丰富的，通常要结合具体作品来进行。品味的出发点和角度不同，品味的具体方法和结果也会不同。本文谈谈一些常见的方法。

1. 篇章华彩，心领神悟

一篇优秀的文章除了观点新颖、内容丰富和结构有创新外，语言的成功是不可忽视的。品味文章语言首先是从文章整体上进行。它大致有几个方面：

(1)感受风格。不同作家有不同的语言风格，如鲁迅的深刻犀利，老舍的通俗生动，钱钟书的精辟幽默，朱自清的精巧细腻等。

(2)辨识文体。不同体裁文章的语言特点是不同的。如记叙的语言朴实简洁，描写的语言细腻生动，说明的语言准确客观，议论的语言概括有力。

(3)领略文采。要领略作品的辞藻美、结构美、意境美、情感美，离不开文章的语言美。通过语言运用体现出的简约与繁丰、刚健与柔婉、平淡与绚烂、谨严与疏放等独特的风格，我们才能体味文章的魅力所在。

2. 精妙语段，细嚼慢品

在很多文章里，常出现精彩语段，这些语段时时绽放着独特的风采，可谓千姿百态，美不胜收。阅读时反复诵读，细细品味这些精彩的段落，你会为之而陶醉。下面举几段课文中出现过的句段来加以说明。

“镜花水月”——虚幻和朦胧的风采。如“有形的围墙围住一些花，有紫藤、月季、喇叭花、圣诞红之类。天地相连的那一道弧线，是另一重无形的围墙，也围住一些花，那些花有朵状有片状，有红，有白，有绚烂，也有飘落。”（《我的空中楼阁》）句段中的花云风采完全是作者自己心中的景象，而作者眼中的物在虚幻和朦胧中已经发生变异。

“随情赋形”——作者笔下的人物，是其主观情感的产物。因此，人物要随着情感的变化而不同。如刘和珍在某些人眼里是“桀骜锋利的”，而在鲁迅的眼里却是“始终微笑的和蔼的”。（《记念刘和珍君》）

“因情选物”——有些段落的精妙之处在于“一切景语皆情语”。“物”是人化的物。“远望天山，美丽多姿，那常年积雪高插云霄的群峰，像集体起舞时的维吾尔族少女的珠冠，银光闪闪；那富于色彩的连绵不断的山峦，像孔雀开屏，艳丽迷人。”（《天山景物记》）

3.名言佳句，反复玩味

反复咀嚼佳言警句，也是品味语言的一个重要方面。有时诗文的精妙就在那一两句话里。要不我们怎么记得“梅须逊雪三分白，雪却输梅一段香”，“真的猛士，敢于直面惨淡的人生，敢于正视淋漓的鲜血”呢？那哲理，那情感，那正气，余韵连绵，意蕴深远，经久不衰。

有很多句子带有色调、情感和哲理，在阅读时要善于抓住这些特色，体味句子中的声、色、情、理，才能领悟其句的独特。

灵活句式可摆脱平铺直叙的沉闷，给人一种新鲜感。阅读时要注意发现和研究这些清新、自由、流畅、活泼的句式，如整句与散句相结合，长句与短句相结合及句式的改变等；体会句式的选用与表达文章内容的关系。

4.关键词语，品出意蕴

有时一个句子靠一个词而活。“看那雪，到晚越下得紧了”（《水浒传》），一个“紧”字道出了人物命运的关键，这就是关键词。关键词是指那些既能反映人物性格、景物特点，又最能集中表达作者思想情感的词语。这些词语不仅内蕴深邃，并且还会在人生阅历的不同阶段中产生新的意蕴。这些词并非是艰涩难懂，而是指用得恰当、鲜活、经典、传神，化平淡为神奇的词。阅读时注意品味，可以让你陶醉其中，品出其悠长的意味来。

动静转化，传神荡胸，是许多名篇名作的特点。词的传神点化会增加文章的生气，也会使人物富有动感，从而产生出无穷的魅力。“红杏枝头春意闹”，“闹”出了春色。“山上有了小屋，好比一望无际的水面飘过一片风帆，辽阔无边的天空掠过一只飞雁”（《我的空中楼阁》），此处的“飘”和“掠”神化了“小屋”，这景物变成了作者情感的聚焦点。“无论如何，总该是有些桀骜锋利的，但她却常常微笑着，态度很温和”（《记念刘和珍君》）里的“微笑”“温和”点活了刘和珍的魅力。

在阅读时还要注意文章中词的“点化仿效，推陈出新”。这种手法常常能产生出意想不到的效果。仿效，就是仿效别人的写法但加以变化，具有推陈出新的作用。“点化”是指锤炼语言的工夫。“诤言逆耳，悬鞭于鞍后的那个人，不一定不是你的朋友”（《朋友》）里的“悬鞭于鞍后”是仿“鞍前马后”而来，却推出了新的意义。阅读时还要注意文章中某些词活泼灵便的用法。如朱自清《荷塘月色》里的“淡淡、亭亭、脉脉、蓊蓊郁郁、远远近近、高高低低”等叠词用得活泼，使文章更加生动。

二、范文

纪念刘和珍君

鲁迅

【导读】

本文是一篇情感真挚的悼文。作者满怀“悲”与“愤”的情感回忆了刘和珍生前的往事，表达了师生情谊，歌颂了同学间在枪林弹雨中相互救助的伟大友谊。

本篇以“纪念”二字作为结构线索，按“纪念”的目的，“纪念”的内容，“纪念”的意义将零散的材料串联成浑然的整体。本篇语言充满激情，把学生的被杀并被污蔑的悲与愤和对刘和珍献身精神的“敬”的情感交织在一起。阅读时应体会本文诗一般的警句；体会“重复”修辞格特点；体会议论、抒情、叙述等综合表达的语言效果。

一

中华民国十五年三月二十五日，就是国立北京女子师范大学为十八日在段祺瑞执政府前遇害的刘和珍杨德群两君开追悼会的那一天，我独在礼堂外徘徊，遇见程君，前来问我道，"先生可曾为刘和珍写了一点什么没有？"我说"没有"。她就正告我，"先生还是写一点罢；刘和珍生前就很爱看先生的文章。"

这是我知道的，凡我所编辑的期刊，大概是因为往往有始无终之故罢，销行一向就甚为寥落，然而在这样的生活艰难中，毅然预定了《莽原》全年的就有她。我也早觉得有写一点东西的必要了，这虽然于死者毫不相干，但在生者，却大抵只能如此而已。倘使我能够相信真有所谓"在天之灵"，那自然可以得到更大的安慰，——但是，现在，却只能如此而已。

可是我实在无话可说。我只觉得所住的并非人间。四十多个青年的血，洋溢在我的周围，使我艰于呼吸视听，那里还能有什么言语？长歌当哭，是必须在痛定之后的。而此后几个所谓学者文人的阴险的论调，尤使我觉得悲哀。我已经出离愤怒了。我将深味这非人间的浓黑的悲凉；以我的最大哀痛显示于非人间，使它们快意于我的苦痛，就将这作为后死者的菲薄的祭品，奉献于逝者的灵前。

二

真的猛士，敢于直面惨淡的人生，敢于正视淋漓的鲜血。这是怎样的哀痛者和幸福者？然而造化又常常为庸人设计，以时间的流驶，来洗涤旧迹，仅使留下淡红的血色和微漠的悲哀。在这淡红的血色和微漠的悲哀中，又给人暂得偷生，维持着这似人非人的世界。我不知道这样的世界何时是一个尽头！

我们还在这样的世上活着；我也早觉得有写一点东西的必要了。离三月十八日也已有两星期，忘却的救主快要降临了罢，我正有写一点东西的必要了。

三

在四十余被害的青年之中，刘和珍君是我的学生。学生云者，我向来这样想，这样说，现在却觉得有些踌躇了，我应该对她奉献我的悲哀与尊敬。她不是"苟活到现在的我"的学生，是为了中国而死的中国的青年。

她的姓名第一次为我所见，是在去年夏初杨荫榆女士做女子师范大学校长，开除校中六个学生自治会职员的时候。其中的一个就是她；但是我不认识。直到后来，也许已经是刘百昭率领男女武将，强拖出校之后了，才有人指着一个学生告诉我，说：这就是刘和珍。其时我才能将姓名和实体联合起来，心中却暗自诧异。我平素想，能够不为势利所屈，反抗一广有羽翼的校长的学生，无论如何，总该是有些桀骜锋利的，但她却常常微笑着，态度很温和。待到偏安于宗帽胡同，赁屋授课之后，她才始来听我的讲义，于是见面的回数就较多了，也还是始终微笑着，态度很温和。待到学校恢复旧观，往日的教职员以为责任已尽，准备陆续引退的时候，我才见她虑及母校前途，黯然至于泣下。此后似乎就不相见。总之，在我的记忆上，那一次就是永别了。

四

我在十八日早晨，才知道上午有群众向执政府请愿的事；下午便得到噩耗，说卫队居然开枪，死伤至数百人，而刘和珍君即在遇害者之列。但我对于这些传说，竟至于颇为怀疑。我向来是不惮以最坏的恶意，来推测中国人的，然而我还不料，也不信竟会下劣凶残到这地步。况且始终微笑着的和蔼的刘和珍君，更何至于无端在府门前喋血呢？

然而即日证明是事实了，作证的便是她自己的尸骸。还有一具，是杨德群君的。而且又证明着这不但是杀害，简直是虐杀，因为身体上还有棍棒的伤痕。

但段政府就有令，说她们是"暴徒"！

但接着就有流言，说她们是受人利用的。

惨象，已使我目不忍视了；流言，尤使我耳不忍闻。我还有什么话可说呢？我懂得衰亡民族之所以默无声息的缘由了。沉默呵，沉默呵！不在沉默中爆发，就在沉默中灭亡。

五

但是，我还有要说的话。

我没有亲见；听说，她，刘和珍君，那时是欣然前往的。自然，请愿而已，稍有人心者，谁也不会料到有这样的罗网。但竟在执政府前中弹了，从背部人，斜穿心肺，已是致命的创伤，只是没有便死。同去的张静淑君想扶起她，中了四弹，其一是手枪，立仆；同去的杨德群君又想去扶起她，也被击，弹从左肩入，穿胸偏右出，也立仆。但她还能坐起来，一个兵在她头部及胸部猛击两棍，于是死掉了。

始终微笑的和蔼的刘和珍君确是死掉了，这是真的，有她自己的尸骸为证；沉勇而友爱的杨德群君也死掉了，有她自己的尸骸为证；只有一样沉勇而友爱的张静淑君还在医院里呻吟。当三个女子从容地转辗于文明人所发明的枪弹的攒射中的时候，这是怎样的一个惊心动魄的伟大呵！中国军人的屠戮妇婴的伟绩，八国联军的惩创学生的武功，不幸全被这几缕血痕抹杀了。

但是中外的杀人者却居然昂起头来，不知道个个脸上有着血污……

六

时间永是流驶，街市依旧太平，有限的几个生命，在中国是不算什么的，至多，不过供无恶意的闲人以饭后的谈资，或者给有恶意的闲人作“流言”的种子。至于此外的深的意义，我总觉得很寥寥，因为这实在不过是徒手的请愿。人类的血战前行的历史，正如煤的形成，当时用大量的木材，结果却只是一小块，但请愿是不在其中的，更何况是徒手。

然而既然有了血痕了，当然不觉要扩大。至少，也当浸渍了亲族，师友，爱人的心，纵使时光流驶，洗成绯红，也会在微漠的悲哀中永存微笑的和蔼的旧影。陶潜说过，“亲戚或余悲，他人亦已歌。死去何所道，托体同山阿。”倘能如此，这也就够了。

七

我已经说过：我向来是不惮以最坏的恶意来推测中国人的。但这回却很有几点出于我的意外。一是当局者竟会这样地凶残，一是流言家竟至如此之下劣，一是中国的女性临难竟能如是之从容。

我目睹中国女子的办事，是始于去年的，虽然是少数，但看那干练坚决，百折不回的气概，曾经屡次为之感叹。至于这一回在弹雨中互相救助，虽殒身不恤的事实，则更足为中国女子的勇毅，虽遭阴谋秘计，压抑至数千年，而终于没有消亡的明证了。倘要寻求这一次死伤者对于将来的意义，意义就在此罢。

苟活者在淡红的血色中，会依稀看见微茫的希望；真的猛士，将更奋然而前行。

呜呼，我说不出话，但以此记念刘和珍君！

四月一日

探究与练习

1.读完文章请回答下列问题。

(1)作者作为一个当时已经很著名的作家和教授，为什么对刘和珍这样一个学生产生出如此深的敬意？

(2)作者很详细地记叙了三位女子在惨案中相互救助的过程。你怎样体会这段叙述的含义和作者蕴涵的感情？

2.我们每一个同学都渴望得到来自老师和其他同学的爱和尊重，请你谈谈你应该怎样才能得到别人的爱和尊重？

3.吟诵本文：

第二节的“真的猛士……何时是一个尽头”，第三节“在四十余被害的青年之中……是为了中国而死的中国的青年”，第三节“惨象，已使我目不忍视了；……就在沉默中灭亡”。体会文中的语言情感。

朋　友

刘汉俊

【导读】

这是一篇充满浓浓抒情意味的论述性散文。文章阐述了什么是朋友、做朋友的原则及怎样交朋友。值得我们学习的是这篇文章的语言,它从不同角度反复深刻地挖掘“朋友”一词的内涵。

文章体例新颖,用了大量的修辞手法:生动形象的比喻、气势激越的排比、哲理深邃的比拟等,让人回味,让人思考,让人赏心悦目。学习本文要注意作者在议中倾注情,在情中渗透理的表现手法。

一

朋友,是旧屋墙角的一坛老酒,寂寞、静默、忠实地守住一角扬尘、蛛网和清辉。从来就无须想起,永远也不会忘记。想起时,打开来,依旧沁人心脾。

朋友,不是整日地飘舞在你鬓前发际的飞絮,是山间茅庐上伴你默读的滴答雨声;不是和着你的鼓点,应着你的掌声,洒了你一身的鲜花、美酒和镁灯,而是躺在你心底的,心的底片晒出的那张黄得有些残缺的旧照片。

朋友,是你在疾风苦雨中行走时飘过来的一把伞,是你在独自暗泣时飘过来的一方绢,是你在穷愁潦倒两眼望天时,盘旋在你上空的那只鹰。

一切如过眼烟云。朋友是烟消云散后那峥嵘的石峰,壁立千仞,刚直不阿;是壁上痕,深刻而苍劲。是那精巧锋利的手术刀,准确地层剥你的肌肤。有时,那闪闪寒光也灼痛你的心。

一切如镜花水月。朋友是雪融后真实的留存,真真切切,拂之不去,抹之犹在。是伴你穿越黎明前的黑暗,照亮你生命隧道的长明灯;是划破夜空与启明星一同升腾,辉映你思想星空的一轮朗月。

站在掌声和鲜花托起的舞台,朋友就是那个抹着泪水悄然隐退、令你踮足翘盼、望穿泪眼也不见衣袂的那个人。是让你的歌声达到最佳效果的那位不知名的音响师,是你差点被挤下黑夜的台阶时,扶你一把却不知是谁的那个人。困在漆黑山巅的孤树上,朋友就是你挣扎在恐怖之海时撕心裂肺地呼喊着的那个名字,是在险风恶浪中沉浮时你手中的那根稻草。

当你有如风中残烛、烬中余温时,朋友就是那守候你生命的最后时光,用泪水托起你远行天国之舟的那个人。

朋友是风刀雨剑中那棵不倒的劲草,是沉沉夜幄里那盏点亮你心智的孤灯。没有朋友的日子，就像没有星辰的夜晚；没有朋友的人，就像裸露在沙漠上的木乃伊。朋友是书，读得你青丝褪尽，明眸昏黄，却永远没有尾声；朋友是门，挡住喧嚣与嘈杂，挡住风雪与黑夜，挡住你漂泊的浪迹，圈就你思维的芳草地，让泼辣辣的绿阴覆盖你精神的庄园；朋友是犁，拓开蛮荒与贫瘠，荆棘与砾石，引你走进桃花源；朋友是河，开亘古荒原和险山顽石，荡涤污秽糟粕和陈枝腐叶，让你感受力量与深刻、伟大与崇高；朋友是歌，高山流水韵长音远，回响于峰峦壑涧，令云恋雾歇，百鸟和鸣，让你柔肠百转，荡气回肠。

二

钱孔里摆不开真情的盛宴，钞票上植不起友谊的大树。能同甘，不能共苦，不是朋友；能共苦，不能同甘，也不是朋友。把一粒米掰成两半分享的，肯定是朋友；把一杯酒倒成两杯分喝的，不一定是朋友；忠言逆耳，悬鞭于鞍后的那个人，不一定不是你的朋友；口蜜腹剑，笑里藏刀的那个人，肯定不是你的朋友；在角落里向你兜售卑劣、奸诈和诡计，教你炮制谎言、罪恶和灾难的人，更加不是你的朋友。

与卑劣者为友，只能沦为污泥浊水中的鱼鳖；与贪婪者为伍，时常会发觉自己像一只凶残的狼，一条舔尽人间污秽的狗；与自私者为友，像把自己的灵魂挂在秤钩上，价值锱铢，形容猥琐；与奸诈者为伍，会在算计他人的同时，最终出售自己的灵魂。

审视想和你交朋友的人，内心重于外表，背后重于当面，行动重于言语。不光看现在，还要看过去；不光看做事，还要看做人；不光看对你，还要看他如何对别人。一个喜欢背后说别人坏话的人，也会在别人面前说你的坏话；一个对人忠厚的人，也会对你赤诚相见。交一个挚友，有时就在电闪雷鸣的一刹那，有时却要经历风霜雨雪一百年。

三

同高尚者为朋友，他是山，你也是一座山；他是海，你也是一片海；同正直者为朋友，他是一棵树，你也是一棵伟岸的树，他是一根不折的钢轨，你也是一根笔直向前的钢轨；同忠诚者为朋友，他是火，你便是炉中炙热的壁，火中燃烧的炭；同勤奋者为朋友，你思想的原野永不枯荒，春华秋实年年岁岁；同睿智者为朋友，你智慧的灵光会闪耀在混沌的夜空，照亮蛮荒的草地；同达观者为朋友，你如踩着及顶的天梯，危岭险峰走泥丸。

真的朋友，是天平两端的砝码，是王子与贫儿无邪的嬉戏，县皇帝与治妻直试的问答。真的朋友是相濡以沫，是肝胆相照，是志同道合，是风雨同舟！是刑场上的婚礼，是雷电下的相思树，是长鸣裂空的南飞雁阵，是前仆后继坠涧不惧的鹿群。

朋友是你我生命长河里不时招手的雪浪花。是老师，是同学、战友，是父母，是兄弟姐妹，是不曾谋面却如故交的电话那头的一个人，是荒僻小站一位擦肩而过给你指路的匆匆夜行人，是一位曾站在郊外寒风中黑坑旁为你掌灯的盲人，是最让你刻骨铭心永世不忘的那个人。

或者，是一面镜子，一方醒木，一把曾理过你纷乱岁月的梳。甚至，一条忠诚的狗。

探究与练习

1.体会下列句段的含义。

(1)(朋友)是那精巧锋利的手术刀，准确地层剥你的肌肤。有时，那闪闪寒光也灼痛你的心。

(2)把一粒米掰成两半分享的，肯定是朋友；把一杯酒倒成两杯分喝的，不一定是朋友；忠言逆耳，悬鞭于鞍后的那个人，不一定不是你的朋友；口蜜腹剑，笑里藏刀的那个人，肯定不是你的朋友。

2.仿照下面句型造句。

(1)朋友是风刀雨剑中那棵不倒的劲草，是沉沉夜幄里那盏点亮你心智的孤灯。

(2)没有朋友的人，就像裸露在沙漠上的木乃伊。

(3)朋友是门，挡住喧嚣与嘈杂，挡住风雪与黑夜，挡住你漂泊的浪迹。

3.你认为交朋友首要的条件是什么？

天赐芳邻

玛·韦斯特

【导读】

“远亲不如近邻”这是人们常念叨的一句话。共同生活在这一片天地间，邻里之间的友谊是我们常常嗅到的一股幽香，就如那红红的玫瑰。

《天赐芳邻》讲的一位名叫安·利提克的人与邻里友好的故事。文章以先抑后扬的手法，通过人物的语言、行动和心理描写来刻画人物性格，使人物跃然于纸上。阅读时揣摩刻画不同人物性格的语言。

我第一眼看到这位新邻居就不喜欢她。她太爱笑，笑声又太响。还有，她涂了鲜红色口红。搬运工人还在替她卸家具，她已经走过来自我介绍。

“喂——”她在我家门外叫道，好像是我家的老朋友似的，“我叫安·利提克，是你的新邻居。”她推门进来，很自然地搂了我一下。在她背后，我看到3个黑头发的小男孩，笑容同样灿烂。

“我有空，可以喝杯咖啡。”她一面坐下来一面说。我倒了一杯咖啡，很想挤个笑容出来，可是连咧一下嘴也办不到。她离去后，我对浪费了这许多时间去闲聊感到十分不满。

接着那个周末，太阳才出来，我就听到她的孩子们在敲敲打打。他们正在后院搭建树上小屋。安在汽车棚旁边种玫瑰。那天下午我经过时，她叫道：“喂，玛利安，来看看我的玫瑰。”我很勉强地走过去。

“安，这泥土不适合种火映红，”我说，“这种玫瑰在这里不会长得好，我以前种过。”

“不过，我已祈求上帝让玫瑰好好生长，叫它开花。”她说。我瞪眼看着她。她又说：“你坐一会儿，别走开啊。我正在炸鸡做晚餐，要去翻动一下。”

她进了屋，一阵炸鸡的香味飘出门外。正好小女茱莉和珍妮弗过来看玫瑰，安又出来了，亲热地搂着两个小女孩。

“你在做什么？”珍妮弗问。

“炸鸡。”安兴高采烈地说。

炸鸡有啥好开心的？我心想，我炸鸡总是被油溅一身。

她的男孩也出来了，七嘴八舌地同时说话，嗓门大极了。安说声失陪，进屋里把炉子上的炸鸡拿开，然后做了件令人诧异不已的事情。她捧着一盘香脆的炸鸡出来请我们吃。茱莉和珍妮弗吓了一跳，但每人都拿了一只鸡腿。我也想尝尝不过还是拒绝了。我脑子里只想到这个问题："谁会在下午就把晚餐吃的鸡拿出来请人吃？"

另一天，女儿告诉我："你知道利提克太太刚才做了些什么？她在叠衣服，一见到我们走过就停下手来，请我们进屋，从烤箱里拿出新鲜的小甜饼，坐下来和我们一起吃。"我最讨厌拿小甜饼给聚在我家院子里玩的邻家孩子吃。

有一天，安问我知不知道有什么人她可以请来帮忙熨衣服。她背部有毛病，站着熨衣服很痛。我摇摇头。她又露出独有的灿烂笑容，好像我一下子介绍了十几个帮佣给她似的，她说："我会祈求上帝差遣一个人来帮我的忙。"

第二个星期，利提克一家人出现在我们的教堂。我丈夫杰里和两个女儿简直是跃过教堂的长椅去招呼他们。我在教堂的另一边向他们挥手。我还发现安原来是新的主日学教师，感到真意外。她居然志愿去教孩子！

不久，我就发觉每逢星期四都有一个女人上她家。安找到了人替她熨衣服。此外，我又发现她的火映红玫瑰长满了花蕾。玫瑰开花时，她送我一大束。"玛利安，什么事你都可以祈求上帝的，"她温柔地说，"我们搬到这里之前，我甚至祈求上帝给我一个好邻居。"

我接过那一大束玫瑰，费了点劲叫自己说了一声"谢谢"。我终于知道为什么她令我那么不舒服，这不关鲜红口红、玫瑰或搂抱的事，而是她使我感到自己样样都不如她。她看来总是那么开心，我希望自己能够多像她一点，却不知道该从哪里着手。

珍妮弗去做切除扁桃体手术时，安知道我怕，便来陪我。珍妮弗爬进她怀里，茱莉把小手伸进她的手里。在医院里，珍妮弗呕吐，吐到了自己心爱的"哒哒"——一块粉红色的婴儿小毯上，她缠着要我把"哒哒"洗干净，可是我家没有干洗机。

我抛开自尊心，开车到安的家，强迫自己开口：“你可以……能不能……”。

安先是搂着我，然后叫我吃两个刚烤好的松饼，一边等“哒哒”洗净烘干。“主啊，”我祈祷，“求你助我向安学习，以她为榜样。”

那一年，我知道自己怀孕了，多年来杰里和我都想再生一个。怀孕7个月时，我看起来却像即将分娩。有一天，医生替我照X光。“双胞胎！韦斯特太太，”她嚷道，“你怀的是双胞胎！”

我从诊所打电话给杰里，但他不在。我一定要找个人分享这喜讯。我开车回家，心怦怦跳，一把车开进车库，就知道应该把消息告诉谁。

我快步跑到安的家，她听到消息就呱呱叫起来，又哭又笑，我们互相拥抱。

然后，她带着我到邻居的家去。她一家一家地按门铃，不管谁来应门，她都立刻宣布：“玛利安和杰里要生双胞胎了！”

安差不多每天都到我家来看我。有一天，她叫她的帮佣过来替我熨衣服。她为我举行了个茶会，朋友都送礼来了。在我终于入院分娩时，她替我们照顾茱莉和珍妮弗。当双胞胎出世并回到家时，两个初生婴儿的小秃头上都印满了鲜红的唇印。

此后数年，在利提克家和我们家之间逐渐走出了一条小路。然而，有一天早上，安来到我家后门，出奇地沉默，没有笑容，没有搂抱。我从来没有见过她这个样子。

“我们要搬家了。”她说。

整整两天，我站在卧室里望着窗外，看着巨大的搬运车。我真希望他们突然回心转意，但搬运车终于隆隆离去。我看着利提克一家人鱼贯上了他们的旅行车，走出了我们的生活。

几个月后的某天下午，女儿放学回家，我正在把糖霜涂到巧克力蛋糕上。我听见女儿们细语交谈，珍妮弗说：“我真希望妈妈会让我们吃一小块蛋糕。”

茱莉向妹妹解释:“她不会的。蛋糕是用来招待朋友的。”

我叫女儿进厨房,提起盖着蛋糕的玻璃圆顶盖,然后切了几大块蛋糕,又倒了几杯牛奶。我把双胞胎也叫了进来。

我们5个人围坐在厨房桌前,才两点多钟就把大半个蛋糕吃掉了。那对孪生兄弟把黏黏的蛋糕屑掉得满地都是。地板我刚打过蜡,我却从心底笑了出来。

“我们在开茶会吗?”一个女儿问。

“是的,就是利提克太太常开的那种茶会。”我微笑着回答。我们保留了安的一点作风。

探究与练习

1.请用自己的语言写出玛利安对安·利提克从认识到接受到向她学习的过程。

2.你认为搞好邻里关系重要吗?怎样才能搞好邻里关系?

3.请用简洁的话描述你的邻居。

人民友谊的事业

巴金

【导读】

本篇是著名作家巴金到法国一次民间友好访问后写下的一篇随笔。文章语言朴实,记叙里充满了深深情谊。“友谊”是世界人民的财富。从文中可以领悟到那建立在理解和尊重基础上的异国友谊是何等纯洁、平凡、高贵和伟大。

我们在赵无极先生家里过了一个愉快的夜晚。到了十一点钟,似乎应当告辞了,主人说照法国的习惯,照他们家的习惯还可以继续到午夜。然而这是我们在法国的最后一个夜晚,明天大清早我们就要搭班机返国了。这天我们是参加了法中友协的干部会议从郊外赶到赵家的,“友协”的干部拉斯吉叶先生开车送我们到赵家。本来他和他的夫人准备两小时以后开车来接我们回旅馆,我们想让他们休息,就说自己回去方便,坚决地请他们不要来。最后他们把电话号码抄给了我们。等到要离开赵家的时候我们才发现叫出租汽车有困难,便打电话到拉斯吉叶家,说是他早已开车出去。我们走出赵家大门,一辆面包车在门外等候,从车上走下来拉斯吉叶夫人,驾驶座上坐的是她的丈夫。巴黎的五月的凉夜突然暖和起来了。他们夫妇在巴黎地拉尔旅馆楼下同我们告别的时候,带着友好的微笑祝我们这一夜得到很好的睡眠。

我回到七楼上的房间,为了整理行李,忙了将近两个小时。凌晨一点前,该办的事情都办好了。我感到疲劳,但是我不想睡。我坐在摆满沙发的宽敞的客厅里,没有翻看书报,也没有人同我谈话,十八天的生活像影片似的在我的脑子里一本一本地映了出来。几个小时以后我就要去戴高乐机场。离开这个国家,我感到留恋,离开朝夕陪同我们活动的法国朋友,我感到痛苦。"友谊"并不是空洞的字眼,它像一根带子把我们的心和法国朋友的心紧紧地拴在一起。"法中友协"是民间团体,经费有限。为了便于我们活动,朋友们借来一辆面包车,由"友协"的干部轮流来为我们开车。他们并不是"友协"的专职干部,大家都有另外的工作。他们为我们花费了不少的时间和精力,他们想得周到,做得自然,他们接待我们就像接待久别重见的亲友。对于他们这一切全是自觉自愿的"义务劳动",鼓舞他们的力量是友谊,是对新中国的热爱,是对中国人民的感情。我们每次向他们表示谢意,他们总是带笑地回答:"你们来了,我们就高兴了。我们盼你们盼了好久了。"我们还有什么话好说呢?

其实我们有许多话可以说,也应该说。同法国朋友在一起的时候,我总觉得他们想尽多地了解我们,也希望我们尽多地了解他们。他们对我们怀着无限的好意,但是对我们国内发生的事情也有一点疑惑,他们需要更多的理解。我们最后一次参加他们的干部会议,以为会上总有人提出要求帮忙澄清几个问题,他们的会议就是为着解决思想问题召开的。可是他们不愿意打扰我们,害怕使我们感到为难,什么都没有讲出来。我们感到轻松地走出了会场。只有坐在巴黎地拉尔旅馆七楼会客室的沙发上休息的时候,我才想到还有许多话没有讲。我们增进了友谊，可是很难说相互的了解加深了多少！我记起来，我们进行访问的时候，好几次“友协”的秘书长马纪樵夫人开她的小车送我到目的地。有时路相当长，小车常常中途停下，我们有机会交谈，她让我们了解一些法国的事情，却从不问：“你们那里怎样，怎样？”有一次她谈起刚刚读了《家》的法译本，说对书中一些事情她也能理解，她年轻时候本来打算学医，因为父亲反对，才改学经济。另一次她的女儿也在车上，她们母女坦率地讲了些法国青年学生思想和生活的情况。“友协”的主席贝热隆先生陪同我们飞尼斯，去马赛，游里昂，我和他第一次见面就仿佛相识了多年。他知道我在翻译赫尔岑的回忆录，就把他收藏了多年的法译本《赫尔岑文选》送给我。我们从尼斯到马赛，因为通知当地“友协”的到站时间有错，迎接的人来迟了，急得贝热隆先生跑来跑去，不住地摇头，接连打电话找人。看见他急得那个样子，我反倒几次同情地安慰他，这当然没有用。但是后来车站上一下子出现了不少的人，他畅快地笑了。根据我的印象，这是一位脾气很好的人。为了安排我们访问的日程，他也花了不少的心血。在尼斯我们感受到家庭的温暖，在马赛海滨我找到五十一年前的脚迹，在里昂我们过着友谊的节日。他和我们一起衷心愉快地欢笑。在维尔高尔先生“岛上磨坊”的家里，我们谈得十分融洽。在沙多—吉里我重温了五十一二年前美好的旧梦。这也和贝热隆先生与马纪樵夫人的安排分不开的。从早到晚，他们没有得到片刻的休息，其他的“友协”干部也是如此。我们和他们虽然都是初次见面，但我尊敬一切为人民友谊鞠躬尽瘁的人，他们在荆棘丛中找寻道路，在泥泞里奋勇前进，对他们这种艰苦的工作，子孙后代是不会忘记的。

亲爱的朋友们，你们的工作绝不是徒劳的。你们不声不响地为我们所做过的一切，我们都牢牢地记在心上。道路可能很长，困难仍然不少，但是光明永远在前面照耀。我们回国已七十多天，代表团成员分居三个省市，今天我还接到诗人的来信，他说：“想起在法国的那十八天，意味还是很长，许多美好的回忆是不会忘记的。”诗人可能把他火热的感情写成动人的诗篇。我呢，这几篇随笔只是向法国朋友的普通问候。倘使问起我这次访问的最大收获，我的回答便是：让我也把这余生献给人民友谊的事业！

七月二十四日

吹　兵

三毛

【导读】

这是一篇非常感人的故事，作者叙述了一个被国民党抓壮丁的哑巴兵与一个小女孩的真诚友情。作者极富情感的语言，深深地打动着读者的心。友谊不分国界，不分年龄，也不分贫富。但它拒绝猜忌，鄙视亵渎。阅读时注意欣赏文章中人物的心理描写、外貌描写，以及比喻夸张修辞法的传神运用。

那天上学的时候并没有穿红衣服，却被一只疯水牛一路追进学校。

跑的开始以为水牛只追一下就算了的，或者会改追其他的行人，结果它只盯住我锲而不舍地追。哭都来不及哭，只是没命地跑。

好不容易逃进了教室，疯牛还在操场上翻蹄子踢土。同学很惊慌，害怕牛会来顶教室。

晨操播音机里没有音乐，只是一再地播着："各位同学，留在教室里，不可以出来，不可以出来！"

我是把那只牛引进学校操场上来的小孩子，双手抓住窗子的木框，还是不停地喘气。就是那一天，该我做值日。值日生的姓名每天由风纪股长写在黑板上，是两个小孩同时做值日。那个风纪股长忘了是谁，总之是一个老师的马屁鬼，压迫我们的就是她。

疯水牛还在操场上找东西去顶，风纪股长却发现当天班上的茶壶还是空的，就一定逼我当时就去厨房提水，不然就记名字。另外一个值日的小朋友哭了，死不肯出去。我拎了空水壶开门走到外面，拼着命就往通向厨房的长廊狂奔。

等到水壶注满了滚水，没有可能快跑回教室，于是我蹲在走廊的门边，望着远处的牛，想到风纪股长要记名字交给老师算账，便唏唏嘘嘘地哭了起来。

就在这个时候，清晨上操去的驻军们回来了。驻军是不久以前才从台湾南部开来台北，暂住在学校一阵的。

军人来了，看见一只疯牛在操场上东顶西顶的，根本也不当一回事。数百个人笑声震天地不知用上了什么阵法，将牛一步步赶到校外的田野里去了。

确定牛已经走了，这才提起大茶壶，迈三步停两步地往教室的方向走去。也是在那么安静的走廊上，身后突然传来咻咻咻咻喘息的声音，这一慌，腿软了，丢了水壶往地下一蹲，将手抱住头，死啦！牛就在背后。

咻咻的声音还在响，我不敢动。

觉得被人轻轻碰了一下紧缩的肩，慢慢抬头斜眼看，发现两只暴突有如牛眼般的大眼睛呆呆地瞪着我，眼前一片草绿色。

我站了起来——也是个提水的兵，咧着大嘴对我啊啊地打手势。他的水桶好大，一个扁担挑着，两桶水面浮着碧绿的芭蕉叶。漆黑的一个塌鼻子大兵，面如大饼，身壮如山，胶鞋有若小船。乍一看去透着股蛮牛气，再一看，眼光柔和得明明是个孩童。

我用袖子擦一下脸，那个兵，也不放下挑着的水桶，另一只手轻轻一下，就捡起了我那个千难万难的热水壶，做了一个手势，意思是带路，就将我这瘦小的人和水都送进了教室。

那时，老师尚未来，我蹲在走廊水沟边，捡起一片碎石，在泥巴地上写字，问那人——什么兵？那个哑巴笑成傻子一般，放下水桶，也在地上划——炊兵，“炊”字他写错了，写成——“吹兵”。

后来，老师出现在远远的长廊，我想赶快跑回教室，哑巴兵要握手，我就同他握手，他将我的手上下用劲地摇到人都跳了起来，说不出有多么欢喜的样子。

就因为这样，哑巴做了我的朋友。那时候我上小学四年级。

每天早晨见到哑巴，他都丢了水桶手舞足蹈地欢迎我。我们总是蹲在地上写字。第一次就写了“火”，又写“炊”与“吹”的不同。解释“炊”的时候，我做扇火的样子。这个“吹”就嘟嘟地做号兵状。那一阵，对一个孩子来说，是光荣的，每天上课之前，先做小老师。

后来，在班上讲故事，讲哑巴是四川人，当兵之前他在乡下种田，娶了媳妇，媳妇正要生产，老娘叫哑巴去省城抓药，一把给捉兵的捉去掮东西，这一掮，就没脱离过军队，家中媳妇生儿生女都不晓得，就来了台湾。

同学们听呆了。老师在结束时下了评语，说哑巴的故事是假的，叫同学们不要当真。

天晓得！那是哑巴和我打手势、画画、写字、猜来猜去拼了很久才弄清楚的真实故事。讲完那天，哑巴用他的大手揉揉我的头发，将我的衣服拉扯端正，很伤感地望着我。我猜他一定在想，想他未曾谋面的女儿就是眼前我的样子。

以后做值日生提水总是哑巴替我提，我每天早晨到校和放学回家，都是跟他打完招呼才散。

家中也知道我有了一个大朋友，很感激有人替我提水。母亲总是担心滚滚的水会烫到小孩。

也不知日子过了多久，哑巴每天都呆呆地等，只要看见我进了校门，他的脸上才哗地一下开出好大一朵花来。后来，因为不知如何疼爱才好，连书包也抢过去代背，要一直送到教室门口，这才依依不舍地挑着水桶走了。

哑巴没有钱，给我的礼物，总是芭蕉叶子，很细心地割，一点破缝也不可以有。三五天就给一张绿色的方叶子垫板，我拿来铺在课桌上点缀，而老师，总也有些忧心忡忡地望着我。

也有礼物给哑巴，不是美劳课的作品，就是一颗话梅，再不然放学后一起去坐跷跷板。哑巴重，他都是不敢坐的，耐心用手压着板，我叫他升，他就升，叫他放，他当当心心地放，从来不跌痛我。

有一天，哑巴神秘兮兮地招手唤我，我跑上去，掌心里一打开，里面是一只金戒指，躺在几乎裂成地图一般的粗手掌里。

那是生平第一次看见金了，知道那是极贵重的东西。

哑巴很认真，也不笑，瞪着眼，把那金子递上来，要我伸手。我吓得厉害，拼命摇头，把双手放在身后，死也不肯动。哑巴没有上来拉，他蹲在地上写——不久要分别了，送给你做纪念。

我不知如何回答，说了再见，快步跑掉了。跑到一半再回头，看见一个大个子低着头，呆呆望着自己的掌心，不知在想什么。

也是那天回家，母亲说老师来家庭访问了。家庭访问是大事，一般老师都是预先通知，提早放学，由小朋友陪着老师一家一家去探视的。这一回，老师突袭我们家，十分怪异，不知自己犯了什么错，几乎担了一夜心。而母亲，没说什么。第二天，老师很慈爱地叫到我，低声问我结识那个挑水军人的经过。

都答了，一句一句都回答了，可是不知有什么错，反而慌得很。当老师轻轻地问“他有没有对你不轨”时，我根本听不懂什么叫作鬼不鬼的，直觉老师误会了那个哑巴。“不轨”一定是一种坏事，不然老师为什么用了一个孩子实在不明白的“鬼”字。

很气愤，太气了，就哭了起来。那天放学，老师拉着我的手一路送出校门，看我经过等待着的哑巴，都不许停住脚。老师很凶很凶地对我说：“如果再跟那个兵去做朋友，老师记你大过，还要打——。”我哭着小跑，她抓我回来，讲：“答应呀！讲呀！”我只有点点头，不敢反抗。

第二天，没有再跟哑巴讲话，他快步哭着迎上来，我掉头就跑进了教室。哑巴站在窗外巴巴地望，我的头低着。

过去，每当哑巴被男生戏弄的时候，他会停下来，放好水桶，作势要追打小孩，等小孩一哄跑了，第一个笑的就是他。也有一次，我们在地上认字，男生欺负哑巴听不见，背着他抽了挑水的扁担逃到秋千架边用那东西去击打架子，我看了追上去，揪住那个光头男生就打，两个厮打得很剧烈，可是都不出声叫喊。最后将男生死命一推，他的头碰到了秋千，这才哇哇大哭着去告老师了。

那是生平第一次在学校打架，男生的老师也没怎么样，倒是哑巴，气得又要骂人又心痛般地一直替我掸衣服上的泥巴，然后他左看我又右看我，大手想上来拥抱我这个小娃娃，终是没有做，对我点点头，好似要流泪般地走了。

在这种情感之下，老师突然说哑巴对我“不鬼”，我的心痛也痛死了。是命令，不可以再跟哑巴来往，不许打招呼，不可以再做小老师，不能玩跷跷板，连美劳课做好的一个泥巴砚台也不能送给我的大朋友——

而他，那个背影，总是在墙角哀哀地张望。

在小学，怕老师怕得厉害，老师就是天，谁敢反抗她呢？

而我的心，是那么的沉重和悲伤。那种不义的羞耻没法跟老师的权威对抗，那是一种无关任何生活学业的被迫无情，而我，没有办法。

终是在又一次去厨房提水的时候碰到了哑巴。他照样帮我拎水壶，我默默地走在他身边。那时，部队立即又要开发回南部去，哑巴走到快要到教室的路上，蹲下来也不找小石子，在地上用手指甲一直急着画问号，好大的“?”画了一连串十几个。他不写字，红着眼睛就是不断画问号。

“不是我。”我也不写字，急着打自己的心，双手向外推。

哑巴不懂，我快速地在地下写：“不是我！不是我！不是我！”

他还是不懂，也写了：“是不是给金子坏了？”我拼命摇头。

又不愿出卖老师，只是叫喊：“不要怪我！不是我不是我不是我……”他只能看见表情，看见一个受了委屈小女孩的悲脸。

就那样跑掉了。哑巴的表情，一生不能忘怀。

部队走时就和来时一般安静，有大卡车，装东西，有队伍排成树林一般沙沙、沙沙地移动。走时，校长向他们鞠躬，军人全体举手敬礼道谢。

我们小孩在教室内跟着风琴唱歌，唱“淡淡的三月天，杜鹃花开在山坡上，杜鹃花开在小溪旁……”而我的眼光，一直滑出窗外拼命地找人。

口里随便跟着唱，眼看军人那一行行都开拔了，我的朋友仍然没有从那群人里找出来。歌又换了，叫唱《丢丢铜仔》，这首歌非常有趣而活泼，同学们越唱越高昂，都快跳起来了，就在歌唱到最起劲的时候，风琴的伴奏戛然而止，老师紧张地问：“你找谁？有什么事？”全班突然安静下来，我才惊觉教室里多了一个大兵。

那个我的好朋友，亲爱的哑巴，山一样立在女老师的面前。“出去！你出去！出去出去……”老师歇斯底里地叫出来。

我不顾老师的反应，抢先跑到教室外面去，对着教室里喊："哑巴！哑巴！"一面急着打手势叫他出来。

哑巴赶快跑出来了，手上一个纸包，书一般大的纸包，递上来给我。他把我的双手用力握住，呀呀地尽可能发出声音跟我道别。接住纸包也来不及看，哑巴全身装备整齐地立正，认认真真地敬了一个举手礼，我呆在那儿，看着他布满红丝的凸眼睛，不知如何反应。

他走了，快步走了。一个军人，走的时候好像有那么重的悲伤压在肩上，低着头大步大步地走。

纸包上有一个地址和姓名，是部队信箱的那种。

纸包里，一大口袋在当时的孩子眼中贵重如同金子般的牛肉干。一生没有捧过那么一大包牛肉干，那是新年才可以分到一两片的东西。

老师自然看了那些东西。

地址，她没收了，没有给我。牛肉干，没有给吃。校工的土狗走过，老师将袋子吊在空中，那只狗跳起来接着吃，老师的脸很平静而慈祥地微笑着。

许多年过去了，再看《水浒传》，看到翠屏山上杨雄正杀潘巧云，巧云向石秀呼救，石秀答了一句："嫂嫂！不是我！"

那一句"不是我！"勾出了当年那一声又一声一个孩子对着一个哑巴聋兵狂喊的："不是我！不是我！不是我！"

那是人生第一次负人的开始，而这件伤人的事情，积压在内心一生，每每想起，总是难以释然，深责自己当时的懦弱，而且悲不自禁。

而人生的不得已，难道只用"不是我"三个字就可以排遣一切负人之事吗？

亲爱的哑巴"吹兵"，这一生，我没有忘记过你。而今你在哪里？我的本名叫陈平，那件小学制服上老挂着的名字。请求给我一封信，好叫我买一大包牛肉干和一个金戒指送给你。可不可以？

第二节　口语交际

一、主　持

主持是指在各种活动中，负责安排调控的一种管理行为。随着社会的发展，人们相互沟通越来越频繁，各种活动也日益增多，主持这项工作越来越受欢迎和关注，它是一门素质加知识加技能的综合口语表达活动。主持的形式多种多样，大到面对万人的主持，小到对一般性的会议或某个活动的主持；其主持的内容也丰富多彩，如文娱、会议、政论、生活等。在主持活动中，主持人是关键人物。因此，主持人不但在思想、修养、风格、心理上应有高素质，而且在语言、组织、协调、应变等技能方面也应是娴熟自如和风格独特的优秀人物。

1.点明主旨，渲染氛围

主持活动的开场是非常重要的，应抓住头，驭其身，收好尾。头抓不住，不能引导观众，就控制不了场面，活动氛围渲染不起来，主持的活动就很难成功。主持首先要点明主题，使观众知道活动的内容是什么，这样观众的思维就会和主题活动相统一。点明主题的方法多种多样：有开门见山地直入主题，有以抒情朗诵表达主题，有以对话形式说出主题。总之，要做到深入领会主持的中心议题。开场时主持人精神要饱满，讲话要有深度，语言清晰、响亮，有层次，热情洋溢，声情并茂，并且要在很短的时间内，把观众引入到活动之中，拉近观众与主持人的距离，创造出良好的活动氛围。

2.把握节奏，控制进程

在主持的过程中，要注意把握节奏。主持人要有全局观念，要能控制住场内的进程，恰当统筹，因势利导，活动程序了然于胸。控制节奏是指在主持时对内容、时间进行恰当的调控，以至不偏题、不延时、不冷场。主持人可以选择发言人来控制节奏，还可通过对谈话内容的引导来把握节奏。在控制进程中，控制时间也是关键的，要善于因势利导，避免节外生枝，可以适时打断讲话，以免浪费时间；就某一问题达成共识后应立即总结，将讨论引入下一个问题。主持时要凸显“救场”高技(活动中有时会突然遇到冷场或离题,主持人应适时插语、巧妙暗示、提问点拨)。总之,在主持时要整体衡量,具体把握,不偏不倚,恰到好处。

3.临场应变,即兴发挥

应变能力是主持人必备的素质之一。主持是面对面地与观众交流,有时会遇到一些意想不到的突发情况,主持人应充分调动自己的主观能动性,使大脑思维处于高度运动和思考状态,从而做出迅速快捷的反应,做到处变不惊。可采用得体的方式或幽默的语言巧妙地应付或机智地打圆场,调节气氛,化解僵局,使活动得以顺利进行;主持人不小心造成失误,不要惊慌失措,可利用场景或话题将错就错,借题发挥,化逆为顺,变被动为主动;对观众突如其来的提问,不要急着回答,快速掂量一下,不好回答的问题,可以巧妙转移或推开。总之,要有迅捷的语言组织能力,严密的逻辑思维和巧妙迂回的应变技巧。

4.快速整理,穿插连接

在有主持人的活动中,往往很多内容不是自然成为整体的,主持时要时时从中穿插连接。因此,主持人要善于记忆、整理、归纳和概括各项活动的内容,而且要能在这些纷繁复杂的活动中穿插连接;还要眼观六路、耳听八方,起承转合,理出头绪,加以整理、总结,以保持活动内容的一致性、连贯性,使之成为一个有机的整体。

5.善于总结,卒章显志

活动结束时,要进行总结。主持人要用精辟的语言,高度浓缩归纳出本次活动的精髓所在,如本次活动的作用、意义,并进一步强调其主题。因此,在极短的时间内要迅速抓住活动的“志”,用富有激情、凝练、哲理的语言再次掀起活动的高潮,让人回味无穷。

二、借鉴实例

会议主持

(××职业学校团委、学生会组织了一次讨论会,由各专业选派代表参加。会议在学校大会议室举行。首先由主持人讲话。)

同学们：今天，我们在这儿召开以“我们成长的环境”为主题的讨论会，拉开了团委、学生会联合举办的“雏鹰飞向21世纪”系列活动的序幕。我们向到会的各位代表致以热烈的欢迎！（鼓掌）

作为跨世纪的一代，党和人民对我们寄予殷切的期望，并为我们的成长创造了良好的环境。社会在走向文明，学校教育环境在不断得到优化，我们的素质也在一步步地提高。这无疑是值得肯定的主流。

然而，我们的成长并非没有困惑和烦恼，我们的真实环境也不可能纯之又纯。在接受真、善、美的洗礼时，假、恶、丑的东西也在干扰和影响我们的成长。

于是，一个现实问题就摆在了我们面前：如何评价我们的环境？我们的素质与环境究竟是怎样的关系？我们该如何进一步优化环境，也优化自身？

下面，欢迎各位代表围绕这些问题踊跃发言，各抒己见。在会议小结时，我们还要请政治教研室李老师作专题讲话。

（这时出现了短暂的冷场。主持人事先了解到学生记者团的王玲玲同学曾就成长的环境问题作过调查、采访，便热情地邀请她先作发言。）

听说王玲玲同学前段时间曾调查、采访过20位同学及一部分老师，目前正在整理采访素材，准备写调查报告。我们请她给大家介绍点情况，谈点体会，好不好？欢迎！（鼓掌）有请王玲玲同学！（以手势示意）

（主持人在听取王玲玲发言时，对有关“硬环境”“软环境”和“环境质量”的提法感到很有启发意义，不仅在笔记本上记了下来，而且在王玲玲发言后，顺势强调、引申性地发挥了几句。）

刚才听王玲玲同学讲到要从“硬环境”和“软环境”两方面来优化“环境质量”，我以为这一认识很有深度，标志着我们对育人环境的质量意识普遍增强了。最近电视台曝光了××涉外秘书学校。该校硬件设备好，学生入学收费也高，但公然将不健康的VCD片播放给学生看，遭到学生的普遍反感和抵制。这就是学生保护自身不受污染的“环境意识”，而且，治理环境也确实需要有硬的一手来清除负面的影响。

（与会者踊跃发言。当会议讨论到勤工俭学和打工能够增加收入、增强劳动观念、有利于青年成长时，大家议论纷纷，会场秩序有些散乱。主持人及时进行调控。)

刚才大家讨论得很热烈,尤其是对学生“打工热”发表了不同的看法:有的认为“打工”比勤工俭学(指校内清扫等)更能接触、了解社会;有的认为夜间“打工”影响休息;有的认为把“打工”挣来的钱都用于名牌消费,只能滋长奢华风气,有弊无利。这其实是各人评价角度不同产生的认识差异,并非本质上的对立。而且,正是这些各不相同的评说,提醒我们注意影响青年成长的环境因素是多样的和复杂的。其中仅就“打工”而言,就应该在目的、意义、方式、方法、时间、地点等方面加以认识上的引导或实践中的正确选择。

(会场秩序恢复正常,大家继续讨论。)

(预定的时间已到,主持人宣布讨论结束。)

大家的讨论非常热烈,不少同学从自身的经历和感受出发,发表了很多真知灼见。我校政治教研室李老师对“青年学生成长的环境问题”做过专门研究,下面,请李老师给大家讲话。(鼓掌)

(李老师讲话结束后,主持人接着讲话:)

围绕着“我们成长的环境”这样一个主题,我们这次会议讨论了与此相关的一系列问题:从改革开放的时代大环境,到学校、班级、家庭等具体小环境;从体现和影响环境质量的“硬件”到“软件”,我们都进行了讨论和分析,从而认识到什么是我们必须珍惜的环境优势,使之化为促进我们成长的有利条件;同时也分辨出什么是我们必须注意和克服的劣质环境和负面影响,由此来优化我们的成长环境,维护我们身心的健康发展。正像李老师刚才所指出的:环境可以改造人,人也能改造环境。21世纪呼唤着人的现代化,呼唤着全新一代。全党全社会重视教育,重视加强社会主义精神文明建设,为按照“四有”标准培养合格人才提供了有力的保证。让我们从这次讨论中获得启发、勤奋学习、刻苦磨砺,今后无论是顺境还是逆境,我们都要努力做环境的主人,立志把自己塑造成有用之才。

(散会)

简评:

这个实例记录了主持一场讨论会的过程。主持人的6次讲话和会议进程中引导、激励、控制的技巧展示了其良好的口才和组织能力。

主持人的开场白要言不烦，直奔主题，通过阐述环境从正、反两个方面对青年成长的影响，引出令与会者感兴趣的中心话题，为会议的内容和进行方式定下了基调，调动起与会者的热情。

在会议进程中，主持人采用多种手段调控，保证了讨论不冷场，不走题，有序进行。推荐第一个发言人的热情话语和手势动作，进一步烘托了会场气氛，打破了冷场的僵局。王玲玲发言后的点评强化了会议主题，并提供了相关材料，推动了会议的进程。当与会者对“打工”的看法激烈争论时，主持人通过适时评论与点拨，使大家求同存异，深化了认识，也保证了讨论按既定进程继续进行。

会议结束阶段，主持人请出李老师讲话。在随后的总结讲话中，主持人全面回顾了讨论的话题，概括了会议在提高认识方面的收获，最后以鼓动性的语言强化了会议主题。

第三节　语文实践活动

“友谊华章”主题班会

一、活动目的

1.培养学生为他人着想的习惯，创建友好的班级氛围。

2.通过互改文章的形式，既锻炼自己的修改技能又加强同学之间的协作精神。

3.加强口头训练，提高主持能力。

二、活动步骤及内容

情景设计：罗丽丽同学住在306寝室，她非常爱干净，她的东西别人是不能动的。因此，同寝室的人也不跟她往来。罗丽丽也很高兴，她的原则是我不想理别人，别人也不要来打搅我。班上有什么事，同学有什么事，都与她无关。一天晚上，罗丽丽腰疼，一会儿呼吸感觉困难，同寝室的同学立即把她送到医院，经诊断是肺炎。事后罗丽丽非常感谢大家。班主任抓住这件事开展了一个以友谊为话题的主题班会。

1.每人写出主持人演讲稿。

2.修改演讲稿(自改与同桌互改)。

3.通过小组讨论,评比出优秀演讲稿并提出进一步修改与润色意见。推荐一位同学竞选班会主持人。由原作者与推荐的主持人一起再次对演讲稿修改定稿。

4.竞选班会主持人。各组推荐的主持人在班上介绍自己主控会场的技能、风格以及主持的内容、进程,展示本身的条件(如语言、仪态、情感),由全班同学进行评选。

5.择期举行“友谊华章”班会。班会活动可在教室进行,也可在野外进行。

第十五章　诚信是金

第一节　阅读与鉴赏

一、多种阅读，相辅相成

阅读是人们认识世界、积累知识、提高认识的主要途径之一。要使自己的阅读达到事半功倍的效果，提高阅读的效能，掌握一定的阅读方法和技巧是必须的。

1. 快速浏览，捕捉信息

“浏览”就是大略地看，快速扫读，具有较高的阅读速度，几秒即可读一页。它重在较快地搜寻、捕捉信息，迅速做出判断，以筛选阅读的方向和阅读的材料。阅读时利用较广的视野宽度，涵盖较大篇幅的页面，视线迅速地由上往下扫视，快速搜索信息并及时做出判断。浏览有两种情况：其一，阅读无明确目的，涉及方面很多，可包括各种文章的所有内容(例如阅读报刊)；其二，根据需要预先确定某方面的内容，在快速搜寻中发现重要信息，从而做出判断。

浏览的范围要涵盖确定搜寻内容的全部，可根据需要采用扫描或跳读的方法。浏览时注意力要高度集中，遇到不懂的问题可暂时跳过。浏览后能够对文章形成初步印象，但了解可能不完全，有些判断可能错误。浏览是后面三种阅读方法的基础。

2.运用略读，通观大意

略读，即粗略的、不进行深究的阅读，着眼于通观大意，或专门寻找自己所需的材料，对于文中无关或关系不大的材料和具体细节，常略去不看。略读的主要目的是获得足够的信息以便粗知文章的大意，确定进一步阅读的重点。要求我们不要盯住每个具体的词语，而要着眼于篇章，从整体上去把握文章大概的主要的内容。略读的具体方法为：一是全读，即逐段略读，在粗知各段段意的基础上，从整体上粗知文章大意；二是跳读，即略读文章中的重点段，跳过其他次要段，在粗知重点段大意的基础上推想整篇大意；三是浏览，即搜寻信息要点并在此基础上综合信息要点而粗知文章大意。例如《项链》的篇幅较长，可先通过略读，迅速抓住体现故事进程的叙述语句，略读文章中的重点句段，忽视那些细致描写，很快把握故事梗概，确定精读时要重点分析的结构和人物。《让我长大的一句话》和《洁白的手帕》也要通过略读，迅速了解大意，再精研细读。

3.进行速读，搜寻筛选

速读是有目的、有需要地快速捕捉文章主要信息或细节。进行速读，首先，要确定需要什么信息和细节，并对其形式进行估计。由于在略读中对各段落和句子已进行过分析，已大致了解主题和细节，这时就可以考虑确定在何处去找自己需要的细节或说明，一句几句、一段几段地扫描、跳读，一目十行地搜寻。其次，要在迅速扫视大量信息的基础上，认真筛选与辨析信息，善于抓住文章的主要段落、开头结尾，善于抓住标题，抓住每一段的始尾句、中心句、关键字句、主要例子、时间词和过渡句等。最后，可在有关句子下做出各种记忆符号，把搜寻到的内容在脑子里迅速整理、判断、提炼、筛选，解决问题，为今后的精研细读做准备。例如速读《跟假话掰腕子》一文，可以迅速地抓住其结尾的关键句来领悟主旨，也可迅速筛选出时间词、过渡句，来为厘清思路层次做准备。

4.精研细读，研究创新

精读是通过仔细研读，深入、准确而有创见地理解阅读材料，做到领会、掌握知识要点及文章的思想感情，把握全文结构和重点语句的内涵，揣摩文章的构思和表达方法，品味文章的语言和风格特色，并对相关内容做出判断评价、引申联想、对比探讨。精读是很重要的阅读方法，需要通过细致研读解决较难较深的问题，并在此基础上进行拓展与创新。精读的要点是：其一，整体把握全文，做到上下联系，左右兼顾；其二，深入字里行间，落实到具体的字、词、句、段上；其三，调动读者自身的知识存储，综合运用各种思维方法；其四，边读边思，在思思想想、读读议议中加深对文章的理解。精读是一个反复深入，逐渐提高的阅读过程。如果不是反复的精读揣摩，就不能体会出《跟假话掰腕子》中那对比交织、步步进逼、紧凑自然构思的精妙。

这 4 种最常见的阅读方法，彼此各有侧重，阅读时可根据情况交替进行，配合使用。

二、范文

跟假话掰腕子

鲍尔吉·原野

【导读】

一段偶然的邂逅，一个随便的约定，一次无意的失信，促成了本文真话和假话的暗暗比拼，最后假话如强弩之末，悄然跌落。文中的贝蒂小姐以其浓浓的真诚，不断地向文中主人公"我"传递着遥远的馨香，而"我"却受之有愧。面对"真话"的步步进逼，文中主人公只得悔叹"说真话多好"。孔子曾说："人而无信，不知其可也。"学习本文，能让我们深深地感到真话的坚韧与强大，文章最后水到渠成地点明主旨"真话与假话掰腕子，假话永远赢不了"。

文章言词简洁，通过略读可粗知大意。速读筛选时间词、过渡句，为分析内容、精研构思做准备。接着细读体会本文构思的精巧：通过一件小事，设计了真话和假话的对比拼斗，拼斗过程也是步步进逼，节节高起，体现构思之巧；事情发展的各大小阶段也转承紧凑，明快自然，体现构思之精。

我在兰桂坊认识一位贝蒂小姐。

兰桂坊只适合做两件事——跳舞与饮啤酒，做其他的事都唐突，诸如说话。当跳舞和酒上升到一定纯度，言语是一种冒犯。在兰桂坊，什么不做也显得可耻，如不饮酒不跳舞。众人的目光如质问：为什么不待在家里？此际，不饮不舞如穿衬裤入浴池泡澡，太拘谨。

因此，我和贝蒂小姐说的话不多。环境嘈杂，只能像水手一样大声喊——能大声说的话，必然是最表层的话语。知道她是加拿大人，会中文，现为摄影记者，酷爱旅游。

分手时，她发出一个邀请：

"春节到加德满都去。你去不去？"

这个邀请太幽默了，我笑着回复：去，是一个美妙的建议。后来才知道，我的表现是一个错误，甚至是一个谎言。

这是发生在圣诞节之前的事情。到了新年，我收到寄自印度大吉岭的明信片，上写：

"我距尼泊尔边境只有5英里。你到了哪里？请致函加德满都橡树岭中学却金先生。贝蒂·詹妮森于大吉岭。"

我翻来覆去看了好几遍，以为是一个玩笑。仔细看过邮戳以及英文印地文之后，才认为这是真的。对我来说，这是一个严重的事件。

贝蒂小姐离尼泊尔边境只有5英里，而我离尼泊尔任何一个方向的边境线都有几万里，确切地说，我从未准备往那个方向前进过。大吉岭！我难道是一个骗子吗？让贝蒂小姐在那么远的地方等待音讯。

我把这件事的前前后后想了一遍，觉得这是一个文化的错误，我并不是说我们习惯于说谎，但对待事物的态度大不一样。在兰桂坊，她说去尼泊尔，我以为是脱口秀，没想到这是一个认真的建议，对那些无法实现的目标，我们常视为幽默，慢而待之，把认真与荒诞混为一谈。

我只好撒第二个谎（谎言从来都是连续不断的，否则无法圆全），说有事务，未成行，致歉，祝云游快乐云云。贝蒂小姐并不以为忤，到了尼国，她每日给我寄明信片一张，畅叙见闻，以弥补我未能西游之憾。真是令人惭愧。

他们何其单纯。在言与信之间，从不揣度别人用心的真伪。在这种信任之下，别人只好把谎撒下去，并在对方的包容中感受芒刺。我每天接到贝蒂的明信片时，都在心里说10遍：说真话多好！你这个骗子，内疚吧！

贝蒂小姐寄自尼泊尔的最后一张明信片说：游毕回国。我松了一口气，同时对尼泊尔的美丽有了很好的了解。过了半年，贝蒂小姐来信，问我去不去肯尼亚。我赶紧告诉她，不去肯尼亚。以为就此无事了，她又来信问：为什么？

为什么？我们习惯在“不为什么”的情态下生活，可感而不可问，我们的文化态度是不愿说破。但念及前嫌，立即告诉她我不喜欢肯尼亚。为什么？贝蒂小姐不仅问，还列举这个国家美不胜收之理由种种。我没法回答，因为对此一无所知，只好说，对此国之美已有认识，但足有疾，不宜奔走于东非大陆。

贝蒂回信，说等我的脚好了之后再去肯尼亚，到时候，卢加德斯瀑布进入盛水期，更加好看。

我想了好几天，想不出回信怎么跟她说。如果真话和假话掰腕子，假话永远也赢不了。

探究与练习

1. 略读课文，把握课文大意，说说课文讲述了一个什么故事。
2. 精读并分析本文精巧的构思。
3. 联系实际引申联想、评价质疑。

 你曾经说过假话吗？说假话时的行动和心理状态怎样？

 你是否认为所有假话都一无是处？

 你认为本文男主人公是一个品行不好的人吗？

项　链

［法］莫泊桑

【导读】

这篇小说写了一个耐人寻味的故事：小职员的妻子玛蒂尔德美丽动人，一心追求高雅奢华，为参加舞会借了项链，结果不慎丢失，为归还项链历尽千辛，最后才知项链竟是假的。作品反映了当时法国社会中小人物的追求和遭遇，感慨社会的不平。在玛蒂尔德身上体现了人性的多重性，当她从虚荣梦幻的云端结结实实跌落之后，她潜在的美质开始闪耀光芒。首先她用她的后半生作抵押坚持了宝贵的诚信，又“一下子显出了英雄气概”，勇于面对超常的困难，并用十年的艰辛劳作还清了债务。和丈夫相濡以沫的爱情也更为牢固，让人不由得感慨她的坚定决心和持久的毅力。

学习时先略读全文，重点抓住体现叙述进程的句段，粗知文章大意之后，再精研细读，领会曲折动人的情节，回味似有若无的伏笔，欣赏出人意料又引人入胜的构思。并在精彩细腻、酣畅淋漓的心理描写中，体会玛蒂尔德的喜怒哀乐，揣摩她人性的复杂和变化，可先速读找出文中心理描写的句段，再一一分析体味。

她也是一个美丽动人的姑娘，好像由于命运的差错，生在一个小职员的家里。她没有陪嫁的资产，也没有什么法子让一个有钱的体面人认识她，了解她，爱她，娶她；最后只得跟教育部的一个小书记结了婚。

她不能够讲究打扮，只好穿得朴朴素素，但是她觉得很不幸，好像这降低了她的身份似的。因为在妇女，美丽、丰韵、娇媚，就是她们的出身；天生的聪明，优美的资质，温柔的性情，就是她们唯一的资格。

她觉得她生来就是为着过高雅和奢华的生活，因此她不断地感到痛苦。住宅的寒伧，墙壁的黯淡，家具的破旧，衣料的粗陋，都使她苦恼。这些东西，在别的跟她一样地位的妇人，也许不会挂在心上，然而她却因此痛苦，因此伤心。她看着那个替她做琐碎家事的勃雷大涅省的小女仆，心里就引起悲哀的感慨和狂乱的梦想。她梦想那些幽静的厅堂，那里装饰着东方的帷幕，点着高脚的青铜灯，还有两个穿短裤的仆人，躺在宽大的椅子里，被暖炉的热气烘得打盹儿。她梦想那些宽敞的客厅，那里张挂着古式的壁衣，陈设着精巧的木器，珍奇的古玩。她梦想那些华美的香气扑鼻的小客室，在那里，下午五点钟的时候，她跟最亲密的男朋友闲谈，或者跟那些一般女人所最仰慕最乐于结识的男子闲谈。

每当她在铺着一块三天没洗的桌布的圆桌边坐下来吃晚饭的时候，对面，她的丈夫揭开汤锅的盖子，带着惊喜的神气说：“啊！好香的肉汤！再没有比这更好的了！……"这时候，她就梦想到那些精美的晚餐，亮晶晶的银器；梦想到那些挂在墙上的壁衣，上面绣着古装人物，仙境般的园林，奇异的禽鸟；梦想到盛在名贵的盘碟里的佳肴；梦想到一边吃着粉红色的鲈鱼或者松鸡翅膀，一边带着迷人的微笑听客人密谈。

她没有漂亮服装，没有珠宝，什么也没有。然而她偏偏只喜爱这些，她觉得自己生在世上就是为了这些。她一向就想望着得人欢心，被人艳羡，具有诱惑力而被人追求。她有一个有钱的女朋友，是教会女校的同学，可是她再也不想去看望她了，因为看望回来就会感到十分痛苦。由于伤心、悔恨、失望、困苦，她常常整天地哭好几天。

然而，有一天傍晚，她丈夫得意扬扬地回家来，手里拿着一个大信封。

"看呀，"他说，"这里有点东西给你。"

她高高兴兴地拆开信封，抽出一张请柬，上面印着这些字：

"教育部部长乔治·郎伯诺及夫人，恭请路瓦栽先生与夫人于一月十八日（星期一）光临教育部礼堂，参加夜会。"

她不像她丈夫预料的那样高兴，她懊恼地把请柬丢在桌上，咕哝着：

"你叫我拿着这东西怎么办呢？"

"但是，亲爱的，我原以为你一定很喜欢的。你从来不出门，这是一个机会，这个，一个好机会！我费了多大力气才弄到手。大家都希望得到，可是很难得到，一向很少发给职员。你在那儿可以看见所有的官员。"。

她用恼怒的眼睛瞧着他，不耐烦地大声说："你打算让我穿什么去呢？"

他没有料到这个，结结巴巴地说：

"你上戏园子穿的那件衣裳，我觉得就很好，依我……"

他住了口，惊惶失措，因为看见妻子哭起来了，两颗大大的泪珠慢慢地顺着眼角流到嘴角来了。他吃吃地说：

"你怎么了？你怎么了？"

她费了很大的力，才抑制住悲痛，擦干她那润湿的两腮，用平静的声音回答：

"没有什么。只是，没有件像样的衣服，我不能去参加这个夜会。你的同事，谁的妻子打扮得比我好，就把这请柬送给谁去吧。”他难受了，接着说：

“好吧，玛蒂尔德。做一身合适的衣服，你在别的场合也能穿，很朴素的，得多少钱呢？”

她想了几秒钟，合计出一个数目，考虑到这个数目可以提出来，不会招致这个俭省的书记立刻的拒绝和惊骇的叫声。

末了，她迟疑地答道：

“准数呢，我不知道，不过我想，有四百法郎就可以办到。”

他脸色有点发白了。他恰好存着这么一笔款子，预备买一杆猎枪，好在夏季的星期天，跟几个朋友到南代尔平原去打云雀。

然而他说：

“就这样吧，我给你四百法郎。不过你得把这件长衣裙做得好看些。”

夜会的日子近了，但是路瓦栽夫人显得郁闷、不安、忧愁。她的衣服却做好了。她丈夫有一天晚上对她说：

“你怎么了？看看，这三天来你非常奇怪。”

她回答说：

“叫我发愁的是一粒珍珠、一块宝石都没有，没有什么戴的。我处处带着穷酸气，很想不去参加这个夜会。”

他说：

“戴上几朵鲜花吧。在这个季节里，这是很时新的。花十个法郎，就能买两三朵别致的玫瑰。”

她还是不依。

“不成，……在阔太太中间露穷酸相，再难堪也没有了。”

她丈夫大声说：

“你多么傻呀！去找你的朋友佛来思节夫人，向她借几样珠宝。你跟她很有交情，这点事满可以办到。”

她发出惊喜的叫声。“真的！我倒没想到这个。”

第二天，她到她的朋友家里，说起自己的烦闷。

佛来思节夫人走近她那个镶着镜子的衣柜，取出一个大匣子，拿过来打开了，对路瓦栽夫人说：

“挑吧，亲爱的。”

她先看了几副镯子，又看了一挂珍珠项圈，随后又看了一个威尼斯式的镶着宝石的金十字架，做工非常精巧。她在镜子前边试这些首饰，犹豫不决，不知道该拿起哪件，放下哪件。她不断地问着：

“再没有别的了吗？”

“还有呢。你自己找吧，我不知道哪样合你的意。”

忽然她在一个青缎子盒子里发现一挂精美的钻石项链，她高兴得心也跳起来了。她双手拿着那项链发抖。她把项链绕着脖子挂在她那长长的高领上，站在镜前对着自己的影子出神好半天。

随后，她迟疑而焦急地问：

“你能借给我这件吗？我只借这一件。”

“当然可以。”

她跳起来，搂住朋友的脖子，狂热地亲她，接着就带着这件宝物跑了。

夜会的日子到了，路瓦栽夫人得到成功。她比所有的女宾都漂亮、高雅、迷人，她满脸笑容，兴高采烈。所有的男宾都注视她，打听她的姓名，求人给介绍；部里机要处的人员都想跟她跳舞，部长也注意她了。

她狂热地兴奋地跳舞，沉迷在欢乐里，什么都不想了。她陶醉于自己的美貌胜过一切女宾，陶醉于成功的光荣，陶醉在人们对她的赞美和羡妒所形成的幸福的云雾里，陶醉在妇女们所认为最美满最甜蜜的胜利里。

她是早晨四点钟光景离开的。她丈夫从半夜起就跟三个男宾在一间冷落的小客室里睡着了。那时候，这三个男宾的妻子也正舞得快活。

她丈夫把那件从家里带来预备给她临走时候加穿的衣服，披在她的肩膀上。这是件朴素的家常衣服，这件衣服的寒伧味儿跟舞会上的衣服的豪华气派很不相称。她感觉到这一点，为了避免那些穿着珍贵皮衣的女人看见，想赶快逃走。

路瓦栽把她拉住，说：

“等一等，你到外边要着凉的。我去叫一辆马车来。”

但是她一点也不听，赶忙走下台阶。他们到了街上，一辆车也没看见，他们到处找，远远地看见车夫就喊。

他们在失望中顺着塞纳河走去，冷得发抖，终于在河岸上找着一辆拉晚儿的破马车。这种车，巴黎只有夜间才看得见；白天，它们好像自惭形秽，不出来。

车把他们一直拉到马丁街寓所门口，他们惆怅地进了门。在她，一件大事算是完了。她丈夫呢，就想着十点钟得到部里去。

她脱下披在肩膀上的衣服，站在镜子前边，为的是趁这荣耀的打扮还在身上，再端详一下自己。但是，她猛然喊了一声。脖子上的钻石项链没有了。

她丈夫已经脱了一半衣服，就问：

"什么事情？"

她吓昏了，转身向着他说：

"我……我……我丢了佛来思节夫人的项链了。"

他惊惶失措地直起身子，说：

"什么！……怎么啦！……哪儿会有这样的事！"

他们在长衣裙褶里、大衣褶里寻找，在所有口袋里寻找，竟没有找到。

他问：

"你确实相信离开舞会的时候它还在吗？"

"是的，在教育部走廊上我还摸过它呢。"

"但是，如果是在街上丢的，我们总听得见声响。一定是丢在车里了。"

"是的，很可能。你记得车的号码吗？"

"不记得。你呢，你没注意吗？"

"没有。"

他们惊惶地面面相觑。末后，路瓦栽重新穿好衣服。

"我去，"他说，"把我们走过的路再走一遍，看看会不会找着。"

他出去了。她穿着那件参加舞会的衣服，连上床睡觉的力气也没有，只是倒在一把椅子里发呆，精神一点也提不起来，什么也不想。

七点钟光景，她丈夫回来了。什么也没找着。

后来，他到警察厅去，到各报馆去，悬赏招寻，也到所有车行去找。总之，凡有一线希望的地方，他都去过了。

她面对着这不幸的灾祸，整天等候着，整天在惊恐的状态里。

晚上，路瓦栽带着瘦削苍白的脸回来了，一无所得。

“应该给你的朋友写信，”他说，“说你把项链的搭钩弄坏了，正在修理。这样，我们才有周转的时间。”

她照他说的写了封信。

过了一个星期，他们所有的希望都断绝了。

路瓦栽，好像老了五年，他决然说：“应该想法赔偿这件首饰了。”

第二天，他们拿了盛项链的盒子，照着盒子上的招牌字号找到那家珠宝店。老板查看了许多账簿，说：

“太太，这挂项链不是我卖出的；我只卖出这个盒子。”

于是他们就从这家珠宝店到那家珠宝店，凭着记忆去找一挂同样的项链。两个人都愁苦不堪，快病倒了。

在皇宫街一家铺子里，他们看见一挂钻石项链，正跟他们找的那一挂一样，标价四万法郎。老板让了价，只要三万六千。

他们恳求老板，三天以内不要卖出去。他们又订了约，如果原来那一挂在二月底以前找着，那么老板可以拿三万四千收回这一挂。

路瓦栽现有父亲遗留给他的一万八千法郎。其余的，他得去借。

他开始借钱了。向这个借一千法郎，向那个借五百法郎，从这儿借五个路易，从那儿借三个路易。他签了好些债券，订了好些使他破产的契约。他跟许多放高利贷的人和各种不同国籍的放债人打交道。他顾不得后半世的生活了，冒险到处签着名，却不知道能保持信用不能。未来的苦恼，将要压在身上的残酷的贫困，肉体的苦楚，精神的折磨，在这一切的威胁之下，他把三万六千法郎放在商店的柜台上，取来那挂新的项链。

路瓦栽夫人送还项链的时候，佛来思节夫人带着一种不满意的神情对她说：

“你应当早一点还我，也许我早就要用它了。”

佛来思节夫人没有打开盒子。她的朋友正担心她打开盒子。如果她发觉是件代替品，她会怎样想呢？会怎样说呢？她不会把她的朋友当作一个贼吗？

路瓦栽夫人懂得穷人的艰难生活了。她一下子显出了英雄气概，毅然决然打定了主意。她要偿还这笔可怕的债务。她就设法偿还。她辞退了女仆，迁移了住所，租赁了一个小阁楼住下。

她懂得家里的一切粗笨活儿和厨房里的讨厌的杂事了。她刷洗杯盘碗碟，在那油腻的盆沿上和锅底上磨粗了她那粉嫩的手指。她用肥皂洗衬衣，洗抹布，晾在绳子上。每天早晨，她把垃圾从楼上提到街上，再把水从楼下提到楼上，走上一层楼，就站住喘气。她穿得像一个穷苦的女人，胳膊上挎着篮子，到水果店里，杂货店里，肉铺里，争价钱，受嘲骂，一个铜子一个铜子地节省她那艰难的钱。

月月都得还一批旧债，借一些新债，这样来延缓清偿的时日。

她丈夫一到晚上就给一个商人誊写账目，常常到了深夜还在抄写五个铜子一页的书稿。

这样的生活继续了十年。

第十年年底，债都还清了，连那高额的利息和利上加利滚成的数目都还清了。

路瓦栽夫人现在显得老了。她成了一个穷苦人家的粗壮耐劳的妇女了。她胡乱地绾着头发，歪斜地系着裙子，露着一双通红的手，高声大气地说着话，用大桶的水刷洗地板。但是有时候，她丈夫办公去了，她一个人坐在窗前，就回想起当年那个舞会来，那个晚上，她多么美丽，多么使人倾倒啊！

要是那时候没有丢掉那挂项链，她现在是怎样一个境况呢？谁知道呢？谁知道呢？人生是多么奇怪，多么变幻无常啊，极细小的一件事可以败坏你，也可以成全你！

有一个星期天，她到极乐公园去走走，舒散一星期来的疲劳。这时候，她忽然看见一个妇人领着一个孩子在散步。原来就是佛来思节夫人,她依旧年轻,依旧美丽动人。

路瓦栽夫人无限感慨。她要上前去跟佛来思节夫人说话吗?当然,一定得去。而且现在她把债都还清了,她完全可以告诉她了。为什么不呢?

她走上前去。

"你好,珍妮。"

那一个竟一点也不认识她了。一个平民妇人这样亲昵地叫她,她非常惊讶。她磕磕巴巴地说:

"可是……太太……我不知道……你一定是认错了。"

"没有错。我是玛蒂尔德·路瓦栽。"

她的朋友叫了一声:

"啊!……我可怜的玛蒂尔德,你怎么变成这样了!……"

"是的,多年不见面了,这些年来我忍受着许多苦楚,……而且都是因为你!……"

"因为我?……这是怎么讲的?"

"你一定记得你借给我的那挂项链吧,我戴了去参加教育部夜会的那挂。"。

"记得。怎么样呢?"

"怎么样?我把它丢了。""哪儿的话!你已经还给我了。"

"我还给你的是另一挂,跟你那挂完全相同。你瞧,我们花了十年工夫,才付清它的代价。你知道,对于我们这样什么也没有的人,这可不是容易的啊!……不过事情到底了结了,我倒很高兴了。"

佛来思节夫人停下脚步,说:

"你是说你买了一挂钻石项链赔我吗?""对呀。你当时没有看出来?简直是一模一样的啊。"

于是她带着天真的得意的神情笑了。

佛来思节夫人感动极了,抓住她的双手,说:

"唉!我可怜的玛蒂尔德!可是我那一挂是假的,至多值五百法郎!……"

探究与练习

1.速读课文勾画筛选出显现人物个性和精神的语句,再仔细研读分析,谈一谈你对女主人公玛蒂尔德的看法。

2.这篇小说情节构思精巧。先略读把握故事大概,再仔细分析领会。

3.依次摘录形容玛蒂尔德心情的词语,把词语按心情的种类归纳,类别可依据自己的需要划分,觉得好的词语可积累在素材本上。

4.下边几段心理描写表现了玛蒂尔德什么样的思想感情?对刻画人物性格有什么作用?

▶她没有漂亮服装,没有珠宝,什么也没有。然而她偏偏只喜爱这些,她觉得自己生在世上就是为了这些。她一直就想望着得人欢心,被人艳羡,具有诱惑力而被人追求。

▶她陶醉于自己的美貌胜过一切女宾,陶醉于成功的光荣,陶醉在人们对她的赞美和羡妒所形成的幸福的云雾里,陶醉在妇女们所认为最美满最甜蜜们胜利里。

▶但是有时候,她丈夫办公去了,她一个人坐在窗前,就回想起当年那个舞会来,那个晚上,她多么美丽,多么使人倾倒啊。

5.思考下题,根据题意自由发挥。

得知项链是假的以后,玛蒂尔德会有什么表现?假如项链没有丢掉,或者丢了以后立即得知项链是假的,玛蒂尔德的结局将会怎样。写一个你所设想的结局,注意心理描写。

郁金香

郭辉

【导读】

生病、就医这些虽然普通的生活琐事,却向我们展现了至真至纯的人性美。女主人公杜丽普的诚实、谦虚和真切,"我"的友善、大度和守信,都幻作那摇曳多姿的郁金香,一朵、一簇、一片,优雅、娴静地绽放,沁人心脾的幽香,如氤氲般弥漫开来,我们的心绪也为之湿润柔和。

郁金香如美的精灵,在文中忽隐忽现,贯穿始终,成为引领全文的线索。

而且作者还通过郁金香来传情达意，升华人物形象，做到以物衬人，托物言志，借物传情，人“物”合一。先略读，把握故事大意，再速读找出文中各处关于郁金香的描写，理清结构脉络，品味人物，把握写作手法。

荷兰的5月，到处都红红火火。田野上望不到尽头的郁金香花，齐刷刷地向着太阳开放，大地融汇成一个七彩的世界。

从世界最大的鲜花出口基地干根霍芬参观回来，我的肚子一阵疼似一阵。一同在荷兰留学的屈大夫看了我的情况，断定是胃出血，立刻用自行车推我上医院。

没想，那位年轻的女医生把我全身捏摸几遍过后，一甩满头的红发，眨眨蓝眼睛拍着我的肚皮对屈大夫说：“别吓唬你的朋友，是花妖钻进他肚子作祟，我把它赶跑了。没事了。”荷兰人任何时候都没忘记幽默，哪怕你是蹙眉苦脸的病人。

其实有事。第二天我开始便血，唾沫呈咖啡色。当屈大夫再次把我送到医院时，病情由于耽误，已经变得相当严重了。

还是那位女医生给我作检查。当她看到化验报告单后，脸“唰”地红起来，惊呆了。

“你得住院，是胃出血。”她放下化验单，钦佩地瞥了眼屈大夫，“帮我一下好吗？送急救室。”她的神情动作显出慌乱。

打针吃药后，女医生拎过两个玻璃瓶，有鲜红的液体在里面晃荡。“要输血？”我指着玻璃瓶问。

“对，你失血太多了。”她边说话边给我捋袖子，操起了针头。

“不行！”我掰开她的手高声喊叫起来，“我不输血！”

“为什么？”她那对蓝宝石般晶亮的眼睛里现着惊诧，“不输血，你的病不会好的。”

“会好的。我的身体我自己知道！”我的口气很强硬。

“听话，输了血病才会好。”对我这样固执的病人，她竟没有生气，而是俯下身在我耳边柔声说道：“我已经……已经误诊一回了，你的病要是……我就……”她是在恳求我。眼睛里有泪光闪动。

她真年轻。脱下白大褂，还是个纯情烂漫的少女，救死扶伤的责任压在她身上是有些沉重了。特别是那双镶嵌在红色刘海下面的眼睛泛出的极柔和的蓝光，让我想到了恋母的羔羊。拒绝这样的恳求当然会有辱斯文。但我还是拒绝了。我告诉她，我们国家卫生部门有规定，在国外接受输血和血制品时要十分慎重。“这是我的选择，出了意外我自己负责。”我主动为她开脱。但回避了“艾滋病”这个敏感的字眼。

女医生终于做出让步。在以后的日夜里，她一直守候在我床前，亲自送饭喂药，端屎倒尿……每天早晨，还捧来一束水灵灵的郁金香插在瓶子里。

我的身体算是争气，几天后基本脱离了危险，要转到普通病房去了。女医生来给我喂最后一次药。“到了普通病房，院长、部主任每天都会来查房，他们什么都问。你……”她欲言又止，显得心事重重。

“什么事，你直说吧。”几天来，她的精心照料使我免除了不少忧虑和烦恼，我早把她当老朋友了。

“你能否不说你来过两次医院……”看她满脸窘态，我不禁笑了。“那事，我早忘了。我不会说，你放心。”

“真的?!”她从椅子上一跃而起。

“当然真的。我们中国人说话算数。”

她脸上绽出笑容，并在我右脸颊上重重地亲了一口。当她重又坐回椅子上时，长长叹了口气。她告诉我：医生职业在荷兰竞争相当激烈，由于医生收入高，青年人都愿学医从医，造成医生多，病人少的状况。每年，医科大学的毕业生有一半找不到工作。“我现在是在这家医院实习，如果医院知道我出了医疗事故，就会写进我的实习鉴定。”说着，她从瓶子里取出二枝郁金香，用食指轻轻一弹，娇嫩的花瓣零落在地板上。

“我就业的命运就会像这花一样……”

没想到我的病竟和一个年轻女孩子就业的命运连在了一起。我沉默起来，想着她的话，一时都低首无语。

门开了，两名护士小姐进来，要送我去普通病房。我伸出手跟她握别。

她才又笑了，但笑得有点沉重。

转到普通病房后，我再也没有见过她。很快，我就要出院了。

一天早晨我醒来，发觉有一股熟悉的馨香沁人心脾。转头一望，床头放着一束郁金香，晶莹的晨露还在花瓣上闪光。同房的病友告诉我，是一个姑娘清晨送来的。

"穿白大褂的吧？"我赶紧问。

"不。是穿一条红色的连衣裙，有一头好看的红头发。"

我急忙拿过鲜花，取下夹在花束上的纸条，几行娟秀的英文：

我的中国朋友：

我今天要回学校去了，特意来向你告别。我决定继续我的学习。

你的病虽然好了，但出院后还要注意休息，别太劳累。

误诊的事我已经主动向医院汇报了，这样做，我才会生活得愉快。人，应该诚实地活着。

中国医生的临床经验令我十分敬佩。若有机会，我真希望到中国去实习。

祝你健康！

你诚挚的朋友 Tulip（杜丽普）

"郁金香！"当我将她的名字译成中文后，不禁失声喊了起来。

此时，同房的病友都到外面晒太阳去了，屋子里静悄悄的。清白的空间中，唯有我床头那束郁金香火火红红，红得那么娇艳，那么纯洁，那么夺目……

探究与练习

1. 略读课文把握文章大意，并复述文章内容。

2. 速读课文找出文中各处关于郁金香的描写，思考下列两题。

（1）说说"郁金香"在全文结构上的作用。

（2）体会"郁金香"在传情达意和升华人物上的作用。

3.把握人物形象,体味人性美。

思考语言描写和人物塑造的关系。谈一谈先抑后扬的手法在本文人物形象塑造上的运用。

4.结合课文,组织同学谈一谈当今医疗诚信的问题。

让我长大的一句话

李雪峰

【导读】

"君子一言,驷马难追"。诚信何止是君子之事,也是我们安身立业的根本,是一个人行走社会的"通行证"。几个小青年的买鸡戏言,在父亲眼里,却是儿子处世教育的良机。诚信几何,"一诺千金,一言九鼎",又岂是文中区区几十元钱的损失所能比及的。父亲的良苦用心终有所得,儿子一步跨过了孩提与成人的界限,成长为一个掷地有声的汉子,普通的卖鸡行为竟成了有特殊意义的成人仪式。

语言对话成为构筑全文内容的主体,这样的安排才能切合文章"对所言所行负责"的思想主题。速读课文,筛选出体现文章主旨的关键句,并精读、体味语言描写对表现文章主题的作用。

17岁那年秋天,我高中毕业。和父亲站在一块儿,我的个头儿差不多和父亲一般高了。可是因为高考落榜,我整天和村里的几个小青年厮混在一块儿,白天和他们一起游手好闲地东转西逛,夜晚就聚在村里的电影场里吊儿郎当地打唿哨或躲在小饭馆里无所事事地抽烟、喝酒。

家里人对我忧心忡忡。

秋末的一天上午,我和这群小青年在村东头遇见了城里来的一个鸡贩子,我们拦住纠缠他,鸡贩子一副不屑和我们这群孩子纠缠的样子,说:"我还要收鸡呢,没时间和你们这群孩子磨牙!"

我们无赖似的哈哈大笑起来说:"爷们儿,你怎么知道我们就不卖鸡?"

被纠缠得无法脱身的鸡贩子十分不耐烦地说:"瞧你们都还是群毛孩子,能擅自做主卖你们家里的鸡吗?还不是找家长的揍!"

这几句话搅得我们这帮子年轻人火起,纷纷拍着胸脯说:"别以为我们做不了主呀，今天我们非把鸡卖给你不可！”于是纷纷自报自家要卖几只鸡，并个个充起买卖行家里手的模样，和鸡贩子七嘴八舌地讨价还价。

最后我们谈定一只鸡两元钱，让鸡贩子就坐在村头的古槐树下等我们，我们各自回家捉鸡来。鸡贩子一副无可奈何的模样，摆着手说：“快去快回，过期不候。唉，我这桩生意栽到底了！”

我将家里的12只鸡五花大绑着提到古槐树下的时候，几个青年早来了，他们的鸡已经被关进了鸡贩子的铁丝鸡笼里，个个哀鸣着。我大大咧咧地把鸡摔在鸡贩子的面前说：“数数吧，12只，连一条腿都不少！”鸡贩子眉开眼笑一迭声直叫：“好好好，我这就付钱给你。”

这时刚好父亲和母亲从地里挑粪归来，一看到我家那五花大绑堆在地上的公鸡母鸡，母亲立刻惊叫起来。我知道这每一只鸡都是母亲一粒米一粒米一天天喂大的，现在，是我们家的银行呢，一家人的油盐酱醋全靠这几只鸡了。母亲说：“你怎么能卖鸡？”

我不理睬母亲，也斜着眼对惊惶失措的鸡贩子说：“给钱吧！”

鸡贩子迟迟疑疑地征询我的母亲说：“这鸡……还卖吗？”母亲说：“这都是正下蛋的鸡呢，我们不卖！”

“卖！”这时父亲从人群后挤过来果断地拍板说，“就按你们刚才说定的价格卖吧。”母亲不解地看着父亲说：“鸡卖了，以后油盐酱醋从哪儿来？一只鸡才两元钱，平常一只鸡最少也要卖6块钱的呀！”

“两元？”父亲愣了一下，又转身问我说：“这价钱你们刚才说定了？”我才知道，刚才自己几乎做了一桩太亏本的买卖，我有些不好意思地说：“是两元钱一只。”

鸡贩子这时忙讪笑着对父亲说：“如果两元钱不行，再商量商量，6块钱一只行不行？”父亲叹了口气说：“价格是太低了，可是你们刚才已经说定两元钱了，怎么能反悔呢？就按你们说定的卖。”鸡贩子一愣，但马上就掏出一沓钱数数递给父亲说：“就按一只6元钱吧；这是72元钱，你数数，你数数。”父亲把钱推回去说：“一只两元，12只24元，多一分钱我们也不要，已经说定的，不能说反悔就反悔了。”

鸡贩子把24元钱递到父亲手里，慌慌张张地挑起鸡笼溜走了。父亲轻轻拍了拍我的肩膀说："你已经17岁了，不再是个孩子了，说出的话，就如同泼出去的水，怎么能随便就反悔呢？长大了，就要对自己说出的每一句话、做下的每一件事负责；人不这样，怎么能活成个顶天立地的人呢？"

品味着父亲的话，陡然间我觉得自己长大了，已经一步跨过了孩提和成年的界线，变成了一个说话掷地有声、对自己所言所行负责的汉子。

我永远都不会忘记自己这特殊的成年仪式，在村头的老槐树下，12只鸡，24元钱，还有父亲那慈爱而严肃的脸，那随风飞向远方的一句句朴实而铿锵的话……

短文两篇

【导读】

欲擒故纵，欲扬先抑，这是为了使文章曲折有致在创作上常用的一种笔法。《洁白的手帕》抑和扬形成的反差，借用下压时积聚的反弹力，把人物推到令人须仰视才见的高度，使文章曲折有致。结尾用"我"的"沉重"自责做反衬，又用姑娘去而复回的行动做证明，表现了姑娘善良诚信的心灵。这样的结尾，仿佛把一杯甘醇芬芳的美酒献给了读者。精读本文；细细把玩本文构思的精妙用心，体会文中自然鲜活的语言描写、细微敏感的心理描写、精当利落的行动描写，以及这些描写和人物形象塑造的关系。

《有的不可出卖》针砭时弊，有感而发。现今社会对"赵公元帅"的顶礼膜拜之风盛行，人们竞相多"赚"快"发"。赚钱也罢，发展也好，天经地义，本无可厚非，但赚要赚得无愧，发要发得踏实，这样生意才能越做越大，经久不衰。作品告诫世人，无论你卖什么，不可卖良心、信誉和诚意。作者以写现状起笔，正反对比点出"赚钱"的真道理，再继续推进阐明信誉、良心的重要性，最后，以警世世人作结。精读领会文章的论述层次。

洁白的手帕

韩静霆

老太太躺在急诊室床上，我才醒悟：上了当！我怎么会被那姑娘骗了？雨中，她拦住我，苍白俊秀的小脸上，一双眼睛惊恐地张大着。长睫上挂着晶亮的东西——其实是雨滴！“您瞧，怎么办哪！”我这才发现，街上一动不动卧着个白发老人。“她是你的什么人？”“我也是过路的。”“车撞的？”“唉……”我毅然做老人和少女的保护神了，在马路中央拦汽车。一辆，又一辆，无情的司机只留给我满身满脸的泥水泥浆。她递给我雪白的一块手绢，我真为她的善良动心！又一辆吉普车驶来，停住，好心的解放军，帮我们把老太太抬上车……

好个调包计：准是她撞倒了老人，却让我送医院。咳！傻小子！你怎么就不长个心眼儿？开车前一刹那，我问：“你不上车？”“挤不下了。再说，我的自行车……喏，雨衣给我。”得，裹在老人身上的雨衣也给了她。我只剩下那块手帕，是——紫罗兰香水味儿的。

“你妈妈醒了！”护士惊喜地把我推到老人跟前。谢天谢地，把我当成了她儿子！老人失血的嘴唇抖动着，我好不容易才猜出她的话：“我发烧，儿子媳妇都不管我，我自个儿来医院，没想，半路晕倒了……”

我的心在颤抖，尽着一个路旁捡来的“儿子”能尽的孝心。这时，送我们的解放军返回了：“差点忙忘了，您上车时，姑娘留下个钱包。她是您什么人？女儿？”

老人眼角流出滚烫的泪。她多大福分，捡了个“儿子”，又拾了一个“女儿”。我在医院又耽搁了一些时候，等到出院时，天已亮了，雨还在下。我的心很沉重：因为世上有丑恶存在，就该怀疑好的东西吗？我想起了那姑娘，可惜不会再见到她了，见了也认不出那苍白的脸，挂着晶莹泪珠的长睫……

正想着，一抬头——天哪！雨中出现了一身影，车子骑得那样快，又咔嚓一声停在了我面前：“让您受累了，我赶着上了个夜班，提前请假来了，那老太太……”

我毅然转回身，陪同她走进了医院。

有的不可出卖

柳萌

如同小时候听长街叫卖声，这会儿无论走到哪里，都会听到经商发财的议论，弄得我越来越感到无所适从。这倒不是我不喜欢“赵公元帅”，也不是我不懂得“没钱万万不能”的道理，而是实在找不出正儿八经的赚钱门道。倘若像如今有的人那样，为了自己发大财成大款，干些伤天害理的事，我又觉得有背为人处事的准则，绝不可效仿。

真正的生意人，在刚涉足商海时，一般常说“学”做生意。“学”字用在这里的含义，不光是学识货学算账，更主要的是学经商之道，靠坑蒙拐骗固然会赚钱，但那毕竟不是真本事。过去商店的招幌上，大都写有这样的字：货真价实，童叟无欺。标明以信誉争取顾客。假若像现在有的生意人那样，刚开始做买卖，先琢磨在秤杆上算盘上闹鬼儿，这生意也就无所谓学不学了。笔者有时逛市场，常听有人抱怨缺斤短两，或者见有人拿着计算器买东西，自然就会想起那些老字号，它们的老板才是真正的生意人。他们赚钱是赚在勤上精上，从不赚在坑上骗上，结果生意越做越大，历经几十年不衰。

文人讲个气节，商人讲个信誉，这是中国人的好传统。做生意就要赚钱，这是天经地义的事，通常说的，把顾客尊为“上帝”也好，以“微笑服务”对待顾客也罢，目的还是为了赚钱，只是这样赚来的钱才算真本事，自己发了花着也踏实。现在市场上卖的东西很多，应有尽有，有的生意人为了赚钱，今天卖这个，明天卖那个，这种善于经营的精明劲儿，实在令人钦佩。但是不管你卖什么，我想有一样东西不可卖，这就是父母造就的良心。从商业的角度看，良心分文不值；从道德的角度看，良心是无价之宝。没有道德、没有文化的富翁，在精神上永远是个穷光蛋。

人不会永远活下去，钱再多也是个数字概念，有朝一日离开人间，你分文也带不走。想开了，就会少些贪心，多想想，就不会变得黑心。生意正做得火爆的老板们，在顾客面前千万要悠着点儿，不然闪了为人的根本，将来后悔会成为心病，多少钱也难以医治。

第二节　口语交际

一、口头汇报

口头汇报是一种口头告知情况的方式。这种形式的优点，是能突出要点，可长可短，及时灵活；它的缺点，则是受到时间、地点和当事人情绪的限制，往往会丢三落四，不容易全面而深入地反映情况。口头汇报需要掌握的要点如下。

1.及时灵活，实事求是

口头汇报能迅速及时地把情况告知他人，提高工作效能，占据先机。而且可以灵活把握汇报的具体内容、时间长短和形式，根据具体情况对汇报内容随时进行调整。

汇报时要本着实事求是的原则，所述内容一定要真实准确，与事实相符合，所述的数据、材料都要是核查确认过的，对于不能落实的问题可以不说，如果说了不能确定的内容，可以做附加说明，指明其来源或表明是自己的猜测。如果有提问，回答也一定要“知之为知之，不知为不知”，所言不实是汇报的大忌，也会带来严重的后果。此外，如果是正式汇报，准备材料还要充分，使听者的了解更全面透彻。

2.注重礼仪，应答交流

下级向上级汇报，应遵守归口管理的原则，直接找分管负责人，不宜擅自多头或越级汇报。在找不到有关分管负责人或其不负责任的情况下，才可以越级汇报。只有涉及综合性的问题，才适合向主持全面工作的负责人直接汇报。

汇报者汇报时要讲究礼节，主要是要遵守约定，谦虚谨慎，认真负责，尊重汇报对象。不论汇报对象的态度、职级如何，同汇报者的私交如何，都应把尊重对方放在第一位。汇报时的神态、表情都要大方而自然。不要诚惶诚恐，腼腆木讷，面红耳赤，语无伦次；不要在汇报时喜怒无常，好似做戏；有外人在场时，一般不宜进行口头汇报或电话汇报，尤其是不要有意在外人面前故作神秘之状，对汇报对象附耳而语，低声交谈，或使用暗语，这只会使其他在场者闷闷不乐，有时还会以讹传讹，泄密生事。

汇报时还要时常关注听者的情况，对听者中途插入的问题或最后提出的问题要灵活沉着地应答，本着实事求是的态度，不胡编乱造或添油加醋，发表看法要精当，点到为止，不要侃侃而谈。向上级反映问题时，不要口气太“冲”，更不能抱怨、非难对方；在上级发表意见时，不要插嘴打断，或是当即辩解；向群众汇报工作时，应更全面、更认真，不要傲慢、矜持。适当得体的应答交流既可以增加听者对问题的了解，又能展现汇报者的能力和水平。

3.思路清晰，节奏适中

汇报就是要对所述内容进行汇总，汇总要有层次和脉络。准备和实施汇报，头脑要清醒，思路要清晰，可以在汇报的开头先提示一下汇报内容的总体组成，也可在结尾做一下归纳总结，总结归纳在汇报时运用较多，它可以使我们对述说的较为分散的内容进行集中，有助于听者回忆整理听到的信息。要根据汇报内容的特点确定述说的思路，可运用时间、空间顺序，也可运用逻辑顺序，或先主后次，或先因后果，或先概括后具体等，也可几种顺序结合使用。汇报时注意起承转合的过渡语的提示。

汇报时不要紧张，发音要清楚响亮，节奏适中，不强调抑扬顿挫，肢体语言不能过多。

4.重点突出，用语简明

汇报时要按确定的中心来述说，详细地阐述重点内容，涉及的事例要典型精当，所述内容不要面面俱到。为了重点突出，汇报可直接说到正题，不要说一大堆自谦的话或空话套话，内容不可东拉西扯，重复啰嗦。

汇报时用语一定要简明易懂，听者不清楚的要做必要的解释，要尽量使对方对汇报听得懂，听得清楚，听得有兴趣。不要把平时说话的习惯用语带进去，要注意说话的效率。

二、借鉴实例

【示例1】

近期，班上同学在学习上出现了懈怠、松弛。学习委员周倩就此向班主任及时作了汇报，希望能增强同学们的学习积极性。

周倩：杨老师，您好！有空吗？

杨老师：噢，是周倩，进来吧！有什么事儿吗？

周倩：杨老师，我发现最近班上学习气氛不是很浓，部分同学学习了松懈，没有紧迫感。据我观察，上课睡觉，看课外书的人明显增多；有些同学开始拖欠作业；上课纪律没有原来好，迟到、讲话的现象时有发生。所以，我认为有必要采取相关措施来提高同学们的学习积极性。

杨老师：你召集各科科代表开会了吗？

周倩：还没有，我想先给您说一下。

杨老师：那你有什么想法呢？

周倩：我想先召集全班科代表开个会，了解更细的情况，再与大家商量更切实可行的措施。

杨老师：你现在想好具体措施没有？

周倩：粗略想了一下。我认为首先要让同学们明确现在的学习目标，写月计划，月末总结，好衡量评估打分；其次把好"纪律关"，对上课纪律不好的同学进行批评帮助；还可以建立学习奖励制度，鼓励进步同学，带动其他同学，形成良好的互动式学习氛围。您看行吗？

杨老师：大体上可行，再和其他科代表商量一下，进行完善，还可以确立一帮一的学习互动组。

周倩：行，那我先下去落实，回头再向您汇报情况。杨老师再见！

杨老师：再见。

简评：

这是一次工作汇报，紧紧围绕有关学习的问题，就事说事，中心重点突出，体现了汇报者严谨的工作态度。汇报时礼仪得体，时刻体现了对听者的关注和尊敬。汇报过程清晰，节奏自然紧凑，表述不拖沓，话语明白易懂，符合实际。

【示例 2】

某校的艺术节落幕了，某班班长向全班同学进行艺术节情况的汇报。

同学们：

大家好！

芳菲诱人次第开，绿意葱茏扑面来。在这春意盎然、阳光明媚的日子里，我校首届校园文化艺术节伴随着精彩的文艺会演徐徐落下帷幕，我班在比赛中大放异彩，一举荣获多项大奖。

一分耕耘，一分收获，荣誉的桂冠是通过大家竭诚的努力编织而成的。我们一开始的准备工作就充分而扎实，文艺委员舒畅首先召集相关同学开会筹备，成立了艺术节比赛活动小组，各项工作井然有序地展开。曾培负责报名动员，在他的号召下，同学们踊跃参与；罗欢负责后勤服务协调工作，不辞辛苦为比赛同学借服装，筹道具，买纸张，并打探各种比赛信息；林玲负责训练督促工作，忙前忙后，尽心尽力；各参赛同学也拿出自己的绝活，埋头苦练，精心准备。八仙过海，各显神通，全班同学群策群力，厉兵秣马，使我们在各项比赛中处处开花，硕果累累。

本次艺术节，在参加的三大类 12 项比赛中，我班共获得 10 项大奖，参赛同学的表现可圈可点，让人大开眼界，心悦诚服。乐舞类汪影曼妙的独舞令人倾倒，获一等奖，汤蓝如痴如醉的古筝弹奏获三等奖，萧丹、王珊等人的集体舞编排别致获三等奖，姜群、白兵绕梁的歌声使他们同列卡拉 OK 大赛的“十佳”；书画类严容一手出神入化的毛笔字获一等奖，郑彬那酣畅淋漓的硬笔字也获一等奖，真是无人能出其右；张名的中国画使人眼前一亮，把二等奖收入囊中；表演类王放的英语诗朗诵声情并茂，获得二等奖也当之无愧；许明绘声绘色的故事使在场听众沉迷，再获二等奖；李灿、刘林等人课本剧表演动人心魄，获三等奖。赵年、张芝、青颜和郭敏同学虽未获奖，但他们也全力以赴，才干尽展，潜力不可小觑。由于成绩瞩目，工作突出，学校特授予我班最佳组织奖。

一张一弛，文武之道，艺术节既给我们提供了一个放松大脑、放飞心情的空间，也为我们提供了一个施展才华、张扬个性的舞台，同时也让我们受到了一次极好的艺术教育和美的熏陶，展示了我们莘莘学子朝气蓬勃的精神风貌。在活动中，我们既培养了兴趣，陶冶了情操，又开阔了视野，锻炼了能力，培养了团队精神，增强了集体荣誉感。但我们不能沉湎陶醉于已逝的辉煌，沾沾自喜而踯躅不前，荣誉归于昨天，只有再接再厉，才能更创佳绩。

同学们，本次艺术节又将成为往昔的一页。然而，许多精彩的片段犹然历历在目；许多动人歌乐依旧余音绕梁。谁持彩练当空舞？艺术之花香满园。

谢谢大家！

简评：

本例情况汇报，先总体高调领起，再回顾展开的工作，亮出成果收获。逐层一一道来，全面透彻，脉络分明，自然通达。说者顺畅，听者了然。汇报材料处理得当，内容点面结合。且表述舒展，有激情，满溢勃勃生气，很有感染力。

第三节　语文实践活动

班级活动：让诚信常驻我心

一、目的要求

1.加深对诚实守信的了解，强化诚信的美德和风范，敢于同不良行为做斗争。

2.运用浏览、略读来广泛而有目的地阅读书籍刊物，查找、搜集资料，学会分析归纳整理有关资料的方法，并能运用资料写出相关作文。

3.提高口头汇报的能力和充分地运用搜集整理的资料交流发言的能力。

4.通过活动强化学生的合作精神，培养大方自信、交流协调的能力，提高观察判断的能力。

二、活动过程

情景设计：周末，张亭、王晓、李云等同学结伴逛街。大家兴高采烈地走着、看着、说笑着，忽见前面围着一大群人，本打算绕开走过，喜看热闹的李云非拉大家挤进人群看个究竟，原来是几个青年男子在兜售物品。一名男子手拿一幅《清明上河图》的长卷在卖，要价800元；另一名男子拿着一款新的爱立信手机说卖900元。看了一会儿，大家才明白，这两个男子丢了钱包，就把随身携带的贵重物品拿出变卖，好卖点钱去买火车票回老家。有两人在旁边很识货地说，这幅《清明上河图》是手绘的，真精细，随便也值几千块呢，那款爱立信手机我们也都知道，在商店标价三千多元。旁边有不少人对这两件东西产生了兴趣,接过手在仔细地看着。听说是手绘的,懂美术的王晓心里明白,这要花很多功夫才能画好,才几百元,还真便宜。他拿过画卷,展开一部分看起来,画看起来很精美,但熟知绘画的王晓仔细审视了一下,就把画还给了男子,悄悄地拉同学们挤出人群,对大家说:"那两人是骗子,那幅画我研究了一下,肯定是印制品,最多值点纸张印刷费,那手机也可能是假的,旁边那几个恐怕是媒子,我们应该找附近的派出所报案,免得那些围观者上当受骗。"几个同学在旁边悄悄盯着,张军和王晓迅速找到附近的派出所,汇报了情况,把那几个骗子一举抓获。

(1)角色扮演:由同学分别扮演民警、张军和王晓,对骗子行骗情况做口头汇报。

(2)资料展览:围绕"做人要诚信"的话题,搜集相关资料,制成有个性特色的"素材库",并在全班展示。

(3)讨论交流:推选一个主持人,主持"让诚信长驻我心"讨论交流会,请每个同学谈自己的体会。

(4)会后作文:以"让诚信长驻我心"为题,根据自己"素材库"的资料和发言体会进行整理写成。

第十六章　励志人生

第一节　阅读与鉴赏

一、研究性阅读

研究性阅读是一种研究型课程。它不同于学科课程，它定位在拓展型课程层次之上，注重培养发展性学力。它以自主阅读、探索性学习为基础，通过亲身的阅读实践获取直接经验，养成科学精神和科学态度，掌握研究文本的基本方法，提高发现和解决问题的能力。它没有固定的阅读教材，没有固定的研究课题，鼓励讨论切磋，鼓励创造“一家之言”。

研究性阅读与传统的阅读教学课堂模式相比较有3个特别的含义：

1.让学生做主人

它特别强调了学生处于阅读教学的主体地位，是课堂的主人。这种以学生为中心的师生关系突出了阅读是学生的活动。当然，这一阅读活动不是个体封闭式的自学，而是在班级集体的课堂教学环境中进行群体开放式的合作学习。它不可能没有教师的指导和帮助，但这绝不是教师的灌输或传授。教师的指导主要在于营造一种有利于学生研究性阅读的环境和氛围，创设引领学生的途径和方法。例如，在教学《项链》这一课，在深究课文开展“研读”时，教师先引导学生作重点切入：课文中哪些词语属于人物心情或者心理活动的描写？玛蒂尔德是怎样一个人？文中从哪些句子描写出她的思想性格？在熟悉全文基本内容和重点语句后让学生思考：本文的情节有几个？哪个环节是转折性的情节？在课文整体已经掌握的基础上让学生思考并讨论：如果玛蒂尔德没有丢失项链，那又是怎样的结局？然后让学生展开丰富的想象，各自设计出符合情理的结果并作文。整堂课的教学就围绕这样一些专题让学生自读研究，再小组合作学习，最后组织课堂交流，教师作点拨、深化和评价。这一“研读”案例的成功，充分说明了“研读”必须体现学生的主体地位，必须由他们主动、积极地来完成诵读、感悟、内化的过程；但同时也离不开教师的引导。无论是重点的切入还是主线的提炼，“研读”专题的确立和“研读”过程的推进，教师的指导作用都是必不可少的。可以说，学生自主“研读”的过程，实质上是一个师生互动、教学相长，双向合作的过程。

2.让学生去探究

“研究探索”是人类认识未知领域的基本科学方法，也就是在阅读活动中围绕“研读”的专题或中心，让学生从读物和自身的认知经验、生活阅历中去收集、分析、加工、运用信息，提高综合运用所学知识发现问题、提出问题、判断问题和解决问题的能力，从而养成学生的科学精神和科学态度，掌握基本的科学方法。在“研读”的过程中不仅激发学生的阅读兴趣，提高阅读能力，而且达到理解和运用祖国的语言文字，陶冶情操，培养创新意识，优化整体素质的目的。

如在《宝玉挨打》的“研读”实验课上，执教老师提问：宝玉挨打的原因是什么？学生在细读课文后，提取出课文中的“显信息”：一是贾雨村来访，二是金钏之死，三是忠顺府索要人，四是贾环告状。在学生积极参与下，教师既实现了对初读课文成果的检查和巩固，又有机地为导入研读重点作了必要的铺垫，适时地引出重点“研读”专题：宝玉该不该挨打？为什么？来看宝玉的人真的都是对宝玉的关心吗？等等。这样，把研究性阅读高度集中到一个焦点，就为学生反复诵读课文、边读边思作重点突破赢得了充裕的时间。另一方面，学生从收集、揣摩课文的“显信息”中也挖掘出课文的“隐信息”，有的学生说该打，因为宝玉整天不思进取，不读书；有的学生认为宝玉不该挨打，因为从事情的起因看，丫环之死是王夫人的陷害，忠顺府索要的人不是宝玉把他藏起来了，况且那时他才十三四岁，贪玩是孩子的天性，更何况贾政平时对宝玉就有太多的抱怨，此时是把平时的积怨全发泄出来了嘛。学生们这样的研究阅读，有效地锻炼了学生分析、处理信息的能力，从而把反复诵读课文与研究性学习方法有机地结合起来了。

3.让学生会提问

由学生主动地提问，才能变“学会”为“会学”，真正提高学生的阅读能力，而不再一味依赖教师的传授和灌输。这无疑是“研读”的重要意义之一。古人云：学而不思则罔。另一方面，由学生灵活地运用知识去发现阅读中的问题，更强调了“研读”的实践性要求，这同样十分重要。当然，这里灵活运用的不仅仅是知识，也包括了如何与人交流和合作，如何表述个人见解，如何展示研究结果等。在上《荷花淀》一文时，先让学生浏览全文后再提出问题，有的问：“课文开头的环境描写是不是有点假？抗日战争这么严酷，有这么恬静优美的环境吗？有些女人在说她们的丈夫时怎么叫他们‘狠心贼’呢？”等，从而达到事半功倍的效果。

从上述几点可见，研究性阅读以阅读目的为前提，以信息论理论为指导，以围绕阅读目的准确、快速、有效地把握文章的相关信息为基本原则，不断提高筛选、认知、处理信息的能力。学生的创造性是一种终身受用的基本生存能力，对人的成长、成才、成就关系重大。

二、范文

巍然天地间

——记叶毓山的歌乐山烈士群雕

刘白羽

【导读】

在中国的红色之旅中，有一个永远充满魅力的山城——重庆，而重庆又有一个非常圣洁的地方，那就是歌乐山烈士陵园。在这里，祭奠着为祖国和人民献出青春与热血的烈士们的英魂；在这里，充满了惊天地泣鬼神的浩然正气。

作为一篇参观记，作者按照正、左、后、右的空间顺序，用充满激情的语言形象地为我们描绘出一幅幅撼人心魄的动人画卷，高度颂扬了红岩英烈宁死不屈、气壮山河的英雄气概。

本文语言生动，富有激情，善于运用记叙、描写、议论、抒情的表达方式，并通过议论与抒情的语句来概括文章的思想感情，学习时要认真体会。

也许岁月能改变山河，也许时间会冲淡记忆，但人们永远也不会忘记为新中国的建立而献出自己青春和热血的革命者。让我们现在就跟随着刘白羽先生，一起踏上这块曾经浸染着烈士鲜血的热土吧。

1989 年 9 月 26 日。

上午驰车至重庆郊外的歌乐山烈士陵园。

这就是中美合作所多年囚禁屠戮革命烈士的渣滓洞、白公馆所在地，在国庆四十年前夕，来此瞻拜，我的心情是庄严而又沉痛的。

我一站到拔地而起、呼啸苍天的烈士群雕之前，我为艺术大师叶毓山所塑造出来的巍巍神魄所震慑。我要说：我的希望、我的追求在这儿实现了，多年来我渴望在中国大地上耸立起精湛完美的雕塑，而现在我终于在中国大地上第一次看到这一精湛完美的雕塑群像，怎能使我不肃然起敬呢？我愿以一瓣心香献给这艺术之神。这高十一米、由花岗石塑成的群雕，像一座大山，红色石雕使人想到：逝者长逝了，但他们的血还在沸腾，还在流动，——是的，这是鲜血的凝聚、生命的凝聚、中华民族火一般英灵的凝聚。

正面巍立着一个巨人，是的，他是囚徒，更是巨人，他是群像的主体，群像的灵魂。他全身肌肤像钢铁一样坚强，他袒露胸膛，迎接风暴，两只赤脚撑住巨柱般的两腿踏在血沃的国土之上，左右张开两臂，一下把粗重的锁链挣断。如果说这巨人的脸是无比庄严、无比坚毅的，他左肩上露出一个男囚的脸充满愤怒，像涌着大海怒潮呈现出的神态，与此对衬的巨人的右方一个女囚则是现出宁静的仇恨，她横抱着一个年轻的妇女的尸体，死者的脸像鲜花一样俊美，长长的头发像流水一样垂垂而下，正是这种美叩击着人们的心弦。孔武有力的巨人把锁链挣断，一截断裂的铁环，锵然巨响，跌落在石基之下，这一艺术的力度、艺术的强度，迸发出威撼苍天的浩然正气。

在艺术家卓越的创造之下，石头不是冰冷的，是温暖的；石头不是凝静的，是跳跃的。石头在说话，石头在申诉，石头在愤怒地呐喊，石头在悲壮地呼啸。想一想，那是怎样的一场不是悲哀而是悲壮的悲剧呀！烈士们不是死在黎明前的黑暗之中，而是死在曙光降临之际，解放的炮声已经在重庆上空回响，人们眼看铁的牢门就要粉碎，——希望！希望！再生！再生！……但是万恶的美蒋特务，在濒临灭顶之灾，发出残暴的兽性，竟对300多烈士施行了灭绝人寰的大屠杀，一刹那间，歌乐山下赤地汪洋，一草一木都沾染了烈士的鲜血。这些卑贱的鼠辈，为了消灭罪证，又放了一把大火，烧得尸体焦如木炭，枯骨遍地狼藉，正是在这时刻，烈士的魂魄凝成呐喊，凝成呼啸。今天当站在群雕之前，我深深感到整座群雕的造型，那样粗犷，那样雄健，洋溢着生命力，使你感到宁死不屈的生死搏斗，变成永恒不息的正义与邪恶的搏斗。

群雕的左侧，是从正面左角上露出圆睁两眼，紧闭双唇，紧紧跟着前面用胸膛迎着风暴的巨人，前赴后继，视死如归，一往无前。群雕的背面一个精致细节震动了我的心灵，一个童真的孩子，面对两个妇女，用他那稚嫩的小手捧着一只白鸽，一个妇女用手揽抱着孩子，一个妇女轻轻抚着白鸽。在这儿，像英雄交响乐中一个抒情的插曲，使你理解到她们所以能够坐穿牢底，因为她们有着美的心、爱的心，这种美，这种爱，在钢窗与镣铐之中像火一样微微跳荡。当我转到群雕的右侧，我的心神一下得到升华，我的热泪潸然而下，在这儿立着一个满头森森的怒发，满腮苍苍的长须，慈眉善目、微绽笑容的老人，这是整个群雕中的一个智者、一个圣者，他坚强有力的巨手从上面提着五星红旗的一角，他前面，一个披着长发的年轻妇女，何等温柔，何等甜蜜，像梦一样微闭两眼轻轻亲吻着红旗。你能说那圣者拉着的、那贞女吻着的，只是一面红旗吗？不，歌乐山的烈士们！是你们用最后的生命捧出一个太阳，一个世界，一个社会主义新中国。我在国庆四十周年前夕来到这里，对我来说是一次神圣的洗礼。为了让人们记住崇高，也记住卑贱，我在这里记下中美合作所这个万恶滔天的特务机关一个美国人的名字——那就是梅乐斯，我们不能忘记，在那血与火的抗日战争年代里有些美国人主持正义、支援中国，有些美国人手上却沾满了中国人民的鲜血，前事不忘，后事之师，记下这个丑恶的名字，他们欠我们的笔笔血债是多么沉重、多么沉重，……这面五星红旗当年从外面把建立新中国升起五星红旗的消息传递进来，这是多么令人振奋，多么令人高兴的事呀！人们决定在监狱里表达迎接曙光的心情，偷偷绣制一面红旗，这是多么激动人心的时刻呀！一针一线，意密情深，人们准备举着红旗，走向生之途，走向胜之路。在这黑暗即将消逝，光明就要来临的时候，一场血腥的屠杀，一把残酷的烈火，火还在升腾！火还在升腾！经过艺术家的精心结构，死难者的灵魂便在烈火中永生了。

人的生命是短暂的，艺术的生命是长存的。这整个群雕是一座了不起的纪念碑，是一座了不起的艺术杰作。我爱雕塑，我曾踏遍异国乡土，寻觅艺术的光辉，在意大利我为米开朗基罗而震撼，在法兰西我为罗丹而惊叹，后来我的眼光转向现代的英雄雕塑，我在南斯拉夫、在苏联看到一系列非常感人、非常动人的纪念英勇献身者的塑像，我以为歌乐山烈士群雕，以其神情之凝重，气势之磅礴，将其列人这一世界行列，也是杰出之作。看得出，叶毓山这位艺术大师，是用自己的全部血液与生命来塑造这一伟大的群雕的，他发展了云冈、龙门中华民族雕塑艺术的传统，又吸收了希腊、罗马雕塑艺术的精华。但我以为最重要的是人的品格决定了艺术的品格，作者没有伟大心胸，便创造不出伟大艺术，正因如此，天地钟灵之气渗透在群雕之中，碧血丹心洋溢在群雕之上，它是现实的，又是象征的，在这儿你听到血水汩汩的申诉，心脏怦怦的呐喊。这群雕最大的艺术魅力是使人感受到活生生的灵魂的激荡，从而感受到民族精神浩气长存，永远光辉，永远闪耀，因为它以人之呼吸、血之迸流、生之呐喊，凝成了巍然天地之间一种伟大神魄。

我久久凝视，深深思索：这群雕是什么？如果说诗是美学中最崇高、最巨大的字眼，那么，我说这群雕就是花岗岩的诗。群雕基座下是一环形大厅，四根铜柱上镌刻着312位烈士的英名，在这里我看到我尊敬的江竹筠的名字，我看到我们熟悉的胡其芬（胡南）的名字。大厅正中，由群雕底座垂下一条又粗又黑的铁链，一直驻入于心形池中，像一道光彩夺人的英灵，永驻亿万人心灵之中，闪出诗的火，发出诗的光，千秋万世，亘古不息。

探究与练习

1. 解释下列词语，并写一段话，把这些词语(至少选 4 个)用在里面。

震慑　肃然起敬　英灵　灭顶之灾　灭绝人寰　热泪潸然　前事不忘，后事之师

2. 作者描写英雄群雕时以(　　)为序，先写正面，再写左侧和背面，最后写右侧。

(1)正面突出的主体是(　　)

(2)左侧突出的主体是(　　)

(3)背面突出的主体是(　　)

(4)右侧突出的主体是(　　)

3. 文中有许多议论和抒情的语句，试找出两个例句并体会作者的思想感情。

4. 本文用了大量的联想，它不仅可以丰富文章的内容，而且还可以进一步强化主题。请找出文中联想的部分。

5. 阅读文章第八自然段，再判断以下几种说法的正误。

(1)歌乐山烈士群雕的艺术特色是小巧玲珑。(　　)

(2)“将其列入这一世界行列”中的“这一世界”是指艺术世界。(　　)

(3)“这整个群雕是一座了不起的纪念碑，是一座了不起的艺术杰作。”这个句子表述了两方面的意思，前者着眼于精神，后者着眼于艺术的精湛。(　　)

劝　学

荀况

【导读】

俗话说：刀不磨要生锈，人不学要落后。现代社会人们常常用“活到老，学到老”鞭策自己，这些都说明了学习是多么的重要。本文开篇就提出“学不可以已”的中心论点，然后从学习的重要性、学习的作用、学习的方法和态度几方面阐述中心论点。荀况认为，人只有通过学习才能“知明”“无过”，才

能成为“君子”，具备“圣心”。他指出学习重在积累，且要有持之以恒和锲而不舍的精神，反对浅尝辄止，朝勤夕怠。

本文大量运用比喻，使所述道理生动形象，容易接受。本文还用了大量排比、对偶，使文章具有对称美、音乐美，读来通畅流利，阅读时要细心体会。

君子曰：学不可以已。

青，取之于蓝而青于蓝；冰，水为之而寒于水。木直中绳，輮以为轮，其曲中规；虽有槁暴，不复挺者，輮使之然也。故木受绳则直，金就砺则利，君子博学而日参省乎己，则知明而行无过矣。

吾尝终日而思矣，不如须臾之所学也；吾尝跂而望矣，不如登高之博见也。登高而招，臂非加长也，而见者远；顺风而呼，声非加疾也，而闻者彰。假舆马者，非利足也，而致千里；假舟楫者，非能水也，而绝江河。君子生非异也，善假于物也。

积土成山，风雨兴焉；积水成渊，蛟龙生焉；积善成德，而神明自得，圣心备焉。故不积跬步，无以至千里；不积小流，无以成江海。骐骥一跃，不能十步；驽马十驾，功在不舍。锲而舍之，朽木不折；锲而不舍，金石可镂。蚓无爪牙之利，筋骨之强，上食埃土，下饮黄泉，用心一也。蟹六跪而二螯，非蛇鳝之穴无可寄托者，用心躁也。

【译文】

君子说：学习是不可以停止的。

靛青，是从蓝草中提取的，却比蓝草的颜色还要青；冰，是水凝固而成的，却比水还要寒冷。木材笔直，合乎墨线，（如果）它把烤弯煨成车轮，（那么）木材的弯度（就）合乎圆的标准了，即使再干枯了，（木材）也不会再挺直，是因为经过加工，使它成为这样的。所以木材经过墨线量过就能取直，刀剑等金属制品在磨刀石上磨过就能变得锋利，君子广泛地学习，而且每天检查反省自己，那么他就会聪明多智，而行为就不会有过错了。

我曾经整天发思索，（却）不如片刻学到的知识（多）；我曾经踮起脚远望，（却）不如登到高处看得广阔。登到高处招手，胳臂没有比原来加长，可是别人在远处也看见；顺着风呼叫，声音没有比原来加大，可是听的人听得很清楚。借助车马的人，并不是脚走得快，却可以行千里，借助舟船的人，并不是能游水，却可以横渡江河。君子的本性跟一般人没什么不同，(只是君子)善于借助外物罢了。

堆积土石成了高山，风雨就从这儿兴起了；汇积水流成为深渊，蛟龙就从这儿产生了；积累善行养成高尚的品德，那么就会达高度的智慧，也就具有了圣人的精神境界。所以不积累一步半步的行程，就没有办法达到千里之远；不积累细小的流水，就没有办法汇成江河大海。骏马一跨跃，也不足十步远；劣马拉车走十天，(也能走得很远，)它的成功就在于不停地走。(如果)刻几下就停下来了，(那么)腐烂的木头也刻不断。(如果)不停地刻下去，(那么)金石也能雕刻成功。蚯蚓没有锐利的爪子和牙齿，强键的筋骨，却能向上吃到泥土，向下可以喝到泉水，这是由于它用心专一啊。螃蟹有八只脚，两只大爪子，(但是)如果没有蛇、蟮的洞穴它就无处存身，这是因为它用心浮躁啊。

探究与练习

1.本文的中心论点是什么？文章从哪几个方面论述中心论点？

2.本文第三段说明了几层意思？每层用了哪些比喻？这些比喻间的关系怎样？

3.给下列加点的字注音，并解释其意义。

(1)其曲中规

(2)虽有槁暴，不复挺者

(3)君子博学而日参省乎已

(4)吾尝跂而望矣

(5)锲而不舍，金石可镂

4.说说下列句子中“而”字的不同用法。

(1)青，取之于蓝，而胜于蓝。

(2)君子博学而日参省乎已

(3)吾尝终日而思矣

(4)积善成德,而神明自得

牡丹的拒绝

张抗抗

【导读】

《牡丹的拒绝》是当代著名女作家张抗抗的一篇优美的散文。作品没有像众多描写牡丹的作品那样一味赞美牡丹的雍容华贵、绚丽多姿,而是独辟蹊径,通过对牡丹花开花落的描写,着力赞美牡丹的拒绝,赞扬牡丹不慕虚华、对生命执着追求的精神。本文以洛阳牡丹拒绝开放为描述的重点,赞美了牡丹的个性之美,高贵之美,品味之美。文章似一篇喻理寓言,以牡丹的拒绝说明人的高贵不在于富丽而在于品位的深刻寓意。

阅读本文,仔细揣摩,作者实际上是赞美牡丹什么样的"品位"和个性?由物及人,又是赞美人的什么品格?

它被世人所期待、所仰慕、所赞誉,是由于它的美。

它美得秀韵多姿,美得雍容华贵,美得绚丽娇艳,美得惊世骇俗。它的美是早已被世人所确定、所公认了的。它的美不惧怕争议和挑战。

有多少人没有欣赏过牡丹呢?

却偏偏要坐上汽车火车飞机轮船,千里万里跋山涉水,天南海北不约而同,揣着焦渴与翘盼的心,滔滔黄河般地涌进洛阳城。

欧阳修曾有诗云:洛阳地脉花最重,牡丹尤为天下奇。

传说中的牡丹,是被武则天一怒之下逐出京城,贬去洛阳的。却不料洛阳的水土最适合牡丹的生长。于是洛阳人种牡丹蔚然成风,渐盛于唐,极盛于宋。每年阳历四月中旬春色融融的日子,街巷园林千株万株牡丹竞放,花团锦簇香云缭绕——好一座五彩缤纷的牡丹城。

所以看牡丹是一定要到洛阳去看的。没有看过洛阳的牡丹就不算看过牡丹。况且洛阳牡丹还有那么点来历,它因被贬而增值而名声大噪,是否因此勾起人的好奇也未可知。

这一年已是洛阳的第九届牡丹花会。这一年的春却来得迟迟。

连日浓云阴雨，四月的洛阳城冷风飕飕。

街上挤满了从很远很远的地方赶来的看花人。看花人踩着年年应准的花期。

明明是梧桐发叶，柳枝滴翠，桃花梨花姹紫嫣红，海棠更已落英缤纷——可洛阳人说春尚不曾到来；看花人说，牡丹城好安静。

一个又冷又静的洛阳，让你觉得有什么地方不对劲。你悄悄闭上眼睛不忍寻觅。你深呼吸掩藏好了最后的侥幸，姗姗步入王城公园。你相信牡丹生性喜欢热闹，你知道牡丹不像幽兰习惯寂寞，你甚至怀着自私的企图，愿牡丹接受这提前的参拜和瞻仰。

然而，枝繁叶茂的满园绿色，却仅有零零落落的几处浅红、几点粉白。一丛丛半人高的牡丹枝株之上，昂然挺起千头万头硕大饱满的牡丹花苞，个个形同仙桃，却是朱唇紧闭，皓齿轻咬，薄薄的花瓣层层相裹，透出一副傲慢的冷色，绝无开花的意思。偌大的一个牡丹王国，竟然是一片黯淡萧瑟的灰绿……

一丝苍白的阳光伸出手竭力抚弄着它，它却木然呆立，无动于衷。

惊愕伴随着失望和疑虑——你不知道牡丹为什么要拒绝，拒绝本该属于它的荣誉和赞颂？

于是看花人说这个洛阳牡丹真是徒有虚名；于是洛阳人摇头说其实洛阳牡丹从未如今年这样失约，这个春实在太冷，寒流接着寒流怎么能怪牡丹？当年武则天皇帝令百花连夜速发以待她明朝游玩上苑，百花慑于皇威纷纷开放，唯独牡丹不从，宁可发配洛阳。如今怎么就能让牡丹轻易改了性子？

于是你面对绿色的牡丹园，只能竭尽你想象的空间。想象它在阳光与温暖中火热的激情；想象它在春晖里的辉煌与灿烂——牡丹开花时犹如解冻的大江，一夜间千朵万朵纵情怒放，排山倒海惊天动地。那般恣意那般宏伟，那般壮丽那般浩荡。它积蓄了整整一年的精气，都在这短短几天中轰轰烈烈地迸发出来。它不开则已，一开则倾其所有挥洒净尽，终要开得一个倾国倾城，国色天香。

你也许在梦中曾亲吻过那些赤橙黄绿青蓝紫的花瓣，想象花开时节洛阳城上空被牡丹映照的五彩祥云；想象微风夜露中颤动的牡丹花香；想象被花气濡染的树和房屋；想象洛阳城延续了一千多年的“花开花落二十日，满城人人皆若狂”之盛况。想象给予你失望的纪念，给予你来年的安慰与希望。牡丹为自己营造了神秘与完美——恰恰在没有牡丹的日子里，你探访了窥视了牡丹的个性。

其实你在很久以前并不喜欢牡丹。因为它总被人作为富贵膜拜。后来你目睹了一次牡丹的落花，你相信所有的人都会为之感动：一阵清风徐来，娇艳鲜嫩的盛期牡丹忽然整朵整朵地坠落，铺散一地绚丽的花瓣。那花瓣落地时依然鲜艳夺目，如同一只奉上祭坛的大鸟脱落的羽毛，低吟着壮烈的悲歌离去。牡丹没有花谢花败之时，要么烁于枝头，要么归于泥土，它跨越萎顿和衰老，由青春而死亡，由美丽而消遁。它虽美却不吝惜生命，即使告别也要留给人最后一次惊心动魄的体味。

所以在这阴冷的四月里，奇迹不会发生。任凭游人扫兴和诅咒，牡丹依然安之若素。它不苟且不俯就不妥协不媚俗，它遵循自己的花期自己的规律，它有权利为自己选择每年一度的盛大节日。它为什么不拒绝寒冷？

天南海北的看花人，依然络绎不绝地涌入洛阳城。人们不会因牡丹的拒绝而拒绝它的美。如果它再被贬谪十次，也许它就会繁衍出十个洛阳牡丹城。

于是你在无言的遗憾中感悟到，富贵与高贵只是一字之差。同人一样，花儿也是有灵性、有品位之高低的。品位这东西为气为魂为筋骨为神韵只可意会。你叹服牡丹卓尔不群之姿，方知“品位”是多么容易被世人忽略或漠视的美。

探究与练习

1.结合上下文，说说你对下列句子的理解。

(1)惊愕伴随着失望和疑虑——你不知道牡丹为什么要拒绝，拒绝本该属于它的荣誉和赞颂？

(2)牡丹为自己营造了神秘与完美——恰恰在没有牡丹的日子里，你探访了窥视了牡丹的个性。

(3)它不苟且不俯就不妥协不媚俗,它遵循自己的花期自己的规律,它有权利为自己选择每年一度的盛大节日。它为什么不拒绝寒冷?!

(4)你叹服牡丹卓尔不群之姿,方知“品位”是多么容易被世人忽略或漠视的美。

2.牡丹被许多人看作富贵的象征,而作者却将高贵赋予牡丹。结合文章内容,说说你对“富贵与高贵只是一字之差”的理解。

3.阅读下面的文字,完成练习。

其实你在很久以前并不喜欢牡丹。因为它总被人作为富贵膜拜。后来你目睹了一次牡丹的落花,你相信所有的人都会为之感动:一阵清风徐来,娇艳鲜嫩的盛期牡丹忽然整朵整朵地坠落,铺散一地绚丽的花瓣。那花瓣落地时依然鲜艳夺目,如同一只奉上祭坛的大鸟脱落的羽毛,低吟着壮烈的悲歌离去。牡丹没有花谢花败之时,要么烁于枝头,要么归于泥土,它跨越萎顿和衰老,由青春而死亡,由美丽而消遁。它虽美却不吝惜生命,即使告别也要留给人最后一次惊心动魄的体味。

(1)牡丹的凋谢为什么使人感动?

(2)对“牡丹没有花谢花败之时”的含义,理解正确的一项是(　　)。

A.牡丹凋谢的时间很短　　B.牡丹不吝惜生命

C.牡丹给人惊心动魄的告别　　D.牡丹落花时仍然鲜艳

(3)给这段文字拟一个合适的标题,最恰当的一项是(　　)。

A.跨越萎顿和衰老　　B.美丽的凋谢

C.惊心动魄的告别　　D.壮丽的悲歌

4.对本文标题“牡丹的拒绝”的理解,下列说法全都正确的一项是(　　)。

A.　　B.

C.　　D.

牡丹不因人的意志而改变自己。

牡丹不妥协不媚俗。

牡丹因为拒绝武则天的命令而被贬。

牡丹拒绝寒冷，只在阳光下开放。

牡丹坚持自己的原则，不俯就世人。

牡丹拒绝好奇者的膜拜。

5.选择一种植物，例如竹子、菊花、梅花等，说说它有什么样的象征意义。(200 字左右)

幼学纪事

于是之

【导读】

这是一篇回忆性散文，回忆的是作者少年时期艰苦的求学生活。文章开头先交代作者幼年的生活环境——家庭贫穷，两代没有文化，然后按时间顺序，叙述幼年求学—辍学一边做事边求学的曲折经历。

文章从出生写到十五六岁，十几年间，有许多往事可记，但由于剪裁得宜，全文条理清楚，重点突出。其中第二部分着重回忆了幼年上学时对他影响最深的两位老师，流露出对老师的深挚的尊敬与怀念之情。

匈牙利著名作家莫里兹说："穷人在想哭的时候也是常常笑的。"细读课文，在亲切、生动、豁达、幽默的字里行间能听到阵阵想哭的笑声，也能感受到一般辛酸味。这笑声、这辛酸味的根源在哪儿？请细细品味。

一

我出生于一个完全没有文化的家庭，跟着寡居的祖母和母亲过日子。她们都一字不识。那时形容人们无文化，常说他们连自己的名字也写不出。我的祖母和母亲则更彻底，她们压根儿就没有名字。家里的藏书每年一换，但只有一册，就是被俗称为"皇历"的那本历书。她们只能从书里的图画中数出当年是"几龙治水"，借以预测一年的天时。至于全年二十四个节气都发生在哪一天和什么时辰，编书人未能画成图像，她们自然也就辨认不出了。直到我上小学，家里上两代人的这个困惑才算解除，"皇历"也才得到了比较全面的利用。

真的，不要小看小学生。在我住过的那个杂院里，出个小学生，就算得上个知识分子。例如同院拉洋车的老郝叔，孩子多，拉了饥荒要"请会"(一种穷人之间的经济上的互助活动，但要出利息），就找到了我，叫我帮他起草一个“请会”的“通知”，其中包括本人遇到什么困难，为什么要发起这个活动，将要怎么办等的内容。那时我顶多不到三年级，怎么写得了！但老郝叔鼓励我：“你照我说的写，他们都懂。”我于是拿了毛笔、墨盒伏在老郝叔的炕上——他家无桌，炕上只有一张席，硬而且平，伏在上面写字是极方便的——就这样，他说我写，不大会儿的功夫，居然写出来了。随后又抄了若干份分别送出。“凡著诸竹帛者皆为文学”，讲起文学的定义来，是有这么一说的。那么，我替老郝叔起草的这篇“通知”，无疑是一篇为人生的文学了，何况还分送出去，也算是发表了的呢！这篇出自老郝叔的心与口的好文章，我现在竟一句也记不起来了。老郝叔又早已作古。他无碑、无墓，所有的辛劳都化为汗水，洒在马路和胡同的土地上，即刻也就化为乌有。但对老郝叔，我老是不能忘记，总觉得再能为他做些什么才可以安心似的。

二

一个人的读书习惯，依我看，总是靠熏陶渐染逐步养成的，这就需要一个稍微好些的文化环境。我的家庭和所住的杂院，教给了我许多学校里学不到的知识，但就培养读书习惯而言，那不能说是好的文化环境。我正经上学只念到初中，且功课不好。虽然读了《苦儿努力记》，也没收到立竿见影的效果。一道稍微繁难的算术题，我憋住了，能找谁去？杂院里是没有这样的老师的。我后来所以还喜欢读点书，全靠我幸运地遇到了校内外的许多良师益友。

开始叫我接近了文艺的是孔德小学的老师们。

有一次，一位眼睛近视得很厉害而又不戴眼镜的老师，把我们几个同学招呼到他的宿舍里去，给我们诵读《罪恶的黑手》。他屋里哪儿都是书，光线显得很暗，所以他需要把诗集贴近鼻尖才能读得出。他的声音不洪亮，也无手势，读得很慢，却很动人。长大以后，我再没去读这首诗，然而它给我的印象，却始终留在脑海里。这位老师不久就不见了。当时，他为什么有这样的兴致叫几个孩子去听这首诗呢？我至今也不明白。每当路过孔德旧址，我还常常想起他来，我总觉得他或者是一位诗人，或者是一位革命者，老幻想着有一天会碰上他。

还有一位美术老师，是卫天霖先生。他是一位大画家，可是那时我们却全然不懂他的价值。

孔德学校有一间美术教室，小学部、中学部共用，无论大小学生一律要站在画架子前上美术课。先是铅笔画，铅笔要“6B”的，还要带上橡皮。后是学用炭条作画，炭条消耗大，向家里要钱时，已从大人的脸上窥出几分难色；待知道了擦炭笔画不能用橡皮而必须用烤过的面包时，我便不敢再回家去说了。记不清是我个人没学着炭笔画，还是卫先生更换了教法，反正是这个阶段不长，后来就改学画水彩——不管我是否买得起炭条和面包，但卫先生这种在一两年内，多种画法都叫孩子们尝试一遍的做法，我是拥护的。

卫先生还有一种教法，我们当时也很喜欢。开始是静物写生，画小瓶小罐之类。过了一阵以后，又叫我们到户外去，先画校园里头，后来就去东华门外的筒子河。孩子们对跑出去画画快活无比。我们画，卫先生跟着看，他也好像很高兴。一次写生，我画的地方前边是许多槐树，后边是一排矮松，再往后则是满墙的爬山虎。当时只知道看见的都要画上，哪里懂虚、实、疏、密这许多深奥的道理！结果，我的画画满了绿树、绿蔓、绿叶、绿茎，简直是绿得不可开交，一塌糊涂。谁知这时候卫先生正站在我身后看，我扭头看见他，笑了；他看着我和我的那幅绿色作品，也笑了，而且还称赞了我。到底是称赞我的什么呢？是有几处画得好？还是勇气可嘉，什么都敢画？或者根本就不是称赞，只是一种对于失败者的无可奈何的安慰？当时我可没想这么多，反正是被老师夸了，就觉得了不起，就还要画。

此后，我画画的兴趣，越来越浓，差不多延续到上初中一年级的时候。

对于卫天霖先生，我并不是为写这篇文章才想起他来的。时间还要早十来年。那时，首都剧场附近有一阵颇贴了一些所谓“揭露”卫先生“罪状”的印刷品。大家在那个动乱的年代里，都学会了一种本事，就是能够在通篇辱骂的文字里看出一个人的真价值来。我也正是从那些印刷品里才知道，原来第一个引导我接近了艺术的竟是这样一位大人物，我不禁骄傲了。

前两年，美术馆举办了先生的画展，我去看了。我在先生的自画像前，伫立了许久。他并没有把自己画得如何的色彩斑斓，还是他教我们时那样的平凡。我不知道美术界里对他是怎样评价，我只觉得他曾是一位默默的播种者，他曾在孩子们的心里播下了美的种子。而美育，我以为，对孩子们的健康成长是非常重要的。

三

从十五岁那年起，我就上不起学了。

我上学是由本家供给的。那时祖母已殁，只剩下母亲和我。本家们有的给我们些钱，贴补吃喝；有的给我们间房住；有的灵活些，告诉我们什么时候缺吃的了，到他家去，添两双筷子总还可以；而有一家就是专门供我一年两次的学费。十五岁以前，我受到的就是这么一种“集体培养”。但是，就在那年的冬天，这位本家来到母亲和我的屋里。

“干什么呐？”他问。

“温书，准备寒假考试。”我答。

“别考了。现在大伙都不富裕，你也不小了，出去找点事做吧。”

我沉默了，母亲也无言。吃人嘴短，还能说什么呢？于是我合上了笔记本和书，从此结束了我的学生生涯。

“找点事做”，那时很难。先要买些“履历片”回来填写，写好后再托本家、亲戚四面八方找门路，呈送上去。回音，大都是没有的，但是要等待。母子两个茫茫然地等着，等着一个谁也不愿多想的茫茫然的未来。

茫然中还是有事可做的。子承母业，去当当。比每天上学稍晚的时间，便挟个包去当铺，当了钱出来径直奔粮店买粮。家底单薄，当得的钱，只够一天的“嚼裹儿”，计：棒子面一斤，青菜若干，剩下的买些油盐。当得无可再当了，便去押“小押”。那是比当铺更低一等，因此也是更加苛酷的买卖。他们为“方便”穷人计，可以不收实物，拿了当铺的“当票”就能押。押得无可再押了，仍旧有办法，就是找“打小鼓的”把“押票”再卖掉。卖，就更“方便”了。每天胡同里清脆的小鼓声不绝如缕，叫来就可以交易。一当二押三卖，手续虽不繁难，我和母亲的一间小屋里可就渐渐地显露出空旷来，与老郝叔的家日益接近。

四

或者我是个侥幸者，或者生活本来就是由许多的“偶然”所铸成。辍学以后，在过着“一当二押三卖”的日子里，我居然进入了当时的最高学府——辅仁大学中文系，当了一阵子一文不花的大学生。那是由于有几位好友，和我们住得邻近，他们比我年纪大些，都是那所高等学府的学生。他们同情我的境遇，于是就夹带着我混进了辅仁大学。事是好事，但头一天我一进校门，就觉出浑身上下都不自在起来，眼睛只敢看地板，看楼梯。好像是走了一段很长的路，才进了教室。教室里学生们大部已经就座，只有我兀立一旁，这就更增加了我的紧张。我真想掉头归去，回到我的家，回到我或当或押或卖的“自由”的生活中去。我的热心的好友走去找他的几个同学，只见他们嘁嘁喳喳了一阵以后，就指着一个空位子告诉我：“你今天先坐这儿吧。”我于是坐下。心想，我明天坐哪儿呢？果然，第二天我就更换了一个地方。此后天天如是，先是我浑身不自在地进入教室，他们则照例要嘁嘁喳喳一阵，而后为我指出一个安身的所在。

尽管是这样，然而听课还是令我神往。现在记得起的是一位孙教授讲秦少游，一位顾教授讲辛弃疾。从他们精到的讲解里，我领略到这些大词人的妙处：他们能在婉约近人的文字中抒发出忧国、爱国的深情以至豪情来。多么美呀，多么精巧啊，我们祖国的语言！每一个字，每一个音节，都像是一个可爱的小精灵，只要你调度得当，它就能把你心里的最细微的情绪表达出来！

听课虽然有趣而令人神往，但内心的恐惧却不容易消除。日久天长，我才明白，高等学府里的教授们是不管点名的。学生们都有固定的位子，点名的人只能在窗外，看位子空着的便画“旷课”，位子上只要坐着人，不管是谁，他便画“到”。我之所以能坐上位子，而位子又须每天更换，就是由于每天总免不了有人旷课的缘故。但在当时，我于听课神往之余，心里总不免于忐忑，谁知道那些花了钱的学子什么时候会突然闯进教室把我撵走呢？因此，我那时常生做贼之感，觉得自己是一个偷窃知识的人。

此后，靠朋友们的帮忙，我终于找到了一个职业。那时我只有十六岁，而我的同事们，比起我的年龄来，翻一番的寥寥可数，多数都是翻了两番以上的老头子们。他们同我无话可讲，我也只能报之以沉默。虽然有了职业，但并不足以糊口，前途依旧茫然。只是偶然在一根电线杆子上的招生广告里，我又为自己找到了生活的希望。

就在我做事的地方附近，有一家中法汉学研究所，广告上说那里要办一个法文研究班，每周晚上开两堂法语课。一个“汉学”，一个“法语”，再加上是个夜校，这对我简直是个天赐的机缘。于是我去报名了。经过口试，我说了我对“汉学”和“语言”的兴趣，很快便通知我被录取了。从此，我又进入了另一所特殊的高等学府。

这个夜校简直是一座法兰西文学的殿堂。头一年照例是从字母念起，学些简单的对话和短文。第二年选文里可就出现了莫里哀和雨果。依次读下去，到了最后的一年，就读到了十九世纪末的散文和诗。教授讲得津津有味，学生们也听得入神。以至于在上课时，我竟仿佛觉得自己已近“雅人”。但是，在课前和课后，我却不能不继续过我的“俗人”的生活。

我那时住在北京西单，每天需步行过北海大桥，才能到达近东四我上班的地方。平时只带一顿午饭，不过是窝头小菜之类。赶到上夜校时，就需带上晚餐了。把窝头带进法兰西文学的殿堂，已经很不协调，更何况“殿堂”里是只烧暖气而不生炉火的。到了冬天，暖气烤不了窝头，冷餐总不舒服。幸好，“殿堂”之外的院子里有一间小厕所。为了使上下水道不至于受冻，那里面安着一个火炉。于是这厕所便成了我的餐厅。把窝头掰为几块，烤后吃下，热乎乎的，使我感到了棒子面原有的香甜。香甜过后，再去上课，听的偏是菩提树、夜莺鸟这样的诗情。下课以后，又需步行回家。天高夜冷，静得可以听见自己的足音。且走且诵，路成了我最好的温课的地方。早晨上班也一样，将生字写在小纸片上，看一眼就可以背一会子，也发生不了什么交通事故。据我那时的经验，从西单走到东四，少说可以背下四五个单词来。

“蓬生麻中，不扶而直；白沙在涅，与之俱黑。”我衷心地喜欢这两句话，读起来总感到亲切。我庆幸自己在那样恶劣的政治制度下竟遇上那么多好的老师和好的朋友，他们为我启蒙，教我知道书这种东西的宝贵，使我没有胡乱地牛长。

假如给我三天光明

海伦·凯勒

【导读】

眼睛是心灵的窗户。它既是人们摄取外界信息的最主要渠道，也是人们发送信息的重要工具之一。秋波一送，表达千般风情；眼神一瞥，会有万种暗示。可是具有正常视力的人，能想象到一个永远处于黑夜中的盲人对光明是何等的渴望吗？海伦·凯勒是用自己的心灵诠释了美好的人生的盲人作家，她虽然生活在一个无光、无声、无语的世界里，却为人类带来了光明，让人们更好地认识了真善美。

本文作者凭着广博的学识和丰富的想象，用细腻的、富有诗意的笔触和至性真情的语言为我们描绘了天天可见却熟视无睹的美妙世界。这里有千姿百态的黎明，也有辉煌壮观的落日；有浓缩了人类艰难曲折之路的历史回顾，也有历史长河中各种艺术表现形式的展示；有对现实世界的描写，也有对亲人师友的描摹。字里行间表达出不屈厄运的坚强毅力和乐观向上的生活态度以及求知的渴望，还有一颗真挚的爱心。

阅读时要细心欣赏文章细腻生动的心理描写和情真意切的语言表达。联系自身，想想该如何珍惜、拥有和热爱生活，该如何勇敢面对厄运、战胜困难。

我们都曾读到过这样激动人心的故事：故事的主角能活下去的时间已经很有限了，有的可以长到一年，有的却只有二十四小时。对于这位面临死亡的人打算怎样度过这最后的时日，我们总是感到很有兴趣的——当然，我说的是可以有选择条件的自由人，而不是待处决的囚犯，那些人的活动范围是有限的。

这一类的故事使我们深思，我们会想到：如果我们自己也处于同样的地位，该怎么办？人都是要死的，在这最后的时辰，应当做一点什么？体验点什么？和什么人往来？在回首往事的时候，什么使我们感到快乐？什么使我们感到遗憾呢？

我常想，如果每一个人在刚成年时都能突然聋盲几天。那对他可能会是一种幸福。黑暗会使他更加懂得视力之可贵，寂静会教育他懂得声音的甜美。

我曾多次考察过我有眼睛的朋友，想让他们体会到他们能看到些什么。最近，我有一位很要好的朋友来看我，她刚从森林里散步回来。我问她发现了什么。“没有什么特别的。”她回答。好在我对这类的回答已经习惯了，因为很久以来，我就深信有眼睛的人所能看到的东西其实很少，否则，我是难以相信她的回答的。

我问我自己，在树林里走了一个小时，却没看到什么值得注意的东西，这难道可能么？我是个瞎子，但是我光凭触觉就能发现数以百计的有趣的东西。我能摸出树叶的精巧的对称图形，我的手带着深情抚摸银桦的光润的细皮，或者松树的粗糙的凸凹不平的硬皮。在春天，我怀着希望抚摸树木的枝条，想找到一个芽蕾，那是大自然在冬眠之后苏醒的第一个征兆。我感觉到花朵的美妙的丝绒般的质地，发现它惊人的螺旋形的排列——我又探索到大自然的一种奇妙之处。如果我幸运的话，在我把手轻轻地放在小树上时，还能偶然感到小鸟在枝头讴歌时所引起的欢乐的颤动。小溪的清凉的水从我撒开的指间流过，使我欣慰。松针或绵软的草叶铺成的葱茏的地毯比最豪华的波斯地毯还要可爱。春夏秋冬一一在我身边展开，这对我是一出无穷无尽的惊人的戏剧。这戏的动作是在我的指头上流过的。

我的心有时大喊大叫，想看到这一切。既然我单凭触觉就能获得这么多的快乐，视觉所能展示于人的，又会有多少！但是很显然，有眼睛的人看见的东西却很少。他们对充满这大千世界的色彩、形象、动态所构成的广阔的画面习以为常。也许对到手的东西漠然置之，却在追求自己所没有的东西，是人之常情吧。但是，在有光明的世界里，视觉的天赋只是被当成一种方便，而不是当作让生命更加充实的手段，这毕竟是令人非常遗憾的事。

为了最好地说明问题，不妨让我设想一下，如果我能有，例如说，三天的视力，我最希望看到什么东西。在我设想的时候，你也不妨动动脑子，设想一下如果你也只能有三天视力，你打算看见些什么。如果你知道第三天的黄昏之后，太阳便再也不会为你升起的话，你将如何使用这宝贵的三天呢？你最渴望看见的东西是什么呢？

如果由于某种奇迹，我能获得三天视力，然后再回到黑暗中去的话，我将把这段时间分作三个部分。

在第一天，我将看看那些以他们的慈爱、温情和友谊使我的生命值得活下去的人。首先我一定要长久地打量我亲爱的老师安妮·沙莉文·梅西太太。是她在我孩提时代来到我的身边，为我开启了外部世界的大门。我不但要细看她的面部的轮廓，让它存留在我的记忆里，而且要研究她那张面孔，找出生动的证据，说明她在完成对我的教育这项艰苦的任务时所表现出来的温和与耐性。我要从她的眼里看见她性格的力量。那力量使她坚强地面对困难。我还要看到她在我面前常常流露的对人类的同情。如何通过"灵魂的窗户"——眼睛看到朋友的心灵深处，我是不懂得的。我只能通过指尖探索到人们面部的轮廓。我能感到欢笑、悲伤和许多明显的感情。我是通过触摸他们的面部认识我的朋友的……

我很熟悉在我身边的朋友，因为成年累月的交往让他们把自己的各个侧面都呈现在我的面前。然而对于偶然结识的朋友，我却只有通过握手，通过指尖触摸他唇上的话句，和他们在我的掌心里的点划，得到一点不完全的印象。

你们有眼睛的人只须通过观察细微的表情：肌肉的震颤、手的动作，便能迅速地把捉住另一个人的基本性格，那是多么轻松，多么方便啊！

但是，你曾想过用你的眼睛去深入观察朋友或熟人的内在性格没有呢？你们大部分有眼睛的人，对人家的面孔是不是经常只随意看到一点外部轮廓就放过去了呢？

有眼睛的人对身边的日常事物很快就习以为常了。他们实际上只看到惊人的和特别触目的部分。而且就是在特别触目的景象面前，他们的眼睛也是懒惰的。每天的法庭记录都说明"证人"们的眼睛是多么地不准。同一个事件有多少个"证人"，就会有多少个不同的印象。有的人比别的人看到的多一些，然而能把他们视觉范围内的东西全部看到的人却寥寥无几。

啊！如果我有三天视力，我能看到多少东西啊！

第一天我一定很忙，我要把我所有的亲爱的朋友请来，久久地观看他们的面孔，把体现他们内心美的外部特征深深地印在我的心上。我还要细看婴儿的面庞。我要观察在个体认识到矛盾之前的强烈的天真的美——那矛盾是随着生命的发展而发展的。

我还想观察我那几条忠心耿耿的狗的眼睛——庄重、老练的小苏格兰、小黑，还有高大结实、善解人意的大丹麦狗赫耳加。它们曾以热烈、温柔和快活的友谊给了我极大的安慰。

在最忙的第一天，我也想去看一看家里的琐碎简单的事物。我想看看我脚下的地毯的温暖的色彩，看看墙上的画，看看那些我所熟悉的琐碎的东西。是它们把一所房屋变成了家的。我的眼睛会带着敬意停留在我所读过的凸文书籍上，但是我恐怕会对印刷出来给有眼睛的人读的书感到更加强烈的兴趣。因为在我的生命的漫长的黑夜之中，我所读过的书和别人为我“读”的书，已经构筑成了一座巨大的灿烂的灯塔，为我照亮了人的生命和精神的最深邃的航道。

在我有眼睛的第一天的下午，我要在树林里作一个漫长的散步，用大千世界的种种美景刺激我的眼帘。我要竭尽全力在几小时之内吸取那光辉广阔的场面——那对有眼睛的人永远展现的场面。在我从林间散步回来的路上，我走着的小径会从田野旁经过，我可以看到温驯的马翻耕着土地(说不定只看到一部拖拉机！)，也可以看到那些紧靠泥土生活的人们怡然自得的神情。我还要祈祷让我看到一个绚丽多彩的落日。

黄昏降临之后，我还会体察到一种双重的欢乐：我能借助人造的光明来看到世界。在大自然命令出现黑暗的时候，人类却凭自己的聪明才智创造出了光明，延长了自己的视力。

在我有视力的第一个晚上，我大概会睡不着觉，我心里一定会充满了对白天的丰富的回忆。

第二天——我有视力的第二天，我将和黎明同时起身，去观看那把黑夜变成白昼的令人惊心动魄的奇景，我要怀着敬畏的心情观看那宏伟浩瀚的、光华灿烂的景色，太阳就是用它唤醒了沉睡的地球的。

我要拿这一天迅速地纵观世界，观察它的过去和现在。我要看到人类进步的奇迹，看到万花筒一般的各个历史时代。我怎么能在一天之内看到这样众多的事物呢？当然得靠博物馆。我曾多次参观过纽约的自然历史博物馆。我曾用手触摸过那儿的展品。但是，我也曾希望用我的眼睛看见在那儿展出的地球和它的居民的简要的历史；我要看到在自己的天然环境里生长的动物和不同人种的人；看到恐龙和乳齿象的庞大的骸骨，它们在个子矮小但脑力强大的人类征服动物界之前许久曾在大地上漫游。我还要看到有关动物、人类、人类的工具的生动实际的展览品。人类利用工具在地球上为自己开辟了安全的家园。我还要看到自然史上的一千零一个其他方面。

我不知道本文的读者中有多少人曾在那动人的博物馆里看到过各类生物的广阔画面。当然，有许多人没有这样的机会，但是我相信不少人虽有这样的机会却没有加以使用。博物馆的确是一个值得你使用眼睛的地方。你们可以在那儿多日流连，得到丰富的教益。但我却只有想象中的三天，因此只能匆匆地看过就离开。

下一站我要到大都会美术博物馆去。自然历史博物馆揭示了世界的物质面，美术博物馆则反映出了人类精神的千姿百态。在整个人类历史中，对于艺术表现的要求和对于吃、住、繁衍的要求一样强烈。在这儿，美术博物馆的宽大的展览室将通过古埃及、古希腊和古罗马的艺术展示出这些民族的精神世界。古尼罗河土地上的男女神灵的雕像，我的手指对它们是很熟悉的。我也曾触摸过巴底农神庙的壁饰浮雕的复制品。我曾体会到冲锋陷阵的雅典勇士们有节奏的美。阿波罗、维纳斯和萨莫特雷斯的有翅膀的胜利女神雕像，都是我指头尖上的朋友。荷马那疙里疙瘩的有胡须的面庞使我感到分外亲切，因为他也懂得瞎了眼睛的痛苦。

我的指头曾在古罗马和后世的生动的大理石雕像上流连。我曾抚摸过米开朗基罗的动人的英雄摩西的石膏像。我曾触摸到罗丹作品的气魄；我曾对哥德人的木雕所表现的虔诚肃然起敬。我能懂得这些能摸触到的艺术品，但是，它们本是用来看，而不是用来摸的。它们的美至今对我隐蔽着，我只能猜想。我能赞叹希腊花瓶的单纯的线条，但是它的形象装饰我却无法感受。

因此，在我有眼睛的第二天，我将通过观看人类的艺术去探索人类的灵魂。过去我凭触觉感受到的东西，现在我要用眼睛去看到了。更为绝妙的是整个绚丽的绘画世界——从带着平静的宗教献身精神的意大利原始绘画到具有狂热的想象的当代绘画，都将在我面前呈现出夺目的光彩。我要深入地观看拉斐尔、达·芬奇、提香、伦勃朗的画。我要饱览维隆尼斯的温暖的色调，研究厄尔·格勒柯的神奇，把捉柯罗笔下的大自然的新颖形象。啊，有眼睛的人们，在历代的艺术作品中，你们可以看到多么丰富的意义和美啊！

我在艺术殿堂的短暂的巡礼中所能看到的不过是向你们开放的艺术世界的一部分。我只能获得一个浮光掠影的印象。艺术家们告诉我，要想深入、真切地欣赏艺术，必须训练眼睛；要通过经验衡量线条、构图、形体和色彩的优劣。如果我有眼睛，我将多么乐于从事这种迷人的研究啊！然而，我却听说，在你们许多有眼睛的人眼中，艺术的世界却是一片没有被探索、照亮的混沌。

我离开大都会美术博物馆时，一定十分留恋，那儿有通向美的钥匙——被那样地忽视了的美。不过，有眼睛的人们要寻求通向美的钥匙，并不一定要到大都会美术博物馆去。同样的钥匙在小型博物馆甚至在小型图书馆架上的书中也等待着他们。然而，在我所幻想的有限的有眼睛的时间里，我必须选择可以在最短的时间内打开最巨大的宝藏的钥匙。

在我有眼睛的第二天晚上，我要用来看戏或看电影。就是目前我也经常“看”各种戏剧表演。只是演出的动作得靠一个同伴拼写到我的手心里。我多么想用自己的眼睛看到身穿伊丽莎白时代丰富多彩的服饰的迷人的哈姆雷特或易于冲动的福斯泰夫啊！我会多么密切地注视着漂亮的哈姆雷特的每一个动作和粗壮的福斯泰夫的每一个步伐！由于我只能看到一部剧，我难免会感到莫衷一是，因为我想看的剧有好几十个。你们有眼睛，愿看哪一个都可以，我不知道你们有多少人在看戏看电影或其他节目时曾经感觉到视力这个奇迹，对它表示感谢？让你欣赏到演出的色彩、动作和美的正是它呢！

我在用手触摸的范围之外，便无法欣赏有节奏的动作。对于巴芙洛娃的娴雅优美，我只能模糊地想象，虽然我也懂得一点节奏的快感。因为我常在音乐震动地板时感到它的节拍。我很能想象节奏鲜明的动作一定会形成世界上最美妙的形象。我常用手指抚摸大理石雕像，依稀懂得一点这种道理。既然这种静止的美都如此可爱，那么，如果能看到运动中的美又会是多么令人销魂陶醉！

我最甜蜜的记忆之一是约瑟夫·杰弗逊在表演他心爱的李卜·范·温克尔的某些动作和台词时让我触摸了他的面孔和双手。那使我对戏剧的世界有了个朦胧的印象。当时我的快乐我将永远难忘。有眼睛的人们随着戏剧的开展所能看见和听到的交替出现的行动和语言，能给他们多少乐趣呵！可是啊，这种乐趣我却无法体会！我只需看到一次演出，以后便可以在心里想象出一百个剧本的动作。这些剧本我曾读过或通过手语体会过。

因此，在我所想象的我有眼睛的第二天，戏剧文学的伟人形象将从我的眼里挤走全部的睡意。

第三天早上，我将再一次迎接黎明。我渴望获得新的美感，因为我深信，对于那些真正能看见的有眼睛的人来说，每一天的黎明都永远会显示出一种崭新的美。

这一天，按我所设想的奇迹的条件看来，已是我有眼睛的第三天，也就是最后一天了。要看的东西太多，我不会有时间感到遗憾或渴望的。第一天我用在有生命和无生命的朋友身上了；第二天向我展示了人类和自然的历史；今天，我要到忙于生活事务的人们的地方去看看当前的日常世界。还能有什么比纽约更纷纭繁复的地方么？纽约就是我的目的地。

我的家在森林山，坐落在长岛一个小巧幽静的郊区，那儿在葱茏的草地、树木和花朵之中，有整洁玲珑的住宅。有妇女们和孩子们的活动和欢笑。这是个平静的安乐窝，男人们在城里工作一天之后，便回到这里来。我从这里驱车出发驶过横跨东河的花边一样的钢架桥梁。我会得到一个令我赞叹的新印象，它向我显示出人类心灵的力量和聪明。河里船舶往来如织，轧轧地响着，有飞速的快艇，也有喷着鼻息的没精打采的拖驳。如果我时间还很多的话，我要花许多时日来观察河上的有趣的活动。

我往前看，在我眼前升起的是纽约城千奇百怪的高楼大厦——好像是一座从童话中升起的城市。闪光的塔楼、巍然耸立的钢铁和石头的壁垒，多么叫人惊心动魄！——就是众神为自己修造的宫阙也不过如此！这一幅活跃的图画是数以百万计的人们日常生活的一部分。可是我不知道有多少人看过它第二眼？我估计人数很少。人们对这宏伟的景象是看不见的，因为对它太熟悉。

我匆匆忙忙地登上一座巍峨的高楼——帝国大厦，因为不久前我曾在那里通过我秘书的眼睛"看"到了脚下的城市。我急于要把我那时的想象和现在的现实相印证。我深信我对即将展现在我眼前的宏伟图景不会失望，因为它对于我来说是另一个世界的幻象。

现在我开始周游这座城市了。首先，我要站在一个闹市的角落里，凝望着行人，不做别的事，我要从他们的眼神里看到他们生活的某些侧面。我看到微笑，便感到高兴；我看到坚强的决心，便感到骄傲！我看到痛苦，也不禁产生同情。

我沿着五号大街漫步，我要放眼纵观，不看个别的对象，只看那沸腾的、五彩缤纷的场面。我相信在人群中往来的妇女的服装，一定是万紫千红、色彩绚丽的，叫我永远也看不厌。但是如果我有眼睛的话，我也会像别的妇女一样，只对个别服装的式样和剪裁发生过多的兴趣，而忽略了人群中的色彩的美艳。我还深信，我会流连于橱窗之间，久久不肯离开，因为展出在那儿的货品一定是琳琅满目、美不胜收的。

我离开五号大街，又去观光全城。我到公园大街去，到贫民窟去，到工厂去，到孩子们游玩的公园去。我去参观外国人的居住区，这是身在国内却又出国旅行的办法。为了深入探索，加强我对人们的工作和生活的理解，我将永远对一切快乐和痛苦的形象睁大我的双眼。人和事的种种形象将充满我的心。我的眼睛绝不会把任何东西视作无足轻重而轻易放过。我的目光所到之处，都要探索和紧紧地把捉。有些场面欢乐，它使我的心也充满欢乐；但是也有痛苦的场面，痛苦得叫人伤感。对种种痛苦的场面，我绝不会闭上眼睛，因为那也是生活的一部分。对它闭上了眼睛，也就是闭上了心灵和思想。

我有眼睛的第三天快结束了。也许我还应当把剩下的几个小时作许多严肃的追求。但我担心在那最后的晚上，我又会跑到戏院去看一场欢笑谐谑 的戏。这样，我便能欣赏到人类精神中喜剧的情趣。

我暂时获得的视力到半夜就要结束了，我又将陷入无尽的黑夜之中。在短短的三天内，我是不可能看到我想看到的一切的。只有当黑暗再度降临到我身二之后，我才会懂得我看掉了多少东西。不过，我的心里仍然充满光明的回忆，因此没有时间感到遗憾。此后我每摸触到一样东西，都会想起它的样子，从而唤起一段美妙的回忆。

我是个瞎子，我对有眼睛的人只有一个建议：我要劝告愿意充分使用视力这种天赋的人，要像明天你就会变成瞎子一样充分使用你的眼睛。同样的设想也可以用于其他的感官。要像明天你就会变成聋子一样，聆听话语中的音乐、鸟儿们的歌唱和交响乐队雄浑的乐章。要像明天你的触觉就会消失一样去抚摸你想抚摸的一切。要像你明天就会失去嗅觉和味觉一样去品味花朵的馨香和食物的美味。充分地使用你的感官吧！陶醉于大自然通过你天赋的不同知觉对你显示出的种种快感和美感中去吧，不过，在一切感官之中，我仍深信视觉是令人快乐的。

第二节　口语交际

一、专题发言

专题发言也称专题讲话，是针对某一命题或范围，在有准备的基础上向听众发表有关某一事物的知识或对某一问题意见的独白样式的讲话。

1.专题发言的特点

(1)针对性。专题发言的“题”是事先确定的,讲话者不能超越规定的命题或范围,因此,它具有针对性,要有的放矢。

(2)知识性。只有那些具有较强的知识性的“题”,才值得人们进行专门的研究或讨论,才够得上“专题”。

(3)稳定性。专题发言通常是有准备的讲话。在正式发言时,讲话者一般都照准备好的发言内容讲话。因此,它受时境的限制较少,内容因时境变化而变化的可能性也相对少些。

2.做专题发言时的注意事项

(1)针对语境,言语得体。

针对语境,言语得体,是要求发言者针对所做专题的内容,针对听众的文化素养,专业水平,适当选择词语,恰当组织语句。由于专题发言是说和听的双向交流形式,因此发言者发言时要注意以下问题:

声音是发于口,听于耳,转瞬即逝的。为了让听众听清楚,听明白,发言者要少用长句,倒装句,多用短句,陈述句;声音要洪亮清楚,不要含混不清;语言要讲求抑扬顿挫,不要平铺直叙。必要时还可以借助肢体语言。

针对所做的专题,发言者要正确地选择语言。例如,针对小说或学习风气做专题发言,发言者所使用的语言就有区别:小说属于文学的范畴,它本身就具有生动形象,活泼有趣的特征,如果发言者的语言生硬死板、干瘪乏味,听众就会乘兴而来败兴而归;学习风气属于思想道德范畴,它应该严肃严谨,如果发言者的语言过于俏皮诙谐,就会冲淡主题,达不到预期的效果。

面对不同的听众,发言者同样要正确地选择语言。例如,同样是关于小说题材的讲话,给青少年学生讲和给机关事业单位的成年人讲,所使用的语言也应有所不同。青少年学生总是喜欢站在时代的最前沿,他们平时所使用的语言无疑就带有时髦、前卫、新潮等特征;机关事业单位的成年人具备一定的文化素养,性情较为稳重,面对他们,发言者就要考虑用语的沉稳、专业,但不能死板。

(2)讲求技巧,重视演练。

发言技巧包括发言采取的方式,发言时间的把握以及发言者的风度。常见的发言方式有宣读式,脱稿式等。在设计专题发言的时间时,要把握好从讲话开始到结束所用去的时间,要设计得既不显得过于紧张使听众难以应付,又不显得拖泥带水使听众失去兴趣。专题发言虽不是演讲,但也带有一定的表演性。所以,专题发言者的风度也应端庄得体,恰当使用相应的体态语。

发言者还要重视正式发言前的学习和训练。一方面,演练活动可以对整个发言过程的设计进行检验,从中发现问题,借以纠错堵漏,保证专题发言的圆满成功;另一方面,演练活动可以促使发言者提前“进入角色”,调节好自己的心境和情绪,顺利完成专题发言的任务。

(3)临场应变,谨慎回答。

专题发言后,发言者往往要回答听众的提问。面对听众那些不同目的、不同内容、不同方式的提问,发言者要注意倾听,并巧妙运用各种语言技巧谨慎地回答。在回答听众提问的时候,发言者要注意把握自己作为讲话者的主导地位,有效地控制交谈的范围、内容和方向。如,著名作家金庸在一次关于小说创作的讲话后与记者有过一次谈话。记者问金庸:“您所有的小说中,您最喜欢哪一部?您认为哪一部最好?”面对这样的问题是不能直接回答的。一个作家对自己的作品就像自己的子女一样,没有偏爱,也不应该有偏爱。否则,就是对自己一些劳动的否认。所以,金庸先生就采用了避实就虚的方法,回答说:“说实在的,我回答不了。我在创作这些小说的时候,分别注入了我当时的感情和思想,主要是感情。我喜爱每部小说的正面人物。为了他们的遭遇而快乐或惆怅、悲伤,有时会非常悲伤。”

二、借鉴实例

人道主义为橹,理想主义为帆

——毕业典礼上的发言

各位美好的同仁、各位尊敬的家长、亲爱的同学们:

早上好!

衷心感谢学校让我发言，坦率地说，在座的同仁更适合站在这个位子上。今天，在这庄严神圣的时刻，我们相聚一堂，举目所见，胜友如云，高朋满座。触景生情，难以平静。忆往昔，我们朝夕相处，情同手足，诚如挚友。同学们自然显露出来的生命的纯真、灿烂、跃动使我这个早已步入不惑之年的中年男子看起来更像是苏格兰童话中那个天真顽皮、永远不会长大的彼得·潘，和你们一起，我度过了生命中最快乐的时光。从更深沉的意义上说，同学们，正是你们赋予我生命的价值和意义。对你们，我唯有心存感激。

然而，不无遗憾的是，今天，当我准备在这个场合将我对你们的理解与期待奉献于你们的时候，却尴尬地发现：与你们已经如此有力而崇高地向前推进的生命征程相比，我的理解力、想象力和表达力显然是苍白的——你们赋予学校这块土地的生命意义，远不是我微薄的力量所能增减的。生命之树长青，而理论却总是灰色的——我承认言辞不能尽我之意。为此，我深感不安并请求你们的谅解。

同学们，可曾记得，我们之间可以就一切感兴趣的话题——从生态灾难到敬畏自然，从财富积累到社会公正，从古老智慧到当代思潮，从现实主义到理想主义，从工具理性到人文情怀，从中国到外部世界——敞开胸怀，坦诚交谈。而且，毋庸讳言，我有点无奈地——更多是欣喜地看到，随着你们的长大，你们正在这些领域超越你们这个不算过于孤陋寡闻的老师。事实上，老师的勇气与受你们的鼓舞有关，老师有一些珍贵的书籍正是你们慷慨“馈赠”的结果。

同学们，你们以夸父逐日般的勇敢，像浮士德一样在人间自强不息，勇往直前，不断否定过去，努力探求理想人生和理想社会；不断追求最丰富的知识、最美好的事物、最崇高的理想。一如歌德所说：“要每天每夜做生活与自由的创造，才能每天每夜做生活与自由的享受。”同学们，你们试图“为天地立心，为生民立命，为往圣继绝学，为万世开太平”的气度和情怀让人永志不忘！

美国黑人民权运动领袖马丁·路德·金说：“一个国家的繁荣，不取决于她的国库之殷实，不取决于她的城堡之坚固，也不取决于她的公共设施之华丽;而取决于她的公民的文明素养,即在于人民所受的教育,人民的远见卓识和品格的高下。这才是真正的利害所在,真正的力量所在。"套用金牧师的话,我要说,一所学校的力量不在于她华丽的外表和先进的设施,而在于她的学生的见识、品格和教养。

同学们,在这告别的时刻,我内心深处泛起一丝悲凉,但愿你们的离去,并不意味着本校"黄金一代"的终结。

同学们,你们将踏上新的旅程。也许我的讲话应该到此为止。但我对你们幸福的关心,以及因关心而必然产生的对危险的担心,促使我在此场合向你们提出一些看法,供你们考虑和回顾。我不敢希望这些看法将产生强烈和持久的影响,相反,倒有可能很快被遗忘。但愿这些看法会抑制通常产生的感情冲动。

苏格拉底说"我唯一知道的是我一无所知";狄德罗说"怀疑是走向哲学的第一步"。什么也无法代替良好的阅读和独立的思考。阅读与思考是一种滋润,也是内省与自察。伴随着体会与感悟,淡淡的喜悦在心头升起,浮荡的灵魂复归平静,人生和世界因此会变得自然而美好。经由阅读与思考得出的理解,能使我们始终保持一份纯净而积极的态度,过着一种真实而正常的生活。美国著名经济学家克鲁格曼曾就治学和人生感叹道:"我们都需要拥有权利,我们也需要成功,但对于人生来说最根本的奖赏却在于理解的快感。"归根到底,没有什么能够取代自己的理解与判断。

同学们,不久,你们将进入新的环境。愿你们同学之间兄弟般的情谊永世长存。愿你们"对任何人不怀恶意,对一切人心存宽厚"。愿你们忠实于自己,诚信于他人——这正像有了白天才有黑夜一样。对一切人要讲信义和公正,要力求与一切人和睦相处。如果可能,就为他人树立一个始终由正义与仁慈所指引的灵魂的高尚而且新颖的榜样。

"中国人"这一名称是属于你们的,你们都是公民。这个名称必须永远凝集着应有的爱国主义自豪感和责任感。"人类"这一名称是属于你们的,你们都是地球人,这个名称应该永远包含着对不同族群、不同文化的理解、尊重和欣赏。

毛泽东说："世界是属于你们的，也是属于我们的，但归根到底是属于你们的。你们青年人朝气蓬勃，像八九点钟的太阳，希望就寄托在你们身上。"同学们，你们的后面是"小小"的母校，你们的前面是整个的世界。怎样走上这世界的光明大道去，这需要知识，需要理解——但尤其需要勇气和良知。

同学们，愿你们心中永远飘扬着"人"字旗帜，以人道主义为橹，以理想主义为帆，驾着人生的航船，驶向那广阔壮丽的世界。

至于我，只要我知道你们都快乐，我也会快乐的。再见了，亲爱的同学们，我将永远祝福你们。这种祝福只有在我生命结束时，才会终止。

谢谢。

简评：

这篇发言稿充满一个教师对即将毕业的学子们"心存感激"的深情，也寄托着对学生的祝福和希望。全文最大的特点是大量引用名言警句，娓娓道来，强调生命的意义，强调求学和做人的真谛，给人以深刻的启迪。

第三节　语文实践活动

激发斗志，克服困难

一、活动目的和要求

1. 培养学生克服困难的毅力，让学生在与各种困难的斗争中得到锻炼，体会战胜困难后的喜悦，提高独立解决问题的能力。

2. 培养学生的决断能力，教育学生学会自己学习，自己生活，自己处理各种问题，逐渐成熟起来。

3. 培养学生坚韧的意志，教育学生要禁得起考验，受得住痛苦，勇于承认自己的错误，能用强烈的责任感来战胜懦弱、恐惧，成为一个意志坚强的人。

4. 培养学生意志的坚定与持久性。即培养学生不惜任何代价，克服一切困难，扫除一切障碍来实现自己预定目标的能力。

二、活动内容和步骤

组织同学们观看有激励价值的影视片或相关演出，让同学们感受积极上进的精神境界，在此基础上依次组织开展以下活动。

1. 开展一次收集和讲述名人成功故事的活动。

2. 写一篇关于“励志”影片或电视剧的观后感。

3. 组织同学们办一期以“成功的背后”为主题的黑板报或手抄报。要注意内容要丰富、版式设计要新颖。

4. 组成“一帮一”互助小组，帮助班上缺乏上进心的同学，促进共同进步。

5. 开一次“励志是走向成功的关键”的主题班会。

第十七章　感悟亲情

第一节　阅读与鉴赏

一、整体感知，把握文意

人类感知的特性之一就是“整体性”。“割下来的手就不再是手”（黑格尔），每一篇文章的各个部分相对于文章这个整体而言，都是作为“有生命的手”出现的。因此，每篇文章都是一个有机的整体，环环相扣，互为贯通，臻于完美，这种整体性使文章的内容组合有序，使文章的中心思想明确。我们在鉴赏文章时应该有整体感知的意识，抓住文章的主要话题、材料、关键语句，从全局把握文章写了哪些内容，表达了什么思想感情，我们读了以后知道了什么，想到了什么。“整体感知、把握文意”，就是在通读全文的基础上，对文章的主要内容和基本情感有一个总体的把握。

1. 留连题目，揣摩文意

题目是文章内容的“窗口”，我们阅读时在这个“窗口”处多停留几眼，可以窥探到整篇文章的主要内容。例如老舍笔下的《我的母亲》，这个标题告诉我们，大作家老舍永远怀念着自己的母亲，文中必然蕴含母亲给予“我”的种种教益。《我与地坛》这个题目，引导读者思考作者与地坛这座古园的联系。《学会感恩》揭示了文章的主旨，让人知恩图报。

2. 注重关键，读懂文意

一篇文章中能充分显现作者的思想感情、写作意图的句子，即是关键句。准确把握全文以及各段的关键句,有意揣摩关键句的深层含义和感情色彩,就可以提高整体阅读的效果。寻找文章的关键句有一定的规律可循:第一,文章关键句的位置一般在文段或全文的首尾(也可散见于全文),文章常常在开头部分点明写作意图,而文末往往是升华、深化思想感情之处。第二,记叙文中的抒情、议论性语句具有点明文意、揭示哲理或表达作者思想情感的作用。第三,议论文、说明文的总起句、总结句、过渡句和某些关联词。

关键句是作者在文中留下的思维痕迹,注重这些句子,才能在自己的头脑中复制作者的观点、态度和感情。如《我的母亲》是一篇记叙类文章,阅读时注重其中的抒情句"今天,泪又遮住了我的眼,又想起当日孤独过那凄惨除夕的慈母。可是慈母不会再候盼着我了,她已入了土。"抓住这一抒情句,就能把握作者对母亲的无尽怀念之情。本文的议论句"生命是母亲给我的。我之所以能长大成人是母亲的血汗灌养的。我之所以能成为一个不十分坏的人,是母亲感化的。我的性格,习惯,是母亲传给的。"这句话揭示了"我"对母亲的深切感激,以及母亲对"我"的深刻影响。在《我与地坛》一文中,反复抒发了"现在我才想到""许多年以后我才渐渐听出"的内心感受,把握这些关键句,就能读懂"我"对母亲的深深歉意,以及"我"至今才真正地理解了母亲深沉的爱这一主题。《学会感恩》是一篇说理性的散文,文末点旨:"对世界上不管什么人给予自己的哪怕是再微不足道的帮助和关怀,也不要忘记了感恩。"

3.用心诵读,体味文意

"诵读"是整体把握文意的最基本的方法。"诵读"的要义,在于把"写在纸上的语言变成活的语气"(朱自清)。一些感情色彩浓郁的文学作品,仅从文字表面看,也许难以体会作者的思想感情,通过诵读,将文字变成抑扬顿挫的有声语言,作者的情感就能较好地体现出来,就有利于把握内容、了解情感了。诵读应做到见字出声和见字解意。见字出声,要求诵读时不能加字、减字,更不能换字,加、减、换字就改变了文章的内容;见字解意,要求诵读时不只是机械地发音,而要声情并茂,把对字句含义的领会读出来。

因此，我们要养成诵读的习惯，通过诵读，读出语感和情趣，读出自己独特的感受和理解。只有这样，才能提高阅读的兴趣和能力，使自己沉浸于作品之中，从整体上把握文章的意蕴。

二、范文

我的母亲

老舍

【导读】

著名作家老舍在文中抒发了对母亲赐给我生命、教会我做人的感激之情。作者深情地写到："我真正的老师，把性格传给我的，是我的母亲。母亲并不识字，她给我的是生命的教育。""母亲"的勤劳、节俭、诚实、刚强、待人热忱等优秀品格，给老舍以终生的影响。老舍在重庆的时候，生活相当清贫，但是与老友相逢，即使卖了大褂，也要上一趟小馆，盛情款待。1938年在武汉成立"中华全国文艺界抗战协会"时，没有地方，老舍出面去借；没有钱，老舍出面去募捐；有人被捕，老舍出面作保向国民党政府要人，千方百计地进行营救。老舍一生爱花，爱清洁，爱整齐，守秩序，这习惯也都是从"母亲"那里学来的。

本文用朴实自然的语言，记述了母亲一生中几件主要的事情。当我们阅读完后掩卷而思，应该把握住"母亲"的形象，感悟作者对母亲的感激和怀念。

母亲的娘家是北平德胜门外，土城儿外边，通大钟寺的大路上的一个小村里。村里一共有四五家人家，都姓马。大家都种点不十分肥美的地，但是与我同辈的兄弟们，也有当兵的，作木匠的，作泥水匠的，和当巡察的。他们虽然是农家，却养不起牛马，人手不够的时候，妇女便也须下地作活。

对于姥姥家，我只知道上述的一点。外公外婆是什么样子，我就不知道了，因为他们早已去世。至于更远的族系与家史，就更不晓得了；穷人只能顾眼前的衣食，没有功夫谈论什么过去的光荣；"家谱"这字眼，我在幼年就根本没有听说过。

母亲生在农家，所以勤俭诚实，身体也好。这一点事实却极重要，因为假若我没有这样的一位母亲，我以为我恐怕也就要大大的打个折扣了。

母亲出嫁大概是很早，因为我的大姐现在已是六十多岁的老太婆，而我的大外甥女还长我一岁啊。我有三个哥哥，四个姐姐，但能长大成人的，只有大姐，二姐，三姐，三哥与我。我是“老”儿子。生我的时候，母亲已有四十一岁，大姐二姐已都出了阁。

由大姐与二姐所嫁人的家庭来推断，在我生下之前，我的家里，大概还马马虎虎的过得去。那时候订婚讲究门当户对，而大姐丈是作小官的，二姐丈也开过一间酒馆，他们都是相当体面的人。

可是，我，我给家庭带来了不幸：我生下来，母亲晕过去半夜，才睁眼看见她的老儿子——感谢大姐，把我揣在怀中，致未冻死。

一岁半，我父亲死了。

兄不到十岁，三姐十二三岁，我才一岁半，全仗母亲独力抚养了。父亲的寡姐跟我们一块儿住，她吸鸦片，她喜摸纸牌，她的脾气极坏。为我们的衣食，母亲要给人家洗衣服，缝补或裁缝衣裳。在我的记忆中，她的手终年是鲜红微肿的。白天，她洗衣服，洗一两大绿瓦盆。她做事永远丝毫也不敷衍，就是屠户们送来的黑如铁的布袜，她也给洗得雪白。晚间，她与三姐抱着一盏油灯，还要缝补衣服，一直到半夜。她终年没有休息，可是在忙碌中她还把院子屋中收拾得清清爽爽。桌椅都是旧的，柜门的铜活久已残缺不全，可是她的手老使破桌面上没有尘土，残破的铜活发着光。院中，父亲遗留下的几盆石榴与夹竹桃，永远会得到应有的浇灌与爱护，年年夏天开许多花。

哥哥似乎没有同我玩耍过。有时候，他去读书；有时候，他去学徒；有时候，他也去卖花生或樱桃之类的小东西。母亲含着泪把他送走，不到两天，又含着泪接他回来。我不明白这都是什么事，而只觉得与他很生疏。与母亲相依为命的是我与三姐。因此，他们做事，我老在后面跟着。他们浇花，我也张罗着取水；他们扫地，我就撮土……从这里，我学得了爱花，爱清洁，守秩序。这些习惯至今还被我保存着。

有客人来,无论手中怎么窘,母亲也要设法弄一点东西去款待。舅父与表哥们往往是自己掏钱买酒肉食,这使她脸上羞得飞红,可是殷勤的给他们温酒作面,又给她一些喜悦。遇上亲友家中有喜丧事,母亲必把大褂洗得干干净净,亲自去贺吊——份礼也许只是两吊小钱。到如今如我的好客的习性,还未全改,尽管生活是这么清苦,因为自幼儿看惯了的事情是不易改掉的。

姑母常闹脾气。她单在鸡蛋里找骨头。她是我家中的阎王。直到我入了中学,她才死去,我可是没有看见母亲反抗过。"没受过婆婆的气,还不受大姑子的吗?命当如此!"母亲在非解释一下不足以平服别人的时候,才这样说。是的,命当如此。母亲活到老,穷到老,辛苦到老,全是命当如此。她最会吃亏。给亲友邻居帮忙,她总跑在前面:她会给婴儿洗三——穷朋友们可以因此少花一笔"请姥姥"钱——她会刮痧,她会给孩子们剃头,她会给少妇们绞脸……凡是她能做的,都有求必应。但是吵嘴打架,永远没有她。她宁吃亏,不逗气。当姑母死去的时候,母亲似乎把一世的委屈都哭了出来,一直哭到坟地。不知道哪里来的一位侄子,声称有继承权,母亲便一声不响,教他搬走那些破桌子烂板凳,而且把姑母养的一只肥母鸡也送给他。

可是,母亲并不软弱。父亲死在庚子闹"拳"的那一年。联军入城,挨家搜索财物鸡鸭,我们被搜两次。母亲拉着哥哥与三姐坐在墙根,等着"鬼子"进门,街门是开着的。"鬼子"进门,一刺刀先把老黄狗刺死,而后入室搜索。他们走后,母亲把破衣箱搬起,才发现了我。假若箱子不空,我早就被压死了。皇上跑了,丈夫死了,鬼子来了,满城是血光火焰,可是母亲不怕,她要在刺刀下,饥荒中,保护着儿女。北平有多少变乱啊,有时候兵变了,街市整条地烧起,火团落在我们院中。有时候内战了,城门紧闭,铺店关门,昼夜响着枪炮。这惊恐,这紧张,再加上一家饮食的筹划,儿女安全的顾虑,岂是一个软弱的老寡妇所能受得起的?可是,在这种时候,母亲的心横起来,她不慌不哭,要从无办法中想出办法来。她的泪会往心中落!这点软而硬的个性,也传给了我。我对一切人与事,者取和平的态度,把吃亏看作当然的。

但是,在做人上,我有一定的宗旨与基本法则,什么事都可将就,而不能超过自己划好的界限。我怕见生人,怕办杂事,怕出头露面;但是到了非我去不可的时候,我便不得不去,正像我的母亲。从私塾到小学,到中学,我经历过起码有廿位教师吧,其中有给我很大影响的,也有毫无影响的,但是我的真正的教师,把性格传给我的,是我的母亲。母亲并不识字,她给我的是生命的教育。

当我在小学毕了业的时候,亲友一致的愿意我去学手艺,好帮助母亲。我晓得我应当去找饭吃,以减轻母亲的勤劳困苦。可是,我也愿意升学。我偷偷地考入了师范学校——制服,饭食,书籍,宿处,都由学校供给。只有这样,我才敢对母亲提升学的话。入学,要交十元的保证金。这是一笔巨款!母亲作了半个月的难,把这巨款筹到,而后含泪把我送出门去。她不辞劳苦,只要儿子有出息。当我由师范毕业,而被派为小学校校长,母亲与我都一夜不曾合眼。我只说了句:“以后,您可以歇一歇了!”她的回答只有一串串的眼泪。我入学之后,三姐结了婚。母亲对儿女是都一样疼爱的,但是假若她也有点偏爱的话,她应当偏爱三姐,因为自父亲死后,家中一切的事情都是母亲和三姐共同撑持的。三姐是母亲的右手。但是母亲知道这右手必须割去,她不能为自己的便利而耽误了女儿的青春。当花轿来到我们的破门外的时候,母亲的手就和冰一样的凉,脸上没有血色——那是阴历四月,天气很暖。大家都怕她晕过去。可是,她挣扎着,咬着嘴唇,手扶着门框,看花轿徐徐地走去。不久,姑母死了。三姐已出嫁,哥哥不在家,我又住学校,家中只剩母亲自己。她还须自晓至晚的操作,可是终日没人和她说一句话。新年到了,正赶上政府倡用阳历,不许过旧年。除夕,我请了两小时的假。由拥挤不堪的街市回到清炉冷灶的家中。母亲笑了。及至听说我还须回校,她愣住了。半天,她才叹出一口气来。到我该走的时候,她递给我一些花生,“去吧,小子!”街上是那么热闹,我却什么也没看见,泪遮迷了我的眼。今天,泪又遮住了我的眼,又想起当日孤独过那凄惨除夕的慈母。可是慈母不会再候盼着我了,她已入了土!

儿女的生命是不依顺着父母所设下的轨道一直前进的,所以老人总免不了伤心。我廿三岁，母亲要我结了婚，我不要。我请来三姐给我说情，老母含泪点了头。我爱母亲，但是我给了她最大的打击。时代使我成为逆子。廿七岁，我上了英国。为了自己，我给六十多岁的老母以第二次打击。在她七十大寿的那一天，我还远在异域。那天，据姐姐们后来告诉我，老太太只喝了两口酒，很早的便睡下。她想念她的幼子，而不便说出来。

“七七”抗战后，我由济南逃出来。北平又像庚子那年似的被鬼子占据了，可是母亲日夜惦念的幼子却跑西南来。母亲怎样想念我，我可以想象得到，可是我不能回去。每逢接到家信，我总不敢马上拆看，我怕，怕，怕，怕有那不祥的消息。人，即使活到八九十岁，有母亲便可以多少还有点孩子气。失了慈母便像花插在瓶子里，虽然还有色有香，却失去了根。有母亲的人，心里是安定的。我怕，怕，怕家信中带来不好的消息，告诉我已是失了根的花草。

去年一年，我在家信中找不到关于老母的起居情况。我疑虑，害怕。我想象得到，没有不幸，家中念我流亡孤苦，或不忍相告。母亲的生日是在九月，我在八月半写去祝寿的信，算计着会在寿日之前到达。信中嘱咐千万把寿日的详情写来，使我不再疑虑。十二月二十六日，由文化劳军的大会上回来，我接到家信。我不敢拆读。就寝前，我拆开信，母亲已去世一年了！

生命是母亲给我的。我之所以能长大成人，是母亲的血汗灌养的。我之所以能成为一个不十分坏的人，是母亲感化的。我的性格，习惯，是母亲传给的。她一世未曾享过一天福，临死还吃的是粗粮。唉！还说什么呢？心痛！心痛！

探究与练习

1.再一次朗读课文，找出概括“母亲”形象的句子，然后结合自己最初阅读时对“母亲”形象的整体把握，说说“我”的母亲是怎样的一个人？“母亲”对作者有哪些影响？

2.作者善于运用简朴的语言描写人物的言行，表现人物丰富的内心世界，揣摩下边的句子，说说画线处表现了人物怎样的内心活动。

(1)当我由师范毕业，而被派为小学校校长，母亲与我都一夜不曾合眼。

我只说了句:“以后,您可以歇一歇了!”她的回答只有一串串的眼泪。

(2)她挣扎着:咬着嘴唇:手扶着门框,看花轿徐徐地走去。

(3)到我该走的时候,她递给我一些花生,“去吧,小子!”

(4)那天,据姐姐们后来告诉我,老太太只喝了两口酒,很早的便睡下。

3.请你谈谈老舍的母亲与自己的母亲(或父亲)有哪些相似之处。

4.请你就自己父母的为人、教子方法,谈谈自己的理解和看法。

我与地坛(节选)

史铁生

【导读】

《我与地坛》是一部自传体散文,课文节选了其中的第二节。作者在生命力最旺盛的20岁时突然双腿截瘫,他绝望了,在地坛里“一连几小时专心致志地想关于死的事”。是地坛鲜活灵动的生命,唤醒了他活下去的意志;是母亲博大深沉的爱,复苏了他冷却的心。

作者在刚截瘫时,毫不顾忌母亲的感受,仅想着自己的不幸,等到他真正读懂母亲,知道“儿子的不幸在母亲那儿总是要加倍的”以后,母亲却已经永远地离开了他。于是就有了作者对母亲的重新审视,以及对母爱更细心的体察。

现在我才想到,当年我总是独自跑到地坛去,曾经给母亲出了一个怎样的难题。

她不是那种光会疼爱儿子而不懂得理解儿子的母亲。她知道我心里的苦闷,知道不该阻止我出去走走,知道我要是老待在家里结果会更糟,但她又担心我一个人在那荒僻的园子里整天都想些什么。我那时脾气坏到极点,经常是发了疯一样地离开家,从那园子里回来又中了魔似的什么话都不说。母亲知道有些事不宜问,便犹犹豫豫地想问而终于不敢问,因为她自己心里也没有答案。她料想我不会愿意她跟我一同去,所以她从未这样要求过,她知道得给我一点独处的时间,得有这样一段过程。她只是不知道这过程得要多久，和这过程的尽头究竟是什么。每次我要动身时，她便无言地帮我准备，帮助我上了轮椅车，看着我摇车拐出小院；这以后她会怎样，当年我不曾想过。

有一回我摇车出了小院，想起一件什么事又反身回来，看见母亲仍站在原地，还是送我走时的姿势，望着我拐出小院去的那处墙角，对我的回来竟一时没有反应。待她再次送我出门的时候，她说："出去活动活动，去地坛看看书，我说这挺好。"许多年以后我才渐渐听出，母亲这话实际上是自我安慰，是暗自的祷告，是给我的提示，是恳求与嘱咐。只是在她猝然去世之后，我才有余暇设想，当我不在家里的那些漫长的时间，她是怎样心神不定坐卧难宁，兼着痛苦、惊恐与一个母亲最低限度的祈求。现在我可以断定，以她的聪慧和坚忍，在那些空落的白天后的黑夜，在那不眠的黑夜后的白天，她思来想去最后准是对自己说："反正我不能不让他出去，未来的日是他自己的，如果他真的要在那园子里出了什么事，这苦难也只好我来承担。"在那段日子里——那是好几年长的一段日子，我想我一定使母亲做过了最坏的准备了，但她从来没有对我说过："你为我想想。"事实上我也真的没为她想过。那时她的儿子还太年轻，还来不及为母亲想，他被命运击昏了头，一心以为自己是世上最不幸的一个，不知道儿子的不幸在母亲那儿总是要加倍的。她有一个长到二十岁上忽然截瘫了的儿子，这是她唯一的儿子；她情愿截瘫的是自己而不是儿子，可这事无法代替；她想，只要儿子能活下去，哪怕自己去死呢也行，可她又确信一个人不能仅仅是活着，儿子得有一条路走向自己的幸福；而这条路呢，没有谁能保证她的儿子终于能找到。这样一个母亲，注定是活得最苦的母亲。

有一次与一个作家朋友聊天，我问他学写作的最初动机是什么？他想了一会儿说："为我母亲。为了让她骄傲。"我心里一惊，良久无言。回想自己最初写小说的动机，虽不似这位朋友的那般单纯，但如他一样的愿望我也有，且一经细想，发现这愿望也在全部动机中占了很大比重。这位朋友说："我的动机太低俗了吧？"我光是摇头，心想并不见得低俗，只怕是这愿望过于天真了。他又说："我那时真就是想出名，出了名让别人羡慕我母亲。"我想,他比我坦率。我想,他又比我幸福,因为他的母亲还活着。而且我想,他的母亲也比我的母亲运气好,他的母亲没有一个双腿残废的儿子,否则事情就不这么简单。

在我的头一篇小说发表的时候,在我的小说第一次获奖的那些日子里,我真是多么希望我的母亲还活着。我便又不能在家里待了,又整天整天独自跑到地坛去,心里是没头没尾的沉郁和哀怨,走遍整个园子却怎么也想不通:母亲为什么就不能再多活两年?为什么在她儿子就快要碰撞开一条路的时候,她却忽然熬不住了?莫非她来此世上只是为了替儿子担忧。却不该分享我的一点点快乐?她匆匆离我去时才只有四十九岁呀!有那么一会,我甚至对世界对上帝充满了仇恨和厌恶。后来我在一篇题为《合欢树》的文章中写道:"我坐在小公园安静的树林里,闭上眼睛,想,上帝为什么早早地召母亲回去呢?很久很久,迷迷糊糊的我听见了回答:'她心里太苦了,上帝看她受不住了,就召她回去。'我似乎得了一点安慰,睁开眼睛,看见风正从树林里穿过。"小公园,指的也是地坛。

只是到了这时候,纷纭的往事才在我眼前幻现得清晰,母亲的苦难与伟大才在我心中渗透得深彻。上帝的考虑,也许是对的。

摇着轮椅在园中慢慢走,又是雾罩的清晨,又是骄阳高悬的白昼,我只想着一件事:母亲已经不在了。在老柏树旁停下,在草地上在颓墙边停下,又是处处虫鸣的午后,又是鸟儿归巢的傍晚,我心里只默念着一句话:可是母亲已经不在了。把椅背放倒,躺下,似睡非睡挨到日没,坐起来,心神恍惚,呆呆地直坐到古祭坛上落满黑暗然后再渐渐浮起月光,心里才有点明白,母亲不能再来这园中找我了。

曾有过好多回,我在这园子里待得太久了,母亲就来找我。她来找我又不想让我发觉,只要见我还好好地在这园子里,她就悄悄转身回去,我看见过几次她的背影。我也看见过几回她四处张望的情景,她视力不好,端着眼镜像在寻找海上的一条船,她没看见我时我已经看见她了,待我看见她她也看见我了我就不去看她,过一会儿我再抬头看她就又看见她缓缓离去的背影。我单是无法知道有多少回她没有找到我。有一回我坐在矮树丛中,树丛很密，我看见她没有找到我；她一个人在园子里走，走过我的身旁，走过我经常呆的一些地方，步履茫然又急迫。我不知道她已经找了多久还要找多久，我不知道为什么我决意不喊她——但这绝不是小时候的捉迷藏，这也许是出于长大了的男孩子的倔强或羞涩？但这倔强只留给我痛悔，丝毫也没有骄傲。我真想告诫所有长大了的男孩子，千万不要跟母亲来这套倔强，羞涩就更不必，我已经懂了可我已经来不及了。

儿子想使母亲骄傲，这心情毕竟是太真实了，以至使“想出名”这一声名狼藉的念头也多少改变了一点形象。这是个复杂的问题，且不去管它了吧。随着小说获奖的激动逐日暗淡，我开始相信，至少有一点我是想错了：我用纸笔在报刊上碰撞开的一条路，并不就是母亲盼望我找到的那条路。年年月月我都到这园子里来，年年月月我都要想，母亲盼望我找到的那条路到底是什么。母亲生前没给我留下过什么隽永的哲言，或要我恪守的教诲，只是在她去世之后，她艰难的命运，坚忍的意志和毫不张扬的爱，随光阴流转，在我的印象中愈加鲜明深刻。

有一年，十月的风又翻动起安详的落叶，我在园中读书，听见两个散步的老人说：“没想到这园子有这么大。”我放下书，想，这么大一座园子，要在其中找到她的儿子，母亲走过了多少焦灼的路。多年来我头一次意识到，这园中不单是处处都有过我的车辙，有过我的车辙的地方也都有过母亲的脚印。

探究与练习

1.理解也意味着尊重他人的选择，母亲对孩子的理解都表现在哪些地方？请在文中找出这些句子。

2.联系全文，理解下面几段话的含意。

(1)母亲了解自己的儿子因残疾而苦闷，明知儿子有可能选择轻生的情况下却让儿子独自去地坛。这是为什么？

(2)作者写道：“我用纸笔在报刊上碰撞开的一条路，并不就是母亲盼望我找到的那条路。”那么母亲希望自己的孩子找到的路是什么？

(3)“多年来我头一次意识到，这园中不单是处处都有过我的车辙，有过我的车辙的地方也有过母亲的脚印”。我们怎么来理解这些“脚印”“车辙”“我”“地坛”以及“母亲”的关系？

3.阅读下面的文段，完成文后的练习。

曾有过好多回，我在这园子里待得太久了，母亲就来找我。她来找我又不想让我发觉，只要见我还好好地在这园子里，她就悄悄转身回去，我看见过几次她的背影。我也看见过几回她四处张望的情景，她视力不好，端着眼镜像在寻找海上的一条船，她没看见我时我已经看见她了，待我看见她她也看见我了我就不去看她，过一会儿我再抬头看她就又看见她缓缓离去的背影。我单是无法知道有多少回她没有找到我。有一回我坐在矮树丛中，树丛很密，我看见她没有找到我；她一个人在园子里走，走过我的身旁，走过我经常呆的一些地方，步履茫然又急迫。我不知道她已经找了多久还要找多久，我不知道为什么我决意不喊她——但这绝不是小时候的捉迷藏，这也许是出于长大了的男孩子的倔强或羞涩？但这倔强只留给我痛悔，丝毫也没有骄傲。我真想告诫所有长大了的男孩子，千万不要跟母亲来这套倔强，羞涩就更不必，我已经懂了可我已经来不及了。

(1)指出文段中加横线的喻体的本体是什么？

(2)文段在描写母亲时用了多种描写方法，请找出相关语句。

心理描写：

动作描写：

神态描写：

(3)“我真想告诫所有长大了的男孩子，千万不要跟母亲来这套倔强，羞涩就更不必，我已经懂了可我已经来不及了。”这句饱含了作者追悔的话语，对我们有哪些启发？

4.我们享受着父母给予的关爱，我们体验着父母怀抱的温暖，然而我们对于父母的回报，却总是少得可怜。我们再也不能只是迟到的理解、将来的孝顺，请问你知道父母亲的生日吗？别忘了为他们送上一份生日的礼物。

项脊轩志

归有光

【导读】

古今的中国文人常喜欢给自己的书房取一个雅致或富有深意的名字来表现自己的志趣追求，例如蒲松龄的聊斋，梁启超的饮冰室，周作入的苦雨斋等。明代作家归有光的《项脊轩志》，就是以记叙自己的书斋——项脊轩的兴废，抒写与之相关的家庭琐事，表达了物在人亡、三世变迁的感慨，抒发了对祖母、母亲和妻子的深切怀念。文章记事绘影绘声，朴实感人，饶有情致，读来真切感人。

项脊轩，旧南阁子也。室仅方丈，可容一人居。百年老屋，尘泥渗漉，雨泽下注；每移案，顾视，无可置者。又北向，不能得日，日过午已昏。余稍为修葺，使不上漏。前辟四窗，垣墙周庭，以当南日，日影反照，室始洞然。又杂植兰桂竹木于庭，旧时栏楯，亦遂增胜。借书满架，偃仰啸歌，冥然兀坐，万籁有声；而庭阶寂寂，小鸟时来啄食，人至不去。三五之夜，明月半墙，桂影斑驳，风移影动，珊珊可爱。

然余居于此，多可喜，亦多可悲。

先是，庭中通南北为一。迨诸父异爨，内外多置小门，墙往往而是。东犬西吠，客逾庖而宴，鸡栖于厅。庭中始为篱，已为墙，凡再变矣。家有老妪，尝居于此。妪，先大母婢也，乳二世，先妣抚之甚厚。室西连于中闺，先妣尝一至。妪每谓余曰："某所，而母立于兹。"妪又曰："汝姊在吾怀，呱呱而泣；娘以指叩门扉曰：'儿寒乎？欲食乎？'吾从板外相为应答。"语未毕，余泣，妪亦泣。余自束发读书轩中，一日，大母过余曰："吾儿，久不见若影，何竟日默默在此，大类女郎也？"比去，以手阖门，自语曰："吾家读书久不效，儿之成，则可待乎！"顷之，持一象笏至，曰："此吾祖太常公宣德间执此以朝，他日汝当用之！"瞻顾遗迹，如在昨日，令人长号不自禁。

轩东故尝为厨，人往，从轩前过。余扃牖而居，久之，能以足音辨人。轩凡四遭火，得不焚，殆有神护者。

项脊生曰："蜀清守丹穴，利甲天下，其后秦皇帝筑女怀清台；刘玄德与曹操争天下，诸葛孔明起陇中。方二人之昧昧于一隅也，世何足以知之，余区区处败屋中，方扬眉、瞬目，谓有奇景。人知之者，其谓与坎井之蛙何异？"

余既为此志，后五年，吾妻来归，时至轩中，从余问古事，或凭几学书。吾妻归宁，述诸小妹语曰："闻姊家有阁子，且何谓阁子也？"其后六年，吾妻死，室坏不修。其后二年，余久卧病无聊，乃使人复葺南阁子，其制稍异于前。然自后余多在外，不常居。

庭有枇杷树，吾妻死之年所手植也，今已亭亭如盖矣。

译文

项脊轩，就是过去的南阁子。屋内面积仅一丈见方，可容一人居住。是一间有上百年历史的老房子，灰尘与泥土常从屋顶上漏下来，（下雨时）雨水往下直灌；每次移动桌子，左看右看没有可以安放的地方。屋门又朝北开，不能受到阳光的照射，一过中午，屋里就暗了下来。我稍微修补，使上面不再落灰、漏雨。室前新开四扇窗户，院子四周砌上围墙，用来挡住南边射来的阳光，经日光反照，室内才明亮起来。又在庭院里错杂地种上兰花、桂树、竹子等，往日的栏杆，也就增加了新的光彩。借来的图书摆满书架，我安居这里悠然自得，有时长啸或吟唱，有时静悄悄地独自坐着，自然界的声响都能清晰地听到；庭院、阶前却异常寂静，小鸟不时飞下来啄食，人到它面前也不离开。在农历每月十五日的夜晚，明月高悬，照在墙上，桂树的影子交杂错落，微风吹来，花影摇动，美丽可爱。

然而我居住在这里，喜悦的感受多，悲怆的感受也很多。

在这以前，亭院南北相通是一个整体。等到伯父叔父们分家以后，室外设置了许多小门，隔墙到处都是。东家的狗对着西家叫，客人得越过厨房去吃饭，鸡在厅堂内栖宿。庭中开始用篱笆隔开，后来又砌成了墙，一共变动了两次。家里有个老婆婆，曾经在这里居住过。这位老婆婆，是我死去的祖母的婢女，给两代人喂过奶，母亲在世时待她很好。轩的西边和内室相连，母亲曾经到轩中来。老婆婆时常对我说："这地方，你母亲曾经站在这儿。"老婆婆还说："你姐姐小时候在我怀中，呱呱地哭泣；你母亲听见了就用手指轻敲着房门说：'孩子冷吗？想吃东西了么？'我在门外一一向你母亲回答。"老婆婆的话没有说完，我就哭了，老婆婆也流下了眼泪。我从十五岁起就在轩中读书。一天，祖母来看我，说："我的孩子，好久没看到你的身影了。为什么整天默默地在这里，真像个女孩子呀？"等到离开时，她用手轻轻地掩上轩门，自言自语地说："我家的读书人好多年没有得到功名，这孩子长大，就可以有指望了呀！"不一会儿，又拿了一个象笏到轩里来，说："这是我祖父太常公在宣德年间拿着去朝见皇帝用的，以后你会用到它！"回忆旧日的这些事，好像昨天刚发生，真让人忍不住伤心落泪。

项脊轩的东边以前曾经是厨房，人们到厨房去，必须从轩前经过。我关着窗子住在里面，时间长了，能根据脚步声辨别是谁。项脊轩共遭过四次火灾，能够不被焚毁，大概是有神保护的缘故吧。

我作了上面这篇志后，过了五年，我的妻子嫁到我家来，她时常到轩中，向我问及一些历史故事，有时伏在桌子上学写字。妻子回娘家去省亲，回来转述她的小妹妹们的话说："听说姐姐家里有阁子，那么什么叫阁子呢？"以后过了六年，我的妻子去世，项脊轩逐渐破败，也没有修理。又过了两年，我卧病在床，闲极无聊之际，就派人再次修缮南阁子，它的格局与以前稍有不同。然而此后我长期羁留在外，不常回到轩中居住。

庭前有一棵枇杷树，是我妻子去世的那一年亲手种植的，现在已经像一把撑开着的巨伞一样高高地矗立着。

探究与练习

1. 找出本文的所有人称代词，并解释。

2. 分小组讨论：作者喜什么？悲什么？本文以哪种情感基调为主？

学会感恩

肖复兴

【导读】

羔羊有跪乳之情，乌鸦有反哺之恩，人有感恩之心。感谢父母给了我们生命，让我们享受到了人世间的亲情和幸福；感谢老师的谆谆教诲，让我们拥有了学习知识的快乐；感谢同学真诚的关怀和帮助，让我们懂得了友情的珍贵……学会感恩，让我们心中有爱，胸中有情，永怀善意，永远快乐！

本文紧扣题目，先从西方的感恩节谈起，而后谈到中国人感恩思想的淡漠，进行对比论证，良莠明辨；由生命需要阳光、雨露，说到人们需要友情和亲情，运用比喻论证，深入浅出；文末用两个事实证明懂得感恩能够使世界变得温馨美好。

西方有一个感恩节。那一天，要吃火鸡、南瓜馅饼和红莓果酱。那一天，无论天南地北，再远的孩子，都要赶回家。

总有一种遗憾，我们国家的节日很多，唯独缺少一个感恩节。我们可以东施效颦吃火鸡、南瓜馅饼和红莓果酱，我们也可以千里万里赶回家，但那一切并不是为了感恩，团聚的热闹总是多于感恩。

没有阳光，就没有日子的温暖；没有雨露，就没有五谷的丰登；没有水源，就没有生命；没有父母，就没有我们自己；没有亲情友情和爱情，世界就会是一片孤独和黑暗。这些都是浅显的道理，没有人会不懂，但是，我们常常缺少一种感恩的思想和心理。

“谁言寸草心，报得三春晖谁知盘中餐，粒粒皆辛苦”。我们小时候背诵的诗句，讲的就是要感恩。滴水之恩，涌泉相报；衔环结草，以报恩德。中国绵延多少年的古老成语，告诉我们的也是要感恩。但是，这样的古训并没有渗进我们的血液，有时候，我们常常忘记了，无论生活还是生命，都需要感恩。

蜜蜂从花丛中采完蜜，还知道嗡嗡地唱着道谢；树叶被清风吹得凉爽，还知道飒飒地响着道谢。但是，我们还不如蜜蜂和树叶，有时候，我们往往容易忘记了需要感恩。

没错，感恩的敌人，是忘恩负义。但是，真正忘恩负义的人毕竟是少数，大多数的人们常常对别人给予自己的帮助和情谊、恩惠和德泽，以为是理所当然，便容易忽略或忘记，有意无意地站在了感恩的对立面。难道不是吗？我们父母给予我们的爱，常常是细小琐碎却无微不至，不仅常常被我们觉得就应该是这样，而且还觉得他们人老话多，树老根多，嫌烦呢。而我们自己呢，哪怕是同学或是情人的生日，都不会错过他们的聚会，偏偏记不清父母的生日，就并不是什么奇怪的事情了。

懂得感恩的人，往往是有谦虚之德的人，是有敬畏之心的人。对待比自己弱小的人，知道要躬身弯腰，便是属于前者；感受上苍懂得要抬头仰视，便是属于后者。因此，哪怕是比自己再弱小的人给予自己的哪怕是一点一滴的帮助，这样的人也是不敢轻视，不能忘记的。跪拜在教堂里的那些人，仰望着从教堂彩色的玻璃窗中洒进的阳光，是怀着感恩之情的，纵使我并不相信上帝的存在，但我总是被那种神情所感动。

恨多于爱的人，一般容易缺乏感恩之情。心里被怨恨涨满的人，便容易像是被雨水淹没的田园，很难再吸收进新的水分，便很难再长出感恩的花朵或禾苗。

不懂得忏悔的人，一般也容易缺乏感恩之情。道理很简单，这样的人，往往唯我独尊，一切都是他对，他从来都没有错，对于别人给予他的帮助，特别是指出他的错误，弥补他闪失的帮助，他怎么会在意呢？不仅不会在意，而且还可能会觉得这样的帮助是多余，是当面让他下不来台呢。这样的人，心如冰硬板结的水泥地板，水是打不湿的，便也就难以再松软得能够钻出惊蛰的小虫来，鸣叫出哪怕再微弱的感恩之声来。

财富过大并钻进钱眼里出不来，和权力过重并沉溺权力欲出不来的人，一般更容易缺乏感恩之情。因为这样的人会觉得他们是施恩于别人的主儿，大腹便便，习惯于昂着头走路，已经很难再弯下腰、蹲下身来，更难于鞠躬或磕头感恩于人了。

虽说大恩不言谢，但是，感恩一定不要仅发于心而止于口，对你需要感谢的人，一定要把感恩之意说出来，把感恩之情表达出来。美国曾经有这样一则传说，一个村子里，一家人围坐在餐桌前吃饭，母亲端上来的却是一盆稻草。全家都很奇怪，不知道这究竟是怎么一回事，母亲说："我给你们做了一辈子的饭，你们从来没有说过一句感谢的话，称赞一下饭菜好吃，这和吃稻草有什么区别！"连世上最不求回报的母亲都渴望听到哪怕一点感谢的回声，那么我们对待别人给予的帮助和恩情，就更需要把感恩的话说出来。那不仅是为了表示感谢，更是一种内心的交流，在这样的交流中，我们会感到世界因这样的息息相通而变得格外美好。

诗歌两首

【导读】

诗歌讲究意境，意境是指文艺作品中所描绘的生活图景和表现的思想融合一致而形成的一种艺术境界。

《仿佛》描绘的三幅画面，表现了成长中的孩子处处感受到母爱的呵护与温馨。“我不记得我的母亲”一句富有哲理，诗人并不是不记得母亲，而是对母亲无须刻意的记忆，却总是难以忘记，同时母爱的伟大在于对子女无尽的关爱，不求铭记，不为回报。

《游子吟》是一首母爱的颂歌。诗中亲切地吟颂了伟大的人性美——母爱。诗的开头两句，所写的人是母与子，所写的物是线与衣，然而却点出了母子相依为命的骨肉之情。中间两句集中写慈母的动作和意态，表现了母亲对儿子的深笃之情。虽无言语，也无泪水，却充溢着爱的纯情，扣人心弦，催人泪下。最后两句是前四句的升华，以通俗形象的比喻，寄托赤子炽烈的情怀，对于春日般的母爱，小草似的儿女，怎能报答于万一呢？

仿　佛

[印度]泰戈尔

我不记得我的母亲，
只是在游戏中间
有时仿佛有一段歌调
在我玩具上回旋，
是她在晃动我的摇篮时
所哼的那些歌调。
我不记得我的母亲，但是在初秋的早晨，
合欢花在空气中浮动，

庙里晨祷的馨香
仿佛向我吹来
母亲一样的气息。
我不记得我的母亲
只是我从卧室的窗里
外望悠远的蓝天，
我仿佛觉得
母亲凝住在我脸上的目光
布满了这个天空。

游子吟

孟郊

慈母手中线，游子身上衣。
临行密密缝，意恐迟迟归。
谁言寸草心，报得三春晖。

第二节　口语交际

一、自我介绍

口语是指人们用口所说出的有声语言。口语表达要做到自然而不做作，简洁而不啰嗦，达意而不含混。

口语表达传递信息迅速，是应用最广泛的交际方式。具有良好的口语表达能力即口才，已成为现代人必备的素质。现代人才观认为，没有口才便不是完美的人才。“口才助你成功，沟通改变人生。”一个人有了口才，事业就会如虎添翼。中职生求知、交际、求职、就业的各个环节都离不开口语表达能力。因此，学好口语，提高说话的能力，对于中职生有着非常重要的意义。

我们要提高口语表达能力，就应该学习一些相关知识，重视实践锻炼。口语交际从表达者的数量上来分，有单向表达、双向沟通和多向交流。本单元学习的自我介绍是一种单向表达形式。

自我介绍，即将本人介绍给他人。在人际交往中得体地进行自我介绍，有助于自我展示、自我宣传，可以扩大自己的交际范围，融洽自己的生活环境。

1. 自我介绍注意事项

(1)把握时机。自我介绍要在适当的场合进行，才有利于正常交际。如：自我推荐、自我宣传时，在交往中与不相识者相处时，有不相识者要求自己作自我介绍时，有求于人而对方对自己不甚了解或一无所知时，应做自我介绍。

(2)语音清晰。自我介绍必须让对方听清楚、听明白，所以要吐字清楚，声音响亮，不能含含糊糊、低声咕哝；介绍的语速应不紧不慢，急缓有度，不能像连珠炮似的，也不能慢悠悠的。

(3)仪态自然。自我介绍时应镇定自信、落落大方、彬彬有礼。表情要自然、友善、亲切，这样有助于给人以好感。如果你流露出畏怯和紧张，结结巴巴，目光不定，面红耳赤，手忙脚乱，则会为他人所轻视，彼此间的沟通便有了阻隔。

(4)用语生动。自我介绍的语言如能生动活泼、幽默有趣，就能给对方产生更深刻的印象，也比较容易引起人们的好感和认同。

(5)详略得当。介绍时应根据介绍的目的、介绍的现场情况以及时间要求等，来决定介绍内容的主与次、多与少，做到有的放矢，以达到预期的目标。

2. 自我介绍的具体形式

(1)应酬式。适用于某些公共场合和一般性的社交场合，这种自我介绍最为简洁，往往只包括姓名一项即可。如，“你好，我叫××××”或“你好，我是××。”

(2)工作式。适用于工作场合，它包括本人姓名、供职单位及其部门、职务或从事的具体工作等。如，“你好，我叫××，是××公司的销售经理。”或“我叫××××，在××学校读书。”

(3)交流式。适用于社交活动中,希望与交往对象进一步交流与沟通。它大体应包括介绍者的姓名、工作、籍贯、学历、兴趣及与交往对象的某些熟人的关系。如,“你好,我叫××,在××工作。我是××的同学,都是××市(县)人。”

(4)礼仪式。适用于讲座、报告、演出、庆典、仪式等一些正规而隆重的场合。介绍的内容包括姓名、单位、职务等,同时还应加入一些适当的谦辞、敬辞。如“各位来宾,大家好！我叫××,是××学校的学生。我代表学校全体学生欢迎大家光临我校,希望大家……”

(5)答问式。适用于应试、应聘和公务交往。答问式的自我介绍,应该是有问必答,问什么就答什么,根据交往的目的恰当地展示自我。

二、借鉴实例

【示例1】

开学初,××职业学校新生孙阳同学在题为“认识你,认识我”的班会上这样对同学介绍自己:

姓名:跟孙悟空同姓,和太阳同名。

性别:和爸爸一样。

年龄:已是二八年华。

模样:扁脸扁鼻子,手大脚大像爸爸;浓眉黑眼珠子像妈妈;不高不矮,不胖不瘦。

优点:我刚拿着户口簿报名念书那天,老师便写了道题“3+1-5”考我,又连忙说:“出错了!”我一口气答出:“等于-1。”老师惊奇地问:“你知道什么叫负数?”我又说:“负数就是不够,还欠你的。”老师抚摸着我的头,微微笑了。多年来,我的学生手册上都写着:“学习好,爱劳动,灵活。”同学们都常常夸我:有两下子。我会爬杆,会打乒乓球。班上的黑板报画画、写字都是我包了。我还爱看书,看完了就讲给朋友们听。我更爱学英语。以前,每天早晨我还在梦里,就被爸爸读英语的声音惊醒。我吵着要学,爸爸说:“早点学也好。”就这样,我坚持早晚跟爸爸学英语。坚持下来,成绩还不错,有机会,给你们露两下。

缺点:我的缺点大于优点。除了老师的评语“上课不专心,下课爱疯打,有点骄傲自满”以外,爸爸还给我总结了好多条:学习要用鞭子抽,脑细胞是直的,好吃贪玩,出门就闯祸。

愿望:决心改掉缺点,自觉学习,以后争取当个大医学家,专门治疗不听话孩子的脑细胞。

简评:

孙阳的自我介绍,采取列表式地逐项介绍,简单明了,很有特色。他根据介绍的目的和听众情况,妥善地处理了内容的详略,基本情况略讲,优点缺点详讲,运用典型事例印证,语言生动活泼,给人留下深刻印象。这个自我介绍赢得同学们热烈的掌声,大家很快记住了孙阳。

【示例 2】

自我介绍

大家好,我叫凌芝,与名贵药材——灵芝同音,来自于石刻之乡大足。朴实、自然是我一贯的作风。我的爱好有看书读报、写作、运动、交际、做手工,擅长唱歌。这些广泛的兴趣爱好造就了一个开朗、热情、健康向上的我。我确信世上没有无缘无故的成功,做成功的人更需要不断的学习,给自己不断的“充电”,才能不断地提高、不断地创新。刘墉曾写过一本书,叫《悠悠生死一念间》。我认为,有的时候成败亦在一念之间,因此,对成功,对理想的追求,我从来不放弃。“没有最好,只有更好”是我的座右铭。

简评:

这篇自我介绍的目的在于同学间的相互交流和了解,因此介绍者首先介绍了自己的基本情况,利于大家对自己的大致了解;然后把最能代表自己的特点介绍给大家,如爱好、特长、愿望等,给人留下了鲜明而深刻的印象。在类似的交际环境中,值得借鉴。

第三节　语文实践活动

展示自我，感恩亲情

一、活动目的和要求

1. 感悟亲情、珍爱亲人，培养热爱家庭的情感和对家庭的责任感。

2. 能够迅速读懂文意，把握文章的主要内容和基本情感。

3. 养成爱观察、勤思考的习惯，着眼细节，描摹至爱真情。

4. 能大方、得体地作自我介绍。

二、活动内容和步骤

1. 阅读下面这段文字，然后简要回答：这篇短文讲了什么？表达了作者怎样的思想情感？

我的亲情中药

都知道中药是苦的，而现在的年轻人很少能吃得了那份苦。前几天我吃了几付中药，那苦苦的滋味真的是不好受。幸好不用自己熬，因为有母亲。

每天回到家里，走进楼道就嗅到一股浓浓的药味。打开家门，看到母亲正在药锅前，专注地熬着那份药，也许有人熬药也是一种幸福吧。

药熬好了，喝药对我来说是一件难事，想想那苦苦的味道，真不知道怎么才能咽到肚子里。每天晚上，母亲都要把药端到我面前，并把早已剥好皮的糖块放到桌子上，一遍又一遍地劝我吃，那神情就像在哄一个三岁的孩子。而我面对中药有一种恐惧，每次定会让母亲又热一次。

当然，更可恶的是早上起来喝中药。清晨六点，奶奶就早早地起来把药热好，然后把我叫醒，让我吃完药再睡。一向嗜睡的我怎会轻易起来。于是奶奶便左手拿着药碗，右手拿着水杯坐在我枕边等我起来。慢慢地，药变凉了，水变凉了，奶奶又去热，热完了再这么端着坐回到我枕边。我压根不愿意吃药，更不相信吃完中药还能舒服到哪里去。之所以肯喝药是不忍心看着奶奶就那样端着。

就这样一副又一副药地吃，一天又一天地接受着母亲和奶奶两个人的轮番“轰炸”。当吃最后一副药时，正好赶上假日。于是看着母亲熬药，也知道了原来母亲每次熬药都要在那里站上两个多小时，半步不离。我几次要自己熬，母亲都不肯。

药终于熬好了。又该吃药了。看着这最后一副药，真是百般滋味。母亲和奶奶一同看着我喝药。这一刻，我觉得我是幸福的。也在这一刻我又想起了母亲把糖剥好等我吃药的情景，想起了奶奶早早地起来端着药碗和水杯默默坐在我床边的情景。就这样慢慢地品味着，品味着这苦苦的中药和甜甜的亲情，再也没有了苦味。

2.在我们的生活中有多少这样由苦变甜的幸福记忆呀！请用感激的心情观察亲人、回忆亲人，捕捉和亲人在一起的生活细节，描写一个亲情片段。然后，每位同学在学习小组内作自我介绍并交流片段作文，推选一名同学在主题班会上交流。

3.举办一次展示自我、感恩亲情的主题班会。（会场布置：在黑板上书写“谁言寸草心，报得三春晖”，收录机轻声播放《父亲》《儿行千里母担忧》《懂你》《感恩的心》等蕴含浓浓亲情的歌曲）

由各组推荐同学们走上讲台，首先做一个简要的自我介绍，然后感情充沛地讲述一个亲情片段。随后，同学自由上台发言。比一比，谁的介绍最有特色，谁的亲情故事最能感动大家。

4.听了大家的亲情故事，同学们一定对亲情有了新的认识。请将对亲情的所有感触，写成书信，寄给亲人，用我们的知恩、感恩去慰藉他们。要知道，这是此时的我们对亲人最好的报答。

第十八章　古诗文赏读

第一节　阅读与欣赏

一、识文会意　心近古人

我国古代文学优秀作品浩若烟海，虽然时代不同、体裁多样、风格各异，但文章结构和语言表达、修辞运用等诸方面与现代作品是有很多相通之处的。因此，阅读、鉴赏文言文时在很多方面也可以借鉴现代文的阅读与鉴赏方法。但由于文言文和现代社会有着比较大的时间跨度和文化差异，文言文的阅读与鉴赏又有自己的特点。要阅读和鉴赏浅易文言文，必须从以下几方面入手。

1.走近时代，了解作者

文学作品无论是思想感情还是表现手法都是与作者及其生活的时代密不可分的。由于时代的久远、文化的变化、社会的变迁以及不同时代的人思想观念、思维方法等的不同，要阅读和鉴赏古代的作品，更需要了解作者和他所处的时代，了解文章中涉及的一些古代文化常识。如要阅读、鉴赏庄子的《庖丁解牛》，就必须对庄子的哲学思想和社会生活主张有一个简要的了解。

2.疏通字词，领会文意

由于时代的变迁，现代人阅读和鉴赏古代作品首先遇到的一个问题就是古今字词含义和用法的变化。要读懂一篇文言文，就必须通过读注释，查字典,疏通文字,逐字逐句地读懂每一句话。

在此基础上,还要结合对作者及其时代背景的了解,通过反复诵读与思考,才能够了解文章的基本意思。

3.理解思想,体味特色

在疏通字词和了解文意的基础上,我们可以把现代文阅读和鉴赏的一些方法运用到古文的阅读与鉴赏上去,结合作品时代背景和作者的经历,"与古人对话",理解作者通过文章表达的思想及情感,进而把握文章的主旨。

理解文章特色,可以从作品的思想情感、内容意境、结构方式、语言表达、修辞运用等着手。这方面也可以借鉴现代文的阅读方法。

4.掌握字词,举一反三

阅读文言文能力的核心是搞清常用虚词、实词的用法及使用规律,以实现举一反三、提高阅读文言文能力的目的。随着时代的变迁,汉语也发生了很大的变化。这些变化体现在语音、词汇、语法诸方面。下面对这些变化简述如下:

(1)语音方面。语音方面的变化是最大的。我国著名语言学家吕叔湘先生在《语言的演变》一文中曾提出设想:假如今天的某人回到三千多年前孔子授课的课堂上去,他将一句也听不懂。现代汉语中某些方言保留的中古音比较多,如客家方言,一般北方方言区的人基本上是听不懂的。可以想象,上古汉语的语音,与现在的语音差异会更大。

(2)词汇方面。一是音节的变化,古汉语是以单音节词为主,而现代汉语是以双音节词为主。二是词义的变化,除了新词的产生和部分旧词的消亡之外,保留下来的词大多也发生了或大或小的变化。如"来",它最早的含义是"麦穗",后来才产生出今天的含义来,它原来的含义反而没有了。这些保留下来的词在意义上的演变主要有以下几种情况:

第一种,全同,主要是一些基本词汇,如山、鸡、草、木、火、大、小、哭、笑等。

第二种,微殊,即古今词义有继承和发展关系,但又有意义和用法上的不同。如“劝”，古代作“勉励”“鼓励”讲，“劝解”的意义是很晚才有的。“孟尝君使人给其食用”《冯谖客孟尝君》中的“给”就只能解作“供应”而不能解作“给予”，因为那时还没有这个意义。

第三种，迥异，有些词的古代意义和现代意义完全不同，彼此之间毫无关系。如“该”，在上古和中古都只有“完备”的意思，在中古以后才有了“应该”的意思。有些词是古代有而现代没有的，这种词比较好解决，只要一查字典就能明白意义。如“傩”(nuó)，《辞海》解释为“驱逐疫鬼”，意思就好懂了。在这三种情况中，特别要引起注意的是第二种情况，即“微殊”。这是掌握古汉语词义的关键。

(3)语法方面。这方面的变化相对而言比较小。汉语经过几千年的发展，基本的句式并未发生大的变化，只在一些修饰成分的位置和一些词的用法方面发生了一定的变化，如宾语前置、词类活用等。

古汉语特殊的语言现象表面看起来是庞杂而难以把握的，其实有规律可循。我们只要掌握了古汉语与现代汉语的对应变化规律，就能够达到阅读浅易文言诗文的目的。

二、范文

庖丁解牛

庄子

【导读】

这是一个寓言故事。它借庖丁解牛的故事，形象地说明世上事物虽然错综复杂，但只要善于适应自然之理，就不会蒙受损伤。它给人的启示是：熟能生巧，只要反复实践，不断积累经验，就能像庖丁那样认识和掌握事物的规律，做到“游刃有余”。

本文叙事生动，语言精练。“目无全牛”“游刃有余”等今天已经成为广泛运用的成语。学习时要理解“刀”“牛”“解牛”“解牛的方法”的含义，同时注意掌握“乎”“然”“焉”“盍”等虚词的用法。

庖丁为文惠君解牛。手之所触，肩之所倚，足之所履，膝之所踦，砉然向然，騞奏刀然，莫不中音：合于《桑林》之舞，乃中《经首》之会。

文惠君曰："嘻，善哉！技盖至此乎？"

庖丁释刀对曰："臣之所好者，道也；进乎技矣。始臣之解牛之时。所见无非牛者；三年之后，未尝见全牛也。方今之时，臣以神遇而不以目视，官知止而神欲行。依乎天理，批大郤，道大窾，因其固然，技经肯綮之未尝，而况大軱乎！良庖岁更刀，割也；族庖月更刀，折也。今臣之刀十九年矣，所解数千牛矣，而刀刃若新发于硎。彼节者有间，而刀刃者无厚；以无厚人有间，恢恢乎其于游刃必有余地矣！是以十九年而刀刃若新发于硎。虽然，每至于族，吾见其难为，怵然为戒，视为止，行为迟。动刀甚微；謋然已解，如土委地。提刀而立，为之四顾，为之踌躇满志，善刀而藏之。"

文惠君曰："善哉！吾闻庖丁之言，得养生焉。"

译文

有一个名叫丁的厨师替梁惠王宰牛，手所接触的地方，肩所靠着的地方，脚所踩着的地方，膝所顶着的地方，都发出皮骨相离声，刀子刺进去时响声更大，这些声音没有不合乎音律的。它竟然同《桑林》、《经首》两首乐曲伴奏的舞蹈节奏合拍。

梁惠王说："嘻！好啊！你的技术怎么会高明到这种程度呢？"

庖丁放下刀子回答说："臣下所探究的是事物的规律，这已经超过了对于宰牛技术的追求。当初我刚开始宰牛的时候，(对于牛体的结构还不了解)，看见的只是整头的牛。三年之后，(见到的是牛的内部肌理筋骨)，再也看不见整头的牛了。现在宰牛的时候，臣下只是用精神去接触牛的身体就可以了，而不必用眼睛去看，就像感觉器官停止活动了而全凭精神意愿在活动。顺着牛体的肌理结构，劈开筋骨间大的空隙，沿着骨节间的空穴使刀，都是顺着牛体本来的结构。宰牛的刀从来没有碰过经络相连的地方、紧附在骨头上的肌肉和肌肉聚结的地方，更何况股部的大骨呢？技术高明的厨工每年换一把刀，是因为他们用刀子去割肉。技术一般的厨工每月换一把刀，是因为他们用刀子去砍骨头。现在臣下的这把刀已用了十九年了，宰牛数千头，而刀口却像刚从磨刀石上磨出来的一样。牛身上的骨节是有空隙的，可是刀刃却并不厚，用这样薄的刀刃刺入有空隙的骨节，那么在运转刀刃时一定宽绰而有余地了，因此用了十九年而刀刃仍像刚从磨刀石上磨出来一样。虽然如此，可是每当碰上筋骨交错的地方，我一见那里难以下刀，就十分警惕而小心翼翼，目光集中，动作放慢。刀子轻轻地动一下，哗啦一声骨肉就已经分离，像一堆泥土散落在地上了。我提起刀站着，为这一成功而得意地四下环顾，一副悠然自得、心满意足的样子。拭好了刀把它收藏起来。”

梁惠王说：“好啊！我听了庖丁的话，学到了养生之道啊。”

【赏析】

牛的结构无疑是很复杂的，庖丁解牛，为什么能一刀下去，刀刀到位，轻松简单，原因是什么？是因为掌握了它的肌理。牛与牛当然各不相同，但不管是什么牛，它们的肌理都是一致的；每个人的生活也各有各的面貌，其基本原理也是近似的。庖丁因为熟悉了牛的肌理，自然懂得何处下刀。生活也一样，如果能透解了、领悟了生活的道理，摸准了其中的规律，就能和庖丁一样，做到目中有牛又无牛，就能化繁为简，真正获得轻松。

做事应处处小心，还要保持着一种谨慎小心的态度，收敛锋芒，并且在懂得利用规律的同时，更要去反复实践，像庖丁“所解数千牛矣”一样，不停地重复，终究会悟出事物的真理所在。

人类社会充满着错综复杂的矛盾，人处世间，只有像庖丁解牛那样避开矛盾，做到顺应自然，才能保身、全生、养心、尽年。

探究与练习

1.按要求完成下面的练习。

(1)说出下列句子中加点的文言虚词的意义和用法。

技盍至此乎

恢恢乎其于游刃必有余地矣

怵然为戒

吾闻庖丁之言，得养生焉

(2)指出下面句子中加点文言实词的意义。

乃中《经首》之会

进乎技矣

批大郤，道大窾

技经肯綮

彼节者有间

(3)翻译下面的句子。

方今之时，臣以神遇而不以目视，官知止而神欲行。

以无厚入有间，恢恢乎其于游刃必有余地矣。

2. 下面这段文字录自《韩非子·难一》，读后根据要求答题。

晋平公与群臣饮，饮酣，乃喟然叹曰："莫乐为人君！惟其言而莫之违。"师旷侍坐于前，援琴撞之，公披衽而避，琴坏于壁。公曰："太师谁撞？"师旷曰："今者有小人言于侧者，故撞之。"公曰："寡人也。"师旷曰："哑，是非君人者之言也。"左右请除之。公曰："释之，以为寡人戒。"

(1)将划线的句子翻译成现代汉语。

(2)师旷要拿琴撞谁？为什么要撞他？晋平公为什么又把师旷给放了？

3. 庖丁解牛共有三个阶段，这三个阶段有什么不同？你认为这三个阶段各比喻什么样的处世态度？

4. 文惠君为什么对庖丁的解牛技术大为赞赏？文中的族庖、良庖、庖丁各比喻了哪些人？

蜀道难

李白

【导读】

这首诗描写蜀道的雄奇险峻，含有入蜀艰难和蜀地不可久居之意。诗中想像奇特、丰富，气魄宏伟、豪迈，充分显示了诗人的浪漫气质和热爱祖国河山的感情。

学习这首诗，要仔细品味诗人奔放的感情和丰富的想像，新奇大胆的夸张和生动活泼的语言，用心感受诗的意境美和声韵美。

噫吁嚱！危乎高哉！

蜀道之难，难于上青天。

蚕丛及鱼凫，开国何茫然！

尔来四万八千岁，不与秦塞通人烟。

西当太白有鸟道，可以横绝峨眉巅。

地崩山摧壮士死，然后天梯石栈相钩连。

上有六龙回日之高标，下有冲波逆折之回川。

黄鹤之飞尚不得过，猿猱欲度愁攀援。

青泥何盘盘！百步九折萦岩峦。

扪参历井仰胁息，以手抚膺坐长叹。

问君西游何时还，畏途巉岩不可攀。

但见悲鸟号古木，雄飞雌从绕林间。

又闻子规啼夜月，愁空山。

蜀道之难，难于上青天！使人听此凋朱颜。

连峰去天不盈尺，枯松倒挂倚绝壁。

飞湍瀑流争喧豗，砯崖转石万壑雷。

其险也如此，嗟尔远道之人胡为乎来哉？

剑阁峥嵘而崔嵬，一夫当关万夫莫开。

所守或匪亲，化为狼与豺。

朝避猛虎，夕避长蛇。

磨牙吮血，杀人如麻。

锦城虽云乐，不如早还家。

蜀道之难，难于上青天，侧身西望长咨嗟。

【译文】

唉呀，多么危险多么高峻伟岸！

蜀道真太难攀简直难于上青天。

传说中蚕丛和鱼凫建立了蜀国，

开国的年代实在久远无法详谈。

自从那时至今约有四万八千年，
秦蜀被秦岭所阻从不沟通往返。
西边太白山有飞鸟能过的小道。
从那小路走可横渡峨嵋山顶端。
山崩地裂蜀国五壮士被压死了，
两地才有天梯栈道开始相通连。
上有挡住太阳神六龙车的山巅，
下有激浪排空纡回曲折的大川。
善于高飞的黄鹄尚且无法飞过，
即使猢狲要想翻过也愁于攀援。
青泥岭多么曲折绕着山峦盘旋，
百步之内萦绕岩峦转九个弯弯。
可以摸到参、井星叫人仰首屏息，
用手抚胸惊恐不已坐下来长叹。
好朋友呵请问你西游何时回还？
可怕的岩山道实在难以登攀！
只见那悲鸟在古树上哀鸣啼叫；
雄雌相随飞翔在原始森林之间。
月夜听到的是杜鹃悲惨的啼声，
令人愁思绵绵呵这荒荡的空山！
蜀道难走呵简直难于上青天，
叫人听到这些怎么不脸色突变？
山峰座座相连离天还不到一尺；
枯松老枝倒挂倚贴在绝壁之间。
漩涡飞转瀑布飞泻争相喧闹着；
水石相击转动象万壑鸣雷一般。
那去处恶劣艰险到了这种地步；
唉呀呀你这个远方而来的客人，

为了什么要来到这个地方?

剑阁那地方崇峻巍峨高入云端,

只要一人把守,

千军万马也难攻占。

驻守的官员若不是皇家的近亲;

难免要变为豺狼踞此为非造反。

清晨你要提心吊胆地躲避猛虎;

傍晚你要警觉防范长蛇的灾难。

豺狼虎豹磨牙吮血真叫人不安;

毒蛇猛兽杀人如麻即令你胆寒。

锦官城虽然说是个快乐的所在;

如此险恶还不如早早地把家还。

蜀道太难走呵简直难于上青天;

侧身西望令人不免感慨与长叹!

【赏析】

这首诗是袭用乐府旧题,意在送友人入蜀。诗人以浪漫主义的手法,展开丰富的想象,艺术地再现了蜀道峥嵘,突兀,强悍、崎岖等奇丽惊险和不可凌越的磅礴气势,借以歌咏蜀地山川的壮秀,显示出祖国山河的雄伟壮丽。

至于本诗是否有更深的寓意,历代有各种不同看法。然而就诗论诗,不一定强析有寓意。但从诗中,"所守或匪亲,化为狼与豺"看,却是在写蜀地山川峻美的同时,告诫当局,蜀地险要,应好好用人防守。

诗采用律体与散文间杂,文句参差,笔意纵横,豪放洒脱。全诗感情强烈,一唱三叹,回环反复,读来令人心潮激荡。

探究与练习

1.基础练习。

(1)给下面的诗句划分诵读节奏。

蜀道之难,难于上青天

上有六龙回日之高标,下有冲波逆折之回川

连峰去天不盈尺，枯松倒挂倚绝壁

又闻子规啼夜月，愁空山

(2)解释下面的词语或典故。

蚕丛及鱼凫六龙回日不盈尺

争喧豗砯崖转石

2.认真诵读全诗，摘录诗中所用的神话传说，并解释它们的意义。

3.把第二段改写成散文。

4.课外阅读李白的《将进酒》《行路难》《月下独酌》《峨眉山月歌》等诗，体会李白诗的浪漫主义特色。

送东阳马生序

宋濂

【导读】

本文写于明洪武十一年(1378)。这一年，辞官归里的宋濂又从家乡到应天府(今江苏省南京市，当时是国都)朝见朱元璋。他的同乡晚辈马君则来拜见他，他便写了这篇“赠序”送给他。本文通过对自己幼时艰难的求学经历的叙述，并与当时国家太学中的书生生活状况和求学态度作对比，告诫马生对物质生活和学习应该持何种态度。

文章以叙述为主，兼有形象的描绘和精辟的议论。语言平实自然。态度诚挚亲切，所讲道理易于被晚辈所接受。阅读时要细心体会作者对晚辈的期望和勉励之情。

余幼时即嗜学。家贫，无从致书以观，每假借于藏书之家，手自笔录，计日以还。天大寒，砚冰坚，手指不可屈伸，弗之怠。录毕，走送之，不敢稍逾约。以是人多以书假余，余因得遍观群书。既加冠，益慕圣贤之遭。又患无硕师名人与游，尝趋百里外从乡之先达执经叩问。先达德隆望尊，门人弟子填其室，未尝稍降辞色。余立侍左右，援疑质理，俯身倾耳以请；或遇其叱咄，色愈恭，礼愈至，不敢出一言以复；俟其欣悦，则又请焉。故余虽愚，卒获有所闻。

当余之从师也，负箧曳屣，行深山巨谷中，穷冬烈风，大雪深数尺，足肤皲裂而不知。至舍，四支僵劲不能动，媵人持汤沃灌，以衾拥覆，久而乃和。寓逆旅，主人日再食，无鲜肥滋味之享。同舍生皆被绮绣，戴珠缨宝饰之帽，腰白玉之环，左佩刀，右佩容臭，烨然若神人；余则缊袍敝衣处其间，略无慕艳意，以中有足乐者，不知口体之奉不若人也。盖余之勤且艰若此。

今诸生学于太学，县官日有廪稍之供，父母岁有裘葛之遗，无冻馁之患矣；坐大厦之下而诵《诗》《书》，无奔走之劳矣；有司业、博士为之师，未有问而不告，求而不得者也；凡所宜有之书皆集于此，不必若余之手录，假诸人而后见也。其业有不精，德有不成者，非天质之卑，则心不若余之专耳，岂他人之过哉？

东阳马生君则，在太学已二年，流辈甚称其贤。余朝京师，生以乡人子谒余。撰长书以为贽，辞甚畅达。与之论辨，言和而色夷。自谓少时用心于学甚劳。是可谓善学者矣。其将归见其亲也，余故道为学之难以告之。

【译文】

我年幼时就爱学习。因为家中贫穷，无法得到书来看，常向藏书的人家求借，亲手抄录，约定日期送还。天气酷寒时，砚池中的水冻成了坚冰，手指不能屈伸，我仍不放松读书。抄写完后，赶快送还人家，不敢稍稍超过约定的期限。因此人们大多肯将书借给我，我因而能够看各种各样的书。已经成年之后，更加仰慕圣贤的学说，又苦于不能与学识渊博的老师和名人交往，曾快步走（跑）到百里之外，手拿着经书向同乡前辈求教。前辈德高望重，门人学生挤满了他的房间，他的言辞和态度从未稍有委婉。我站着陪侍在他左右，提出疑难，询问道理，低身侧耳向他请教；有时遭到他的训斥，表情更为恭敬，礼貌更为周到，不敢答复一句话；等到他高兴时，就又向他请教。所以我虽然愚钝，最终还是得到不少教益。

当我寻师时，背着书箱，趿拉着鞋子，行走在深山大谷之中，严冬寒风凛冽，大雪深达几尺，脚和皮肤受冻裂开都不知道。到学舍后，四肢僵硬不能动弹，仆人给我灌下热水，用被子围盖身上，过了很久才暖和过来。住在旅馆，我每天吃两顿饭，没有新鲜肥嫩的美味享受。同学舍的求学者都穿着锦绣衣服，戴着有红色帽带、饰有珍宝的帽子，腰间挂着白玉环，左边佩戴着刀，右边备有香囊，光彩鲜明，如同神人；我却穿着旧棉袍、破衣服处于他们之间，毫无羡慕的意思。因为心中有足以使自己高兴的事，并不觉得吃穿的享受不如人家。我的勤劳和艰辛大概就是这样。

如今我虽已年老，没有什么成就，但所幸还得以置身于君子的行列中，承受着天子的恩宠荣耀，追随在公卿之后，每天陪侍着皇上，听候询问，天底下也不适当地称颂自己的姓名，更何况才能超过我的人呢？

如今的学生们在太学中学习，朝廷每天供给膳食，父母每年都赠给冬天的皮衣和夏天的葛衣，没有冻饿的忧虑了；坐在大厦之下诵读经书，没有奔走的劳苦了；有司业和博士当他们的老师，没有询问而不告诉，求教而无所收获的了；凡是所应该具备的书籍，都集中在这里，不必再像我这样用手抄录，从别人处借来然后才能看到了。他们中如果学业有所不精通，品德有所未养成的，如果不是天赋、资质低下，就是用心不如我这样专一，难道可以说是别人的过错吗！

东阳马生君则，在太学中已学习二年了，同辈人很称赞他的德行。我到京师朝见皇帝时，马生以同乡晚辈的身份拜见我，写了一封长信作为礼物，文辞很顺畅通达，同他论辩，言语温和而态度谦恭。他自己说少年时对于学习很用心、刻苦，这可以称作善于学习者吧！他将要回家拜见父母双亲，我特地将自己治学的艰难告诉他。如果说我勉励同乡努力学习，则是我的意志；如果诋毁我夸耀自己遭遇之好而在同乡前骄傲，难道是了解我吗？

【赏析】

作者在这篇赠言里，叙述个人早年虚心求教和勤苦学习的经历，勉励青年人珍惜良好的读书环境，专心治学。文中生动而具体地描述了自己借书求师之难，饥寒奔走之苦，并与太学生优越的条件加以对比，有力地说明学业能否有所成就，主要在于主观努力，不在天资的高下和条件的优劣。作者的这种认识在今天仍有借鉴意义。但他所说的学习目的与内容，则不足取。文章层次分明，描摹细致，情意恳切，词畅理达。

《送东阳马生序》的劝勉之意是力透纸背的。全文对学之意义只字未提，仅在“非苦学无以成”上大做文章，这是因为，学习的重要，是妇孺皆知的道理，“学有所成”也是众人追求的目标。作者抓住怎样实现“学有所成”这一点，现身说法，语重心长，借褒扬同乡马君则，以教化太学诸生。

在《送东阳马生序》中，宋濂对年轻后生，并不避讳自己早年家贫、求学历尽千辛万苦的往事。文章中，他以现身说法，坦诚而具体地叙说了自己从幼年到成年的艰苦求学历程，用以勉励后生勤奋学习。其中，种种艰辛，令人慨叹；刻苦、勤奋的精神、虚心的学习态度，令人肃然起敬。

作者善于运用对比映衬手法，突出体现文章的主旨；同样是和颜悦色，侃侃而谈，循循善诱，让人乐于领悟其中的道理。

文中有求学时自己与同学的对比，从另一个侧面强调，不仅要矢志不移、不畏生活的艰难困苦，更要追求精神的充实；文中还以如今太学生求学条件之优越与自己当初求学之艰苦，从衣、食、住、学等方面进行鲜明对比，着重强调，学业是否有成，关键在于自身是否专心致志。

探究与练习

1. 基础练习：

(1)解释下面句子中加点的词语。

家贫，无从致书以观

手指不可曲伸，弗之怠

录毕，走送之，不敢稍逾约

未尝稍降辞色

四支僵劲不能动

主人日再食

右佩容臭

有司业、博士为之师

流辈甚称其贤

(2)一词多义是古汉语中常见的一种语言现象，即一个词在不同的地方可以有多种不同的意义和用法。解释下列各句中“以”的用法。

以是人多以书假余

俯身倾耳以请

以衾拥覆

以中有足乐者,不知口体之奉不若人也

(3)古汉语中有些词从形式上看与今天的完全一样,但由于语言的变迁,它们的意义已经发生了很大的变化。如“河”,古代专指黄河,今天则泛指所有的河流;“江”,古代专指长江,今天已成为了某种类型河流的总称。这就是古今异义现象。指出下面句子中加点词的古今含义。

走送之

以是人多以书假余

尝趋百里外

或遇其叱咄

卒获有所闻

(4)套通假字和词类活用是古汉语中两种重要的语言现象。所谓通假,就是原本没有这个字,为了表意的需要而借用同音字来代替,如“同舍生借被绮绣”中的“被”,就是“披”字的通假;所谓词类活用即本来是某种词性的词,为了表达的需要而临时成为了另一种词性的词,如“腰白玉之环”中的“腰”,就是名词活用作动词。指出下面句子中的通假字、词类活用现象的含义。并翻译句子。

同舍生皆被绮绣,戴珠缨宝饰之帽,腰白玉之环,左佩刀,右佩容臭,烨然若神人;余则组袍敝衣处其间,略无慕艳意。

2.通读全文,然后引用原文中表现作者学习时条件困难的关键词语或句子,并说说这样写的目的。

3.本文在哪些地方用了对比?有什么作用?

4.搜集有关资料,列举出几则古人在艰苦条件下勤奋学习、以苦为乐的事例。

5.根据课文的内容和思想,写一篇读后感。

三戒(并序)

柳宗元

【导读】

本文是柳宗元被贬湖南永州时所写的一组三篇寓言。总题《三戒》,是说三种应该引以为戒的事情。开篇的短序说明了写作意图。作者通过小麋、驴、老鼠三种动物的悲剧,尖锐地讽刺了那些得意忘形、外强中干、作威作福、仗势欺人的小人。

这3篇寓言故事语言生动,故事性强,形象鲜明,寓意深刻,耐人寻味,是寓言作品中公认的珍品,是柳宗元寓言作品的代表作。其中的“黔驴技穷”“黔驴之技”“庞然大物”后来都成了人们广泛使用的成语。阅读时要注意体会作者笔下的三种动物得意之时的神态及作者的表现方法。

吾恒恶世之人,不知推己之本,而乘物以逞。或依势以干非其类,出技以怒强,窃时以肆暴,然卒迨于祸。有客谈麋、驴、鼠三物,似其事,作《三戒》。

临江之麋

临江之人,畋得麋麑,畜之。入门,群犬垂涎,扬尾而来。其人怒,怛之。自是日抱就犬,习示之,使勿动。稍使与之戏。积久,犬皆如人意。麑麑稍大,忘己之麋也,以为犬良我友,抵触偃仆,益狎。犬畏主人,于之俯扬甚善。然时啖其舌。

三年,麋出门,见外犬在道甚众,走欲与为戏。外犬见而喜且怒,共杀食之,狼藉道上。麋至死不悟。

黔之驴

黔无驴,有好事者船载以入。至则无可用,放之山下。虎见之,庞然大物也,以为神。蔽林间窥之,稍出近之,慭慭然莫相知。

他日,驴一鸣,虎大骇,远遁,以为且噬己也,甚恐。然往来视之,觉无异能者。益习其声。又近出前后,终不敢搏。稍近,益狎,荡倚冲冒。驴不胜恶,蹄之。虎因喜,计之曰:“技止此耳!”因跳踉大㘎,断其喉,尽其肉,乃去。

噫！形之庞也类有德，声之宏也类有能，向不出其技，虎虽猛，疑畏卒不敢取。今若是焉，悲夫！

永某氏之鼠

永有某氏者，畏日，拘忌异甚。以为己生岁值子，鼠，子神也，因爱鼠，不畜猫犬，禁僮勿击鼠。仓廪庖厨，悉以恣鼠，不问。

由是鼠相告，皆来某氏，饱食而无祸。某氏室无完器，椸无完衣，饮食，大率鼠之馀也。昼累累与人兼行，夜则窃啮斗暴，其声万状，不可以寝，终不厌。

数岁，某氏徙居他州，后人来居，鼠为态如故。其人曰："是阴类恶物也，盗暴尤甚，且何以至是乎哉？"假五六猫，阖门，撤瓦灌穴，购僮罗捕之，杀鼠如丘，弃之隐处，臭数月乃已。

呜呼！彼以其饱食无祸为可恒也哉！

【译文】

——选自中华书局校点本《柳宗元集》

我常常厌恶世上的有些人，不知道考虑自己的实际能力，而只是凭借外力来逞强；或者依仗势力和自己不同的人打交道，使出伎俩来激怒比他强的对象，趁机胡作非为，但最后却招致了灾祸。有位客人同我谈起麋、驴、鼠 3 种动物的结局，我觉得与那些人的情形差不多，于是就作了这篇《三戒》。

临江之麋

临江有个人出去打猎，得到一只幼麋，就捉回家把它饲养起来。刚踏进家门，群狗一见，嘴边都流出了口水，摇着尾巴，纷纷聚拢过来。猎人大怒，把群狗吓退。从此猎人每天抱了幼麋与狗接近，让狗看了习惯，不去伤害幼麋，并逐渐使狗和幼麋一起游戏。经过了好长一段时间，狗都能听从人的意旨了。幼麋稍为长大后，却忘记了自己是麋类，以为狗是它真正的伙伴，开始和狗嬉戏，显得十分亲昵。狗因为害怕主人，也就很驯顺地和幼麋玩耍，可是又不时舔着自己的舌头，露出馋相。

这样过了三年，一次麋独自出门，见路上有许多不相识的狗，就跑过去与它们一起嬉戏。这些狗一见麋，又高兴又恼怒，共同把它吃了，骨头撒了一路。但麋至死都没有觉悟到这是怎么回事。

黔之驴

黔中没有驴子，喜欢揽事的人就用船把它运了进去。运到以后，发现驴子没有什么用处，就把它放到山下。老虎看到驴子那巨大的身躯，以为是神怪出现。就躲到树林间暗中偷看，一会儿又稍稍走近观察，战战兢兢，但最终还是识不透驴子是什么东西。

一天，驴子大叫一声，把老虎吓得逃得远远的，以为驴子将要咬自己，极为恐惧。然而来回观察驴子的样子，觉得它并没有什么特别的本领。后来老虎更听惯了驴子的叫声，再走近驴子，在它周围徘徊，但最终还是不敢上前搏斗。又稍稍走近驴子，越发轻侮地开始冲撞冒犯，驴子忍不住大怒，就用蹄来踢。老虎见了大喜，心中计算道："本领不过如此罢了。"于是老虎腾跃怒吼起来，上去咬断了驴子的喉管，吃尽了驴子的肉，然后离去。

唉！驴子形体庞大，好像很有法道，声音洪亮，好像很有本领，假使不暴露出自己的弱点，那么老虎虽然凶猛，也因为疑虑畏惧而终究不敢进攻；而现在却落得这个样子，真是可悲啊！

永某氏之鼠

永州有某人，怕犯日忌，拘执禁忌特别过分。认为自己出生的年分正当子年，而老鼠又是子年的生肖，因此爱护老鼠，家中不养猫狗，也不准仆人伤害它们。他家的粮仓和厨房，都任凭老鼠横行，从不过问。

因此老鼠就相互转告，都跑到某人家里，既能吃饱肚子，又很安全。某人家中没有一件完好无损的器物，笼筐箱架中没有一件完整的衣服，吃的大都是老鼠吃剩下的东西。白天老鼠成群结队地与人同行，夜里则偷咬东西，争斗打闹，各种各样的叫声，吵得人无法睡觉。但某人始终不觉得老鼠讨厌。

过了几年，某人搬到了别的地方。后面的人住进来后，老鼠的猖獗仍和过去一样。那人就说："老鼠是在阴暗角落活动的可恶动物，这里的老鼠偷咬吵闹又特别厉害，为什么会达到这样严重的程度呢？"于是借来了五六只猫，关上屋门，翻开瓦片，用水灌洞，奖励仆人四面围捕。捕杀到的老鼠，堆得像座小山。都丢弃在隐蔽无人的地方，臭气散发了数月才停止。

唉！那些老鼠以为吃得饱饱的而又没有灾祸，那是可以长久的吗？

【赏析】

柳宗元贬官永州以后的作品，有些是采取寓言的形式，讽刺当时腐败的社会和政治。文章短小警策，含意深远，表现了杰出的讽刺才能。《三戒》是著名的讽刺小品。《临江之麋》，写麋得主人的宠爱，“犬畏主人，与之俯仰甚善”，不敢吃它。三年以后，麋离开了主人外出，外犬“见而喜且怒，共杀食之”。它尖锐地讽刺了那些依仗权贵而得意忘形的小人物。《黔之驴》是外强中干的小人的写照，嘲讽他们“形之庞也类有德，声之宏也类有能”，而其实是无德无能。《永某氏之鼠》比喻那些自以为“饱食而无祸”的人作老鼠，指出他们“为态如故”，以“饱食无祸为可恒”，那他们一定会遭到彻底被消灭的惨祸。这三篇寓言，深刻有力地讽刺了封建剥削阶级丑恶的人情世态。

寓言的精髓是其寓意，而寓意应具有教化意义，读后使人的灵魂受到震慑，如梦方醒，引以为戒，其主旨应是积极向上的。

《黔之驴》虽广为流传，但读后，总会使人产生压抑感，或许是用驴作比喻有些欠佳吧，不知道农夫读罢有何感想？取喻动物应恰如其分，使人读其事即明其理。如将永某氏之“鼠”换成象征和平的鸽子，势必产生歧义，可见设喻的重要性。而作者对于“鼠”的形容，形神兼备的形象，恰如其分，让人不由得产生憎恶之情。麋、驴都是一些与人为善的动物，很难让人产生恶意，这可能是我们不能完全领会其真正寓意的障碍。而鼠让人一见便嗤之以鼻，令人厌恶，同时“鼠辈”本身的就有不光彩的寓意；这里，我们不禁想起《硕鼠》，“硕鼠”已成为贪官代号。所以永某氏的“鼠”设喻可谓贴切。总之，读完三则寓言，我们看到：麋是可怜的，驴是可悲的，而鼠是可恶的。

三则故事具有很强的艺术感染力，生动刻画了六种动物各具特异的形态，仿佛使人身临其境。

文章通过夸张的运用，增加了文章的幽默感；人格化的描写增强了故事的趣味性：“忘己之麋也，以为犬良我友”，完全是人格化的心理活动；又如：“虎因喜，计之曰：‘计止此耳’”，仿佛老虎在那里自言自语一般；“由是鼠相告(永某氏勿击鼠)”,好象老鼠明白了人类的语言。

总之,柳宗元的这三则寓言,以叙述故事为主,在结尾出有一句议论,以发挥其寓意,如《临江之麋》的“麋至死不悟”,领悟什么,让读者自己去思考,或引出其寓意:“彼以其饱食无祸为可恒也哉!”

船涉调·哨遍·高祖还乡

睢景臣

【导读】

散曲是继诗词而兴起的一种新诗体,也是元代韵文的主流。散曲又叫清曲,最初在市民中流传,被称为“街市小令”,也叫“叶儿”。它包括小令、套曲两种主要形式。“小令”是独立的只曲,句调长短不齐,而有一定的腔,它比词用韵加密了,几乎每句都要押韵,还可以在本调之外加衬字。套曲,又叫套数,散套,是由两首以上同一宫调的曲子组成的组曲,一般有尾声,并且一韵到底。套数中间的曲调可以在同一宫调内选用,调数可多可少,有些曲子还可以任意增加句数。它虽然有一定的格律,但用起来比较灵活。

作者在这里虚构了一个熟悉刘邦底细的乡民,以巧妙的构思,辛辣的语言,生动地勾勒了那个流氓无赖成为皇帝后衣锦还乡的排场情况、装腔作势的丑恶嘴脸以及微贱时期的丑恶行径,从而撕下了封建最高统治者的神圣面目,否定了他的无上权威。本文语言辛辣风趣,是元人散曲的代表作之一。

社长排门告示,但有的差使无推故,这差使不寻俗。一壁厢纳草也根,一边又要差夫,索应付。又是言车驾,都说是銮舆,今日还乡故。王乡老执定瓦台盘,赵忙郎抱着酒葫芦。新刷来的头巾,恰糨来的绸衫,畅好是妆么大户。

[耍孩儿]瞎王留引定火乔男妇,胡踢蹬吹笛擂鼓。见一彪人马到庄门,匹头里几面旗舒。一面旗白胡阑套住个迎霜兔,一面旗红曲连打着个毕月乌。一面旗鸡学舞,一面旗狗生双翅,一面旗蛇缠葫芦。

[五煞]红漆了叉,银铮了斧,甜瓜苦瓜黄金镀,明晃晃马镫枪尖上挑,白

雪雪鹅毛扇上铺。这些个乔人物，拿着些不曾见的器仗，穿着些大作怪的衣服。

［四煞］辕条上都是马，套顶上不见驴，黄罗伞柄天生曲，车前八个天曹判，车后若干递送夫。更几个多娇女，一般穿着，一样妆梳。

［三煞］那大汉下的车，众人施礼数，那大汉觑得人如无物。众乡老展脚舒腰拜，那大汉挪身着手扶。猛可里抬头觑，觑多时认得，险气破我胸脯。

［二煞］你身须姓刘，你妻须姓吕，把你两家儿根脚从头数：你本身做亭长，耽几杯酒；你丈人教村学，读几卷书；曾在俺庄东住，也曾与我喂牛切草，拽坝扶锄。

［一煞］春采了桑，冬借了俺粟，零支了米麦无重数。换田契强秤了麻三秆，还酒债偷量了豆几斛，有甚糊突处。明标着册历，见放着文书。

［尾声］少我的钱差发内旋拨还，欠我的粟税粮中私准除。只道刘三，谁肯把你揪摔住，白甚么改了名、换了姓、唤做汉高祖。

【译文】

（听说有个大人物要还乡了，）社长挨家挨户地通知每个差使："你们不能以任何借口来请假。"这些差使真不寻常，在缴纳草料时他们必须把草根除掉，又要差夫，还要应付公差，这事儿得认真对待。有的说是车驾，有的说是銮舆，今天要回乡。只见在喧闹的市集里，王乡老拿着个陶托盘，赵忙郎抱着一个酒葫芦，身光颈靓，装模作样充当有钱人，大摇大摆地走着，真讨厌！

忽然，瞎王留叫来一伙不三不四的男女胡乱地吹笛打鼓，好像在欢迎什么。一大队人马从村口进来，前头的人拿着几面旗子，颇威风似的。那些旗子上的图案千奇百怪：有白圆圈里套住一只白兔；有红圆圈里套着一只黑乌鸦；有画着一只学跳舞的鸡；有画着长翅膀的狗；有画着蛇缠在葫芦上……（这些乌七八糟的，太好笑了！）

还有用红漆刷过的叉，用银色镀过的斧头，连甜瓜苦瓜也镀了金色。枪尖挂着明晃晃的马镫，扇子铺了一层雪白的鹅毛。还有那几个穿着奇怪的人，手里拿着一些罕见的器仗。

辕条套的全是马，黄色丝绸做的伞的把是弯曲的。车前站着八个好像判官的人，车后的是随从。还有几个漂亮女子穿着艳装，一样的打扮。

那个大汉下车了，众人马上行礼，但他没有看在眼里。见乡亲们跪拜在地，他赶紧用手扶。我突然抬起头一看，那个我认识的，差点气死我了！

你本来姓刘，你妻子姓吕，你们的底细。你以前是亭长，喜欢喝酒。你的丈人在村教书，你曾经在我屋庄的东头住，和我一起割草喂牛，耕地。

春天你摘了我的桑叶，冬天你借了我的米，我都不知有多少了。趁着换田契，强迫称了我三十斤麻，还酒债时偷着少给我几斛豆。这都是显而易见的，清清楚楚地写在账簿上，现成的字据文书。

少着我的钱你在官差内赶紧偿还，欠我的粮食你要从粮税里暗地里给我扣出来。我琢磨着刘三：谁上来把你揪撮住，好好问一下为什么改了姓、换了名，要叫那汉高祖？

【赏析】

《高祖还乡》写汉高祖刘邦还乡时乡民所见情景，以独特的艺术构思、风趣幽默的描写，对封建最高统治者进行了大胆的揭露和无情的讽刺。套曲的思想意义在两方面：一是揭露、讽刺了封建最高统治者。作者处于君道尊严的时代，他不从歌功颂德的角度写汉高祖“威加海内兮”的盛况，而是通过一个与他过去有瓜葛的农民的所见所忆，嘲讽了刘邦的装腔作势，妄自尊大，揭露了刘邦的流氓本性，无赖老底。二是《高祖还乡》的反封建主题也是针对元代社会现实而发的。套曲借历史事件，反映了元代等级制度森严，统治阶级作威作福，地方乡里趋炎附势，差役苛赋十分繁重的现实。所以它既写了历史事件，又讽刺元代现实的。

石钟山记

苏轼

【导读】

这篇文章围绕着石钟山命名的由来展开描述和议论。第一段以“人常疑之”“余尤疑之”对旧说予以否定。第二段写亲临其境、实地考察的见闻，并提出了自己的见解，最后抒写自己的感想。文章的目的不在记游而在议论说理，虽然苏轼对石钟山命名原因的解释未必正确，但他提出对事物要目见耳闻，而不能“臆断其有无”，这个观点是难能可贵的。

文章首尾照应，结构严谨，叙述与议论结合自然。乘舟夜游一段，从形、声两个方面描绘了深夜石钟山阴森可怖的景象，而又以写声为主，从山上磔磔云霄间的栖鹘声，山谷中若老人咳且笑的鹳鹤声，到水面上波浪相击于石穴之中发出的如乐作声，依次写来，创造出一种瑰丽而又奇险的境界，使文章具有动人心魄的艺术力量。

《水经》云：“彭蠡之口有石钟山焉。”郦元以为下临深潭，微风鼓浪，水石相搏，声如洪钟。是说也，人常疑之。今以钟磬置水中，虽大风浪不能鸣也，而况石乎！至唐李渤始访其遗踪，得双石于潭上，扣而聆之，南声函胡，北音清越，桴止响腾，余韵徐歇。自以为得之矣。然是说也，余尤疑之。石之铿然有声者，所在皆是也，而此独以钟名，何哉？

元丰七年六月丁丑，余自齐安舟行适临汝，而长子迈将赴饶之德兴尉，送之至湖口，因得观所谓石钟者。寺僧使小童持斧，于乱石间择其一二扣之，硿硿焉。余固笑而不信也。至莫夜月明，独与迈乘小舟，至绝壁下。大石侧立千尺，如猛兽奇鬼，森然欲搏人；而山上栖鹘，闻人声亦惊起，磔磔云霄间；又有若老人咳且笑于山谷中者，或曰此鹳鹤也。余方心动欲还，而大声发于水上，噌吰如钟鼓不绝。舟人大恐。徐而察之，则山下皆石穴罅，不知其浅深，微波入焉，涵淡澎湃而为此也。舟回至两山间，将入港口，有大石当中流，可坐百人，空中而多窍，与风水相吞吐，有窾坎镗鞳之声，与向之噌吰者相应，如乐作焉。因笑谓迈曰：“汝识之乎？噌吰者，周景王之无射也；窾坎镗鞳者，魏庄子之歌钟也。古之人不余欺也！”

事不目见耳闻，而臆断其有无，可乎？郦元之所见闻，殆与余同，而言之不详；士大夫终不肯以小舟夜泊绝壁之下，故莫能知；而渔工水师虽知而不能言。此世所以不传也。而陋者乃以斧斤考击而求之，自以为得其实。余是以记之，盖叹郦元之简，而笑李渤之陋也。

【译文】

《水经》说："鄱阳湖的湖口有一座石钟山在那里。"郦道元认为石钟山下面靠近深潭，微风振动波浪，水和石头互相拍打，发出的声音好像大钟一般。这个说法，人们常常怀疑它。如果把钟磬放在水中，即使大风大浪也不能使它发出声响，何况是石头呢！到了唐代李渤才访求石钟山的旧址。在深潭边找到两块山石，敲击它们，聆听它们的声音，南边那座山石的声音重浊而模糊，北边那座山石的声音清脆而响亮，鼓槌停止了敲击，声音还在传播，余音慢慢地消失。他自己认为找到了这个石钟山命名的原因。但是这个说法，我更加怀疑。敲击后能发出声响的石头，到处都这样，可唯独这座山用钟来命名，这是为什么呢？

元丰七年六月初九，我从齐安坐船到临汝去，大儿子苏迈将要去就任饶州的德兴县的县尉，我送他到湖口，因而能够看到所说的石钟山。庙里的和尚让小童拿着斧头，在乱石中间选一两处敲打它，硿硿地发出声响，我当然觉得很好笑并不相信。到了晚上月光明亮，特地和苏迈坐着小船到断壁下面。巨大的山石倾斜地立着，有千尺之高，好像凶猛的野兽和奇异的鬼怪，阴森森地想要攻击人；山上宿巢的老鹰，听到人声也受惊飞起来，在云霄间发出磔磔声响；又有像老人在山谷中咳嗽并且大笑的声音，有人说这是鹳鹤。我正心惊想要回去，忽然巨大的声音从水上发出，声音洪亮像不断地敲钟击鼓。船夫很惊恐。我慢慢地观察，山下都是石穴和缝隙，不知它们有多深，细微的水波涌进那里面，水波激荡因而发出这种声音。船回到两山之间，将要进入港口，有块大石头正对着水的中央，上面可坐百来个人，中间是空的，而且有许多窟窿，把清风水波吞进去又吐出来，发出窾坎镗鞳的声音，同先前噌吰的声音相互应和，好像音乐演奏。于是我笑着对苏迈说："你知道那些典故吗？那噌吰的响声，是周景王无射钟的声音，窾坎镗鞳的响声，是魏庄子歌钟的声音。古人没有欺骗我啊！"

任何的事情不用眼睛看不用耳朵听，只凭主观臆断去猜测它的有或没有，可以吗？郦道元所看到的、所听到的，大概和我一样，但是描述它不详细；士大夫终究不愿用小船在夜里在悬崖绝壁的下面停泊，所以没有谁能知道；渔人和船夫，虽然知道石钟山命名的真相却不能用文字记载。这就是世上没有流传下来石钟山得名由来的原因。然而浅陋的人竟然用斧头敲打石头来寻求石钟山得名的原因，自以为得到了石钟山命名的真相。我因此记下以上的经过，叹惜郦道元的简略，嘲笑李渤的浅陋。

【赏析】

本文一开始就提出人们对郦道元的说法的怀疑，以及自己对李渤的说法的怀疑。作者对古代两位名人对石钟山得名由来的说法并不轻信。

刚好他有了一个实地观察的机会，他先问当地寺僧，寺僧的说法和演示跟李渤一样。苏轼仍不轻信，决心“莫夜”“乘小舟”实地考察。石钟山在鄱阳湖入长江的湖口的临江一面，地处偏僻，文中说“余方心动欲还”，“舟人大恐”。再加上风险浪恶，又是盛夏涨水季节，一叶扁舟夜航确是很危险的，所以“士大夫终不肯以小舟夜泊绝壁之下”。而苏轼为了弄清石钟山得名的真相，不避艰险，亲身探访，是难能可贵的。虽然由于种种原因，他考察得出的结论，不完全正确，但这种精神是值得肯定的。

第三段提出结论，也就是本文的中心：“事不目见耳闻，而臆断其有无，可乎？”这话无疑是正确的。

虽然后人有了新的看法，认为石钟山是因山形像覆钟而得名的，今人经考察又认为石钟山是因“形”和“声”两方面而得名的。苏轼的说法不完全正确。但并不能因此否定苏轼的努力。人们对于客观事物的认识，本来就有一个过程，而且后人对苏轼说法的怀疑、察疑、释疑，正是和苏轼的不迷信古人，不轻信旧说，不主观臆断，而自愿亲身实地观察的精神一致的。

石钟山位于鄱阳湖入长江之处，属江西湖口。由中石炭系的石灰岩构成。有上下两座山，南边一座滨临鄱阳湖的叫上钟山，面积约 0.34 平方公里，北边一座滨临长江的叫下钟山，面积约 0.2 平方公里。两山海拔都只有 70 米上下，相对高度 50　55 米。两山相距不到一公里。石钟山虽然并不高大，但因位于鄱阳湖入长江处，交通方便，而且波光山色，风景幽美，所以历来成为旅游胜地。

石钟山得名的由来，古人有三说。

(1)风水声如钟。由于山体是石灰岩构成，在各种水的冲刷溶蚀下，山的下部临水处的表面形成许多缝隙洞穴，当水位处在一定高度，又有适当的风力和相应的风向时，缝隙洞穴就会“与风水相吞吐”，发出敲钟一样的声音。北魏郦道元和北宋苏轼就是持这种因风水声而得名的说法。但这种声音需要水位、风力、风向诸条件都合适才会发生，不是随时随地都能听到的。

(2)石声如钟。山石，特别是溶洞地区的石钟乳、石笋、石柱等，用槌敲打，是会发音的。所谓“南声函胡”是没有形成岩溶洞穴的岩石发出的声音，“北音清越”是洞穴发音的岩石，或碳酸盐再沉淀时形成的形态奇特的岩石敲击时发出的声音。唐代李渤就持这种因石声得名的说法，近人也有支持这种说法的。

(3)山形如钟。石钟山下部山体，由于地下水和江湖水的冲刷溶蚀，形成溶洞。《石钟山志》记载：“上钟崖与下钟崖，其下皆有洞，可容数百人，深不可穷，形如覆钟。”明、清时就有人持这种以形得名的说法了。不过江湖水位的季节变化和年变化比较大，高低相差达十几米，只有水位非常低时，人们才能进入洞内，从内部领略“覆钟”的形象。

探究与练习

1.给下列句子中加点的词语注音并正确书写。

(1)彭蠡之口，有石钟山焉

(2)今以钟磬置水中

(3)桴止响腾，余韵徐歇

(4)石之铿然有声者，所在皆是也

(5)于其乱石间，择其一二扣之，硿硿焉

(6)至莫夜月明，独与迈乘小舟

(7)磔磔云霄间

(8)则山下皆石穴罅

(9)因笑谓迈曰：“汝识之乎？”

(10)噌吰者周景王之无射也

2.下列句子与“得双石于潭上”句式相同的一项是(　　)。

A.今以钟磬置水中,虽大风浪不能鸣也

B.又有若老人咳且笑于山谷中者

C.古之人不余欺也

D.石之铿然有声者

3.根据苏轼的考察,下列与石钟山命名无关的一组是(　　)。

(1)于乱石间择其一二扣之,硿硿焉

(2)大声发于水上,噌吰如钟鼓不绝

(3)空中而多窍,与风水相吞吐,有窾坎镗鞳之声

(4)山上栖鹘,闻人声亦惊起,磔磔云霄间

(5)微波入焉,涵淡澎湃而为此也

(6)又有若老人咳且笑于山谷中者

A.(1)(3)(5)　B.(2)(4)(6)　C.(1)(4)(6)　D.(2)(3)(5)

4.文中三次写到“笑”,试分析其含意及表达情感有何差异。

古诗词二首

【导读】

《短歌行》是曹操为宴会而创作的乐府诗。“良心一旦主动,便成为责任心,责任心一旦强烈,又会成为一种心理焦虑,进而演变成为痛苦。”在这痛苦之中,《短歌行》蕴含着深厚的意蕴。全诗分三层,第一层表达了人生短暂,功业未成的深沉感叹,借酒浇愁,情调比较感伤。第二层写了诗人自己对人才的渴望,渴望在贤才的帮助下完成国家统一大业的壮志豪情。第三层写了自己礼贤下士的态度,表示自己要像周公那样诚心诚意地对待贤士,使“天下归心”,抒发了自己的远大抱负和志向。

辛弃疾《永遇乐·京口北固亭怀古》这首词通过怀古,表现了词人抗金救国、恢复中原的热切愿望和壮志难酬的苦闷,也表达了对南宋统治者苟且偷安,不图恢复,不任用贤才的愤懑。上阕,即景生情,追怀孙权、刘裕,表达对英雄事业的向往和对苟且偷安的南宋统治者的愤慨。下阕,陈古警今,借

刘义隆失败的历史教训，警告当权者不应草率对敌用兵；而借廉颇自况，则抒发了对南宋统治者的愤懑。

短歌行

曹　操

对酒当歌，人生几何？
譬如朝露，去日苦多。
慨当以慷，忧思难忘。
何以解忧？惟有杜康。
青青子衿，悠悠我心。
但为君故，沉吟至今。
呦呦鹿鸣，食野之苹。
我有嘉宾，鼓瑟吹笙。
明明如月，何时可掇？
忧从中来，不可断绝。
越陌度阡，枉用相存。
契阔谈讌，心念旧恩。
月明星稀，乌鹊南飞。
绕树三匝，何枝可依？
山不厌高，海不厌深。
周公吐哺，天下归心。

【译文】

面对美酒应该高歌，人生短促日月如梭。（对酒当歌，人生几何？注："对酒当歌"一句，很多学者认为"对"和"当"是对称同意，两个字的意思是一样的，此句应译为：面对着美酒与乐歌。呈现的是曹操与众臣齐集厅堂，一边饮酒，一边欣赏歌舞表演的情景。）

好比早晨的露水，苦于过去的日子太多了！

席上歌声激昂慷慨，忧愁长久难以散去。

靠什么来排解忧闷？唯有喝酒方可解脱。

有才识的人啊，是我深深的牵挂。

只因为你的缘故啊，让我思念到如今。

麋鹿找到了艾蒿，就会相呼相鸣。

我要是有了嘉宾，一定要鼓瑟吹笙。

那皎洁的月亮呦，何时可以摘取呢？

因此而忧心啊，一直不曾断绝。

来吧朋友！越过那田间小道，别管他阡陌纵横。有劳你枉驾前来，让我们永远相依。

欢饮畅谈，重温那往日的恩情。

月光如此明亮，星光也显得暗淡了，一群乌鸦向南飞去。

绕树飞了三周，却找不到它们的栖身之所，

山不会满足自己的雄伟，海再深也不自满。

若如周公那样礼待贤才，天下人心皆归向于我也。

【赏析】

曹操的《短歌行》，气格高远，感情丰富，是诗人内心世界的真实写照。诗人以感人的真诚和慷慨悲凉的情感咏叹了生命的忧患、生命的悲剧，以貌似颓放的意态来表达及时进取的精神，以放纵歌酒的行为来表现对人生哲理的严肃思考，以觥筹交错之景来抒发心忧天下和渴慕人才之情。

全诗第一节抒写诗人人生苦短的忧叹。诗人生逢乱世，目睹百姓颠沛流离，肝肠寸断，渴望建功立业而不得，因而发出人生苦短的忧叹。这一点可从他的《蒿里行》“白骨露于野，千里无鸡鸣。生民百遗一，念之断人肠”得到佐证；第二节抒写诗人对贤才的渴求。第三节抒写诗人对贤才难得的忧思和既得贤才的欣喜。第四节抒写诗人对犹豫不决的贤才的关切和渴望天下贤才尽归自己的抱负。诗人希望他们不再犹豫，赶紧到自己这边来。用《管子？形解》中渴求人才的话和“周公吐哺”的典故点明了全文的主旨。突出地表现了作者求贤若渴的心情。

全诗以感慨开始，继之以慷慨、沉吟，再继之以忧愁、开朗。一忧一喜，忽徐忽急，以如歌的行板倾诉了作者慷慨激昂的情怀。

永遇乐·京口北固亭怀古

辛弃疾

千古江山，英雄无觅，孙仲谋处。舞榭歌台，风流总被，雨打风吹去。斜阳草树，寻常巷陌。人道寄奴曾住。想当年，金戈铁马，气吞万里如虎。

元嘉草草，封狼居胥，赢得仓皇北顾。四十三年，望中犹记，烽火扬州路。可堪回首，佛狸祠下，一片神鸦社鼓。凭谁问：廉颇老矣，尚能饭否？

【译文】

历经千古的江山，再也难找到像孙权那样的英雄。当年的舞榭歌台还在，英雄人物却随着岁月的流逝早已不复存在。斜阳照着长满草树的普通小巷，人们说那是当年刘裕曾经住过的地方。回想当年，他领军北伐、收复失地的时候是何等威猛！

然而刘裕的儿子刘义隆好大喜功，仓促北伐，却反而让北魏太武帝拓跋焘乘机挥师南下，兵抵长江北岸而返，遭到对手的重创。我回到南方已经有四十三年了，看着中原仍然记得扬州路上烽火连天的战乱场景。怎么能回首啊，当年拓跋焘的行宫外竟有百姓在那里祭祀，乌鸦啄食祭品，人们过着社日，只把他当作一位神来供奉，而不知道这里曾是一个皇帝的行宫。还有谁会问，廉颇老了，饭量还好吗？

【赏析】

辛弃疾调任镇江知府以后，登临北固亭，感叹报国无门的失望，凭高望远，抚今追昔，于是写下了这篇传唱千古之作。这首词用典精当，有怀古、忧世、抒志的多重主题。江山千古，欲觅当年英雄而不得，起调不凡。开篇借景抒情，由眼前所见而联想到两位著名历史人物——孙权和刘裕，对他们的英雄业绩表示向往。接下来讽刺当朝用事者韩侂胄（侂：tuō，胄：zhòu），又像刘义隆一样草率，欲挥师北伐，令人忧虑。老之将至而朝廷不会再用自己，不禁仰天叹息。其中“佛（bì）狸祠下，一片神鸦社鼓”写北方已非宋朝国土的感慨，最为沉痛。

词的上片怀念孙权、刘裕。孙权坐镇东南，击退强敌；刘裕金戈铁马，战功赫赫,收复失地,气吞万里。对历史人物的赞扬,也就是对主战派的期望和对南宋朝廷苟安求和者的讽刺和谴责。

下片引用南朝刘义隆冒险北伐,招致大败的历史事实,忠告韩侂胄要吸取历史教训,不要草率从事,接着用 43 年来抗金形势的变化,表示词人收复中原的决心不变,结尾三句,借廉颇自比,表示出词人报效国家的强烈愿望和对宋室不能进用人才的慨叹。

全词豪壮悲凉,义重情深,放射着爱国主义的思想光辉。词中用典贴切自然,紧扣题旨,增强了作品的说服力和意境美。明代杨慎在《词品》中说:"辛词当以京口北固亭怀古《永遇乐》为第一。"这种评价是中肯的。

探究与练习

1.《短歌行》的"忧思"是什么?诗人到后来"解忧",其思想感情的变化过程足怎样的?

2.你是如何理解"山不厌高,海不厌深"的?

3.说说"凭谁问,廉颇老矣,尚能饭否"这个句子的深刻含义。

4.搜集材料,联系历史,点评《永遇乐·京口北固亭怀古》中的某一历史人物。

第二节　口语交际

一、评说

评说,是指对某个特定对象进行评析和解说。这个对象可以是人物生平事迹,可以是已经发生或正在发生的某件事情,也可以是某件艺术作品(如绘画、雕塑、建筑、音乐、文学作品等)。

人们在日常生活和学习中对经历的事情或交往的人物通过分析、评价和解释、说明,以帮助他人认识事物的本质属性,了解人物本质特征,或激发人们对绘画、雕塑、音乐、文学、建筑等艺术作品的兴趣,引导人们进入对艺术美的鉴赏等都是评说活动。

评说活动根据其内容和形式,依据不同的标准,可以分出很多种类型。

根据有无事先的书面准备，可以分为口头即席评说和书面评说；从其评说交流的方式来分，可以分单向交流式的和听说双向交流式的。我们这里着重讨论口头评说。

要对一件事、一个人或一件艺术品进行合理的、合乎逻辑的评说，并且要达到良好的评说效果，必须要注意以下几个方面：

1. 了解情况，抓住本质

评说由“说”和“评”两方面内容组成。“说”是对已经发生或正在发生的事实的叙述，或是对人物的生平事迹的介绍，或是对艺术作品的作者、内容、风格、流派、艺术特色的介绍；而“评”则是在“说”的基础上对事实、人物或艺术作品发表自己的见解或看法，以揭示事物的本质属性和特点。评说必须具有客观性，否则便失去了评说的意义。因此，要使评说客观，有说服力，就必须全面准确地了解情况，并根据掌握的情况进行分析，透过事物的表象把握本质。

在双向交流式的评说中，很多时候是对别人（可以是一人，也可以是几个人）叙说的某件事或某个人的行为进行简短的评说。这种评说主要目的在于向对方表明自己对事件意义的理解，并把这种理解告诉给对方，因而在这种评说中“说”的内容主要由对方表述，而评说者则主要承担“评”的任务。这时评说者要注意把握叙说者“说”的内容要点、大致的中心“说”的顺序，并迅速地把这些内容梳理出来，才能使自己的评说能够有的放矢，一语中的。

2. 掌握特点，了解听众

口头评说与书面评说有许多共同的特点，即针对性、鲜明性，但也有与书面评说很不相同的口头性。

（1）针对性。指评说的观点和方法必须针对事实，针对听众或读者的兴趣、爱好、思想特点和思维方式。对他们的兴趣爱好既要考虑，又不能一味地迎合，而必须有目的地引导，使对方能够接受评说者的观点。

（2）鲜明性。指评说者的观点必须鲜明。赞成和支持什么，反对和否定什么，都必须一清二楚，不能模棱两可。

（3）口语性。这是口头评说所具有的特性。这个特性要求评说者一要分析掌握听众对自己评说观点和表达观点方式的可接受性，以使自己的评说能够符合他们的理解能力和文化习俗、思维习惯,使他们更乐于接受自己的观点;二是要注意用语的通俗性,尽量选用通俗易懂的口语词。当然,如果对象文化水平较高,也可以适当选用一些书面用语。

在口头评说中,为了增强评说的说服力,评说者在分析说理的时候最好能够努力结合听众的生活经验和经历。把听众的生活经验和经历结合进评说中,用作打比方的材料或证明自己观点的例子,即使听众感到亲切,又能够使他们很容易理解与接受评说者的观点。

3.有理有据,评说得体

评说是“说”和“评”的统一体。要使自己的观点有说服力,必须做到有理有据,有的放矢,切忌不着边际,泛泛而谈甚至是空谈。要做到这一点,可以从以下几方面入手。

(1)经常进行思维训练,学会透过现象看本质。事物的本质通常都是被许多繁杂的表面现象所掩盖着的。评说中能否迅速地抓住事物的本质,并用恰当的语言表达出来是评说能否成功的关键。口语交际的特殊性要求评说者能够迅速有针对性地表达出自己鲜明的见解,这就要求评说者能够迅速地抓住事物的本质。这种能力的获得一方面要求具有较为广博的知识,另一方面也需要运用一定的逻辑方法分析事物现象背后的本质。

(2)平时多作日语训练。课堂上、课余生活中都可以通过有意识地结合或设定一定的场景,进行口语辩论训练。只有通过有意识的练习,才能有效地提高自己的口语能力,从而进一步提高自己的评说能力。比较完整的评说,一般应该具有三个部分:开头、主体和结尾。

开头。通常是介绍对象的背景、内容或事情经过以及评说的基本内容等。这一部分主要是运用叙述的方法,把背景、内容或事情经过叙述清楚。

主体。通过对事件的经过,人物的事迹、特点,艺术作品的内容、形式及风格流派的具体介绍和评析,表达评说者对事件、人物的评价或对艺术作品独到的审美感受和见解,以帮助听众了解事情经过、人物事迹及其本质,或帮助听众了解和欣赏艺术作品。这一部分常常要运用议论的表达方式,以揭示隐藏于事物表象后的本质属性及规律。

(3)结尾。根据评说的需要，或总结内容，或点明题旨，或概括艺术特点。

二、借鉴实例

下面是某课堂上几个同学读柳宗元《三戒·黔之驴》后作的口头评说：

甲：我觉得驴的悲剧是它自己根本没有真本事，在老虎面前它只能吼叫，最多也就是用脚去踢老虎。外表威武，其实没有什么本事，它当然就只有被老虎吃了哟。

乙：我们不能光嘲笑驴。真正可恶的应该是那个"好事者"。大家想一下，驴本来就是耕地拉车的，非要把它弄到贵州，让它没有任何用处。它的"技"本来就不是"斗"，在老虎面前它当然就只能是悲剧了。

丙：这个故事还是能给人一些启示的：一是我们要有真本事，二是要把自己的真本事用在该用的地方。

简评：

这几个同学的评说都非常简短，但每人的评说都很有针对性。且角度各不相同，既有对原文思想内容的评价，又有对其深层含义的思考，还有故事给自己启示的评说。简短，有针对性和口语性正是口头评说的特点所在。

第三节　语文实践活动

我所认识的汉高祖刘邦

一、活动的目的和要求

1.通过活动增强阅读浅易文言文的能力，进一步开阔文化视野，了解祖国优秀传统文化的博大精深。

2.掌握汉高祖刘邦更多的材料，以辩证唯物主义和历史唯物主义的观点为指导，先认识他，再评说他。

3.学会自办小报，提高语文应用能力。

二、活动步骤

1.采用多种途径查找资料，更多地了解其事、其人、其生活的时代背景、其在历史上的地位和关于他的功过褒贬。

2.阅读下面的文字，把它们改写成小故事。

当此时，彭越数反梁地，绝楚粮食。项王患之，为高俎，置太公其上，告汉王曰：“.今不急下，吾烹太公。”汉王日：“吾与项羽俱北面受命怀王，曰‘约为兄弟’，吾翁即若翁。必欲烹而翁，则幸分我一杯羹。”项王怒，欲杀之。项伯日：“天下事未可知，且为天下者不顾家，虽杀之无益，只益祸耳。”项王从之。

——《史记·项羽本纪》

高祖置酒雒阳南宫。高祖曰：“列侯诸将无敢隐朕，皆言其情。吾所以有天下者何？项氏之所以失天下者何？”高起，王陵对曰：“陛下慢而侮人，项羽仁而爱人。然陛下使人攻城略地，所降下者因以予之，与天下同利也。项羽妒贤嫉能，有功者害之，贤者疑之，战胜而不予人功，得地而不予人利，此所以失天下也。”高祖日：“公知其一，未知其二。夫运筹于帷幄之中，决胜于千里之外，吾不如子房。镇国家，抚百姓，给馈馕，不绝粮道，吾不如萧何。连百万之军，战必胜，攻必取，吾不如韩信。此三者，皆人杰也，吾能用之，此吾所以取天下也。项羽有一范增而不能用，此其所以为我擒也。”

……

高祖还归，过沛，留。置酒沛宫，悉召故人父老子弟纵酒，发沛中儿得百二十人，教之歌。酒酣，高祖击筑，自为歌诗日：“大风起兮云飞扬，威加海内兮归故乡，安得猛士兮守四方！”令儿皆和习之。高祖乃起舞，慷慨伤怀，泣数行下。谓沛父兄日：“游子悲故乡。吾虽都关中，万岁后吾魂魄犹乐思沛。且朕自沛公以诛暴逆，遂有天下，其以沛为朕汤沐邑，复其民，世世无有所与。”

——《史记·高祖本纪》

3.对已经找到的材料进行整理分析，为刘邦下一个评语。举办小组或班级讨论会评说汉高祖刘邦。

4.把课文《高祖还乡》或上题的故事改编成课本剧，在班上表演，要求尽可能真实地再现历史，反映刘邦的性格特点。

5.以本次活动的内容为题材，选取相关内容办一份小报（手抄报或电脑排版报）在班上展出，全体同学作评委进行评定。

第十九章　口语交际专项训练

第一节　求职应聘专项训练

随着社会用人制度改革的深化，大中专学生就业已由“计划分配”迅速走向了市场化。目前学生就业的途径主要有学校推荐、个人应聘、他人或职业中介机构的介绍等。而求职过程一般要经过“笔试”(包括写求职信，填写履历表，接受文化、心理测试等)、“技能考试”与“面试”等几个环节。如果前两个环节是因人、因岗位而异的话，“面试”则几乎是每一个学生在求职道路上的必经“关口”。

面试是人才录用考试的一种基本形式。招聘方通过与应聘者面对面的观察、交谈等双向沟通方式，来考察应聘者的仪表、气质、性格、谈吐、思想观念、能力水平等素质状况，从而做出录用与否的决定。对于应聘者来说，这既是自我展示、自我推销的机会，也是加深对用人单位(岗位)的了解，以作出明智抉择的过程。面试实际上是一种“口试”，应聘者口头表达能力的好坏是决定求职成败的关键。在交谈中，语言表达的清晰、准确、得体与否，直接影响着双方信息传递与沟通的效果。尤其是处于“客体”地位的应聘者，为了给招聘方留下美好的“第一印象”，特别要注意说话的态度、方式和技巧。

一、应聘交谈的原则

1. 彬彬有礼的风度

说话彬彬有礼，与服饰端庄、仪表优雅一样，是一个人美好的内涵、修养的外在显现，也是具有良好职业素质的重要特征。在应聘面试中，应聘者要主动、有礼貌地招呼主试人员，恰当地使用称呼语与敬语，始终面带微笑。用专注的神情倾听招聘人员的问话，用谦恭、委婉的语气回答提问或作自我介绍。高雅的谈吐是优雅风度的重要特征。谈吐之美在于措辞恰当，不是咬文嚼字、卖弄华丽词藻，也不可夹带不文明的口头语或社会习惯语。语调要平缓、流畅，不疾不徐。不要打断对方的说话，急于自我表现，这容易给人缺乏礼貌与尊重的感觉。尚未听清楚对方问话的意图就“慌不择词”，容易答非所问或词不达意，还会给人留下浮躁、鲁莽的坏印象。

2.热情、自信的态度

应聘者与招聘者初次面谈，容易紧张或忐忑不安，如果遇到矜持、严肃的招聘人员，往往会手足无措，说话语无伦次，无法达到“最佳状态”。因此，应聘者在接受面试前，首先要调整好精神状态，克服紧张、怯场的心理，树立勇气与信心。在面谈中，要保持饱满的情绪与充分的自信，给人充满活力、富有生机的良好印象，使面谈气氛活跃而融洽。要不失时机地表达对所应聘岗位的热切向往，希望在该企业有所贡献、有所作为的意愿；在作自我介绍时，要正确把握“谦虚”的度，既不自吹自夸，也不妄自菲薄。应恰如其分地介绍自己的优点与专长，表露出能够胜任所应聘岗位的自信。即使意识到自身条件不足，也应该表现出在今后的工作中边干边学、虚心求教、不断进取、完善自我、做出成绩的意愿与信心，从而给招聘者以有朝气、有潜力、有进取精神的良好印象。

3.坦率、真实的信度

通过交谈获得彼此的真实信息，是招聘方与应聘者共同的心理，应聘者的坦诚直言容易赢得用人单位的信任。首先，态度要诚。坦率地表明自己的求职动机，如对用人单位的社会声誉、工作环境，乃至工资待遇的向往，希望在该企业找到用武之地，求得事业发展的想法等。也可以向招聘者婉转地提出自己关心的问题：如所应聘岗位的业务范围、见习期长短及福利待遇情况，对新进员工的培养与使用，有没有学历深造与业务进修的机会等，以表现你求职态度的诚恳与慎重。其次，介绍要实。根据招聘者的要求，实事求是地介绍自己的学历、经历、学习成绩、专业技能、兴趣特长，以及家庭状况等，向用人单位展示一个真实的“我”。不编造自己的“辉煌”经历，如实介绍曾经得到过的荣誉，也不超乎实际地“许诺”将来会做出惊人的成就。再次，表达要准。遣词用句要客观、实在，并留有余地，少用“可能”“大概”“一定”“绝对”等模棱两可或斩钉截铁的词语，忌说：“我绝对有把握”“今后你们瞧我的”之类狂傲自负的话，否则就会失去表白的可信度，使结果适得其反。

（训练题 1）

试析下列一则“面试”实例中，应聘者小张、小王的回答哪一个恰当，为什么？

某校毕业生小张、小王同去某公司参加招聘面试，他俩的学历与所学专业相同，而小张的学习成绩与专业技能比小王略胜一筹。当该公司人事部经理表示这份工作有相当难度，需要有一定的工作经验，问他们能否胜任时，小张说：“本人刚刚毕业，毫无工作经验，不知道能否胜任，但我愿意尝试一下，或许能够逐步适应。”小王说：“我虽是刚毕业的学生，还缺乏实际工作经验，但我学的是相关专业，具备了较好的专业基础知识，也经过一段时间的实习，只要虚心向同事学习，勤奋努力地工作，相信我能尽快缩短适应期，胜任这份工作。”

二、招聘提问的方式

一般招聘单位为慎重起见，往往要安排两次面试（初试、复试）。初试是为了掌握应聘者的基本情况，招聘者提出的问题一般只涉及学历、经历、专业、学习成绩、求职意向等常规性问题，只要清晰、扼要地回答，一般不难“过关”的。而复试是在经过初步筛选后，进一步对应聘者的智慧潜能、禀性人格等作深层次的探测与审视，为或取或舍的决策提供依据。因而招聘者往往会用各种方式提出令应聘者“猝不及防”的难题，应聘者要事先充分准备，胸有成竹临场沉着镇定，随机应变，灵活巧妙地应答，掌握交谈的主动权，更好地“塑造”自我形象，从而成功地推销自己。

1. 试探性发问

“这个岗位要做大量烦琐的事务性工作，而且升职的机会不多，你会长期干下去吗?”“这份工作薪金不高,你会不满意吗?”“如果鄙公司与另一家公司同时表示录用你,你将作何选择?”……提出这类问题,是为了试探应聘者的求职动机、工作态度,进而了解他的职业观、价值观等职业道德基础,应聘者应尽量避免给对方以鄙薄平凡琐碎工作,或过分看重物质待遇,或“待价而沽”“朝秦暮楚”的不良印象。回答时或“避其锋锐”,或“顺水推舟”。如:“任何工作都不是轻轻松松就能做好的,事务性工作可以锻炼人的意志,培养踏实、负责的工作作风;况且,任何重大事业都离不开具体的事务性工作,我不会看不起它的(避开“升职”“长期”等敏感问题)。”“想找一份高薪的工作,当然是人之常情,但薪金不是我求职的唯一标准,只要企业发展了,经济效益提高了,职工的待遇也会跟着改善。”“我不敢奢望会有两个公司同时录用我,即使碰巧出现这样的情况,我会首先选择贵公司,因为我相信贵公司能够为我提供更多的发展机会。”这样的回答,既不回避问题“答非所问”,又巧妙地绕开了可能使自己被动的地方,表现出自己的“高姿态”。

2.引导性发问

招聘者希望更广、更深地了解应聘者的情况,会提出一些看似“不着边际”的问题,实质上要引导你从各个侧面充分介绍自己。例如: 你有什么业余爱好? 你喜欢看什么课外读物?(从爱好什么,读什么书,可以看出一个人的情趣、修养、知识面等); 你崇拜的偶像是谁? 为什么崇拜他?(偶像是一个人的人生目标、价值取向的一面镜子); 你有什么社会交往? 你喜欢同哪些人交朋友?(了解你的社会关系与交际能力); 你有没有打过工? 什么单位? 有什么收获?(了解你有无相关的实践经历,是否吃得起苦。“收获”一词内涵丰富,既可指经验、能力上的积累,也可指经济上的收益)……对于这类问题,首先要冷静思考提问的真正意图,选准应答的角度,明确介绍的重点,在客观真实的前提下,突出于己有利而且“投其所好”的内容,给对方满意的答案。如针对问题 ,如果你应聘的是服务类、营销类岗位,而且有相关的打工经历,可以这样回答:“我曾经在一家大型快餐店做过服务员,虽然工作繁忙,常常要做夜班,而且报酬不高,但是我从中学会了礼仪服务规范,受到了经理与顾客的称赞。我不仅在艰苦的工作中得到了锻炼，而且有机会接触各种各样的顾客，这对于我今后从事与各种人打交道的工作很有帮助。”（注意：“打工”实际上是一种无须企业出力的“职前培训”，企业当然欢迎。至于“打工”的出发点必然与经济收益有关，不必刻意来掩饰：“我不是为了挣钱”，否则只会引起对方的反感）。至于介绍自己的兴趣爱好，要注意，兴趣不是越广越好，如果没有专长，就会有浅尝辄止、见异思迁之嫌，要巧妙地暗示自己的兴趣爱好与所求职业之间的直接或间接的联系。而谈到“偶像崇拜”问题，一般人都讳言自己崇拜××歌星、影星，甚至杜撰自己崇拜科学家、文学家、服务明星等来博取招聘者的好感。如果你能不落俗套地坦言自己是个“追星族”，而且又能精辟、中肯地分析××歌星、影星、球星的成功之道，从中受到的精神启迪，或许能够显示你的独特个性，收到“出奇制胜”的效果。

3. 考验性发问

有时，招聘者会提出一些近乎“刁难”的问题，来考验应聘者面对困难、挫折、拒绝时的反应，从中推测应聘者求职的坚定性，以及意志品质与应变能力。例如，故意夸张这个岗位的技术难度，不客气地指出应聘者在学历、经历、专长，乃至性别、外貌、身高等方面与招聘标准的差距，甚至会以家庭住址离工作单位太远为由，“拒绝”应聘者；招聘方也常会以“如果你被本公司录用后，被分配干一份你不愿意的工作，你能接受吗?”“我公司对员工的管理极严，稍有差池就会受到严厉的处罚；你有足够的承受能力吗?“我们企业工作很忙、员工加班加点是家常便饭，而且没有加班费，你会乐意干下去吗?”这样的问题“吓退”应聘者；或者设计一些情境来难倒对方。例如，某贸易公司招聘销售人员时表示：“我们要求员工每天站在闹市街头向行人推销产品，还要挨家挨户上门推销，常常要遭受别人的恶意嘲弄与粗言侮辱，完不成定额还要扣工资，许多人没干几天就做了逃兵，你能受得了吗?”“我们要求员工能直接用英语、日语与客户洽谈，你能胜任吗?”……有些合资、外资企业对应聘的女青年还会提出这样一些令人尴尬的问题：“你被录用后不久，你的上司或男同事就开始追求你，你怎么应付?“你的男上司要你单独陪同他去出差，你该拒绝吗?”“你发现上司发给你的同事的‘红包’明显比你的大，而你又认为她的工作并不比你出色时，你会做出什么反应?”……面对这些难题，应聘者首先要克服心理弱势，冷静地做出“知己知彼”的判断。回答时，不必点穿对方的“刁难”，也不可表现出自卑、羞怯的神情，更不能挂出“免战牌”——退却。首先，承认自己某些方面的不足，表达不浅薄、勇于进取的决心；其次，宣传自己的优势，让对方觉得你有潜力；再次，提出“解题思路”，让对方看到你的聪明与应变的才智。

例如，对“管理制度严”的问题，可以先从赞扬该公司制度健全、管理有方入手，继而表明自己一向做事严谨、细致，规范意识很强，在严格有序的工作环境中更能显示自己的长处；对于“经常义务加班”的问题，也可坦率地表示，自己精力充沛，而且愿意为企业的发展倾注全力，同时，也可指出，“加班”说明自己工作的效率不高，要注意改进工作方法，多向有经验的同事请教，提高工作效率；对从事推销工作的种种难处，可以用许多成功人士“艰难困苦，玉汝于成”的事例来说明自己有接受任何挑战的勇气；对于“白领小姐”可能遇到的麻烦，可以表明自己做人的几点原则以及巧妙处事，有礼、有节的态度；对于“红包”现象，可以坦然地表示：自己拿的红包小，不外两种原因，其一，工作确有疏漏；其二，与领导沟通不畅，应让领导更多地了解自己所做的工作，只要正确处理这两个问题，不难使“红包”大起来。有时，对于招聘方的“百般挑剔”不妨冒险来个“反唇相讥”。有一位白领女士介绍自己求职成功的经验时说：“当时，我瞧那位人事经理把我说得一无是处，就‘豁出去’地说，‘您是不是怕录用了我，以后我会占了您的位置?’意想不到的是，他居然录用了我。”可见，审时度势、灵活应变的应答可以使招聘者对你刮目相看，从而使自己由被动转为主动。当然，还要以求职的执着态度去感动招聘者，促进求职的成功。

(训练题 2)

请分析下面一段对话中，应聘者的应答好在哪里。

35 岁的下岗女工 A 前往某大宾馆应聘保安员岗位，以下是 A 与宾馆人事部经理对话的片段。

经理：你为什么想到我们宾馆工作?

A:贵宾馆是国内外知名的五星级宾馆,有豪华的建筑、一流的设施、优雅的环境……能有幸在这样的环境中工作,一定令人赏心悦目、心情舒畅。当然,贵宾馆吸引我的还有优厚的待遇。我原先工作的企业由于经营不善,已经倒闭,我被迫下岗,生活拮据,何况还要负担在××重点中学住读的女儿的生活与教育费用,所以我很希望找到收入较好的工作。

经理:这次我们招聘的岗位有大堂经理、公关助理,餐饮、客房部领班、服务员等,你为何选择保安员这个岗位?

A:我知道贵宾馆用人的标准十分严格。您所说的那些岗位我觉得都不错,但是我已经失去年龄上的优势,也没有相关的工作经验,自知缺乏竞争能力。我倒觉得比较适合保安员工作,因为我在原单位曾担任过保卫科干事,熟悉保安工作的规律与特点。虽然责任重大,但挺刺激,富有挑战性,很适合我的性格。

经理:我们宾馆保安部一向只招男性员工,不知道女同胞是否合适?

A:我想,既然宾馆是为男女老幼各色人等服务,总也有用得着女保安的地方。何况女性善于察言观色,第六感觉特棒。您知道"麦考尔警官"比"亨特"可细心多了。我原先在保卫科工作时,受过一些专门训练,学过擒拿格斗的基本技巧,而,且还业余学过柔道。经理先生,您没发现我的体格很健壮吗?

(训练题 3)

模拟某化妆品公司招聘推销员的"面试"情境:公司人事部经理表示,应聘者其他方面条件尚可,但身高比规定标准差了 2 厘米,不考虑录用。而应聘者认为这并不影响自己成为一名出色的推销员。双方各陈理由。请分别扮演经理、应聘者进行交谈,看看交谈的结果会怎样。

总之,求职应聘是一门特殊的交际学,是双方互相试探、且带有某种冒险性质的口语交际。它是以求职者良好的素质为底蕴,以正确的职业观念与科学的择业方法为指导,以较强的口头交际能力为工具的社会实践活动。学习、掌握好这门学问,将会使你在求职的道路上比别人顺利一些。

第二节　接待

我国素有“礼仪之邦”的美誉。“有朋自远方来，不亦乐乎”，热情待客历来是中华民族的传统美德之一。如今，人们的社会交际日益频繁，对外交往日益扩大，热情、周到、得体的接待工作，已经成为扩大开放、搞活经济、促成合作的重要手段。

接待按性质可以分为私人接待、公务接待、商业服务挑选、外事接待等；按形式可以分为亲友来访接待、会议洽谈接待、宴请礼宾接待、参观旅游接待、购物休闲接待等。在不同对象、场合、形式的接待中，作为传递信息、交流感情的重要工具，作为礼节礼仪的重要组成部分，彬彬有礼、委婉得体的接待语言，能使客人如沐春风、如饮醇酒，体味到接待者浓浓的诚意、敬意与情意。

常用的接待用语有很多种，如欢迎语、称呼语、征询语、赞美语、道歉语、送别语、应变语等。

一、欢迎语

对于宾客、顾客的到来，最常用的欢迎语是“欢迎光临”。有时视对象和场合不同，也可用其他表达方式。如领导、专家到会或视察，可用“欢迎莅临指导”表示敬意；对于顾客购物，可用“欢迎惠顾”以表谢意；对于外宾来访，可以用“您的到来，使我们深感荣幸”表示欢迎。

二、称呼语

在待客礼仪中，恰当地用称呼语是尊重对方的表现。私人接待中，称“老王”“小李”显得亲热；公务接待中，称“赵局长”“曹经理”表示尊敬。一般情况下，对成年男女，无论婚否均可称先生、女士，但对未婚女子应称小姐（如无法判断婚否，对年轻女子都可称小姐。在我国南方一些地区，称“阿妹”比称“小姐”更受欢迎）。对医生、教授、法官、律师、博士等应该将姓（姓名）与职（职称）合称，如“刘教授”“赵律师”等，对军人一般将姓（姓名）与军衔合称。

在对外交流中，要注意外宾父名、本名与姓氏的排列顺序，各国人姓名的组成和排列顺序大致可分两种类型：一种是姓前名后。中国、朝鲜、越南、日本、蒙古、阿富汗、匈牙利和一些非洲国家属此类型。一种是名前姓后。欧美各国人的姓名，前一部分是名，后一部分是姓。如“乔尼·布什”“比尔·盖茨”等，“乔尼”“比尔”是名，“布什”“盖茨”是姓。一般场合下只称姓，如“克林顿先生”，正式场合下则用全称。所有基督教文化的国家，人们一般都有教名，置于姓名的最前面。在西方，有些人还沿袭父名或父辈名，在名后加一后缀“小(junior)”，如小约翰·威廉姆斯。在英国，妇女结婚后要在自己的名后加上丈夫的姓。而俄罗斯人姓名一般由名一父名一姓三节组成，如“费拉基米尔·伊里奇·乌里扬诺夫”。对地位较高的官方人士应在官衔之后加“阁下”，如“部长阁下”“总裁阁下”；而对于来自君主国家的贵宾，应按其身份称为“国王、皇后陛下”“王子、公主殿下”；对有爵位的贵客，应将姓名与爵位合称，如“罗伯特公爵”。当然，由于各国习俗不同，对称呼语也各有所好与所忌。例如：德国人喜欢被称职称；如果你不知道芬兰人的职衔，一般可称他为经理；马来西亚人特别重视贵宾头衔，不可弄错，至于姓氏倒不甚重要；在日本，对女性可以根据其地位使用职务中“桑”(san)相称，如“社长桑”，但对男性就不太合适；美国人喜欢别人称呼他们教名……因此，了解各国(各民族)称呼语的习惯，是搞好接待工作的基本功。

三、征询语

在服务性接待中，要了解客人的需求，常要用到“征询语”。那种直接生硬的征询语如“你要买什么？”“你要做什么？”常常会使客人尴尬与不快。而换一种说法如：“我能为你做什么吗？”“有什么需要我帮忙吗？”就显得较为亲切。在为客人提供服务后，应该主动征询客人的意见：“您还有不满意之处吗？请多提宝贵意见。”以表示希望“做得更好”的诚意。

【示例1】

下面是某宾馆前台接待员与一位外宾的对话。

接待员：欢迎光临，罗宾逊博士，您的到来，使我们深感荣幸，我能为您做什么吗？

罗宾逊:我想要一间单人房。

接待员:您有没有预订房间?

罗宾逊:没有,我昨天刚接到要我来讲学的邀请,就匆匆赶来了。

接待员:很抱歉,单人房已经订满了,我想为您安排一间标准客房,您不介意吧?

罗宾逊:不。不过,我希望有个安静舒适的环境。

接待员:请您放心,这间客房在8楼,客房的设施是本宾馆一流的,窗户朝南,阳光明媚,窗外就是本市著名的风景区——锦绣花园,那里草木葱茏、绿水潺潺,有亭台楼阁、鸟语花香,您可以欣赏到最美丽的景色。还有8楼的客房服务员是本市旅游业十大服务明星之一,您可以享受到优质的服务。

罗宾逊;太好了,我就住这间客房吧。

接待员:谢谢,罗宾逊博士,这是801号客房的钥匙。有什么需要,请吩咐服务台。

(评析)这位接待员的接待用语规范、得体,欢迎语、称呼语、征询语都用得十分恰当,体现了良好的业务素质。

(训练题1)

下面各例中接待语哪些用得好,哪些运用得不恰当?应该怎么说?

某宾馆大堂经理见到曾在这里下榻的客人再次到来,忙迎上前去,热情地说:“欢迎您回来,张先生。”

在餐厅里,服务员见一桌子酒席上菜肴将尽,客人还没有离席的意思,就主动问道:“你们还想再要点菜吗?”

客房服务员小A推开302号客房门,问单独住在这里的中年女旅客道:“太太,您的房间要打扫吗?”

贵州大酒店服务员小张问客人:“先生,您几位要不要尝尝本地特产‘老窖’酒?”客人说:“听说这酒度数挺高,太‘凶’。”小张介绍道:“这酒有40度的,也有50度以上的,各位可以随意选。我们酒店直接从酒厂挑选窖存几十年的上等酒,一开瓶口,满室生香,酒甘味醇,温而不燥,常使人‘爱不释手’。”客人一听,来了兴趣:“那就来一瓶40度的,可我们几个酒量不行,怕喝不完。"小张说:"喝不完没关系,我们酒店可以代您密封保存,您什么时候来喝都可以,这是我们酒店特色服务项目之一。"

（训练题 2）

模拟某市重点职业高中接待某市学联代表团来访的情景。来访者有:某市团市委副书记、学联主席、十多所职校学生代表;接待者有某区教育局副局长、该校校长、团委书记、学生会主席等。试以该区教育局副局长身份介绍宾主双方,并致欢迎词;以该校校长身份介绍学校概况,以团委书记身份介绍学生工作情况和经验。

（训练题 3）

在下述对话中填上营业员解释的话,并说明为什么那位顾客会"转忧为喜"。

一位顾客来上海绣品商店挑选象征长寿的手绣被面,准备馈赠侨居国外的长辈。接待他的营业员拿出一条绣有松鹤图案的被面,介绍说:"'松'与'鹤'都是长寿的象征,俗话说的'松鹤延年'就是这个意思。"那位顾客刚想掏钱买下,突然发现松树,旁边还有一朵梅花,便有些顾虑,因为"梅"与"霉"谐音,怕长辈看了犯忌。营业员忙向他解释:"________"

那位顾客经他一解释,转忧为喜,不仅高兴地买下了被面,还夸奖营业员:"看你年纪轻轻的,老年间的东西还懂得不少哩。"无论何种应接场合,接待人员与客人见面,总要主动招呼:"您好""早上好""见到您真高兴"……当然,在中国人中习以为常的"你吃过饭了吗?"这类招呼语不能滥用于外国客人,免得引起对方误解;也切忌用"上哪儿去"或"干什么"之类的招呼语,以免有干涉他人生活或自由之嫌。招呼语常与问候语结合使用,如:"见到您真高兴,近来身体好吗?""您好,旅途顺利吗?"在礼貌中渗透了关心之情。招呼语也包括应答。当宾客有事呼叫服务员,服务员可立刻应从:"来啦,先生(夫人),我能帮你忙吗? "听候吩咐。"或表示:"我一会儿就过来。"当宾客对你表示感谢时,不能毫无反应,而应马上回答"请不必客气。""为你服务很高兴。"在商业接待中,营业员面对众多顾客,有时应接不暇,要学会"接一、顾二、招呼三"的技艺。手里接待一个,嘴里顾及第二个:"您稍等,我马上为您服务。"眼神又"招呼"第三个,使焦急待购的顾客宽心并感受到营业员的热情与尊重。

四、道歉语

服务性接待，难免会有不够细致周全之处，或因客观条件不能尽如人意，或因宾客嗜好、品味、习俗各异而“众口难调”。这时，最好别为自己辩护，几句真诚的道歉，能轻轻抹去宾客心头的不快，换来友善的谅解。例如：当宾客想要订的房间已先有了住客，或者顾客中意的商品已经售完，不妨说一声：“十分抱歉，我们没有为您预先准备这间客房，换一间相仿的客房您不介意吧。”“真遗憾，这货刚卖完，我们马上去进货，请您过两天再来吧。”再如，让客人久等了，应该马上打招呼：“很抱歉，让您久等了，先生(太太)。”又如，要中断与客人的谈话转而照应别的客人时，也应表示歉意：“请原谅，我不能与您长谈了，不过和您谈话真令人愉快。”

五、赞美语

喜欢被人赞美，是人的天性。美国作家马克·吐温说过：“我接受了人家愉快的称赞后，能够光凭着这份喜悦生活两个月。”在社交、礼宾、商业性接待中，适时、适境(对象与情境)、适度地使用赞美语，能使双方产生情感上的“互悦性”，起到话跃气氛、缩短距离、促进认同的效应。如婉转恰当地赞美对方的容貌、气质、学识、名望、经营成就，学术成果等，会使宾主双方更容易沟通。例如营业员为顾客试穿衣服时，不失时机地称赞道：“瞧，您穿上这身衣服，气质显得更高雅了。”也许这套服装会被很乐意地买去。但是不分对象场合地滥用赞美语，或语言粗俗、显露，效果会适得其反。

六、送别语

当接待活动圆满结束，欢送客人离去时，常用富有浓厚感情色彩的送别语：“您的到来，给我们留下了美好的回忆，欢迎您再来。”“希望不久还能再见到您。”送别语中常含有祝愿的意味，如“祝你们旅途愉快，一路平安”“祝您一路顺风”等。让这些美好祝愿伴随着宾客的归途，让他们更深刻地感受到接待者的情谊，对这次旅行(参观等)留下美好的印象。

(训练题 4)

简析店主的接待语有何好处。

我国古典名著《水浒传》第十四回有这样一段文字：林冲在沧州草料场，踏雪到二里路外的酒店，店主热情相迎，招呼林冲："且请少坐。"随后切上一盘熟牛肉，烫上一壶酒，对林冲道："天气寒冷，且酌三杯，权当接风。"林冲酒罢，又买了一葫芦酒，包了两块牛肉，喜形于色，踏雪而去。

（训练题 5）

你认为这位加拿大老太太听后会有什么反应？为什么？

某旅行社导游去机场迎接来自加拿大的旅游团，看到旅游团队有一位 70 多岁的老太太，忙上前搀扶她，并恭维她说："您这么大年纪了，还千里迢迢来中国旅游，真不容易啊！不过，您别担心，在旅游途中我会尽量照顾您的。"

七、应变语

接待人员要面对形形色色的客人，要应付各种各样的场面，除了熟练运用恰当的接待用语，还应具备丰富的知识和灵活应变的语言技巧，才能有礼、有利、有节地做好接待工作。有时要用委婉含蓄的语言来拒绝客人不恰当的要求，有时要用幽默诙谐的语言扭转令人尴尬的场面，有时要用机智善辩的语言适当反击对方不那么友善的讥诮，这些都需要有机敏的反应与高度的智慧。

1. 婉言拒(谢)绝

接待工作的基本原则是尽量满足宾客的要求，然而由于各国、各民族的交际方式不同，接待的对象不同，不是宾客所有要求都应该（可以）满足，有时拒绝是难免的，但忌用否定式，"不、不行""做不到""不知道""没有"等冷冰冰、生硬的简单回答必将增加对方的不快，因此，要学会用婉转、含蓄的语言，用巧妙的方法表示拒绝，如诱导对方自我否定法、推托拖延法、先表同情后拒绝法、避实就虚法等。

〔示例 2〕

罗斯福当美国总统之前，曾在海军担任要职。一天朋友来访，晤谈间，朋友问起海军在加勒比海一个小岛建立潜艇基地的计划。罗斯福向四周看了看,压低声音问:"你能保密吗?"当然能。"罗斯福接着说:"你能我也能。"

(评析)罗斯福采用提问诱导法,让朋友说出了自己想说的意思,巧妙地达到了拒绝回答的目的。

〔示例 3〕

有一次,周总理举行记者招待会,有位西方记者问周总理:"中国银行有多少资金?"意在试探中国的经济实力。周总理巧妙地回答说:"中国人民银行的货币资金嘛……有 18 元 8 角 8 分。"在场记者十分惊讶。周总理不慌不忙地解释说:"中国人民银行发行面额 10 元、5 元、2 元、1 元、5 角、2 角、1 角、5 分、2 分、1 分的主辅 10 种人民币。合计为 18 元 8 角 8 分。"记者们都为周总理的机智妙语所折服。

(评析)周总理采用巧换概念、避实就虚的办法,作了巧妙的"拒绝",既不使对方尴尬,又保护了国家的金融核心机密。

〔示例 4〕

在一次中外记者招待会上,有一位西方记者向中国外交部长陈毅发问:"中国最近打下了美国的 U-2 型高空侦察机,请问,用的是什么武器,是导弹吗?"对于这种涉及国家军事机密的问题,一般外交官都会用"无可奉告"这种辞令拒绝回答,而陈毅却举起手在空中做了一个动作,说:"我们是用竹竿把它捅下来的呀!"引来一阵哄堂大笑,那位记者也没法问下去了。

(评析) 陈毅的回答避实就虚,既不失外交礼仪,又巧妙地闪避了正面招架,充分体现了他睿智、机敏的个性与幽默、洒脱的风格。

2.巧言释怀

在接待过程中,有时会因某种疏忽使宾客产生疑惑,或者无意中触及客人的"禁忌",甚而出现意想不到的尴尬场面,接待人员要反应敏捷,用巧妙得体的言词做出解释,或设法转移客人的注意中心,使客人畅然释怀,扭转尴尬的场面,恢复欢畅的气氛。

〔示例 5〕

有一次周总理设宴招待外宾。有一道菜是时令蔬菜毛笋,厨师特地将毛笋加工成“万福”形状，但这形状与纳粹党的标志有些相似。这道菜一上桌，宾客大惊失色。周总理见状，即风趣地说：“女士们，先生们，可能诸位对这道菜发生了兴趣，这是我们的厨师为向贵宾们表示祝福而加工成的‘万福’菜，这个特殊形状可能使大家联想起了可恶的‘希特勒’，既然大家对希特勒那么厌恶，来，我们这就把他消灭了吧！’：说完，带头举筷夹这道菜，于是贵宾们疑云顿消，纷纷向这道菜“进攻了”。

(训练题6)

猜猜老板的弟弟说了一句什么话？

美国西雅图有一家美籍华人开韵餐厅，为了招待客人，每当客人餐后离座时，总要奉送点心一盒，内附精致“口彩卡”一张，上印“吉祥如意”“幸福快乐”等吉利话。有两位虔诚的基督教徒是这家餐厅的老主顾，他俩结婚后的一天，满怀喜悦来到这家餐厅，在他们期待良好祝愿的时候，打开点心盒，却意外地发现没有“口彩卡”，顿感十分不吉利，便向老板“兴师问罪”，不管老板怎么赔礼道歉，都无济于事。老板的弟弟见状，微笑着走到这对顾客面前，说了一句话：____________说得新娘忍俊不禁，新郎转怒为喜。高兴地和他握手、拥抱。

3.妙言反诘

接待语固然应以“敬语”为本，但有时面对个别宾客不太友好的讽诮或无礼责难，在不能保持沉默时，也要学会巧妙地反诘(反击)，以维护凰格与人格。中国有句古话叫作“以其人之道，反治其人之身”。反诘语既要针锋相对又要柔中有刚；不失风度，在这方面，周总理堪称典范。

〔示例6〕

有一次，周总理在办公室接见一位美国记者。记者见周总理办公桌上有一支批公文用的“派克”金笔，便语带讥诮地说：“想不到中国的总理也喜欢用美国的‘派克’钢笔。”周总理接口回答：“哦，这是朝鲜战场上的战利品，一位朝鲜朋友把它送给了我。”那位美国记者十分尴尬。

(评析)美国记者意在讥诮，抑或炫耀，但周总理借题发挥，看似轻描淡写，实则一语中的，触到了他的“痛处”。

（训练题7）

猜一猜，周总理怎样反击美国记者不友好的话语。

周总理在北京召开记者招待会。一位美国记者突然向总理发问："总理先生，我到中国来，发现了一个奇怪现象，你们中国人总喜欢低着头走路，您能解释这是为什么吗？"周总理不假思索地回答："噢，这并不奇怪________那位美国记者自讨没趣，惭愧地低下了头。

第二十章　口语交际技巧指导及交际礼仪

第一节　口语交际技巧指导

一、说话要有中心

说话与写文章不一样。文章，读者可以慢慢地读，也可以反复地研读；而口语交际，没有物化的东西，转瞬即逝。一方面，要听者认真专注，能迅速抓住中心，同时更要求说话者要中心明确集中，条理清晰明了。说话的时候，一定要考虑好要表达什么主题，怎么开头，怎样过渡，怎样结尾，让听者容易抓住要点，达到交际的目的。春秋时期，晋国和秦国联合包围了郑国的都城，郑国危在旦夕，烛之武受郑文公的委派，去见了秦穆公，说：秦晋两国联军围攻郑国都城，郑国人已经知道自己死定了，如果灭掉郑国能够对您有好处，您劳师动众自然还值得，但是隔着晋国的大片疆土来把远方的郑国作为贵国的边疆，您会懂得这是不大好办的，何必帮助灭掉郑国来便宜您的邻邦？邻邦的版图扩张，就是贵国的实力削弱啊！如果能保留下郑国，作为您东方通道上的接待站，这对您也并没有害处，再说，那个晋国，哪里会有满足的时候，等它在东方向郑国开拓了疆土，就会再向西方去搞扩张。这样做是损贵国来养肥晋国，您要多多考虑啊！秦穆公听了，打心底同意。就跟郑国订了和约，晋国看到这种情况，也就撤兵回国了。

如果说话没有中心，没有条理，就会让听者一头雾水，你不说我还明白，你越说我就越糊涂。例如，丁晓明放学回家后向哥哥说的一段话：

“哥哥，今天我们班里发生了一件令人痛心的事情。明天我们班和二班举行篮球赛，如果刘伟不能上场，我们班的实力就会受到影响。我的同桌刘伟是我们班的班长，学习可棒了，每次考试都是全班第一名。他还是我们班篮球队的队长，是组织前半场进攻的主力。运动会上，他又是全校的短跑冠军，百米决赛像飞的一样，我怎么也跑不过他。今天第三节体育课，老师进行百米测试，六个人一组，每组跑两次，选一次最快的成绩作为考试成绩。我和刘伟分在一组，第一次赛跑，刘伟比我快 0.3 秒，第二次他又跑在最前面，可是最后冲刺时，他摔了一跤，脚扭伤了，肿得老高，结果我跑了第一。本来有把握赢球，现在看来胜负难分，大家都很担心。”

丁晓明本来要表达的中心是班里发生了一件令人痛心的事情——刘伟受伤了，也许会影响篮球比赛，但是他在说话的过程中，不断地变换中心，一会儿夸刘伟的学习好、体育优秀，一会儿去叙述体育测试事情，让听者不知道他想要表达什么了，听糊涂了。

二、说话要讲究方式

生活中有这样一个有趣的现象：有的人说话，大家都愿意听，而有的人一开口，就得罪人。这是为什么呢？实际上，这关系到说话的方式问题。讲究说话的方式就是要做到说话得体，在不同场合，针对不同的对象，采用不同的讲话方式。说话的方式方法很多，这里说说直言和婉言。

什么是直言？所用词语的意思与所要表达的意思一致、直截了当，就是直言。在社会生活节奏日益加快的今天，直言的使用越来越普遍，因为大家都要节约时间，不提倡曲曲折折、吞吞吐吐、慢条斯理地说话。另外在家庭生活中、在亲朋好友之间，宜用直言，如果用婉言倒显得说话人虚伪。另外严肃批评时宜用直言。

什么是婉言？对于有些事物，有时不便于直接说明白，就用一些相应的同义词语委婉曲折地表达出来，这就是婉言。一般来说，在下面这些情况下，适宜使用婉言。

有些现象，人们从来不愿意直说，最突出的就是死亡，往往使用婉言。如：我们的战士负伤谓之挂彩；为正义事业而献出生命谓之牺牲。

对于某些疾病，生理缺陷等人们不愿直说，也使用婉言。如：自己生病了说“不舒服”；说别人生病用“贵体欠安”；谓别人耳聋为“耳背”，谓别人跛脚为“腿脚不方便”。

在交际中说到自己时，有时采用表示谦虚的说法，也用婉言。如：“在下”“不才”。

有时候，要回避别人的问题，也用婉言。例如，有一位记者问当年的文化部长王蒙：“你现在和50年代(50年代王蒙曾错划为右派)相比，有哪些相同的地方，有哪些不同的地方？”问题提得很刁钻，确实不好回答。王蒙当时回答得很委婉机敏：“50年代我叫王蒙，现在我还叫王蒙，这是相同的地方；50年代我20多岁，现在我50多岁，这是不同的地方。”弄得记者啼笑皆非。王蒙避重就轻，回避了实质问题，回答了表层意思，在不失礼节的前提下，婉言回答了记者提出的难题。

当然，也不是所有的时候都是婉言就比直言好，如果不注意场合，不注意对象，也许就会给人啰嗦甚至虚伪的印象。

三、说话要看对象

说话要看对象，即要针对不同的人，说不同的话。这样才能创造一种和谐、融洽的气氛，取得良好效果。因此，说话者必须从自己身份出发，根据听话者的年龄、性别、职务、文化、心境等特点进行得体的表达。中国有一句俗话“到什么山头唱什么歌。”意思就是唱歌也要看看面对的是什么样的对象，怎样的环境。如果运用它的比喻含义的话，就是说话要看对象，针对不同的人，采取不同的方式说话。只有这样，说话才能起到应有的作用。

孔子带着他的几名学生出外讲学、游览，一路上十分辛苦。这一天，孔子一行人来到一个村庄，他们在一片树荫下休息，正准备吃点干粮、喝点水，不料，孔子的马挣脱了缰绳，跑到庄稼地里去吃了人家的麦苗。一个农夫上前抓住马嚼子，将马扣下了。子贡是孔子最得意的学生之一，一贯能言善辩。他凭着不凡的口才，自告奋勇地上前去企图说服那个农夫，争取和解。

可是，他说话文绉绉的，满口之乎者也，天上地下，将大道理讲了一串又一串，尽管费尽口舌，可农夫就是听不进去。有一位刚刚跟随孔子不久的新学生，论学识、才干远不如子贡。他看到子贡与农夫僵持不下，便对孔子说："老师，请让我去试试看。"于是他走到农夫面前，笑着对农夫说："你并不是在遥远的东海种田，我们也不是在遥远的西海耕地，我们彼此靠得很近，相隔不远，我的马怎么可能不吃你的庄稼呢？再说了，说不定哪天你的牛也会吃掉我的庄稼哩，你说是不是？我们该彼此谅解才是。"农夫听了这番话，觉得很在理，责怪的意思也消释了，于是将马还给了孔子。旁边几个农夫也互相议论说："像这样说话才算有口才，哪像刚才那个人，说话不中听。"

其实，说话就是这样的，阳春白雪，下里巴人，格调不同，效果迥异，关键就要看是对谁说的，对象不同，说话的风格不同，语气语调也会不同，否则，你再能言善辩，也只能是对牛弹琴，对马吹箫，别人不买你的账也是白搭。

四、学会倾听

良好的人际关系的一个重要条件，就是要当个好听众，关注别人说话的心情，关心别人的生活，这样，别人才会感受到你的善意和爱心，友谊和真诚。在听别人说话的时候，态度要诚恳而谦虚，一边要细心地聆听对方的谈话，一边还要注视着对方，有时候要应答对方的话语。在正式场合，一般不要打断别人的话或者中途插话，要注意别人说话的关键词语，正确把握别人的意图。

小徐是某中学高一年级的学生，她最不喜欢听见妈妈的唠叨，她总觉得每次说话，妈妈都是批评和指责，有时候，妈妈打来电话，她都装作没有听见。时间久了，孩子和家长心里都很不舒服。有一次，小徐看了戴尔·卡耐基的口才训练方面的书籍，她决定采用戴尔·卡耐基的一条原则"成为倾听者，把别人的话当作自己的话"。她不再跟妈妈争吵，也不再为自己的行为辩护。有一次，一起逛街，她都一直倾听着妈妈的话，偶尔还应答上几句，回来后，妈妈感慨地说："孩子，很感谢你能听我说了这样多，你真的长大了！"

老许是某单位的资深领导，上一届领导班子调整的时候，由于年龄的因素退下来了，现在，只是按时上下班而已。每天上班，都没有多大的事情，于是，喜欢到各办公室去走走，看看，聊聊天。开始的时候，大家都很尊重他，和他交流，后来，大家都总结出了他聊天的主题，就是“追忆往事”，有时候，他自己都不知道哪些故事是讲过的，哪些没有讲过，难免啰嗦。慢慢地，人们就不愿意听他讲故事了，他一开始说话，有的人就想办法转移话题，或者找一个理由走开了。只有一个年轻人，才来的，别人都走了，他不好走开，每次，都是他最忠实的听众，他讲故事，年轻人小李都听着，偶尔还发表几句感慨：“过去的年代就是不一样啊！现在的社会可变了啊！”后来，在中层干部选拔中，小李顺利地进入了领导队伍，很多人都不知道事情的原委，原来是老许力荐的小李。

学会倾听，有时候，会收到自己都意想不到的效果。仔细想想，学会倾听，其实就是那样简单。

你与两个人做伴，A 喜欢喋喋不休地给你说他在大学的经历，B 则愿意听你讲讲你当年下乡的故事，并表示很感兴趣，你更喜欢谁？A 还是 B，说话者还是倾听者？

答案毋庸置疑是 B。

就人性的本质来看，我们每个人当然更为关心自己。每个人都喜欢讲述自己的事情，喜欢听到与己有关的事情，所以，你要使人喜欢你，那就做一个善于倾听的人，鼓励别人多谈他们自己。

琳琳有一个朋友叫安娜，是一个极其聪明的漂亮女孩，可是大家都不喜欢她——因为她只长了嘴巴，耳朵虽然也有，却从来不用。

琳琳来请大家参加她的生日 Party，大家都向琳琳的生日表示祝贺，并且给即将到来的 Party 提些建议。安娜进来了，听说琳琳要过生日，就开始讲她从小到大的历年生日都是怎么样过的，直到大家都借故离开。李薇从广西旅游回来，大家都来听她讲桂林甲天下的山水，不胜向往。安娜进来了，接上话讲她在老师讲《桂林山水》这一篇课文时睡着了，还好被同桌叫醒，叫醒她的就是阿强——她的初恋对象……大家只好由听李薇讲改为看李薇带回来的图片和照片。

安娜总是对没人欣赏和喜欢而大惑不解，觉得是大家嫉妒她又漂亮又聪明，故意和她作对。有一次，安娜的喉咙有些发炎，不能多说话，又正好赶上一个聚会，安娜没有办法慷慨激昂地发表演讲，只好坐在一个很不起眼的位子上闷闷不乐。后来，一个晚来的男生坐在了她的旁边，互相认识后，开始向安娜讲他的专业——植物学。迫于喉咙疼的原因，安娜破天荒地听别人说话，只是偶尔附和几声或提一个小问题。

聚会结束了，那个男孩子对安娜恋恋不舍，称赞她是他所遇到的最温柔可爱的女孩子，又聪明，又漂亮，又活泼，又大方……总之，他说尽了赞美的话，而这一切，都缘于安娜发炎的喉咙，缘于安娜那天晚上做了一回忠实的倾听者。

如果你想让周围的每个人都躲避你，背后笑你，甚至讨厌你，这里有一个最好的办法——决不静听别人说话，不断地谈论你自己。如果在别人谈话时，你有自己不同的意见，你想到别的更有趣的话题，别等他说完，他没有你伶俐。为什么浪费你的时间去听他无谓的闲谈？即刻插嘴，在一句话当中打断他。

而如果你想让周围的人都喜欢你，欢迎你，甚至爱戴你，那么你必须学会倾听。在人生交际场上取得辉煌业绩的人，都是会倾听的人。周恩来总理就是这样的一个人，而且，周总理在听别人讲话时态度极其认真，不论对方职位高低，年龄大小，都同样对待。对此，美国一位外交官曾评价道："凡是被他亲切会见过的人都不会忘记他。他身上焕发出一种吸引人的力量，长得英俊固然是一部分原因，但是，使人获得第一印象的是他的眼睛……你会感激他全神贯注于你，他会记住你和你所说的话。这是一种使人一见之下顿感亲切的罕有天赋。"

我们可以以周总理为榜样，完善自己。概括地说，应该做到：

首先，全神贯注地听别人讲话，眼睛注视着说话的人，脑子里要设法撇开其他的事情，将注意力始终集中在别人谈话的内容上。

其次，耐心地倾听，不要轻易打断别人的话，不要因对方叙述的平淡而漫不经心，也不要在别人结结巴巴讲不清时，流露出烦躁和责怪的神情，更不应在别人讲不同意见时，因听不下去而反驳或争吵。

最后，要有回应地听，通过点头、微笑、手势、体态、语言等做出积极的反应，鼓励对方完整地说出他的意思。

善于倾听别人说话的人，会让人感到他是值得交往的朋友，并愿意与之相处，他与众人的关系也将日益密切起来。专注凝神地倾听别人说话，它将使你获得成功、谅解和友情。

纽约电话公司数年前应付过一个曾咒骂接线员的顾客。他咒骂，他发狂，他恐吓要拆毁电话，他拒绝支付他认为不合理的费用，他写信给报社，还向公众服务委员会屡屡申诉，电话公司不得不应付数起诉讼。

最后，公司中的一位最富技巧的“调解员”被派去访问这位粗暴的顾客。这位“调解员”静静地听着，并对其表示同情，让这位好争论的老先生发泄他的大篇牢骚。

这位老先生喋喋不休地说，调解员静听了差不多 3 个小时，以后调解员再到他那里，继续听他发牢骚，这样一共 4 次，在第 4 次访问完毕以前，调解员已成为他正在创办的一个组织的成员，他称之为“电话用户保障会”。而调解员是除他自己以外这个组织唯一的会员。

在这几次访问中，调解员倾听老先生的牢骚话，并且同情地倾听他所说的任何一点，而老先生的态度变得越来越友善。调解员一直没有提到要求老先生支付他应付的费用，但在第 4 次，老先生主动付清了所有的账，并且第一次撤销了他向公众服务委员会的申诉。

倾听竟然使怨恨、敌对变成友善和合作，真是具有神奇的力量。那么，怎么样做一个好的听众呢？

第一，要有令人满意的听话态度。

听别人说话必须坦诚相待，由听者的态度显示出对说者的敬重和关注，具体可分为以下几点：

反问。

点头。

提出不清楚之处请求说者加以确认。

辅助说话的人表达思想，或加以补充说明。

有耐心并想深入了解说话的内容。

能听出说话者对自己的期望。

良好的听话态度,可以使说话的人所表达的内容达到他的目的,从而使说话者感到欢欣与充实。就量而言,说话的人讲得越多越能使他感到满足。所以一位良好的听众除了做到以上6点外,尚需耐心地听完无论多么冗长的说话。

做一个好的听众,必须尽量不要让对方丧失说话的欲望,并要使对方对自己所说的话、所提的问题感到满意。同时,还要能够正确掌握说话者的本意,正确回答对方所提出的问题。以上条件,将使你的人际关系更加向前迈进一步。这就需要倾听者反应热烈,态度恳切,并且专心致志地倾听。

第二,及时正确的呼应。

在对方说话时,适时地插入呼应的词句,来表示自己正在专心地倾诉,从而增强说话者的信心,达到有利于自己说话的目的,提高说话的效果。呼应的话语,可以作为彼此间对话的润滑剂,使对话顺利进行下去,以下罗列一些典型的呼应语句:

同意——当然,正是如此,是这样的,颇有同感,嗯……

喜悦——恭喜呀!妙极了!棒极了!真令人兴奋,做得真好……

同情——咳!真可怜,真不幸!你的苦衷我理解,真是岂有此理……

反对——没有这回事吧!不、不!令人难以置信!是这样吗?

惊奇——啊!呀!真令我吃惊!哇!真棒……

疑问——是这样吗?恐怕、也许、难道、莫非、是吗……

犹豫——但是、然而、不过……

引诱——结果呢?后来怎样了?你刚才说到……是什么意思?你的看法是……

转换——这点我知道了,那么、关于、话说回来、这是另外一回事、但是……

第三,最重要的也是最难做到的一点,就是听别人把话说完。世界最著名的影视记者伊撒克·马士逊,曾明确指出,世上许多人之所以不能留给后人良好的印象，正是因为他们不能耐心地做一个很好的听众："由于他们只关心自己接下来要说的话，所以根本不肯耐心地去听人家把话说完……"而做到耐心听完讲话这一点，并非一蹴而就，需要慢慢培养，并且真正关心别人所说。

不论什么时候，把自己变成一个好听众，鼓励对方敞开心胸，淋漓尽致地吐出心中的话，你就能做一个人见人爱的社交明星。

五、学会道歉

人非圣贤，孰能无过。人的一生中，不可能不说错话，不做错事。或是因听信一面之词而错怪亲友；或是因不懂事、不成熟，伤害过别人；或是因脾气暴躁，顶撞或冒犯了自己的师长；或是因主观武断，挫伤了部下的积极性……已经发生的遗憾，当然不能推倒重来，而且也不可能把这个记忆抹去。唯一有效的做法，就是向前看，勇于道歉，勇于承认自己的过失和错误，以诚恳的态度求得别人的理解和谅解。因此，在特定条件下，道歉成了润滑剂，有助于改善人与人之间的关系，使人际关系更加协调，更加和睦。犯了错误并不可怕，诚心道歉，知错能改，才是关键，真诚的道歉，往往能补救自己的过错，赢得对方的谅解，挽回一些损失。怎样才算是真诚的道歉呢？一要认真分析自己出现错误的原因；二要积极补救，将功赎罪；三要采取灵活的方式，化解对方的误会。

（一）分析错误，查找原因

错误的产生总是有主观或者客观方面的原因。当错误已经酿成的时候，我们要坦然面对，积极分析，查找原因，真诚道歉，化解误会，消除怨恨，稳定情绪，形成良好的人际关系。有一次，毛泽东在连续两天紧张的工作之后，在卫士李连成的按摩下，逐渐进入梦乡，一会儿，响起了鼾声，他太累了。这时，李连成向门口悄悄地走去，突然发现窗户还没有关上，用不了多久，外面的阳光就会透过窗户照进来，就会晒到主席。于是，他轻手轻脚地走过去，屏息关窗，生怕弄出声音来。但是由于太紧张了，一不小心，百叶窗"咔嚓"一声掉了下来，惊醒了正在熟睡的毛泽东。他眼中充满了红红的血丝，眼睑微微浮肿，怒气冲冲地命令李连成站到院子里边去。事后，毛泽东了解到了事情的真相，坦诚地向卫士道歉：

“你有点小错，我的错比你的大，我不该发那么大的脾气！”

作为一代伟人的毛泽东犯了错误的时候，也能积极分析事情发生的原因，真诚的道歉。他的一番话，使李连成怨气全消了。

（二）注意方式，积极补救

战国时候，有七个大国，它们是齐、楚、燕、韩、赵、魏、秦，历史上称为“战国七雄”。这七国当中，又数秦国最强大。秦国常常欺侮赵国。有一次，赵王派一个大臣的手下人蔺相如到秦国去交涉。蔺相如见了秦王，凭着机智和勇敢，给赵国争得了不少面子。秦王见赵国有这样的人才，就不敢再小看赵国了。赵王看蔺相如这么能干。就先封他为“大夫”，后封为上卿（相当于后来的宰相）。

赵王这么看重蔺相如，可气坏了赵国的大将军廉颇。他想：我为赵国拼命打仗，功劳难道不如蔺相如吗？蔺相如光凭一张嘴，有什么了不起的本领，地位倒比我还高！他越想越不服气，怒气冲冲地说：“我要是碰着蔺相如，要当面给他点儿难堪，看他能把我怎么样！”廉颇的这些话传到了蔺相如耳朵里。蔺相如立刻吩咐他手下的人，叫他们以后碰着廉颇手下的人，千万要让着点儿，不要和他们争吵。他自己坐车出门，只要听说廉颇打前面来了，就叫马车夫把车子赶到小巷子里，等廉颇过去了再走。廉颇手下的人，看见上卿这么让着自己的主人，更加得意忘形了，见了蔺相如手下的人，就嘲笑他们。蔺相如手下的人受不了这个气，就跟蔺相如说：“您的地位比廉将军高，他骂您，您反而躲着他，让着他，他越发不把您放在眼里啦！这么下去，我们可受不了。”蔺相如心平气和地问他们：“廉将军跟秦王相比，哪一个厉害呢？”大伙儿说：“那当然是秦王厉害。”蔺相如说：“对呀！我见了秦王都不怕，难道还怕廉将军吗？要知道，秦国现在不敢来打赵国，就是因为国内文官武将一条心。我们两人好比是两只老虎，两只老虎要是打起架来，不免有一只要受伤，甚至死掉，这就给秦国造成了进攻赵国的好机会。你们想想，国家的事儿要紧，还是私人的面子要紧？”蔺相如手下的人听了这一番话，非常感动，以后看见廉颇手下的人，都小心谨慎，总是让着他们。蔺相如的这番话，后来传到了廉颇的耳朵里。廉颇惭愧极了，他脱掉一只袖子，露着肩膀，背了一根荆条，直奔蔺相如家。蔺相如连忙出来迎接廉颇。廉颇对着蔺相如跪了下来，双手捧着荆条，请蔺相如鞭打自己。蔺相如把荆条扔在地上，急忙用双手扶起廉颇，给他穿好衣服，拉着他的手请他坐下。蔺相如和廉颇从此成了很要好的朋友，秦国因此更不敢欺侮赵国了，“负荆请罪”也就成了一个成语，表示向别人道歉、承认错误的意思。

(三)落实行动，积极补救

在表示歉意的同时，还要积极主动地采取补救措施，以行动求得对方的谅解。当别人看到你的行动时，自然会接受你的道歉，化解怨气。

一天，护士小王给病人抽血化验。由于病人太胖了，血管很深，扎了两次都没有把针扎进去。小王刚要换一个地方扎第三针，不料对方大叫起来：“你会不会扎啊？不会扎就回家去！别在这儿冒充，把我当实验品！”一边叫着，一边把小王推到了一边去。众目睽睽之下，小王十分难堪。在这样的情况下，小王是怎么做的呢？她首先是诚恳的道歉：“十分对不起，都是我不好，请您原谅，好吗？”然后她要求对方再给自己一次机会，并请对方积极配合。真诚的歉意和温和的态度，使对方同意再扎一针。当血样抽好时，小王再次表示歉意，对方的态度也就变了：“其实也不能全怪你，我也太胖了点啊。”

小王一面诚恳地道歉，一面选好脉搏，扎好了第三针，所以对方才原谅了她，并承认自己是太胖了点。有时候，行动也很重要，行动的感染力量也不可小视。

(根据中国青年出版社方洲主编的《社交语言现用现查》等整理)

六、学会自嘲

生活中，常常会遇到一些尴尬、狼狈的时候，或者遇到一些对自己不利的情境，每一个人，都有自己的劣势，有自己的缺陷，如果刻意回避问题，掩盖错误，忌讳缺陷，反倒显得自卑和心虚，易引起别人的嘲讽和攻击。如果能巧妙地自嘲，幽默一番，既能显示出智慧与度量，又能化解尴尬，消除不利，活跃氛围。自嘲的方法很多，主要是与当时的环境和氛围吻合。

(一)夸大劣势,消除嘲讽

某单位有两名腿部残疾的职工,一老一少,一个患在右腿,一个左腿有问题。这两个工人人缘很好,平时人们都乐于和他们往来,乐于帮助他们,他们也是生性乐观、心胸开阔,对于自己的残疾并非讳莫如深,有时候还当众自我解嘲。有一次,吃饭后,他们两个人一起走出餐厅,一个右拐,一个左瘸,旁边几个同事看着觉得好笑,暗自窃笑。这时,年长的看出了同事们在笑什么了,就坦然大声地说:"我们俩一个是'左派',一个是'右派',现在密切配合,不左不右,正中庸。"说得在场的人大笑,同事的关系也更融洽了。

两个残疾的职工,正好走在一起了,并且,一个向右侧,一个向左倒,同事们看见了,觉得很好笑,也是正常的,同事们也没有什么恶意。这个时候,采取幽默的方式,化解了尴尬,大家哄然大笑,之后是其乐融融的同事关系,也不失为一件好事情。

(二)大胆自嘲,化解攻击

有一个姓吴的青年教师,刚刚参加工作,迎接他的第一个班级就是一个很调皮的差班,这班的学生,鬼点子多,总是想着花样捉弄老师。有一次,吴老师刚进教室,正要上课,忽然发现讲桌上有块木板,上面写着:"吴××老师之墓"。对于一个血气方刚的年轻人来说,确实是奇耻大辱。再看看台下,几个学生挤眉弄眼,像是在嘲笑他。一定是他们干的!怎么办?他气愤到了极点。他冷静了片刻,然后小心翼翼地拿起那块"灵牌",一本正经地放在黑板前,又恭恭敬敬地在旁边放了一支粉笔,然后,转身,缓缓地、沉重地对学生说:"全体起立!"等大家都站起来,他接着说:"让我们以沉痛的心情对吴××的不幸表示最衷心的哀悼。现在,我提议大家默哀一分钟!"他的这一举动,让全班大为惊奇,一个个面面相觑,不再挤眉弄眼。接下来,他又故作吃惊地问:"吴××老师是谁啊?"听了这话,大家都睁大眼睛惶惑地望着他。他指指自己的鼻梁说:"吴××者,台上的语文老师也。他没有想到,同学们对他这样的敬重,还给他立了'灵牌',他在九泉之下听到消息很快就起死回生,现在他就站在这里给大家说声谢谢!"说完,他向同学们深深鞠了一躬。这一下,同学们都开心地笑了,笑得无比甜美,充满了深深的歉意和敬意。

吴老师面对个别学生的挑衅和攻击，不是横眉怒对，不是甩手离开，而是机智地自嘲，这样，就赢得了学生的尊敬，即使是再调皮刁钻的学生也不可能不被老师的豁达、宽容所打动。

（三）正视错误，自我解嘲

1915 年，丘吉尔以海军大臣的身份，命令海军航空队教他开飞机，军官们只好遵命。开始，他刻苦用功，拼命学习，把全部业余时间都搭上了，他的教练也累坏了。有一次，碰上天气骤然变坏，一段 16 英里的航程竟然用了 3 个小时才抵达目的地。着陆后，丘吉尔刚从机舱里跳下来，而那架飞机竟然再次腾空，一头撞到海里去了。原来，丘吉尔在匆忙中，忘了操作规程，在慌乱中又把引擎发动起来了，他好似茫然不知，却自我解嘲地说："这架飞机真不够意思，刚离开我，又擅自私奔和大海约会去了。"丘吉尔面对自己愚蠢的错误，面对尴尬，他首先自我解嘲，采取幽默的说法，把过错归结给飞机，令人十分好笑，在笑声中，丘吉尔巧妙地从难堪中脱身。

（根据中国青年出版社方洲主编的《社交语言现用现查》等资料整理）

七、学会拒绝

我们每一个人，都不是生活在真空中，尤其是现代社会，人与人交往更显得必要。俗话说"一个篱笆三个桩，一个好汉三个帮"，现在办事都讲人气、人脉。虽然我们在生活中要热心帮助别人，但对不合理的要求和自己不愿做或做不到的事就不要随便答应。不能只考虑感情而失去理智，或者好心办坏事情。

学会拒绝会使我们少分心。人的精力是有限的，如果我们过问的事情太多，就无法把主要精力放在学习上。

学会拒绝会减少我们不必要的压力。盲目答应别人，事后又感到难以办到，就会造成心理压力；盲目答应别人，事后又没有达成，就会失信于人，有时还会伤害对方，影响人际关系。

当然，更重要的是要善于拒绝。拒绝是一门艺术，拒绝别人时，语言也要注意得体。根据对象的不同，可以直接拒绝也可委婉拒绝。如果是老朋友，关系好的、性格外向的，你可以直接拒绝。因为，朋友对你的性格了解，是理解你的，就不会生气，不影响朋友关系。如果是新朋友、关系一般的、性格内向的，那就要委婉拒绝。因为这样的朋友对你还缺乏了解，如果一味拒绝，会造成朋友的反感，认为你不合群，甚至还会认为你会告密和出卖朋友。所以你可以用某领导、某老师、某家长等来做挡箭牌，或自己没时间，或有其他预约，或者有事离不开等委婉拒绝。这样朋友也不会生气。

当然，拒绝别人时语言要恰当，不要频频说谎，导致别人认为你是有意欺骗，弄巧成拙。虽说谎言有时是“善意”的，但当你找借口拒绝别人后，一定要找机会对朋友解释。

八、学会赞赏

其实，我们每一个人的相逢都是一种缘分。你想，在全国十几亿人中，我们成了同学、成了朋友，不是缘分吗？这是多么的不容易，也更值得我们珍惜。我们也更应该和谐、愉快地交往。

在人际交往中，很重要的一点就是学会赞赏别人。所谓赞赏，就是赏识、欣赏、赞美，它是对别人的认可，能让别人获得一种尊重，甚至可以激励别人走向成功。

在人性的深处，每个人都渴望得到尊重。人同此心，心同此理。

美国心理学家马斯洛把人的需要分为五种：生存需要、安全需要、爱的需要、尊重需要、自我实现的需要。可见，尊重是人的一种高层次的需要。

赞赏别人，是心胸开阔的表现，也是心理健康的表现。

赞赏别人，能使我们赢得更多的朋友。

赞赏别人，能改善我们的人际关系，构建更加和谐的人际关系。

对别人的赞赏，要发自内心。不然，就可能变为巴结，导致庸俗。

赞赏别人，要注意三个原则：

一是及时。当别人取得成绩或荣誉的时候，要及时赞赏别人，满足别人的心理需求。

二是以事为主。我们赞赏一个人，未必就是泛泛而谈地礼貌性地夸奖别人，而是要针对他所完成的某项具体的工作或任务来称赞对方。

三是以人为辅。在以事为主的同时，要对人的性格、气质、为人处世、负责精神等表示赞赏。

赞赏别人的策略：

一是在人际交往中，对别人不能太挑剔，要善于发现别人的长处和闪光点。这样，你才能明确赞赏的内容，让你的赞赏有理有据。

二是对别人的优点可以适当放大、适当夸张。但不要过分夸张，导致不真实，别人还以为你是有意讽刺。

三是要得体，尤其是赞赏上级，一定要不卑不亢，注意分寸，否则，会给人以拍马屁之嫌。

谁会拒绝别人的赞赏呢？同样的道理，你对别人的赞赏，自然也会赢得别人的好感，投桃报李，赢得回报，激励我们走向更加成功的明天。

九、学会复述

不管是从语文学科的学习，还是从生活中的实用角度考虑，复述能力是中职生的一种重要能力。

一般而言，复述主要是对叙事性课文、电影、电视剧、新闻事件等类型的一种概括、转述。例如我们读了《孔乙己》后，对小说主要内容的概括，我们看了赵本山主演的《叶落归根》，把电影内容告诉父母，我们把董倩主持的《新闻调查》反映矿难真相的节目内容，在早读时与同学交流，这些，都需要我们有较强的复述能力。

怎样复述呢？

一是要介绍作者，概括主题。如复述《孔乙己》，可以这样开头：鲁迅先生的短篇小说《孔乙己》，全文仅 3 000 余字，却写了孔乙己不幸的一生，反映了科举制度的毒害和社会的冷漠。介绍罗伟章的《我们的路》，可以这样开头：这是四川作家罗伟章写的一篇中篇小说，主要写大巴山山区贫困的农民打工的不幸遭遇。然后再进入正文。

二是要抓住主干，舍去枝节。如复述黄蓓佳的《心声》，可保留程老师上《万卡》一课，课上要求大家表情朗读，李京京由于嗓子沙哑，程老师未安排京京朗读，回家的路上，京京到小树林读了一遍，他想到在乡下的爷爷。公开课那天，赵小桢怯场，京京勇敢地举起了手。程老师只好让京京读，京京大声地、充满感情地朗读，想到自己的爷爷，泪珠不由从眼睛里涌出来。程老师受了震动，请李京京把课文读完。可省去在乡下的爷爷给京京讲牛郎织女的故事、程老师介绍契诃夫生平、赵小桢在课上抽泣等情节。

三是要保留细节，抓中心句。如复述《我的叔叔于勒》，父亲那句永不变更的话："唉！如果于勒竟在这只船上，那会叫人多么惊喜呀！"这和后面知道船上卖牡蛎的穷人就是弟弟后认为"出大乱子"了形成强烈的对比。同样，母亲买十五个铜子一米的花边为姐姐做长袍，后来母亲给我五法郎去吃牡蛎的钱，"我"给了于勒叔叔十个铜子的小费，母亲感到"诧异"，认为"我"疯了，骂于勒是"流氓"，通过用钱的细节反映了菲利普夫妇家庭经济的拮据。

四是要以述为主，评述结合。如复述《背影》，重点在于复述父亲爬过月台为我买橘子，我看到父亲很吃力的样子，以及看到父亲的背影不由流下了眼泪，同时也要复述父亲老境的颓唐，收到父亲的来信，知道父亲身体不好，不由思念父亲而流泪，在泪眼朦胧中，似乎又看见父亲的背影等内容。可以加上"这是一篇表现父子情深的难得的好文章，通篇仅用白描，语言异常朴实，却催人泪下"这样的评语。

五是要改变结构，还原顺序。如复述鲁迅先生的《猫狗鼠》，文章用倒叙的方法，插叙颇多，并有对时代的"涉笔"讽刺。在复述时要还原顺序，以顺叙（由先到后的时间顺序）的方式复述鲁迅小时候喜欢小鼹鼠，有一次救下被蛇伤害的一只小鼹鼠，被长妈妈踩死了，长妈妈骗鲁迅说，是被猫咬死的，从此鲁迅讨厌猫，后来知道了真相，知道猫是受了冤枉，但对猫同样没有好感。这样恢复顺序，文章读起来就轻松有趣多了。

六是要介绍背景，补充材料。如复述汶川地震时可以联系 1976 年的唐山大地震；复述中央电视台对三鹿奶粉三聚氰胺事件的调查时，可以补充以前阜阳出现的大头奶粉事件。

另外，复述情节还要根据具体的时间限制和字数限制，及时调整。如果时间充足，就可适当展开。在近年考试中不时出现"用 200 字概括作品内容"这样的题，其实就是书面的复述，此时就不能写得太多，而要抓住主要情节和人物，在规定字数内交代清楚。

十、学会使用谦敬词语

英国伊丽莎白女王曾经说过：礼节乃是一封通行四海的推荐书。在运用语言进行交际时，给对方以尊重，谦恭有礼，交际才能顺利进行。

谦敬词语是汉语中的一种独特现象。“敬人”“谦己”的感情和态度，是中华民族的传统美德。

谦词，即表示谦虚的词，是用谦卑的言词谦称自己或与自己有关的人或事。如：谦称自己为“不才”“在下”，谦称自己的妻子为“拙荆”“内人”，谦称自己的父母为“家父”“家母”，谦称自己的儿女为“犬子“、“小女”，谦称自己的著作为“拙作”，谦称自己的见解为“愚见”，等等。

敬辞，即用尊敬的言词敬称他人或与他人有关的人和事。如敬称对方为“君”“贵”，敬称对方的妻子为“令妻”“尊夫人”，敬称对方的父母为“令尊”“令堂”，敬称对方的儿女为“令郎”“令爱”，敬称对方的著作为“大作”，敬称对方的见解为“高见”，等等。

谦敬词语可以表达对他人的恭敬、尊重和自己的谦和态度，是很重要的礼貌语言。谦辞，对自己表示谦虚、虚心、不自满、不张扬，对对方表示尊重与敬意。敬辞，是直接表达对他人的尊重。如：自己到别人家称“拜访”，别人到自己家称“光临”；自己读别人的书称“拜读”，别人读自己的书称“斧正”。

在社会交际中，有礼走遍天下，无礼寸步难行。谈吐是自我形象的包装。谦敬词语是礼貌语言的重要表达方式之一。通过谦敬辞所表达出的谦逊礼让的态度，能体现一个人良好的道德修养。

在人际交往中，礼貌语言不仅仅是个人修养的重要标志，更是社会文明的体现。从人际交往看，礼貌语言可以帮助我们创造尊重、融洽、和谐的气氛，缓和乃至消除人际间的摩擦对立，提高交际效果。

当然，谦敬词语的使用要得体，要适度，否则，会适得其反，给别人造成卖弄和不伦不类之嫌。

十一、做一个幽默的人

保罗·纽曼是美国著名的影星，他那精湛的演技与叛逆的形象，使他成为好莱坞最受瞩目的男演员。

1982年，保罗·纽曼为了祝贺纽约布鲁克林大学新设电影系，特地访问该校，主持了新片《恶意的缺席》的试映会，并参加学生的座谈。

有一位学生愤愤不平地说："我从收音机听到这部电影的广告——最后一场是拼得你死我活的枪战场面，可是实际上，片尾非常平静和平，像这种虚伪的广告宣传实在要不得。"

这位学生说得义愤填膺，现场的气氛顿时变得十分紧张。保罗·纽曼回答说："我完全不知道广播电台的广告内容。"他顿了一下，接着说："不过，下一次的片尾一定会出现激烈的射杀场面。镜头上出现的是：我用枪打死了那位收音机播音员。"

他幽默的回答引起哄堂大笑，也化解了紧张的气氛，赢得了更多影迷的爱戴。

幽默是思想、学识、智慧和灵感的结晶，是一瞬间闪现的光彩夺目的火花。幽默是自觉地用表面的滑稽逗笑形式，以严肃的态度对待生活事物和整个世界。幽默是具有智慧、教养和道德上优越感的表现。幽默感是人比较高尚的气质，是文明和睿智的体现。

如果我们想在社交活动中给人一个良好形象，就必须运用幽默。幽默的社交，可以让人觉得醇香扑鼻，隽永甜美。幽默的社交，可以把别人的心吸入你的幽默磁场，在一起笑的时候，使彼此的感情产生交流。只要稍稍留意，在生活中到处可以发现能带给人们无穷乐趣的幽默故事。

一钢铁工人房屋漏雨，每次请求修缮都没有结果。一天，单位领导视察民情，也问及他的房子一事。人们以为他会大诉其苦，却没想到他微微一笑说："还好，不是经常，只是下雨时才漏。"妙语博得领导诸人一阵大笑。几天后，修房问题妥善解决。

凡人的幽默，可以使愁眉不展者笑逐颜开，也可以使泪水盈眶者破涕而笑；可以为懒惰者带来活力，也可以为勤奋者驱除疲惫；可以为孤僻者增添情趣，也可以使欢乐者更加愉悦。而中外的知名成功人士，更是无一例外地具有幽默的品格，一种乐观豁达的品格。

著名文学家巴尔扎克一生写了无数作品，却常常手头拮据，穷困潦倒。有一天夜晚，他正在睡觉，有个小偷爬进他的房间，在他的书桌里乱摸。巴尔扎克被惊醒了，但他并没有大喊大叫，而是悄悄地爬起来，点亮了灯，平静地微笑着说："亲爱的，别翻了。我在大白天都不能在书桌里找到钱，现在天黑了，你就不用耗费心机了！"大作家对贫穷的超脱，可见一斑。

抗日战争胜利之后，张大千要从上海返回四川老家。好友设宴为他饯行，梅兰芳等人均在座。宴会刚开始，大家请张大千坐首座。张大千却说："梅先生是君子，应坐在首座，我是小人，应陪末座。"大家却不解其意。张大千说："有句话说'君子动口，小人动手'。梅先生唱戏动口，我作画是动手，我应该请梅先生坐首座。"满堂来宾为之大笑不止，并深深为张大千先生不计世俗名位的豁达胸怀所折服，更生敬仰之心。

幽默的力量是无穷的，它可以使年轻人显得机智，使老人变得年轻；可以吸引众人的注意力，可以在微微一笑间缩短彼此的距离。而在各种紧张、尴尬的场合中，幽默更能发挥出非凡的作用，使所有的令人不快的气氛一下子变得愉悦而轻松，使对立冲突、一触即发的态势转为和谐与融洽，还能使对方心悦诚服地理解、接纳你和你的观点。

在公共汽车上，因突然刹车，一位男青年无意中撞了一位小姐，小姐愤恨地说："德性！"男青年被她的话激怒了，一场争端迫在眉睫。这时，旁边的一位大爷说了一句话："不是德性，是惯性。"车上的人顿时哄然大笑，小姐不好意思地低下了头，男青年也愉快而诚恳地作了道歉，车上烦闷、紧张的气氛也一扫而空了。

一次盛宴招待会上，服务员倒酒时，不小心将啤酒洒到一位宾客那光光的秃头上。服务员吓得脸都变了色，全场人手足无措，目瞪口呆。没想到这位客人却诙谐地说："老弟，你以为这种酒能治疗脱发吗？"在场的人闻声大笑，尴尬局面一下子被打破了，宾客的幽默向大家展示了自己的大度胸怀，又巧妙地为服务员摆脱了窘境，使招待会能愉快地继续下去。

真正的幽默诙谐而不失风度，滑稽而不粗俗，精炼而不繁冗。而且，幽默虽然只是短短的几句话，或者简单的行动，却常常能胜于千言万语的描述与雄辩，使别人明白你要表达的事实和道理，并轻易地接受，为之折服，达到劝解、说服的效果。

秦始皇吞并六国前，意欲扩大御花园，大量饲养珍禽异兽，但是这要消耗许多民力国力，可是皇上的命令谁都不敢违抗。当时，有个侏儒叫优族，能言善辩，他对秦始皇说：“好，这个主意很好，多养珍禽异兽，敌人就不敢来了，即使敌人从东方打过来，只需下令梅花鹿用角把他们顶回去就可以了。”

这实际上是有意把鹿的作用夸大到不可能的地步，使秦始皇从这种荒谬性中想到必须养精蓄锐以对付可能来犯的各种敌人。秦始皇听后，终于收回成命，听从了他的劝谏。

林肯为历代美国人所爱戴，也为世界所敬仰，是一个幽默大师。林肯年轻时，作过律师。有一次，他作为被告辩护律师出庭。原告律师将一个简单的论据翻来覆去地陈述了两个多小时，听众都听得不耐烦了。待到林肯进行辩护时，只见他走上讲台，先把外衣脱下放到桌上，然后拿起玻璃杯喝了口水，接着又重新穿上外衣，然后又喝水，一句话也不说，这样的动作重复了五六次，逗得大家前俯后仰。林肯的幽默表演，实际是对原告律师的最好嘲弄，这也为他辩护的成功奠定了基础。

在社交中，我们一定要与人为善，与人和蔼相处，但如果有人找乐子拿你开玩笑，对你进行辛辣的嘲讽，令你无法接受，你也可以运用幽默这一有力武器，进行回击，以扭转自己的被动境地，并向其他人展示你的机智应变能力。

宋代时，一女子生了一对双胞胎，左邻右舍去看望，一位教书先生不怀好意地同女子开玩笑道：“这两个孩子哪一个是先生的？”女子马上反应过来，幽默地回敬：“不管哪个是先生，哪个是后生，都是我的孩子。”众人一听哈哈大笑，教书先生只得灰头土脸地溜走了，以后再不敢仗着一点浅薄的学识讥讽邻人。

著名作家大仲马刚写完一本小说，大家都向他表示祝贺。一位贵妇人向来喜欢用尖刻的话贬低别人以抬高自己，她酸溜溜地对大仲马说：“我喜欢这本书，不过是谁帮你写的？”大仲马立刻回敬：“我很高兴你也喜欢，可是是谁帮你读的?”贵妇人碰了一鼻子灰,早早走了,其他被她嘲讽过的人都觉得大仲马的应对帮他们回击了这位贵妇人,不禁对大仲马的书更加赞赏不已。

其实,许多人都知道幽默的重要性及好处,也希望自己成为一位具有幽默感的人,随口说一句话便能令大家发出会心的微笑,但是,自己却不是天生幽默的人,不能像卓别林等喜剧人物一样,一张口,一举手,一投足,都充满了启人心智、令人愉悦的幽默,使千万人为之捧腹、为之倾倒。

许多人具有幽默的天赋,可是,幽默感也是可以后天训练培养的。首先,你要有豁达乐观的胸怀,有自嘲的勇气和接受幽默的风度。其次,要多读些幽默笑话等书报,充实自己的笑料库。在朋友聚会时,讲上一段小笑话,蹦出一句经典的幽默话语,也可以让别人觉得你是一个幽默的人,长期累积,等到你可以把笑料库里的笑话灵活自如地运用时,你也就算大功告成了。这里,向大家隆重地推荐两位喜剧明星:一、周星驰;二、葛优。多多观摩两位的经典喜剧影片,记上一两段令人爆笑的对白,适时说出来,一定让人对你刮目相看。例如:从前有……我没有去珍惜……相信这很容易做到吧。

另外,在你周围的朋友当中,一定有几个是你特别乐意接近的,你之所以喜欢和他们在一起,是因为他们比较有趣。把这几个人的名字记下来,多观察他们如何与人相处,看看他们如何吸引大家听他讲话,尝试用他们的方法和人沟通,慢慢地,再将自己的独特风格融入其中,相信你也能成为一位受欢迎的幽默大帅。

立刻动手培养你的幽默感吧,不要等到以后再说。

十二、杜绝啰嗦

托尔斯泰是最著名的不朽作家之一,他的《战争与和平》《安娜·卡列尼娜》等名著都将永远在地球上流传。

除名声以外,托尔斯泰和他的夫人还有财富、社会地位、小孩。他们的婚姻似乎是太完美了,太甜蜜了,因此,两个人跪在上帝的面前祈求上帝永远不断地把种种幸福赐予他们,并保佑他们白头偕老。

然而好景不长，托尔斯泰慢慢改变，变成一个与以前完全不同的人。他对自己所写的巨著感到羞耻，并开始写些宣传和平以及废除战争和贫穷的小册子。这位曾经承认在他年轻的时候，犯过所有可以想像得出的罪恶——甚至包括谋杀，试着要完全遵循耶稣所说的话。他把自己的产业都送给别人，过着穷苦的生活。自己在田地上工作，砍柴割草。自己做鞋，扫地，用木碗吃饭，以及试着去爱他的敌人。

托尔斯泰的一生变成了一场悲剧，这种改变也源于他的婚姻。他的夫人喜爱华丽，热爱名声和社会的赞誉，但这些虚浮的东西，对他却毫无意义。她渴望金钱财富，但他认为财富和私人财产是罪恶的事。

多年以来，由于他坚持把著作的版权一毛钱也不要地送给别人，她就一直地唠叨着、责骂着和哭闹着。当他不理会她的时候，她就歇斯底里起来，在地上打滚，拿着鸦片，发誓要自杀，威胁着说要跳井。

他们一生中的最后一次相谈，是俄国历史上最催人泪下的一个场景。有一个晚上，这位年华已逝、心已破碎的妇人，带着一丝热情，跪在托尔斯泰的面前，乞求他为她大声读出他在50年前为她所写的一段浓情蜜意的日记。当他读了那早已永远逝去的美丽的快乐时光后，两个人都哭了。刚结婚的时候，他们非常快乐；但过了48年以后，他看到她就受不了。现实的生活，与他们早先拥有的浪漫之梦多么地不同呀！

最后，当托尔斯泰已82岁高龄时，他再也不能忍受家里那种悲惨不快乐的情形了，于是在1910年10月一个下着大雪的夜里，逃离了他的夫人——逃进寒冷的黑暗里，不晓得到哪里去好。

11天以后，他因肺炎死在一处火车站里。他临死的要求是，不许她来到他的身边。

托尔斯泰夫人这才省悟了，悔过了——可是太晚了，在她逝世之前，她向几个女儿承认道："是我害死了你们的父亲。"女儿们没有回答，却抱头大哭。她们知道母亲说得不错。她们知道是她以不断的埋怨，没完没了的批评，和没完没了的唠叨害死了父亲，毁了曾经幸福快乐的婚姻生活。

魔鬼为了破坏爱情而发明的一定会成功且恶毒的办法中，唠叨就是最厉害的了。它永远不会失败，就像眼镜蛇咬人一样，总是具有破坏性，总是致人于死命。托尔斯泰就是最有力也最悲惨的诠释。而世上许多的妻子们，还在一试真假。

一个男人的爱情婚姻生活能否得到幸福，他所爱的女人的脾气和性情，比任何东西都重要。如果她脾气暴躁、唠叨、挑剔、个性孤僻，那么她所有其他美德便都等于零。

许多男人失去冲劲，放弃奋斗，就是因为他的太太一直对他的每一个希望和心愿泼冷水。她永无休止地挑剔、责难她的丈夫为什么不能像她认识的某个男人那样赚许多钱，或者她的丈夫为什么写不出一本畅销书，得不到一个好职位。像这样的太太，真是使丈夫丧气极了，还从何谈爱情?

诉苦、抱怨、比较、轻视、嘲笑、喋喋不休——喜欢唠叨和挑剔的女人，在这些残酷的心理行为中，如果不是专精于其中一种，就是兼而有之的全能。唠叨这种麻醉药，你学不来也改不掉，这是习惯养成的。女孩子在20岁当新娘的时候，如果只晓得唠唠叨叨，那么待她到了40岁的时候，一定会变成一个无可救药的、对任何事情都不能满足的、一发而不可收拾的抱怨专家。

如果你是一个女孩，已为人妻或将要成为别人的妻子，若想长保爱情的甜美，营造一个幸福的家庭氛围，你就切记要杜绝啰嗦的抱怨，克服想唠唠叨叨的欲望。否则，你就会像托尔斯泰夫人一样，用唠叨为爱情和婚姻自掘坟墓，毁了亲爱的丈夫一生的幸福，等到悔悟时，已经来不及了。

啰嗦者常常是没有自知之明的。他或她，一整天地啰嗦，自己却浑然不觉；当别人对他稍微多说几句时，他却觉得啰嗦讨厌；而当有人责备他的喋喋不休时，他却克制不了自己的情绪而发脾气。

经常被人啰嗦的人，其精神所感到的痛苦，比肉体上受到任何的暴刑更为难以忍受。即使最初的非难和责备都是应当的，但若时常啰嗦地责备和非难对方做错的事情，这样不但改正不了错误，而且会逼着别人往错里走。

如果你不幸已经养成了啰嗦、唠叨的习惯，那就必须采取改正和补救措施。

首先，要找出唠叨不停的原因。

有时候，唠叨是一种身体不舒服的症状。长期的疲乏，常易产生唠叨的倾向。改正的方法是：把你的生活安排得更有效率些；找出造成疲乏的原因，并且消除它。

心理压抑也常会造成唠叨。工作不顺、爱的失落、消极厌世——这些常常以唠叨、埋怨或诉苦的方式发泄出来。分析自己的心理，找出原因，恰当地引导它们发泄出来，是消除唠叨的最好办法。以唠叨的方式来发泄，只不过是火上浇油而已。

找出使你易于唠叨的原因，并且对症下药，才能逐渐减少唠叨。

鲁迅的《祝福》中栩栩如生地塑造了一个因心理打击而唠叨的女人形象——祥林嫂。虽然她死了两个丈夫，又没了孩子，还受着死后被刀锯的恐惧，但是一而再，再而三地说，别人也会对她的话厌烦，对她的苦难变得熟视无睹，我们能有什么打击比她所受得更厉害？所以，所有的话，无论你自认为多么重要，多么打动人心，记住要只说一遍，不要像祥林嫂一样，一遍又一遍地重复同一段话。

真的，你会知道，唠叨会给你的社交形象染上一个丑陋的斑点，你不单要会说，还要懂得及时闭嘴，唯有如此，你才能在社交圈中受欢迎，才会拥有一份永恒不变的爱情、一个美满幸福的家庭。

如果你还是忍不住要啰嗦，那编者建议你快去看看《大话西游》中的唐僧形象。

听他喋喋不休的啰嗦，就是天下最慈悲为怀的菩萨姐姐，也忍不住要伸出胳膊想一下子掐死他，何况是凡人。

十三、处处留情

武侠小说中，常有一些大侠，善于怜香惜玉，从而捕获芳心无数，个个对他情深意切，生死相随，令人好不艳羡。例如《天如八部》中的段王爷、《香帅传奇》中的楚留香、《倚天屠龙记》中的张无忌，他们之所以能有如此好的女人缘，就是因为他们善于处处留情，在这些佳人需要帮助时能鼎力相助，不计回报，从而让人感知他无处不在的关爱和人情味。

现在实行“一夫一妻制”，而且女权主义日益膨胀，“妻管炎”天下普及，再想做个处处留情、偎红依翠的风流侠客，恐怕已没有机会了，但是，我们可以把这一招用到日常交际中，见到他人需要帮忙的机会，就立马送以帮助，留以人情。这样，何愁没有一个好人缘，何愁不人见人爱？

求人帮助是被动的，可如果别人受了你的人情，求别人办事自然会很容易，有时甚至不用自己开口。做人做得如此风光，大多要靠平日乐善好施，善于访交人情。

钱钟书先生一生日子过得比较平和，但困居上海孤岛写《围城》的时候，也窘迫过一阵。辞退保姆后，由夫人杨绛操持家务，十分辛劳。那时他的学术文稿没人买，急需挣钱养家，但为了写好这部心血之著，他又每天只写500字，以做到精工细作。恰好这时黄佐临导演上演了杨绛的四幕喜剧《称心如意》和五幕喜剧《弄假成真》，并及时支付了酬金，才使钱家渡过了难关。时隔多年，黄佐临之女黄蜀芹之所以取得钱钟书亲允，开拍电视连续剧《围城》，实因她怀揣老爸一封亲笔信的缘故。黄佐临40多年前的义助，在40多年后得到了丰厚的回报。

俗话说"在家靠父母，出门靠朋友"，多一个朋友多一条路。要想人爱己，己须先爱人。我们当时刻存有乐善好施、成人之美的心思，才能为自己多储存些人情的债权。这就如同我们为防不测，须养成"储蓄"的习惯一样，这甚至会恩泽到我们的后世的了孙，就像佛所说的那样，"前世修来的福分"。黄佐临导演当年一定没有想得很功利，但后来之事却成了他作为好施之人的一个不小回报。

对于一个身陷困境的人，一碗热面，一杯热茶，可能就使他度过了人生中最艰难的时刻，重新树立进取的勇气和信心，成就一番事业。

对于一个执迷不悟的浪子，一次交心的促膝之谈，可能就使他重新树立人生的正确方向，积极努力，实现自己的理想。

就是在平常的日子里，一个信任的眼神，可能就成了正义行动的强大动力，一阵赞同的掌声，可能就是对革新思想的巨大支持。

人在旅途，情义无价，人人都需要别人的帮助。你对人很随意的一次帮助，可能就使他领悟到善良的难得和真情的可贵。

战国时代有个名叫中山的小国。有一次,中山的国君设宴款待国内的名士。当时羊肉羹不够了,无法让在场的人全都喝到。有一个人叫司马子期,正巧没有喝到羊肉羹,因此而对中山君怀恨在心,认为自己没有受到足够的尊敬和重视,发誓要伺机报复。后来,司马子期到了楚国,就极力谏劝楚王攻打中山易如反掌。中山国很快被攻破了,中山君逃到了国外。他逃走时,大臣官兵们都已降服于楚,只有两个人一直跟随着他,保护他顺利逃走。中山君好奇地询问:“别人都离我而去,为什么你们两个人如此忠心耿耿地保卫我?”两人回答:“从前有一个人曾因获得您赐予的一碟食物而免于饿死,我们就是他的儿子。父亲临死前嘱咐,中山国有任何事变,我们都必须竭尽全力,甚至不惜以死报效国王。”

中山国君听后,感叹地说:“给予不在乎数量多少,而在于别人是否需要。施怨不在乎深浅,而在于是否伤了别人的心。我因为一杯羊羹而亡国,却由于一碟食物而得到两位勇士。”

这段话道尽了人际关系的微妙所在。

锦上添花固然美满,雪中送炭却更加可贵,这是人际交往中最起码的常识。

我们内心都有一些需求,有紧迫的,有不重要的,而我们在急需的时候遇到别人的帮助,则内心感激不尽,甚至终生不忘。濒临饿死时送一只萝卜和富贵时送一座金山,完全不一样,后者让我们更加显贵,前者却是救命之举,何者为重?

三国争霸之前,周瑜并不得意。他曾在军阀袁术部下为官,被袁术任命当过一回小小的居巢长,就是一个小县的县令罢。

这时候地方上发生了饥荒,年成既坏,兵乱间又损失不少,粮食问题日渐严峻起来。居巢的百姓没有粮食吃,就吃树皮、草根,活活饿死了不少人,军队也失去了战斗力。

周瑜作为父母官,看到这悲惨情形急得心慌意乱,不知如何是好。

有人献计,说附近有个乐善好施的财主鲁肃,他家素来富裕,想必囤积了不少粮食,不如去向他借。

周瑜带上人马登门拜访鲁肃，刚刚寒暄完，周瑜就直接说："不瞒老兄，小弟此次造访，是想借点粮食。"

鲁肃一看周瑜丰神俊朗，日后必成大器，他没有因为周瑜现在只是个小小的居巢长而轻视他，哈哈大笑说："此乃区区小事，我答应就是。"

鲁肃亲自带周瑜去查看粮仓，这时鲁家存有两仓粮食，各3000斛，鲁肃痛快地说："也别提什么借不借的，我把其中一仓送与你好了。"周瑜及其手下一听他如此慷慨大方，都愣住了，要知道，在饥馑之年，粮食就是生命啊！周瑜被鲁肃的言行深深感动了，两人当下就交上了朋友。

后来周瑜发达了，当上将军，他牢记鲁肃的恩德，将他推荐给孙权，鲁肃终于得到了干事业的机会。

人对雪中送炭之人总是怀有特殊的好感。

对身处困境中的人不仅要给予同情，还要给以具体的帮助，使其渡过难关，这种雪中送炭、分忧解难的行为最易引起对方的感激之情，进而形成友情。但是，除非最亲密的朋友，你也要防止对别人的恩情过重，使对方自卑乃至讨厌你，因为一来他无法报答，你会成为他心理上的沉重负担；二来感到自己的低能，而这是由于你的"能耐"而愈加彰显出来的。所以，要处处留情，但把握留情之度，就像你只能是一个人的丈夫一样，同样你也不能老成为别人的大恩人。

十四、控制情绪

人的情绪像水，会产生波动，有时波动会显示在脸上，悲则哭，喜则笑，让人一眼便知他心里的动态。这本无可厚非，但在社交中，要学会控制情绪，宠辱不惊，喜怒内敛，才能防止因为一时的激动情绪而做出失礼的事情来，并在别人心目中留下"沉稳、可信赖"的形象。

一般而言，女人最容易情绪激动。高兴起来，忘乎所以，以致失去长远的考虑，就此满足。不像男人一样，高兴之余会考虑到下一步计划实施的困难，因此，女人遇到挫折和打击，则不管三七二十一，先哭一场，仿佛世界末日来临了，因此，给莎士比亚留下了"女人，你的名字是弱者"的话柄，千古流传。而要是被激怒了呢，更是一下子失去理智，又叫又闹，不去弄清事情的真相，也不容人解释，因此造成亲朋爱侣间难解的误会，像结一样，越纠缠越紧，以至“心有千千结”。

千百年来，女人被当作弱势群体，被歧视，被不公平对待，除了女人身体机能上的生理弱势外，女人自己的这些性格特点也是重要的原因。

当然，现代社会，男女平等，女人们变得自信、自立、自强。威严的女法官，善辩的女律师，犀利的女记者，运筹帷幄的女企业家，英姿飒爽的女警察……女人活跃在社会的各行各业。并且做出了不凡的业绩，顶起了属于她们的半边天。而且，由于社交、工作等需要，女人们也注意控制情绪了。

作为法官，如果因为受害者的悲惨遭遇而在庭审时痛哭流涕，如果因为罪犯的恶劣行径眼冒怒火，不顾法条规定而私自加刑，还怎么成为一个威严的法官，只怕要落人讥笑，甚至因执法不公而渎职的下场。

作为女企业家，如果因为和丈夫吵架而迁怒于公司员工，不分青红皂白地大发雷霆，如果因为在谈判场上暂时占了对方上风而喜不自禁，不趁机乘胜追击，如果她不离职，公司倒闭就指日可待了。

我们童年时，天真无邪，想哭就哭，想笑就笑，仿佛玻璃一般透明，因此被大人以童言无忌等原因宽容，因为“童真”等原因而喜爱。可是，我们总会长大，会知道大人都不是透明的，也不能像孩子一样透明。成人后，我们要承担各种各样的责任和义务：亲人痛苦时，我们不能和他们一起抱头痛哭，而要强言欢笑，在这关键时刻给亲人以安慰和支持，事业成功时，在欢庆的同时，我们知道“革命尚未成功，同志仍需努力”，而不能被成功的喜悦冲昏了头脑，滞步不前，甚至喜极生悲。而且，我们也会有自己的孩子，在怜爱他们的透明时，我们要给他们撑起一片不下雨的蓝天，一块可依靠的大地。

人人都停下来欢庆的时候，只有善于控制情绪、保持冷静的人才能笑到最后，笑得更久；人人都因感到绝望而放弃的时候，只有善于控制情绪、保持冷静的人才会从绝望中发现希望，并坚持到最后的胜利。沉稳、冷静、理智的人总是有更好的人缘，被更多的人信任，并取得更大的成功。保持温和情绪，使许多商人获得了成功。

无论客户怎样的粗暴，怎样的无礼，甚至表现出具有侮辱性的言行，那商人不仅不暴跳如雷，反倒更为殷勤地接待，坚持温和的态度，不愠不怒，长期这样做，最终获得了客户的赞扬和认可，使自己的业务获得了发展。而那些因此冷待客户的商人，不但永远不会发展，而且还会一天一天地衰败。

作为顾客也是如此，如果一位顾客在购买货物或订阅书籍时，即使商场或书店的销售人员对他很冷淡，他也不动气。店员对于这样谦和的顾客，是不大容易拒绝的，非但不会草率对待，甚至会对他的人格产生敬仰的心理，并愧疚于自己先前的所作所为。

一个慈祥、和蔼、诚恳和乐观的人，再加上温和的情绪，实在是令人喜爱和信任的。

控制情绪，就要善于忍耐人生中的一些挫折和不公。春秋末年的越国国君勾践，在与吴国交战时，曾被吴王打败，被俘后成为吴王的马夫，屈服求和。他以他那惊人的忍耐力，把愤怒和复仇的怒火深藏心底，卧薪尝胆，刻苦图强，任用范蠡、文仲等人，整顿国政，十年生产，十年教训，终于转弱为强，灭亡吴国，继而又在徐州大会诸侯，成为霸主，传为千古佳话。

勾践忍一时之怒气，才得以成十年后的大业，若他当时怒发冲冠，恐怕早被吴王杀死，成就鬼业了。

刘备见曹操，为防止生性奸诈多疑的曹操查知他的争雄天下之心，暗害自己，就佯装不问世事，每日只种菜护园，做一副胸无大志状。然而曹操仍不放心，请刘备论天下英雄，并大笑道："天下英雄，惟我与你而已！"刘备一惊，汤匙不禁从手中掉落地上，恰好当时风雨大作，一声炸雷在他们头顶响起，刘备连忙做一副萎缩平凡状，道："一震之威，乃至如此！"掩去了自己被曹操识破的震惊，也从一代奸雄曹操手中逃脱了一条性命。

试想当年刘备，最善于动情而哭.不加掩饰，若在曹操面前，谈起天下大事，他也不掩饰意欲染指的慷慨激昂，曹操出言试探时，他不借机掩饰被认知的惊讶和被赏识的得意，以曹操的心胸谋略以及强大势力，刘备也难以活着称霸蜀国，与曹操、孙权三足而立了。

在平常生活中，善于控制情绪的人会更受人欢迎，更受人尊重。有些人易冲动，控制不了自己的情绪和行为，遇到刺激，易于兴奋，易于激动；处理问题冒失、轻率，好意气用事，不顾后果。这种人，你会喜欢他吗？你会把自己的心事与他分享吗？你会信任他帮你解决难题吗？

潮起潮落，冬去春来，日出日落，月圆月缺，花飞花谢，草荣草枯，自然界万物都在循环往复的变化中。我们也不例外，情绪会时好时坏，受各种干扰，但我们要学会控制自己的情绪。因为，昨天的欢乐会变成今天的哀愁，今天的悲伤又转为明日的喜悦。福兮，祸兮，福祸相依兮。

弱者让情绪控制行为，强者让行为控制情绪，我们要学会与自己的情绪对抗。

纵情得意时，要想想竞争对手的强悍；悲伤恐惧时，要开怀大笑着努力向前；自以为是时，要知道山外青山楼外楼；自卑沮丧时，要换上新装引吭高歌；出离愤怒时，要想到愤怒的后果，耐心地听别人解释；病痛哀伤时，要记起天下那些生来残缺的身体，想想明日仍会升起的太阳。

学会控制自己的情绪，才真正成为自己的主人，也同时向许多优秀的品质靠近：坚强、理智、沉稳、乐观、有远见……你只有先成为自己的主人，并且具备这些能给人力量、支持和喜悦的品质，才能成为别人的朋友和所爱、所敬、所信任的人。

十五、保持联系

一般来说，当我们初识一群人时，交际的进展速度跟接触的频率总是成正比的。也就是说，如果你跟某位刚认识的朋友在开始时总是有机会接触的话，你们之间就会很快形成比较亲密的关系。人与人之间，需要经常保持联系，才能建立比较稳定、亲密、持久的关系。经常和你的亲戚、你的朋友以及刚认识的朋友保持联系，你也才能保持一个不变的良好人缘。

中国本来就是礼仪大国，婚丧嫁娶、传统节日，亲戚朋友都要参加、聚会，有许多人还得送礼，这是一种很好的社交传统，因为这是亲朋好友、七大姑八大姨得以经常保持联系，并世代传袭的重要方式。如果一户人家常年关闭门户，拒绝参与这些聚会，无疑就会逐渐变成单门独户的孤家寡人，被亲朋们疏远和遗忘。

歌中唱道："结识新朋友，不忘老朋友"，能不断和陌生人相识并相知，当然说明你是一个深具魅力和社交技能的人，但是，要保持真正良好的人缘，你还必须跟你已有的朋友们经常保持联系，让他们知道你并没有因为忙于结识新朋友而忘掉或疏忽他们。

抽空给远在异地的亲人、朋友打打电话，写封信，询问一下对方近来的情况：身体可好？工作和学习顺不顺利？有没有再给暗恋八年的女孩写情书、送玫瑰？有没有再发起新一轮的减肥运动……也介绍一下自己的情况：老妈逼着结婚好抱孙子，女朋友坚持要一只硕大无比的结婚戒指，刚刚因为出色的业绩被老板嘉奖，那颗老是痛的牙还是没有拔……不要觉得这都是些无聊的废话，友情就是在这些似是废话的话中得到交流、稳定和升华的，即使再忙，也不能省去。当然，现在你还可以通过给朋友发 E-Mail、相约 OICQ 聊天等方式和朋友保持这种必要的联系。不管什么方式，"重在联系"就行。而碰到朋友的人生大事，则应当尽量参加，以使朋友得知你对他的重视和关切。洁的一个朋友，为了参加她的婚礼从北京飞到广东，连工作也丢了，或许你会说她得不偿失，但是，她却因此成了洁及其丈夫最交心最信任的终身密友，为了她，他们夫妇随时可以牺牲一切。一个工作职位和两个人的终身友谊，孰轻孰重？真正理解友情、看重友情的人才能做出正确回答。如果你实在脱不开身赶去参加朋友的盛典，那也是没有办法的事，朋友会理解的，只要你坦诚地解释并报以最真挚的歉意和祝福，当然，最好别忘了托人或邮寄一份特别的礼物。想想看，朋友望穿秋水，等不到你来，在她失望抱怨的时候，你通过快递公司送来的一大束玫瑰恰好到达，该是怎样一份惊喜，所有的芥蒂和不快，此刻都会消失，友情得以很好地继续。

月有阴晴圆缺，人有悲欢离合。生活中，总会与许多困难和挫折不期而遇，此时，更应和朋友加强联系。朋友身处逆境，最需要你的安慰和鼓励，俗话说得好，"患难的朋友才是真正的朋友"。在这种时候，你、你的字迹、你的声音的出现，会让你们的友情经受住时间大浪淘沙般的考验，也会让朋友在你温暖的关切与坚定的支持下走过挫折，雨过天晴。而在你遭遇挫折时，你也要不忘记和朋友保持联系。许多人总是喜欢向亲人、朋友汇报自己的喜事，而一旦遭遇挫折，就不好意思开口了，像"睡在我上铺的兄弟"一样，"关于哀愁只字不提”，其实，这是友情中的极大误区。你想想当朋友向你倾吐烦恼和自己的想法，“他是把我真的当朋友，才告诉我这些的”，“要是我们俩关系不够铁，他不信任我，他就不会说了”。的确，共患难不仅是对友情的一种考验，更是彼此友情已达到一定深度的标志。所以，去掉所有顾虑，向朋友们开诚布公地倾吐你的喜怒哀乐和酸甜苦辣吧。朋友们会从其中感受到你们之间友情的深度和热度，会感知你对他们的信任，从而回报以更多的友情。而且，也许你的烦恼和困难会在朋友的安慰中云消雾散，在朋友的帮助下迎刃而解。

有一首中国版的“电话诉衷情”——《电话情歌》曾红遍大江南北，歌中唱道：“好想好想，给你打个电话，问问远方的朋友，现在还好吗？顺便问问你的爸爸妈妈……”中国是一个家庭观念很强、很注重亲情的国家，不论是友情还是爱情，到一定程度，你都会认识对方的父母亲人，而得到对方亲人，特别是父母的认可，这也是你们之间感情的一次升华和深入。生活中，常可以看到有人给朋友打电话，左一句“咱妈还好吗”？右一句“咱爸出院了吗”？听着就透着一股子亲昵劲。“咱爸”“咱妈”是我国北方的一种特殊称谓，也是对豪爽义气的北方人之间亲如兄弟姐妹的友情的最好诠释。

当自己的父母发生什么事情的时候，你自然是即刻赶去看望他们。那么，当朋友的父母亲人生病或遇到什么不幸的时候，你也应该想办法尽快去探望一下。平日因为学习紧张、工作忙碌没有很多时间来往，但这种关键时刻的出现，才显出你们之间非同寻常的深情厚渲。换句话说，如果对方的父母亲人都对你抱有极深的好感和情谊，又何愁对方对你的感情，这也算是一种交友时的策略吧。

不过有一点要注意，就是要注意和对方的伴侣保持适当的距离，否则，联系过密，即使你不是有意，你也要失一个朋友而增加一个仇敌了。

友情开始的原因很多：你们志同道合，都愿为共产主义事业奋斗终生；你们青梅竹马，彼此了解对方的所有优点和缺点；你们不仅都喜欢打篮球，还有共同的梦中情人……但是，友情得以保持并得以加深的原因却只有一个，就是彼此间时常的联系。缺少联系，曾经很深厚的情谊也会被时空隔断，逐渐淡漠和疏远。也许你会抱怨，现在大家都是上班族，每日为生计奔波，哪还有时间。不错，大家都很忙，不过，只要有心去做，时常保持联系也并不是很难的事情。

即使多忙碌的上班族，也不会一天到晚都埋头在办公桌前，总要吃饭休息吧。那么，不妨利用午餐时间，与在同一地区工作的朋友共进午餐，如果没有时间吃饭，一起喝杯咖啡也不错呀。如果彼此的距离稍远，那就打的过去，反正只不过偶尔才一次，若能赢得深厚的友情，每个月不到百元的花费又算什么？而且，适度的慷慨大方本来就是赢得友情和好人缘的重要条件，若斤斤计较这些小钱，因而失去和朋友更多的交往机会，不仅要失去友情，长此以往，形成吝啬小气的性格，连新朋友也不会喜欢你，你的人际关系只能越来越差。

若是你从事业务工作，整天都在外面奔跑，更可以多利用在外面跑的机会，联络那些很久未联络的朋友。在外面奔波时，顺路探访一下久未见面的朋友，即使仅仅几分钟。或者利用中午休息时间和对方吃个便饭，反正你们本来也都得耗用时间吃午餐的。朋友会从这些短短的几分钟中感知你的有心和情谊，从而使你们之间保持长久的联系，不至于因为时空而互相淡忘。

而下了班后，大家一块喝一杯茶，节假日随便找个理由很多人聚一聚，不仅可以互相联络感情，还可以松弛一下紧张许久的神经，说不一定，朋友还可帮你解决一个难题或成交一项业务呢。有一帮姐妹，为了聚会，他们每人过农历和公历两个生日，纪念每一个纪念日的周年甚至周月庆，并未因此而更加忙碌，反而使生活在一张一弛中更加充实，更加精彩，您可以借鉴一下。

平日多联系，稳固并加深你的友情，有一天，当你需要帮助的时候，你就会发现自己有一个令人艳羡的好人缘——天哪！大家都伸出手来了。

十六、学会安慰人的技巧

小王失恋了，他的朋友小陈和小李都来安慰他。

小陈说：“这算得了什么呢？何必为此而苦恼呢？”然后就无话可说。结果，小王反倒狠狠地质问他：“你懂什么？你只会说风凉话！难道这是为了不值得的事情自寻烦恼吗？”

而小李说:“我明白你的痛苦,但是爱情是勉强不来的。她没有选择你,并不是因为你不够优秀,而是她觉得你们不合适。我相信每个人都有专门属于自己的另一半,你也会最终遇到与你真心相爱的那个人的。”小王听了,觉得很有道理,不住地向他表示感谢。

为什么同样是安慰,却会收到截然不同的效果?首先,小陈对小王的同情不够,他没有看到小王的痛苦,却只是觉得小王不该如此苦恼,又说不出不该苦恼的原因,自然令小王觉得他是在隔岸观火,没有安慰的诚心,所以有些气愤。安慰的首要条件就是同情,安慰别人必须建立在你对别人深切痛苦的真诚同情上,才能得到别人的认可,产生缓解痛苦的作用。否则,反倒要令人反感,起到适得其反的作用。人生不得意事十之八九,因此,我们时常会产生心理上的不满和烦忧,此时,适合当时情境的安慰,就显得尤为重要。对症下药的安慰,可以缓解我们情绪上的焦虑和不满,排遣我们心中的烦恼和挫折感,让我们度过人生中不可避免的挫折和逆境。而在别人安慰时适时出现并给予同情和帮助,要比平时的热情更能赢取别人的友情和信任。可是,安慰也是需要技巧的,像小陈那样乱说一气,只会使自己的人际关系变得更为糟糕。

“比下有余”的方法,是安慰别人的一个重要技巧。

2000多年前,吴国灭了越国,越王勾践面对亡国之悲痛不欲生,只想一死了事。这时,范蠡劝他说:“大王,国虽亡了,但你仍有吴国所没有的优势,这就是忠心于你的人民;你仍有吴国所没有的力量,这就是雪耻复国之志!”范蠡利用对比的方法,使勾践意识到自己的长处,从而一步步振奋起来,最后终于灭吴,洗雪了亡国之耻。

面对挫折,不同人的心理是不同的。但是,一般而言,不如意的人与如意的人相比,都会产生“比上不足”的缺失感,因而感到灰心丧气,想要放弃。“比下有余”法就是通过对比,让他发现有人比自己更加不如意,而自己,有许多比别人优越的地方,从而产生“比下有余”的自得感,把嫉妒、绝望、沮丧等消极情绪排出体外,而代之以知足、振奋的积极情绪。引发“比下有余”的情感,对于那些身处逆境的人,是急救的良方。当你的朋友失意之时,你不妨采用此法：说说比你朋友更失意的人，来冲淡他的挫折感，转而看到自己的优势和长处，以树立东山再起的雄心和信心。

佳明刚下岗时，心灰意冷，抑郁而绝望，连寻死的念头也生了出来。一个朋友看在眼里，急在心里，想出各种办法来劝解他、安慰他。有一天，他抄给他一段文字，上面写着：

如果你身体健康，没有疾病，或者只生小病，那么，你就是世界上最幸福的人，因为你比世上生重病躺在床上呻吟的人都要幸福。

即使你生了重病躺在床上，只要你四肢健全，与残疾人相比，你也很幸福。

即使你，生来残疾，四肢有残缺，至少，你也比那些躺在坟墓里的骨骸幸福。

佳明还有什么可说的呢？还有什么理由再继续消沉下去呢？他没有死去，没有身体的残缺，也没有身染重病，他只是失掉一份工作而已，你仍然是世界上最幸福的人啊！你有什么权力放弃生命、放弃重建新生活的努力？

“将心比心”是安慰的另一个重要技巧。

人在逆境中时，容易对周围的一切都产生逆反心理和抵触情绪，安慰时说话稍有不慎，就会让他觉得你是在幸灾乐祸地看他的笑话，你说的安慰语都只是风凉话而已。此时，最稳妥最有效的办法，就是“将心比心”，即用自己以往的挫折和逆境来劝解他，给他分析自己当时的情绪波动和解决办法，从而使他把你当成同一战线中的人，而和你推心置腹、坦诚相待，并借鉴你的教训和经验，尽早走出挫折。

在生活中，因为相似的挫折而相交相知的，不在少数。因为同样的或相似的挫折，会令人与人之间产生一种英雄落难、同病相怜的特殊感情，从而拉近彼此的距离和隔阂，结交为知己。而利用与对方相似的但发生在自己身上的经历来安慰别人，也能引发感情上的这种共鸣，使安慰进入对方内心深处，起到很好的劝解效果。

不直接说出安慰的话而达到安慰效果，这才是安慰的最高境界，而用鼓励的话安慰朋友，在安慰中寓于鼓励，使两者融为一体，互相作用，则是最佳的安慰方法。

一位作家家里住房紧张，全家三代四口人同居一室，屋里除了床，只能摆一张小书桌。这位作家十分苦闷，跟朋友诉苦，他的朋友听了，说了一句诚挚的话，他说："世界上伟大的杰作都是在小书桌上产生的!"

后来，作家终于出人头地，全家搬进一套很豪华的四居，一时"鸟枪换大炮"，但那位老朋友，却仍然被家人列为上宾。作家感慨地说："你的那句话是我这些年奋斗不已的希望所在，也是全家吃苦受累仍支持我写作的动力。多亏了你呀!"

安慰别人，要知道该怎么做，也要注意不该怎么做。

有一位老人，为人忠厚，处世宽容，堪称是难得的一个大好人，但是不久前，老人却自杀了。因为死于非命，家属总疑惑是不是由于自己的疏忽和失责造成的. 所以悔恨不已，悲痛欲绝。在这种情况下，死因是一个很敏感的问题，但不少亲友却偏偏不知忌讳，一进门就追问："老人怎么了？为什么要走这条路呀?"问者无意，听者却有心，每来一拨人，全家人都要因为悔恨和悲痛大哭一场。几天下来，可想而知。

十七、与陌生人的交往

在交往之前，所有的人都是陌生人？而许多人和比较熟悉的人在一起，开朗大方，谈笑风生，一见到陌生人，却一下子变得木讷胆怯，无所适从。青青就是这样一个人，她说："我觉得和陌生人无话可说，担心碰钉子，担心说出的话让他笑话，或者正好伤害或激怒他——总之，我觉得或者是担心他不喜欢我。"

和熟悉的朋友交往，一切都会很协调自如。你知道她最喜欢李易峰了，所以给她带来一些李易峰的新消息，而没有把自己对他的恶感和批判讲出来。你知道她的沙发是用来坐的，而椅子却是用来放东西的，所以，你绕过椅子去坐到了沙发上。你知道他刚刚失恋，是因为卡特比他有钱，所以你会主动避免谈到卡特或金钱，以避免引起不快和尴尬，而是谈起他最引以为傲的邮票收藏……而陌生人呢，你甚至不知道他全名叫什么，该怎么样做才能激发他的兴趣和好感?

其实,和陌生人打交道也并不很难,你现在不是已经有许多熟人和朋友了吗?想想和他们最初的交往。认识琼是因为你们高中时分到了一班,而她的乌发吸引了你,你大胆地对她说:“你的头发真长呀!”然后你们就开始聊新来的老师,最后发现两个人都梦想当画家。认识凯是因为一次旅行,在火车上,他帮你把行李放到了高高的行李架上,你对他说了声谢谢,还请他吃香蕉,后来聊了大家都很喜欢的《豆豆先生》,下车前,你们依依不舍,互留了联系方式:微信和 QQ 号,你就又多了一个朋友。你会发现,一切都很简单,一个小小的动作,一句话,就可以在你和陌生人之间搭一座桥,一直通向友谊。

但是怎样才能成为和陌生人沟通的高手呢?

首先,要善于观察。

一般来说,对于陌生人,人们总会下意识地存有戒备和疏远心理。此时,我们要善于察言观色,推断出对方的兴趣所在或引以为豪之处。因为这些话题,会在对方心中引起强烈的共鸣,产生知音感,从而愿意向你倾吐自己的心声。话匣子一打开,陌生人就会逐渐变得熟悉了。

例如,去拜会一个陌生人之前,你可以想方设法多了解一些对方的情况,他的职业,他的爱好,他的家庭情况,以及别人对他的评价:特别幽默,自高自大,好为人师……做到有备无患,胸有成竹。

当你走进一所陌生的房屋时,多观察一下室内的物品和摆设。墙上挂的是什么?也许是他偶像的头像.例如迈克尔·乔丹:也许是他喜好旅游的见证,到处是他在各种山光水色中的英姿。屋角都放了什么?一副羽毛球拍,也许是他最喜好或者最常进行的运动;一个超级酷的音箱,或者他是个音乐发烧友……每一个物品都是一个线索,可以借此推断主人的兴趣所在,甚至牵引出主人的一段心情故事。如此下来,你不仅能马上找到合适的开场白,还要吸引主人兴趣盎然地谈一个下午了。

如果你参加一个充满陌生人的聚会,不妨也多利用一下你的观察力。先坐在一旁,眼观六路,耳听八方,对在场的人有一个初步的判断,再决定自己接近的对象,并选择合适的接近方式。

观察之后，就要主动出击了，此时，成功的关键在于找准话题。

俗话说，“话不投机半句多”，两个素昧平生的人只有在感觉比较投缘的情况下才有可能沟通，而所谓投缘，经常是由于两人之间有一些共同之处。因此，我们可以抓住和陌生人的相似点，表达自己对于巧合的喜悦，给对方造成“志趣相投”的印象，鼓励其冲破互不相识的隔膜，乐意与自己谈话。

青娜很爱读书，经常去图书馆。在图书馆她注意到了一个小伙子，很好学，又是那么英俊，尤其是他用心时那种专注的表情，更是让青娜动心不已。青娜每天特意比他晚去一会儿，以坐到离他很近的地方，吸引他的注意。几天后，他发现他桌上的书似曾相识，于是问：

“是商务印书馆发行的那套《西方哲学名著选读》吗？”

“是呀，你看过？”帅哥似乎很惊喜。

“我正在读毛姆的那本——我刚买了一套。”青娜妩媚一笑。交谈得以继续，青娜发现他们俩人都喜欢阅读西方哲学名著，帅哥也不禁对她有“志同道合”“相见恨晚”之感。

就这样，俩人相识了，交上了“朋友”。

如果你所要结交的陌生人不仅具有一定的社会地位和公众知名度，还有一套自己的见解和作品，你可以在会晤之前先熟悉对方的这些论点和作品，在会见中，把这些属于他自己的东西搬出来。“以彼之道，还彼之身”，令对方感觉到你很看重和尊敬他，而产生“自己人”的想法，轻易地接受你并信任你。

我国清朝的盛宣怀就是一位善于利用此法的聪明人。一次，在李莲英的保荐下，醇亲王特地在宣武门内太平湖的官邸接见盛宣怀，向他垂询有关电报的事宜。

盛宣怀从前没有见过醇亲王，但与醇亲王的门客“张师爷”过从甚密，从他那里了解到醇亲王的一些情况：一是醇亲王和恭王政见有异，恭王认为中国要跟西洋学习，醇亲王则认为中国人不比洋人差；二是醇亲王虽然好武，但自认为书读得不少，颇具文采。盛宣怀了解到这些情况后，就到工部尚书那里抄了些醇亲王的诗稿，念熟了好几首，以备“不时之需”。

胸有成竹之后，盛宣怀前来谒见醇亲王。当他们谈到电报时，醇亲王问："那电报到底是怎么回事？""回王爷的话，电报本身并没有什么了不起，全靠活用，所谓'运用之妙，存乎一心'，如此而已。"醇亲王听他引用岳武穆的话，不禁对他另眼相看，便即问道："你也读过兵书？""在王爷面前，怎么敢说读过兵书？当日英法内犯，皇帝西狩，忧国忧民，竟至于驾崩。若不是王爷神武，力擒三凶，大局真是不堪设想呀！"盛宣怀略停了一下又说："那时有血气的人，谁不想洗雪国耻，宣怀也就是在那时候，自不量力，看过一两部兵书。"

盛宣怀三句话不离醇亲王所好和所傲，不禁令醇亲王飘飘然不知所以，任凭他把电报的作用描绘得神乎其神，确信不疑，应允了盛宣怀办电报局的主张，并干脆托付他来主管。

人们对自己的喜好和主张，总是充满感情，一旦有人赞同附和，就会对这个人刮目相看。传说当年李商隐南游，在一小镇上歇脚，忽闻有歌女在吟唱自己的诗句，不禁生出怜惜之心，把身上盘缠的一大半赠予了歌女，自己几乎穷困潦倒。

另外，坦露自我，也是与陌生人交往的一块敲门砖。人们之所以不愿意轻易与陌生人交谈，常常是因为他们不明对方底细，担心太草率的交往会给自己带来麻烦。因此，当我们面对希望结识的陌生人时，可以抛弃不必要的顾虑和过多的遮饰，坦白地向对方介绍自己。

著名作家张恨水有一次应邀到成都大学作演讲，他是这样开头的："今天，我这个'鸳鸯蝴蝶派'作家到这里演讲，感到很荣幸。我取名'恨水'，不像有些传闻的那样是因为情场失意，而是因为我喜欢的一首词。南唐后主李煜在词《乌夜啼》中写：'林花谢了春红，太匆匆！无奈朝来寒雨晚来风，胭脂泪，留人醉，几时重？自是人生长恨水长东！'我喜欢这首词中的'恨水'二字，就用它作了笔名。"

作家在青年人眼中往往是孤僻严肃、深不可测的形象，张恨水更是因为他的笔名引起人们的种种猜测。因此，他在演讲的时候以解释自己的名字为开场白。短短的几句话，既澄清了听众心中的迷雾，又使这些青年学生为大作家的纯朴、坦率而折服，可谓一举两得。和陌生人相交，还有其他许多技巧，但是，一定要记住：温和友善与彬彬有礼是陌生人交谈的前提。无论谈论什么，一定要保持礼貌友善的态度，这样，双方就更容易找到共通点，进行交流。

十八、避免祸从口出

记得有位相声演员说：人长了口，一为吃饭，二为说话。的确，有了口，人可以妙语如花，“说得比唱得还好听”；有了口，才能被称作能说会道，生就一副好口才。可是，话也分好坏对错，有些话能说，有些话就不能说，所以，在说话之前，也应三思一下，在心里打个小九九，确定此话不会惹来别人猜忌愤恨，不会有损于良好的社交形象，然后再说出来。

古语道：君子慎言，祸从口出。就是说，作为一个有德行的人，不要对人、对事妄加评说，有些事自己心里明白就行，有些话能不说就不说，实在没办法，敷衍一下，也就过去了。轻易说话，就容易失言，甚至在无意中伤害了别人，或者给别人留下攻击自己的口实。因为，说者虽无心，听者却有意的事，是最常见不过的。

另一位古人也说：十语九中未必称奇，一语不中则愆尤并集；十谋九成未必归功，一谋不成则訾议丛生。君子所以宁默勿躁，宁拙勿巧。就是说，做人要谨言慎行，因为即使十句话你能说对九句，也未必有人夸赞你，但是只要你说错一句话，就会遭到众人的指责；即使十次计谋中你取得了九次成功，也未必能得到奖励和赏识，可是其中只要有一次失败，埋怨和责难之声就会纷纷到来。所以，一个有修养的人，为人宁肯保持沉默寡言的态度，不骄不躁，宁可显得笨拙一点，不露锋芒，也绝对不会自作聪明，将喜悦得意之色溢于言表。

一个人说出一句话，势必要传进别人的耳朵，若说话不慎失误，就会在听到这句话的人心中产生不利于你形象的影响。因此，说话之前要三思，在许多人面前说话更得三思；若是公众人物，所说之话会在社会上普遍传开，就更要三思、三思再三思了。

人际关系是很难处理的，有时你好心说好话，尚且会不意料惹恼别人，轻则伤和气，重则引火烧身。如果存心说出坏风俗、败名节或揭人隐私的话来，害处就更大了，离灾祸临头也就不远了。这样的话，是断然不能说的。一个人有缺点，有错误，你不妨指出来，让他改正，但前提是你必须深深了解他，确信他能接受你善意的批评。否则，你不仅“说了也白说”，还会结下仇怨。“誉我则喜，毁我则怒”，这本是人之常情，所以，聪明的人，都善于赞美别人而尽量杜绝对别人批评。

俗话说，唇齿之寒，甚于猛兽；刀笔之烈，惨于酷吏。有时候，简单的一句话，就可以侮辱一个人，甚至涉及其子孙后代和祖先老辈，这样的言语伤害，会一代代积攒传递，伺机报复。所以，在批评别人之前，一定要再三考虑，至于嘲笑讥讽对方的话，更是半句也不要说，免得一句话结下万世仇，何必呢？

“害人之心不可有，防人之心不可无”。说话有所考虑，不绕弯子，而有意无意之中造成对别人的伤害，自然是良好的人际关系中所应避免的；为人过于老实，不存戒心，逢人便知己，把心里的话都掏出来，从而被小人利用，给坏人造成可乘之机，也是应该避免的。

要把好“口”这一“出祸”之关，对别人隐私守口如瓶是最重要的一点。

明太祖朱元璋出身寒微，做了皇帝后，自然少不了昔日的许多穷哥们到京城去找他，想打打秋风。这些人满以为朱元璋会念在老朋友的情分上给他们封个一官半职，谁知朱元璋对他们大都拒而不见，因为他最忌讳别人揭他当日贫寒不堪的老底，认为那样会有损于自己的皇帝威严。

有位朱元璋儿时的好友，千里迢迢从老家凤阳赶到南京，几经周折总算进了皇宫。一见面，这位老兄便当着文武百官的面大嚷大叫起来：“朱老四，你当了皇帝可真威风呀！你还认得我吗？当年咱俩一块儿光着屁股玩耍，你干了坏事，总是让我替你挨打。有一次咱俩偷豆子吃，背着大人用破瓦罐煮。豆还没煮熟你就先抢起来，结果把瓦罐打烂了，豆子撒了一地。你吃得太急，豆子都卡在了喉咙里，还是我帮你弄出来的……”

这位老兄还在喋喋不休唠叨个没完，朱元璋却再也坐不住了，心想此人太不知趣，居然当着文武百官的面讲我的这些丑事，揭我的短处，让我这个当皇帝的脸往哪儿搁。盛怒之下，朱元璋终于下令把这个穷哥们儿杀了。

在中国，有所谓“逆鳞”之说，据说在龙的喉部以下，约直径一尺的部位上有“逆鳞”，如果不小心触摸到这一部位，必定会被激怒的龙所杀。事实上，无论人格多么高尚伟大的人，身上都有“逆鳞”存在。也许是缺点，也许是自卑感，只要触及，就要惹祸上身。朱元璋的老兄不谙此道，落得身亡的下场，也是必然的结果。不过我们现在既然已经知道了这一点，就要平时管好自己的口了，免得惹来杀身之祸。

切记，祸从口出，不计后果地信口开河，是人际交往之大忌。

十九、交往误区

每个人都想做个人见人爱、极受欢迎的人，可是为什么有的人会招人厌，难以得到一个好人缘？也许，你有心和人交好，却无意中闯入许多待人的误区，才导致了适得其反的结果。以下，就列出一些交往的误区，您可以对照一下，看看自己是否经常犯这些错误。

（一）不要给别人乱起绰号

绰号又称外号，它是依据每个人的特点而产生的。有些绰号，例如称英国前首相撒切尔夫人为“铁娘子”，中国球迷称中国足球队教练米卢为“神奇教练”，称中场队员祁宏为“影子杀手”等，可以说是带有褒义的一种美称，这是包括本人在内都乐于接受的。但是，如果是另一种带有侮辱性的绰号，那就是另一回事了，是不文明和不礼貌的行为，坚决不被允许。

有的绰号，是根据人的生理缺陷而拟就的，例如什么“瞎子”“拐子”“单眼”“傻子”等。这无异于是揭别人的短处，戳别人的痛处，这种绰号一旦流传，肯定会给当事人增加精神上的负担，伤害其自尊心，甚至造成对其人格的侮辱。有的绰号，是带有贬低和嘲讽意味的，例如什么“瘪三”“穷酸”“老姑娘”等。这些绰号，也是对别人心理上的严重伤害。

总之，除非绰号不侵犯到别人的自尊心和个人隐私，并且含有赞誉与褒扬之意，就要坚决禁止以此作为对别人的称呼，更不能成为传播、创造这些绰号的“始作俑者”。否则，被叫的人受了伤害，就会记恨于心，对你产生反感和厌恶的情绪，那就无从谈起喜欢你了。

（二）不要飞短流长

有些“三大姑”“六大婆”，最喜欢聚在一起叽叽喳喳，把别人的鸡毛蒜皮和祖宗十八代翻出来，肆意猜测和评论，东家短，西家长，既耽误了自己的时间和精力，又给别人的生活造成极大的麻烦。民间把这些人俗称“三八婆”，以之为耻，也成为社会安定和家庭幸福的破坏者。

你是不是有这种比较“三八”的习惯，闲来无事喜欢讨论别人的飞短流长？若有的话，请即刻改掉。因为这种行为，是最能破坏你的社交形象，最能伤害朋友之间情谊的，它是一种旧时代小市民的低级趣味，是一个人品格低下的突出表现。

不仅如此，不计后果地传播这些飞短流长，还会危害社会安定，损害别人的名誉和正常生活，触犯诬陷、侮辱他人名誉等法律条款，最终导致熟人和朋友无奈之下与你对簿公堂，请求法律对你进行你应得的惩罚。

小丽和小华原本是极好的朋友，可是有一天，小丽看见小华挽着一位老先生的胳膊走出一家高级酒店，就不问青红皂白，妄加猜测，向别人说小丽已经傍了一个大款，两人在一起极其亲热。这一消息经小丽之口，很快传得“天下皆知”，一直传到了小华丈夫陈刚的耳朵里。陈刚性子本来就很暴躁，闻听此言，回家后二话没说就扇了小华一个大嘴巴子，扇得小华目瞪口呆，等回过神来，就大哭大闹。由于两人盛怒之下却没有弄清事情的原委，这仗，一直打到邻居们全赶来劝架，小华哭着要立马和陈刚分手。邻居们劝导他们，才问出了事情的原委，原来，小丽挽着的那个老头是小丽旅居国外的亲舅舅。真相大白，陈刚后悔莫及，大家考究流言的来源，马上揪出了小丽。最后的结果，当然是小华夫妇重归于好，而小丽，在几乎分开了一对好夫妇之后，失去了一个好朋友，也失去了大家对她的喜爱和信任，变成了被众人耻笑的“著名三八婆”。

俗话说：“舌头可以杀死人。”流言的危害，可见一斑。所以，我们一定要与别人的飞短流长划清界限，不传播小道消息，更不能凭一面印象主观臆断，妄加猜测；尊重别人的隐私和个人生活空间。惟有如此，才有可能赢得别人的尊敬和好感。

(三)不要嘲笑别人的生理缺陷

生理上存在缺陷的人,一般都较为内向,内心会充满苦恼与忧伤,并从而常常感到自卑。他们中,有些人因为行动不便,交际范围狭小,在集体场合或不熟悉的人面前显得腼腆拘谨,更不敢主动与正常人交往。这些精神上的沉重负担,会使他们对精神上的需要比物质需要更为迫切和重视。他们特别渴望真诚的友谊、尊重、信任和感情,当受到别人的嘲笑、冷遇或不公平对待时,也更容易引发愤怒、消沉等不良情绪。

因此,我们要特别注意不要有意无意中嘲笑别人的生理缺陷。有时,对你而言,仅仅是脱口而出的一句大白话,对他们而言,却意味着巨大的打击和羞辱。而如果你避免说这一类的话,他们会从中感受你的真诚和体贴,感动不已,把你当成最好的朋友。其他的人,也会对你有一个彬彬有礼、言语得体、善解人意的印象。

子君上大学时有一个同学,她有着严重的自卑心理,认为自己长得不够漂亮,老是没有男孩子喜欢。因为如此,每认识一个女孩,她总是毫不留情地指出这个女孩外表上的缺陷之处,以取得心理上的平衡。例如,新认识一个朋友,大家都夸她长得漂亮,而她就会极其尖刻地说:“你有一米高吗?你才到我胸这儿!”被她说的女孩立刻如被针刺一般,如被冷水泼头一般,伤心不已;让正兴高采烈地其他人也尴尬不已,不知该如何打圆场。

天长日久,已经养成了习惯,对于男生她也如此。一次,她喜欢上一个男生,那男生也对她极有好感,大家都盼着爱情能使她有所改变,可是结果呢,爱情还没来得及改造她,她就把爱情给毁灭了。那男生有点络腮胡,她就说:“你没进化完全呀!”那男生是汗脚,球鞋总是很臭,被她发现,就在许多人面前大嚷:“哎呀!你有香港脚!”类似的话总是毫无预兆、不计场合就蹦了出来,令那男孩应付不及,狼狈不堪。无奈之下,就只好“苦海无边,回头是岸”,离开了她。

其实,这个女孩的优点很多,心眼也不坏,可是,就因为她老爱嘲笑别人的生理缺陷,她成了大家聚会时最不受欢迎的一个,因为大家都很怕她说出令自己很难堪的话。而且,虽然实际上她姿色也还算中等,她还是成了全班大学四年后唯一没有男朋友的一个。

第二节　交际礼仪

一、怎样着装

服装是一个人的外部形象和内心世界的反映，整齐的着装不仅使人显得有教养、有礼貌，而且能够得到人们的尊重。服装在一定程度上能体现一个人的个性，颜色搭配能反映出一个人的教养。咖啡色象征朴素、含蓄、坚定，它与中国人的头发颜色相配很协调，给人以朴实坚定的感觉。白色象征纯洁淡雅，灰色象征平凡朴实，这两种颜色给人以温和平易的感觉，也最容易和其他颜色搭配。红色热烈，紫色象征威严、神秘，黄色象征快乐。黄色与紫色相配给人美丽、热情的感觉，黄色与白色相配又显得娇嫩、可爱，黄色与粉红色相配显得活泼、和谐。绿色象征和平、生命、青春，它与白色、黑色相配效果最好，绿色与淡黄色、黄色、奶白色相配也很适宜。

在交际场合中，人们对服饰有着共同的要求：首先，量体裁衣是最基本的要求，着装要得体、美观、大方；其次，根据场合、地点、季节、年龄、身份穿着合适的服装；再次，不过分追求华丽的服装，更多的是注重服装的款式和质地。

男士仪表十项基本要求：

· 短发，清洁、整齐，不要太新潮

· 精神饱满，面带微笑

· 每天刮胡须，饭后洁牙

· 白色或单色衬衫，领口、袖口无污迹

· 领带紧贴领口，系得美观大方

· 西装平整、清洁

· 西装口袋不放物品（笔）

· 忌穿夹克打领带——业余华侨基本装

· 短指甲，保持清洁

· 皮鞋光亮：俗话说，脚上无鞋穷半截

女士仪表十项基本要求：

· 发型文雅、庄重，梳理整齐，长发不可过长

· 化淡妆，面带微笑

· 着装大方、得体

· 指甲不宜过长并保持清洁，涂指甲油时须自然色

· 裙子长度适宜

· 肤色丝袜，无破洞；穿袜子的时候，袜口不要露在裙子外边

· 鞋子光亮、清洁

· 全身3种颜色以内

· 首饰的佩戴：金银色代表宝贵华丽，使用少量金银色饰物显得美观雅致

· 化妆一定要淡雅自然，不要浓妆重抹，更不要在众人面前化妆修饰

二、怎样握手

握手是交往中最常见最普通的礼节。人们在见面、告别、祝贺、感谢、相互鼓励、久别重逢、赠送礼品时都用握手来表达对对方的感情和态度。

握手时，应面带微笑，目视对方；用右手，把手掌伸开，四指并拢，握住对方的右手；握手时的轻重与松紧要根据情况而定，不轻不重让对方觉得贴着手就可以了。如果握得太紧，力度太大，时间过长，会使人觉得不自然，尤其与女性握手时，捏痛了对方是不礼貌的。但只用手指轻轻碰对方手一下，显得敷衍了事或态度冷淡，也是缺乏礼貌的表现。在美国、日本等国家，轻轻无力的握手常被人理解为无诚意，尤其是与政界人士打交道要特别注意这一点。老朋友久别重逢时，长时间紧紧地握住对方的手是完全可以理解的。然而初次见面的朋友，你却偏偏双手握住紧紧不放，只顾热情地说话，却是令人生厌的。

人们在行握手礼时，不可以随便地把手伸过去与人家握手，这是有一些讲究的。一般是由年长者、女士、上级、主人先伸出手，而年轻人、男士、下级、客人要视对方伸手后才能与对方握手，最好不要主动先伸手，特别是与外国女士握手时，男士绝不可先伸手。

握手时，还要注意，多人同时握手，不要交叉，待别人握完再握。男士在握手前最好摘掉手套，与女士握手时最好摘掉帽子，女士戴的时装手套可不摘。如果手上有水或很脏，不便握手时，要婉言谢绝握手。女士在面对长辈时，要起立握手，面对晚辈可不必起立。对一位男士无意识地主动握手，女士并非感到不自然时，一定要伸手相握，而绝不能拒绝，拒绝是最失礼的表现。

三、行为举止

举止是一个人文明教养和人格成熟的标志，它比言谈更具有说服力。几千年来，人类除了不断地努力创造自己生存的最基本需求(吃、喝、穿、住)，还注重追求个人与社会都公认的美的表现形式，行为举止正是这种美的重要的表现形式之一。

站姿：抬头，目视前方，挺胸直腰，肩平，双臂自然下垂，收腹，双腿并拢直立，脚尖分呈 V 字形，身体重心放到两脚中间。也可两脚分开，比肩略窄，双手合起，放在腹前或背后。

走姿：走路时应该自如矫健，昂头挺胸，收腹平视，肩要正，身要直，两肩自然下垂，两臂前后自由摆动。

坐姿：轻轻入座，至少坐满椅子的 2/3，后背轻靠椅背，双膝自然并拢(男性可略分开)。对坐谈话时，身体稍向前倾，表示尊重和谦虚。如果长时间端坐，可将两腿交叉重叠，但要注意将腿向回收。

微笑：微笑是一种国际礼仪，它能充分体现一个人的热情、修养和魅力。在面对客户、宾客及同仁时，要养成微笑的好习惯。

四、怎样打电话

1. 接电话

(1)及时，超过 3 声要致歉。

(2)微笑。

(3)标准用语：您好！××工业集团××(部门)××(人)。

(4)声音大小适中。

(5)准备好纸、笔，随时做好记录。

(6)谦让、礼貌，让对方先挂电话。

2.打电话

(1)准备提纲,电话有的放矢。

(2)简明扼要。

(3)面带微笑。

(4)标准用语:您好!我是××单位××部门×××,请问……

电话讲完之后,谁先挂断电话?尊者在先,长者在先,女士在先,打电话者在先。

五、怎样谈吐

语言是人们交际洽谈的重要工具,正确得体的言谈可以迅速有效的传递信息,塑造良好社交形象,促进社交的成功,保证洽谈的顺利,可以给自己的人际关系增添一份理解,一份友情,一份感染力。通常人们喜欢的言谈是语言高雅、传情、幽默、声音抑扬顿挫、感情充沛自然。在社交场合,谈话要看对象,交际对象是谈话起制约作用的环境因素。谈话人的言谈先是围绕着听话对象进行,以他们能够接受为前提,以他们的思想、感情、知识为限度。谈话的场合决定谈话的气氛,同样的话在不同场合产生的效果也会不一样。

常用交际用语:

初次见面——幸会　　看望别人——拜访

等候别人——恭候　　请人勿送——留步

对方来信——惠书　　麻烦别人——打扰

请人帮忙——烦请　　求给方便——借光

托人办事——拜托　　请人批教——请教

他人指点——赐教　　请人解答——请问

赞人见解——高见　　归还原物——奉还

求人原谅——包涵　　欢迎顾客——光顾

老人年龄——高寿　　好久不见——久违

客人来到——光临　　中途先走——失陪

与人分别——告辞　　赠送作品——雅正

在交际中令人讨厌的八种行为：诉苦、唠叨、过分不苟言笑、情绪呆滞、孤僻、夸夸其谈、自我、献媚。

交际中损害个人魅力的错误：语气不当、说话不分场合、打断别人讲话、傲慢、不请自来、自吹自擂、嘲笑他人、对人妄加指责、行为过分亲密等。

六、怎样收递名片

在中国，名片古已有之。在汉代时期就较为流行。人们互通姓名的时候楔木写字，汉代称为名页，汉末称为名次，汉朝以后改为用纸，又称为名帖。在明朝官场拜谒的时候，常用红纸写衔名，甚至用织锦制作名帖。15世纪法国铜版制作的名片推广后，名片的使用更为广泛。就中外史来看，面积最大的名片要数李鸿章出使美国时制作的面积达6尺的名片，体积最大的是清朝乾隆年间李银为送给画家郑板桥的长1尺2寸、宽5寸、高半寸的名片。最贵重的名片要属日本三菱公司推出的厚15微米、重1克加有封套的纯金嘉庆礼仪名片。名片是一种交际手段，名片虽小却记载着一个人的身份和地位，标志着一个人的自尊。

使用名片四步曲。

四步曲之一：如何递送名片？

递送名片态度要谦恭。例如起身站立、双手拿着名片上方，放在适当的高度，并带有一点倾斜，字体正对着别人，双手递出。

四步曲之二：如何接受名片？

接过名片一定要看。适当的时候，可以把对方的头衔重复一下；接过名片后不要放在裤兜里，特别是后裤兜，因为你一坐就容易把别人坐在下面了。

交换名片时切不可漫不经心，接名片时应双手捧接，接过后应仔细看一遍，然后再交谈。

四步曲之三：如何存放名片？

接过别人的名片切不可随意摆弄或扔在桌上，也不要随便塞在口袋里或丢包里。应放在上装的内衣袋或名片夹里，以示尊重。

四步曲之四：如何索取名片？

交易法——“将欲取之，必先予之”，应说：“李经理，这是我的名片”；激将法:“李总,能不能有幸和您交换一下名片?”谦恭法:“李总,听了您的演说之后,很有启发,不知道以后是否有幸向您请教一些问题?”平等法(联络法)——上级对下级、长辈对晚辈以及平级、平辈之间:“王小姐,不知以后如何跟你联系?”

使用名片注意事项:在交际场合中还需注意的是切忌逢人就发名片,乱发一通,非但达不到交友的目的,反而使名片失去它应有的价值和作用。名片随身携带,放在恰当的地方。不要折弄对方的名片,更不要将名片随便地扔在桌上,如果需要放在桌上,切不可在名片上放置其他物品,因为尊重他人往往首先从尊重他人的名片中体现出来。不随意涂改名片。一般不提供2个以上的头衔:名片切忌虚夸,有的人故意炫耀自己,在名片上注上一连串的头衔,令人眼花缭乱,别人看后反而会失去好感。

七、怎样赴宴

(1)赴宴前的准备:仪表整洁,穿戴大方体得;男士要刮胡子,有时间还应理发;注意鞋是否干净光亮,袜子是否有臭味。

(2)赴宴时间要把握:赴宴要遵守时间,既不能太早也不能迟到。可依据约定的时间稍微提前一点。如果与主人关系密切,不妨早点到达以帮助主人招待宾客或做准备。

(3)用餐礼仪应注意的细节:入席后应该与同席的人打招呼、握手交换名片或是自我介绍。宴席上当主人或主宾讲话或祝酒时,其他人员应暂停进餐或交谈,全神贯注地听讲话以示尊重。进餐的时候不要以口就食,而要以食就口。当嘴里有食物的时候,不要和别人谈话,餐后剔牙的时候要用手或餐巾把口遮住。如果要抽烟须征求主人或女士们的同意。

(4)用餐忌讳:不宜涂过浓的香水;不要大声喧哗、手舞足蹈;不要当众剔牙;不要在餐桌边吐东西;不要过度饮酒。

参考文献

[1]陈晓云.普通话口语交际[M].武汉:华中科技大学出版社,2011.

[2]胡邦永,徐克聪.口语交际与学生发展[M].成都:西南交通大学出版社,2009.

[3]张莹珺.普通话口语交际[M].北京:中国广播电视出版社,2016.

[4]李仲师.口语交际艺术与技巧[M].长春:长春出版社,1990.

[5]朱传玲.实用口语交际艺术[M].广州:中山大学出版社,2003.

[6]耿二岭.现代口语交际[M].天津:天津大学出版社,1993.

[7]郑淑乔.实用口语交际艺术[M].长春:吉林人民出版社,2005.

[8]刘伯奎.口语交际策略[M].上海:汉语大词典出版社,2002.

[9]刘春霞,韩书芳.普通话与口语交际[M].郑州:中原农民出版社,2007.

[10]李杏保.口语交际术[M].上海:汉语大词典出版社,2002.

[11]刘春勇,谢冰.普通话口语交际[M].天津:天津教育出版社,2008.

[12]陈丛耘.口语交际与人际沟通[M].重庆:重庆大学出版社,2010.

[13]李珉.普通话口语交际[M].北京:高等教育出版社,1999.

[14]龙彩霞.口语交际理论与训练教程[M].南京:东南大学出版社,2014.

[15]潘世松.普通话·应试·口语交际[M].武汉:武汉出版社,2008.

[16]孙汝建.口语交际理论与技巧[M].北京:中国轻工业出版社,2007.

[17]张玉敏,张冬梅.大学实用语文 文学+口语交际+应用写作[M].北京:清华大学出版社,2010.

[18]夏少钦,蒋成龙.普通话口语交际[M].北京:经济科学出版社,2008.

[19]康毕华,于立新.普通话与口语交际[M].北京:清华大学出版社,2017.

[20]杨建国.语文口语交际概论[M].广州:广东教育出版社,2015.

[21]叶会乐.口语交际及实用文写作训练[M].科瀚伟业教育科学技术有限公司,2017.

[22]刘明,赵会莉,樊雪君.普通话与口语交际[M].沈阳:东北大学出版社,2014.

[23]杨涛.普通话口语交际[M].沈阳:沈阳出版社,2014.

[24]李丽.口语交际学习论[M].北京:语文出版社,2013.

[25]孙汝建.口语交际艺术[M].武汉:华中科技大学出版社,2013.

[26]樊娟,孙月琴,邹志红.应用文写作及口语交际训练[M].镇江:江苏大学出版社,2015.

[27]冒超球.普通话与口语交际[M].北京:旅游教育出版社,2012.

[28]蓝师科,朱晓红.普通话口语交际[M].天津:南开大学出版社,2010.

[29]鲁景超,吕志敏.口语交际[M].北京:外语教学与研究出版社,2014.

[30]陈敏，王凤，韩萍．普通话[M]．成都：电子科技大学出版社，2008．

[31]王林波，许德宽．普通话口语训练与测试[M]．郑州：河南人民出版社，2006．

[32]赵俊杰．中职校开展学生口语交际能力训练的点滴体会[J]．科教文汇(上旬刊)，2017，(08)：95-96．

[33]戚晶，陈竹．现代中职生语文口语交际模块教学新探试[J]．中国校外教育，2016，(22)：125-126，128．

[34]曾武勇．中职语文口语交际能力教学的现状与对策[J]．教育教学论坛，2015，(40)：251-252．

[35]李军杰．中职语文口语交际教学策略[J]．中国培训，2015，(09)：43．

[36]郑倩．中职生口语交际能力的课堂探索[J]．华夏教师，2014，(06)：86．

[37]陆小兰，梁桂．中职生口语交际能力提高对策探析[J]．职业，2014，(09)：53．

[38]简艳．浅析语文教学中如何加强中职生口语交际能力培养[J]．科学咨询(教育科研)，2014，(01)：44-45．

[39]肖洪茹．浅谈培养中职生的口语交际能力[J]．佳木斯教育学院学报，2013，(12)：271．

[40]黄英．浅谈中职生语文口语交际能力的培养[J]．大众科技，2013，15(11)：165-167．

[41]李慧君．中职语文口语交际模块教学初探[J]．中国校外教育，2013，(28)：123．

[42]陈婷．中职语文口语交际课程教学策略分析[J]．科技信息，2013，

(26):247-248.

[43]梁法翠. 中职语文口语交际训练的有效性探究[J]. 语文天地(高教.理论),2013,(04):75-76.

[44]孙萍. 中职生口语交际能力的现状及对策[J]. 职教通讯,2013,(08):27-28.

[45]赵耀. 略论中职生口语交际能力的培养[J]. 科学咨询(科技·管理),2013,(04):113-114.

[46]鲍尤艳. 浅谈中职生口语交际能力的培养[J]. 才智,2012,(15):4+10.

[47]何秋云. 中职生口语交际能力教学方法研究——以实训为例,提高口语交际教学效率[J]. 职业,2012,(08):56.

[48]甘业萍. 浅谈中职生口语交际能力的缺失及对策[J]. 广西农业机械化,2011,(06):36-37.

[49]郝龙. 中职生口语交际能力训练策略[J]. 中国校外教育,2011,(S1):73.

[50]林华君. 想说·敢说·会说·说好——谈中职语文教学对学生口语交际能力的培养[J]. 科技信息,2011,(24):578-579.

[51]蔡圳炫. 浅谈中职学生口语交际训练[J]. 太原城市职业技术学院学报,2011,(06):154-155.

[52]谢斯莉. 浅谈培养中职生口语交际能力的方法[J]. 广东科技,2011,20(08):19-20.

[53]姚含柔. 试论中职生口语交际能力的培养[J]. 科技信息,2011,(10):187.

[54]朱昌前. 培养中职生口语交际能力的重要意义[J]. 教育教学论

坛,2011,(03):248.

[55]秦丽. 中职学生语文口语交际能力的培养初探[J]. 甘肃科技,2010,26(24):186-187,121.

[56]游翠峰. 中职口语交际教学评价方式探究[J]. 新课程研究(中旬刊),2017,(03):87-89.

[57]赵明. 对中职语文口语交际教学的思考[J]. 文学教育(下),2016,(06):124.

[58]张金凤. 新课标下中职口语交际教学的实施与策略[J]. 亚太教育,2016,(09):125,146.

[59]史庆书. 中职语文教学中如何培养学生的口语交际能力[J]. 赤子(上中旬),2015,(21):290.

[60]严久官. 中职口语交际教学的困境与优化策略[J]. 职业,2015,(21):155-156.

[61]廖美娟. 浅谈口语交际训练在中职语文教学中的应用[J]. 电子制作,2015,(01):188.

[62]缪莉. 中职语文口语交际情境创设策略[J]. 新课程研究(中旬刊),2014,(09):127-128.

[63]李宏艳. 浅谈如何培养中职语文口语交际的能力[J]. 才智,2014,(09):128.

[64]马园园. 中职语文口语交际教学探究[J]. 文学教育(中),2013,(05):121.

[65]关霜红. 中职学生英语口语交际能力现状及培养对策研究[J]. 海外英语,2013,(08):62-64.

[66]谌湘芬. 中职口语交际课的开放性教学探究[J]. 职业时空,2012,

8(12):125-127.

[67]刘建. 浅议在中职语文教学中如何实施口语交际训练[J]. 教育教学论坛,2012,(28):212-213.

[68]景首智. 中职语文口语交际能力训练的原则与方法[J]. 内蒙古电大学刊,2012,(03):95-96.

[69]姜娜. 新教材下中职生语文口语交际能力的培养[J]. 才智,2011,(33):77.

[70]张妍. 中职生语文口语交际能力的培养探究[J]. 中国校外教育,2011,(11):146.

[71]张娟. 中职语文教学中口语交际训练的方式研究[J]. 才智,2010,(29):245.

[72]石芝. 浅谈中职语文教学中口语交际训练的路径[J]. 才智,2010,(19):140-141.